危險療程

心理學大師榮格、
佛洛伊德,
與她的故事

The Story of Jung, Freud, and Sabina Spielrein

A
Most
Dangerous
Method

John Kerr

翰‧克爾——著 陳雅馨、楊晴——譯

〈專文推薦〉
薩賓娜的危險療程

陳玉慧

　　去年在一趟長途飛機上看了柯能堡拍的《危險療程》，有點失望。但最近閱讀該影片的原著，由約翰·克爾（John Kerr）撰述的這一段精神分析史，卻是一本精采之書，令我大感振奮。

　　這本書從一九〇四年八月的某天開始敘述，那天，一位十八歲的俄裔猶太女孩被帶到精神病院，當時，她不斷狂笑尖叫，見人便吐舌頭，自認為自己是火星來的，父母是俄國小鎮富商，一家人經常在歐洲各地旅行，因為注重孩子的教育，以為女兒只要病情轉好，便可以直接進入大名鼎鼎的蘇黎世醫學院就讀，所以來到蘇黎世的布爾霍爾茲利精神病院，住入頭等病房。

　　女孩的名字是薩賓娜·史碧爾埃（Sabina Spielrein），為她看診的精神科醫生不是別人，是年輕的榮格（C.G. Jung）。當時他受了佛洛伊德的影響，也在研究歇斯底里案例，薩賓娜是一個不可多得的好病人，她（不同於那時代的女性）已經高中畢業，且聰明有才華，不但能準確地描述自己的心理狀況，也有神祕主義的傾向，可能有預言能力，榮格把她當成不可多得的研究對象，幾個月後，他踩下精神分析醫生不該逾越的界限，和病人發生戀情，並且是婚外情。

　　後來，這段戀情成為精神分析史上最重要的事件之一，二位奠定精神分析科學的大師佛洛伊德和榮格也因她而有了互動討論，甚至因此產生更大間隙。無論從何角度，史碧爾埃對精神分析學而言，貢獻卓著。

　　曾任精神分析書編輯的克爾做足了功課，他文筆佳，論述觀點犀利，能綜合史料，不但客觀描繪十九世紀精神分析發起的社會和歷史背景，何以維也納和蘇黎世成為精神分析的起源重鎮，二位大師由欣賞到親如父子的關係，隨後互不往來的交往過程，藉而揭櫫二者在精神分析

上的重要地位，總結各家特色，各派歧見爭執，毫不遺漏，且全書充滿故事性。

原來史碧爾埃這樣一位才華洋溢並帶著那麼些異國情調的年輕女孩，便是二位大師往來討論的話題重點，榮格愛上她的聰明和絕佳表達能力，在女孩身上找到浪漫的愛情，在幾次通信中，他把薩賓娜的症狀分次（沒有說明是同一人）告訴佛洛伊德，並要求已接受他為精神分析學界王國的未來子嗣的佛氏替他解惑，佛洛伊德不知史碧爾埃已愛上榮格，他搬出他的性和肛門論點，這一點他從不動搖。這樣為薩賓娜治療也真是危險療程！

後來，薩賓娜一心要替榮格生個男孩，使榮格對婚外情產生畏懼，再加榮格妻子即時寫信致薩賓娜在俄國的父母，薩賓娜那有控制欲人格的母親介入後，榮格和薩賓娜的關係逐漸疏遠。

薩賓娜和榮格分手後，第一件事便是寫信給榮格分道揚鑣的勁敵，佛洛伊德握了一個不利榮格在學界發展的把柄，他寫信問榮格：那寫信給我的女人是誰？是不是瘋了？榮格承認了戀情，並說，我擔心離開她會造成她病情惡化，所以才產生了感情。他並暗示佛洛伊德「我第一次去維也納找你回來後仍餘波蕩漾，」榮格是想以佛洛伊德的小姨子敏娜向他訴說她和佛洛伊德的不倫戀做為暗示，希望佛洛伊德不要對外張揚他的私事，但佛洛伊德並未意味出來。

薩賓娜‧史碧爾埃原本是一個幾乎被人遺忘的名字。她在榮格問診的過程中透露，原來父親不愛母親，雖然父親愛她，但愛她的方式卻是責罰，他會以手拍打她的臀部，而少女的她因而從中獲得性高潮，隨後又陷入自責和自淫，她受不了自己……這可能便是她歇斯底里的由來之一。她後來對榮格絕望，返回俄國，因猶太人的身分，一九四一年被進入俄國的德軍屠殺。

早期，精神分析學界幾乎全是男性的世界，佛洛伊德和榮格以降，學界提到女性的論述太少，凱爾這本書至少為女性或者史碧爾埃（出席週三夜會的第二名女性）都稍做了平反。這是我喜歡此書的另一個原因。

國際媒體書評

　　糾正了對於榮格和佛洛伊德之間關係的既定成見，相當寶貴……使我們得以……探究最早期精神分析師們的性倫理，以及性政治，那些都影響了兩人理論的成形。
　　　　　　　　　　　　　　　　　　　——《紐約時報》書評版

　　讀起來有時候像是看一本書信體小說，有時候又像佛洛伊德或榮格著名個案的歷史資料……深深影響著我們這個時代理解自我的模式浮現了，而〔克爾〕則高明地重建出當時社會與個人的脈絡。
　　　　　　　　　　　　　　　　　　　　　——《舊金山紀事報》

　　《危險療程》訴說的是早期精神分析的發展，締造了歷史的新一頁……克爾的思路敏銳縝密、筆法精鍊達理……他所描繪的整個世界都令人信服，並且驚喜不斷。　　　　　　　——《週日獨立報》

　　約翰‧克爾這本書細膩動人……精采絕倫……堅忍剛毅的薩賓娜‧史碧爾埃甫出場，儘管聲勢不大……後來卻一躍成為榮格「阿尼瑪」的原型，而「阿尼瑪」就是不知不覺中經常束縛著男性的陰性力量。
　　　　　　　　　　　　　　　　　　　　　——《每日電訊報》

　　小說也不見得比這本書精采。很難想像，還有什麼比史碧爾埃這個角色的登場……更能道出佛洛伊德與榮格絕交的辛辣過往……克爾精湛的寫作技巧，不僅讓史碧爾埃免於遭到埋沒，還說起了一則動人的故事，同時提供可信的史料，一刀未剪呈現出精神分析崛起的過程。
　　　　　　　　　　　　　　　　　　　　　　　——《先驅報》

　　克爾觀察著凍存於文獻和新「科學」論點中的奇人異事，彷彿正瞧

著琥珀中的昆蟲。　　　　　　　　　　　　　　　——《村聲雜誌》

　　克爾之所以出色，在於展現了密切的人際關係、政治操弄和理論發展三種面向互相融合的速度有多快。　　　　　　——《新聞日報》

　　從來沒有一部作品以如此接納的態度和博學的角度，詳盡解釋了佛洛伊德與榮格之間錯綜複雜的關係……銘記了可敬的史碧爾埃。這本書必然成為這個領域的經典之作。　　　　　　——《歐洲人週報》

　　作者充滿學者風範，又不失機智，因此格外彰顯故事的張力。約翰·克爾綜合了自己各項才能之作，令人折服。　　　——《觀察家報》

　　克爾描述史碧爾埃生平的技巧一流，論及她成就的重要性也相當有說服力……任何對於廿世紀文化史有興趣的人，都應該一讀。

　　　　　　　　　　　　　　　　　　　　　　　——《週日郵報》

　　最重要的是，克爾振興了史碧爾埃的地位……多虧了克爾，現在史碧爾埃在精神分析上的貢獻才有重新評價的機會……史碧爾埃與榮格之間的私情，具備了所有真實愛情故事的特質：甘苦交織、狂喜、妒忌、愛慕與劇痛。　　　　　　　　　　　　——《週日泰晤士報》

有些人有幸能擁有三位父母
本書獻給我的母親、
我的父親，
以及梅寶・葛魯姆（Mabel Groom）

我希望佛洛伊德和其門徒能將他們的觀念推到極致，這樣我們或許才能真正認識到這些觀念究竟是什麼。當然這些觀念能洞燭人性，但我得坦承，他給我的印象是他是個有執念的人。他的夢的理論絲毫無助於解釋我個人的情況，而且「符號論」（Symbolism）顯然是個危險至極的方法。

　　——威廉‧詹姆士（William James），於一九〇九年九月廿八日致泰奧多‧弗魯諾伊（Théodore Flournoy）的信

目次

前言

一九○七年三月三日，佛洛伊德與榮格初次見面，他們兩人就欲罷不能地聊了十三個小時。這兩個人最後一次一起出現在同一個房間是一九一三年七月七日至八日，在慕尼黑舉行的第四屆國際精神分析大會（Fourth International Psychoanalytic Congress）上。就人們所知，在這個場合中他們彼此沒說過半句話。於是思想史上最惹人爭議的一段情誼，就在沉默中結束了。然而，這兩個並肩工作了六年多的男人，仍毅然決然地改變了廿世紀的思潮方向。

這是個關於那段夥伴情誼的故事。但是我並不想要以傳記的角度來講述這兩個男人的一生；我也不想偏袒任何一方。我之所以想要講述這個故事，是希望大家可以注意到這兩個人的共同研究成果的重要議題。

在他們倆人合作的這段期間，佛洛伊德與榮格使新的心理治療方法──精神分析──得到極大的注目，其詮釋性觀點也廣受認可；這些觀點有些是相當激進，也因此而使其變得與眾不同。若沒有這兩個人，或者更明確地說，若沒有他們的通力合作，我們今天所知道的精神分析就不會存在。但如果佛洛伊德和榮格催生了極度新穎的事物──直到今天我們仍持續體會到其日新月異的價值──他們也以無可避免的方式形塑了他們的創造物；該方法不僅反映出當代的需求，我們也應該要瞭解並認知其最終造成的扭曲是什麼。

顯然，榮格和佛洛伊德間的情誼是個值得敘述的重要故事，但卻不容易從批判的角度來說明。我們偏向對這兩個男人抱持欽佩讚賞的態度。我們寧可一直將他們當成英雄，希望他們一如其後出現的無數軼聞趣事中的形象，擁有魅力、富有人性、多疑且聰明絕頂。在為人類的心靈，尤其是為人類的限制開啟了全新的視角後，佛洛伊德與榮格勢必是與自我反思的無比重負共同存在的第一批思想家，而這自我反思正是現代人的心理特色。就這個意義上，他們是第一批廿世紀公民。想到他們擁有這些新自覺形式所需的人性美德，就令我們心滿意足又欣慰。

在對立中，人往往會突顯出自己的性格。在他們晚年時，即便情勢迫使他們必需反對自己的理論，他們也能優雅以對。對於佛洛伊德那不悅的抗議，我想我們都耳熟能詳了。他說：「有時候雪茄就只是雪茄而已。」但或許他對於亞伯拉罕‧卡迪納（Abram Kardiner）所提出問題的回應更能說明一切。卡迪納在一次訓練分析中針對一個特殊的精神分析命題的邏輯提出質疑，佛洛伊德回答：「噢，別把那看得太嚴肅。那是我在一個下雨的星期天午後編出來的。」這無禮的答覆呈現出佛洛伊德人格中的頑強特質。當納粹當局要求他簽署一份宣傳聲明，表明他在獲准移居前曾得到納粹的良好待遇時，佛洛伊德回以英雄式的華麗詞藻。簽上名字之後，他周到地附上一句：「我衷心樂意向任何人推薦蓋世太保。」

榮格也採取一種置身事外的距離。在他創辦的學院舉行的一次座談會中，他悄悄跟一位同事吐露心聲：「謝天謝地，我不是個榮格學者。」榮格對於病患也一樣直言不諱。當一個年輕的女性厭倦了只是談論她那得不到回報的情慾轉移，而提議一起在沙發上躺下時，榮格犀利地回答：「是的，我們可以躺下來；不過之後總得要再次起身的。」跟他的維也納故友比起來，榮格的盛名也不遑多讓。在晚年的一次倫敦旅行中，榮格利用一個下午，獨自前往大英博物館的閱覽室找一本珍本書籍。但是在門口，一個警衛禮貌地問他：請問您的通行證呢？榮格回答他沒有通行證，他是從蘇黎世來的卡爾‧榮格，他不知道需要通行證。警衛顯然嚇了一跳，問道：「卡爾‧榮格？您是說佛洛伊德、阿德勒、榮格嗎？」榮格若有所思地回答：「不……只有榮格而已。」（他後來獲准入內）

然而這些都是這兩個人晚年的軼聞趣事了。關於他們情誼的故事，是屬於更早、更黑暗的時代。儘管他們身上許多值得欽佩的特質在那時已經顯而易見，但這兩人都比他們後來所表現出來的更有野心、更獨斷、更容不下異見（更執迷於自己的理論）。成功會改善大部分的人格特質，但野心並不會。在他們合作期間，佛洛伊德與榮格都深受自己未來的偉大前景所誘惑。

人們必須將故事背景謹記在心。在廿世紀初，歐美兩地對於所謂

「神經性」失調的心理學突然產生了極大的興趣，也相應地激起一股心理治療實驗的熱潮。盡力想要更瞭解神經性疾病的性質，以及通過純粹「精神的」手段加以改善，這雙重風潮是在西方世界逐漸流行的多重因素的產物。之所以會開啟這股風潮，首先是因為普遍的經濟榮景。接著，就像現在一樣，當人們有錢可花時，他們願意花錢的對象之一就是自己了。而這錢經常是花在解決那些日子艱難時人們較少關心的問題。同樣地，當時可說是「神經性」失調發生率極高的一段時期。今天少有人還記得在那個時代，一個高尚體面的維多利亞家庭會在樓下的所有房間裡放個裝著嗅鹽的小玻璃瓶，以便讓高尚體面的維多利亞仕女們因常見的疾病——昏厥——而倒地時能派上用場。但這病可不是女人的專利。男人也一樣常受到各種身心症狀所苦，其嚴重程度使人普遍承認，現代文明的生活步調中有某種不尋常的事物，持續對神經系統造成過度的負擔（儘管大家對病因多所爭議）。

　　診斷總是首先考量性別因素。歇斯底里幾乎成為女人的專利，而神經衰弱（neurasthenia）、強迫性神經官能症（compulsion neurosis）、執念狀態（obsessional states）及其他病症，一般而言則成為男性的特權。此外，在所有這些歸類方式的內部存在著更隱密的附加診斷，即是遺傳性污染（hereditary taint）；這種診斷標準鬼祟地潛伏於醫學理論中，不僅能滿足醫師的需求，也可供他們做診斷，但也將患者對未來精神恢復正常的信心剝奪得一乾二淨。在那個時代，許多敏感的平民百姓以及不少體魄強健者發現自己處境艱難，他們聲稱自己良心清白，好逃避面對未說出口的質疑；他們在繁重的工作以及同等耗神的溫泉旅行中讓自己精疲力竭，以便擺脫那不祥、如影隨形的厭倦疲乏；他們為各種哲學、政治及社會理想事業背書，好讓自己不再專注於那似乎無以名狀的內在苦悶。形成人格的元素——意志力與正直，似乎神祕地從內部受到了侵蝕。

　　在這樣的背景下，十九世紀末的神經病學證明了自身具有無以倫比的重要性。儘管獲得了與神經系統基礎運作相關的少數根本性洞見，但在描述神經疾病方面僅限於引用了「能量」、「釋放」、「精神緊張」，和

「疲倦」等物理性語言，其唯一的功用就是在濃縮患者的表達而已。當時時興的物理性療法，包括電療、溴化物、手術等成效卓著，而人們普遍懷疑這些成功多半是由於暗示的力量。使用催眠更被證實是有效，然而輕蔑與質疑也隨之而來。如果在催眠狀態中心靈都能受到影響，那麼清醒時又有何難？針對疾病的性質以及一般神經系統的運作，催眠療法又說明了什麼？

　　神經疾病於是引發了許多極為有趣，而且截至當時尚未被解答的科學問題。在那個年代，重要的科學發現就是留名後世的保證，光是這個因素本身就足以讓有才之士認真地投入解決問題了。然而，在所有促成神經疾病研究成為一時顯學的因素中，最重要的原因也許是來自哲學。因為那是首先接納科學唯物主義論做為主要世界觀的一個年代。如今，科學公認已超越宗教和形上學，獲得全勝，而對外在世界的完全唯物主義式說明也幾乎唾手可得。但是人們該如何做才能概念化經驗的另一極端──亦即自我呢？在擁有無止盡前件（antecedent）的物質世界中，似乎沒有自我這個擁有思考、感覺、意志主體的容身之處。人們都很明白這其中的吊詭，而在當時尚未形成解決這問題的共識。

　　神經疾病的內在問題，即神經系統與意識及無意識心靈的關係，占據了哲學上遲遲無法取得進展的關鍵部分。若出現一個令人滿意的公式，可以將所感覺到的人類心理現象與解剖學、生理學發現連結在一起，該公式必然有著重要的哲學衍生意涵。因此，知道那些專注於研究神經病患的醫界人士經常嘗試研究哲學也不會令我們驚訝。我們不該驚訝的還有一件事，在大眾心目中，神經失調現象常與那些看似不尋常的事物有密切關聯，像是降靈會、天賦才能、心電感應之類的。這些領域如同物質主義世界秩序中的縫隙，而神經失調的疾病就彷彿存在於這些場所當中。

　　所有這些因素最終造成許多敏銳的醫界人士選擇了朝唯一敞開的方向前進，也就是從事心理學研究及心理治療的實驗。這股風潮席捲了西方世界。儘管該學門的研究發展出多元性的議題，但仍可將這股潮流稱

為「心理治療運動」。然而不過短短數十載，這股運動浪潮卻幾乎消失；這是因為該運動被起初組成的多股勢力之一從內部吞噬了。

回顧過去，我們會發現精神分析以令人驚訝的速度迅速成長，並取得卓越地位。截至一九〇〇年，佛洛伊德關於歐斯底里症及其他常見神經症候群的理論已經為多數醫界人士所知，但在當代理論百家爭鳴的情況下無法占有一席之地。佛洛伊德得到這些理論所使用的特殊方法——他至愛的精神分析——與其說被視為一個典範，不如說被當成珍奇例子看待。人們經常聽到一個看似合理的觀點，這觀點認為，在佛洛伊德自己手中，精神分析確實產生了一些有趣的發現，但那既不適合教學，也不是任何人都學得會的，若是落到天賦稍差的治療者手中，就產生不出任何有價值的發現了。

大約十年後的一九一一年，這個未曾引起波瀾的方法卻已成了一場激烈大型論戰的焦點，這場論戰更成為了歐洲官方神經學及精神醫學的關注核心。到了一九二六年，其擁護者所組成之祕密指導「委員會」（Commitee）解散的那一年，精神分析已成為全世界最重要的心理學及心理治療學派，不僅有能力從醫學專家，也能夠從藝術和人文學界中源源不斷地吸引學生及追隨者。到了一九三九年，即佛洛伊德逝世那一年，一如奧登（Auden）的悼詞，精神分析已經成為「輿論的主流」。佛洛伊德自身的崇高地位，也和當初形成精神官能症議題的潛在科學和哲學面向一樣，有了相應的成長。這個位置一直都空在那裡，而佛洛伊德正是這個世界召喚來填補這個位置的人。榮格必須獨自找尋自己的定位，而他藉著在自己的體系中為佛洛伊德所憎惡的宗教和神祕體驗留下空間，達成自己的目標。

精神分析迅速成長並取得了支配地位，它的空前成功使其完全取代了之前時代的論述。許多其他思想家的名字與貢獻已不復記憶；曾滋養早先時代，成為理論沃土的各種原創性觀點也湮滅了。那是個有利於重書歷史的情勢，而無可避免地，從這當中浮現出好幾套虛構故事與片面事實，其中有好些是佛洛伊德自己起的頭。有一套虛構故事與片面事實

涉及了對那個時代的錯誤描繪。據說起初只有佛洛伊德一個人老老實實地處理人類性慾的課題，也只有他一個人認真看待無意識的概念。人們也提到他為此而受到嚴厲的忽視，要不就是受到不公平的打擊，同時代的人迫使他在科學方面過著遊牧般的生活，直到世界終於跟上他的腳步為止。這一切顯然都不是真的，但直到最近廿五年左右，歷史學家才有還原歷史真相的把握。

另一套虛構故事或與片面事實和佛洛伊德理論的起源有關。據說他的想法是在臨床治療過程中才首次出現的。的確，他的結論多多少少是由他的患者迫使他做出來的。還有一個說法是，他於是在自己身上做了勇敢的自我分析，才使得研究發現得以擴展。同樣地，這個說法也是歪曲大過於事實。佛洛伊德是從哪裡得到他的想法，現在看來是相當清楚──主要是從圖書館查詢資料當中得來的；同樣清楚的是，將這些想法運用於患者證詞的創新方法犯下偏見性錯誤的可能性，和命中目標的可能性具有同樣的機率。自我分析的虛構故事直到最近才受到批判性審視，現在來判斷事實究竟為何還太早了，但我們很清楚的一點是，這個故事所宣稱的某些理論性「成果」，是佛洛伊德從其他來源取得的。

本書的內容主要是關於第三套虛構故事及片面事實，其與精神分析初次嶄露頭角的廿世紀初有關。由於佛洛伊德的開創性洞察力，因此對大多數評論者而言，從維也納觀點來述說精神分析運動的故事多少是種自然而然的反應。這樣的敘事方式讓故事成了佛洛伊德如何在吸引許多追隨者的同時逐漸精煉其理論，而在這些追隨者中，有些人對於整個或部分的精神分析抱持矛盾態度，並在後來離去，開創自己的學派。這個觀點表面上似乎十分合理，因為在大肆剝奪了各種爭議的重要性之後，在該時代產生的各種吵嚷分裂也就不再那麼令人煩惱了。吊詭的是，這個觀點也吸引了異議份子的信徒，因為這讓他們可以假定，他們所擁戴的人打從一開始看法就與眾不同。

這個觀點的根本問題是，它從佛洛伊德後來的崇高地位來解讀早期的情況，從而忽視了當時歐洲醫學社群內部的實際主流。榮格和他在蘇

黎世的精神導師——尤金‧布魯勒（Eugen Bleuler）才是當時的重要人物。榮格和布魯勒已經在國際上享有精神分析先鋒的聲譽了。此外，他們也有蘇黎世醫學院的聲望為靠山，他們也主持蘇黎世精神病院及附屬的心理學實驗室，對精神分析感興趣的醫師可在此接受訓練。簡言之，榮格和布魯勒才是在制度性資源上能將精神分析轉變成科學運動的人。精神分析的崛起直接反映了這些制度的現實狀況。在榮格和布魯勒首先發表他們在自己的病患身上證實佛洛伊德的某些理論時，論辯才開始認真了起來。幾乎所有佛洛伊德最重要的早期追隨者也是在蘇黎世才首次接觸到這些新方法的訓練。是蘇黎世最終提供了精神分析第一批官方機構的奧援：第一場大會、第一份刊物、創立初始的國際協會，一切的一切一開始都是來自蘇黎世，而不是維也納。是榮格和布魯勒將佛洛伊德引薦入這個科學社群的。

　　要瞭解精神分析運動的故事，必須從蘇黎世與維也納所形成的這條軸線開始。這個觀點會讓我們不得不承認，在榮格和布魯勒出場後不久，精神分析就經歷了根本性的變化。精神分析以做為一門科學而言，原則上它的研究發現必需能夠被其他人複製。佛洛伊德承認這點，也試圖利用這點，他其實是把自己當成一份值得追求的科學資產，現身於榮格與布魯勒面前。榮格和布魯勒這一方則以成立實作機構為回應。一開始，這樣的安排似乎是簡單明瞭。佛洛伊德的優先順序是毋庸置疑的，而在優先順序以外，科學從不將自己的發現據為己有。我們找不出合乎邏輯的理由說蘇黎世不該成為精神分析的國際中心，而且一開始，佛洛伊德也渴望蘇黎世能扮演這樣的角色。

　　但佛洛伊德的野心不僅是為了科學目的；他的注意力絲毫不受諸如實驗驗證、成果研究，及其他學術研究的包裝所干擾。精神分析一取得最迫切需要的日常科學研究外衣，就立刻開始朝其他領域擴展開來。漸漸地，精神分析不再被當作一種臨床研究方法，而是逐漸成為文學、藝術及文化運動，且帶有想要占領總體世界觀的抱負。由於個人的理由，榮格樂於加速這樣的轉型。布魯勒則否，他開始從中抽身。由於這場運

動的要角出現異動，制度配置的合理性也產生了變化。因為在文學、藝術及文化運動中，智慧財產權這類事物很重要。當佛洛伊德對榮格產生懷疑時，他下了一個決定：他必須奪回精神分析的指揮大權。

接踵而來的衝突，不僅在科學上具有摧毀性，對個人的打擊更是凶猛而殘酷。為了重新主張財產權，佛洛伊德毫不猶豫地訴諸最隨手可得的工具；手法實在說不上值得讚揚。高舉新治療工具為武器，佛洛伊德試圖運用他所知的榮格私生活，來施加某種實質上的意識形態控制，而這是年紀較輕的榮格無法容許的。為了反制這樣的壓力，同時維持這場運動之官方主席的地位，榮格開始玩弄起引入基督教版精神分析的想法；榮格的方法同樣也無法令人讚揚。這麼做只是加速了佛洛伊德以含沙射影的方式中傷他的步伐，直到最後榮格威脅要以牙還牙，以洩露他所知的佛洛伊德私生活為報復。雙方各自任性而為，而真正的後果要等到事過境遷才能預料得到。情況一度危急到這兩個人竭盡全力避免更具毀滅性的失控，以免毀了他們辛辛苦苦建立起來的心血。他們最後的合作就是接受彼此都陷入了僵局。

這是個複雜且令人不安的故事。從該事件的各個面向來看，也許最重要，也最難以概念化的一面是：如何理解個人因素與理論鬥爭之間的關係。後者產生自前者，並且最終取代了前者。

可以肯定的是，自從一九七四年他們之間的通信內容出版以來，佛洛伊德的非難和榮格的動機就成了歷史記錄。然而迄今為止，人們一直無法客觀評價這些指控，因此也無法對整件事做出最後裁定。對榮格而言，最終的決裂帶來巨大的痛苦——有幾年時間他一直處在瘋狂邊緣，以致於日後他一直盡可能不碰觸他生命中這段歲月所發生的事情。在終於完成他自己特殊的「榮格式」觀點後，對於後期和前期努力之間的基本連貫性，他選擇採取隱匿的態度，甚至蓄意隱藏起使這連貫性具有意義的關鍵生命歷程。然而沒有榮格，精神分析運動的故事就不再完整了。確實，他在這場運動中扮演的角色是如此重要，以致於如果有人要把這歷程搬上舞台，必然得讓榮格擔任主角；說得更戲劇化些，他是這

個故事的原動力，是推動故事發展的引擎。

即使佛洛伊德高舉聲討的紅旗，對評論者而言，要將注意力持續放在榮格的動機上也不是件容易的事。我們可以理解人們期待想要從歷史方面去瞭解這些動機，但在令人生畏，且基本上相當偏頗的當代科學哲學的掣肘下，進展卻是相當緩慢，因為科學的哲學斷然裁定，發現者的基本意圖一般來說和科學發現的最終正當性沒有什麼關係。在對榮格的動機一無所知的情況下，精神分析史學者完全無法做出他們需要的答辯內容。實際上，榮格對精神分析理論所做的初期修正，是一開始激起佛洛伊德的不信任，並讓他們的夥伴情誼火速瓦解的原因，但為什麼會促使他修正，原因是直接來自於榮格反思自身動機，以及這些理論在心理上對他的影響。於是，儘管這只是故事的一部分，但適當說明精神分析運動的歷史，必然能夠讓我們窺見榮格決定刻意為自己的精神分析師生涯覆上神祕面紗的背後理由。我認為這樣的評價方式，比起他能夠為自己所做的，更能還給榮格某種程度的公道。

要重新評價榮格早期事業以及他和佛洛伊德的情誼，很大程度必需仰賴最近發現的一份檔案；這個發現令人驚歎，也令人難以置信。一九七七年，在日內瓦威勒森宮（Palais Wilson）的地下室發現了一個存放私人文件的紙盒。經過詳細檢查，查出這些文件屬於薩賓娜・史碧爾埃（Sabina Spielrein）所有；她在一九二三年最後一次出現於維也納。史碧爾埃曾經在盧梭學院（Rousseau Institute）擔任精神分析講師；盧梭學院是一所國際性教學中心，當時的校址在威勒森宮。之後她就移居回祖國俄國了。沒有人知道這一些私人文件為何被遺留下來，放在地下室內任憑腐朽，直到因緣際會之下被人發現。

人們必需先瞭解史碧爾埃是個形象晦澀的人物，才能夠正確評價這個發現。她以身為第一批女性精神分析師而為人所知。她的著作包括約三十篇的專業論文，其中有幾篇曾被榮格和佛洛伊德所引用（尤其有一篇論文偶爾會有次級文獻提及，因為據說這篇論文預先提出了佛洛伊德後期的「死亡本能」理論）。有一段時期，她的名字正式列在維也納、柏

林、日內瓦和莫斯科的精神分析社團名冊上。但是除此之外，除了可從閱讀她的專業論文中舉出的生平事實外，在一九七四年以前，人們對於這位女性實際上是一無所知。

直到一九七四年，佛洛伊德與榮格的通信出版時，人們才頭一次注意到史碧爾埃可能不只是個無名小卒。人們從通信中得知，史碧爾埃在成為分析師前曾是榮格的病人。人們也得知這兩人之間曾有個幾乎紙包不住火、可能招引大禍的醜聞，暗示他們曾有段不倫之戀。佛洛伊德與榮格的通信中還透露一件事，當史碧爾埃後來移居維也納時，她也和佛洛伊德有私人交情。當一九七五年第三卷維也納精神分析學會（Vienna Psychoanalytic Society）會議記錄出版時，又讓我們更多瞭解一些史碧爾埃的重要性。人們從中得知，史碧爾埃在一九一一至一九一二年這一年間的學期間，參與了維也納集團（Vienna group）每週舉行的「週三夜會」（Wednesday Night Meeting）。但是這兩個檔案的來源似乎沒有關聯。要將它們結合起來，或和她發表的論文放在一起，來得出一幅關於史碧爾埃其人的清楚圖像似乎並不容易。此外，主要是出於臨床直覺來進行診療，並以羅馬為基地的榮格派分析師阿爾多·卡羅德努特（Aldo Carotenuto）曾在一九七六年出版的一本書中推斷，史碧爾埃對於榮格發展的重要性，可能遠比當時人們所意識到的還要重要。

接下來威勒森宮的文件出現了。盒子中存放著史碧爾埃保留的部分日記、她寫給佛洛伊德和榮格的信件及信件草稿，重要性不下於前者且不為人所知的是，另外還有一批這兩個男人寫給她的回信。由於卡羅德努特是第一個曾在書中推測她的地位的人，他於是成了這個難以置信發現的受益者。在進一步研究證明是徒勞無功之後，卡羅德努特在一九八二年出版了他的研究成果，並附上一份雖有些過時，語調卻充滿同情的榮格觀點評論。他的書出版之後，第二個文件盒也接著被發現了。這個紙盒存放於愛德華·克拉帕黑德（Edouard Claparède）後人的家族檔案室中；克拉帕黑德是位知名的日內瓦心理學者，曾與史碧爾埃有私交。接著在當時具有重要地位的瑞士分析師喬治·德莫希耶（George de Morsier）

的私人檔案中又發現了另一個文件盒。

綜而觀之，這些不同的檔案資料使得人們得以對史碧爾埃驚人的生平刻畫出大概的樣貌。在精神分析運動中，史碧爾埃的生平本身就是個值得一說的故事；在女性主義的年代，我想沒有一個人會反對上述說法吧。然而不幸的是，即使有了這些新資料，要建構出一個擁有豐富細節的故事來滿足人們的期待是不可能的事情。比方說關於史碧爾埃的丈夫，我們知道的不過是他是個猶太醫師罷了。同樣地，在她的生涯中還有好幾段漫長的空白期，關於她所交往的人以及所做的事，我們也只有最低限度的瞭解。但也許我們應該感恩，因為至少我們不是一無所知。事實證明，在歷史開始朝相反方向走的時刻，她始終堅持自己觀點。回顧過去，她的名字直到現在才為人得知，並非出自偶然。

在那些後來希望史碧爾埃被人遺忘的重要人物當中，沒有人會比榮格擁有更迫切的理由了。在榮格變成佛洛伊德派學者的個人轉型初期過程中，史碧爾埃是榮格最親近的人。同樣地，她身處於導致榮格與佛洛伊德決裂的那場猜忌風暴中心。最後，唯有她能提供榮格早已遺失的關鍵生命歷程線索，將他早期與晚期的研究連結起來。但除了能對榮格早期事業及其與佛洛伊德的情誼提供新的線索外，就我們所能得知的，史碧爾埃的故事還有另一層重要意義。讀者將會發現，對於精神分析理論整體架構來說，她也做出了屬於自己的，且可能是核心的重要貢獻。然而這個貢獻正如她從前身為病人和情人的抗爭一樣，先是被忽視，接著又被蓄意掩蓋了。從這個角度來看，史碧爾埃是這本書所要述說的龐大故事中的一個範例。長久以來從未有人傾聽她的故事，而這份沉默象徵著那段時期的精神分析，實務裡有更多更隱密的故事。藉著新的傾聽方式，精神分析賦予神經疾病患者從未擁有過的聲音。但隨著精神分析理論越來越陷入框架中，成為兩位理論操作者的個人及政治需求服務的工具時，它的傾聽範圍也變狹窄了。在缺乏傾聽者的情況下，病患們並不允許說出一些事情。

哲學家保羅・李克爾（Paul Ricoeur）曾經這樣定義歷史：歷史是

為了現在的目的，對著現在的人述說過去的故事。這個故事現在的述說對象是當代的精神分析狀況。今日的精神分析背景有四個顯著的特質。首先，這是一個制度衰退的時代。成為治療師的候選資格標準下降，病患也更難找，其他治療學科則鼓譟著要得到認可。由於過度介入精神醫學的領域，精神分析現在發現自己在許多曾是其管轄範圍的主要醫學中心受到冷落。其次，精神分析正處於理論成果極為豐碩，並持續發展的時期。許多新的理論家最近都成為該領域的要角，儘管他們之中有些人仍對佛洛伊德宣誓效忠，但也有其他同樣傑出的學者走不同的路線。第三，從科學的角度來看，精神分析亟需刪節。針對精神分析學說體系的科學現狀，傑出的心理學者羅伯特‧候特（Robert Holt）總結了相關情勢：「……情勢並非毫無希望，但確實相當嚴峻。精神分析師一直都處於虛幻的美好世界中……」第四，精神分析一直以不合情理的忽視態度面對自己的歷史。從傳統生物醫學研究到文學批評，沒有其他的當代智識像精神分析一樣，嚴重缺乏對自己源頭的批判性史觀。

這本書所要主張的是，早在佛洛伊德與榮格仍是夥伴的階段就已埋下了造成現狀的種子。因為正是在這個時期，歷史正確的重要性就被認為遜於意識形態正確的重要性。在缺乏歷史說明性框架的限制下，意識形態的扭曲於是創造出一種脈絡，可以在缺乏公認為必要的批判性驗證下繼續做出科學性宣稱。也是從這時候開始，人們可以用人為方式去限制詮釋的範圍；雖然關於這一點，確實讓當代理論家終於可以從早期的框架中解放出來。這些發展結合在一起，注定造成精神分析走到如今制度性地位遭受質疑的地步。佛洛伊德和榮格曾為精神分析贏得的強大動能，最後還是被消耗殆盡。

在說明精神分析運動草創時期的過程中，這份研究也結合了少數幾份相同的研究，這些研究都是在為精神分析重新找回批判性歷史解釋。儘管這類研究無法取代實作分析師在開啟新理論視野方面的努力，也無法成為科學研究者最亟需的助力，也就是透過經驗研究來檢視精神分析假設，但它們仍舊能對這類研究提供重要的幫助。藉由更仔細地調查精

神分析立基之時的情況，這種批判性歷史能夠為那些期望翻修或擴展精神分析的人提供藍圖。如今，精神分析的前景充其量只能以黯淡來形容，我之所以寫這本書，是期望能大幅改善精神分析的前景。

就容我以警語做為最後的評論來結束這篇前言吧。接下來的故事並不美好。這不是個愛情故事，也不是帶有教化意味，講述少數勇敢無畏的男女如何創造出科學性突破的故事。如果能用一句簡短的話來描述，我會說這是個非常恐怖的鬼故事。在這個故事裡，最後吞噬了所有人的鬼並不是個生命體，而是一個理論——一種傾聽的方式。當人們決定用一種全新的方式來瞭解彼此時，得到悲劇的結果也就不難理解了。

第 *1* 部
一個歇斯底里的案例

如果……我們病入膏肓的靈魂會因
早已遺忘的不愉快性經驗
而永遠失去平衡，
那會是人類族群滅絕的開始，
亦是自然向我們開的一個可怕玩笑！
——埃米爾·克雷貝林（Emil Kraepelin），
一八九九年

第 1 章
父親的手

　　這類譫妄狀態出現在這個輕度歇斯底里的案例中……情緒不穩似乎會促使譫妄爆發。譫妄非常容易復發……最常出現的是被迫害妄想症，以及極為猛烈的恐懼反應……然後是宗教及情慾妄想。各種官能的幻想並非不常見……幻視大部分是看見動物、葬禮，在幻視的列隊中會出現大批的屍體、惡魔、鬼魂，以及不是……。幻聽只是耳中的噪音（尖叫聲、撞擊聲及爆裂巨響），或是真正的幻覺，通常含有性的成分。

—— 克拉夫特—埃賓（Krafft-Ebing），

《精神病教本》（*Textbook of Insanity*），榮格引用於一九○二年

　　一九○四年八月十七日，一位名叫薩賓娜・史碧爾埃的俄國年輕女子被人帶到距離她的家鄉——頓河畔的羅斯托夫（Rostov-on-Don）——一千多英里外的瑞士蘇黎世，住進布爾霍爾茲利精神病院（Burghölzli Psychiatric Clinic），當時她還不滿十九歲。拜該院強而可畏的（從讚賞的角度來看）病患隱私政策所賜，我們無法取得史碧爾埃的病例。事實上，關於她入院時的病況以及發病的過程，一切都是由卡爾・榮格在三年後的一場演講中透露；他當時擔任史碧爾埃的主治醫師。由於表面上看起來症狀很嚴重，因此這場演講造成了往後的大量誤解：

　　她十三歲時開始進入青春期。從那時起她的幻想就發展出完全變態的性質，糾纏著她不放。這些幻想帶有強迫性：當她坐在桌子前吃東西的時候，她會一直想著排便，看見其他人吃東西時，她也會一直想著同樣的事，尤其看到她父親時更是如此。當她看見父親的手時，她更是無法不感覺到性興奮感；因為這個原因，她再也無法碰觸父親的右手……如果她受到任何形式的責罵或糾正，她的回應就是吐舌頭，突然全身抽

搐發出大笑，因為噁心而尖叫，及做出驚恐的姿態，因為每當她眼前出現父親舉起右手打人的生動畫面時，性興奮感都會伴隨出現，致使她馬上開始自慰，且無法隱瞞自己的慾望。

這看似嚴重的發病過程和她入院時所描述的情況一樣糟糕：

……她的狀況很糟，只會輪流陷入嚴重憂鬱及突發的大笑、哭泣和尖叫，除此之外一無所成。她再也無法直視人的臉，所以一直低著頭，當人碰觸她時，她就吐舌頭，並做出各種厭惡的反應。

這些描述一直都讓許多當代評論者產生誤解。第一個重新發現史碧爾埃的個人檔案，並發表出來的卡羅德努特即認為，她的情形可能是顯示出「精神分裂症」（schizophrenia）的「精神病發作」（psychotic episode）。該書的序言是由布魯諾・貝特海姆（Bruno Bettelheim）所寫，並針對卡羅德努特的著作做出了犀利的評論；貝特海姆的態度則是在「要不是精神分裂障礙，就是有精神分裂特質的嚴重歇斯底里」間徘徊不定。

於是一個時代所做的錯誤判斷就成了另一個時代的疾病。事實上，在史碧爾埃所留下的大量個人檔案以及任何已知屬於她的資料中，根本找不出理由證明史碧爾埃的病情比她的醫師在演講中所下的診斷——「心理性歇斯底里症」——更為嚴重。此外，正如在下一章中將會釐清的，在歷史情境下，這場演講的重點是要說明對特定歇斯底里症狀的新治療方法。在卡羅德努特這本著作的評論者中，精神醫學家安東尼・斯多爾（Anthony Storr）的看法獨樹一格，他支持這個「歇斯底里症」的診斷，儘管他補充那是由於：

……社會環境的改變，我們極少看到早期精神分析理論基礎的轉化歇斯底里症（conversion hysteria）嚴重案例。我的猜測是薩賓娜・史碧爾

埃是這類案例之一，而榮格的診斷則強調了一個事實，那就是歇斯底里症的病情確實可以嚴重到出現類似與現實斷裂的心理狀況。

斯多爾指出一個問題：雖然現在已經極少出現這類歇斯底里症的戲劇性案例，但在十九、廿世紀之交，這仍是十分常見的疾病，雖然名稱各有不同，但在精神醫學文獻中已有充分的案例說明。在知名的維也納大學擔任精神醫學教授的克拉夫特—埃賓曾在他的《精神病教本》一書中，對於這類疾病的現象做了完整描述；在歐洲的德語系國家中，廿年來這本書一直是首屈一指的精神醫學教科書。克拉夫特—埃賓相當強調情慾主題在這類患者的幻覺中所扮演的角色；他這麼做是為了替自己接下來進行的性病理學（sexual pathology）研究做準備，但同時卻也鞏固了這個古老的偏見。另一方面，傳奇的巴黎神經病學家尚—馬爾湯·夏爾科（Jean-Martin Charcot）則強調創傷的主題。夏爾科的觀點是，這類譫妄狀態通常出現在歇斯底里嚴重發作的第三期，該症狀被認為是潛在精神疾病的一種表現，而譫妄狀態的患者所看到的畫面則經常指向引起病情發作的某個特定事件。維也納的神經病學教授，也是知名腦解剖學家提歐多·梅內特（Theodor Meynert），曾針對這類錯亂狀態做了許多思考和推論，因此這類症狀的稱呼也冠上了他的名字（「梅內特精神錯亂」〔Meynert's Amentia〕），但這也造成他從前的學生佛洛伊德的不悅，他在製作自己的神經疾病診斷目錄時，為該症狀重新命名（「性幻覺錯亂」〔acute hallucinartory confusion〕）。梅內特曾強調這類狀態的願望實現面向，並將其與童年的精神狀態連結起來。佛洛伊德保留了願望實現這個假設，不過在當下情慾的情境中尋求造成幻覺的脈絡。

事實是，當時的醫師對於心理性歇斯底里的瞭解，比起目前的臨床醫師既多得多，但是也相當少。過去的醫師瞭解得更多，是因為他們有較多的直接診療經驗。在現在，初期的歇斯底里症狀，無論是疼痛，痙攣，或暈眩，很可能會被轉診給內科或是家庭醫師。這名病患會被投予煩寧（Valium，目前在美國最被廣為使用的藥物）或類似的藥物，然後被

打發回家。那些鍥而不捨，二次、三次回診，並在面對消極的診斷性檢查時堅持他們的症狀每況愈下的人，最後會被送去給精神科醫師，並被認為他們顯然是處於極大的壓力之下。這個冷漠的醫療體制，再加上某些基本心理學原則的廣泛文化宣傳，足以讓大多數案例無法被認知為歇斯底里症。在目前，達到譫妄階段的歇斯底里病患相當罕見，若能達到這個階段並進入精神病院，實習醫師和住院醫師會從各處跑來觀察這個完全發展的症狀；因為他們不知道自己還能不能這麼幸運，在此生再度看見這樣的案例。

然而在十九、廿世紀之交，情況正好相反。初期症狀出現時，病患可能就會被直接送往當地的神經專科醫師那裡。病人會接受充滿好奇心的訪談，而視醫師的專業素養，會建議病人接受包括冷水浴（體面的稱呼是「水療」）、電流按摩（電流強到可留下鞭痕），或至當地溫泉浴場（通常是與醫師有私人關係的浴場）修養等療程。如果病情加重，則可能嘗試更激進的療法，包括卵巢和陰蒂切除術（這是最極端的狀況）。在此同時，則是由家庭成員來決定病人接受哪一種療法最好。但是當病情已經由神經專科醫師診斷確定時，病患的父母、配偶及孩子又能做什麼？在這樣的氛圍之下，歇斯底里症開始興盛起來。對於歇斯底里症的科學認識也因此大為增長。

當然了，古人老早就已經知道歇斯底里症的基本症狀了。古希臘理論認為，該病的病灶是子宮（即希臘文的「歇斯底拉」〔hystera〕），這也是「歇斯底里」這一名詞的由來；而發病原因被認為是某種性或是生產方面的挫折，因此會用早期的性交療法來治療。希臘人還知道，光是心理性的原因，像是病患不願透露的激情，可能就足以引發該疾病。偉大的中世紀醫師阿維森納（Avicenna）詳細說明當時流行於回教世界的一種相關疾病，並以其洞見為其命名為「相思病」（love sickness）。在檢查過程中，阿維森納會邊為患者診脈，邊詢問患者是否喜歡上了某個人。如果患者的脈搏加速了，問題就會逐步變得更精確：這個人是否住在某個城市、某一區、某條街？一直像這樣問下去，直到患者供出這個祕密戀

情對象的身分為止。當然,這時就交由家人來決定接下來該如何處置了;除非無法靠婚姻來解決問題,阿維斯納才會進行其他形式的治療,來增強患者的意志。

歇斯底里症一直被懷疑與祕密戀情或情慾受挫有關(也被稱為是「修女、處女和老處女的病」),這樣的看法一直維持到現代,儘管每一個時期對於如何在概念上說明相關身體機制,出現許多不同看法。在十九世紀,來自倫敦的眼科醫師理查‧卡特(Richard Carter)及法籍醫師保羅‧布希凱(Paul Briquet)為這個課題帶來了新見解。卡特提出了這種疾病的現代心理學式描繪,這個心理學式描繪的特點是,他主張相關的心理動機會隨著疾病的進展而改變。同時,布希凱則藉著說明歇斯底里症在巴黎妓女間的普及率遠勝於其他專業的職業女性,從而平息了關於情慾挫折的疑慮。至於造成歇斯底里症的原因,布希凱認為是「激情」,他主張心理創傷是主要引發疾病的原因;關於這一點,他的看法尤其具有說服力。

然而在史碧爾埃接受住院治療的時候,這些洞見幾乎是付之闕如。吊詭的是,造成這種現象的動機卻是想要增加科學知識。在卡特和布希凱努力以心理學方法描繪歇斯底里症的同時,法國的路易‧巴斯德(Louis Pasteur)和德國的羅伯‧柯霍(Robert Koch)正進行著一項更具重要性的工作,他們正針對該疾病的現代理論添上完成的最後一筆。根據這個新的綜合理論(我們該停下來好好思考該理論到底有多新),疾病的成因是特殊病原體引起器官的失常所造成,而所謂的病原體多半是細菌或病毒。在病況持續進展並導致死亡之後,可以透過解剖驗屍,直接查明疾病對於侵犯器官的影響。除此以外,醫師也能根據症狀和臨床病程試著對疾病進行分類,並接著透過細菌學證明,在這類案例中皆出現特定的病原體,進而確認該理論的正確性。這是個既具革命性又完全站得住腳的理論。並且,由於該理論提供了統合所有相關學科的途徑(臨床描述、細菌學、生理學以及解剖驗屍),使其幾乎馬上得到全世界的接納。柯霍和巴斯德則進入了醫學的萬神殿。

　　不幸的是，在大部分精神疾病治療的運用方面，這個新的綜合理論
非常不成熟。因為在大多數精神疾病中，除了三期梅毒（tertiary syphilis）
和極少數嚴重的神經症候群之外，驗屍解剖的結果顯示，在假設的病
灶——大腦中——並未出現器官病變。而尋找病原體的努力也一樣徒勞
無功。可以肯定的是，神經系統的生理學研究開始斷斷續續出現重要進
展，正如我們對於大腦某些位置功能的認識一樣，這些努力的唯一成果
是讓顯微鏡研究成為精神醫學家訓練的一課。

　　因此在十九世紀的最後幾十年，出於想要更加科學化的良好意圖，
官方精神醫學開始百花齊放。除了直接觀察之外，其實能做的並不多，
但醫師們奮力識別出某些常見的症候群，臨床症候群於是迅速繁增。在
此同時，令人振奮的神經系統相關新發現，讓精神醫學的理論化工作逐
漸變得只關注於一組假設，並以該假設為基礎推斷出對於精神障礙的新
解釋；這些假設是與腦部路徑、新陳代謝毒素之類相關的極初步假設，
這樣的現象日益嚴重，只有少數深具洞見的人才明白，整個精神醫學領
域已經墮落為某種「大腦神話學」了。

　　在這時期推出的諸多理論中，有兩個與我們的故事直接相關：一個
是遺傳性退化理論，另一個是神經系統的「功能性」病變理論。遺傳性
退化理論是一種純理論的精神醫學，目的是要試著讓這個學科與新的達
爾文演化論連結在一起。尤其是該理論宣稱，某些家族遺傳特質會在下
一個世代中症狀逐步加重。因此在第一代人身上，可能只會找到輕微的
病狀，例如神經質或一般的心理性怪癖（也許表現在不尋常的宗教觀念
或者是藝術愛好上）。下一代則會出現加重的疾病症狀，像是癲癇或嚴
重的歇斯底里症。接著到了第三代，這些輕微症狀會被精神病和明顯的
犯罪傾向取代。如此這般延續下去，直到血脈斷絕為止。對現代讀者而
言，這理論乍看確實十分怪異，但反思片刻後，讀者們就會明白這理論乃
是以十分真實的觀察為基礎，也就是精神疾病確實會在家族中流傳，而
且至少在某些家族中可觀察到病態日益嚴重的情形。與十九世紀觀點不
同之處在於，現代人偏好將任何漸進退化現象歸因於心理性因素，並認

為是因為對下一代的不當教養，才造成此嚴重退化。然而在十九、廿世紀之交，人們認為心理性因素伴隨著生理性因素，而家族性原生質會隨著精神健康一同退化。儘管更具有洞見的人開始反對這個理論，該理論依然盛行了一段時間。也因此，在如布爾霍爾茲利精神病院這類國立精神疾病醫院工作的精神醫師，診斷時的頭幾項要務之一，就是詳細記錄家族病史。

遺傳性退化理論也在精神醫學之外的領域享有盛名。舉例來說，以克拉夫特－埃賓的先驅性著作《性病態心理學》（*Psychopathia Sexualis*）為首，在研究性偏差的文獻中，該理論一直被當作解釋病情的變項之一。同樣的，社會評論家以該理論為基礎，抨擊他們視為墮落潮流的文學和藝術，使其成為一股文化風潮。馬克斯・諾爾多（Max Nordau）的暢銷著作《退化》（*Degeneration*）就是將許多現代藝術家描繪為不同形態的罪犯或天才，而惡名昭彰的作曲家理查・華格納（Richard Wagner）就是其中一個最好的例子。該理論最嚴重的曲解是將退化的概念當作初期種族低劣論的基礎。此議題對猶太人而言尤其敏感，因為不分猶太籍和非猶太籍醫師，都將該理論當成一個簡單的醫學事實，他們並認為，猶太人罹患精神疾病的比率高於歐洲的其他種族。

與我們的故事有關，並且常被用於解釋史碧爾埃案例的另一個著名理論，是「功能性」神經障礙說。之所以會出現這種疾病的分類，是出自某種古怪的特質，也就是神經疾病患者腦部的驗屍結果中，看不出任何解剖性病變。因此，一八八〇年代初期時，十分流行將神經系統中之「功能性」病變（意即非結構性病變）理論化，並將其視為「神經疾病」，或現在所謂的「神經官能症」（neurosis）之主因。在概念化這類功能性病變的起因時，醫學理論轉向創傷的概念：如同以鐵鎚重複敲打一個磁鐵，它的磁力會神祕地消失一樣，人們認為神經系統在面對創傷時可能也會多少改變其功能運作，無論是外在的（例如被失控的馬車撞傷）或是內在的（以內源性毒素的形式，例如因甲狀腺亢進而產生的內源性毒素）創傷。這樣的創傷本質上可能是和性慾相關，例如童年的創傷性

虐待（traumatic abuse），正如人們非常能夠理解青春期的心理變化構成了重要的內源性壓力因素，這些因素可能會在先天體質不良的人身上引發歇斯底里症。但是這類可能的性因素並未受到另眼相待；跟早期觀點不同的是，這個「功能性」觀點認為，有許多促發要素可能會引起歇斯底里症。真正的原因存在於其所導致的神經系統病變中，而這樣的情況只可能出現在先天遺傳不良的人身上。

　　有趣的是，至少曾有一段時期，大致上相同的範式已經在催眠研究中證明了自己的價值。將催眠狀態以及歇斯底里性「夢遊症」兩種情況並列，主要是出自夏爾科的功勞。夏爾科曾有過一番傳奇事業。到他的事業末期時，他不但首先識別出各式各樣確實的神經病學症候群，包括脊髓癆（tabes dorsalis）以及脊髓灰質炎（poliomyelitis，譯注：即小兒麻痺）。與豪門結親又深諳社交之道的他，也將自己的家打造為全巴黎最受歡迎的沙龍。他在薩佩提耶慈善醫院（Salpêtrière Hospital）的週二講座不僅是城裡每一位外國醫師會參與的盛事，也風靡了巴黎當地的藝文界菁英。在一八八〇年代初期，夏爾科帶著高盧人的自信宣布，結構性神經病學障礙的研究，也就是那些由驗屍解剖證實的研究，大致上已經沒什麼好做了，他將轉而投注於當時仍相當創新的功能性障礙類型的研究，其中歇斯底里症就是最首要的案例。然而，儘管他在結構性神經官能症的研究成果堪稱傳奇，夏爾科的疾病理論卻倒退回早期的狀態。他認為神經官能症本身在某種程度上是自成一類，因此他嘗試勾勒出該疾病在任一特定病患身上的表現程度。針對像脊髓灰質炎這樣的疾病，這種方法確實相當有用，夏爾科於是毫不猶豫地將其運用在功能性障礙的研究上。因此他針對歇斯底里症描繪出發作的四個階段，而針對催眠則概括出三種受催眠程度。此外藉著混合及配對這兩個領域的症狀，夏爾科認為依據症狀的相似性，他已經發現了這兩個領域之間的基本連結。從他的觀點來看，歇斯底里症牽涉到神經系統的天生脆弱性，而在心理方面的最主要影響就是，會讓病人不由自主地進入催眠狀態。根據夏爾科的看法，這樣的並列從相反方向來解釋也行得通：只有歇斯底里症患者才

會容易受到催眠。根據這個理論基礎，並搭配戲劇性案例素材的說明，夏爾科終於在一八八二年贏得法國科學院（French Academy of Sciences）的認可，接納催眠中確實存在神經病學的要素；這個聲譽崇隆的機構在此之前已經兩次否決了這個概念。

然而，夏爾科的理論（或者該說是夏爾科的實踐）卻有兩個致命的問題。負責準備他的實例示範的主治醫師都清楚知道這個理論，患者本身也是如此，因為患者們大多是把薩佩提耶當成第二個家的勞工階級婦女。這些患者有許多是受過創傷的女性，迫切希望不要離開醫院，在不願讓她們失望的資淺醫師的良好指導下，她們很快學會如何在教學討論會（Grand Round）上演出人們期待的行為。她們按部就班地演出催眠狀態的三階段，以及甚至更戲劇化的歇斯底里症發作四階段。當夏爾科碰觸她們，比方說碰觸她的卵巢部位，她就會立即昏厥。這說明了「歇斯底里源區」（hysterogenic zone）的力量。當他用鐵杖碰觸患者的脊椎，右手臂的癱瘓感會立刻轉移到左手臂。這稱為轉化作用（le transfert）。諸如此類，患者們的表現全都遵照最新的神經病學原則。此外，由於這些現象被認為是真的，一群菁英研究者很快便想到，伴隨某些歇斯底里症狀出現的知覺改變，可能可以為基本的心理學原則研究提供一個比較性的基礎。於是法國的實驗心理學誕生了，而夏爾科的歇斯底里症患者就是實驗室裡的青蛙。

糾正這個深具說服力但是荒唐愚行的聲音很快便出現了。一八八八年，法國南錫的希伯利特·貝恩海姆（Hippolyte Bernheim）發表了兩項重要研究，他在其中一項中說明，催眠不過是一般人類對暗示感受力的一個特殊例子罷了。這個觀點的必然推論是，貝恩海姆也堅稱任何人都可以被催眠，不僅限於歇斯底里症患者。他進一步主張，人們在暗示之下表現出的現象，包括催眠狀態本身，都不過是暗示的影響罷了，本身並不擁有獨立的神經病學實在性。貝恩海姆從事催眠研究，一部分是出自醫學上的理由（針對某些神經病症，催眠是個快速有效的療法），一部分則是因為身為一名猶太人，他相當關注東歐不久前發生的一宗駭

人聽聞的謀殺案。一位猶太拉比的兒子證稱他目擊自己的父親謀殺了一個基督徒孩童，以便取得血液來進行踰越節儀式。在儀式過程中謀殺基督徒孩童的指控（即所謂的「血謗」〔blood libel〕），是反猶太主義的主要標記，其源頭可回溯到中世紀。在十九世紀下半葉一場廣為人知的審判中，該指控又再度出現，這確實是個不祥的發展。貝恩海姆在研究筆錄時知道，檢察官向證人暗示了他所需要的證詞。他正確地下了一個結論，如果光是暗示就能夠在高度緊張的情境中產生如此可怕的力量，那麼暗示也可以在所有夏爾科最近的研究工作底下扮演唯一的有效因素。貝恩海姆在這本書中用了許多篇幅，毫不留情地抨擊薩佩提耶的慈善醫院。

　　接踵而來的論戰（夏爾科於一八九三年驟逝，及時免去目睹自己事業全面崩盤的打擊）既有嚴肅的一面，也有可笑的一面。從理論性的觀點來看，這意味著歇斯底里症的研究又再一次打開了一個領域，注入新的研究力量。如果夏爾科特殊的綜合理論沒有被保全下來，人們仍然承認神經系統的某些變化與疾病有關連，且通常認為是天生的神經過度敏感所造成。從一個更實際的觀點來看，這意味著從此以後研究者必需十分謹慎，免得自己被指控是在人們不知情的情況下進行暗示。尤其更意味著不要太過依賴歇斯底里症受試者的自我陳述，他們的證詞如今在科學方面受到質疑。但是實際挑起騷動的是貝恩海姆主張任何人都能被催眠，不僅限於歇斯底里症患者。德國醫界已經安於認同夏爾科所描寫的異常狀況，只會發生在法國這相對低劣種族中，因此德國醫師們非但沒有因為貝恩海姆主張夏爾科現象不是真實的而感到安心，反而因為這些驚人的法國症狀就要散播到自己的故鄉了而感覺備受威脅。因此在德國的醫學與法律文獻中出現了憂慮的聲音，憂心如果貝恩海姆的研究在社會中廣為散播，可能會引發「精神傳染病」。似乎沒有人有智慧足以注意到，這個已經相當廣布的醫學與法律層面的憂慮，本身就是某種精神傳染病；雖然深具洞察力的比利時評論家喬瑟夫·戴伯夫（Joseph Delboeuf）的確曾發表過評論，他十分精闢地觀察到，呈現出強大暗示感

受力的是那些法國醫師，而不是他們的病人。

到了世紀之交，或者是由於這些論辯的遲來影響，也或者是由於其他尚未被完全理解的理由，歇斯底里症的現象學開始出現了變化。那些最戲劇性的形式，例如夢遊和譫妄狀態，開始在歐洲各地消失了。就這方面來說，史碧爾埃的精神錯亂是這個一度盛行的浪潮的最後一道餘波。她注定成為這個直到當時仍在快速累積的文獻中，最後描述的一則案例。

診斷是出於洞察力；它依賴先前的經驗，也依賴理論。史碧爾埃的譫妄狀態從兩種觀點來看都十分眼熟。文獻中已針對許多和她相似的案例做了充分描述，儘管研究者仍懷疑，該如何看待患者的幻覺和激烈的情緒表達，但他們皆同意患者因某種原因而受苦。盛行一時的觀點是，真正的騷亂原因埋藏在歇斯底里的體質中，人們認為是遺傳的神經系統的心理過度敏感造成疾病發作。在許多次要的事情上則出現分歧的意見，例如這樣的疾病是否存在男人身上，或是如何妥善思考這種身體疾病所帶來的心理缺陷，或是病因與各種環境因素之間該如何建立關連。然而人們充分理解到，這類歇斯底里性的譫妄狀態儘管會出現，但是就預後情形來說，患者並不會變得比其他更常見的歇斯底里體質患者更糟。

住院治療

另一個診斷誤解的來源是，史碧爾埃必需住院這個事實。在我們的時代，這樣激烈的措施是保留給更嚴重的疾病。因此，我們不只會傾向設想病人的病況嚴重，也會以為她的醫師必然投注了極大的努力。在這裡我們又再一次誤判了過去的實際情況。事實上，住院是經常用來治療歇斯底里症的方式，尤其當譫妄狀態嚴重時。原因正是人們深知的，一旦讓患者與家庭隔離，這類症狀幾乎立刻會減輕。

夏爾科的理論強化了乍看似乎無法治療的遺傳素質因素，然而他自己卻和他過去的門徒皮耶・賈內（Pierre Janet）一樣，是住院治療的虔誠信徒；賈內在史碧爾埃入院時，或許可說是歇斯底里症的世界一流權

威。在這個議題上（實際上，就和夏爾科的假設一樣），賈內提供了一種微妙的心理學理論基礎。根據他的見解，住院治療是必要的，因為讓患者與家人隔離，就能認可患者的罹病感。因為在圍繞著這些症狀而產生的「道德鬥爭」中，家族成員的反應本身經常就是致病的原因：

　　過度的堅持造成了更誇張的反抗；這女孩似乎瞭解到，自己的最小讓步可能會讓她從一個病人變成一個任性的孩子，而這是她絕對不會承認的。

　　事實上，在家人（即使諮詢過當地醫師）失敗後，針對症狀交涉談判的任務就落到了醫院的頭上。當然，患者對於正在進行的事可能有充分認知，並會相應地做出抗議。因此一九八三年，當佛洛伊德正詳細記錄一個相似案例，以便讓病人取得在克羅茲林根（Kreuzlingen）的賓斯旺格（Binswanger）私人療養院的入院許可，他發現在病歷表後附上以下這個通情達理的注解，是個富有政治手腕的做法：

　　我已經向她保證那裡的醫師一定會像我們一樣仁慈、親切地對待她，而且不會認為她在裝病或誇大病情。如果有人關注她，也許可以為她做點什麼。

　　在史碧爾埃住院的同一年，伯恩（Bern）著名的神經病學家、心理治療師保羅・杜伯（Paul Dubois）發表了他在神經障礙之道德治療方面的巨著。杜伯是位不相信諸如遺傳性退化這類觀念的激進派，而他的治療方法——「勸服」，與尋常的催眠療法迥然不同。然而他也一樣傾向支持住院治療：

　　我已經習於看到這些歇斯底里症的表現，尤其是出現比較戲劇性病

症的患者，在住進療養院後，通常是從第一個小時開始，症狀就不再出現。在道德氣氛改變的唯一影響下，我甚至不需要費事去誘導病人做療癒的自我暗示。不過有時候還是必需要用談話治療才能做到。

其他一流的醫師則傾向認為「談話治療」是多餘的。因此在埃米爾·克雷貝林於慕尼黑的診所中，並沒有專設讓病人與醫師私下交談的房間。而在巴黎，在夏爾科後繼者喬瑟夫─朱勒·戴爵希（Joseph-Jules Déjerine）及喬瑟夫·巴賓斯基（Joseph Babinski）主導之下的薩佩提耶，歇斯底里症的優先治療選項是完全隔離。以白色床單包圍病人的床，食物則以托盤送入，這樣的隔離程度幾乎等同於剝奪患者所有的感官。

然而最強調將住院治療運用於神經疾病的人，莫過於身兼醫師及業餘小說家兩種身分的美國人威爾·米歇爾（Weir Mitchell）。全球知名並獲得佛洛伊德等多位知名人士背書的威爾·米歇爾靜養所（Weir Mitchell Rest Cure）的治療方式中，包括了強制臥床休養，讓病人隔絕朋友及所有消遣活動，以及過量餵食。米歇爾對所有神經疾病患者一律給予過量餵食的處方（因此贏得了「安靜醫師和食物醫師」〔Dr. Quiet and Dr. Diet〕的綽號），他的理論是營養強化有心理和道德上的功效。

真正的問題並不在病人住院時對他們進行什麼治療，棘手的事情是在出院後才接踵而來。症狀迅速減輕也產生了問題。杜伯提出這個課題：

我看過病患在屈服於心理治療影響時，感到一種錯誤的羞恥感，這種羞恥感不僅妨礙了疾病的痊癒，也造成他們在回到家庭圈時舊病復發……他們自然而然地厭惡向鄰居及朋友們坦承，入院以後老毛病就迅速痊癒。他們害怕這些人會對他們說：「什麼！用了精神治療的辦法，就把你那多年的老毛病在兩個月內給治好啦！那你就是那種『無病呻吟』（malade imaginaire）的人嘛。如果你多加把勁，你早就把你自己給治好了。我早該這麼跟你說了。」有些患者因為害怕這樣的批評而故意延長恢復期，免得遭遇到這些無禮的反應。

這是他們的療法當中最艱難的部分，戴爵希和巴賓斯基除了將療程結束的時間交由病患自行決定之外，就沒有更好的辦法了。一九○七年，美國醫師 A. A. 布瑞爾（A. A. Brill）在造訪薩佩提耶時，發現有位婦女進行過多次的「隔離療法」（raitement par isolement），「她說當她覺得無聊而且再也無法享受隔絕生活時，她就要求結束，而醫師的回應也很體貼」。威爾‧米歇爾的解決辦法是，事先嚴格限定時間──兩個禮拜的臥床休養，然後就結束，接著做一些簡單輕微的運動。若病人在指定時間到時仍不願從床上起身，米歇爾就會下一帖猛藥。他宣布如果她不起床，他就要加入她的行列，接著他開始脫衣服，而這個動作能讓不聽話的女病患連忙穿上衣服，到健身房報到。

賈內對歇斯底里症及一般通稱的神經疾病做了許多研究，最精密的治療策略也是賈內想出來的。一旦住院治療的新病患準備好了，賈內會立即對他或她進行縝密的研究，他會鉅細靡遺地將患者說過的話記錄下來，當有意識的回憶行不通時，他會毫不猶豫地運用其他各式各樣的辦法，像是無意識書寫（automatic writing）、無意識談話（automatic talking）和催眠。利用這個辦法，賈內建立了極為詳盡的個案史，透過這些個案史他便能追蹤各種類型的分裂思想（split-off idea，賈內認為這是該病症的典型標誌），是如何隨著時間而逐漸形成。為了探討特定的解離思想（dissociated idea），例如對某個創傷事件的分裂記憶，賈內會運用催眠的辦法，此時催眠要不是用來直接對付創傷所引發的症狀，就是用來取消創傷的記憶，也就是暗示患者事情從未發生過。若有一名患者的症狀根源可追溯到童年時某個夜晚，她曾與某個臉部嚴重畸形的女孩同床共寢，賈內便使其進入催眠狀態，令她想像她回到了事件發生的現場，但是與她同床的小女孩的臉是正常的。然而相較於漫長的住院治療，賈內更著重於病人的康復，他運用諸如工作療法、思想練習（mental exercise）、執行某些任務的特殊指令等各種方式，這些都是為了重建病人的心智強度而設計；心智強度也可以用「心智力」來理解。這套心智康復療程十分符合賈內的理論，他認為歇斯底里症的潛在病因是體質虛弱

的神經系統，且容易表現出解離狀態的傾向。療程的綜合效果是提供生活的再教育，並為離院之日預作準備。

文理中學教育

賈內曾經談到許多病患都是在「表演」而已，人們連他們所說的「四分之一」都不該相信，「他們想要用他們的偉大或是罪咎來令你留下深刻印象，但是連他們自己對這些都是半信半疑，或者壓根兒就不信。」史碧爾埃的父母似乎接受了同樣的說法，因為他們明顯認為，她的譫妄情形一旦消失，她就能進入頗負盛名的蘇黎世大學醫學院就讀，才將他們的女兒帶到蘇黎世。考量這個令人有些驚愕的計畫，我們可以重新思考這個患者主述的重要性，以及這個案例的尋常及不尋常之處。

史碧爾埃對於排便情形過度關切──尤其是在用餐時間──並沒有什麼不尋常之處。這在當時是常見的症狀，事實上在接下來的兩年內，同一家醫院裡就有過同樣的案例。雖然大家一般都過度強調維多利亞時期的道德風俗會引發歇斯底里症的面向，但是在形塑某些常見的長期症狀上，這些道德觀確實扮演了一個決定性的角色。女孩們被反覆灌輸應該要展現出某種女性氣質是如此不食人間煙火，因此阻礙了進食、排便、流汗之類的基本身體功能，當她們想要超凡脫俗的心願破滅時，這類事情就會令她們全神貫注。這是個再簡單也不過的心理邏輯，這樣的邏輯使得一個教養良好的少女只要想到食物，就會很快從某個地方再次排泄出來，就會對坐在晚餐桌前產生抗拒。

同樣地，史碧爾埃對她父親舉起要教訓她的手產生幻覺，也不是前所未見。這類案例頗為常見，而且自從盧梭在《懺悔錄》中描述他年輕時被鞭責時產生的快感後，該幻想也與情慾連結在一起。克拉夫特─埃賓在他的巨著《性病態心理學》中曾提出許多案例，對這個連結提出合乎時代的科學性解釋，案例中包括一個光想像「學校女老師」的手做出拍打動作，就能得到肉慾快感的女人。對這類事情知之甚詳的不是只有醫學界而已。魯道夫・賓尼昂（Rudolph Binion）在為莎樂美（Lou

Andreas-Salomé）所著的傳記中即描寫過，她童年早期經歷過鞭打和排便事件，那些情景到了她成年時仍歷歷在目，並帶來興奮感，足以使她將這些經歷寫進私人的日記本以茲紀念。而再一次，雖然在布爾霍爾茲利精神病院裡的歇斯底里症患者並不多，但是短短幾年的時間內，就出現了另一名病人對被父親責打有同樣的幻想：

他父親愛她，以性的方式；這念頭是她孩提時出現的，除了其他溫柔的舉動外，他還會用一種特殊方法責打她的臀部，而且只有在她母親不在場時才這麼做。

史碧爾埃「拙於掩藏的自慰」及明顯的嘔吐也沒有多麼稀奇。我們將在其他章節中看到，兩年半前在布爾霍爾茲利精神病院接受治療的另一個患者，也有完全一樣的綜合症狀。對如今的讀者來說，史碧爾埃這樁看似粗糙的演出，或許顯得有些偏激。但是同樣的，當時的主治醫師也可以用事先預備好的溫和方式來理解這個案例。他們會注意到這名年輕女性是俄國人，而人們都知道歇斯底里症會以相當不文明的形式出現在該地。像克拉夫特—埃賓這樣的權威人士認為，在俄國及斯拉夫裔女性間，明顯的被虐傾向是一種天生，且是常被公開承認的性偏好。同樣的，亞伯特·徐然克—諾辛（Albert Schrenck-Notzing，他是克拉夫特—埃賓的學生，也是將催眠用於治療性取向的先驅），也在他的俄國患者中遇到了被他形容為最棘手的案例。甚至就連史碧爾埃的醫師榮格，也在五年後當佛洛伊德認為史碧爾埃的表達方式相當古怪時，以她的國籍當作向同僚致歉的理由。在解釋時，榮格簡單地評論道：「S小姐是俄國人，所以舉止笨拙。」

然而，史碧爾埃案例的在許多方面相對上平凡無奇，有些方面就相當不尋常。首先，她是個富有家庭出身的歇斯底里症患者，這個事實就讓她在這家醫院裡鶴立雞群了。良好家庭出身的歇斯底里症患者一般都進入私人的療養院，雖然布爾霍爾茲利精神病院附屬於蘇黎世大學，但

它仍是大型的州立設施，大約相當於現在美國的州立醫院。布爾霍爾茲利精神病院收容的歇斯底里症患者是未受過教育的人，並且大多來自下層階級。比起占州立醫院多數案例的其他患者群，例如瘋子、三期梅毒患者和精神分裂症患者，歇斯底里症患者的數量相對較少。因此，在一九○四這一年，進入布爾霍爾茲利的兩百七十六名新成員中，只有十二名患者的病情診斷與歇斯底里症扯得上關係。而在這十二名患者中，也許只有史碧爾埃和其他一兩位患者來自有能力負擔「頭等」病房的富裕家庭。

史碧爾埃的俄國人身分也讓她成為布爾霍爾茲利裡的少數派。一九○四年入院的兩百七十六人中，只有五個是俄國人。她的猶太人身分也同樣很特殊，因為猶太人患者也很罕見。在一九○四年的住院患者中，不分新來舊到，猶太人總共只占了三百三十二名患者中的九名。

史碧爾埃的俄國背景還提供了另一個讓她在這個新環境中顯得相當特別的因素——文理中學文憑。她是自由式沙皇教育政策的受益者，而這種教育政策和當時瑞士的教育政策十分不同。在俄國，女性允許進入文理中學接受教育，並在之後進入大學。而在瑞士，一個富裕家庭的女兒在少女時期可聘雇私人教師，因此有能力和人輕鬆地知性交談，但是這樣並不足以讓她有資格進入大學。只有擁有文理中學文憑或是同等學歷的人，才能進入瑞士的大學攻讀授與文憑證書的學位。因此，在一八九○年代初期，當蘇黎世醫學院開放錄取女性時，第一位女性畢業生就是俄國人。史碧爾埃的教育背景以及她的大學前景，是一個瑞士女孩無法望其項背的。

對史碧爾埃的主治醫師來說，與其說她個性古怪，不如說她更具有異國風情。撇開她的譫妄情形不談，她受過良好教育，來自富裕家庭，擁有想要接受專業訓練的野心，而且俄國猶太人的身分又使她成為一個局外人。我們希望更瞭解她的家庭和背景，但實際上關於這兩者，我們唯一的資訊來源是史碧爾埃在一九○九至一九一一年期間所記錄的一本日記上的隻字片語。而且這些訊息也完全無法和負責她的病例的醫師所

寫的病歷聯繫起來。史碧爾埃自己後來在一九一二年的一篇文章中曾公開了她對童年早期的回憶，但這些資訊也同樣難以查證。在我們對照她的日記和文章之後，可以發現幼小的史碧爾埃是個有豐富想像力的孩子，她耽溺於幻想與刺激的遊戲，在玩遊戲時，她的一位叔叔會開玩笑地嚇唬她，裝神弄鬼，而且假裝要把她抓走。於是她和她當時還是個嬰兒的弟弟尚恩（Jean）也玩起這個遊戲，只是角色互換了。就像許多孩子一樣，她也對於小嬰兒從哪裡來這個問題十分感興趣，還設計了許多辦法，像是利用廚房的一角搞起煉金術，打算炮製出造人的奇蹟。進入青春期之後，史碧爾埃長成為一個十分嚴肅的少女，經常覺得自己沒有魅力，並因為這樣的想法而畏縮退卻，但她在班上是名列前茅的優秀學生。音樂是她寄情的消遣，她也愛慕著幾位男性。至於她的醫師所描述的惡化症狀是否妨礙了她的社交生活，以及她的病是否妨礙了她迅速成長的智識能力，在她的日記中看不出來。在文理中學時代，她寫過以宗教史為主題的深奧論文，除此之外，她也聰明到足以跟進俄國的政治發展。

　　史碧爾埃的雙親周遊各國四海為家，他們度假的地點不僅限於聖彼得堡，還包括巴黎、波羅的海岸的寇柏格（Kolberg），以及瑞士的康士坦茨湖（Lake Constance）。他們的家位於頓河畔的羅斯托夫，這是僅次於敖德薩港（Odessa）的黑海要港，家裡還有一位專門照顧孩子們的奶媽，或者說是俄國老奶奶（babushka）。她的父親是個生意人，母親是個大學畢業生，十分適應充滿旅行和鉤心鬥角的上流社會生活。他們顯然不是因為有感情才結婚的，史碧爾埃的母親和她青春期的女兒競相爭取各種男人的注意力，其中包括一位讓史碧爾埃感到非常羞怯的中學教師。同樣的，她母親似乎利用丈夫的姓氏對他進行一種特殊的報復。在德文中，「史碧爾埃」的意思是「賣弄清純」，很容易被人認為有性暗示。史碧爾埃夫人是在不情願之下接受了史碧爾埃先生的求婚，她接著決定讓薩賓娜，亦即這段婚姻中出生的五個孩子的老大，在對性完全無知的情形下被撫養長大。這樣做的理由是希望這孩子可以在被這段不幸婚姻關係所

污染的世界之外成長。由於史碧爾埃家族在羅斯托夫這個新興港市的地方上具有影響力，史碧爾埃夫人甚至能夠讓中學修改課程，好讓她女兒不必在生物學的課堂上學習到生殖的相關知識。史碧爾埃先生享受偶爾在妻子背後打他大女兒的理由，也許是出於一個可以理解的願望：希望可以打入母親和女兒之間過度純潔的魔法圈。他女兒從性慾方面來理解這些毆打的意涵，也許至少有一部分是在回應他對這件事的幻想。

性與創傷

　　史碧爾埃的譫妄症狀對榮格及布爾霍爾茲利的其他醫師來說，還有一個潛在的重要因素，雖然這和她個人沒有任何關聯。一九〇四年初，史碧爾埃入院前幾個月，李歐博・羅文斐德（Leopold Löwenfeld）的最新著作《心理性執念》（*Psychic Obsessions*）才剛問世，這本書包含了佛洛伊德所寫的兩篇重要信件。布爾霍爾茲利院長尤金・布魯勒（Eugen Bleuler）立即為《慕尼黑醫學週訊》（*Munich Medical Weekly*）寫了一篇評論讚美這本書，並在一九〇四年四月刊出。但布魯勒在評論中並未給予佛洛伊德特別的讚賞。

　　佛洛伊德開始嶄露頭角是在一八八〇年代中期，由於他推廣用古柯鹼這種新藥來治療當時相當著名的一種神經官能症——神經衰弱所引發的疲倦、陽痿及其他症狀。在那之後不久，他便出於意氣相投將夏爾科的兩本書以及貝恩海姆的一本書翻成德文，並緊接著在一八九一年，針對失語症發表了自己的傑出理論著作。直到今日，神經學文獻仍然會引用這篇論文。他也針對兒童期麻痺症發表了一系列較不為人知的文章。

　　但是真正讓佛洛伊德在醫學界一炮而紅的，是他和傑出的維也納內科醫師、生理學研究者約瑟夫・布魯爾（Josef Breuer）合作，於一八九五年發表了《歇斯底里症研究》（*Studies on Hysteria*）一書。人們立刻公認布魯爾和佛洛伊德對患者敏銳細膩的心理學描繪，至少與賈內已發表的案例並駕齊驅，更遠勝同一領域內所有其他作者。而且他們的理論既容易理解又通情達理：根據布魯爾和佛洛伊德的看法，歇斯底里症來自

受到扼抑的情感體驗，這些體驗剝奪了正常的發洩管道，透過症狀重新表達出來。此外，布魯爾和佛洛伊德治療這種病症的方式十分合理：如果患者（通常處於輕度催眠狀態，但有時甚至沒被催眠）可以重新體驗到當初受到壓抑的情感，那麼症狀就會消失。這個方法被命名為「宣洩療法」（cathartic therapy）；雖然意思上有些不同，但命名是根據亞里斯多德的理論，他認為在劇場中觀賞悲劇具有淨化情緒的效果。很快地，許多其他城市的醫師便開始嘗試這個療法，他們通常想將該療法和制式的催眠術做比較。結果並不一致，但並不是全無指望。針對可能造成情感壓抑的心理創傷，布魯爾和佛洛伊德保持開放的態度：在他們最著名的「安娜・歐」（Anna O）案例裡，病原似乎是照顧垂死父親所帶來的沉重壓力，但是在許多其他的歇斯底里症案例裡，這兩位作者毫不猶豫地指出，布魯爾所謂的「婚姻床上的祕密」是為致病的原因。

　　然而在隔年，即一八九六年，佛洛伊德卻自行出走，將自己的信譽賭在一個極為特殊的命題上，也就是童年時期的性創傷是唯一且可充分引發歇斯底里症的原因。根據佛洛伊德的看法，歇斯底里症的症狀是因壓抑童年時受到侵害的記憶而產生。佛洛伊德更進一步主張，這個令人訝異的新穎理論，來自於他已經開始使用的一種更新、更好的非催眠治療方法，他稱之為「精神分析」。

　　佛洛伊德在一八九六年提出的理論也就是今天所謂的「誘姦理論」（seduction theory），這理論最近也被某些當代觀察者重新拿出來討論。公允地說，針對童年時期性侵犯（sexual abuse）可能造成的極可怕且長期的影響，佛洛伊德確實是第一個認識到這一點，並且使用心理學辭彙來描述的人。但是若由這個角度看待這件事情的話，會無法知曉佛洛伊德當時嘗試提出的，以及與他同時代的人所理解的核心論點是什麼。因為佛洛伊德主要感興趣的是歇斯底里症，而不是兒童時期虐待。他對後者的興趣只是因為從他的角度來看，後者解釋了前者的病因。根據佛洛伊德的主張，壓抑童年時受到的性虐待行為的記憶是唯一且充分解釋每一個歇斯底里症案例的原因；所有其他的理論都已經過時了。

　　可以理解的是，佛洛伊德的主張引起了人們的質疑。歇斯底里症在當時十分常見，但似乎不可能每一個案例中都曾發生過兒童時期虐待事件。當佛洛伊德首次發表他的研究發現時，克拉夫特—埃賓是那次維也納醫師學會會議的主席；他也相當熟悉童年性騷擾所造成的實際情況。雖然他傾向同意佛洛伊德的理論，但是在評論這場討論時，他卻說佛洛伊德的理論聽起來「像個科學童話故事」。文獻中的某些評論家用詞更尖銳，他們指控佛洛伊德向他的患者暗示他們有被壓抑的性侵犯記憶。由於佛洛伊德主要跟歇斯底里症患者一起工作，而他們的證詞被認為相當可疑，使得這個指控顯得更有說服力，儘管佛洛伊德確實也報告了執念性神經官能症（obsessional neurosis）的類似病因公式。

　　從那時起，佛洛伊德繼續又寫了本關於夢境解析的書以及許多其他論文，這些著作的文學品質及心理學分析，均展現出獨樹一格的獨創性。其中包括兩篇發表於一九〇一年的醫學專題論文——〈論夢〉（On Dreams）及〈日常生活的精神病理學〉（The Psychopathology of Everyday Life），這兩篇論文擁有相對較廣的專業讀者群，也得到大量正面的評論。但是，儘管他個人已經改變了先前的觀點，他對歇斯底里症病因的新研究提案，仍舊是他理論研究的主要重點。

　　隨著羅文斐德的書《心理性執念》於一九〇四年初出版，情況改變了。在他的書中，羅文斐德記述了一封來自佛洛伊德的私人信函，信中宣稱他已經修正了對歇斯底里症病因的看法。雖然仍認知到童年期性創傷的可怕影響，但佛洛伊德現在傾向更加考量體質因素，及幻想所扮演的角色（至少就執念性神經官能症而言）。當然，歇斯底里症的病因依然懸而未決，但是新大門現在已經打開了。佛洛伊德之所以寄信給羅文斐德，也許是由於後者曾在一八九九年發表了佛洛伊德過去某位患者的告白。「那位患者很肯定地告訴我，在分析時所揭露的嬰兒期性事件完全是幻想，從不曾真正發生在他身上。」有趣的是，羅文斐德書中還有另一封佛洛伊德的信，是對於「佛洛伊德的精神分析方法」的簡短描述，並且以第三人稱方式書寫。儘管這段描述在重要方面有嚴重缺陷，卻是至

今為止最全面的描述。

　　一九〇四年春天，羅文斐德的書在布爾霍爾茲利的醫師之間流傳。史碧爾埃在八月時獲得入院許可。對這家醫院來說她是個少見的病人：曾經很聰明，受過良好教育，並且正處於典型譫妄狀態中的歇斯底里症。總之是個可以在她身上實驗佛洛伊德最新觀念的完美對象。

第 2 章
精神病院

如果我要簡單說明的話……我父親對於精神分裂症的看法是這樣的：他對於精神分裂症患者抱有極大的同情，並且十分希望能分擔他們的恐懼和憂愁。當他覺得精神分裂症患者心中有某樣事物對他的治療出現反應時，他就會很快樂。我相信他對於精神分裂症的所有想法都直接源自於這樣的態度。他針對精神分裂症患者進行的研究工作，其基礎和結果都是出自一個信念，那就是給予他們個別的關注與個人的同情是相當值得的。

——曼弗雷德·布魯勒（Manfred Bleuler），一九三一

多虧了她的譫妄情形，這個年輕的俄國女人才會來到這個十分有趣的環境。在尤金·布魯勒的領導管理下，布爾霍爾茲利很快就躍升為全世界首屈一指的精神病教學醫院，光芒甚至迅速蓋過了克雷貝林在慕尼黑那家有名的大學附屬醫院。不久之後就有醫師從各國遠道而來在此地接受訓練，其中還有從美國來的醫師。

任何熟悉布爾霍爾茲利過去歷史的人，一定會對這一切感到相當吃驚。這家醫院建立於四十多年前，目的是為了收容照料蘇黎世郡的精神病患。該院的成立是市政方面足以自豪的成就，著名的小說家高菲德·凱勒（Gottfred Keller），亦是當時該郡的桂冠詩人，曾在該院的主建築興建期間爬上屋頂的橡木，朗讀一首新時代黎明的詩歌。不幸的是，由於郡議會的裁定，這所機構的管理職權從一開始就和蘇黎世大學新設立的精神病學系主任離不開關係，因為在當時，獲取學術聲望的最佳途徑就是研究腦部解剖學。一般來說，在大部分歐洲的研究所中，一個精神病學教授都可以指望有一家小型的大學附設醫院可聽候其差遣，在這裡他會接收一些短期案例做為教材運用。但布爾霍爾茲利卻完全是另一

回事。被任命為蘇黎世大學精神病學教授的人會發現，他們同時被交付任務，要照顧超過一百名病患，這些患者多半無藥可救，而教授就是這些病患的醫療總監。語言的問題讓事情更是雪上加霜。在當時，受過教育的人能說高地德語，但是一般百姓說的是低地德語，而來自蘇黎世周遭偏遠地區的患者則說一種只有他們才使用的瑞士方言；沒有一個外國醫師能聽得懂這種方言。

　　情況從一開始就十分艱難。偉大的魏海姆・葛利辛格（Wilhelm Griesinger），他是名符其實的現代歐洲精神病學之父，當時也擔任蘇黎世醫學院教授，他馬上就因他的母語為德語而離開，沒有接下精神病學教授及布爾霍爾茲利院長的雙重職位。從此之後，這個講座教授的職位就由一連串傑出的外國顯微鏡學家霸占，他們沒有一個人能說當地方言，而為了逃離經營這家精神病院的重責大任，所有人都很快就逃離，接下其他城市的工作。隨著蘇黎世大學系主任的聲名日益卓著，加入這個行列的人也絡繹不絕，而此時醫院卻退步到連座落在醫院另一頭的妓院在地方上的名聲都還比較響亮。

　　一八七九年，奧古斯特・佛瑞爾（Auguste Forel）被任命為院長之後，事情終於開始有了轉機；佛瑞爾是個具有改革情操的飽學之士，他有國際知名度，在為蘇黎世系主任這個位置增光同時，也讓這所精神病院重新步上正軌。佛瑞爾是個性格嚴肅的瑞士弗州人（Vaudois-Swiss）。童年生活寂寞、孤獨並且十分悲慘的他，在研究螞蟻中找到了救贖，這個嗜好帶領他接觸到達爾文的演化論，並從此踏入腦部研究的領域。當他升上蘇黎世精神病學系主任時，他已經是個國際知名的精神病學家，聲望無人能及，同時也是世上最重要的螞蟻研究權威。佛瑞爾的豐功偉業十分驚人，他是神經元理論的共同發現者，曾引入第一套現代精神病學教程，並成功推動催眠術成為德語醫療世界中可行的治療方法。這還只是醫學的領域而已。在他的祖國瑞士，佛瑞爾是反對嫖妓和酗酒等多項社會事業的熱烈擁護者。

　　佛瑞爾在布爾霍爾茲利使盡了渾身解數，從徒手和闖入醫院的人搏

鬥（在當時，野餐及看顧精神病患似乎都是十足的冒險），到催眠他的夜班工作人員，讓他們整夜熟睡，但萬一發生緊急事故時可以醒過來。但即使是令人敬畏的佛瑞爾也有終於厭倦布爾霍爾茲利的一天，他選擇在一八九八年提前退休。佛瑞爾決意，他的繼任者一定要是精神病學家，能夠繼續實行他在該院的全面禁酒政策。他認為他的第一繼任人選一定會受到那些與他在這問題上立場相左的郡議會成員阻撓（因為重新引入酒精是有利可圖的），所以他提出了另一個在記錄上不曾發表過強烈看法的候選人。透過這個出於善意的詭計，當時聲望可與柏林及維也納精神病學系主任匹敵，並受人敬重的蘇黎世精神病學系主任一職，便落到了幾乎是無名小卒的尤金‧布魯勒頭上。

布魯勒出身自蘇黎世郊外，一個名為措利孔（Zollikon）的農村，他是村子裡第一個上醫學院的人。措利孔就跟郡裡其他鄉下地方一樣，對於布爾霍爾茲利這個醫生甚至無法跟病人溝通的醫院有許多不滿。在布魯勒的家裡，抱怨甚至更嚴重，因為他自己的姊姊就是緊張型精神分裂症患者（catatonic）。布魯勒從小就懷抱著有朝一日要經營一家精神病院的夢想，這讓他成為也許是唯一一個真正想要從事這份工作的人。他是在佛瑞爾手下工作的年輕助理，很快就展露出某些他長官所擁有的兼容並蓄特質；他發展出色彩知覺理論，對失語症領域頗有貢獻（這項成就也促成他和佛洛伊德在一八九二年的書信往來），也進行催眠實驗。一八八六年，布魯勒帶著十二名長期病患，和他一起前往接掌該郡的慢性療養院，萊瑙（Rheinau）精神病院。對大多數人來說，萊瑙的職位只是個踏腳石，而且還是層級比較低的那一種。但布魯勒卻在那裡度過了十二年快樂的歲月。還是孤家寡人的他把病患當作自己的親人，院裡的工作人員和病患都喚他「父親」。在這個地方，布魯勒發展出他的革命性觀點：如果治療師與患者發展出私人情誼，即使是最艱難的病況，有時也能遏止狀況繼續嚴重下去。

在萊瑙，布魯勒也接受一些課程訓練，這些課程教會了他現實導向任務的價值。當傷寒傳染病爆發時，他別無選擇，只能要求一些患者

加入照顧病人的工作。出乎他意料之外的是，這些患者表現得相當好，甚至令人激賞，但等到危機過去之後，他們又回復典型的幻想和孤僻症狀。接下來有一天柴火快用完了，布魯勒得組一支遠征隊去砍些樹回來。他謹慎地把身強體壯的病患根據有無危險性區分開來，然後先出發去偵察。但是工作人員誤解了他的指示，布魯勒很快就發現自己跟精神病院裡所有最危險的病患在同一個隊伍裡，且他們每個人手裡都拿著一把斧頭。那一天平安無事地過去了。這些類似事件讓布魯勒相信，要求患者向處理現實問題進行挑戰，本身就具有治療的效果。他開始沿著這條路線進行更激烈的實驗，甚至會突然向一個偶爾發作，通常是長期受精神病所苦的患者宣布，他就要被送出醫院了。令人驚訝的是，這種突如其來的出院指令有的還真的奏效。

　　一八九九年，布魯勒被任命為布爾霍爾茲利院長的隔年，發生了一件事讓布魯勒流芳百世，那就是埃米爾‧克雷貝林教科書的第六版出版了。在這個版本中，克雷貝林以辛苦累積的統計結果為基礎，將他在三年前首次提出的診斷區分方式進一步編訂成文。特別的是，他將兩個知名的併發症——躁鬱性精神病（manic-depressive insanity）和偏執狂（paranoia），和他稱為「早發性癡呆」（dementia praecox）（現在稱為「精神分裂症」〔schizophrenia〕）的第三種疾病區分開來，賦與它們新的地位。歸入在早發性癡呆類別中的則是以前三種明顯的併發症：緊張型精神分裂症、青春型精神分裂症（hebephrenia），以及晚發妄想性精神病（paraphrenia），在當時是基於這些疾病獨特的臨床表現，而被分別引入該類別中（舉例來說，晚發妄想性精神病據說會出現系統性的爭論傾向和被害妄想，但並無明顯的智力缺陷）。克雷貝林的綜合研究具有革命性。他區分出三個基本群體：躁鬱性精神病、偏執狂和早發性癡呆，不僅各自表現出明顯的心理學症狀，而且還擁有具典型差異的病程及結果。這充其量不過是臨床醫學而已。沒有人知道這些併發症的各自成因，但可以肯定的，人們現在至少有個合理的分類方式可以著手研究。克雷貝林的教科書幾乎立刻就取代了克拉夫特—埃賓的《精神病教本》，成為當

時最重要的精神病學教科書，他的分類系統仍是現代精神疾病分類學的柱石。但布魯勒立刻就明白，早發性癡呆這種新型態病症，一直在一個十分重要的面向上被誤解。根據克雷貝林的看法，如果這疾病沒有在早期就自然緩和下來，那麼病情就會無可避免地隨著時間惡化。但是十年前在萊瑙精神病院時布魯勒就知道，如果治療師可以和病人建立私人情誼的話，這個疾病事實上有可能停止惡化，有時候甚至還可以讓病況好轉。若再結合指派現實導向的任務給病人，就會帶來極大的改善，而且布魯勒也確實曾經讓患者出院回到社區去，這在當時仍是聞所未聞的。

然而由於布魯勒接掌了布爾霍爾茲利，推廣這個發現的優先性便落到了精神病院營運問題之後。以大學的聲望為誘餌，布魯勒將布爾霍爾茲利轉型為一座精神病院。他從瑞士各地招募年輕醫師，並且妥善運用這批多出來的人力。病人享受著人手充足的工作人員所提供的良好品質照顧，這是從前不曾有過的；他並開始將當時前所未見的治療嚴重精神疾病的心理學強化方法傳授給學生。

在缺乏可靠個人傳記的情形下，我們很難瞭解布魯勒的性格究竟為何。當然，一些曾在他手下服務過的人，尤其是路威・賓斯旺格（Ludwig Binswanger），在後來回憶起布魯勒時，都曾給予極大的讚賞，他個人也相當敬愛布魯勒。然而也有其他人在他的治理下感到惱火，並覺得他難以忍受，尤其是榮格。在他的著作中，布魯勒呈現出來的人格是既有原創力又小心謹慎的人，這似乎真的是他本人的寫照：他會因為一個新的想法而興奮不已，之後卻因反覆再三地思考而苦惱。布魯勒認為科學是無涉感情的良心事業，這一點頗符合他的個性。對布魯勒而言，進步的唯一方法是檢驗所有事物，避免過早下結論，以及和同行保持聯繫，以便比較結果。也因此，儘管他對於新發展的潛在價值抱持的態度極為開放，但他在思想信念方面十分謹慎，不會在壓力下輕易屈服。最重要的是，他全心投入工作，有時甚至工作過了頭。有個小故事是，當他還是個初出茅廬的醫院精神科醫師時，他曾主張睡覺是在浪費寶貴時間，於是決定不睡覺，就這樣維持了三天，直到精疲力竭為止。

他在某種程度上也是個獨裁的人，但還不及當時父權文化所容許的限度。他會定期視察所有布爾霍爾茲利員工，包括助理醫師的住處，但是當年輕的法蘭茲‧李克林（Franz Riklin）決定在他公寓的樓層地板間種植雜草時，布魯勒也能機智地明瞭到這是對他開的玩笑。簡言之，布魯勒是個怪異的綜合體，他既是行事作風有些專橫的醫院首長，也是個溫文儒雅的讀書人。他能顯現出傳統家父長制的優點。

在他的領導下，布爾霍爾茲利成了一家模範教學醫院。在這裡一切以患者為重。主治醫師一天必須巡視兩次他所有的病人，並鉅細靡遺地寫下他們所說的話，無論他聽不聽得懂。專業工作人員每週必須開三次晨會。這些晨會一般都用來討論患者護理，不過助理們也會被要求以文獻報告最新進展。助理必須住在醫院中，強制戒絕所有酒精飲料。如果有人打算在十點後還留在外頭，他最好取得布魯勒或首席助理的許可，才能拿到鑰匙。

在這個領域的最新發展中，布魯勒最急於知道的就是實驗心理學在精神病研究上的運用。一九〇〇年，他派了一個年輕的助理——法蘭茲‧李克林——到克雷貝林的心理學研究室學習；這是該院最早與精神病診所產生連結的時候。實驗心理學當時才剛跨過萌芽階段。在實驗心理學問世之前，心理學一直是哲學底下的一個學科，而將心理學觀念納入實驗驗證管轄範圍的想法，則是個相對大膽的創新。哈佛大學的威廉‧詹姆士（William James）和萊比錫大學的魏海姆‧馮特（Wilhelm Wundt），這兩位哲學家都是首先在他們的大學中設立心理學實驗室，而被公認為實驗心理學的先驅。雖然克雷貝林受到的是精神病學家的訓練，但他曾在馮特底下做研究，並且得出一個結論：這些新的實驗技術也許能在精神病學中派上用場。布魯勒對此也有同感。他將李克林派到克雷貝林的診所去，實際上是在宣布，他也有意成立自己的實驗室。

在克雷貝林的診所中，李克林接受了古斯塔夫‧阿莎芬堡（Gustav Aschaffenburg）的指導，他學到一種被稱為聯想實驗（association experiment）的新方法。這個方法是先讓實驗者唸出一張列有字詞的名

單，受試者接著針對每個字詞回答第一個跳入他腦海中的字詞或片語。這有點像我們現代的遊戲「猜猜看」（Password），只不過受試者不是試著猜出正確答案，而是要回答任何浮現在他腦海中的事物。通常一張清單上可以激發受試者想法的字詞會多達一百個，另外則有碼表記錄受試者回答每個字詞時所花的時間。然後受試者會被要求再重頭來過一遍，並說出他或她所記得的回答。這個方法（不用碼表）是在三十年前由博學多聞的英國天才法蘭西斯・高爾頓（Francis Galton）爵士所發明。高爾頓親自擔任受試者，並得到三個初步發現：首先，以這種方式引發的聯想有些令人十分訝異，這些聯想包括人們從前不曾想到過的記憶或感受；其次，許多令人訝異的聯想來自童年時期；第三，在持續進行這個測試的情況下，許多聯想會不斷重複出現。在柏林，提歐多・齊恩（Theodor Ziehen）繼續進行高爾頓未完成的研究，並將該實驗納入他研究計畫的一部分，試圖找出支配概念聯想的普遍法則。這個研究產生了一個嶄新的心理學系統，這個系統尤其強調「情緒性概念情結」（complex of feeling-toned ideas）的觀念。在同時，阿莎芬堡也開始採集正常受試者在疲倦和極度興奮等各種情況下的受試答覆，並且和早發性癡呆患者的記錄做比較；這樣做是基於一個廣受接納的信念，即認為某種尚未被確認的內源性毒素可能是該病的病因。此外，阿莎芬堡的研究顯示，這些精神病患者的答覆確實和受病毒感染的受試者類似：在這兩群患者中都出現相當多的「外在性」聯想，也就是以押韻或其他語音特質為基礎的聯想。

　　一九〇一年春天，李克林回到了蘇黎世，布魯勒到火車站去接他。在回醫院的馬車上，他興奮地向李克林提到，有位傑出的新助手在李克林不在時進入了醫院，那人是個有極高智識的菁英，也是在身心方面都擁有非凡精力的人；那個人就是卡爾・古斯塔夫・榮格。那天晚上這三個人——李克林、布魯勒和榮格——便徹夜暢談聯想實驗。

來自巴塞爾的貴族

　　布魯勒出身於農村，而且是村子裡第二個大學畢業生。相對地，榮

格則來自瑞士巴塞爾（Basel）的顯赫家族。巴塞爾大學擁有悠久光榮的傳統，包括布克哈特（Jakob Burckhardt）和尼采（Friedrich Nietzsche）都曾是該校的教員。榮格是保羅・榮格牧師和愛蜜麗・普雷斯沃克（Emilie Preiswerk）的長子，也是唯一的兒子。保羅・榮格則是傑出醫師、共濟會成員老卡爾・古斯塔夫・榮格（Carl Gustav Jung the Elder）的兒子；老榮格身上圍繞著許多傳說，包括有人說他是歌德（Goethe）的私生子。老榮格顯然是個厲害的角色。有個故事是這樣說的，當他殷勤追求的女人婉拒了他的求婚時，他衝到當地的酒館裡要求酒館女侍嫁給他，而她也同意了。幾年後這個女人死了，老榮格於是再次向第一個女人提出求婚，她很快就答應了，保羅・榮格就是這段耽擱了的姻緣中遲來的兒子。愛蜜麗・普雷斯沃克有幾乎同樣傑出的出身，她是山謬・普雷斯沃克（Samuel Preiswerk）的女兒；山謬是任教於巴塞爾大學的神學家、希伯來語學者，也是認為歐洲猶太人應擁有自己家園這個理念的最早擁護者之一。

　　不幸的是，保羅和愛蜜麗是亨利・艾倫伯格（Henri Ellenberger）所謂「犧牲的一代」，即他們是在父親變窮之後才出生的一代。保羅自己也想成為一位希伯來語學者，但因為家境因素，在娶了他最喜愛的教授的小女兒之後，便退而求其次地當了鄉村牧師。他生性溫和，學究氣息濃厚，內在曾經受挫，似乎不知道該如何對付他趾高氣揚、喜歡抬槓的妻子以及難以管束的兒子。從一八七九年到一八九六他罹患絕症為止，他一直在巴塞爾附近一個叫小許寧根（Klein-Hüningen）的小鄉村擔任本堂牧師，同時也是附近費馬特精神病院（Friedmatt Mental Hospital）的新教牧師。

　　他的妻子來自一個充滿靈異氣氛的家庭。她母親必須定期與她丈夫第一任妻子返回陽世的鬼魂搏鬥。愛蜜麗從小就被要求，當父親在撰寫布道詞時要坐在他後方，以防魔鬼透過他滲透進隔天要對信眾發表的布道詞中。榮格父母的婚姻有嚴重的問題，母親多半都不在家，她是個病患，住在費馬特病院裡。

許多讀過他那部傑出回憶錄的讀者，必然對榮格的童年回憶耳熟能詳，這段回憶占據了他在晚年所寫的回憶錄的頭三章。他母親在他三歲時就住院了，因此，正如他後來所說的，「每當有人說出『愛』這個字時，我總是感到懷疑。」四歲時，他夢見一個地下洞窟中豎立著一根巨大的陽具；這個景象使他感到畏怯且震驚。榮格將他母親在夢中的警告「那是個吃人的怪物」，聯想到「耶穌會教士」。六歲時，榮格第一次意識到他母親「有兩個人格」。夜幕低垂時，她會用另一種聲音說話，以和她循規蹈矩的平日形象完全矛盾的作風，厲聲訓斥這位牧師之子。榮格日後回憶她母親的第二人格說過的話，說它們衝擊了「我存在的最深處」。

這個孩子並不是非常適應上流社會，或甚至是孩子們的社會。亞伯特·奧里（Albert Oeri）身為與榮格有終生交情的朋友，是這樣回憶起他童年時的印象：「我從沒遇過像他這樣一個反社會怪獸。」大約八歲時，榮格出現了不時感到窒息的毛病——「家裡的氣氛開始變得令人無法呼吸」——藍月與金色天使的異象更加重了他的病情。也是在這個年紀時，榮格和自己玩起了一個遊戲。他會坐在石頭上，問自己是榮格還是石頭：「答案始終是完全不明，而我的不確定感帶來了一種奇異、迷人的黑暗感受。」他開始在祕密的鄉間洞穴中生火，並說服附近的農家孩子一起加入。當他十歲時，他在一把尺上雕刻出一個人形，然後將它和一顆漆成像是裂成上下兩半的石頭，一起藏在閣樓的地板下面。大約一年後，他像舉行某種儀式一般，為這個小人獻上用某種神祕文字寫成的捲軸：「擁有一個祕密對我的人格有莫大影響；我認為這是我童年時期的根本因素。」

十一歲時，榮格進入巴塞爾文理中學，這是他真正踏出家門和鄉下的第一步。他的新同學們喜歡把自己犯的錯事賴到他頭上（身為一個向來調皮搗蛋的孩子，無論如何都很難為自己辯解）。榮格不知該如何擺脫這個角色。他的適應方法是，為每個可能狀況舉出自己的不在場證明。他在文理中學度過了相當悲慘的第一年。有一次，一個同校的男同學打了榮格一拳，他當場昏了過去，這讓他在那天被送回家去。因為急於逃

離同儕的折磨，榮格開始一逮到機會就假裝頭暈。他常因為這樣的原因而在家休息；有一次，他偷聽到父親以絕望的語氣向一位友人說道：「這男孩對什麼都感興趣，可是他以後要怎麼養活自己？」榮格於是打起精神，強迫自己克服頭暈的毛病──那時頭暈已經不再是他能夠控制的了；但他仍繼續完成學業。

可以理解的是，他在認同的課題上變得全神貫注。有時他會一個人獨自離開，並得到以下的領悟：「在那一刻，我被一股好像剛從黑雲中浮上來的感覺淹沒。我立刻明白：現在我是我自己了！」但也是在同一時期，當一個大人斥責他占用了那人的划艇時，榮格第一次開始覺得他其實是另一個人；他事實上是個活在十八世紀末期的男人。根據這個經驗，從此之後榮格就把這個人格稱為他的「二號」人格。歷史學家艾連伯格曾指出，二號人格的原型就是歌德。

然而榮格在文理中學第一年的重大事件是個白日夢。在夢裡，他想像坐在巴塞爾大教堂上空寶座的上帝扔了一塊巨大的糞便下來，把教堂砸毀了。這個榮格花了兩天時間想抵擋卻失敗的白日夢，帶來了一種「如釋重負」的感覺，甚至可說是無上的喜樂。這個夢帶來的「恩典」感受，和榮格接下來在他第一次領聖餐時感覺到的空虛、沮喪形成極強烈的對比；聖餐禮是成為瑞士改革宗教正式成員的強制規定，也是德裔瑞士青年的傳統成人禮。

我們必須在此暫停片刻，將榮格回憶錄中那引人入勝的文體擱在一旁，才能好好評價這個異象。巴塞爾大教堂和陰森、宏偉的歌德式建築相去甚遠，它是座迷人，幾乎稱得上有趣的大型建築物，與其說它是傳統觀念中的大教堂，還不如說是座薑餅屋。屋頂貼著彩色瓷磚，某面牆上有個聖喬治正騎在馬上，屠殺一頭龍，龍雕像就座落在幾碼外一個的壁架上。若有人（更別說是上帝了）想用一塊巨大的糞便來摧毀這座教堂，這樣的想法本身就值得好好思量。這個白日夢超出了史碧爾埃坐在晚餐桌前看到的排便景象所代表的青春期反叛。榮格花了兩天時間來抵擋這個幻想，這顯示了他的家庭教養。但是在向這個幻想讓步之後，榮

格卻決心要把握住它可能帶來的無上喜樂。 從此以後,他認為屬於他個人的,且多少有些褻瀆的自然、無涉道德的神的啟示,更優於正統基督教義所帶來的安慰。

榮格並未向任何人透露他所獲得的啟示。榮格繼續跟隨他父親學習聖餐禮前必須完成的教理問答課程,這些課程在榮格內心裡染上一層接近輕蔑的同情色彩:「我無法使我親愛的、心胸寬大的父親陷入……體會神聖恩典所必須承受的絕望和褻瀆神明之罪。只有上帝能夠做這件事。我無權這麼做;那不是人類能插手的。」至於保羅自己,在別人的建議之下讀了佛洛伊德所翻譯的貝恩海姆的書之後,保羅·榮格失去了他的信仰。在當時,一個虔誠的人訴諸奇蹟存在的可能性來抗拒唯物主義的入侵,這種事並不少見;從前幾個世紀甚至直到現在,我們都曾聽聞過例子。然而貝恩海姆揭穿假面具計畫的一部分,就是揭露許多表面上的奇蹟現象,例如露德泉(Lourdes)的療效和不同聖者身上的烙印,是可以被重新詮釋為自我暗示(autosuggestion)的結果。保羅並不是唯一對這個認識感到絕望的人;許多人也發現,緊抓住唯物主義哲學為靠山的新心理學觀點,對於信仰的可能性構成了重大挑戰。

然而他的兒子卻認為,自己在唯物主義中很可能找到一條出路,那是更傾向神祕主義的信念。在母親的默許下,他在老榮格圖書館裡閱讀某些祕密讀物,並開始用這些資源來輔助父子倆一起進行的神學討論。從任教於巴塞爾大學的神學家,亦是尼采的靈感來源畢德曼(Biedermann)那裡,榮格得知從歷史的角度來看,上帝一直是用人的自我去比擬出來的形象。榮格也從歌德(他這位具有傳奇性的曾祖父)學會將邪惡擬人化為魔鬼,並猜想透過魔鬼的力量,人們能夠接近「大母神的奧祕」(mystery of the Mothers)。從克魯格(Krug)的《哲學科學字典》(*General Dictionary of the Philosophical Sciences*)中,榮格認識到語源學如何進入神學論辯中,以及武斷的定義如何預示了論辯結果。從二手資料來源中,榮格發現他對尼采有種特殊喜好,尤其是對《查拉圖斯特拉如是說》(*Thus Spake Zarathustra*)這本書。但由於尼采的瘋狂人盡

皆知，這位青少年也擔心自己的情緒穩定問題，榮格覺得直接投入尼采的著作對他而言還是太危險了。撇開尼采不談，榮格的祕密閱讀顯然開始表現在他的言行舉止上。他的中學同班同學為他取了一個新的外號，此時，這個小夥子已經長得器宇軒昂了。他們開始叫他「先祖亞伯拉罕」（Father Abraham）。

榮格本來希望研究科學，但家境因素迫使他走向類似志向的學生會選擇的方向。一八九五年四月，他在獎學金資助下進入巴塞爾大學醫學院就讀。他很快就加入了佐芬吉亞俱樂部（Zofingiaverein）的當地分會；這是個以飲酒及文學為主的學生社團，但榮格直到發表了他自己的入會演說後才開始參與集會，演說題目是「精確科學的邊境地帶」（The Border Zone of Exact Science），那是在他入會約一年半以後的事了。從此後他就以他的學識、原創性和情感奔放而聞名。奧里晚年時曾核對過該社團的記錄：

會議記錄上寫著：「被人稱為『大桶』（barrel）的榮格腦中只有一個純粹的念頭，就是催促我們對目前尚未獲得解決的哲學問題進行辯論。每個人都同意他的想法，我們在一般『實際情況』下不會像這樣有志一同。但是『大桶』不停地嘮叨，那樣做實在很蠢。被人稱為『那個』（It）的奧里精神也一樣好，他盡可能地扭曲一切，這些飛馳而來的想法……」在下一次會議裡，榮格成功地讓「嘮叨」這個字從會議記錄裡刪除，換成「說話」這個詞，他覺得「嘮叨」這說法太主觀了。

榮格在這個社團的演說混合了科學、哲學和神祕學，顯示出他將和他父親之間的神學爭論帶進了新的領域。尤其特別的是，他反對那個時代流行的化約論式唯物主義（「猶太化科學」〔the Judaization of science〕），而訴諸各種支持招魂術（spiritualism）、心電感應及天眼通（clairvoyance）的權威。對於這些現象的真實性，榮格絲毫沒有懷疑：

一八七五年，第一次用自然形成的方式做出石蠟的模型……我自己收藏了關於這個現象的照片，想看的人隨時都能看。

和他在佐芬吉亞的演說約同一時期，榮格也自己舉行降靈會。出席的有他母親、兩個女性表親露易絲（Luise）及海倫・普雷斯沃克（Helene Preiswerk），以及第四位女性艾米・辛斯塔格（Emmy Zinstag）。這場降靈會是從一個奇異事件開始的，榮格在他的餘生中一直都對該事件的真實性深信不疑。有一天榮格回家時，發現他母親對著一把廚房裡用的刀子感到困惑不已，那把刀的刀刃無緣無故神祕地裂成兩半。這對母子把這件事當成即將有事要發生的前兆，結果原來是榮格的表妹海倫能夠和死人的鬼魂溝通。榮格的回憶錄中充滿了這類事情，包括奇妙的巧合和未來事件的預兆。在他職業生涯的相當後期，榮格為這些現象創造了一個特別的用詞——「共時性」（synchronicity）。很明顯地，他是在這時候才第一次開始相信這類巧合。無論如何，榮格的降靈會開始於一八九五年，並且斷斷續續地持續了至少四年。當時仍是青春期少女的海倫擔任靈媒的角色，她正與榮格墜入情網。參加者的父親都沒被告知關於這些降靈會的事，降靈會總在夜幕低垂時在位於小許寧根的長老教會舉行，當時那裡是榮格的家。榮格父親患病，並在一八九六年一月死亡，讓這些聚會中斷了一年多。

在降靈會的過程中，靈異現象的發展益發明確。首先，在一八九五年舉行的三次聚會中，海倫與榮格父方和母方的祖父山謬・普雷斯沃克及老卡爾・古斯塔夫・榮格進行談話。一八九七年恢復舉行降靈會時，山謬・普雷斯沃克再次出現，並托付任務給海倫，將猶太人帶回巴勒斯坦並讓他們改信基督教（山謬・普雷斯沃克生前鼓吹猶太人應擁有自己的家園。一八九七年，巴塞爾是第一屆國際猶太復國主義者大會〔First International Zionist Congress〕的主辦城市）。

然而接下來，在榮格誘發的催眠狀態幫助下，海倫自己的第二個人格現身了，叫做「伊凡尼絲」（Ivenes）。伊凡尼絲有著淑女的矜持與莊

重氣質，和海倫清醒時的人格有懸殊之別。「伊凡尼絲」是猶太人，她擁有好幾個前世；她曾經是歌德的母親，在另一次轉世時也曾經是歌德的情人。由於歌德在榮格自己私底下的愛情故事中所扮演的重要角色，我們似乎可以有把握地說，在這些聚會中發生的事不只是表面上所見那樣簡單；喬治‧霍根森（George Hogenson）及威廉‧古德哈特（William Goodheart）也會同意這樣的說法。

　　然而事情漸漸失去控制。根據史碧爾埃後來的說法，海倫開始越來越常在降靈會以外的場合陷入催眠狀態，情況甚至變本加厲，她曾在某個晚上穿著一件白袍，突然出現在榮格的寢室中。同時胡扯成分居多的亞人格也開始湧入，這些人格滿口皆是明顯從賈斯提納斯‧克納（Justinus Kerner）的名著《來自佩渥斯特的女預言家》（*The Seeress of Prevorst*）中抄來的宇宙論式荒誕言語，她的靈啟品質也隨之退步。壓垮駱駝的最後一根稻草是，榮格不智地邀請他在巴塞爾大學的一些同學前往一睹靈體實化現象（materialization phenomena），而這些沒有像榮格這麼癡迷的人很快就抓到海倫作弊。榮格感受到羞辱，不再參加降靈會了。

　　撇開十七世紀伊凡尼絲的愛情故事不談，我們必需注意到，榮格對於降靈會和靈媒的興趣在當時並不像今日以為的那樣古怪異常。雖然供巫者差遣的鬼魂（familiar spirit）從不復記憶的年代就已存在於人類社會，但是在沒有巫者在場的情況下定期召集鬼魂（這種新做法被稱為招魂術）在一八五〇年才開始出現，拜福克斯姊妹（Fox sisters）之賜。這兩位女性出身於偏僻的紐約郡，這裡是被當地人稱為「火焚」之地（"burnt-over" district）的宗教復興重鎮，上帝曾經多次在這裡顯示其燃燒的靈。姊妹當中其中一位的依莎貝爾‧福克斯（Isabelle Fox），她有根大腳趾有經常性脫臼的毛病，她可以隨心所欲地讓腳趾發出尖銳的撞擊或敲打聲。可以不為人知地發出敲擊聲，再加上許多想像力及某種程度的神入作用（empathy），讓這對姊妹得以靠著與死者通靈的逼真演出來謀生；那些死者會殷勤地回答活人的問題，好像有看不見的人敲打桌子回應；敲一下是否定，敲兩下代表肯定。福克斯姊妹不像年輕的海倫，她

們從沒被抓到作弊。在歐美兩地，招魂術很快成為了一種風潮。短期內就出現了其他的從業者，幾乎清一色都是女性，她們並試圖在表演的說服力上，以及對另一邊世界的認識程度上凌駕其他人。

但是隨著招魂術普及，科學的好奇心也隨之而起。在一些人竭盡全力試圖證明這現象是真實的同時，另一些想得更多的人則選擇了針對靈媒進行心理學研究。賈內的職業生涯就是從這樣的研究展開的，但是英國人斐德列克‧邁爾斯（Frederic Myers）得到開啟這個領域的榮譽；他在一八八二年創立了著名的倫敦心靈研究學會（London Society for Psychical Research，不久後威廉‧詹姆士即成立了美國分會）。儘管邁爾斯有浪漫性格，且信奉神祕主義，但他卻是個富有見地、感覺敏銳的人，他是個擁有偉大天賦的天生心理學家。邁爾斯自己所採取的最低限度立場是：即便人們不相信這些現象的真實性，靈媒在準催眠狀態下不由自主產生的那些不可思議的故事，有時仍顯示出極大的創造力和原創性，因此他們的活動展現出下意識想像（subconscious imagination）之內在活動，邁爾斯主張這仍是值得研究的課題。由於靈媒經常得針對生者想從剛過世的人口裡聽見的回應，做出幾近於天眼通的敏銳猜測，因此他們是如何展現出閾下知覺（subliminal perception）這一點也值得研究。

因此，當榮格為了向大學同學演說而開始研究神祕學時，他發現了一些十分受人尊敬的作者的文獻。他最後從嘗試證明靈異現象為真，轉而決定透過心理學方法來研究這些現象。促成這個轉變的關鍵是一九〇〇年，由泰奧多‧弗魯諾伊（Théodore Flournoy）針對靈媒「海倫‧史密斯」（Hélène Smith）所寫的著名研究《從印度到火星》（From India to Planet Mars）一書問世了。正如他的密友威廉‧詹姆斯，弗魯諾伊也是個具有敏銳洞察力的人，他亦是由哲學家轉行為心理學家的先驅；在「海倫‧史密斯」的案例裡，他有一個無以倫比的研究對象，事實證明這個研究對象太難能可貴。當弗魯諾伊的書變成洛陽紙貴後，這位靈媒對他提起訴訟，要求分享版稅，理由是畢竟這些都是她所提供的資料（弗魯諾伊豪氣地同意和解）。弗魯諾伊傾向相信某些她的說法是真的，但他也

確實表達過這樣的想法：假如他死了，他猜想他可能不會在日內瓦城裡四處遊蕩，聽候每個召喚他前來的靈媒，供其使喚。然而更重要的是，弗魯諾伊可以證明，雖然經過她的想像力改造，但她在降靈會中所描述的彼岸情景，有許多都可以在她接觸過的，屬於此世的資料來源中找到。由於她無法在意識清醒時回想起曾經接觸過這些資料，弗魯諾伊於是發明了「潛抑記憶」（cryptomnesia）這個詞。弗魯諾伊的書讓榮格十分興奮，雖然仍是個醫學院學生，但他還是寫信到日內瓦，表達擔任德文譯者的意願。榮格長大成人後，第一次遭到回絕。大忙人弗魯諾伊將榮格的信在書桌上擱了半年多才回信，那時他已經和一家德國出版商談好譯本了。

雖然榮格在巴塞爾大學時修了兩門不同的精神醫學相關課程，但根據榮格自己的說法，他是在學生生涯晚期才決定進入這個領域。他明確地告訴我們，他是在閱讀克拉夫特—埃賓的《精神病教本》前言時做了這個決定，這個前言提到精神醫學是個「主觀的」領域。從克拉夫特—埃賓所寫的某段文字，我們多少可以知道榮格是為了什麼原因而感到興奮：「多虧了這門科學的獨特性和未完成狀態，依據作者的個性，目前的精神醫學教科書多少呈現出明顯的主觀特質。」事實上，榮格認為他發現了一個為他的天賦量身訂做的領域。

重要的是我們必需強調這些天賦接近拉伯雷式（Rabeliaisian，譯注：該名詞來源為文藝復興時期法國作家，弗蘭索瓦·拉伯雷〔Fançois Rabelais〕）的特質。榮格擁有強大的專注力、驚人的體能，並且始終堅持他個人英雄式追尋的重要性。榮格的體型高大結實、聲若洪鐘，他喜歡拿那些自以為是的人和有權勢的人開玩笑，並樂於戳破他們的假面具。但榮格的性格中還有另一面——事實上是好幾面。他天生纖細敏感，不容易受到自己的意識控制，這讓他能夠與其他人的內在產生直覺性、移情般的連結。這種過度的纖細敏感有時會讓他覺得有必要保護自己不受其害，在他的私人關係中，榮格會突然在過分親密和瞬間爆發的敵意之間擺盪。他也深為內在的笨拙所苦，從來就無法和自己自在相處。這使得

他有時掩飾自己的感覺，有時則以傲慢自大為彌補。我們最後應該注意到的是，榮格對於女性來說一直十分具有吸引力。儘管他的身材高大且情感奔放，但他似乎掌握了某種訣竅，能夠得到女性友人貌似順從的依賴和崇拜。在他漫長的一生中，他從不曾缺乏女性陪伴。

一九九〇年十二月，榮格成為布爾霍爾茲利的醫科見習生，他孜孜不倦的工作態度及如飢似渴的治學精神很快便展現出來。他在每週三次的晨會中被指派的第一項作業，是報告佛洛伊德最新的專題論文〈論夢〉（榮格認為這篇論文的心理學面向很強，但神經病學面向卻較弱）。接下來的半年中，榮格設法讀完了五十餘卷的《精神醫學匯刊》（*Allgemeine Zeitschrift für Psychiatrie*）——「為了更熟悉精神病心理」，他也祕密蒐集同事的家庭背景及遺傳資料，「而且受益頗豐」。

在布魯勒監督指導下，榮格完成了他的醫學論文，他以科學的方法來說明他所參與過的降靈會（當時必須完成論文才能取得醫學學位）。這篇發表於一九〇二年的論文，對於發展中的神祕學之精神病理學文獻做出了重要貢獻。榮格在這篇論文中顯示出他極為熟諳相關的法文文獻，包括賈內、比奈（Binet）、夏爾科、希謝（Richet）、亞衷（Azam）及希保（Ribot）等在歇斯底里症、催眠術及解離狀態方面的著作。榮格對於分析的貢獻在於，透過聯想威爾・米歇爾及亞衷之前報導過的案例，他指出由「伊凡尼絲」所代表的第二人格比海倫的人格更好：

> 跟她〔即伊凡尼絲〕說話時，你會以為自己在跟一個年紀大得多的人說話，豐富的人生閱歷讓她能隨時保持沉著冷靜……除了她整個人格明顯變得更開闊之外，令人驚訝的是，她的一般人格〔即海倫〕依然能持續存在。

換句話說，在猶太人「伊凡尼絲」中，靈媒捕捉到那個降臨到她身上的老成人格的少許閾下意識。考量前後文，這個宣稱令人注目之處在於，榮格曾在其他情況下強調過海倫的遺傳污點。因此，榮格以小心翼

翼的態度暗示，在某些案例中，這類帶有先天神經質及解離傾向的「精神病理劣勢」所帶來的是好事，而非不祥之兆。由於榮格和海倫有一半的血統是相同的，在意識底下他巧妙避開遺傳污點的可能性，這個滿懷希望的推測也能適用於他自己。在同時，為了避免有人指控他運用催眠術而造成資料扭曲，榮格也小心地避免提到這件事，讓海倫的催眠狀態看起來像是完全自發的一樣。

至於真正的海倫則移居巴黎，追求成為一名女裝裁縫師的夢想。據說由於榮格在他的論文引用了遺傳污點的論點，因而毀了海倫結婚的機會。她的身分不僅馬上在小小的巴塞爾被認了出來，而且榮格用來稱呼她的代號「S.W.」，本身就是個極惡意的行為。榮格從《精神病教本》裡將這個代號拿來使用，更明確地說，這是來自另一個代號為「S.W.」的女裁縫師的案例，她的疾病是「強化自我重要的感覺，且表現在做作的談話及頤指氣使的態度上，不時會伴隨出現明顯的好色及賣弄風騷的行為」。

順道一提，人們可能會注意到，儘管佛洛伊德的名字偶爾出現在榮格的論文中，但只有在與特定心理學機制相關時才出現，且似乎和性慾無關。舉例來說，榮格十分擅於以出於自己判斷的態度，做出下列評價：

如果在她那萌芽中的性慾裡找尋形成這幅奇怪臨床圖像的主因，那這麼做必然是正確的。從這個觀點來看，伊凡尼絲的整個本質和她龐大的家族〔在家族史中〕不過是場具有願望實現面向的春夢，和晚上做的夢有別之處僅在於，它為時長達數月或數年。

榮格在布爾霍爾茲利工作期間仍持續不輟地研究催眠術。他在一九〇二年發表的唯一一篇其他主題論文，〈一位拘留所囚犯的歇斯底里僵呆案例〉（A Case of hysterical Stupor in a Prisoner in Detention），除了讓他一舉進攻當時的新主題「剛塞綜合症」（Ganser syndrome）外，也展示出他身為催眠師的熟練技巧。在這同時，他的論文也贏得了大量好評，甚至

得到了弗魯諾伊本人的賞識。

對榮格而言，一九〇二年是關鍵的一年，不只是他終於取得完整的醫師資格，也因為他和他未來的妻子在這一年訂婚了。沙夫豪森（Schaffhausen）的企業家年方二十的掌上明珠艾瑪・羅森巴赫（Emma Rauschenbach），曾經拒絕榮格的第一次求婚。她不想嫁給一個「意識形態的奴隸」，但她並未回絕他的第二次求婚。她是個漂亮、敏感、正直的人。由於羅森巴赫小姐十分富有，儘管有佛瑞爾和其他人的奔走，瑞士的婚姻法仍未完成改革，榮格也可望終於能夠擺脫債務。

在一九〇二至一九〇三年的冬季學期，榮格申請了帶薪休假，希望可以繼續進行他在布爾霍爾茲利的教育學程。布魯勒把他送到巴黎去參加賈內的講座，並會晤偉大的法國心理學家阿佛瑞德・比奈（Alfred Binet）。可想而知，布魯勒抱著在蘇黎世和巴黎之間建立合作關係的希望。關於這趟旅行發生了什麼事眾說紛紜。有個版本是，榮格透過和法國方面接觸，促使法國接受他進行後續的聯想實驗研究。基於當時法國方面的看法會透過賈內及他的同僚和波士頓精神病理學會的通信，而直接傳遞到波士頓，這又有助於榮格很快便得到美國方面的賞識。

巴黎之行的另一個詮釋版本是，榮格簡直就把事情搞砸了。榮格確實和比奈見了面，比奈十分有意願和他合作字詞聯想實驗。但是比奈堅持協定必須以法語擬訂，這讓榮格的地位處於嚴重不利。合作的提議遂無疾而終。這是榮格經歷到的第二次重大回絕。榮格也的確去聽了賈內的講座，並和他私下碰了面。但是那時榮格已經吸收領會了賈內的大部分研究成果，而且無論這兩人碰面時發生過什麼事（榮格後來聲稱，在他的發展中這是最重要的一刻），都未能導致將來的合作。

沒有人知道榮格回到蘇黎世後到底交出了什麼樣的報告，不過最後的結果幾乎確定是失敗了。從此以後，儘管布魯勒的看法在重要方面都和賈內的看法十分相似，但他在自己的著作中完全不再提及這個法國人，對這位布爾霍爾茲利院長來說，這無疑十分不尋常。除了特使的任務之外，榮格也度過愉快的假期，並探望了他的女裝裁縫師表妹海倫。

這對表兄妹一起看了幾個晚上的戲。

猶太女人情結

　　一九○三年，榮格回到布爾霍爾茲利。他和艾瑪結婚，和艾瑪一同住進他醫院的公寓裡，並重拾他中斷的研究。這一年他發表了一篇有意思的論文，〈論狂躁性情緒疾患〉（On Manic Mood Disorder），他在論文中強調感覺會造成聯想串的變化；他發表的另一篇論文〈論假性瘋狂〉（On Simulated Insanity）甚至更有趣，他在文章裡表明了自己在當時針對剛塞綜合症的真實性所進行的嚴肅辯論中採取的立場。剛塞綜合症是一種出現在候審囚犯身上的精神疾病，看起來像是裝病（剛塞症患者會對無關緊要的問題做出明顯錯誤的答案），但榮格用了一個具有說服力的案例來說明，該病症確實是個準歇斯底里解離狀態。這篇論文產生的立即效果是，榮格很快就在新的犯罪科學中成名。但真正的重要性卻出現在別的地方。

　　直到目前為止，榮格、李克林和布魯勒都認為字詞聯想實驗是比較正常人和臨床病人的一個工具。布魯勒自己的理論是，在早發性癡呆的情況中，相關概念之間的正常聯想性連結（normal associative bond）多少會被削弱。聯想性連結的削弱使得患者不可能維持平常的「主體」感，這讓病患容易產生不尋常的概念結合，幻覺和妄想即為其表現，這些幻覺和幻想會在受到疾病影響的心靈中如雨後春筍般冒出來。基本觀念還是回到葛利辛格，不過布魯勒藉著指明聯想串中出現的細微分裂（「鬆散聯想」〔loose association〕）而增加了新的精確性。在這個構想基礎上，幾年之後，布魯勒便把早發性癡呆重新命名為「精神分裂症」；該名詞一直被沿用至今。然而要檢驗布魯勒的觀點可不是件容易的事，它涉及了極為複雜的方法學課題，而超過半世紀後才有真正的實驗性測試出現。

　　第一要務顯然是要蒐集一個正常聯想性答覆的樣本當作控制組。榮格對於法國實驗精神病理學文獻的廣泛閱讀，找出了一個至今為止一直被阿莎芬堡和齊恩兩人忽略的實驗變項——注意力分散。由於這個原

因，榮格和李克林在蒐集正常答覆的樣本時，例行地引進各種不同的注意力分散狀況，並且在正常和疲倦狀況下為受試者進行聯想測驗。他們長期的目標是，將所有這些狀況下的正常聯想性答覆與那些早發性癡呆患者的聯想做比較。

在〈論假性瘋狂〉這篇論文中，榮格雖只是順便提到了已在布爾霍爾茲利中完成的字詞聯想實驗，但仍指出它與「比奈及賈內針對注意力分散狀態下的自動聯想所進行的美妙實驗」的關係。然而，當榮格繼續說明他對剛塞綜合症做為一種歇斯底里朦朧狀態的分析，並將它解釋為是由注意力分散、壓抑的罪惡感，以及精神病體質等綜合因素所引發時，他忽然有種想法，就是他真的該對某個在文章中討論到的患者進行字詞聯想測試，以便記錄他內在的、自己產生的注意力分散狀態。

運用字詞聯想測驗來偵測個別病患思想內容的特定心理歷程，是個全新的概念。而在他和李克林合著的下一篇論文中，榮格讓這個概念帶出一組革命性的結論。在一九〇四年間，〈正常受試者的聯想〉（The Associations of Normal Subjects）一文分四期連載於佛瑞爾及沃格特（Vogt）的《神經學與心理學檔案》（*Archiv für Neurologie und Psychologie*）中；這是一篇令人尋思的文件。它表面上的目的（一如文章一開頭所聲明的）不過是完成布魯勒指定的任務——提供正常聯想性答覆的統計描述而已。但這兩個學生卻跑得比他們的老師所吩咐得還遠；在他們的第二個樣本「受過教育的男人」中，榮格和李克林就已經指出因相競觀念而導致的內在注意力分散的情形，這種情形有時會干擾正常人的答覆。這個心理學討論很快就超出了實際報導的結果。榮格和李克林主張，有些注意力分散時出現的觀念具有極大的情感意涵，但「受到了壓抑」。這些壓抑的情緒性概念情結的存在（簡稱「情結」）可以透過具有不同意義的指標察覺出來，如延長答覆時間，忽然轉為不尋常的內容，不記得接下來的答覆，以及每當情結被激起時會有重複答覆的傾向（延續性）。此外，正如榮格和李克林接下來指出的，「在聯想實驗中運作的大多數情結，都和直接或調換過的性慾有關。」

當這兩位作者分析到「受過教育的男人」中的十九號受試者時，他們禁不住向讀者仔細分析了某個樣本的情結，這情結出現在在一九〇二至一九〇三年間重複施測的過程中。受試者被確認是個二十五歲的醫師，他「從未隨著年紀成長而擺脫青春期的內在衝突，由於他在嚴格的基督教環境下成長，對於猶太女孩的偏好使得他相當苦惱。」這個受試者幾乎可以確定就是榮格，但是他化名為「愛麗絲‧史登」（Alice Stern）的祕密情人的身分則無處可考，雖然有人說他所想的人其實還是「伊凡尼絲」。無論如何，對於能穿透他敘述中那層薄薄偽裝的人而言，榮格有「猶太女人情結」已是無可推翻的事實了。這種書寫自我的方式當然沒有什麼新意（詹姆士兩年前在《各種宗教體驗》〔*Varieties of Religious Experience*〕中就曾這麼做），不過無論篇幅多短，榮格畢竟涉入了相當敏感的私事。

在描述完十九號受試者之後，這篇論文走向一條奇怪的路線。論文的走向從來沒有偏離表面的組織性規劃，即依據受試者類型呈現典型的聯想答覆，但作者們卻在令人興奮的新目標上投注更多熱情：他們花費越來越多空間在討論受壓抑情結。對情結的討論就像擁有了自己的生命一樣，推翻了作者聲稱的意圖，成了這篇論文所反映的主題。也許榮格和李克林試著以不強調自己的新想法的方式，表現出他們仍然遵循著布魯勒的指示。但這個出於職責而進行的猜謎遊戲並沒有玩太久。布魯勒完全瞭解這兩人所為之事的意義，很快就放手讓他們去充分發揮自己的想法。

他們的發現前所未有，不同凡響。榮格和李克林以實驗的方式論證了下意識概念強而有力的效能。他們受試者的回覆無疑受到情緒性概念情結的影響，而其中至少有一些是他們過去從不曾意識到的。同樣地，榮格和李克林也發明了世界第一個投射測驗（projective test），這種實驗能夠很簡單就適用於住院和門診病人，並發掘出他們壓抑的情結。直到此時，實驗心理學對於情緒的研究一直不抱持希望。有些人甚至下了個結論，認為實驗室的驗證無法對闡明人類情緒有任何幫助。但是

榮格和李克林不僅研究情緒，而且還研究了潛意識的情緒（unconscious emotion）。此外，他們還發現了一個可以立刻適用於臨床個案研究的方法。這個重大的發現也保證了兩人未來的學術生涯。

　　榮格和李克林對於壓抑情慾情結的構想應該大部分歸功於佛洛伊德。但是〈正常受試者的聯想〉的古怪之處在於，佛洛伊德的名字在文中只出現過兩次，且兩次都是出現在不重要的地方。榮格後來回憶他這一段人生時曾表示：

　　有一次，當我在實驗室裡再一次思考這些問題時，魔鬼向我耳語說，我在發表自己的實驗結果和結論時沒有提到佛洛伊德是正當的。畢竟我在瞭解他的研究前早就已經想出我的實驗了。但是我又聽到我第二人格的聲音：「如果你做了這種事，假裝你對佛洛伊德一無所知，那會是種欺騙。你無法將自己的人生建立在謊言上。」於是，問題解決了。從那時起我就成為一個公開的佛洛伊德派信徒，並且起身捍衛他的理論。

　　事實上問題並未解決。〈正常受試者的聯想〉寫了將近兩百頁，連載四期後，他才在一個注腳中遲來地承認是由佛洛伊德先提出壓抑概念。惡魔可不只對榮格耳語而已，還操縱了他的筆。但是榮格顯然忘了讓他的夥伴加入計畫。一九○四年秋天，李克林對瑞士醫師學會（Society of Swiss Physician）發表演說；這篇演說的正式摘要收錄於《精神醫學暨神經學週刊》（*Psychiatrisch-neurologische Wochenschrift*）中。在演說中他明確指出，測驗中出現的歇斯底里反應類型的顯著特質是「強烈情緒性概念情結（『情結』）受到了布魯勒—佛洛伊德意義上的壓抑」。李克林發表演說後，很快在二月分的同一份週刊中發表第二篇論文；李克林的發表說明，這兩個瑞士研究夥伴對壓抑情慾情結的理解是來自何處。

「薩賓娜‧S」

　　榮格的論文〈論假性瘋狂〉中，還有另一個也許值得注意的地方。

在這篇論文的很後面，榮格提到了卡爾·佛斯特納（Carl Fürstner）在一八八八年報告過的一個案例。這個案例涉及一個十七歲的女孩，她在閱讀克雷門斯·布倫塔諾（Clemens Brentano）所著，關於「聖者」卡特琳娜·艾默瑞赫（Katharina Emmerich）的生平時，出現了歇斯底里的重現情形。布倫塔諾曾在罹患僵住症的艾默瑞赫小姐身上投注了五年的歲月，他記錄下她所見的神祕異象的兩本書吸引了廣大的注意力，尤其是在神學家之間廣為流傳。佛斯特納的病人則比艾默瑞赫更上層樓。用榮格的話來說，她「用讓自己化身成聖者的方式自導自演了一場大型騙局……她的奇蹟表演愚弄了醫師和官員，並在公眾間造成轟動」。榮格指出「顯然，這整齣戲的目的是她希望留在某位親人身邊，那人的職務是司祭」。在榮格的報告中，佛斯特納給那女孩的名稱即「薩賓娜·S」。

　　這段軼事十分怪異，和榮格的論文也有些格格不入。不過在榮格發表這篇論文的幾個月後，卻意外地出現了第二個「薩賓娜·S」──亦即史碧爾埃。身為所謂預兆的信者，榮格毫無疑問注意到這個巧合。榮格於是很自然地把史碧爾埃視為他表妹海倫的幽魂歸來，也把她的入院視為可能對自己的職業生涯具有重大意義。儘管海倫在「S.W.」的角色不甚正面，但她仍幫助榮格的事業起飛，而史碧爾埃則會讓他的事業轉到一個新的方向。

第 3 章
榮格的測驗個案

　　也就是說，她是我的測驗個案，由於這個理由，我對她抱有特別的感激之情。因為我從經驗判斷，如果我收回我的支持，她的病情就會立刻復發，所以我在那些年中延長了我們的關係，最後可以說，我發現自己有道義上的責任，必須對她全心投入大量的友誼。

——榮格，致佛洛伊德書信，一九〇九年六月四日

------❦------

　　在一九〇四年初，布爾霍爾茲利的駐院醫師中，歇斯底里症專家並不是榮格，而是李克林。是李克林負責測驗歇斯底里患者群在聯想實驗中的答覆，也是李克林先對於緩和歇斯底里症狀的新方法產生了興趣。早在一九〇一年底，李克林就曾試圖將布魯勒和佛洛伊德的「宣洩法」運用在一位叫「琳娜・H」的住院患者身上，以複製他們的研究發現；所謂宣洩法就是在輕微的催眠狀態下將創傷發洩出來。

　　「琳娜・H」有深度噁心及陣發性嘔吐情形，但身體方面找不出任何引發這些症狀的原因。李克林在輕度催眠狀態下對她進行訪談，在六次療程中發現了可追溯至青春期的性創傷，包括被叔叔強暴過一次，以及甚至更早以前，在她十二歲時曾被酗酒的父親強暴過。一開始，對於青少年性創傷在病原學上的意義而言，在該個案中所發現的創傷事件，應能為病情帶來幫助。但李克林卻注意到，這些事件的發洩並未讓她的症狀消失。在進一步研究後他發現，「琳娜・H」會在晚上偷偷地自慰。在自慰過程中她會想著當初她父親強暴她時的情形。隔天她會痛悔自責不已，並且憎惡自己，而就是這些情緒造成了她的症狀。李克林做出十分有先見之明的結論：在這一切背後主導的是性幻想，而不是創傷。儘管在一九〇二年時，他基本上已經得到了這個發現，但李克林當時還是拒絕發表出來。

　　布爾霍爾茲利的醫師們都很清楚，佛洛伊德正在處理一個在基本心理過程的解釋上相當重要的議題，即便他過分強調了他的個案與歇斯底里症病原學的關係。然後，在一九〇四年初，羅文斐德的書問世了，書中不僅收錄佛洛伊德對於創傷之病原學意義的重新思考，也納入對他的治療方法的最新描繪。布魯勒對這本書的出版做出正面評論，他在《慕尼黑醫學週訊》的書評中寫道：

　　在他對歇斯底里症及夢境的研究中，佛洛伊德向我們展示了新世界的一角，儘管那絕非全貌。我們在意識的劇院中所能看見的不過是傀儡而已；而在佛洛伊德式的世界（Freudian World）中，牽動這些人偶的提線都被揭露出來了。

　　為了釐清年代順序，我們有必要把布魯勒的評論謹記在心。正如我們接下來會看見的，這些評論對遙遠的維也納和柏林影響重大。精神分析體制化的故事在不只一個面向上圍繞著羅文斐德的著作，以及布魯勒的評論而發展。

佛洛伊德的精神分析方法

　　羅文斐德書中對精神分析的描述，是直到當時為止最詳細的描述。這個描述極其姍姍來遲，卻也不完整。在這裡我們發現了一個怪異之處，儘管該方法在當時受到廣泛評論，但此後卻幾乎完全逃過了學術界的法眼。在一八九六年至一九〇四年這段期間，佛洛伊德的研究最令人感到好奇的地方之一是（羅文斐德和其他學者皆已指出），雖然他重複宣稱自己的理論是建立在他的新「精神分析」方法上，但對於這到底是什麼樣的方法，卻始終不曾詳細討論過。可以肯定的是，佛洛伊德無疑認為醫師有必要探究患者的生平，他也相信一旦原始創傷被發現並發洩出來，症狀就會隨之停止。同樣清楚的是，他欣然擴大了探究範圍，並將夢境、口誤，以及偶發念頭納入判斷中。但除此之外，至少就技術層面

而言，佛洛伊德的精神分析程序仍是曖昧不清的。

在佛洛伊德與布魯爾合著的《歇斯底里症研究》（*Studies on Hysteria*）一書中，主要的研究方法是在催眠狀態下仔細詢問患者某個特定症狀的發展歷程。但佛洛伊德也描述了一個叫做「壓力技巧」（pressure technique）替代方法。他不使用催眠術，而是將手覆蓋在斜躺的患者額頭上，然後在施加壓力的同時仔細詢問接下來進入患者腦海中的第一個想法或影像，這一切都在探究某個症狀的歷史及起源的脈絡下進行。而據說出現的下一個想法或影像，對於瞭解該名個案的心理結構有極大的意義。但是仔細考慮後就會立刻明白，患者腦海中浮現的記憶或影像不會常是不言自明的。該如何將這些記憶或影像的圖塊放入複雜的神經官能症拼圖中？又該放在何處？這些全都仰賴詮釋。佛洛伊德證明自己是個傑出的詮釋者，而且他可以從許多方面來考量某個資料和症狀拼圖的關聯性。他也擅於分辨自己是否受到誤導。但是由於仰賴他的詮釋技巧，尤其是他對「阻抗」（resistence）的嫻熟掌握，最終都讓壓力技巧的有效性變得難以判定。

一八九六年，在〈關於防禦型神經暨精神病的深入評論〉（Further Remarks on the Neuro-Psychoses of Defence）中，佛洛伊德又回頭提到了《歇斯底里症研究》一書，並且為他的方法創了一個新詞：「……關於我進行這些研究時所使用的費力但完全可靠的精神分析（psycho-analysis）方法，有一些訊息等待被發掘；這些研究也組成了一個療程。」而針對他可能將青春期前性創傷的想法植入患者腦海的指控，佛洛伊德的說法是：「我們也許會請求任何人不該在這個晦澀難解的領域做出太過肯定的判斷，除非他使用過唯一有能力澄清這個領域的方法，也就是以釐清迄今為止仍屬於潛意識領域為目的的精神分析。」但是無論是在這篇文章，或是在同年發表的一篇姊妹作〈歇斯底里症的病原〉（The Aetiology of Hysteria）中，佛洛伊德都不曾進一步描述過他的方法（我們甚至無法看出他是否仍使用壓力技巧），除了他仍強調精神分析會讓潛藏於症狀底下的原始創傷復原。事實上，佛洛伊德宣稱他的療法是唯一有效的，但他

卻依賴他的發現來支持這個論點。

　　閃爍其詞的情況依然持續。在諸如〈遺忘的心理機制〉（The Psychical Mechanism of Forgetting）、〈屏蔽記憶〉（Screen Memories）以及《日常生活的精神病理學》（*The Psychopathology of Everyday Life*）等著作中，佛洛伊德鉅細靡遺地重新建構各種症狀行為底層的聯想串，但也清楚表示，他的分析工具來自他另外用於精神病患身上的一種治療方法。不過他尚未發表那個方法的內容。在《夢的解析》（*The Interpretation of Dreams*）中，他正式宣布了這個缺漏：

　　倘若致病觀念……可以追本溯源至患者心理生活的要素，疾病就會同時被毀壞，而患者也不再受它控制。考量到我們其他治療的努力毫無成效，以及這些疾病的謎樣性質，我很想不畏艱難地追隨布魯爾所指出的路徑，直到得到完全的解釋為止。我將會在另一個場合仔細報告這個做法採取的形式，以及我所從事的工作。

　　在這個背景下，難怪身為催眠治療專家並持續留心這個領域所有最新發展的羅文斐德，最後會要求佛洛伊德對這個治療方法提出說明。羅文斐德在其著作中對「佛洛伊德的精神分析法」做了許多技術性描述：患者躺在一張沙發上，分析師不觸碰患者，或進行任何誘發催眠狀態的行為，患者被吩咐不要壓抑偶發念頭等等。但是在第三人稱的敘述中，佛洛伊德強調，尤其在與詮釋規則相關的部分，還有大量不為人知之處：

　　佛洛伊德尚未發表這個詮釋或翻譯技巧的詳情。根據他所透露的部分，其中包含從經驗中獲得，關於如何從聯想中重建無意識素材的大量規則，當患者的想法不再湧現時如何獲知其意涵的指示，以及從經驗中得知，這類治療過程中浮現的最重要的阻抗典型。

　　我們必須在這裡暫停，想想到底發生了什麼事。除非他只是在裝腔

作勢,否則顯然佛洛伊德相信他的做法,包括詮釋規則,是可以被系統化的。但他大部分的近期發表都是以自我觀察為基礎,而眾所周知,自我觀察在方法論的立場上不可靠,甚至面臨針對這一點而來的批評時,佛洛伊德仍始終避免在發表中周延、客觀地說明他的方法,儘管他仍然堅持自己有一套方法。

相反地,每當誘導出的聯想串似乎確實澄清了潛藏在各種心理現象(包括神經症狀、夢意象以及口誤)底下的潛意識動機時,佛洛伊德絕不會放過公開報導的機會。他也主張,在診察者詢問下被喚起的聯想,會透露出這些心理現象背後的潛意識動機,尤其在《日常生活的精神病理學》中,這個主張最為顯著。事實上,佛洛伊德將他的自信寄託在最後這個論點上是錯誤的。聯想是由受試者的心境以及當前的人際脈絡決定;無論多麼具有啟發性,它們不必然會反映出之前在他或她的心智中運作的事物。但即使撇開這個考量不談,佛洛伊德依賴聯想來擴大醫師詢問範圍,很顯然會要求人們必須能夠辨識出最具意義的聯想串,也會要求人們能夠將這些聯想翻譯成動機語言。換句話說,它所需要的是一本詮釋的教學指南。在缺乏這樣一本教學指南的情況下,任何想要使用佛洛伊德技巧的人,都會被迫完全依賴移情及臨床直覺。

除此之外,我們也必須注意到佛洛伊德保留態度的另一面。由於不得而知的理由,佛洛伊德也未能在報告中說出,幾年前他的方法曾在一個極為重要的面向上出現重大改變。在至今為止的每一份出版物中,包括羅文斐德的書在內,佛洛伊德仍維持一貫的方法,亦即在醫師針對特定症狀、口誤、夢徵或偶發記憶之意義進行詢問的脈絡中,誘導病人做出偶發念頭或「自由」聯想(德文為 Einfall),而一切都是由醫師所控制與主導。也就是說,佛洛伊德不曾報告他至少已使用了四年的方法,且是由患者(而不是醫生)決定要如何進行療程。

史碧爾埃的分析

對於這個新治療法,一九〇四年是個分水嶺。在美國,哈佛的神經

病學家詹姆士‧傑克森‧普南（James Jackson Putnam）正嘗試在麻薩諸塞州總醫院（Massachusetts General Hospital）新設立的精神病房內運用精神分析方法。但是傑克森採取的方法仍然相對原始。在技巧上，他似乎以為在聯想測驗後進行詢問的重點，是將病患的注意力從症狀上引開（「岔開話題」是杜伯的技巧之一）。普南對心理學的想法可以用他在某位病患病歷中插入的附注來說明：「所有神經症狀都開始於七年前的一段戀情結束之後。」相較之下，在布爾霍爾茲利從一開始就採取一種精密的方法。榮格和李克林很快就成為聯想實驗的專家。李克林開始用新方法來診察歇斯底里症的樣本，榮格則著手蒐集一位早發性癡呆患者的自發聯想，以便瞭解它們透露出什麼樣的情結。布魯勒正在撰寫一本重要著作《情感態度、暗示感受性與偏執》（*Affectivity, Suggestibility and Paranoia*），在幾個重要部分裡，他主張仰賴佛洛伊德的症狀形成理論。

　　史碧爾埃是在八月底入院的。即便我們認為她的讕妄情形在入院後迅速消失，這個時候醫院人手也因醫生們得輪流服兵役（一年一次），而經常處於青黃不接。這樣的情況一直持續到十月中，才有足夠的人員支援，好讓榮格有餘裕與這名患者每兩天一次、一次兩個小時面談。一九〇四年十二月，卡爾‧亞伯拉罕（Karl Abraham）抵達布爾霍爾茲利就任助手的職務。根據他後來的記述，榮格的史碧爾埃分析，在他抵達的時候就確定完成了。這麼看來，史碧爾埃的分析最多只花了兩個月的時間，而且還可能比預期短得多。

　　分析時間雖短，但符合該方法做為一種研究技巧的用途，也就是說這相當近似非結構性聯想實驗。同時，人們也對布魯爾—佛洛伊德發洩創傷的治療策略抱持懷疑。一九〇五年六月，榮格再次對一名病患（繼史碧爾埃之後的第一個知名個案）進行精神分析，當接下來撰寫結果時，他謹慎地對發洩概念做出溫和的評論：

　　對患者來說，告白自己的罪惡思想也許會帶來一些解脫效果。但似乎不可能將療效歸因於他們的口頭表達或者是「發洩」。只有藉由

強大的努力才能讓致病觀念消失。擁有執念（obsessions）和強迫行為（compulsions）的人是相當虛弱的，他們無法約束自己的想法。因此增加活力是對他們而言最好的療法。然而最好的活力治療（energy-cure），是強迫患者（以某種無情的態度）發掘並暴露出那些意識所無法忍受的意象。這麼做不只對患者的活力形成嚴酷的挑戰，他的意識也會開始接受至今被壓抑的觀念。

提升患者活力是賈內的基本原理，面對現實則是布魯勒的基本原理，當榮格於一九〇六年發表上述看法時，結合這兩者為維也納的方法辯護是一個不錯的手段。

榮格的技巧也與其他方法有所不同；他沒有使用沙發。他反而讓史碧爾埃坐在一張椅子上，他則坐在她的後方。或者說，至少這是他在報告他的第二個知名精神分析案例時所透露的方法（亦即一九〇五年六月診視的那位患者）。這個差別似乎不曾困擾過榮格。佛洛伊德的方法裡之所以有張可方便使用的沙發，理由很簡單，因為那是門診神經科醫師的標準配備，是從事某些例行診療程序，如直流電按摩（electro-galvanic massage）時必需的物品。但是榮格不是神經科醫師，他也不曾處理過斜躺的病患。賈內跟榮格選擇一樣的座位安排，他曾經報告過，他坐在一位知名患者「阿奇里斯」（Achilles）視線以外的地方，以便不要打斷這名宣稱被魔鬼附身的患者的解離狀態。賈內的例子肯定讓榮格感到震驚，因為這個例子類似他母親的情況；當她父親在寫布道詞時，她必須坐在父親後面好趕走惡魔。但也許史碧爾埃也和這件事有些關係；因為她覺得自己沒有魅力，不喜歡被人注視，當她的精神分析師同意坐在看不見的地方時，她可能會表現得配合一點。

於是，在一九〇四年的十月底或十一月初的某個時間點，史碧爾埃已經充分冷靜下來，並能自願進行一項為釐清她的歇斯底里性譫妄之病理前因而設計的實驗性療程。她坐在一張椅子上，榮格坐在她身後。他要求她交代她神經疾病的歷史，任何偶然閃入她腦海中的想法都小心不

放過。在某些點上，例如當某個意象出現在她的聯想串時，榮格會要求她將那個意象和出現在她腦海中的下一個想法聯結起來。他也會搜尋某些洩露內情的「情結信號」。如果她出現遲疑，忘記她前後的想法，突然插入一段文學引述、手勢，或是出現症狀，他會迫使她說出導致這個變化的想法。一次面談所花的時間應該是一到兩個小時，舉行的頻率則是兩天一次。正如之前指出，整個療程花不到兩個月，而且很可能更短。

榮格發現了什麼？說出他沒發現什麼還比較容易——他沒發現童年的性侵害。假如這樣的事出現在史碧爾埃的回答中，榮格應該一定會報告出來，因為這個議題十分切中當時的討論。然而我們所持有的史碧爾埃相關文件中，並無證據顯示曾出現這樣的情形，在由榮格撰寫的個案描述中也不曾提及這樣的發現。但如果不是性侵害，那是什麼？

榮格完全漏掉了這個個案中的某個重要部分，即史碧爾埃的母親使她對生命由來的性行為完全無知，當我們考慮到此，謎團更是加深了。史碧爾埃自己後來的說法在這個點上十分明確：她直到進入大學後，才面臨了自己意識中的這塊空白。史碧爾埃的說法是，她從小就深受瘟神（Plague）的想法折磨，她將它擬人化為一個高瘦、黝黑的人物，會隨時將她擄走。根據她自己後來的分析，這個幻想的背後隱藏著對於性過程的恐懼以及認識。在進入布爾霍爾茲利時，史碧爾埃早已忘記了這個幻想，但是當九個月後她進入大學，並開始認真地研究疾病時，她出現了一種預感，覺得自己對這件事情有種不明所以的熟悉感。也是直到那時，她被壓抑的、對於產生生命之性行為的認識才又回來了。在這裡重要的是釐清年代順序：史碧爾埃一直到一九〇五年四月才進大學，而一直到六月出院後她才被允許開始上課。但是榮格的「分析」在前一年的十二月就已經完成了。

這件事實相當令人震驚。因為榮格是個極端敏感的臨床醫師，也是十分強硬的訪談者。再者，無盡的字詞聯想程序應當已經將他的耳朵訓練到能夠將這個新方法運用自如。但他仍遺漏了史碧爾埃心智狀態的一個重要事實——在她的意識層面上，她對於生殖是怎麼一回事完全無知。

　　榮格為何失察的答案，或許比我們想像的更為簡單。可以理解的是，榮格只是分析史碧爾埃譫妄症狀的直接內容——她父親責罰的手而已，而從未更深入地研究。在當時關於性偏差（sexual deviancy）的文獻中通常可以觀察到，一些男性從毆打「臀部」得到性的快感，而一些男性（也有一些女性）則從被毆打中得到快感。一旦性興奮的面向確立了，個案的其他方面（厭惡，加上隱瞞不了的自慰行為）就會立即落入和李克林的「琳娜·H」一樣的立場。在這裡，真正不同的地方在於（大概是）天生的被虐傾向（佛洛伊德不久前也強調了體質因素），這個因素在觸發性事件和性幻想中扮演了中介角色。的確，可能榮格選擇史碧爾埃做為他施測個案的原因，正是因為她的發展模式和李克林之前的個案極為相似。一旦掌握到被虐的元素，史碧爾埃的譫妄情形就幾乎是不言自明：她幻想被父親責打，並且從中得到性快感，但結果是伴隨而來的自我厭惡。在這個脈絡下，精神分析的工作是判定在史碧爾埃的日常生活中，有什麼樣的事件會觸發譫妄狀態。或者用聯想實驗的術語來說，手邊的工作是要判定，有什麼刺激因子會引發情慾情結。同樣地，就她的病史來說，人們應該會希望知道是什麼樣的場景（也許是會令人想起其他意義的景象），會加速惡化她的歇斯底里症病情。

　　這樣的情況（以及治療時間的短暫）也許可以說明，榮格為什麼會不尋常地疏忽了該個案的某些面向。可以瞭解的是，醫師從未想過這女孩其實不知應該如何表達自己的性快感，原本在這情況下有可能發現許多具有指示性的場景，或是引發被虐性幻想的例子，都被忽略了。因此，榮格可能也是被自己的方法引入歧途。既然榮格的責任是設定每個療程的進程，並主導問話，基於她的醫師顯然覺得不值得針對性知識深入考掘，史碧爾埃自然會在性知識這類事情上保持沉默。而且根據她自己後來的說法，史碧爾埃十分「喜愛」那個「天真無邪的自己」。

工作療法

　　除了短暫的精神分析帶來的「活力治療」之外，榮格施予史碧爾

埃的治療似乎以教導為主。也就是說，藉由鼓勵她建立起專注和自我控制，他試圖教導她關於解離的機制。由於他論文中有一篇對這些議題的出色摘要，他於是指定這篇文章為她的讀物來開導她。而反過來，她也領會到她自己和海倫・普雷斯沃克的相似性：

　　那女孩在他心中有很深的地位，她是我的原型。榮格從我的治療一開始就讓我讀他的論文，他在論文中描述那個被稱為 S.W. 的女孩的案例，這對我有重大意義。 後來當我向他說某些話時，他有時候會變得若有所思：某某女士也曾經像這樣說話。他指的總是那個女孩。

　　榮格也似乎曾指定史碧爾埃閱讀從他圖書館裡拿來的另一本書：喬瑟夫・葛拉塞特（Joseph Grasset）在一九〇二年出版的《科學面前的招魂術》（*Le Spiritisme devant la Science*）。葛拉塞特以自己的特殊語言讓法國精神病理學研究發現普及化。他的「多邊」心理學是以「個人的、有意識的、自由而有責任感的自我」為頂點而建立起來。史碧爾埃經常在睡前一邊想像一個多邊形圖像，一邊想著隔天她得做的各種事情，這不是出於榮格的吩咐，就是她自己的別出心裁。
　　除了再教育之外，榮格也期望史碧爾埃參與工作治療，而且由於她計畫進入醫學院，她也被指派到心理實驗室協助榮格和李克林。那段期間榮格正在準備一篇新的投稿〈聯想實驗中的反應時間比〉（The Reaction-Time Ratio in the Association Experiment）；這篇稿子嚴格地論證了他的論點：反應時間增長，經常與情緒性情結有關。這篇論文也是榮格的教授資格論文，發表論文即可授與他在大學中任教的資格。為了尋找受試者，榮格似乎首先從他的妻子下手。她幾乎肯定是這篇論文的「一號受試者」，她被描述為「一名已婚女性，她以最樂意合作的態度聽憑我的處置，並提供我可能需要的一切資訊」。根據榮格的分析，這名受試者的主要情結與她的懷孕，以及恐懼丈夫對她失去興趣有關。無論如何，史碧爾埃也提供了協助：

他給我點工作做，是有關他的……論文〈聯想實驗中的反應時間比〉。我們對論文做了很多的討論，他說：「像妳這樣的心靈可以幫助科學進步。妳一定要成為一名精神醫學家。」我一再強調這件事情，這樣你或許可以看出不是普通的醫病關係才使我們變得如此親近。他在寫那篇論文的時候，我還住在那家精神病院裡。那段時間我曾經告訴他我夢到他的妻子，他的妻子向我抱怨，說他實在太愛教訓人，跟他生活在一起很不好過。即便是那時候他對這件事的回答也不像個醫生，他只是嘆了口氣說，他瞭解共同生活是很困難的事等等。我曾談到兩性平等或是女性智識獨立的話題，他回答說我是個例外，但他的妻子只是個普通女人，所以只對讓她丈夫感興趣的事情感興趣。

榮格與史碧爾埃成了朋友。他向她展示他收藏在私人圖書館中的各種考古學書籍，他們有時也一起外出散步。榮格在一篇小論文的注腳中曾報告過他們其中一次散步，這篇論文是〈論潛抑記憶〉（On Cryptomnesia），一九○五年發表於一份受歡迎的柏林雜誌《未來》（*The Future*）裡頭。該刊物前一期才刊登了一篇主題為潛意識剽竊（unconscious plagiarism）的文章，榮格看見了發表他自己研究的機會；在他的小論文中，不只是關於「潛抑」記憶，也包括其他主題的研究。關於史碧爾埃的這段軼事，出現在對歇斯底里症及天才的討論中：

最近我必須治療一位患有歇斯底里症的年輕女士，她生病的主因是她父親曾經殘暴地毆打她。有一次我們一起出門散步，這位女士把她的外套掉到地上。我撿起外套並用我的手杖拍打，試著想拍落灰塵。下一刻，這位女士以凶暴的防禦姿態猛地向我撲了過來，並從我手中奪走外套。她說她受不了這景象，看見那景象對她而言難以承受。我立刻猜到她做了什麼聯結，並催促她告訴我她的行為動機。她不知所措，只說出看見她的外套被用那樣方式清理，讓她極度不愉快。

　　值得一提的是，榮格那時正在重讀佛洛伊德論夢的書，並開始詮釋自己的夢境。在〈潛抑記憶〉這篇論文的注腳中，榮格提到自己的反應：「任何曾讀過佛洛伊德對夢的分析的人，或者更好的是，曾經自己做過夢的分析的人，都會知道潛意識可以如何用最淫蕩的性象徵來折磨最天真無邪、心地善良的人。」

　　無論人們怎麼談論榮格對史碧爾埃的治療，方法很明顯是有效的，對他們兩人都是。史碧爾埃在一九〇五年四月獲准註冊蘇黎世大學，雖然她天真地把布爾霍爾茲利列為自己的地址，結果她的申請文件被視為不完整，直到她取得布魯勒寫的信，說明她很健康才解決了問題。她在一九〇五年六月一日離開了醫院。在這段期間，榮格於四月被提名為主治醫生（Oberarzt），地位僅次於布魯勒，六月時他成了一個新門診的負責人，這個部門為非臥床病人，包括精神病患看診。此外，由於李克林離開醫院，前往接掌布魯勒在萊瑙精神病院主任的舊職，榮格也成為心理學實驗室的負責人。李克林的新職位是個重大的升遷，但是就職涯道路而言，離開那間心理學實驗室卻是個錯誤。從此榮格就有一個毫無阻礙的場地，可隨自己高興進行研究——而且在研究成果發表時可以只放上自己的名字。於是李克林在這些突破性實驗中的角色，最後也就完全被人淡忘了。

　　一九〇五年中，榮格克服了將情結理論以完全出於自己原創來呈現的誘惑，對於佛洛伊德在壓抑和其他領域中的開創性著作，他也開始在出版品中做出清楚而且正面的評論。可以確定的是，佛洛伊德那一陣子發表了一篇論文（將在下一章中更仔細地檢視），他在文章中以模糊、不具體的方式對榮格做出一些令人驚訝的批評。明確地說，佛洛伊德懷疑一位「年輕的」醫院助理（德文寫成一位「jung」助理。譯注：榮格名為 Jung，而年輕的德文也是 jung，作者特別提醒讀者，佛洛伊德使用此形容詞，有影射榮格的意味濃厚。）基於至目前為止的既有發表，能做出多少值得讚賞的分析。榮格無疑知道佛洛伊德的評論，但他的回應只是在一九〇五年六月開始為另一名病人分析。釐清前面的論點是很重要

的：佛洛伊德和榮格不只是透過發表文章而意識到彼此存在，而且因為這樣，這些出版文章也成為他們最初的溝通模式。他們向彼此發出的訊號是，當事關理論和實作，他們都對自己的財產權有強烈的概念。

在這個背景下，我們也應該注意到一份史碧爾埃後來宣稱是她所有物的古怪文件：這封信是一九〇五年九月廿五日由榮格所書，他在信中向佛洛伊德描述了史碧爾埃。史碧爾埃是這樣形容這封信：

> ……在信中榮格醫師把我形容為一個「聰穎過人、才華洋溢而且極為敏感的人」。我那時還是個十九歲的孩子，穿著樸素的衣裳，甩著條長長的辮子四處跑，因為我希望將心靈昇華到肉體之上。這解釋了榮格為什麼會在接下來這麼說：「她的個性不屈不撓，有著非理性的一面，她完全缺乏得體和外在儀態的概念，當然了，這大部分必須歸咎於俄國的奇風異俗。」

這封信值得注意的地方在於史碧爾埃所註明的寫信日期：一九〇五年九月廿五日。這意味著，這封信完成的日期是在榮格與佛洛伊德終於展開通信約九個月前——但顯然從未寄出。也許榮格曾決定要寫封信給佛洛伊德，跟他談談史碧爾埃的個案，但是又改變了主意。但這封信的難解之處在於，為何最後變成是史碧爾埃自己持有這封信。比較可能的狀況是，史碧爾埃在秋季學期開始前即將接受佛洛伊德諮商，榮格於是給了她這封信當作介紹信。這又是這兩人的另外一種間接溝通方式——藉由轉介病人來通信。事實上，榮格的動機是要展現他一手完成的作品，而且他也無疑希望能夠學到一些東西。由於史碧爾埃現在是他的朋友兼從前的病人，他也可以期待從她那裡聽到對於佛洛伊德的仔細描述。然後，不知是出於什麼原因（我們只能對此猜測），這個計畫落空了。無論如何，身為從前的病人以及剛起步的醫科生的雙重身分，這封信把史碧爾埃推到了榮格與佛洛伊德的關係中心——甚至在他們的關係真正開始之前，史碧爾埃就處於這個中心位置了。

「卡特琳娜・H」

一九〇五年下半年，在布爾霍爾茲利接受診療的最有意思個案之一，是第二個俄國學生，也是歇斯底里症患者，由李克林對她進行字詞聯想實驗。根據李克林的描述，從另一方面來說，這名二十歲女性很像史碧爾埃，因為她：

……善於壓抑所有的性經驗，以及每個人在成長過程中必然獲得的性方面知識，以致於過了二十歲她還對這件事情沒有任何正確的概念，儘管她是個學生。她甚至參與了關於賣淫的討論，但並不真正理解賣淫究竟是什麼意思。

「卡特琳娜・H」是在一位男友（「R.」）因她輕蔑地拒絕他更進一步的要求而自殺後，才開始出現歇斯底里症狀。繼這個創傷之後，很快又多了第二個創傷：

另一個狀況讓她的病情更是雪上加霜。一位女性熟人（學習助產術的學生）告知這位患者關於男性的性徵及性行為的事情，使得她至今為止一直壓抑住的性知識完全進入了意識狀態中。她覺得自己很不快樂；至今為止始終被理想化的人類成了野獸；R. 以肉慾方式愛著她的想法……極為困擾她……在輕微恍惚的狀態下她時常說：「我得去他墳前問問他是否知道這事。」人類的性功能使她痛恨人類，也痛恨她的醫生，她想像他也跟其他人一樣醜惡；只有看見醫生在診療患者時，她才能尊敬他，並將性的場景逐出腦海。

相形之下，我們找不到文件描述當史碧爾埃不再壓抑她對性的知識時有什麼反應。可以猜想得到，就像「卡特琳娜・H」一樣，她的反應也會相當劇烈，也因此榮格後來曾說，如果他收回他的支持的話，她很容易會舊病復發。無論如何，從那一年的某個時候開始，在她出院並取

得蘇黎世醫學院的入學許可後，史碧爾埃恢復固定接受榮格的看診（約診），這時她的身分與其說是門診病人，不如說更像個朋友和剛起步的同行；不過其實兩種成分都有。

史碧爾埃迄今維持身為榮格「測驗個案」的純正地位，但一旦他們理解到自己遺漏了什麼，這純正性也多少會蒙上一些塵埃。我猜測那便是隱藏在下面這些評論背後的想法。她後來在描述榮格向佛洛伊德提到她「俄國的奇風異俗」的那封未寄出的信時，附上了以下的評論：

當我說，我希望看見一個人貧窮而不是富有，因為財富能殺死靈魂；我希望把每個人當成好人，卻又理所當然地很快便得承認「一切都是騙局，都是在作戲，所有人都是愚蠢、虛偽的」等等這些話時，一個善良的人會怎麼說呢。用藝術家的眼光來看待這世界的能力，只可能隨著年齡增長而來，隨著對於性的存在的覺醒而來。於是非理性讓位給處子之情（maidenliness）。但是在那時候〔一九〇五年九月〕，榮格醫師也沒有瞭解許多事情；我看著他的知識茁壯成長。我亦步亦趨地跟隨著他的知識滋長，不只從他身上學習到許多事情，也因觀察他而獲益匪淺。

第4章
女人的說謊天性

　　因此受影響的人有可能宣稱，性的欲望是「她意識中的外來體」，一種她以為自己厭惡的感官知覺，但實際上其源頭是來自她的天性。她以驚人的力量努力壓抑欲望（結果只是增強了欲望而已），以致於她可能以更狂熱而憤怒的方式拒絕那個想法——這些都是可以在歇斯底里症中看見的變貌。而女性的習慣性說謊深受男性對性慾之負面道德評價影響⋯⋯歇斯底里症是女性說謊天性的根本危機。

——奧圖・魏寧格（Otto Weininger），一九○三；引用佛洛伊德的說法

　　一九○四至一九○五年間，榮格在蘇黎世全力應付壓抑的難題；而作為一種心理學現象，壓抑的實在性已經被字詞聯想實驗證實。同樣在這兩年，佛洛伊德也在維也納與同樣的難題奮戰，並已準備好為一個大膽的新臨床整合理論做最後的潤飾，他認為性壓抑在此整合理論中扮演著關鍵角色。但是基於種種理由（個人和專業方面），他無法隨心所欲地運用自己所偏愛的生物學解釋來說明壓抑如何運作。這段期間有一件事讓情況變得更為複雜，那就是佛洛伊德開始瞭解在瑞士醫院裡完成的重要研究，這使得他更迫切需要讓這一份尚未發表的臨床理論付梓。

　　為了瞭解佛洛伊德是如何讓自己陷入這樣的困境，我們必須返回到一八九七年，那是他廣為傳播他運用新精神分析方法所得到的第一個成果——童年性創傷之病原理論的一年後；他發現這個所謂的誘姦理論根本就錯了。這個領悟既令他難堪又感到如釋重負。因為如此，佛洛伊德開始進入孤身一人做深入專業研究的時期，但也激勵他邁向新的理論高峰。在專業上，佛洛伊德完全退出這個場域；他不再在他曾擔任講師的大學中開設講座課程，他也停止在醫學集會中公開發表。讓情況更惡化的是，佛洛伊德深信（這可能是正確的）他的名譽教授資格（titular professorship）申請因為反猶太主義的原因而被凍結。他回到自己的根源，加入聖約之子會（B'nai B'rith）的地方分會，並活躍於會務。

除了「佛洛伊德弟兄」偶然在聖約之子會做過一次演說之外，唯一始終瞭解佛洛伊德在這個時期的最新理論方向的，就是他的密友兼心腹魏海姆‧弗里斯（Wilhelm Fliess）。弗里斯是以柏林為根據地的內科醫師，以其治療熱忱而享有盛譽，他當時正準備要提出自己的重大生物醫學理論。這兩人在幾年前就因對於神經系統之功能性失調的共同興趣而意氣相投，而弗里斯也聽說佛洛伊德正在進行臨床心理學整合這項了不起的工作。早在一八九六年佛洛伊德就已經明白，他用來研究神經症狀的臨床方法（誘發聯想並回溯處理被壓抑的願望或記憶）在應用於夢境解釋時，似乎也能發揮作用。夢境可能會透露出願望，尤其是關於性的願望，是當時眾所周知的臨床真理，並且已經被夏爾科、賈內、克拉夫特—埃賓以及徐然克—諾辛等人注意到了。但這個理論只運用在內容清楚明白的夢境上，例如某個男人看見躺在床上的妻子被換成他過去的同性戀人這類的夢。但對於那些片片段段、表面上似乎無意義的夢（就像大多數人的連串夢境一樣），還沒有人知道該如何去詮釋，只能假設這些片段的夢是隨機的神經學偶然事件，也許是由消化不良所造成。弗里斯的驚喜是，佛洛伊德似乎有一個方法可以解釋這些較難解釋的夢。

接下來三年中，大約是從一八九七至一九○○年間，佛洛伊德逐漸擴大他的詮釋範圍，不僅是夢境，也納入了口誤、笨拙的行為、忘記名字，以及他所謂的「屏蔽記憶」（鮮明但本質上是偽造的童年記憶）。所有這些現象都約略能與閾下心理過程做類比，而這些閾下心理過程決定了神經病患的症狀形成：它們是願望以及對願望之防禦這兩者間動態交互作用的產物，在這樣的交互作用下產生了半是有意識、半是刻意的結果。於是不同的現象全都服膺於同一個基本的詮釋策略，這個對於不同現象的整合理論很快讓「佛洛伊德式」（Freudian）成為家喻戶曉的形容詞。這就是當布魯勒在一九○四年時寫下「在佛洛伊德式的世界中」，一些牽動著意識人偶的提線已被揭露出來時，他心裡所想的意思。

　　佛洛伊德在體裁上的天賦被證實是為他的心理學概念贏得一群讀者的重要因素。在完成他的新心理學整合理論的這段期間，佛洛伊德也身兼他自己的最佳觀察對象。事實上，他成了自己的病患。正是這個事實會遭到構成方法論的質疑，這讓佛洛伊德在報告自己的研究結果時採取能令人解除疑慮的告解模式。由於這個理論需要人們說出壓抑的願望，暴露自己個性中那些別人可能會想要隱藏的面向，就成了佛洛伊德的任務。這是個自相矛盾的方法，因為佛洛伊德必須運用個人的性格弱點，來做為建立科學客觀性的工具，這就是為什麼自佛洛伊德以來九十年來，沒有任何作者敢重複使用他這種體裁。可以肯定的是，在那時候有極少數眼光銳利的評論家對此感到不滿，並堅稱即使這麼做也無法解決自我觀察所必然帶來的方法論上的問題。然而至那時為止，更普遍的反應是，人們樂於接受這種發表模式，甚至認為它有說服力。此外，在接下來的那些年裡，許多讀者會以一種獨特的方式被拉進這些文本中，因為由於佛洛伊德的例子，他們開始檢視自己的心理過程。

　　然而，當佛洛伊德正在打造自己的普遍心理學整合理論時，他也大幅修訂了他對性的概念；他仍繼續相信性是形成神經官能症的病原學上的關鍵。在一八九七年之前，佛洛伊德基本上是以毒物學的術語來思考性的概念，認為性近似於古柯鹼或酒精之類的知名有毒物質，而且他還認為這個想像的「性化學物質」只在青春期時才會變得活躍。然而現在，受到弗里斯和另一位從醫師轉行的柏林性學研究者亞伯特‧摩爾（Albert Moll）的觀念影響，佛洛伊德開始以發展和演化的術語來看待性的概念。正如生殖方式是在演化過程中逐漸發展出來，同樣在個人發展過程中，性也可能隨著個人從嬰孩成長為成人的過程中，按部就班地隨著演化所鋪好的道路而採取不同的表現形式。

　　然而，這個新的性發展途徑有個問題，就是它嚴重破壞佛洛伊德既有的壓抑理論。在與布魯爾合著的《歇斯底里症研究》中，佛洛伊德提出一個關於壓抑如何發揮作用的基本常識上的解釋：患者會自然而然地抑制及遺忘那些他或她認為痛苦、羞恥、厭惡或背德的事。在當時的背

景下，佛洛伊德的常識性提案相當激進。事實上，他和布魯爾主張，單單心理衝突可能就足以帶來「意識的裂縫」（splits in consciousness）；意識的裂縫是歇斯底里症的典型狀況，並且至當時為止一直被假設是反映了某種神經學基質（neurological substrate）。接下來的這一年，佛洛伊德在概述「誘姦理論」的論文中，藉著發表訴諸於有機體及心理學因素的壓抑理論來處理這個課題。這便是「遲延行動」的理論（deferred action），亦即無論是多麼痛苦的經驗，僅只是童年性侵害並不足以造成神經官能症出現；只有當這類性侵害的回憶在青春期時被重新喚醒，才會變成形成神經官能症的原因。在佛洛伊德對執念性神經官能症的描繪中，這個過程的兩階段性尤其清楚：在這裡，原始的童年經驗（經常是與玩伴一起）本身並不被認為具有創傷性，只有在後來受到青春期性能量影響時才會成為創傷，這些青春期性能量會使童年經驗成為無止境、沒來由地自責的強大無意識來源，這些即為成人疾患的特色。遲延行動理論的美妙之處在於，它提供了限制潛在致病記憶之範圍的合理理由。根據佛洛伊德的邏輯，只有性的以及類似性的記憶，才能將青春期的新性能量吸引到自己身上，並因此引發持續壓抑的需要。其他的創傷經驗也許也會受到壓抑，但是在尚未再度活化前，它們會維持潛伏的姿態。從神經學角度來說，其他的創傷經驗缺乏能量狀態，無法導致神經疾病出現。

　　然而，一旦佛洛伊德理解到童年性衝動的真實性與普存性時，這個解釋就再也行不通了。如果兒童一開始就已經是性的生物（這是新的發展概念所要求的前提），那麼就沒有任何生物學上的理由可以解釋，為何他或她的童年性侵害記憶會在青春期成為新的問題來源。也沒有任何邏輯基礎可以支持和說明，相較於其他創傷事件，為什麼我們有必要特別考量性創傷的記憶的重要性。如果是一般人來看，可能不會明白問題出在哪裡，但由於佛洛伊德掌握了這些課題的系統性原則，因此他立刻就明白這些意涵。正如他在這段時間寫給弗里斯的信上說的：「現在我不知道自己的立場在哪裡，因為我一直無法成功獲得對於壓抑及其力量交互作用的理論性理解……。在試圖闡明神經性官能症時，我過去一直把鑽

除遺傳傾向的因素視為己任,但現在這個因素又重新取得了影響力。」

在這樣的背景下,一八九七年十二月,在一次被這兩人稱為「大會」的週期性小聚會中,弗里斯向佛洛伊德建議了一個對於壓抑的另類詮釋,其基礎是來自他自己對男女生理週期的研究。根據弗里斯仍屬於初步階段的發現,男性與女性身上似乎運作著兩種不同的生物韻律(biorhythm),一種是廿八天的女性週期,另一種則是廿三天的男性週期。弗里斯對這些生理週期的興趣主要是基於生理學的理由;他希望能夠透過研究這些週期來預測不同疾病的發病時間,包括神經疾病。但讓弗里斯驚訝的是,他的研究可能會有重要的心理學附帶意涵。

弗里斯關於壓抑的想法相當簡單。如同他的生理週期研究指出,如果所有的有機體從根本上來說都具有雙性傾向(bisexuality,譯注:或譯雙性特質,視行文脈絡而定),那麼在性成熟的發展過程中,在成人性傾向底定之前,有一半的天生雙性特質勢必會被另一半壓抑。雄性動物必然壓抑了雌性的那一面,雌性則壓抑了雄性那一面。然而,如果這是真的,這就意味著在演化過程的某個時間點上,會出現某種自然的機制,使得青春期不只是性成熟的發展時期,同時也是性壓抑的時期,其目的是要壓抑原始雙性特質的另一半。再者,這也表示童年與成人性經驗之間的一個重要差異,任何一個童年的性事件都必然發生於天生的雙性傾向仍在運作的情況下,所以會受到來自兩性的性能量的影響。然而,正是這個傾向使得童年的性記憶在青春期產生了問題,並且持續影響到青春期之後。實際上,雙性特質理論拯救了壓抑的遲延行動理論,並使其符合童年的性記憶。

一開始,佛洛伊德並未對弗里斯的想法留下深刻印象,但是他越是思索,就覺得這個理論越合理。佛洛伊德甚至明白表示他忌妒了起來。一年內,在另一次他們的「大會」中,佛洛伊德興奮地告訴弗里斯,他,也就是佛洛伊德自己,最近在這些議題方面有了什麼樣的突破性想法。當弗里斯指出,一模一樣的事情他早在一年前就已經告訴過佛洛伊德時,佛洛伊德還使勁地提出反駁,直到事後才瞭解到,他的記憶對他

開了一個惡劣的玩笑。這個記憶的失誤後來被寫成一段軼聞，發表在《日常生活的精神病理學》中，弗里斯也讀了這本書的手稿。又過了一陣子，佛洛伊德做了一個願望實現的夢，在夢裡他「在我的朋友面前〔提出了〕一個人們長期尋求且不得其解的雙性特質理論」。他也做了一個現在被稱為「不是活著」（Non Vixit）的夢，這個夢的詮釋有一部分的關鍵在於，某件事物引發兩個身分不明的朋友爭執，且出現了其中一個人應該死去，好讓另一人可以獨占這個事物的願望。這兩個夢都被收錄在《夢的解析》中，弗里斯也讀了手稿。

弗里斯開始認真地擔心起，他優先提出這個概念的主張可能會被搶走。這個憂慮再加上這些年間在兩人之間累積起來的緊繃情緒，導致他們在一九○○年八月在阿亨湖（Achensee）的一次會面中發生了極為嚴重的爭執。從佛洛伊德在這次會面後所寫的信可清楚看出，那次爭執的爭論焦點是對壓抑的雙性特質解釋。這兩人設法維持了一陣子的通信聯繫——身為一名內科醫師，有關佛洛伊德小姨子敏娜‧貝內斯（Minna Bernays）最近染上可能造成死亡的神祕疾病，弗里斯是名有價值的對話者——但此後他們的關係再也不復往昔了。

佛洛伊德教授先生

與弗里斯這場爭執的結果是，佛洛伊德在廿世紀初期的職業生涯出現了一個古怪的分歧點。繼他主要的心理學著作：一八九九年的《夢的解析》，以及一九○一年初的《論夢》和《日常生活的精神病理學》出版後，佛洛伊德認真地重拾起他的專業生涯。一九○二年三月，多虧了一位富有的前患者向教育部遊說，佛洛伊德終於獲頒維也納大學名譽教授頭銜。這是一個重要且遲來的榮譽。該頭銜的特權之一是賦予被授與者新的社會稱謂：從此之後佛洛伊德被稱為「教授先生」（Herr Professor），而他的妻子則是「教授夫人」（Frau Professor）。一九○二年十月，佛洛伊德頂著熱騰騰的頭銜，恢復了在大學醫學院的授課，這是自一八九八年以來的頭一次。同一個月，佛洛伊德也開始在每週三晚上於他的

候診室裡舉行讀書會，成員包括他自己、醫師魯道夫・雷特勒（Rudolf Reitler）、兩位有記者證的內科醫師魏海姆・史德寇（Wilhelm Stekel）及埃弗雷德・阿德勒（Alfred Adler），還有一位當地的神經專科醫師麥克斯・卡漢（Max Kahane）。第一晚的討論主題是吸菸心理學。佛洛伊德努力引起同行對他的觀點產生興趣，且他努力的範圍不只限於維也納。比方說，一年後他冒昧寫信給一位審查他夢的書籍的匿名柏林評論者，結果給自己找了麻煩，因為他發現自己的通信對象是心理學家、著名醫學評論家威力・海爾帕赫（Willy Hellpach），當時海爾帕赫正準備發表自己的歇斯底里症專著。

　　長期來處於停職狀態的學術生涯經過調整後，現在正要再度啟航，可是著作發表則面臨著不尋常的停滯狀態。佛洛伊德寫作的手一直沒有停過，他只是沒有發表手稿而已。一九〇一年二月，他完成一篇他曾進行過的治療案例（「朵拉」個案）的詳細記錄，但他先是延遲投給齊恩的醫學論文叢書，接著又將文章完全撤回。然後他開始進行另外兩篇論文，〈人類雙性特質〉（Human Bisexuality）以及〈遺忘與壓抑〉（Forgetting and Repressing），但這兩篇論文都不曾得見天日。還有另一篇關於玩笑心理學的著作，完成於一九〇三年四月，但這篇論文也一樣未拿去發表。簡言之，除了一九〇四年初曾在羅文斐德書中談論過他的精神分析方法之外，佛洛伊德在過去三年中未曾發表過新的論文。

　　問題出在對於壓抑的雙性特質的解釋。佛洛伊德認為單純就神經官能症來考量，這個理論（正如他寫給弗里斯的信中所表示）是「不可或缺的」。最遲至一九〇〇年時，他就已經將該理論納入他所有的治療當中。他也將這個理論寫進所有之前提到過的未發表手稿中。總而言之，這個理論已經是他的神經官能症理論中，被他視為「性的有機基礎」的關鍵部分。可以肯定的是，佛洛伊德非常樂意引用他的昔日好友的理論，但當時事況仍然棘手。因為弗里斯不希望被引用。事實上，弗里斯根本不希望這個理論被傳播出去，或者至少是不希望在他能夠發表他關於雙性傾向和生物韻律的其餘想法前，讓這個理論流傳出去。對佛洛伊

德而言不幸的是，弗里斯理論的實作面向涉及了精密記錄兩性身上存在的廿三天（男性）和廿八天（女性）週期的生理分歧，而蒐集所有必需的資料需要花上好幾年的時間。在這段期間，佛洛伊德不得不等待。

因此在一九〇一至一九〇四年這段期間，佛洛伊德相當心灰意冷，一方面知道自己臨床理論的走向（一個相當激進的方向），但除了一些地方上的朋友和患者圈子外，他無法和其他人談論這件事情。

他似乎利用這段等待期間來凝塑他的人格形象。如今他已適應出一套例行公事，之後數十年都持之以恆。白天，他在緊鄰他兩層樓公寓的辦公室裡為病患看診，經常是八小時無休，只有在越過大廳去吃午飯，接著在晚餐前去散個步時，才會停下休息。除了週三在他的候診室舉行讀書會以外，平日晚上的時間都固定致力於寫作，週五晚上則是他的講課時間。週六，佛洛伊德固定和三個長期好友在聖約之子會玩塔羅克牌（tarok）。禮拜天，他拿來寫信和外界聯繫。佛洛伊德的妻子瑪莎‧貝內斯（Martha Bernays）和她的妹妹敏娜負責在佛洛伊德不在時操持家務。每件事都安排得妥妥當當，好讓他的工作不受打擾，雖然用餐時間時孩子們勢必會出現，但只有家務事才能拿到餐桌上談論（不談要事也不談精神分析）。

幾乎所有在這段期間見過佛洛伊德呈現出來的自我形象的人，都會為他美言幾句。在身材方面，他頂多只有中等身形，而且舉止中流露出某種溫和的克制，幾乎可說是陰性的氣質。他不是個有群眾魅力的男人，似乎連在維也納社交生活最主要場合的咖啡館中，都從未覺得自在過。但是在那些令他舒適的場所，他帶給人特殊而深刻的印象：當面對面時，他能夠立刻表現出溫文儒雅、理性、博學、寬容、有口才魅力等特質。他同樣也是個優秀的聆聽者，而且有能力當場組織出深思熟慮的系統理論為回應。此外，由於他長期鑽研文學、文化史以及實際上任何人都會談論的主題，因此不管是什麼樣的題材，都能夠讓佛洛伊德多少與自己的理論扯上關聯，反之亦然。但是在面對新的同行時，他有一種絕佳的本領，能夠讓暴露出個人內在想法這件事情，變成某種愉快而且

基本上是合作性的新型腦力練習，好像觀察心理法則如何在像我們這樣的紳士（以及淑女）身上持續運作，是件多麼有趣的事情一樣。

說說一件佛洛伊德的軼聞，或許可以幫助各位理解這個人。一九○四年秋天，一位年輕詩人，也是維也納大學學生布魯諾・葛茲（Bruno Goetz）因為持續頭痛而前來找佛洛伊德看診。佛洛伊德簡單地瞭解了他之前的生活型態後（葛茲把他手上的每一分錢都花在書本上），然後就花了很長的時間和這位年輕人談起當代作家來。一個小時結束時，佛洛伊德宣布他寫了個處方治療葛茲的頭痛，之後他把處方籤放進信封裡封起來交給葛茲，並且警告他，精神分析對詩可不會有什麼好處。當葛茲走到街上時，他把信封打開，發現裡頭寫著佛洛伊德的診斷和療方。頭痛的原因不是神經官能症而是飢餓，佛洛伊德在裡面還放了些錢，讓葛茲拿去好好吃幾頓飯。

歷史很快會要求這個男人知道該如何當「佛洛伊德」——考量到這個高難度任務，貝格街十九號的教授先生已經找到了執行任務的最佳辦法。

性與性格

到了一九○四年初時，佛洛伊德和弗里斯之間的情形已經變得複雜許多，雖然弗里斯尚未意識到其複雜之處。這兩人在一九○三年的復活節期間，在佛洛伊德的主場維也納安排了一個禮貌性會面。但是從他們上次會面起有兩本新書面世了，一本的作者是赫曼・史沃博達（Hermann Swoboda），另一本則是奧圖・魏寧格（Otto Weininger）。兩名作者都是維也納人，兩人都在書中提及雙性傾向，而且兩人也都與佛洛伊德有私交。在這兩本書中，魏寧格所寫的書是至今為止較重要的一本。這本書名為《性與性格》（*Sex and Character*），出版於一九○三年年中，當時只引起了少數人的注意。接著在一九○三年十月，魏寧格這位從哲學家轉行的神經病學追隨者自殺了。維也納報紙報導了這個故事——親手結束自己生命的青年才俊；而隨著附帶的宣傳效果，書的銷量也開始一飛沖

天。

《性與性格》極具可讀性，儘管也會令人感到惱火。從所有生物都天生具有雙性傾向的生物學前提出發，魏寧格嘗試在陽性與陰性成分之相對混合的基礎上解釋人類的性格。從他的觀點來看，所有個體都能夠列入一個由 x 代表的陽性特質和由 y 代表的陰性特質的連續體中，一個成分的增加永遠會伴隨著另一個成分的減少。許多難解的心理學現象都可以用這個概念當作關鍵來說明。因此，以性吸引力為例，這個表面上看來十分神祕的過程就可以用互補的比例來解釋，一個雙性比例為三比四，具有陰性特質的男性，會吸引一個雙性比例為四比三，具有陽性氣質的女性。同樣的，歇斯底里症的現象學也可用一個不幸的兩性成分比例假設來說明，這個混合會造成無法成功抑制性的慾望。

然而要合理化他假設的性格學，魏寧格必須提出陽性氣質與陰性氣質的理想型，因此，他對於這個問題的定義與觀察到的性別區分並不一致。他的論點在這裡變得十分令人驚訝。陽性氣質等同於智識區辨能力以及記憶力；道德、意志與宗教；真愛；天賦才幹；並且最終等同於亞利安人種。陰性氣質則等同於易受騙和健忘；不道德；衝動、非宗教；性慾；歇斯底里；以及可以預料得到的──猶太傾向。儘管魏寧格最後所下的結論是提出一個拯救方案，即猶太人和女性必須提升自己，而男性及亞利安人必須甘心接受他們的雙性本質。但在這本四百七十二頁的書中，大部分的篇幅都用於展示基本的兩極特質，全書中並充滿大量令人難忘的格言警句。

這本極端引人入勝的書有一個嚴重的問題。雙性傾向的學說，包括性吸引力法則以及其所導致的歇斯底里症壓抑的解釋，正確地說，並不是屬於魏寧格的智慧財產。這些觀點是弗里斯的智慧結晶。然而，魏寧格在書中對於弗里斯的名字卻隻字未提。

對佛洛伊德來說，他並未完全信服魏寧格對壓抑的描繪（「女人的說謊天性」），儘管這個看法與他自己的相當接近。然而最令他高興的是，魏寧格在關於歇斯底里的那一章中，除了引用布魯爾、賈內以及佛瑞爾

的主要合作者歐斯卡・沃格特（Oskar Vogt）以外，也重複引用了佛洛伊德。因此，佛洛伊德用一種有禮的方式，刻意在史德寇為報紙所寫的書評中一個小心隱藏的消息來源裡，表達出自己對這本書的感想（「一顆由知識無政府主義者所投下的文學炸彈」）。

官方的精神病學家

　　一九〇四年四月發生了一件事，終於打破了堆在佛洛伊德書桌上那些未發表論文的僵局，也永遠結束了佛洛伊德與弗里斯的關係。布魯勒針對羅文斐德的書所寫的書評問世了。這份書評對佛洛伊德的心理學觀點給予明確的讚美評價。佛洛伊德向來很少遺漏對自己有利的反應，不過這次的讚譽可是來自聲譽卓著的蘇黎世大學的現任精神醫學教授。他決定把握這個機會。他和他週三夜會的固定成員要開辦自己的期刊，並把弗里斯也拉進來參與，因為以蘇黎世大學教授的聲望為誘餌，弗里斯也很難拒絕。一九〇四年四月廿六日，佛洛伊德寫了封信給他昔日好友，說一群他的「弟子」們正計畫要開辦一份期刊：

　　　　他們會邀請你來合作，而在他們行動之前，我想請求你不要拒絕向他們提供你的聲譽和貢獻。他們認為現在正是良好時機，因為同意我看法的評論正在增加當中。我最近找到了對我觀點表達出完全令人懾服的肯定評論，它出現於蘇黎世的官方精神病學家布魯勒發表在《慕尼黑醫學週刊》（*Münchener medizinische Wochenschrift*）的一篇書評中。想想看，這可是一個精神病學大教授，和那些至今為止一直把我的歇斯底里症和夢的研究畫上「＋＋＋」，認為這些論點令人作噁的傢伙完全不同。〔「＋＋＋」是諷刺在農舍上畫三個十字架以驅鬼的傳統。〕

　　佛洛伊德一打出他的王牌，立刻連剩下的牌都攤開了。在這封信的下一段裡，佛洛伊德繼續詢問弗里斯是否已經收到史沃博達那本論生物韻律的新書。關於這本書，佛洛伊德這樣寫道：「我在許多方面都是啟發

智識的來源,雖然我並不希望成為它的作者。」

弗里斯已經知道史沃博達的新書了,這本談到性週期的書中包括了他的理論的拙劣版本。他立刻回信,對於佛洛伊德曾用任何方式參與這本書的誕生表達他的「遺憾」。但是跟接下來發生的事情相較下,這還不算什麼。兩個月後,弗里斯湊巧讀了最新暢銷書《性與性格》。令他吃驚的是,他從書裡的一段話中發現魏寧格和史沃博達曾是密友。更令他驚訝的是,他瞭解到在史沃博達和魏寧格的著作之中,出現了他未發表理論的精華;他的理論被剽竊了。弗里斯怒不可抑。

一九〇四年七月中,弗里斯前往維也納。佛洛伊德比平常提早了兩個禮拜出發去度假,因此未能在維也納見他。別無其他辦法之下,弗里斯最後在七月廿日寫了一封信給佛洛伊德,控訴是他引導了魏寧格的剽竊罪行。佛洛伊德在七月廿三日回信並說明「關於這件事他知道的一切」:史沃博達不是他的弟子,只是個病患而已;雙性傾向的言論確實出現在他的治療中;史沃博達發現魏寧格正為他的性問題苦思不解,便向魏寧格提到這個概念——「魏寧格聽了之後用手拍了一下他的額頭,接著匆匆回家寫他的書了」。可以肯定的是,佛洛伊德曾幫史沃博達尋找出版商,但那不過是他在這個殘酷世界裡為他人做的一件善行,而且跟魏寧格毫無關係;佛洛伊德根本沒有承認過認識他。由於這個不幸的誤解,佛洛伊德接著說,他目前正要完成一本新書,《性學三論》(*Three Essays on the Theory of Sexuality*。譯注:在本書中有時簡稱《三論》),他會在書裡盡可能避開雙性傾向理論;不過事實上,確實有幾個地方得用到這理論,弗里斯會希望被引用嗎?

弗里斯接著去找了他們共同的朋友歐斯卡‧雷(Oskar Rie)。從雷那裡他發現了至少部分的事實:無論如何,佛洛伊德不只曾經和魏寧格見過面,而且還通讀過魏寧格手稿的初稿。這兩個人甚至還明確地討論過魏寧格論歇斯底里症的一章;這章是特別寫來討好佛洛伊德的。佛洛伊德顯然發現那一章有斷章取義的情形,因此而不太滿意,他後來宣稱他曾經勸阻魏寧格發表這一章。然而,先把這段軼聞擺在一邊,佛洛伊德

的行為很明顯站不住腳。現在弗里斯再度寫信給佛洛伊德，後者這次坦承了他在這其中扮演的角色。但他仍然找到縫隙來訓斥弗里斯，他認為那些觀點不能被當成「專利」，並堅持「魏寧格對你造成的傷害很輕微，因為沒有人會認真把他的爛書當一回事」（這本「爛書」很快地成為國際暢銷書，並被翻成不下十六種外文）。然而在信的末尾，佛洛伊德的語調忽然轉為急切：

　　我相信你還是會慷慨地幫助我脫離目前的困境，請你讀一讀我在剛完成的《性學三論》的校樣中關於雙性傾向的評論，並修改成令你滿意的版本。將出版日期延到你公開你的生物學研究成果之後，事情可能會容易些。但我不知道那會是什麼時候。你大概不會為我加快腳步。在這段期間，我什麼也不能做，甚至連《玩笑》〔那本書〕都完成不了，因為這本書的關鍵部分是以性的理論為基礎……
　　對此請你務必回覆。

　　這個急切的要求一直沒有得到回覆，但現在出現了一個可怕的複雜因素。弗里斯會將他的指責公諸於世嗎？距離佛洛伊德有關歇斯底里症的最後一次發表已經有六年了，在這段期間，他已經完全修訂了他對原慾（libido）的看法。但是佛洛伊德仍認為原慾及原慾的壓抑是瞭解所有神經疾患的關鍵；甚至《性學三論》的整個重點即是為佛洛伊德修正過的神經疾病理論所搭建的性發展骨架。這一點沒有問題（我們可以在他寫給弗里斯的信中看見他重複而明確的陳述），有問題的是，佛洛伊德至今仍考慮將壓抑的雙性傾向理論做為他新的整合理論的重要部分。然而一九〇四年七月時，在沒有取得盛怒的弗里斯的任何同意下就這麼做乃十分輕率。因為如果佛洛伊德現在就將他的理論付印，而弗里斯公開指控他剽竊，有識別力的讀者立刻就會看出，佛洛伊德幫了魏寧格和史沃博達多少忙。佛洛伊德的理論將會在醜聞中問世，要按照實力爭取得到公平看待的機會就更加困難了。

一個普遍的錯誤印象

一九〇四年八月，當佛洛伊德正在義大利和希臘度假，並思考該如何修訂他的手稿時，史碧爾埃在譫妄發作的情況下住進了布爾霍爾茲利。當時佛洛伊德已經與布爾霍爾茲利院長布魯勒展開通信，當佛洛伊德在九月底返回維也納時，布魯勒已經允許榮格替這名年輕的俄國病患進行精神分析的試驗。布魯勒無疑向佛洛伊德通知他們要進行這項試驗。布魯勒和榮格兩人都認為，佛洛伊德發表在羅文斐德書中的描述多多少少能夠滿足他們的需求。但是從佛洛伊德的眼光看來，羅文斐德的說明還不夠好，因為它並未包含詮釋的法則。史碧爾埃絕不是第一個在維也納以外接受精神分析的患者；在最近幾年裡，不時有人嘗試複製佛洛伊德以及布魯勒的研究發現，結果則是分歧的。但是身為蘇黎世精神病院的患者，且該院是由現任精神病學教授所主導，史碧爾埃的重要性非比尋常。

佛洛伊德決定要保護自己。他排定要在維也納醫師學會發表一場演講，題目是〈論心理治療〉（On Psychotherapy）。這場發表於一九〇四年十二月十二日的演說，也是他八年來第一次在一群專業人士面前現身。這是場情感洋溢但極為閃爍其詞的演講。佛洛伊德從一開始就指出，他的技巧尚未傳達出「能給予醫界讀者們……完全執行治療所必需的方向」。不幸的是，他在這裡只能對他的方法提供一些「暗示」。事實上，關於他的方法他只傳達了一件事：這是「克服（對性的）內在抵抗的再教育」。但佛洛伊德力圖為他未能報告出完整的方法提出辯護：

對我而言，似乎我的同行普遍有種錯誤印象，認為尋找疾病起源的技巧以及透過這方法移除症狀是件簡單的事，可以說做就做。我之所以會得出這個結論，是因為沒有任何一個對我的療法表現出興趣的人，曾經問我我到底是怎麼做的……再者，我很驚訝聽說某醫院有個部門的年輕（德文為 jung）助理接到上司的指令，要他對某個歇斯底里症患者進行「精神分析」。我很肯定，除非他能說服他的上司他精通組織學技巧，

否則他得不到允許去檢驗摘除的腫瘤。

　　事實上，這是佛洛伊德對由榮格負責的史碧爾埃第一期治療的評論。由於我們不知道關於榮格的「測驗個案」，布魯勒明確傳達了什麼訊息，我們也不知道為何佛洛伊德會認為這名「年輕助理」不可能完成值得嘉許的工作。

　　在這裡值得我們暫停下來，思考一下佛洛伊德態度的意涵。他發明了這個新的治療程序，他花了將近十年在發展這新療法，而且最起碼也有過機會從自己的錯誤中學習。因此佛洛伊德認為，沒有任何人能夠像他一樣，能體會其中所有複雜微妙之處；這一點算是相當合理。而透過暗示，他也表示沒有任何人有資格針對這方法的成效進行公平的測試。只不過從科學的眼光來看，這情況極為可疑。在科學上，任何提出的「方法」都必須能夠以正式的術語來陳述。可以肯定的是，正如佛洛伊德自己提出的「組織學技巧」，一個治療程序也許很難學，要完全學會也許需要經過相當多的訓練。此外還有一些科學程序極為困難，以致於只有極少數人才能完全掌握。然而這個方法必須至少在原則上能夠被形式化。換個方式來說，這個方法必須能夠被寫成一本指南，雖然或許每個讀者都同意那本指南寫得還不夠好。無法被形式化的方法就像是無法被複製的發現。儘管這方法再怎麼有趣，也稱不上是一門科學。

　　佛洛伊德完全意識到這個要求，和他同時代的人也一樣。威力・海爾帕赫，佛洛伊德仍保持通信聯繫的對象之一，便以這個課題為基礎，在兩年後發表了一個露骨的評論：「雖然人們可能會承認，精神分析在其創造者手中巧妙而豐富地為我們闡明了某些曖昧不明的關係，但這種治療缺乏使其成為一種『方法』的最重要元素；就這點而言，這個方法無法證明自己比老派的共感觀察更好，甚至或者是一樣好。」簡言之，假如佛洛伊德是唯一能夠進行精神分析的人，那麼該方法注定只會是個讓人感興趣的新奇事物而已。回應這個批評的最好辦法就是出版一本含有詮釋法則的手冊，而佛洛伊德依然有意要這麼做。然而，在那個時點，

他也滿足於目前的立場,正如他在醫師學會面前所採取的態度,那就是截至目前為止,學習這方法的唯一方式,就是透過他直接的個人指導。

新神經疾病原理

雖然我的故事與蘇黎世和維也納間知識軸線的發展有關,但如果我給人一種印象,嘗試瞭解和治療神經疾病的重要工作只出現在這兩座城市裡,那就是我的疏忽了。實情是相反的;在國際間有非常多人對這些主題感興趣。單單在瑞士就有路威・法蘭克(Ludwig Frank)、杜蒙・貝左拉(Dumeng Bezzola)、羅傑・韋托茲(Roger Vittoz)、亞瑟・慕特曼(Arthur Muthmann)以及保羅・杜伯,正在獨立發展屬於自己的獨特治療方法。同樣在美國,鮑李斯・席迪斯(Boris Sidis)、墨頓・普林斯(Morton Prince)、詹姆士・傑克森・普南及其他人,也都正在實驗各種緩和神經疾患的方法。精神病病理學是如此廣受注目,在一九〇四年於美國聖路易斯舉行的萬國博覽會中,甚至有一個神經病理學專屬的區域。阿道夫・梅爾(Adolf Meyer),一位曾在佛瑞爾底下受訓的瑞士移民主持這項盛事;普林斯和賈內則是客座講者。

夏爾科曾經基於歇斯底里症與關節炎均為遺傳性並皆有疼痛痙攣症狀,而將兩者連結起來;保羅・莫比烏斯(Paul Möbius),一位柏林的電療教授,只是堅持歇斯底里症發作與某個「概念」有關而做出了重大的貢獻;但當時的醫學輿論和那個時代已經距離很遠了。對許多深思熟慮的人來說,心理學很明顯是進一步瞭解歇斯底里症和其他神經障礙的唯一方法。而透過心理學又意味著,應該要澄清心理因素與神經系統之器質性基質的關係。

於是,在那個時代出現了許多新的研究工作,每一種都提出了新的整合理論。一九〇二年,奧圖・葛洛斯(Otto Gross),他是克雷貝林診所的助理、現代犯罪學之父漢斯・葛洛斯(Hanns Gross)之子,出版了一本重要的書,《次要腦部功能》(*Die zerebrale Sekundärfunktion*)。在書中,葛洛斯結合了偉大的腦部解剖學者卡爾・維爾尼克(Carl

Wernicke），以及克雷貝林、佛洛伊德和賈內的洞見，提出了創新的臨床類型心理學。一九○四年，杜伯的大部頭專著《神經疾病及其心理治療》（*Les Psychonévroses et Leur Traitement Moral*）在伯恩問世了。這本書的前十九章專注於說明現代對神經疾患理解的演進歷史，後十六章則致力於睡眠障礙、腸道問題、創傷性意外等個別神經症狀的治療。（杜伯對於性的問題並沒有持肯定的看法。一方面，他主張「那些在性方面沒有困擾的人極少出現『神經質』的情形」，而「讓病患向你坦白」是很重要的。但是另一方面，他也譴責有些醫師「似乎從……向他們的患者提出輕浮的問題時，得到猥褻的快感」。）一九○五年初，佛瑞爾的磚頭厚書《性問題》（*Sexual Questions*）也加入此行列；該書的內容從單細胞生殖的詳細情形（附彩色插圖），談到催眠術中情慾吸引力所扮演的角色，最後論及當代性慣行（sexual practice）急需進行的改革，免得白種人被黃種人趕上等等。

簡言之，這似乎是個迫切需要大型的整合理論，以及能夠提出整合理論的天才的時代——四處都可聽得見這樣的呼喚。一九○五年四月，一個名為奧圖・蘭克（Otto Rank）的年輕人，詢問他的內科醫師阿德勒，他是否能夠再借一次那本論夢境詮釋的有趣書籍。八月時，他認識了那本書的作者。到了一九○五年年底，他已經至少交出了三篇手稿給佛洛伊德做評鑑。第一篇較為簡短且比較個人性質的手稿，是重新分析佛洛伊德自己做的一個夢；蘭克與佛洛伊德所寫的相反，他主張作夢者並不希望自己的兒子超越他。第二篇是研究論文，標題為《藝術家》（*The Artist*）；該論文於兩年後出版，並刪去了談到雙性傾向的部分。第三篇的標題為〈猶太文明的本質〉（The Essence of Judaism），這一篇文章從未發表過。這篇論文是結合了魏寧格、佛洛伊德及尼采的理論，蘭克提出理由主張，「猶太文明的本質」是對「原始的性的壓迫」，在性壓抑的時代，這個特質讓猶太人有資格成為人類的「醫師」。

我們應該在這個背景下來理解佛洛伊德於一九○五年的三篇發表著作。第一本的書名是《機智及其與潛意識的關係》（*Wit and Its Relation to the Unconscious*），出版於這一年年初。這本書借用瞭解夢書中的心理學及一些術語（相對於「夢工作」〔dreamwork〕，這裡則是笑話工作〔jokework〕）；在書中，佛洛伊德帶領他的讀者進行了一趟基本上無法翻譯的世紀末（fin de siècle）幽默之旅，並且適時地加入了幾個猶太笑話。

《性學三論》與談論笑話的書幾乎是在同一時間發表。在第一論中，佛洛伊德回顧了有關性偏差的文獻，他不厭其煩地表示，是因為現象的多樣性需求，才會出現部分欲力（component instincts）的概念，並以一個激進的概念為結論，亦即神經官能症狀同樣有在經過壓抑後變異的部分欲力。在第二論中，佛洛伊德檢視了在嬰兒期運作的部分性欲力（component sexual instinct）；這一論的重點在於說明，如何透過天生體質的構成及嬰兒期經驗的各種結合，使得某些部分欲力強化到一種程度，能夠成為成年期以後變態行為或神經官能症狀的早期器質性基礎。第三論討論的是青春期的轉變。在健康方面，所有嬰兒期的部分欲力均是為了聚焦於單一（異性戀）對象的單一（生殖性）目標而結合起來。然而，通往成人性行為的道路會因為某種原因而被封鎖住，在這個年紀時高漲的原慾便會回流到舊時的嬰兒期渠道中，並因而導致性變態（perversion）或神經官能症。

在佛洛伊德所描繪的原慾發展中的個別元素方面，大部分尚未在文獻中以任何形式討論過，包括嬰兒期的性。真正新穎的概念在於，他宣稱神經官能症狀始終與壓抑的嬰兒期「性倒錯」有關。然而在這一點上，佛洛伊德完全沒有提出任何資料說明。在與人類的性的相關文獻中，以記錄某人論點的方式來呈現龐大的個案資料，在當時乃完全理所當然。克拉夫特─埃賓、莫爾、哈夫洛克·伊利斯（Havolock Ellis）、徐然克─諾辛全都是這麼做；克拉夫特─埃賓列舉的個案更有數百個之多。然而，佛洛伊德在提出他的主張時只說，支持他的論點的是他「過去十年來」從事精神分析的經驗。簡言之，這本書的中心命題是依賴有點像是鉅額本票的東西。

就算佛洛伊德隱瞞了那些可以加強他的架構可信度的精神分析資

料，他所採取的方向還是相當清楚。在論嬰兒期的性的第二論中，他謹慎地為重新詮釋更常見的神經疾患打下基礎。失憶、腸道問題、遺尿、臆球症（globus hystericus，譯注：一直感覺喉嚨中有異物的一種神經疾患）、考試焦慮（examination anxiety）、執念，甚至是用腦過度（intellectual overwork），所有這些症狀都可做為嬰兒期性生活的某個面向的類比。幾乎可以說，佛洛伊德唯一無法以嬰兒期術語來詮釋的常見神經疾患就是「鐵路事故脊髓損傷症」。（railway spine，譯注：十九世紀的一種診斷，因發生鐵路事故而造成的脊髓損傷，其中有些人並無明顯受傷。病因在當時眾說紛紜，有認為是鐵路事故導致物理性的脊髓損傷，也有認為某些症狀是歇斯底里症造成，如今認為可能是鐵路事故所造成的創傷後壓力症候群或心身症。）但令人驚訝的是，連這個病也逃不過佛洛伊德的分析；在他的架構中，該疾病與孩子在做任何具有活力的身體運動時感受到的性興奮有關，例如盪鞦韆。由於神經症患者不再像以往一樣出現這類局灶性疾患，佛洛伊德陳述中的這個傾向被現代讀者所遺漏；文字是在那裡，但是當讀者瀏覽過去時並沒有真正讀進去。然而在那個時代，神經症患者固著於某個特殊疾患是常見的情形，像是杜伯的書就是根據這情形將各種疾患的特徵組織起來。因此佛洛伊德宣稱：在每個症狀背後可以找到某種特定的嬰兒期的性做為類比；這個宣稱在專業讀者群中也引起極大的注目。

　　儘管有過度強調同一主題的問題，但佛洛伊德的主張仍勢必帶來重大的，甚至是關鍵的理論躍進。《性學三論》並不是蓬勃發展的性學領域中的另一個大眾科學論述，這本書事實上是一個骨架，即將成為適合在門診心理治療中使用，完全成熟的情緒發展理論。這樣的東西前所未見。當時是有兒童發展理論，但是這類理論對於臨床並無多大幫助，因為一旦帶進精神疾病的問題，無論如何將那些字詞用概念來呈現，依然無法區別何者屬於正常範圍，何者又已經進入病程表現的範圍了。

　　在這裡，克拉夫特—埃賓做出了一個恰當的比較。與人們的期待相反，克拉夫特—埃賓對於他研究對象的心理掌握得相當細膩。他曾寫

到,「透過概念聯想而產生的移情作用」,是如何將部分身體的性吸引力轉移為某種戀物癖(fetish)。他知道性行為可能依賴某種「幻想的介入」,舉例來說,一個真正的異性戀伴侶可能藉此方式替換成一個想像的同性戀伴侶。他知道性感覺可能受到壓抑,只留下表面上難以解釋的性變態的想法。他知道某些「幻想」來自「年少時期」,就算實現也不會帶來真正的滿足,因為「整件事主要屬於幻想的領域」。他知道性受虐幻想也許是「潛伏的」,但卻一直是某種戀物癖背後的「潛意識動機」。他很清楚嬰兒期的自慰行為,「性感帶」(包括肛門),吸吮乳房的性意涵,以及羞恥、厭惡和道德教育在抑制原慾上所扮演的角色。

克拉夫特—埃賓不知道的是,疾病與健康的界線在何處。在他的個案史中,他不只一次曾回溯某個性變態傾向的發展至童年期,甚至描述該傾向的第一次運作與另一位家庭成員的關係,然後他又退回原位,將嬰兒期的經驗做為將會在成年期發展完全的遺傳性退化的早期病徵。於是這些最中肯的心理學洞見未能帶來任何理論性成果,除了確立診斷之外,也無法對治療產生影響力。這些觀察都在那裡,但事情仍然如謎一般難以解釋。

基本上,佛洛伊德在正常與疾病之間重新劃下界線,藉此而找到瞭解決辦法。在嬰兒期時,性變態是正常的;它們本身並無好壞可言。只有當包括體質、早期經驗以及成年時遇到的事件等因素結合在一起時,嬰兒期的衝動才會成為成年精神錯亂(adult aberration)的基礎。從某個意義上來說,這個主張沒有吸引力,因為它讓所有男性和女性成為潛在的性變態者或神經症患者,但該主張在臨床上十分有力,因為現在臨床醫師知道該尋找什麼了,他們該找的不是某些可回溯至嬰兒期的神祕遺傳性退化,而是在其他看來正常,但與成年後的行為相似(或者在神經官能症的情況中,是相似於成年被壓抑的性幻想)的童年經驗。此外,該主張也將症狀的負擔轉回到病人身上。某種無法治癒的遺傳負擔不再能當成藉口,醫師可以告知患者,因為他或她在還是個孩子時曾經希望這樣做或那樣做,結果長大後就想要逃回到這個(性的)願望裡。

女性的情結

　　佛洛伊德的書還有其他優點，最特別的是它的體裁。他的書沒有針對退化或劣等種族這類主題做任何評論；因此給人一種具有普世性、現代化的深刻印象。事實上，佛洛伊德所展示的是人們用科學方式討論性體質（sexual constitution）的議題，卻不會陷入當時常見的黑人與白人、猶太人與亞利安人、歐洲人與亞洲人的區分的窠臼。除了展現出對種族的尊重以外，佛洛伊德略過這個常見主題本身，就代表了一種理論上的躍進。在當時，種族是使科學神祕化的重要源頭。只要神經學及精神病學理論仍保留種族差異做為重要的生物學考量因素，在瞭解神經疾患上的進展就會因此而延遲下去。然後同樣地，佛洛伊德發表的文章中也沒有那些被當時其他作家在寫作性議題時，被視為體裁要素的道德說教、恐懼、多愁善感等等。性被接受，並成為一個科學性主題已經超過廿年了，然而佛洛伊德仍力圖為這個領域的討論帶來新氣象。

　　然而佛洛伊德的體裁所具有的一切強大優點，仍不足以支持佛洛伊德的主張，至少就布爾霍爾茲利的工作人員而言是如此。爭議的癥結不在於性情結的存在（這點在蘇黎世已被視為老生常談），而是佛洛伊德更明確地主張，在每個症狀背後都存在著某個被壓抑的嬰兒期性傾向。新助理卡爾・亞伯拉罕對這本書根本沒留下什麼深刻印象，他直接忽視該書，繼續尋找歇斯底里症和早發性癡呆患者的性創傷。李克林也一樣。布魯勒則開始更仔細地觀察他嬰兒期的兒子曼弗列德，但仍未找到能說服他的例證。

　　在這同時，榮格則選擇了一條難行的路。一九〇五年四月，他向一個醫學期刊投了一篇書評，評論海爾帕赫論歇斯底里症的新書。他對於海爾帕赫的基本論點，即歇斯底里的機制顯示出階級和文化因素的影響這一點表示不滿，儘管他確實正面認可了海爾帕赫給予佛洛伊德的支持。接著在六月，榮格接掌了新成立的門診診所，並嘗試進行自己的第二個知名精神分析測驗。第二個測驗個案是個受失眠和死亡執念所苦的女性。他對於治療的敘述應該被列為剛進入研究所，想要研讀精神分析

的學生的必讀材料。那女人在椅子上不舒服地扭動著;她感到難為情;她宣稱這只會讓她變得更糟而已;她跳起來要離開;榮格「輕輕地施力」,讓她坐下;他們進行了一場「針對我的方法的使用和目的的冗長辯論」;最後,一個念頭進入她的腦海,但那想法太過「愚蠢」,她無法告訴醫師;另一場辯論接著開始了;然後,在她一邊抗議這是她最後一次前來接受治療時,她開始陳述某些突如其來的想法,而這些想法剛好跟她如何獲得性知識有關。

比這個個案更有趣的是榮格的方法,這方法即是「自由聯想」的誘導。榮格對這病患的指示是,「心平氣和地告訴我出現在她腦海裡的一切,無論跟什麼相關都可以」。令人注目之處是,榮格已經問過病患的病史,準備要對患者進行字詞聯想實驗。換言之,「自由聯想」並不屬於已建立之例行架構的症狀訪談。相反地,他刻意以非結構化的方式安排,而且完全交由患者來設定進程。榮格使用的非結構化格式,是第一次嘗試在維也納以外使用。想必榮格是從布魯勒那裡得知這個方法,而後者則是直接從佛洛伊德那裡聽來的。

一九〇五年九月,榮格發表了一篇論字詞聯想實驗的新論文〈記憶力的實驗觀察〉(Experimental Observations on the Faculty of Memory)。榮格在這篇論文中把握住受試者答覆的另一面向,即他們無法在接下來的實驗過程中回想起之前的答案,並顯示出這情形如何與情結的出現產生規律的連結。也就是說,當做為刺激要素的字詞觸碰到情結時,受試者經常會在接下來忘記他或她曾經給過的答覆。基本上,榮格已經以實驗方式證實了壓抑做為一個心理現象的實在性,在他的論文中,他也花了一些篇幅將自己的研究發現與佛洛伊德的研究連結起來,並且提及了李克林針對同一主題所做的個別貢獻。同樣在九月,榮格寫了那封引介史碧爾埃給佛洛伊德的信,但並未寄出。

一九〇五年十月,榮格開始在蘇黎世大學授課。在他的就職演說中,他選擇描述女性的典型情結:

基本上，女性的情結通常和某種情慾有關（我是在相對於醫學意義，較為崇高的文學意義上，使用「情慾」一詞）。這種情慾與愛情有關，即使在顯然具有知識素養的女性身上也是有的，而且還經常特別強烈，雖然這種情慾只會以負面方式向外界透露它的存在。沒有一個以科學方式思考的女性會因為我揭露這個事實而產生誤解。

榮格在大學做的示範主要與字詞聯想實驗及催眠術有關，雖然他一直對精神分析有興趣。然而，十一月時榮格以〈論事實的心理學診斷〉（On the Psychological Diagnosis of Facts）這篇論文朝新的方向邁進，在論文中他力圖主張，他已優先發掘「情緒性情結」可能是造成疾病的病因。之所以會出現這個議題，是因為兩位德國作家，馬克斯·韋特海默（Max Wertheimer）及尤流斯·柯蘭（Julius Klein）在漢斯·葛洛斯的犯罪學期刊發表的文章中提及，他們打算在犯罪質詢中採用聯想試驗。在這篇極短的文章出現以後，榮格接著發表了一篇更周延的文章，〈證據的心理學診斷〉（The Psychological Diagnosis of Evidence）；他在文中描述他運用字詞聯想測驗逮住了一個內賊。在描述過程中，他稍微停下來為自己的方法——也是佛洛伊德的方法——做辯護：

我已經在其他地方說過了，但我在這裡再重申一次：這個實驗的真實性尚未得到證明，它必須經過測試；只有曾經多次使用過這方法的人才能評斷它的真實性。現代科學不應再以是否有不容質疑的權威（ex cathedra）來做判斷。每個人都嘲弄並批評佛洛伊德的精神分析，因為他們既不曾運用甚至也不瞭解這個方法，但它卻可列入現代心理學的最偉大成就之列。

榮格在這裡所想到的是，佛洛伊德在研究心理學過程中所描述的新的自省形式（self-examination），以及他正在門診診所中實驗的非結構化訪談模式。然而諷刺的是，榮格對「這個方法」的明白背書，也是在德

國精神病學文獻中至今為止最鮮明的表態時，正是佛洛伊德的療程即將受到前所未有爭議的時刻。因為在這同時，佛洛伊德的「朵拉」（Dora）個案終於出版了。

珠寶盒

　　如果說《性學三論》是張鉅額本票的話，那麼名為《一個歇斯底里個案分析的片斷》（*Fragment of an Analysis of a Case of Hysteria*）的「朵拉」個案就是來還債了。但是這本書反而觸犯了眾怒。爭議的一部分是出於體裁。《性學三論》是以枯燥、彬彬有禮的方式書寫，幾乎有點過於抽象。而另一方面，「朵拉」個案則是在四年前寫成，在出版當時才經過修改。文章呈現出佛洛伊德早期的體裁風格，寫得既饒舌又無禮，幾乎是語不驚人死不休。（佛洛伊德在寫作期間曾寫信給弗里斯：「它是我寫過最精妙的東西，而且比平常那些文章更容易引人反感。」）更糟的是，文章的內容揭露了朵拉家族內部的可怕狀況。她的父親是梅毒患者，無疑也受到感染的母親忙於不斷重複地清潔家裡。家裡有個對這孩子明顯有好感的女僕，但那只是障眼法，她真正的興趣是朵拉的父親。鄰居「K家」的人相當善待這女孩，但朵拉的父親卻和 K 太太有染。K 先生這時向十四歲的朵拉求歡，多少是希望他若能對妻子的姦情不予追究，就能得到她以身相許。朵拉拒絕了，她開始出現症狀，接受一群神經專科醫師的治療都失敗了，過了幾年後，他父親帶她去找他的舊識——佛洛伊德治病。

　　對於廿世紀末的英國人來說，這個故事並不討人喜歡。對廿世紀初的德國人而言，這故事甚至更糟。這個故事展現了當時所有典型的家庭間緊張關係：對於接觸傳染的恐懼、父債子還的信念、令人窒息的家父長制式的箝制、歇斯底里症對一個已被親子之間的罪惡感與敵意癱瘓的家庭產生的顛覆力量、女僕成為主人的玩物、父母親在感情上放棄了孩子，卻對他們的健康過度關切。簡言之，從《歇斯底里症研究》出版以來的第十年，佛洛伊德選擇了這個極度引人注意的家庭驚悚故事，做為

他的第一個延伸個案史。

　　在這個背景下，人們期待見到的是個治療的童話故事：好心的醫師治好了那名女孩，而她找到了一個拯救她的年輕男人。佛洛伊德的確在故事結束時暗示（事實證明這是錯誤的），在離開診所之後，朵拉找到了一個相配的年輕騎士。但是在這個故事裡沒有好心的醫師。根據他的陳述，佛洛伊德用粗暴的方式解讀她的夢境，幾乎是以審訊犯人的決心要揭露她在性方面的祕密，儘管朵拉盡力以一個意志堅決的年輕病人所能使出的所有絕招和傲慢無禮的態度來迴避他的攻擊。最後她離開了他。從佛洛伊德的角度來看，這是她最後的報復行動，因為那時正是逐漸接近治癒的時刻。 直至今日，佛洛伊德對於這個治療的發表仍然會引起側目，而朵拉從來不缺少當代的辯護者，他們渴望改善佛洛伊德在臨床上所表現出的疏離態度，而向她表示出越來越多的同情。然而正如漢娜・戴克（Hannah Decker）所指出，佛洛伊德最終仍替朵拉帶來一些益處，他所做的事遠勝過當時曾治療過她的其他神經專科醫師。她得到談論某些重要課題的機會，並透露出一些極擾人的祕密。

　　在治療過程中也有一些精采故事。佛洛伊德從一個在她夢裡出現的句子，發掘出她以前經常尿床。他接著（正確地）猜到尿床是在自慰之後發生的。他進一步認為，這個祕密說明了她童年時厭惡醫師（醫師可能會發現〔她的祕密〕），也說明了她對佛洛伊德表現出的行為——她仍然在隱藏祕密。經過一連串的推論，他將「珠寶盒」——一個夢境象徵（dream symbol）正確理解為關於她生殖器的各式各樣願望以及憂慮。

　　對於布爾霍爾茲利的醫師而言，這本書的價值在於可以從中略窺佛洛伊德的技巧。但不巧的是，佛洛伊德明白地重申，他無法停下來說明他所運用過的所有技巧規則。在後記中他也重複說明這一點：「我在這篇論文中完全省略了對於技巧的描述。」這個主題「需要一篇完全獨立的說明」。也就是說，佛洛伊德對他的方法又開出另一張本票。但是就事實來說，這本書確實包含了關於佛洛伊德方法的大量訊息，且大部分都是從未出版公開過的內容。

　　首先，在這本書中佛洛伊德第一次公開宣布，他「讓患者選擇當天想要談的主題，這樣一來我就能夠從立即浮出他的潛意識，而引起他注意的任何事物開始著手」。這是真正的自由聯想：由患者來設定進程。這並不表示分析者是不主動的。在整個個案描述中，佛洛伊德時常進行寬廣的自由詮釋，尤其是在關於夢的象徵方面：「……我得到一個結論，她也許曾有過這個念頭……」，「……可以讓我們用『盒子』來取代『車站』……」，「我免不了要認為……」，「……我沒忘了用這個事實來反對她」。他也不允許朵拉糾正他：

　　如果我們不要把這個「不」看成是種公正評斷的表達（老實說，這是這名患者無法勝任的），而是忽略它，並照樣進行我們的療程，我們很快就會看到一個明顯的證據，那就是在這樣的情況下，「不」表達的是期望的「是」。

　　佛洛伊德在這裡描述的是杜伯曾提到的「異議精神」（spirit of contradiction）。杜伯的處理方式是告訴患者，「你就跟一些人一樣，說『不』就表示『是』。」然後再加上幾句甜言蜜語，「不過這麼做總比倒過來好多了。」但佛洛伊德甚至走得更遠，他有時會堅持某個夢境象徵代表其相反的意義，而且不容人挑戰他的解讀。他不僅不接受朵拉回應的「不」，也不讓她拒絕對 K 先生的感情：

　　「所以您可以看到，您對 K 先生的愛沒有隨著那件事而結束，而是（正如我堅持的）一直持續到今天——雖然您可能沒有意識到這件事是真的。」而朵拉不再爭論這個事實。

　　幾年前，莫比烏斯的同事兼辦公室夥伴阿道夫·史圖姆培爾（Adolf Strümpell）曾抱怨過，佛洛伊德在《歇斯底里症研究》中質詢病人隱私的侵略性，他在連續三個句子中使用了「侵入」這個字詞，透露出他內心

的憂慮。而現在「侵入」似乎已經成為一種技巧規則了。

　　然而，從技巧的觀點來看，佛洛伊德所透露的最重要訊息，既不是質詢的侵略性，甚至也不是自由聯想的策略，而是占了這個個案「後記」全部篇幅的「移情作用」的說明。罹患歇斯底里症的女性時常對她們的醫師產生近乎情慾的依戀，這是眾所周知的事。同樣眾所周知的是（即使有時受到爭議），催眠術容易助長情慾執迷（erotic fixation）。但這些事實都不足以讓醫學人士對催眠臨床診療卻步，儘管他們確實有一種共識，認為對於催眠術的書寫必須採取高道德的基調，好像醫師個人的潔身自愛是對抗惡性發展的唯一保證一樣。有兩個眾所周知的附加現象讓事情變得更複雜。第一個是，某些患者會拚命對抗催眠；「阻抗」是表達這種狀態的技術用語。第二個複雜因素是，典型的歇斯底里發作（也是必須帶進催眠術的原因）經常和患者扮演多重角色的情慾場面有關。在一個著名個案中，賈內就曾為了和患者有更密切的接觸，而在這樣的演出中扮演其中一個角色。

　　佛洛伊德在他的「後記」中將這些事實重新組織起來。他主張患者希望重新體驗那些舊有的情慾情境，且這一次是在與醫師相關的狀況下進行。在這樣的狀況下，我們可以很清楚地瞭解到，哪些舊有的經驗基本上是正面的，具有順從性和暗示性，而哪些舊有的經驗基本上是負面，具有否定性和阻抗性。因此，為了成功管理一個個案，醫師必須意識到這些來自過去的阻撓；同時，這些「移情作用」的表現也潛在提供了其他極有價值的被遺忘事件。簡言之，在治療過程中會重現出患者過往的情慾場景，這作用就如同從患者過去的愛情生活中，可以看到其與歇斯底里症患者在譫妄狀態中的戲劇化表現和從前創傷的關係。舉例來說，在朵拉的個案中，朵拉依據自己過去和K先生的經驗去理解佛洛伊德扮演的角色，另外他也被視為K夫人的化身，後者因為她對這孩子對性的好奇心提出非難，而和朵拉變得更加疏離。佛洛伊德的論點是，在治療過程中除了討論之外，這些從前的關係也被偷偷地重演了，有時會有角色交換的情況發生。

這辦法真是非常有創造力。而且可以說，是及時出現的創造力。一九〇五年時，橫掃歐洲的心理治療運動已經走出了徹底的催眠術，而朝向在清醒狀態下運用暗示（或「勸服」）的方向。在這同時，基於無法理解的理由，曾經是典型症狀的完全歇斯底里發作及創傷重演迅速地消失。少了催眠術和歇斯底里發作這兩樣東西，心理治療也喪失了其戲劇性和許多必要的資訊。然而因為有「移情作用」的原理，人們還是有可能看出舊有情慾的重演並未消失，而且甚至仍能夠被敏銳的醫師捕捉到。

「朵拉」個案是條偉大的分界線。對於那些能夠理解「移情作用」概念的人，新的遠景開啟了。對其他人而言，這方法近乎色情。一如戴克所言，「《朵拉分析》的出版，比起佛洛伊德以往出版的著作，更激起了反對佛洛伊德方法的敵意。」佛洛伊德確實也瞭解到他犯了一個錯誤。他幾乎有十五年不曾再以女性做為詳盡個案報導的對象。

榮格此時的態度可以從他在一九〇六年上半年發表的著作來評估——他表現得就像「朵拉」的案例根本不存在一樣。而且雖然他立刻就理解了這個概念，並開始將其運用在自己的治療中，但他卻刻意避開使用「移情作用」這個詞。至於整體而言引起的反對聲浪較小的《性學三論》，榮格也選擇了暫時對其敬而遠之。

但榮格仍被迫注意到一件事。由於當時正是史碧爾埃解除她壓抑的性知識的時候，同時她也因為如此而多少有些舊疾復發。考慮到李克林的「卡特琳娜·H」也面臨相同情況，在蘇黎世的俄國女性間似乎出現了一種解除壓抑的小型傳染病。但這是最具有啟發性的傳染病。佛洛伊德在《性學三論》和「朵拉」個案中均曾描述過，歇斯底里症婦女傾向壓抑她們對性的知識。

魏寧格事件爆發

在一九〇五年邁向尾聲之際，有兩本書在柏林出版了。第一本是魏海姆·弗里斯耽擱許久的《生命的韻律》（*The Rhythm of Life*）。這本書包括了由他的老朋友佛洛伊德所提交的資料，這些資料支持廿三天和

廿八天之兩性週期的理論。另一本書則是弗里斯一位名叫理查‧芬尼
（Richard Pfennig）的新朋友所著；他是個圖書館員，已經出版過一本論
優先權爭議的著作。這本書的標題是《魏海姆‧弗里斯及其後繼發現者：
魏寧格與史沃博達》（*Wilhelm Fliess and His Subsequent Discoverers: O.
Weininger and H. Swoboda*），芬尼在這本書中描述了弗里斯的觀點如何在
佛洛伊德的默許縱容下被剽竊的經過。為了證明所言不虛，芬尼還摘錄
了佛洛伊德寫給弗里斯的信件。現在剽竊事件完全公開了。

　　佛洛伊德的反應基本上是低調的，雖然他終於還是採取了一些行
動，試著說動知名的維也納記者卡爾‧克勞斯（Karl Kraus）寫篇文章來
譴責「蠻不講理的」弗里斯。克勞斯拒絕了。當然，魏寧格已經死了。
但這事件的第三方赫曼‧史沃博達可是還好好活著，他開始準備對芬尼
提出毀謗罪訴訟。不幸的是，這也意味著接下來的一年，這件事情還將
持續被攤在大眾的目光下。

　　在有關佛洛伊德的次級文獻中，魏寧格事件所得到的關注顯然少
多了。問題的一部分是，現代的讀者很難認真看待引起爭議的理論。可
以肯定的是，如果我們看到的是用佛洛伊德那種權威性十足口吻所提出
的精妙版本，對於這理論的現代評價可能又是另一回事。然而我們所欠
缺的正是像這樣的版本。因為佛洛伊德從不曾發表過他對於這主題的觀
點，而這和他一度的計畫相違。顯然是因為醜聞而打斷了他的計畫。

　　佛洛伊德是相當高明的系統性思想家，但他在一九○五年的著作中
所提出的臨床理論，卻有個重要的邏輯漏洞。在「朵拉」個案以及《三
論》中，佛洛伊德都主張，在神經疾病的情況裡「症狀形成了患者的性
活動」。但是就邏輯而言，這個主張訴求唯有性願望會受到壓抑的影響，
因為在佛洛伊德的體系裡，只有壓抑願望才能將願望轉變成症狀。然而
無論在「朵拉」案例或是《三論》中，佛洛伊德都不曾提出有說服力的
證據說明何以如此，他不曾說明為何壓抑只針對性願望，尤其是針對童
年的性願望，而不對其他願望產生影響。佛洛伊德不僅未曾使用雙性傾
向的解釋（這兩本著作的結構都亟需該理論來補足），他也不曾使用任何

其他系統性原理來支持自己的理論。而因為缺乏合理性闡述，就無法堅決地主張性方面的病因是導致神經障礙的單一來源。這個聲稱必須單獨建立在經驗發現的基礎上，然而這個理論迄今為止僅接受潛意識願望為證據，而這些願望又是使用本身尚未獲得完整報導的方法而揭露出來；這種做法對該理論的損害不小。佛洛伊德的事業在邏輯上仍是站得住腳，卻是懸在細得不能再細的推論絲線上；他對病患做暗示的指控始終如影隨形地籠罩這一切。

　　這就是蘇黎世與維也納在合作時所立基的理論基礎。做為一個心理學現象，壓抑的情慾情結的實在性已經在經驗上得到證實了。剩下的任務就是怎麼去詮釋其理論上的重要性。

第 *2* 部
新的神經健康原理

也許是華麗的維也納氛圍

（讓人回想起洛可可文化）——

奧地利女性令人驚嘆的風流韻致亦屬其中一環——

使得《歇斯底里症研究》的作者們，

尤其是佛洛伊德，激烈地轉向某個方向？

歇斯底里症有強烈的民族差異是眾所周知的事……

〔最近向作者尋求治療的一對維也納已婚夫婦的性史〕

再一次描繪出我已經從數百個經驗中得知，

但卻經常被人們遺忘的事：

情慾（在所有表達形式中）

在這些善良的中產階級的生活中扮演了什麼樣的角色——

這角色是北德的平民百姓們想都沒想過的。

——威力·海爾帕赫，《歇斯底里症心理學基本原理》

（*Basics of a Psychology of Hysteria*），一九〇四

第 5 章
蘇黎世學派的崛起

關於佛洛伊德的治療結果是否也能夠從其他方式獲得；和對年輕及年長的女性談論她們的性生活是件好事還是壞事；或是在轉化、壓抑和宣洩這些字詞裡，是否具有佛洛伊德式意義；或是我們稱為神經疾病的龐大致病情結中，是否全部或是只有一部分與性有關等等，這些都完全無關緊要。無論這些問題的決定性答案會是什麼，都絕不會減損這些新發現的重要性。

——尤金·布魯勒，一九〇七

荣格進入犯罪學領域，讓廣大的讀者群開始注意到布爾霍爾茲利正在進行重要的工作，「蘇黎世學派」這個名詞於是不脛而走。然而，在不過短短幾年的時間內，「蘇黎世學派」就不再指稱一個有關聯想實驗的特殊思想派別，而開始成為佛洛伊德主義的招牌。蘇黎世即將成為國際精神分析的中心。造成這個情況的原因是（至少部分是）荣格有自己的方法論上的問題需要解決。

方法的問題

我們必須要瞭解一件事，在聯想實驗中，人們只需要處理受試者所答覆的字詞，並且盡其所能地辨識出受試者的哪個反應受到干擾，但是單單以答覆字詞為基礎，通常無法搞清楚那些干擾與什麼事情有關。為了避開這個問題，荣格從一開始就採用一個方法，就是在實驗後立即和他的受試者就他們的答覆進行訪談；一九〇五年初時，他已經減少了訪談範圍，只涵蓋受到干擾的反應。

然而正是荣格的治療程序——實驗後訪談，引發了抨擊。在當時，德國的實驗心理學在方法學上致力於受控制的自我觀察技巧，這個技巧

會使用受過訓練的觀察者。視實驗而定，訓練過程可能耗時而費力；而一個受過良好訓練、有準確內省能力的受試者則被認為和任何精密的實驗室設備一樣珍貴。在這樣的氛圍下，其他人很容易主張榮格的受試者未受過訓練，無法準確回憶起在他們腦海中一閃而逝的事物，因而反對他的治療程序。心理學先鋒威廉・史登（William Stern）之前即曾經批判過佛洛伊德將其理論基礎建立在歇斯底里症患者的證詞上，他也加入戰場，措詞犀利地批評榮格的論文〈反應時間比〉。

藉著回應這篇深受推崇的評論，榮格在他一九〇五年發表的論文〈證據的心理學診斷〉中承認他的方法是「艱險的」。實際上，在榮格的重述中，他說明就是因為這個理由，事實上他使用的是那些「生活和心理素質已被我知悉」的受試者。但是這種抗辯對於未來發展的價值有限，榮格繼續主張，一般而言他「對於精神病理學的某些面向具備相當的認識」，足以對抗受試者的錯誤內省而不受誤導。他指出這裡所謂的「某些面向」，是佛洛伊德那獨創性的精神分析原則。接著，為了避免被指控他拿其他人的純理論方法做為自己的研究基礎，他繼續主張，儘管佛洛伊德可能「是個天才」，但他的技巧並非「無法仿效的藝術，而是可以轉移、傳授的方法」。

在他的下一篇重要論文，發表於一九〇六年初的〈精神分析與聯想實驗〉（Psychoanalysis and Association Experiment）中，榮格一改先前的態度。現在他主張精神分析是「相當困難」的一門「藝術」，「因為當面對必然出現的無數障礙時，剛起步的人很容易喪失勇氣和方向」。由於這個理由，榮格目前傾向將聯想實驗放在第一位，因為實驗的結果可以「在每個發展階段變幻無常的幻想中，即使發揮路標的功能，均可能會讓分析者誤入歧途」。榮格爭辯，這個創新的方法「對於促進並縮短佛洛伊德的精神分析是有用處的」。榮格已經理解並吸收了「朵拉」個案的詮釋風格，但他發現了一個談論這個方法的替代方式：

……精神分析要求一種特殊的思考方式，其目的是闡明象徵……象

徵性思考（thinking in symbols）要求我們採取一種新的態度，這是一種相當奔放、不受侷限的思考模式。這似乎是為何佛洛伊德的方法普遍不被理解，而甚至更少進入實作的原因，以致於實際上只有極少數的作者從理論上或實作上來評價佛洛伊德。

榮格的下一篇重要著作，書成於一九〇六年初，而發表於該年秋天的〈聯想、夢與歇斯底里症狀〉（Association, Dream, and Hysterical Symptom）是結合不同種類訊息的力作。論文主要在描述某位曾在一九〇五年最後幾個月接受治療的患者，這名婦女罹患反覆發作的心理疾患，時常有發燒、發熱感。當然，對身體的全神專注（physical preoccupations）是當時神經疾病患者的典型症狀，榮格現在為這個現象自創了一個用語「病痛情結」（illness complex）。在分析他的患者的病痛情結時，榮格提出了三種不同的資料。首先，他呈現六個以不同方式實施的字詞聯想實驗結果；在最後一個實驗中他也做了追蹤訪談。其次，他在簡短的精神分析中，提出一系列的九個夢，每一個夢都附有聯想和詮釋。第三，他檢視了該患者的病史，運用從前兩項研究所得的資料，將症狀帶入一個新的觀點。榮格對這名女性的夢徵處理得十分出色：

> 對我而言，血與火的夢似乎是夢中生活（dream-life）的常見表達形式，正如發熱感是清醒生活的常見表達形式一樣……為了將她和這些夢進行對比的治療目的……我不經意地告訴她：「血是紅色的，紅色代表愛，火是紅色的、熱的，妳肯定知道這首歌：沒有火，煤炭就沒辦法燒得發燙，之類的（換言之，「正如一段不可告人的祕密戀情」——歌德）。火也代表愛。」

不意外地，這些夢開始改變，而榮格也展示了分析與夢如何配合彼此的腳步變化。事實上，他和患者的夢展開了一場對話。在這一系列的夢中，關鍵的夢是第五個夢。患者自述：

「我在外頭，站在L小姐旁邊。我們都看見一棟房子正在起火。忽然間從房子後面冒出了一個白色的人形；我們都嚇到了，同時大喊：『主耶穌呀！』」

在這篇論文中，榮格透過對於身分不明的「L小姐」的詮釋，證實了主耶穌形象有其自身的意義。

L小姐是名喜歡上作者的患者。她就像這名病人一樣，因為情慾情結而生病了。這名病人因此透過這個L小姐來表達她愛上作者了。於是這名病人以和醫師間的情慾關係，取代了她和她（過度保護，將她當個孩子來對待的）母親之間溫和的親密關係。

後來，這個「轉移」（transpositon）維持不久，因為榮格藉著指出他已婚的事實而「無情地摧毀了她的幻想」。於是這名女性的兄長的形象開始出現在她的夢中，但榮格並沒有推測出關於他的任何祕密。她於是放棄了治療，一個月後榮格得到消息，「她的病情就跟以前一樣嚴重，她現在對那家醫院和那位醫師抱怨連連，並暗示那位醫師只想找機會和她進行不道德的談話。」

榮格對於此一個案的結論分為兩個部分；首先是關於那些夢以及方法論的價值：

最重要的是，我們看見這些夢完全證實了聯想測驗所透露出的情結……夢的分析透露出性的情結、將性的情結轉向作者、沮喪、病人將情結轉回向母親（母親對病人的憂慮助長了對身體的全神貫注）時所產生的憂鬱，以及與兄長間神祕的童年期親密關係。

接著是關於治療方面：

這個情結在歇斯底里症上異常地有自主性，並且有單獨存在的傾向，這會降低並取代自我情結的群聚力量（constellating power）……

針對歇斯底里症的治療目的必須是強化自我剩餘的部分，而達成這目的的最好方式是引進新的情結，使得自我能夠從病痛情結的宰制中解放出來。

「自我」，即一般意識中的「我」（I，德文為 Ich），是由個人與外界的關連所組成的複雜綜合體，這個概念可以回溯至五十年前葛利辛格偉大的精神病學教科書；因此，精神疾病是由替代的一組自我疏離的關連（ego-alien association）所組成的（用葛利辛格的措詞，精神病的發作被經驗為「你」〔thou〕的入侵）。儘管大部分科學界人士回想起葛利辛格時主要是因為他的名言：精神疾病是腦部疾病，榮格仍跟隨著布魯勒的指引，深入挖掘葛利辛格的系統以瞭解他對自我心理學的洞見，這些洞見可以立即適用於精神疾病的研究。至於歇斯底里症中情結的「自主性」，這個用詞和概念都來自於賈內。他的觀點是，在解離的狀況中，一般意識性反思的修正無法抑制分裂的概念；它們會因此變得無法被修正（固定觀念〔fixed idea〕），並會自行發展。賈內的想法本身則來自於夏爾科，這個想法已證明它的價值不僅在於歇斯底里和強迫症的研究，同時也有助於靈媒的研究。而說到「病痛情結」，這當然是榮格的措詞，不過它的基本概念則是老生常談。更具體地說，眾所周知某些神經病患會完全專注在他們罹患了某種不治之症的想法上，沒有任何醫療行為可以說服他們放棄這個念頭。某些圈子的人認為，這個症候群在東歐猶太人之間尤其常見，但榮格並未提到這點。雖然基於不同的理由，但正如佛洛伊德，榮格已經基本上放棄了遺傳性退化的理論，而少了這個阻礙他視野的神祕化觀念，他看不出有任何理由得要將種族納為他理論中的一個變項。

　　簡言之，榮格已經將來自不同源頭的概念匯集起來，並以具有吸引力、容易理解的方式，重述他所認為的佛洛伊德立場，這立場就是，精神官能症是由心理因素決定的。他自己的特殊貢獻在於他的治療目標：尋求讓患者重獲心理健康的「新的情結」。在前後文中，這個「新的情結」似乎是指榮格介入那名女性所做之夢，以及她將感情轉向醫師的過程。

　　這裡有個問題，我們最好注意一下。如果「無情地」破壞幻想必定會伴隨著刻意鼓勵病患向醫師感情「轉移」的階段，而這個轉移的風險則是，它的形式可能會與性有關，那麼醫師和病人之間出現相當不愉快的場面也是必然的。一個較不知世故的人可能會以為，榮格的方法是先引誘患者，然後接下來讓她失望。榮格試著澄清這一點，他表明治療關係不該與性的吸引力混為一談：

　　這名患者無法透露自己內心最深處的祕密；與我在性方面建立關係這件事也失敗了（除了性的面向以外，顯然她從我身上得不到對她而言珍貴到可以讓她將自己與身為病人的角色分離開來的東西）。

　　我們也必須停下來好好思考一下這裡對於符號的強調。對榮格和布魯勒而言，象徵是情感發洩的絕佳媒介。這是康德式的綜合性概念。事實上，布魯勒和榮格都認為，佛洛伊德發現了人類的意識中存在著另一個心靈層次，它自有一組先驗的絕對法則，自有其組織經驗象徵的方式。意識的心理是在康德式的時間、空間、因果律等範疇中運作，同時，潛意識心理則以象徵方式運作，透過其獨有的邏輯而打造出情感上的意義。從這個立場來看，佛洛伊德工作的重要性在於開啟了一條道路，使人們可以從心理學觀點來檢視最嚴重的精神病症狀。因此在布魯勒的專著《情感態度、暗示感受性與偏執》中，他不僅在精神病患之象徵性生產中，也在偏執症患者的譫妄狀態中，描述了佛洛伊德式機制在症狀形成中的角色。

榮格使用「轉移」而不是「移情作用」這點也很重要。榮格的術語來自學院派的心理學。在由齊恩和威廉·詹姆士針對馮特式（Wundtian，譯注：該字詞來源為德國實驗心理學家馮特〔Wundt〕，元素主義（elementalism）所發動，並導致完型心理學（Gestalt psychology）誕生的這場叛變中，已經有人主張，在知覺中存在著可以立刻被心靈辨識出來的形式特質，且無法被化約為構成性要素。這個主張的證明是，形式特質可以被完全「轉移」至另一個媒介，並且仍然可被識別出來。一個用海邊的鵝卵石所鋪成的廣場，和一個用筆和尺在羊皮紙上畫出來的廣場，可以被認為基本上是相同的東西。一段轉調並使用不同樂器來演奏的旋律，聽起來還是同一段樂曲。而回到榮格，無論把誰當成對象，病人的兄長、她的醫師，還是耶穌基督，情慾情結仍可以被辨識出來。甚至正是這個可轉移性，可以讓人識破掩蓋住符號的朦朧狀態，而榮格後來寫信給佛洛伊德，表明「以類比方式思考，在這方面您的分析方法訓練得十分得宜」。對於「類比」的強調本身就是從另外兩個學科──哲學和神話學研究採借而來。在這些語言學學科中，類比方法指的是那些讓史前人類所使用的具體字詞逐漸取得更新而更具抽象意義的手段──對於神話的演進以及最近對神話意義的重新詮釋而言，這都是個關鍵的過程。對榮格來說，類比方法是象徵化心靈的運作模式。那正是當榮格談到精神分析時所說的，必須具備「詩人」的技巧。

一個夢

一九〇六年初，榮格讓自己處於一個奇怪的局面，就是替一個他和他的長官都仍抱持保留態度的治療程序做強力背書。榮格或許會希望這個新的性理論就像在佛洛伊德早期著作中的舊理論一樣逐漸消失。（如果是這樣的話，佛洛伊德於一九〇六年問世的〈性在神經官能症病原學所扮演的角色之我見〉〔My Views on the Part Played by Sexuality in the Aetiology of the Neuroses〕就是個不幸的意外了；這篇論文出現在多產的羅文斐德另一本書的新版中。羅文斐德不經意地給了佛洛伊德一個很大

的人情，讓他用這篇新的通信取代了他自己論佛洛伊德觀點的那一章。因為在之前的版本中，如今已經消失的這一章內含有某位佛洛伊德過去患者的告白，他坦承自己所宣稱的童年性創傷純粹是個「幻想」。）

榮格為佛洛伊德方法背書的決定非常值得評論一番。榮格絕不會看不出他自己的研究進程和佛洛伊德的工作有相似之處，但是他大可以跟隨著布魯勒的領導，表明他對於某些議題的判斷仍持保留態度。可是榮格反而特地去大力稱讚佛洛伊德曾經明確表示還未得到完整報導的東西──精神分析方法。無論如何，這都是大膽的一步，而在由「朵拉」個案的出版所造成的氣氛變化下，這行為的大膽程度更是日復一日地加深。

在這裡讓我們回想一下，在他自己的公開表白中，榮格曾表示從童年時他就感覺自己的內在是分裂的，在他向外在世界展示的外在人格底下，他感覺到一個截然不同的靈魂正蠢蠢欲動。一開始，榮格是透過神祕學研究來尋找更深層的自我，在他的想法中，那和歌德這個人物有關。但現在榮格發現，他可以運用佛洛伊德的方法，尤其是佛洛伊德分析夢境的方法來做差不多的事情──和內在的另一個世界聯繫。

但是有一個很大的風險。因為榮格在他的下意識中尋找的是第二自我，用他的術語來說，就是一個深埋的「自我情結」（ego-complex）。長久以來，法國的精神病理學前輩和斐德列克‧邁爾斯及其倫敦心靈研究學會的追隨者即假定這類東西──「閾下自我」（subliminal self）存在的可能性。但是佛洛伊德理論中所缺乏的恰恰是這個元素。佛洛伊德沒有談到原始自我和第二自我，他只有談到原始過程和次要過程；他沒有假設閾下自我的存在，僅假定了潛意識性慾望的存在。

榮格的個人追尋不只加速了他向精神分析靠攏，也讓該理論變得更複雜了。榮格的困境可以從他在一九〇六年初所做的一個夢中發現端倪：

我看見一些馬匹被繩索吊在高空中。其中有一匹力氣很大的棕馬被帶子綁住，像個行李一樣吊到空中；這一匹馬尤其引起我的注意。忽

然間纜繩斷了，那匹馬墜落到街上。我想牠一定死了。但牠隨即再次躍起，然後飛快地跑走了。我注意到那匹馬身後拖著一根沉重的原木，於是我想牠怎麼能夠跑得這麼快。牠很明顯受到了驚嚇，且這麼一來很容易造成意外。接著一個騎士出現了，他騎在一匹小馬上，慢慢地騎到了那匹受驚的馬的前方，這讓牠的速度稍微緩下來。我仍然害怕那匹馬會輾過那名騎士，這時一輛出租馬車出現，並以同樣的步伐騎到那名騎士的前面，讓那匹受驚的馬跑得更慢了。於是我想現在一切都沒事了，危機解除了。

榮格接著在他的《早發性癡呆心理學》（*The Psychology of Dementia Praecox*）中發表了這個夢。在這本書裡他是這樣詮釋這個夢的：身分不明的作夢者是個在專業上有雄心壯志的人，希望能到美國去為事業闖出一番天下，但因為妻子懷孕而無法成行；這匹馬代表這個作夢的人，他在專業方面達到頂點，卻寧可獨自飛奔而去；那根原木指的是他在大學時的綽號「木頭」（雖然其實是「大桶」，同時指涉榮格的身材和酒量）；載著小騎士的馬代表他懷孕的妻子；出租馬車裡坐滿了兒童，也就是一個即將誕生的大家庭。因此在更深的層次，預期到可能會有過多的孩子，可說是約束了作夢者的性衝動。

榮格後來在給佛洛伊德的信裡詳細說明了部分隱情。這夢裡隱藏著一個想要獲得男孩的願望。正如人們所猜想，木頭等於陽具，而約束性衝動的願望「……只是一個可以推到前景的遮蔽物而已，隱藏著一個不為人知的不正當性願望」。榮格沒有告訴佛洛伊德誰是那個不正當性願望的對象。值得注意的是，關於史碧爾埃的另一段軼事也出現在同一本書裡，而且可能回溯到同一個時期，也就是一九〇六年的前半年：

某個年輕女士無法忍受看到灰塵從她的披風上被打落。這個特殊的反應可以追溯到她的被虐傾向。她在童年時經常被父親打屁股，因而造成了性快感。結果她對任何稍微類似鞭打的動作都會出現明顯的憤怒反

應，而這情緒很快就會轉變成性快感和手淫的行為。有一次我隨口向她說了句：「好吧，妳得聽話。」她就進入了明顯的性興奮狀態。

這讓人不禁認為史碧爾埃是榮格「不正當願望」的對象，即使只是因為對他們兩人而言，性似乎都代表著一股一旦放手就難以控制的力量。對史碧爾埃來說，性和憤怒以及被虐快感是相連的。對榮格而言，性則是象徵一匹脫韁野馬。

也許需要強調最後一點。與其說榮格的夢包含性願望，不如說它呈現的是一種接近驚恐的情緒：他的馬被木頭一大桶一陽具給追著跑，而且從頭到尾都需要一再保證不會出事。榮格在怕什麼？情感不忠，也許是跟史碧爾埃？當然不是。蘇黎世距離巴黎雖遠，畢竟仍是歐洲城市，他並不會不知道該如何低調進行一段戀情的技巧。（如果我們以為瑞士的喀爾文主義一直是瑞士人性道德觀的唯一來源，那麼佛瑞爾的《性問題》就毫無意義了。）如果榮格只是想來段風流韻事，事情肯定能夠安排得很好，也許在布爾霍爾茲利的修道院氛圍下，處理這類事情的技巧可能得煞費思量。

在這裡我們又得回頭談到榮格個人追尋的特殊性質。在他做這個夢的那段時間，榮格正在努力將佛洛伊德的性理論與他自身的認同連結。這個夢既傳達出理論性的探索（某種思想實驗），亦是他個人的探索。榮格無法從性當中尋找他的「第二人格」的根源，因為性是一種蔑視個人自我的高昂狂喜。榮格在這個夢中的所有行為，進一步證明佛洛伊德和他的理論是如何在他的腦中縈繞不去。首先，他從性的觀點向布魯勒詮釋了這個夢，而布魯勒要他不要發表。但榮格不願意聽從布魯勒的裁決。接著他讓妻子按照他的口述寫下一個新的詮釋內容，並以這個內容當作發表的版本，用來約束自己。於是第一和第三段的夢境都實現了，榮格脫離了約束，然後又找到新的約束。這樣需要實現的就只剩下中間那一段夢境了。在一九〇六年四月，榮格同樣踏出了這一步：他寫信給佛洛伊德。害怕會失去他所追尋的一切的風險被暫且擱在一旁：馬兒脫

輾而去。

聯絡

和那封沒有被保留下來的信一起，榮格也將他最新出版的一本論聯想實驗的書寄給佛洛伊德。一九〇六年四月二日，佛洛伊德回信了：

萬分感謝您寄來您的《診斷性聯想研究》（*Diagnostic Association Studies*）一書，不過我早已經等不及先買了。您的最新論文〈精神分析與聯想實驗〉當然是我最滿意的一篇，因為您在這篇論文中主張根據您自己的經驗，證明了我所提出關於我們學科中至今尚未探索領域的一切都是真的。我有信心您將會站在支持我的立場，但我也會很樂意接受糾正。

佛洛伊德把榮格最新論文當作證實他自己曾說過的「一切」，這樣的說法可以因為他好心地不提起別的事而得到部分諒解；這篇文章是這本特殊論文集中唯一不是以註腳方式來處理佛洛伊德優先提出壓抑概念的論文。

有意思的是，佛洛伊德並未提到為何他這麼急於拿到這本書。事實上，他獲邀在一個犯罪學學生的研討班上就聯想實驗發表談話，而他準備要為自己方法的相對優越性做辯護。這場演講直到六月才舉行，這讓佛洛伊德有足夠時間衡量榮格主動贈書的意涵，或許因為如此，佛洛伊德演講的發表版本語調比原版本更溫和些。佛洛伊德在演講一開始便指出，他自己長期實施「一個完全一樣的方法」，也就是精神分析。接著他以榮格的〈證據的心理學診斷〉為自己的立論基礎，繼續說明為何蘇黎世學派的四個主要「情結指標」中有三個都被他的技巧所囊括了。至於第四個指標「保留」（preservation），佛洛伊德主張它無關緊要，因為他，佛洛伊德，會讓病人繼續停留在思考惱人的主題上，而不是強迫他進入新的刺激字詞。佛洛伊德聲明自己的方法優於字詞聯想測驗，就像榮格暗示字詞聯想測驗會「促進並縮短」分析的執行一樣，都顯示這兩個人

都認為自己的觀點才是優先出現的。儘管榮格的內心十分興奮，但他和佛洛伊德的關係從一開始就存在著某種自然的競爭關係——雙方都是如此。

在蘇黎世，榮格並未費心回覆佛洛伊德的感謝函，也對他的演講一無所知，他安頓在書桌前，投入完成《早發性癡呆心理學》的艱鉅工作。布瑞爾後來曾寫道，這本書包含了至今為止所有關於該症狀的重要內容。在這本書的第一部分，榮格全面性地概述了當時所有與該病相關的心理學理論；在第二部分，他針對一個慢性早發性癡呆患者的聯想所顯示的情結進行分析。榮格證明，即便在最沒有條理的妄想中，人們依舊能夠看出某些情感叢集（affective constellation）的影響力。精神病患也許可以從現實中遁逃，卻無法逃離他或她的情結；這些情結持續在情感性妄想中表露自己的存在。

這本書中，「佛洛伊德」這個名字無所不在。在先前所提及的文章中，榮格特別在參考文獻裡提到了佛洛伊德於一八九六年對一個偏執症婦女的個案報導。榮格也特別讚揚出自《日常生活的精神病理學》中的「有人」（Aliquis）案例，在這個案例中，一個記憶的閃失洩露出一段不倫情事。榮格引用了很多的權威（奧圖・葛洛斯也得到殊榮），但是佛洛伊德贏得了最高榮譽，佛洛伊德也占據了榮格前言的核心，這篇前言寫於一九〇六年六月：

我可以向各位保證，一開始我自然考慮過文獻中所有對於佛洛伊德的反對意見。但是我告訴自己，只有曾經一再使用精神分析方法，並且真正像佛洛伊德那樣研究過的人才能反駁佛洛伊德；也就是說，一個長期有恆地從佛洛伊德觀點對於日常生活、歇斯底里症以及夢進行過研究的人……然而，公允地看待佛洛伊德並不意味著（正如許多人憂心的）無條件向教條屈服；人們儘可以保持他們獨立的判斷。舉例而言，如果我承認夢和歇斯底里的情結機制，這不表示我像佛洛伊德一樣將嬰兒期的性創傷看得很重要。更不意味著我將性擺在最主要的位置，或是我賦

予性在心理學上的普遍性，而佛洛伊德似乎基於性在心理上扮演一個他認為相當巨大的角色，而將這個普遍性做為基本假設。至於佛洛伊德的療法，充其量不過是幾個可能的方法之一，而且或許並不總是能在實作上給予人們從理論上預期得到的結果。然而，相較於那些心理原則，所有這些不過是小事而已，發現這些心理原則是佛洛伊德最偉大的功勞；而評論者們對這些事情的關注實在太少了。

榮格的支持立場很清楚：他接受佛洛伊德的心理學，但是對於性理論仍持保留態度。此外他也主張，在他自己曾嘗試過新方法的科學基礎上，他有權保留自己的意見；而他對於這個新方法也仍然持保留態度。

一九〇六年七月，當榮格正在撰寫他的前言時，佛洛伊德和弗里斯的爭論正在法庭裡（史沃博達對芬尼提起訴訟），（更糟的是）也在報紙上進行得如火如荼。事情的發展是，榮格的書預定要在一九〇六年十二月問世，而在同一個月，柏林的法庭以強烈措詞做出不利史沃博達，而有利於芬尼的結論。佛洛伊德在這場剽竊爭議中的角色曾經一度被視為事實。榮格對佛洛伊德的有利背書來得正是時候。

兩個交戰的世界

榮格接下來決定向精神病學界中迄今為止對精神分析給予最嚴厲批判的評論者開砲，那就是曾經將字詞聯想實驗教給李克林的古斯塔夫‧阿莎芬堡。一九〇六年，現任的科隆大學犯罪學教授阿莎芬堡是在精神病學例行大會中發表論文譴責佛洛伊德的第一人。那篇論文的出版也讓他成為第一個發表專文駁斥佛洛伊德的人。而榮格出版了他的回應，也讓他在這一系列由阿莎芬堡所發動的第一波行動中，成為第一個以專文替佛洛伊德辯護的人。

阿莎芬堡是個好戰派，他十分精明，而且評論往往切中要害。他的論點包括：佛洛伊德並未使用公認的科學方式，也就是根據治療人數及結果來呈現他的個案材料；冗長地訊問與性相關之事，對於操縱聯想過

程有極深的影響；對於病人的強烈投入，加上以堅定態度宣布特定的病原學假設，具有明確的暗示效果；對於創傷性歇斯底里症的理解已經很完備，不需要加上性的說明；手淫的邪惡作用（如果有的話），並不是出自於任何有害影響（這是當時佛洛伊德的正式觀點），而是由於伴隨而來的幻想；針對某個夢可以得出一個似乎可信的詮釋，但這個事實不會排除其他（或許更恰當的）詮釋存在的可能性。阿莎芬堡以強烈的措詞提出上述質疑。他採取的立場是，精神分析不過是未經控制的聯想實驗，可以把它當成一個畸變而加以忽視；只是因為像海爾帕赫和羅文斐德這等人如今都支持其部分論點，指出它的危險性才會如此重要。

對於阿莎芬堡這份被他稱為「溫和而謹慎的評論」，榮格所發表的回應無論在說服力和論證上都十分薄弱。尤其是當榮格嘗試將佛洛伊德的性理論描繪為僅是出於經驗時，他試探性地暗示，歸功於佛洛伊德的著作，他也許吸引了一大群「多少傾向某一邊」的患者。榮格因此覺得他可以「在作者的同意下」，自由地將佛洛伊德的研究發現修正為：「數不盡的歇斯底里個案是從性的根源中產生」。至於精神分析方法，榮格再次強調，必須先嘗試過這方法才能夠評論其結果。

可以肯定的是，榮格並沒有把握佛洛伊德會支持他所提出的理論版本。他也絕對無權暗示，他對於佛洛伊德研究結果的修正版本是得到了「作者的同意」。是再次寫信到維也納的時候了。佛洛伊德讓這個任務變得容易了點，他主動在夏末寄了一本自己的著作給他，那是本論神經官能症的短篇論文集。引人注目的是，有一大部分論文可追溯至一八九〇年末，而儘管從創立以來性理論的整個基礎已經改變，但這幾篇文章卻在幾乎沒修訂的情況下就出版了。佛洛伊德僅簡單地將這些論文按照編年方式排序，同時將自己觀點的變化描寫成一個堅持研究困難主題的誠實科學家的進步過程。只有一篇論文不見了，論〈屏蔽記憶〉的那一篇。（佛洛伊德不讓它出版，很可能主要是因為文中聲稱的患者就是他自己；既然他現在變得更有名了，一定很容易被發現他的案例是虛構的。除此以外，這篇論文的論證明白確認了，嬰兒期記憶在後來的發展時

期，尤其在青春期之時，很有可能被篡改，甚至是全然捏造。基於這兩點，這篇論文提出了嚴肅的方法論議題；人們自然會想知道史登或是阿莎芬堡或海爾帕赫會對這篇論文有什麼反應。）

這本短篇論文集的禮物對榮格來說是個重要訊號：佛洛伊德顯然會比過去這些年裡的弗魯諾伊、比奈和賈內更能回應他的研究。但是還必須先解決回應阿莎芬堡之事。榮格在一九〇六年十月五日所寫的感謝函中，洩露了他的尷尬處境：

我最近與阿莎芬堡為了您的理論進而通訊往來十分熱烈，而教授您或許不會完全同意我所支持的立場。我所能領會，並且對我們從事的精神病理學研究有幫助的，是您的心理學觀點，儘管我離瞭解這個療法以及歇斯底里症的起源還有很大的距離，因為我們在歇斯底里症方面的資料相當貧乏。也就是說對我而言，您的療法依賴的不僅是宣洩所釋放出的情感，也依賴一定程度的私人情誼，而對我而言，雖然性在歇斯底里症的起源中似乎占了主導地位，但並不是唯一。對於您的性理論我也抱持同樣的看法。在高談闊論這些棘手的理論問題時，阿莎芬堡忘了一件基本的事——精神醫學有一天肯定會從您的心理學中獲得無窮無盡的報酬。我希望很快就能寄我的一本小書給您，在這本書裡，我從您的觀點處理了早發性癡呆及其心理的問題。我也發表了一個個案，這個個案讓布魯勒第一次注意到您的心理學原則，雖然他當時仍抱持著強烈抗拒的態度。但是，正如您所知，布魯勒的態度現在已經完全轉變了。

榮格除了比他所承認的更同意阿莎芬堡的論點以外，他也把某件不存在的事情——布魯勒的完全轉變——歸功給自己，而這些都逃不過佛洛伊德的法眼。顯然布爾霍爾茲利的兩位資深醫師並沒有密切往來，即便他們都在同一棟建築物裡生活與工作。於是佛洛伊德在一九〇六年十月七日著手回信，好幫助他年輕的通信對象更深入這條他漫步的小徑：「您的信帶給我極大的快慰，我尤其高興知道您已經改變了布魯勒。」佛

洛伊德接著繼續注意到，榮格仍對性的議題保持距離，不過仍懷抱希望地加了一句：「我大膽地希望隨著這些年過去，您會更接近我，程度更勝如今。」這封信剩下的內容則是篇檄文：試著和那些評論者講理是沒有用的；在這裡他們面對的是「兩個交戰的世界」。為了讓榮格更容易接受這番話，佛洛伊德說了幾句嘲諷阿莎芬堡的話來刺激他的胃口：「……他絲毫不瞭解最簡單的象徵論……如果他聽不進去我所說的話，任何語言學或民俗學的學生都能讓他對象徵論的重要性留下深刻印象。」佛洛伊德以一個附筆結束了這封信：「我的『移情作用』應該完全可以填滿療癒機制的鴻溝（您所謂的『私人情誼』）。」

　　兩人之間的往來不過是五封信（三封尚存），而在這同時，事情已經變得越來越棘手、越來越難以捉摸了。一九〇六年十月廿三日，榮格的下一封信迴避公開爭執性或是「移情作用」的議題，雖然他確實承認「您報告中的武斷性確實會讓人們感到心慌」。榮格心裡想的是別的事：

　　雖然冒著讓您厭倦的風險，但我仍有必要說出我最近的經驗。我目前正使用您的方法來治療一名歇斯底里症患者。這是個困難的個案，患者是名廿歲的俄國女學生，已罹病六年。

　　第一次創傷出現在三、四歲之間。她看見她父親打她哥哥的光屁股，因此留下強而有力的印象。之後她忍不住想像自己排泄在父親手上。從四歲到七歲，她會陣發性地嘗試排便在自己腳上，方式如下：坐在地板上，一隻腳放在身子下，用腳跟按壓她的肛門，並在試著在排便的同時忍住排便。以這種方式經常可以兩個星期不大便！不明白她是怎麼想出這個特殊行為的；她說完全是出於本能，而且隨之有種狂喜的顫慄感。這個現象後來被劇烈的手淫行為取代了。

　　如果您願意向我透露一些您對這件事的想法，我會十分感激。

　　一年前，在中途取消和佛洛伊德的聯絡時，榮格拒絕讓史碧爾埃捲入這段關係。如今，在才剛展開的規律通信關係中，她是榮格第一個提

到的病患。

肛門情慾

　　史碧爾埃在榮格辦公室中的往事追憶與她保存的同一時期所寫的日記間，存在著強烈的對比。在日記中，她透露出的自我是個嚴肅、冷靜，並且獻身於社會改革的人，尤其是談到她的祖國俄國時。她對於精神分析的感受也與這些關切相同：精神分析必須介入更大的社會問題，對未來的主要價值也許在於它對教育的貢獻。然而在榮格的辦公室裡，史碧爾埃則描繪出一個十分不同的自我面向：她曾是個把打屁股和排便連結起來，然後又把這兩者和性興奮連結起來的小女孩。這個新方法的基本創意就在這裡。在具有非結構性的訪問情境，以及聆聽不同類型童年經驗的開放性之間，有可能以一種新的方式去反思個人自身性格的起源。

　　但如果這個新方法可能揭露更深層的自我，那麼它也要求治療師必須知道，這些新資料可以拿來做什麼。但是正如他在寫給佛洛伊德的信中所透露，在這個坐在自己腳跟上的幼兒史碧爾埃面前，榮格感到不知所措。事實上，相較於她的醫師，史碧爾埃再一次展現出對佛洛伊德式理論更深刻的洞見。七月，榮格在寫完他的前言時，對於「嬰兒期性創傷」的重要性提出明顯質疑。到了十月，他卻正在報告一個這樣的案例。再者，由於這個資料明顯呈現出肛門情慾性質，史碧爾埃似乎也證實了《性學三論》中的一個見解，即與肛門括約肌有關的情慾快感是童年初期性趨力的常見構成要素。事情很明顯，史碧爾埃的性知識解除壓抑後也帶來了餘震，她童年初期的回憶也被進一步解除壓抑。史碧爾埃保存了從童年時代起的日記這件事，或許也有推波助瀾的效果。可以想像得到，她也許最近才從羅斯托夫取回了這些日記。在兩年內，她和榮格已經從她手淫性幻想的譫妄，進展到了嬰兒期回憶的譫妄。

　　從榮格這封信的語氣可以知道，他對於這個資料所感到的不適，似乎遠大於他的患者所感覺到的。史碧爾埃可能不瞭解她觸碰到榮格哪根

敏感的神經。我們得回想一下，榮格自己童年的重大事件是看見巴塞爾教堂被坐在寶座上的神從高空中丟下的巨大糞便砸毀。就是這個異象，及其褻瀆聖物、恩典和「難以言喻的釋放感」的混雜情緒，給了榮格信心抗拒他父親的神學。而現在看來，榮格可能忽略了關於這個意象的某種東西。如果童年肛門情慾存在，而這女孩似乎就是個確鑿的證據，那麼也許他真的應該重新考慮是否在他的意象中有其他根源存在。

實情可能甚至比榮格讓佛洛伊德知道的更嚴重。因為在史碧爾埃的日記中，不只有為了手淫的目的而忍便的行為。她還有成為造物主的願望，想要用煉金術改造世界，或者至少改造部分世界。她和叔叔玩一個古怪的遊戲，接著又和弟弟玩同樣的遊戲；在遊戲裡她先是恐懼的信徒，接著在和她弟弟一起玩時又成為上帝。簡言之，她的古怪行徑不僅表現出嬰兒期性慾，也表現出褻瀆聖物情慾。對榮格而言，她的童年回憶裡存在的可能性令人毛骨悚然：她的譫妄狀態可能與他的意象有直接相關。但是出於自我保護，他只告訴佛洛伊德似乎和《性學三論》中描寫肛門情慾那幾個小段落相符的事。

如果連榮格都覺得不知所措，那麼佛洛伊德更有理由震驚了。至今為止，佛洛伊德一直很樂意配合布爾霍爾茲利的野心勃勃年輕人，他雖然說不上正直，但顯然是個才華洋溢的傢伙，似乎想得到什麼，但也不清楚究竟是什麼。佛洛伊德不會料到榮格會帶著這種個案資料出現。問題在於，討論到肛門情慾理論的不過就是《性學三論》裡的幾個小段落而已。雖然他的理論是將抑制的肛門情慾和成年人格形成連結起來，不過佛洛伊德從未針對這個主題發表過任何個案資料：事實是，沒有證據顯示當時他有任何個案資料。

在日期是一九〇六年十月廿七日的下一封信裡，佛洛伊德表現得比之前更熱忱。他感謝榮格出版了〈聯想、夢與歇斯底里症〉的單行本：「您無疑沒有表現出過多保留態度，而且『移情作用』證實了在整個過程底下的趨力在本質上跟性相關，對您來說這一點似乎變得十分明顯了。」當他繼續思考榮格「最近的經驗」，他選擇使用一些榮格的術語：

我很高興聽到您的俄國女孩是個學生；沒有受過教育的人目前太難達成我們的目的。這個排便故事很不錯，暗示我們可以進行許多類比。也許您還記得，我在我的《性學三論》裡主張的便是嬰兒也能從忍便中獲得快感。三到四歲是這些性活動最重要的時期……看見哥哥被打屁股撩起一段可追溯到一、兩歲時的記憶，或一個被轉移至那段時期的幻想。嬰兒便溺在照顧者的手上並沒有什麼不尋常。有什麼理由可以說明，為什麼她的個案中不該有這種譫妄呢？而這喚醒了她父親在她嬰兒期時撫抱她的記憶。嬰兒期的原慾固定在父親——典型的選擇對象身上；肛門自體情慾（anal autoerotism）……。這類人經常表現出某些典型的性格特質組合。他們極為整潔、吝嗇而固執，在某種意義上可以說是肛門情慾的昇華。從這種以壓抑的性變態為基礎的個案可以得出十分滿意的分析。

這封信標誌著佛洛伊德寫出嬰兒期肛門情慾與肛門型人格之關係的第一個已知例子，但是他卻將這當作過時的東西不當一回事。問題在於他的肛門型人格聽起來跟史碧爾埃沒有相像之處，再加上榮格也未說出她的上帝和煉金術遊戲。史碧爾埃有矛盾的被虐性格；她希望和不希望從父親得到的愛撫，都是打屁股。她也具有強烈的理想性格，她的理想主義著重在，榮格是將她從肛門—性泥淖中拉出來的人。同樣地，她聰穎而富有創造力，但並不是個極富條理的人。總而言之，她有歇斯底里，但不是強迫性格；是俄國人，不是德國、奧地利或瑞士人；生產力過剩，但記憶力並不特別好，也不壓抑；有神祕主義傾向，而非實用至上。榮格正在應付的是個難搞但討人喜歡的女孩，而佛洛伊德的分析及其未發表的偉大肛門型性格理論，卻完全沒有捕捉到她的風韻。榮格也就因此不再提這件事情了。在接下來八個月的信件往返中，他們並沒有進一步提起史碧爾埃。

但是通信往來是有的。榮格的請求建議（實際上是他第一個已知的分析性指導要求）以及佛洛伊德的回覆，具體化了一個至今僅只是個可

能性的想法，那就是這兩個人可以透過信件而合作。此外，就算佛洛伊德在榮格最感興趣的個案上失策了，但榮格仍然承認他的前輩資格。在接下來兩個半月穿梭於維也納和蘇黎世的信件裡，這兩人熱烈討論早發性癡呆與歇斯底里症的關係，以及這兩者與榮格所謂的「物種保存本能」（instinct for the preservation of the species）的關係。隨著他的信件，榮格也附上了〈佛洛伊德的歇斯底里症理論：答阿莎芬堡〉（Freud's Theory of Hysteria: A Reply to Aschaffenburg）一文，以及《早發性癡呆心理學》。這些事情都必須解決。榮格需要佛洛伊德認可他那些由於滿懷熱情而在重要論點上曖昧不清的背書。榮格的馬夢也讓他的立場顯得更尷尬，那個經過審查的詮釋出現在《早發性癡呆心理學》中。佛洛伊德立刻認出那是榮格自己的夢，也發現了尚未討論過的性象徵，榮格於是被迫重頭自我解釋一遍。在這些早期信件中，佛洛伊德始終耐心地堅持自己觀點的正確性，以及術語的貼切性。

重點是，榮格是如此急於討人歡心，甚至在術語方面的立場上讓步。截至目前為止，榮格成功地讓佛洛伊德對他越來越感興趣；十二月時，佛洛伊德甚至邀請榮格在隔年春天到維也納拜訪他。但是就堅持自己的觀點來說，榮格失敗了；在佛洛伊德的「武斷性」面前，榮格迅速撤守。榮格尤其未能堅持「私人情誼」和「移情作用」之間的區分。這讓佛洛伊德得以自由地宣稱它們的同一性：

移情作用提供瞭解及翻譯〔潛意識〕語言所必須的推動力；在缺乏移情作用的情況下，當我們向患者提出詮釋，患者不會放在心上，或不會聽從。基本上，人們或許會說，療癒是由愛而來。而且移情作用實際上提供了最有力，甚至可說是唯一無懈可擊的證據，證實神經官能症取決於個人的感情生活。

至今為止，榮格對於如何用「私人情誼」來提供門診病患「新的情結」，以取代他們的舊情結這一點，一直深感興趣。在考慮佛洛伊德於一

九〇六年十二月邀他來春前往維也納作客的邀請時，榮格不得不仔細衡量，當私人情誼運用到他的患者——和他自己身上時，如何從性方面來重新定義私人情誼。

星星情結

一九〇七年一月以及二月底，榮格同意擔任路威·賓斯旺格為醫學論文所設計之實驗的受試者，這些實驗結合了字詞聯想測驗和電流計（electro-galvanometer）的使用。在協助年輕的賓斯旺格完成實驗的過程中，榮格透露出，史碧爾埃仍占據了他許多心思。

簡單地談一下賓斯旺格這個人，他可被認為是布爾霍爾茲利這群才華橫溢的助理中最傑出的一位。賓斯旺格來自一支備受尊崇但心胸開放的精神病學家族；更確切地說，對賓斯旺格而言，精神病學事實上是門家族事業。老賓斯旺格在克羅茲林根經營一個家族療養院，名為美景（Bellevue）療養院，「安娜·歐」在第一次宣洩式「療癒」後就是被送往這家療養院養病。路威的叔叔奧圖是耶那（Jena）的精神病學教授，也是尼采晚年的負責診療醫師，他在許多議題上都是公認的權威，包括歇斯底里症。從這也可以看出，布爾霍爾茲利的聲譽之高，以致於這位家族傳人寧捨克雷貝林近在慕尼黑的診所不去，而選擇到這裡來完成訓練。而從榮格自願成為他的受試者，並因而干冒讓一個有賓斯旺格家族背景的人窺知他私生活的風險，也可看出他和賓斯旺格間正在萌芽的情誼。

在已發表的榮格聯想字詞中，賓斯旺格發現了多達十一個不同的情結。最重要的（就對反應產生最大干擾的意義上）是「歌德情結」，對於這個情結賓斯旺格並未多談，以及「哲學情結」、「旅行情結」；榮格想要有個兒子的願望、對父親之死的記憶、與自己的死有關的慮病念頭（hypochondriacal idea）、對於療養院生活的焦慮不安，和「悔恨情結」。而「悔恨情結」指的即是史碧爾埃（我們有她的證詞證實了這件事），不過「悔恨情結」與其他情結交織在一起，尤其是擁有兒子及逃離布爾霍爾茲利的願望。

　　賓斯旺格所發表的榮格答覆記錄，成了歷史學家的心理學迷宮。榮格當然沒有被標明為受試者，不過他的名字確實是以權威的姿態，在測驗中一再出現，就像在那篇論文中有兩個榮格般。而這個雙重、自我反思的存在，同樣也出現在榮格的答覆中。舉例來說，榮格在刺激字詞「儀態」、「錢」、「孩子」、「名聲」及「家庭」後，答覆了五次「擁有」這個詞。乍看之下，這相當於幾近乏味的自我描述。榮格有錢、有孩子（兩個女孩）、有名聲、有家庭，也有良好儀態（不像史碧爾埃，她那時候還是穿著鄉下人的衣服到處跑）。但正如賓斯旺格在他文章中正確地指出，「擁有」的重複形成了一種延續性，因此是一種情結指標。事實上，榮格身為這項實驗的老手，正在有意識地挖苦自己。他擁有這一切，但他卻掛心於別的事物。

　　賓斯旺格對這些與史碧爾埃直接相關答覆的意義避而不談。其中有些答覆彷彿指的是她的被虐傾向（例如威脅一打），而其他的則似乎指向她的我行我素，以及榮格在對她保持友好但有足夠距離的態度上所遇到的困難。唯一不證自明的答覆是「悔恨—忠誠」——榮格後悔他對妻子的忠誠。史碧爾埃在大約九或十個月後讀到了賓斯旺格的論文，她的反應集中在一個賓斯旺格未曾注意到的不同聯想上——「孩子—擁有，蓋子—蓋上」。這指涉的似乎是避孕。除此之外，這位讀者只知道榮格目前會做關於史碧爾埃的夢，以及他擔心她或許會以某種曖昧方式中傷他。

　　賓斯旺格仔細地討論了榮格擁有兒子的願望。「性別—決心」直接指向這個情結，而「盒子—床」則指他妻子最近懷孕了（後面這對字詞曾經出現在〈反應時間〉那篇論文裡她自己的記錄中）。接著是「牆—星星」和「星星—房子」這兩對字詞。我們該把第二對字詞歸功於賓斯旺格；第一對字詞讓他靈機一動地將「星星」這個詞代入清單中做為即興刺激物，想看看會得到什麼答覆，聯想實驗於是融入了精神分析。透過實驗後訪談中一連串與「s」發音相關的語音聯想，榮格給出「伯利恆之星」（Star of Bethlehem）這組字詞，以及「有一嬰孩為我們而生」（Unto us a child is born）的聯想。

　　然而，賓斯旺格在這裡遺漏了某樣東西。雖然他確實提到「星星」是之前測驗的一個聯想（據稱，受試者的小姨子曾在她訂婚期間進行的一次測驗中給了這個聯想字詞），而在這底下所掩蓋的是，這是榮格之前身為「正常受試者的聯想」那篇論文的十九號受試者的反應。在那篇論文中，他的情結與一個猶太女孩有關；她在那篇已發表論文中的化名是「愛麗絲·史坦」（Alice Stern，Stern 在德文中即星星之意），而「星星」這個詞在受到干擾的反應中十分突出。現在這個字詞又突然出現了。榮格和賓斯旺格兩人於是都意識到，歷史又再次重演了。

　　後來在這篇論文中，當賓斯旺格回頭談受試者榮格對「s」發音的反應時，他對另一位僅被標明為「女學生」的受試者在做出相同機制反應時，做了一個額外說明。賓斯旺格發表了這個受試者的五個答覆：

十一、年輕（榮格〔jung〕）—老
十二、問—答
十三、國家—俄國
十四、頑固—有…心的（-minded）
十五、窺探—談話

　　關於「年輕（榮格）—老」這一對字詞，賓斯旺格指出，受試者有一段不尋常的長反應時間（二十四秒），以及電流計的強力偏斜。內容方面他只說，「兩個過去及現在都對她而言很重要的強力情結被喚起了」。下一對字詞「問—答」也經過一段很長的反應時間才給出，而且電流計有強力偏斜情形；這個答覆據說反應了受試者對於某個考試的關切。接著，在對剩下的答覆做了一段簡短而含糊的討論後，賓斯旺格在結尾處突然請讀者回去參考早先對於一則榮格答覆的討論，尤其是「離婚—避免」這對字詞。

　　在關於字詞聯想實驗的所有文獻中，這是唯一能讓歷史學者有信心地說，這個受試者就是史碧爾埃。然而在上下文和賓斯旺格的斟酌行文

之間，人們無法得知他們想要知道的事情，儘管賓斯旺格暗示性地將她的答覆與榮格的答覆並置。

　　佛洛伊德也出現在賓斯旺格的論文中。一月的第一個禮拜，榮格接受了佛洛伊德邀他在該年春天造訪維也納的邀請（這兩人在二月底敲定了日期）。賓斯旺格進行的第一次實驗於是捕捉到一個誕生中的新情結，榮格的「維也納情結」。

　　九十八、維也納─巴黎
　　一百、很快─是的

　　……他正在考慮假期一開始就立刻前往維也納；他簡直等不及了……有一種模糊的「某件事很快就要發生」的感覺。這個強烈的〔電流計〕偏斜，指出受試者對於新的「感覺刺激」的需求。

密使

　　佛洛伊德顯然謹慎考慮過他的邀請。他已經在一九〇六年十月卅一日，向他的讀書會的週三夜會報告過榮格的論文，〈聯想、夢與歇斯底里症狀〉。同一個晚上，一位密友艾德華‧希奇曼（Eduard Hitschmann）發表了對於布魯勒新書《情感態度、暗示感受性與偏執》的評論，這本書重複引用了佛洛伊德的理論。然而在接下來的討論中，佛洛伊德卻只提到布魯勒「不是由衷地接受」他的觀點，同時明確說到布魯勒「完全缺乏對於性的理解」。一九〇六年十一月廿八日，佛洛伊德向同一個讀書會成員朗讀了榮格在十一月廿六日的信，並提到榮格已經公開回覆了阿莎芬堡。從十二月十二日起，週三夜會取消了。除了別的事情（例如柏林法庭做出不利史沃博達的裁決）以外，這讓佛洛伊德有時間閱讀榮格論早發性癡呆的書，並提出他的邀約。

　　一九〇七年一月廿三日，在榮格表示有意造訪的兩個禮拜後，週三夜會恢復舉行。但榮格並不是從布爾霍爾茲利出發的第一位訪客，麥克

斯‧愛汀根（Max Eitingon）才是。愛汀根擁有很多財富，是個猶太人，而且是個有名的大眾情人。布魯勒選擇他擔任維也納密使的原因不明；也許是因為愛汀根願意負擔自己的旅費。無論如何，週三夜會的會議記錄透露的事實是，一月廿三日和卅日的晚上，麥克斯‧愛汀根都以布魯勒密使的正式身分出席了會議。布魯勒差他帶了許多問題過去以供討論。讀書小組對待愛汀根相當不客氣。根據蘭克的會議記錄，佛洛伊德無法掩飾他對其中一個問題的惱怒，那個問題是處理神經官能症中的非性因素：

> 心理生活當中的性成分比其他因素都更與神經官能症的成因有關。只有任何心理學過程均能被證實時，才能證實這個主張。愛汀根先生的問題透露出蘇黎世學派向來並未提及的理論性否定。

讀書會中還提及其他主題。愛汀根問到，是否神經官能症在猶太人中更為普遍，與會人士回答「是的」。愛汀根提出榮格以新情結替代舊情結的觀點；佛洛伊德並未針對這點回答，倒是對於移情作用做了一番長篇大論，並一度重複他的妙語，「我們的療癒是愛的療癒」。佛洛伊德也對榮格針對早發性癡呆情結的毒素理論做了番不盡公允的批評。但另一方面，阿德勒則樂於同意，可能可以透過治療引進新的情結，但僅限於昇華性活動的形式，如「繪畫、音樂或心理學」。海爾帕赫的論題，即社會階級角色的議題也出現了。凡此種種。兩個交戰的世界是言過其實了，不過很清楚的是，維也納人有自己關切的議題，而且他們不認為能從他們的訪客身上學到什麼，他們甚至似乎沒把愛汀根當成受過教育的人看待。倒不是因為愛汀根連自己都顧不好。他控訴某位講者提出的都是泛泛之論，還說另一位把性理論當成萬用解釋，至於阿德勒，他說他發現這位訪客是個「曖昧而難以理解」的人。

這一切全是向著布魯勒掃過來的一記耳光。在這兩次聚會中，他的觀點甚至連一次也沒被提到過。他派人送來的那些問題，只被當成做

出各種刁難的藉口。我們只能猜測愛汀根帶回了什麼樣的報告。這個羞辱之所以重要，並不是因為它影響了布魯勒及佛洛伊德之間的關係。布魯勒是個在方法論和知識上都光明正大的人，任何個人的不愉快都無法影響他支持他認為正確的理論。讓這個羞辱變得重要的是，它暗示了佛洛伊德對榮格的私人感受。無論榮格在信中表現得如何笨拙，他都努力試著說服佛洛伊德，他很可能會是積極擁護佛洛伊德事業的人。於是到了一九〇七年初時，佛洛伊德已經決定他不再需要向布魯勒獻殷勤。榮格，一個佛洛伊德見都沒見過的人，已經成了佛洛伊德投注的希望。

第 6 章
榮格與佛洛伊德

……現代歐洲社會……在嘲弄「老處女」同時,又譴責那些未婚媽媽敗壞風俗。這種偽善、腐敗的「道德觀」極為不道德,根本就極度邪惡。拿出全力與之較量,為了自由戀愛以及「未婚」媽媽的權利而應戰,是道德而良善的……兩百萬婦女(在德國)處在強迫獨身狀態還有——強制的婚姻道德觀底下。只需將這兩個事實並列,便能夠表明,我們的時代在性道德觀領域中倫理徹底破產。

——艾文·布洛赫(Iwan Bloch),《現代文明中的當代性生活》(*The Sexual Life of Our Times in Its Relations to Modern Civilization*),一九〇六

一九〇三年,魏寧格把「女性解放」視為重要性僅次於同性戀的性偏差形式。到了一九〇七年,氣氛出現了關鍵性轉變。保護母親協會(Bund für Mutterschutz)在一九〇五年於柏林創建,其成員包括艾文·布洛赫、威力·海爾帕赫、維爾納·宋巴特(Werner Sombart)、馬克斯·韋伯以及著名的性研究者和柏林同性戀社群領導人馬格納斯·赫希菲爾德(Magnus Hirschfeld)在內的知名學者。我們不僅可以取得當時私生子、賣淫以及性病等方面的統計數據,而且其結果還十分嚇人。德語世界的人們於是開始以一種新的、科學的方式,去理解在私底下談話中長期已知的事實:在堅持一夫一妻制婚姻的同時,也讓婚姻完全依賴男性的經濟特權,人們因此付出可怕的代價。

艾文·布洛赫那本論當代性生活的大部頭著作(英文譯本總頁數為七百六十六頁)在一九〇六年問世(雖然日期被遲填為一九〇七年),這本書意在將人類學的觀點帶入問題的討論中,不過書中充滿了符合德語世界感受性的憤怒爭辯措辭。只是讓人瞭解到性生活形態的實際變遷還不夠,這樣的變化還必需同時是道德、科學,並符合高雅文化。布洛赫

認為應該主張，這是「一個簡單的進化需求，自由戀愛……將找到其道德正當性」。而他提出下面這個關於文化的想法：

蒐集關於這類自由結合及導致的「私生」子女的相關統計數據，會是個有趣的任務，尤其貴族男女的狀況更是令人吃驚！婚姻狂熱份子大概會驚訝吧……我有意（越快越好）用一本小書來呈現自由戀愛在文明史中的角色，並引用證據說明自由戀愛能與道德生活兼容並進。誰膽敢指責柏格（Bürger）、尚‧保羅（Jean Paul）、古茨科（Gutzkow）、卡洛琳內‧施萊格爾（Karoline Schlegel）、喬治‧桑或甚至歌德這樣的人背德呢？

在維也納，聚集在佛洛伊德身旁，由內科醫師及知識份子所組成的小團體「週三夜晚心理學會社」，這群人與德語世界裡這股高漲的情緒維持著緊張關係。他們雖然是猶太人，但並未被社會排除在外；他們大部分都出身於名門望族，除了蘭克以外，所有人均受過大學教育，其中有幾個人已經以傑出醫術而在當地享有盛名。就專業地位而言，他們可以與這一波新北德運動的成員合作無礙，而在接下來那些年，這群人也確實加入了馬格納斯‧赫希菲爾德的陣營，執行一項關於性發展的問卷調查。

更確切地說，問題是在於環境。因為在維也納已發展出一種傳統，它結合了細膩複雜的公共儀節以及在公私方面都自信十足的偽善態度。正是這種維也納的道德狀態，令學生時代曾於維也納上過一學期課的佛瑞爾深感震驚，也讓布洛赫認為值得在書中以一整個章節（包括一百個個案描述）來陳述維也納婚姻生活的悲慘狀況。主張維也納人的傷風敗俗是佛洛伊德主義能夠首先扎根的唯一溫床，是不盡公平的，但是正如漢斯‧薩克斯（Hanns Sachs）所指明，從這一點可以看出佛洛伊德的觀念和維也納生活必不可少的雙重意識間存在著關聯性，這說法倒是相當公允。如果性在道德上的正式轉變也來到了德語世界，那麼維也納會是

它最後抵達的地方，而且就某種程度上說，它在那裡也起不了什麼大作用。

榮格來訪

一九〇七年三月的第一個週末，榮格和她的妻子以及年輕的賓斯旺格一行人抵達了維也納。許多年後，當他垂垂老矣時，榮格喜歡在回憶他和佛洛伊德的初次會面「我所遇見的第一個真正重要人士」時說，那是個他坐下來聆聽並從比他優秀的人身上學習的場合。因此老人的慈祥確實會扭曲記憶。事實上，大部分都是榮格在說話，至少一開始時是這樣。恩內斯特・鍾斯（Ernest Jones）幸運地在一九〇七年七月見到榮格，當時那趟拜訪在他記憶中仍然相當鮮活：

……榮格向我生動地描述了他的第一次訪談。他有許多話要跟佛洛伊德說，也有許多事情要問他，在強烈興奮的情緒下，他一股腦地全傾倒出來，整整說了三個小時。然後那位有耐心、全神貫注的聆聽者打斷了他，並建議以更有條理的方式來進行討論。讓榮格極為訝異的是，佛洛伊德接著開始將他高談闊論的內容分門別類地歸到幾個明確的項目底下，好讓他們可以在接下來幾個小時中，以較有收穫的方式交換意見。

這兩人繼續這種談話方式，直到三月三日星期天晚上，且到早上兩點才甘休，總共聊了大約十三個小時。佛洛伊德後來告訴鍾斯，榮格是他見過的人當中對於神經官能症有最複雜細膩理解的人。榮格幾乎也同樣敬畏佛洛伊德：

……直到當時，在我的經驗中，還沒有人能夠和他相比。他的態度不帶有一絲輕浮。我發現他極為聰明、機靈，而且才華出眾。不過我對他的第一印象仍有些複雜；我無法理解他。

他對性理論的說明讓我印象深刻。但是他的話仍無法除去我的遲疑

和疑問。我幾次嘗試趁機提出我的保留看法，但每次他都將其歸咎於我缺乏經驗。佛洛伊德是對的；當時的我確實沒有足夠經驗來支持我的反對意見。我可以看出性理論對他而言相當重要，無論是在個人和哲學方面都是。

　　榮格在星期一回來參加另一次聚會，這一次由賓斯旺格陪同。佛洛伊德詢問兩人前一天晚上所做的夢。他將榮格的夢詮釋為和「將他從目前崇高地位拉下來並取而代之」的願望有關，而由賓斯旺格的夢，佛洛伊德則察覺到他想要娶他（佛洛伊德的）長姊的願望。聚會的氣氛十分融洽，佛洛伊德教授先生展現出他沉靜的高貴氣質。根據賓斯旺格的說法：

　　從我們到訪第一天就明顯感受到輕鬆、友善的氣氛，也可以在這些〔夢的〕詮釋裡輕易感受到。佛洛伊德厭惡所有繁文縟節、他的個人魅力、單純、自然的率真及慈愛，尤其是他的幽默感，讓人一點也不覺得拘束。但人們完全無法否認從他身上散發出的偉大及莊嚴印象。對我而言，儘管有點懷疑，但看見佛洛伊德回應榮格時的熱情與信心是種愉快經驗，他立刻就從榮格身上看見他科學的「子嗣」。

　　佛洛伊德讓他的兩位訪客出席了三月六日那場心理學會社的週三夜會。當晚阿德勒被賦予擔任報告者的任務。阿德勒報告的是個有肛門情慾傾向的俄國學生；這幾乎不可能是個巧合。阿德勒和佛洛伊德似乎在之前就講好要報告這個主題。阿德勒報告，患者在童年期記憶中即對自己的陽具大小十分敏感，這讓阿德勒有機會提出自己的器官自卑感做為神經官能症致病原因的理論。接著阿德勒講到，患者對於三、七和四十九這三個數字的執迷。最後討論到患者的「猶太情結」。接著，佛洛伊德在討論中提出他對數字執迷的詮釋：「三也許代表基督徒陽具；七代表小的，而四十九則代表巨大的猶太人陽具。」此外，在沒有明顯線索的情

況下，佛洛伊德繼續談到該名患者的吝嗇性格。阿德勒接著證實了佛洛伊德關於那名男性儉樸性格的猜測，然後提供新的資料說明患者童年期的大小便失禁情形。這讓佛洛伊德有機會得出一個最後結論；蘭克的會議記錄寫道：

佛洛伊德教授指出吝嗇及出手大方和肛門區壓力之間的連結。從後來生活中的幾個特徵可以分辨出這類人的性格：他們做事有條有理、乾淨、有良心、固執，尤其是在金錢方面相當計較。

最後必須指出的是，這些症狀的內容有種妥協的特質；就像患者在說：「我想受洗——不過猶太陽具還是比較大（所以我依然是猶太教徒）。」

這對在場的每個人都有某種意義。在阿德勒和佛洛伊德之間，有一段小故事是阿德勒採取了政治性的權宜之計——受洗，在這個天主教城市中，許多猶太人採取這種做法，但佛洛伊德並未這麼做。對榮格而言，這是個剛好有肛門情慾傾向的俄國學生個案。對團體中其他人來說，這是個向較大的猶太人陽具示好的表現（大家都知道，榮格和賓斯旺格是第一批參與聚會的非猶太人）。

也許是將愛汀根的經驗銘記在心的緣故，榮格和賓斯旺格在這個晚上一直保持低調。賓斯旺格只問了一個問題，而榮格則稍微談到聯想實驗的數字答覆，並強調他追隨佛洛伊德的看法，也對阿德勒的器官自卑感理論表示讚揚，但另一方面又謙辭發言，說他仍在嘗試理解佛洛伊德理論的最精妙之處。正如麥克斯·葛拉夫（Max Graf）後來回憶的，每個人都看得出佛洛伊德有多麼喜愛他的瑞士訪客，尤其是榮格。這種感覺兩個人都有。榮格甚至在他的晚年仍喜歡提到佛洛伊德是多麼「英俊瀟灑」。

但這種感覺並未擴及到佛洛伊德的小團體。據說榮格曾在數個月後告訴鍾斯，佛洛伊德沒有有份量的追隨者是件「憾事」，圍繞在他身邊的

是群「墮落的波西米亞人」。最不公平的是，榮格與維也納小組之間的敵意（大部分是因為鍾斯的攪和）被歸因於榮格身上某種模糊的反猶傾向。但這話實在說不通。在他第一次拜訪維也納時，榮格仍為他的猶太情結（可以這麼說）所困。他受到精神分析中的猶太性質（Jewishness）吸引，正如他在私生活中也受到猶太女性的強力吸引一般。如果猶太知識份子正在帶頭走出傳統的十九世紀歐洲文化，那麼榮格已經準備好要加入，雖然他的方向有所不同。榮格早已放棄他從小浸淫的瑞士喀爾文主義信仰，並沒有所屬的教會；對他而言，猶太教就像神祕主義一樣，是另一所令人好奇且唾手可得的教會。最合乎邏輯的方法是，他從那個顯然辜負了他父親的宗教中自我解放，而和這群會眾結為好友。甚至兩年多以後，史碧爾埃會明確地描述榮格對猶太教的態度，她的說法是，猶太教給了榮格「一個透過新的種族去探索其他可能性，和從家長式命令中自我解放的趨力」。

可以肯定的是，榮格的看法後來變了，而且他還自願為反猶立場背書。但是這種有害身心的轉型還要過好幾年才會出現，在與佛洛伊德等人會面時，這些事情尚未出現。這並不是榮格不喜歡圍繞在佛洛伊德身邊那群維也納人的原因。就記錄在案的資料來看，他從不曾提到佛洛伊德的小團體都是猶太人這件事，雖然他從不隱藏他對他們的反感。但是鍾斯（他確實曾提到他們的猶太性質）當時也不怎麼喜歡那些人。關於阿德勒，鍾斯曾寫到他「為人陰沉，並且病態地急於得到認同」。至於以西朵・沙格（Isidor Sadger）則是個「孤僻、病態的人物，很像一頭野熊」。希許曼只得到「乏味、機智，有點憤世嫉俗」的評語。「惡名昭彰的史德寇」則獲得了長篇大論的特殊待遇。對於這整個小團體，鍾斯寫道：

讀者或許會猜測，我並沒有對與會者留下什麼好印象。這樣的夥伴似乎跟佛洛伊德的天縱英明不太相稱，但是當時維也納對他充滿了偏見，要得到一個略有名聲的弟子很難，所以他也只得將就了。

　　就這點來說，佛洛伊德其實不太在意他們。在三月六日的週三夜會之後，佛洛伊德——用賓斯旺格的說法，「後來把我帶到一邊並說：『好了，現在你們已經見過這幫人了。』」賓斯旺格對這個評論的回應是，儘管他處於相對孤立的處境中，但佛洛伊德的社會判斷依舊相當犀利。

　　已經有許多人為文討論過佛洛伊德與榮格間萌生這段關係的特殊性，那是某種像是愛的東西。人們會說佛洛伊德需要一個理想的兒子，而榮格需要一個理想的父親，他們也確實扮演了這樣的角色。也有人說，從許多方面來看，他們都不可能湊在一起，年齡、性情，尤其是雄心抱負方面，兩人都毫不相稱。而且就連這兩人中哪一位的重要性較高，到目前為止也尚無定論。佛洛伊德是前輩，但榮格前兩年在國際間聲望鵲起的經歷也令人印象深刻，而且前所未見。再者，榮格的研究工作並未受到爭議之累。確實，考慮到這兩人正分別從十分不同的觀點走入相同領域（潛意識心理過程的說明），如果問一位當代評論者，哪個人的觀點最可能歷久彌新，他肯定會選擇榮格。榮格的情結理論不僅被證明有效，比起佛洛伊德的多形態變態原慾，引發的問題也小多了，而且他也已經在實證研究中產生令人驚嘆的記錄。佛洛伊德所給予的資產難以忽視：在以德語表達的文字形式中，他的體裁是一種無與倫比的天賦，他的理論包含了大量原創性觀察、令人敬畏的系統化能力，以及對自己觀點正確性的那份堅定不屈的信念；以上僅是從他給予的資產中列出四點而已。然而在面對這位熱情洋溢的訪客，亦是蘇黎世學派領導者的當然繼承人時，佛洛伊德的處境基本上就像個豪門親戚忽然登門造訪的助理學院教授——應付這類情況的祕訣就是保持鎮定，謹慎地引導討論議題，不要表現出缺乏任何觀點的模樣。不明朗的還有榮格的意圖。佛洛伊德對榮格的夢的詮釋（洩露出榮格想取而代之的願望）解除了敵意，也直搗狀況核心。榮格已經證明了自己身為深層心理學先驅的實力，他以後在專業上可以高興做什麼就做什麼。

　　簡言之，對雙方而言，還有大量的空間可以滋長警戒心、疑神疑鬼及潛在的不信任感。然而當這兩人面對面時，在佛洛伊德幾乎掩不住的

好感，以及榮格終於贏得某個偉大人物肯定的感受下，這一切似乎全都化為烏有。兩人在私底下都已經小心排演過會面的可能狀況了，沒有人會想要破壞這一刻。這是他們認識彼此的時刻，終於出現了一個值得好好交際的人，這份快樂感受讓兩人都更容易彼此親近。

畢林斯基的陳述

我們可以認為，榮格在他拜會期間發現了別的事讓他十分心煩，且會永遠改變他的人生。但這件事本身又是另一個故事了，因為它與一個被隱瞞多年的巨大祕密有關，這祕密接著又成為一個巨大的公開祕密，甚至在被揭開後也沒有人會去討論。

一九五七年，約翰・畢林斯基（John Billinsky）這位安多弗・牛頓神學院心理學及臨床研究蓋爾斯紀念講座教授（Guiles Professor of Psychology and Clinical Studies at Andover Newton Theological School），前往榮格位於蘇黎世市郊屈斯納赫特（Küsnacht）的家中造訪。自從大約廿年前，畢林斯基上過榮格在耶魯的特瑞講座課程（Terry Lectures），並與榮格當時最密切交往的夥伴卡爾・梅耶（Carl Meier）結為好友之後，畢林斯基便成為榮格思想的追隨者。榮格最近被捲入一場與眾多神學家的論爭中，所以他或許分外渴望能與這名安多弗・牛頓神學院的心理學家恢復舊誼。誰都猜不準榮格告訴畢林斯基下面這段話的原因是什麼：

一九○七年，我和我年輕、快樂的妻子抵達維也納。佛洛伊德到旅館來看我們，並送了一些花給我的妻子。他試著表現得十分周到，後來他對我說：「很抱歉我無法給你真正的招待，我家裡除了一個老妻之外什麼也沒有。」當我妻子聽到他這麼說時，她看起來感到不安和難為情。那個晚上在佛洛伊德家中用晚餐，我試著跟他和他妻子聊些精神分析之類的事，但我很快就發現佛洛伊德太太對佛洛伊德正在做的事一無所知。他和他的妻子間的關係極為膚淺。我很快就見到佛洛伊德妻子最小的妹妹，她長得十分美麗，而且不僅對精神分析有充足的瞭解，也對佛洛伊

德正在進行的研究瞭如指掌。我得知佛洛伊德正與她熱戀，並曾與她發生性關係。

再者，榮格宣稱他不是從佛洛伊德，而是直接從敏娜‧貝內斯那裡得知這件事的：

〔抵達維也納〕幾天後，當我造訪佛洛伊德的實驗室時，佛洛伊德的小姨子問我她是否可以和我談談。她為了和佛洛伊德的關係深感困擾，而且有罪惡感。從她那裡我知道佛洛伊德正與她相戀，他們的關係確實已經十分親密了。對我而言這是個令人震驚的發現，即使現在我仍然能回想起我當時所感受到的憤怒。

聽到這件事時，畢林斯基自己顯然也有某種類似的痛苦感受。這次的訪談持續了三小時；離開後，他立刻著手記錄談話內容。但是接下來的十二年他完全沒有動過這些筆記。榮格逝世於一九六一年。接著在一九六九年，一篇時代雜誌報導貿然重提佛洛伊德對史丹利‧霍爾（Stanley Hall）所做出的不利榮格的批評，在受到激怒之下，畢林斯基這位美國心理學家決定發表他的部分訪談。

接下來什麼事也沒發生。艾倫柏格隔年發表了他論潛意識心理學史的巨作，書中對畢林斯基的訪談隻字未提；也許是因為當時這本書已經付印了。《佛洛伊德／榮格書簡》（*Freud/Jung Letters*）在五年後問世；儘管畢林斯基曾將他所有筆記提供給編輯使用，但再一次地，書中完全沒有提到這事。而自從書簡發表後，如雨後春筍般冒出的龐大次級文獻裡，就連提到畢林斯基訪談的文獻也湊不齊一打，並且幾乎沒有一本書認為它是可信的。

這篇報導很容易被當成難以置信的道聽途說，而被撇在一旁。反對佛洛伊德和其小姨子有染的說法是，這種事情不可能不在維也納引起流言蜚語；反對榮格的說法則是，他或許被自己的記憶擺了一道（他是在

七十一歲時接受這次訪談）；反對畢林斯基的說法是，整個西方世界獨獨他知道這樣一個駭人的祕密，似乎是最不可能的事情。畢林斯基之後完全不再提起這事，雖然他也從未撤回他的聲明。畢林斯基逝世於一九八三年。

畢林斯基發表的陳述確實有問題，但是反對他那些觀點的問題卻更多。首先，維也納確實流傳著關於佛洛伊德小姨子的流言蜚語；事實上，在佛洛伊德相當晚年的時候，他甚至曾經斥責過一名過度相信這類傳言的患者。可以肯定的是，佛洛伊德和敏娜確實常有機會做出讓流言成真的事，他們經常在夏季時兩人一起旅行，而瑪莎則留下來和孩子在一起。歐斯卡·芮（Oskar Rie）是佛洛伊德家族的友人及他孩子們的醫師，他曾說過，任何熟悉這一家子的人都可立刻觀察到：「為了孩子，佛洛伊德會選擇瑪莎；為了樂趣，他會選擇敏娜。」另外，榮格的記憶在他七十出頭時或許有些不牢靠，不過無論這故事是真的還是個徹底的謊言，這都不是一個人會記錯的事情。最後，榮格並沒有只將這件事情告訴畢林斯基。他告訴過許多隨後將這件事情公諸於世的人，包括偉大的哈佛心理學家亨利·莫芮（Henry Murray）；一位義大利記者雨果·查太利斯（Hugo Charteris）；以及一位受訓中的分析師約翰·菲利普斯（John Phillips）。

卡爾·梅耶曾在畢林斯基的第一份報導刊登出來時公開批評他，並顯然向他施壓要求他收手。但是當他自己在隔年為榮格口述史檔案記錄（Jung Oral History Archive）接受金恩·納米許（Gene Nameche）訪問時，他是這樣說的：

榮格幾乎不認識他。他〔榮格〕犯了他經常犯的大錯之一，因為他對人的判斷力極差。他才頭一次見到這個畢林斯基，就對他百分之百地絕對信任。畢林斯基從榮格那裡回來，然後告訴我一個跟現在的發表類似的故事。我直到那一刻（譯注：故事發表時）都深信這個故事只有妥妮·沃爾夫（Toni Wolff）和我知道而已，沒別人了……。我想都不會想

153

把這種東西發表出來。有啥用？但顯然畢林斯基不是這樣想。

　　妥妮‧沃爾夫是個同事，也是榮格將近三十年半公開的情婦；她逝世於一九五三年。梅耶在榮格世界中的地位是毋庸置疑的。或許值得另外提起的是，他明顯厭惡畢林斯基的報導──「有啥用？」──表達出大部分榮格學者的態度。爭吵的時代早已過去了；在榮格陣營裡沒有人想要重啟爭端。然而，榮格在晚年說出這故事的事實仍然存在；他先是跟他的親信透露，因為他完全瞭解這些人的判斷能力，但是接著，在喜歡嘮叨不休的高齡歲數時，他告訴了許多人。

　　佛洛伊德與敏娜‧貝內斯有性關係的說法，最近得到來自完全不同方向，且獨立的支持。彼得‧史威爾斯（Peter Swales）謹慎地重構了佛洛伊德的活動，並以非凡的敏銳度閱讀佛洛伊德的信件與必讀書目，在這個基礎上他做出一個結論：佛洛伊德確實在一八九〇年代晚期強烈地受到他小姨子的吸引，這份熱情在一九〇〇年的八月和九月終於達到頂點（consummated，譯注：consummate 本身也有以發生性關係來完成、實現婚姻或親密關係，即圓房之意，作者或許意在雙關）。我們可以肯定，敏娜‧貝內斯是佛洛伊德生命中一位極重要的人物，這件事情毋庸置疑。她扮演了多重的角色，從通信者到秘書，從旅伴到智性上的知己。她的未婚夫逝世於一八八六年，她因而失去了結婚的機會，她在一八九五年加入佛洛伊德家族，幫忙她懷孕的姊姊；她當時意外懷了第六胎，也是最後一個孩子。隔年她又回來，並和這一家人一起度過餘生。也就是說，她是艾文‧布洛赫所寫到的那兩百萬名處於被迫獨身狀態的女性之一。史威爾斯比之前的評論者更上一層樓之處在於，他證明了把敏娜與佛洛伊德的親近（他們兩人第一次一起旅行是一八九八年七月）和各種關於佛洛伊德對於愛情生活之苦惱狀態的自傳式評論放在一起來看，可以找出一些意義；他的自傳式評論散見於一八九七年至一九〇一年間的寫作中，當時他正在完成他重要的心理學著作，同時也把自己當成最佳的受試者。

　　史威爾斯主張的關鍵，涉及了佛洛伊德在一九○○年秋天，緊接著他第二次單獨和敏娜出遊後所完成的兩本著作。第一本書是《論夢》，在這本書中佛洛伊德將自己的一個夢當例子，這個夢的主題是他希望擁有「*毋需代價*」的愛。在前後文中，可以知道「*毋需代價*」同時是具體的也是隱喻的，也就是說，它指的是金錢，但也同時代表免於「罪惡感」的愛。佛洛伊德告訴他的讀者，挑起這個夢的原因是他最近付了一大筆錢給家族中一位成員。在《日常生活的精神病理學》中他也明確提到同一個夢，從這本書中人們得知這筆錢是為了一個「因治療目的而缺席」的親人而付。很清楚的是，這筆錢是為了讓敏娜在梅拉諾一家水療中心住宿六星期所負擔的費用；當時佛洛伊德正寫下他對於這個夢的分析，而那個夏天她才剛結束和佛洛伊德共度一個月的假期，之後就立刻住進了那裡。佛洛伊德評論道，他無法完全詮釋這個夢，因為會造成「在重要方向上的嚴重傷害」。這評論非常中肯。

　　與《論夢》同時寫成的是「有人」事件，這個案例出現在《日常生活的精神病理學》中的第二章。在這篇文章中，佛洛伊德敘述，由於記錯了一句引自維吉爾的話（「有人」〔Aliquis〕被漏掉了），透露出一名臨時的旅伴對於他情婦可能懷孕的恐懼。這是件可愛的趣事，很短，而且幾乎奇蹟式地被足智多謀的佛洛伊德解決了——佛洛伊德最歡樂的著作中最重要的樂事之一。史威爾斯以及另一位研究者安東尼·史塔德蘭（Anthony Stadlen）的任務就是破解佛洛伊德的文學比喻密碼：就如之前那篇〈屏蔽記憶〉論文一樣，「有人」事件也是經過偽裝的自傳故事。不僅是那位想像的對話者的態度和處境都和佛洛伊德完全符合，而且在佛洛伊德的描述中，他所給的每一個聯想都能夠令人信服地溯及佛洛伊德個人所熟悉的某個事件、某個人，或某本書，其吻合度可以完全瓦解純屬巧合的看法。

　　我不會試著在此重述史威爾斯和史塔德蘭的論證（史威爾斯的貢獻僅發表了一部分，史塔德蘭則完全沒有發表）。這個論證必須耗費精力，且要離題深入種種支微末節，不只是關於佛洛伊德及其與通信者的

信件，還包括他的閱讀習慣，他的旅行經歷，及他在一八九七至一九〇〇年之特殊處境的瑣碎細節。然而我的看法是，一旦史威爾德與史塔德蘭的資料公布並被人吸收理解，我們可以得知佛洛伊德不只幻想和敏娜‧貝內斯有性方面的接觸，還進一步地幻想她懷孕了──在一九〇〇年秋天她暫別的一個月後。可以肯定的是，人們會幻想那些從未發生過的事。根據這點，我們也可以理解佛洛伊德是在內心衡量一件想像事件而非真實事件的可能結果。不過正是在此，榮格後來證詞的作用舉足輕重。當然了，嚴格說來，任何人都沒有權力對這個議題提出毫無爭論餘地的證據。正如羅斯瑪麗‧狄尼吉（Rosemary Dinnage）在評論另一段關係時所言：「後人在嘗試查明在性方面誰對誰做了什麼，總是會讓自己處於不利的地位。」

　　嚴肅看待戀情說的問題有一部分在於，這件事似乎讓我們對於佛洛伊德性格的認識突然進入一個新領域。我無法確定情況是否是這樣。敏娜‧貝內斯已經永遠失去結婚的機會，一旦她加入這個家庭，就沒有任何體貼有禮的方式可以要求她離開。那個時代的道德觀要求她必須留下來。如果我們假設佛洛伊德開始覺得受到這位新寄宿者悲劇性的吸引，一個他長期親近，而且相較於他的妻子更與自己性情相近的女人，那麼他的處境可能是難以承受的。人們幾乎忽略了一件事，那就是在這個脈絡下，榮格與佛洛伊德見面時，佛洛伊德所擁護的理論與他自己的困境有密切關聯。因為佛洛伊德當時主張，他所謂的精神─神經官能症（psycho-neurosis）只能被當前的情慾衝突所引發。也就是說，儘管神經官能症的體質傾向會透過性構造及嬰兒期經驗的結合而浮現，但實際出現在成人身上的疾病仍只能被目前某種由內在衝突所造成的性挫折所引發。我們可以認為，這個理論適當描述了佛洛伊德從一八九六年以來自身的處境，不過這件事本身當然會讓我們提出一個問題，就是這理論是否曾幫助他從誘惑走向行動。

情結的騷動

　　一開始，榮格並未對這個新訊息採取任何行動；如我們假設他確實得知這件事情。他誰也沒說，也沒有去找佛洛伊德對質。他結束了在維也納的一週假期，接著就和太太繼續前往布達佩斯拜訪李歐博‧史坦恩斯（Leopold Steins）。而從那裡一路直到阿巴佳（Abbazia）的海邊度假村，榮格的「猶太女人情結」重新浮現了，他後來有向佛洛伊德描述過，這是一種對某位身分不明女性的「強迫性迷戀」。

　　或許榮格不知道該做什麼，或許他只希望有時間好好想想這件事。榮格已經清楚知道佛洛伊德是個天才。而身為一個天才，他當然有權享有和歌德、尚‧保羅、喬治‧桑及其他艾文‧布洛赫計畫在下一本書中寫到的人物所享有的同樣自由。如果佛洛伊德和其他女性有染，榮格或許想都不會再去想。不，癥結在於那是他妻子的妹妹。那是亂倫。亂倫並不落在以科學、倫理學及高尚文化之名而形成的新自由疆域內。除了傳統上對天才的慷慨以外，佛洛伊德似乎還要求某種不尋常的邪惡特許狀。這多少跟佛洛伊德正在開展的人類心靈特殊洞察有關嗎？

　　在這裡必須做個區別，關於佛洛伊德家中情況可能對他的影響，以及榮格可能瞭解到什麼，這可是兩回事。榮格可能對於佛洛伊德與貝內斯姊妹關係的背景一無所知，他對佛洛伊德所處的環境充其量也只有粗略瞭解。佛洛伊德的猶太人身分或許在榮格嘗試合理化這件事時扮演了某個角色，因為猶太人比亞利安人更常近親交配，這在當時可疑的「種族科學」學科中是深信不疑的事。甚至於當時唯一的問題是，近親聯姻的頻率是否是猶太人神經官能症高發病率的原因，或者相反的，這是否有助於維持他們血統純淨，不受其他種族團體玷污。這類論辯在我們聽來刺耳，但事實上，當時的猶太醫師和非猶太醫師一樣熱衷參與討論這個議題，且各有人站在兩邊的立場。至於猶太人的性習性也被認為受到同樣因素的影響。佛瑞爾在《性問題》中是這樣說：

　　猶太人，能在各種氣候及各種可能的生存環境下維持種族存續的

157

民族，提供我們一個實例教學……他們性格的特質反應在他們的性生活上。他們的性欲一般很強，他們的愛情以強烈的家庭歸屬感而有別於其他種族……他們並不善妒，可以沉迷於情婦，同時又深愛著妻子和家人。

但家族內戀情幾乎不被認為是只有猶太才會過分關注的事；這是當代德國文學中的常見主題，常見到華格納將類似劇情寫入他的歌劇，而年輕的奧圖・蘭克正在為他的巨作《文學與傳說中的亂倫主題》（*The Motif of Incest in Literature and Legend*）蒐集大量的案例。這樣的過分關注也不被認為是淫穢。面對像亂倫這樣的課題，甚至會被認為是一個作家哲學及心理學深度的指標。不是有叔本華寫信給歌德：

是真實面對每一個問題的勇氣成就了一名哲學家。他必須像索福克金斯的伊底帕斯，追求自己可怕命運的真相，從事著永無止境的探究，即便直覺告訴他，等待他的答案是何等駭人。但我們大多數人心裡都住了個茉卡絲塔，乞求著伊底帕斯看在老天分上別再探究下去了；我們都退讓了，這就是為何哲學仍站在目前位置上的原因。

不是有尼采在《悲劇的誕生》中宣告：

伊底帕斯，弒父兇手，母親的情人，斯芬克斯謎語的解答者！這三重命運的意義為何？有個古老的普遍信念（尤其在波斯特別強烈）認為，一個有智慧的賢者（magus）必然是亂倫所生。如果我們根據這個波斯信念……衡量伊底帕斯，我們或許會做個結論，在預言及魔法打破……自然的魔法陣之時，必然先存在著極端的非自然因素（在這裡是亂倫），因為除了成功地反抗自然，也就是說，透過非自然行為以外，人們還該如何強迫自然吐露她的祕密？

對榮格而言，如何向佛洛伊德提起這事情是一個長遠的問題。但是

對於這類情況卻沒有什麼禮儀指南可以遵循。或許這是某種可以用「精神分析式的坦白」（用佛洛伊德最近的話來說）來處理的事情。不過在當時也沒有什麼精神分析指南。榮格所面對的短期問題則是，不要讓三月這個月在一封信的交流都沒有之中結束。佛洛伊德，身為一個得體的主人，保持著沉默。三月的最後一天，整整三個禮拜後，榮格終於提起筆來：

　　您無疑會從我拖了這麼久才回應得出您自己的結論。一直到現在我都十分抗拒寫信，因為直到最近，在維也納被喚起的情結仍在騷動。現在事情才稍微平息了，所以我希望能寫封多少是理智一點的信給您。

　　最困難的部分，亦即您對於性的概念的擴張，如今已被吸收得差不多了，並且我也嘗試用在許多實際案例上。總體來說，我瞭解到您是對的。

　　而從這裡，榮格繼續討論（有部分是爭辯）佛洛伊德認為自體情慾為早發性癡呆之基礎的觀點。榮格沒有直接向佛洛伊德詢問他的私生活，而是退回到理論裡。或許他希望在那裡找到某種比較清楚的東西吧。

　　如果榮格曾經希望他這封信是個談論私事的邀請，佛洛伊德肯定不是這樣理解。他在一九〇七年四月七日的回信是這樣開頭的：

　　我選了不同的紙張，因為我不希望在跟您說話時感覺侷促受限。您的拜訪令我高興和滿足；我願意在信裡重複許多我曾親口向您透露過的事，尤其是您讓我對未來充滿信心這點，以及我現在瞭解到我就像他人一樣可以取代，還有，就我對您的認識，我不會期待有個比您更優秀的人來繼續並完成我的工作了。我很肯定您不會放棄這份工作，您已經十分深入，並且親眼看見我們的主題是多麼令人興奮、意義深遠而美好。

　　佛洛伊德繼續說到，為了大眾的認可而稀釋掉原慾理論，會讓他們

一無所獲：「我們免不了會遇到抵抗，何不從一開始就面對？」總的來
說，這是封逢迎到極點的信，榮格在回信中也認知到這點：

　　萬分感謝您好意的長信！恐怕您高估我和我的能力了。在您的幫助
下，我對事情已有相當深入的瞭解，但距離看清它們仍有段距離。但是
自從我認識您本人以來，我感覺我的內在已經有了長足進步；似乎對我
而言，除非人們認識您本人，否則將無法深入瞭解您的科學。只有信仰
能夠幫助我們抵達對我們這些局外人而言仍處於黑暗中的世界；但最好
也是最有效率的信仰就是對您個人的認識。故此我的維也納之旅是個貨
真價實的確證。

　　在重新邀請佛洛伊德談談他自己之後，榮格再次進入了對於早發
性癡呆的理論性探討，並附帶關於布魯勒和其他人的閒話。然而還有個
重要的附加事項——榮格受邀在阿姆斯特丹舉行的第一屆國際神經學大
會（First International Neurology Congress）上演講，而阿莎芬堡是他的對
手。題目是「歇斯底里症之現代理論」（Modern Theories on Hysteria）。基
本上，榮格被要求為佛洛伊德辯護。
　　佛洛伊德在回信中藉著敘述這次邀請的經過而慫恿榮格接受，同時
也再度堅持只談正事：

　　您看，我對我們關係的看法也是這整個世界的看法。就在您到訪前
不久，我被要求在阿姆斯特丹做那次報告，我怕我會跟你詳細討論這件
事並讓你說服我接受邀請，所以連忙拒絕了。後來我們發現有更重要的
事要談，就把這事給忘了。現在我很高興聽到您被選上了。

　　這時榮格已不再提到他的到訪和佛洛伊德的性格了。接下來的一個
半月，這兩人的談話完全繞著公事打轉。在合作交流加深所帶來的亢奮
情緒中，理論、觀察以及精神病學政治的話題一個個輪流上場。可以肯

定的是，榮格持續提到這個領域中其他人的研究，態度經常是贊同的，而佛洛伊德則不斷拒絕他們，理由大部分是因為他們不會或是不能接受原慾理論。

五月底時，情況突然間有了轉變。佛洛伊德一直都會在信中附帶寄上理論性的評論；現在他寄了一本新書，他對於一本通俗小說《格拉底瓦》（Gradiva）的分析，那是他正著手推出的論文叢書中剛發行的第一本。榮格十分熱情地回應道：

> 您對《格拉底瓦》的見解真是個傑作，我一口氣就讀完了。清晰的闡述令人陶醉，我想人們會因為眾神的嚴重盲目看不清事情真相而震驚。但是迂腐的精神病學家和心理學家卻什麼事都幹得出來！……我時常得讓自己回到我心理學思考被改造之前的那段時間，好重新經歷那些被加諸於您身上的指控。我簡直再也無法理解它們。對我而言，我在那些日子裡的想法不僅在知識上錯謬不全，更糟的是道德低劣，因為現在看起來就像是我對自己撒了個大謊。

《顏森的「格拉底瓦」中的妄想與夢》（Delusions and Dreams in Jensen's Gradiva）對榮格而言如此重要，以致於竟誤以為這本書是為他而寫的。事實並非如此。這本書是在一九〇六年夏天寫成，在佛洛伊德讀完《聯想研究》（Association Studies）之後，但是在這兩人展開熱烈通信之前。這本書展現出佛洛伊德極具自我風格的體裁，用此一體裁來處理榮格同樣也在處理的主題（情慾情結和夢）。

《格拉底瓦》這本小說的情節是關於一個執著於某個欲望的考古學家，他的欲望是找到走路姿態像某個古代女性浮雕的女人；他做了個夢，這夢更加惡化了他的執著。透過勇氣與洞察力，一名年輕女性佐伊‧博騰（Zoe Bertang）設法治療了這位考古學家的執念。故事的解答傳達出一個事實，那就是佐伊，考古學家的兒時同伴，正是那個妄想的真正來源；她就是那位考古學家的真愛。在她的帶領下，考古學家終於意

識到這個事實，這本小說也在此處達到了高潮。在分析過程中，透過故事情結，佛洛伊德指出這個故事和夢的精神分析理論相符之處。他主張年輕女主人公的手段和精神分析所使用的一樣。（值得注意的是，這讓虛構的佐伊·博騰成為第一位女性精神分析師，而儘管是出於善意，那些誘惑手段則等同於精神分析技巧。）

　　佛洛伊德的論文，就像以這本書為起點的那部叢書一樣，同時標誌了延續舊的議題及新的起點。對佛洛伊德而言，文學和文化的心理學分析既是個老習慣，也是個唾手可得的消遣。就這方面來說，他和榮格或布魯勒或那個時代任何其他受過教育的人並沒有什麼不同，雖然他有非常獨到的觀點。此外，就神話和虛構故事和夢的相似性這一點，也就是說，同為具有潛意識起源的創造性產物而言，它們似乎是精神分析的現成對象。然而在這裡，方法論的立足點卻變得十分不可靠。除了少數例外以外，根據夢書中的敘述，佛洛伊德的解夢方法依賴作夢者之聯想的誘導。但是在關於神話及文學方面，實際上這是不可能的。人們反而必須訴諸詮釋的基本合理性，對於擁有像佛洛伊德這樣才華的作者來說，這不是什麼了不起的障礙，但是以李克林為首的大量追隨者，卻會很快就在這方面跌了一跤。說到這部論叢，是由雨果·海勒（Hugo Heller）所贊助；海勒是著名的維也納出版商，有時也參加週三夜晚心理學會社的聚會。海勒對於佛洛伊德在編輯上的判斷相當有信心，這一點十分重要，因為這讓佛洛伊德不必再仰賴柏林的齊恩及慕尼黑的羅文斐德，這兩位是現行最普及醫學論叢的編輯。

　　在《格拉底瓦》裡，還未看出這個新的文化批評形式中的方法學是否有什麼明顯的風險，雖然榮格確實想過，或許和小說的作者聯絡，看看他是否願意提供生平資訊，這樣的方法可能會帶來益處。不過除了那個建議之外，榮格從頭到尾都毫不吝嗇地給予讚美，甚至還加入了自己的想法。在故事中，一隻籠內金絲雀所唱的歌讓男主人公踏上了義大利之旅，前往追尋並解決自己的執念。榮格透過對這隻鳥的意像，引進了一個神話學觀點：

　　您留下一個尚未解決的問題，但是評論家們很可能會提出：為何哈諾德的情結被壓抑了？為何他不讓自己被金絲雀的歌及其他的感知導回正常軌道？

　　那隻鳥所扮演的角色也一樣有意思。然而，基於無法理解的原因，您並未進一步探詢這個符號的意義。您知道斯湯達爾關於鳥的神話學的作品嗎？

　　赫曼‧斯湯達爾（Heymann Steinthal）是民間傳說及神話心理學方面的領導者。鳥的符號參照可類比的是傳說中的鳳凰、閃電、火、用於起火的木棍以及陽具。榮格想說的是，鳥是小說中一個經過偽裝的陽具符號。這個聯想的不尋常之處在於，榮格並非從小說本身得到啟發，而是從他自己對於神話心理學的閱讀中得到這個想法。他的假設是，若對於創造神話的原始心靈而言行得通，對於潛意識也必然有用。

　　佛洛伊德十分感激榮格的讚美：「……比起整個醫學大會的認可，您說的話對我的意義更大；而您的認可就代表了未來大會的認可。」至於榮格的提議，佛洛伊德很高興能夠讓榮格繼續朝他想要走的方向前進：「您是對的。我對於『鳥』的象徵保持沉默的原因您是知道的，為了出版商和大眾著想，或是因為這是您希望聽到的──由於您的勸慰。」佛洛伊德繼續提議，或許榮格會想要對這部新的論文叢書貢獻一份心力，並出其不意地給了榮格一個驚喜：下一版的《日常生活的精神病理學》將收錄幾篇榮格的小故事。而提到這本書，又接著讓佛洛伊德有機會在猛烈抨擊他的評論者的同時，解決一件棘手的事：

　　首先他們寫得好像我們連一個夢的分析、一個個案史或是一個對表意錯誤（parapraxis）的解釋都沒發表過一樣；接著，當證據引起他們的注意時，他們就說：但是這沒有經過檢驗啊，太武斷了。試著將證據給一個不想看的人看吧！邏輯是成不了事的，關於這點人們可能會和戈特弗利‧馮‧史特拉斯堡（Gottfried von Strassburg）談到苦難時的說法一

樣，不過我認為這說法相當不敬：

「那個有偉大美德的基督

像隻風中袖子搖擺著。」

但只要等個五年、十年，今天被認為沒有說服力的「有人」事件分析將會變得令人信服，儘管其內容隻字未動。除了繼續研究、避免浪費太多精力在反駁上，並且讓我們的研究成果來對抗那些反對我們觀點的貧乏之外，做什麼都是沒有用的……

不過還是一樣，別慌，一切最後都會好轉。您會活著看見那天，我或許不會了……每當我們被人譏笑時，我就比以前更加確定，我們擁有的是個偉大的概念。有一天您會為我寫一篇訃文，別忘了在文中為我見證，這一切的反對意見從不曾讓我困擾。

榮格，以及在他之前的布魯勒，過去都曾單獨挑出「有人」事件，並公開表示讚美，所以佛洛伊德提到它是很自然的事。只有當人們能夠穿透佛洛伊德的虛構面紗，才會知道佛洛伊德提及這個案例是相當大膽的行為，但是這必須對於佛洛伊德在大約七年前的習慣知之甚詳才行，不過榮格並不瞭解。可以確定的是，佛洛伊德提供榮格一個最後的線索。正如史塔德蘭的發現，佛洛伊德信中所引詩句評論的是《崔斯坦》（*Tristan*）中的一個場景，伊索德在宣誓時的證詞閃爍其詞，卻未受到上帝的懲罰（因此才說基督動搖了）。這首詩的內容和「有人」事件有精準的相似之處，因為讓證詞閃爍其詞的並非其內容，而是偽裝這一事實：崔斯坦假扮成另一個人，而伊索德的證詞隱匿了這兩人其實是同一個人的事實。無論如何，假若榮格破譯了佛洛伊德在「有人」事件中偽裝的密碼，並將該事件和他自己在兩個半月前與敏娜·貝內斯的談話結合起來，他在那時也並未透露出任何蛛絲馬跡。在一九〇七年五月卅日的信中，他反而重回了《格拉底瓦》的話題，並接著談到他令人吃驚的計畫：

我周遭的人正興高采烈地讀著《格拉底瓦》。女人顯然最瞭解你，

而且她們通常立刻就能瞭解。只有受過心理學教育的人會帶著有色的眼鏡……

……我的計畫（受到布魯勒的強力支持）是在精神病院底下附設一間心理學實驗室，是個多少比較獨立的機構，而我將被指派擔任主任。接著我就可以獨立行事，不受診所的約束，終於可以照自己的意願進行研究。一旦就定位之後，我會試著讓精神病學主席的職位和精神病院的運作分離……正如我從最近作的夢裡瞭解到，這個改變有其（對您而言）透明的「後設心理學的一性的」背景，保證能提供大量的快感。任何瞭解您科學的人都真正吃下了樂園之樹的果實，並擁有了天眼通。

可以確定的是，榮格肯定尚未得到布魯勒對他計畫的第二部分——重新指派精神病學主任的許可。坦白說，他計畫的這個部分對布魯勒而言是個背叛，而且也不切實際，因為郡當局絕不會批准這樣的分離運作。但是榮格計畫的這一部分仍在許久後的未來實現；他現在對終於能逃出布爾霍爾茲利高牆感到興奮的原因顯然另有來源。

佛洛伊德的回信並未保存下來。但榮格認為這封回信鼓舞人心：「您最後一封信中的評語，我們可以『享受我們的財富』這一句實在是妙極了。我每天都因您的財富而歡喜，並靠著從富人桌上掉下來的麵包屑過活。」這時榮格的興奮也延續到他的臨床工作，因為他在信中繼續提供了兩個內容絕大部分是性史的個案報告。在說明這些事情之時，榮格停下來下了個評語：「我想要用這種風格做一本圖畫書，只有那些吃過知識樹果實的人才有能力欣賞，其他人都會無功而返。」

這不過是整封信中一句不經意的評語。但佛洛伊德卻揪住這句話：

您所想到的那種圖畫書會十分具有啟發性。它首先能為個案的構築方法（architectonics）提供一個概貌……您是否已準備好要為我們新觀念的認可奮鬥呢？果真如此的話，第一件要做的是辦一份期刊；您可以稱之為「精神病理學與精神分析專刊」，或者更厚臉皮些，叫它「精神分析

專刊」即可。肯定能找到一個出版商,編輯除了你也沒別人有資格了,我希望布魯勒可別拒絕和我一起擔任監導人。我們目前也沒別人了⋯⋯

這主意吸引你嗎?接受挑戰吧!

　　這兩人花了將近一年才終於將這個建議付諸實行,這就是有史以來第一本精神分析期刊的開始──也是榮格所謂的「圖畫書」。比起佛洛伊德新發行的論叢,一本專門討論精神分析的期刊是個野心大得多的事業。這樣一本期刊不只必須定期發刊,而且還得優於為數眾多的現存神經學、精神病理學、催眠術、性學研究等期刊才行。從此以後,佛洛伊德一有機會就遊說榮格開辦這樣一本期刊。

　　用賓斯旺格的話來說,榮格幾乎立刻就升上了科學「子嗣」的地位,但是卻伴隨著一個極大的諷刺:他還沒有任何東西可以繼承。榮格很快就會發現其他愛子們已發現的懊惱事實:如果他希望有天能夠繼承家業,他得自己先把它建立起來才行。他和佛洛伊德之間的私交不是建立家業的唯一課題。佛洛伊德也有極明確的組織計畫(期刊只是第一項),而且是出奇雄心萬丈的計畫。甚至於,即使到現在佛洛伊德還在考慮,他是否可以將週三夜晚心理學會社重整為一個正式,且是由他掌控的官方組織。簡單地說,佛洛伊德不只將榮格當成一個朋友而已。

　　榮格把整個六月都花在向佛洛伊德報告他的個案。他寫道:「有意思的是看見門診女性患者紛紛診斷起彼此的情慾情結,雖然她們對自己的情結沒有什麼洞察力。」他也去了其他城市。在日內瓦,他發現克拉帕黑德已經在試著理解佛洛伊德。在巴黎,他發現賈內的孤陋寡聞令人失望,而巴賓斯基的「隔離療法」(traitement par isolement)是「一個很爛的笑話」。榮格對於「吃了樂園樹果實」的興奮已經達到狂熱的地步。他在巴黎時,曾經主動和宴會中一位德裔美籍女士攀談起來並指出,或許她對黑咖啡的反感和想要懷孕的慾望有關。他的妻子似乎被這有違禮儀的行為給嚇著了。她後來評論道:「我打算寫一本給紳士們的心理治療手冊。」

　　佛洛伊德對榮格的報告一直都感到滿意。他曾經憂慮「維也納情結或許會和巴黎情結有同樣的慾力投注（cathexis）。」在這點上，佛洛伊德是錯誤地解釋了符號：他該擔心的不是榮格的理論程度，而是榮格的情緒穩定性。

觀念的飛翔

　　一九〇七年七月六日，榮格的信這樣開頭：「您介意我拿一些私人經驗來煩您嗎？」接下來他開始以不帶任何批評的方式敘述那位德裔美籍女士的故事，亦即那位榮格直接了當告訴她，對咖啡的反感和懷孕願望有關的女士。那封信以一句像舞臺表演引子般古怪的話做結，「現在就來點歷史神祕主義吧！」這個神祕主義和來自兩方面的一連串類比，一方面是佛洛伊德、梅斯梅爾（Mesmer）以及高爾（Gall，骨相學〔phrenology〕的創始者）之間的類比，一方面則是德國各個不同自由城市間的類比。在那位喝咖啡的女士和歷史神祕主義之間，出現了兩個個案報告。一個有關於一位病態地關切肛門的女性，「在真相大白前那可真是場可怕的角力。」令人驚訝的是，另一個個案是史碧爾埃：

　　一名歇斯底里症患者告訴我，勒蒙妥夫（Lermontov）寫的一首詩中的某個詩句一直在她腦中徘徊不去。這首詩講的是一名囚犯，唯一的同伴是隻籠中鳥。這名囚犯的生命只因為一個願望而獲得了生氣，那就是他希望在他有生之年，能夠讓某個生物獲得自由，這是他能夠做出的最高尚行為。他打開了籠子，放走他深愛的鳥兒。這名患者最大的願望是什麼？「一生一次，我希望能夠透過精神分析治療，幫助某個人獲得更完整的自由。」在她的夢裡，她和我被壓縮在一起。她承認其實她最大的願望是和我有個孩子，而那孩子能夠實現她所有未完成的願望。為了完成那個目的，我自然必須先讓「鳥兒飛走」。（在瑞士德語中我們會說：「你的小鳥發出鳴叫了嗎？」）

　　真是一個小而精美的聯想鏈，可不是？您知道考爾巴赫（Kaulbach）

的色情圖畫「誰來買愛神像」(Who Buys Love-gods)嗎?(那幅畫裡有個看起來像公雞、長了翅膀的陽具,因為和女孩子們嬉鬧而勃起。)

　　榮格完全沒有暗示佛洛伊德,這名患者和他在去年十月的信上討論過的那名有童年期肛門手淫行為的患者是同一個人。(雖然在榮格最近一次拜訪維也納期間,阿德勒所做的報告等於是要刻意挑起她個案的說明,但是在和佛洛伊德許多小時的談話中,榮格並未討論到史碧爾埃。)榮格也完全沒有向佛洛伊德透露,這名患者和他在賓斯旺格論直流電反射報告中的「悔恨—忠誠」情結的受試者是同一人。偏偏那篇報告即將登上佛瑞爾和沃格特著名的《心理學與神經學期刊》,因此在同一封信中,榮格告知佛洛伊德這篇報告的發表,並拿它打趣了一番:「接著您會知道您也理解了電流計的祕密。您的聯想功力實在是太優秀了。」

　　很清楚的是,榮格的興奮已經超出所有合理的界限。佛洛伊德立即回覆:

　　為了在您離開前寄到,我正寫信給您(匆忙中長話短說),祝您能不動腦筋地好好休養一陣子。這對您有益。

　　接著佛洛伊德在信中寫下他避暑地的地址,並要求榮格在假期間能保持聯絡。信中也打聽一位正和他通信中的亞伯拉罕醫師是誰。榮格並不知道布爾霍爾茲利的首席助理已經開始和佛洛伊德通信了。這個訊息,加上佛洛伊德對於榮格心理狀態表達的關切,其提神醒腦的程度足足讓榮格過了一個多月都不曾回信。繼暈眩而來的是沉默。接著,(幸運的是)是三週的強制兵役。當榮格終於再次提筆,他對於即將來臨的阿姆斯特丹演講充滿了憂慮,也就是就「歇斯底里症之現代理論」的題目,和阿莎芬堡展開競技場對決;時間訂於九月的第一週。

　　佛洛伊德決定鼓勵他這位猶豫不決的新朋友。在八月十八日的信上他寫道:

不要絕望……您在阿姆斯特丹的演講會是個歷史的里程碑，而說到底我們主要是為了歷史而做研究。即便您對現今的輿論潮流毫不讓步，您所謂人格中的歇斯底里特質，您對於打動並影響人群的需求，也是令您如此勝任教師和嚮導的特質，也將會逐漸獲得重視。當您以更豐富的方式將您的個人影響力注入我那一大團發酵中的概念時，您的成就和我的成就將再也沒有區別。

榮格在他針對阿莎芬堡所發表的回應中，表現得稱不上勇敢。現在，正如他在回信中告知佛洛伊德的，他承擔了接受性理論所帶來的額外包袱：「……我有不祥的預感，因為在這樣的一群人面前捍衛這個立場，可不是一件小事。」事實上，榮格希望從佛洛伊德那裡知道的只是當面對情緒問題時，在左右情結的能力方面，性是占有何等的重要性。這個課題（佛洛伊德大膽地宣稱，像布魯勒的「自我」、「情感」這類概念只是「表層心理學」而已）占據了接下來的信件往返內容。但是距離榮格的演講只剩兩天時間了，佛洛伊德寫了最後的打氣話語：

過去或未來您是否是個幸運兒，這點我不清楚；但是現在我但願能夠在您身邊，享受不再是獨自一人的愉快時光，並且，如果您需要鼓勵的話，和您談談從我第一次向這個新世界投注目光後便展開的光榮但充滿痛苦的漫長孤寂生涯，談談我至友們的冷漠與不理解，談談那些可怕的時刻，當我以為自己已經誤入歧途，思索著如何才能讓我迷途的人生對我的家人有點用處，談談我那緩慢生長的信念，它緊緊攀附著夢的詮釋，猶如在暴風雨的汪洋中攀住一塊岩石，談談我終於擁有的平靜確信，它吩咐我等待，直到來自陌生群眾的聲音回應了我的呼喊。那是您的聲音；因為我如今知道，布魯勒也透過您走向了我。謝謝您所做的一切，不要讓任何事動搖了您的信心，您將親眼見到我們的凱旋，並分享勝利果實。

　　一九〇七年九月四日至五日，阿姆斯特丹大會的「歇斯底里症的現代理論」單元不是個莊嚴肅穆的場合。榮格狠狠搞砸了他的演講。他錯估他演說的長度，當主席堅持他得在分配的時間結束後停止演說時，他整個人氣急敗壞。第二天，榮格在討論中不發一言。阿莎芬堡這一方則毀於一時失言，他的失言透露出他不確定自己該站在哪一邊的矛盾衝突想法。此外，他也在演講中十分自以為是地談到，他是如何禁止一名患者討論她的性情結。其他與會者的行為也沒有什麼可誇耀之處。除了說佛洛伊德式理論聽起來像個「糟糕的玩笑」之外，身為會議中最顯眼人物的買內並沒有做出更具啟迪性的發言。

　　在事後向佛洛伊德報告這次的演講時，榮格用尖酸刻薄的言語掩飾他對自己拙劣表現的難為情。他沒有將他的講稿寄一份給佛洛伊德，因為「它還需要一些修飾」。事實上，完成版的〈歇斯底里症的佛洛伊德式理論〉（The Freudian Theory of Hysteria）論證合理，較之榮格本人的表現或許更為直率。這篇文章確實再一次玩弄榮格之前那個不足採信的花招，說佛洛伊德的研究發現應用於「無數歇斯底里症個案」。同時，佛洛伊德的療法基本上被描述為一種再教育，並與杜伯的勸服方法做了明確的對比。榮格也持續以光明正大的態度看待性象徵論（sexual symbolism）：

　　社會大眾對於佛洛伊德的性象徵論尤其難以諒解。從我的觀點，他在這點上其實最容易理解，因為神話學（表達所有民族天馬行空的想像）正是以此為最具教育意義的方式打好了基礎。我只提斯湯達爾在一八六〇年代的文章就好，這些文章證明了，性象徵在神話記載以及語言史中的普遍性。我也想到我們詩人的情色風月，以及他們的譬喻性或象徵表達方式。當考慮到這些文字時，沒有人能夠欺騙自己，在佛洛伊德式象徵論和個體及整個國家的詩意想像象徵之間，存在著意義深遠而重大的類似性。

　　然而，這篇演講以回顧從布魯爾時期以來佛洛伊德的發展為主軸，

以清晰的方式重述「朵拉」個案及《三論》之理論而告終，不過「朵拉」和《三論》都已被明確討論過了。此外，榮格也做了一個個案報告，並依據佛洛伊德式原則進行分析，這個個案從一個嬰兒期變態行為開始，展現出所有具有重大理論意義的標記。根據榮格的摘要說明，由於患者被一名年輕男性吸引，這些在青春期時大量重返的嬰兒期幻想帶來了悲慘的後果：

　　當出現真實的性要求，從而要求原慾轉移至這名愛的對象時，所有這些變態的幻想全都轉移到他的身上⋯⋯她的原慾在奮力對抗自己的防禦感中耗盡，這防禦感益發增強，並接著造成症狀。因此佛洛伊德會說，這些症狀代表的不過是患者的性活動罷了。

　　在榮格這方面，選擇一個具有明顯早期症狀（肛門手淫、排便及被毆打幻想）的女性做為個案報告，也許是個失策。不過幾乎確定是失禮了。因為那位女性即是史碧爾埃，當時即將升上醫學院三年級。人們只能想像當她發現這件事之後的感覺了（她事後寫了一篇意味深長的詳盡評論）。

　　史碧爾埃仍是榮格認識最深的患者，這也許可以說明他將她用於演說案例的原因。此外，正如我們將在下一章中見到的，這兩人近來對於榮格最近的詮釋有許多爭執，因此可能也有挾怨報復的因素在內。然而，撇開榮格的動機不談，在回顧這篇演說文時，我們可以明顯看出他慎重的一面。他沒有描述他對這位年輕女性的最初治療方式，對他最近的干預也隻字不提。對榮格而言，無論在專業和個人層面上，事情都變得越來越複雜。他現在是出席一個重要的，甚至是歷史性的會議，而最令人不快的是，他正在報告的不是自己的想法，而是佛洛伊德的。而且在進行報告時，他以簡短摘要的方式重述了對他個人而言具有極大意義的一位年輕女性的情慾史。榮格的佛洛伊德主義被區分為公共的及私人的版本。從心理學上來說，榮格幾乎回到了自己的起點，他有一個外在

的和一個內在的自我，卻無法輕易讓這兩個自我和解。

一個在德國的猶太人

儘管榮格的表現笨拙，觀眾的反應不佳，阿姆斯特丹演說確實成為具有歷史意義的場合，因為它奠定了榮格成為佛洛伊德最重要同盟的角色。而身為卓越組織者的佛洛伊德立刻就知道了榮格的價值。當榮格正在演講時，佛洛伊德也正在忙著解散、重組他自己的週三夜晚心理學會社。表面上，這只是個讓人們能夠在想退出時優雅退出的儀式而已。實際上，這確立了這個社團是佛洛伊德想解散才能解散。這是鞏固他對社團的控制，以預備和蘇黎世學派進行更細密協商的第一步。

繼愛汀根和榮格之後，卡爾·亞伯拉罕是蘇黎世學派中第三位和佛洛伊德攀上個人交情的人。亞伯拉罕不是心理分析界明星的可能候選人。他在六月寄出了他的第一份心理分析論文給佛洛伊德，這篇論文是將佛洛伊德理論擴展至早發性癡呆患者。這個嘗試立意良好，不幸卻犯了個錯誤，它為誘姦理論背書個。在他們通信的初期階段，佛洛伊德還試著指正這一點，但為了表示親切而表達得過分溫和。結果是亞伯拉罕的第二篇分析論文（即將付梓）將此錯誤重蹈覆轍。這實在不是個吉利的開端。但是有三件事情有利於亞伯拉罕：他是蘇黎世訓練出來的精神醫學家；他相當喜愛搞派系政治鬥爭；而且他有意在柏林開業。十月初，亞伯拉罕在一封信中向佛洛伊德宣布了他的計畫：

> 我打算在大約一個月內離開蘇黎世……理由不難找。身為一名在德國的猶太人、在瑞士的外國人，在過去七年中我一直停留在資淺職位無法升遷。所以我將試著在柏林以神經及精神疾病專家的身分執業……。您已經猜到我為何要寫信給您了。我希望得到您的推薦，如果您有機會推薦在柏林從事心理治療的醫師的話……。我也希望……得到您的允許，如果有需要時能夠向您諮詢。我會非常感激您對這兩件事所給予的仁慈支持。

佛洛伊德在一九〇七年十月八日的回信顯示出他瞭解這個訊息：

　　讀您的信時，我初始感受到一股遺憾，但我很快便壓抑了下來。被迫進入無遮風避雨之地，無法傷害像您這樣的年輕人，而事實是，對於身為猶太人的您而言處境將更艱難，可以讓您發揮出所有的潛能，正如我們所有人一樣。您將帶著我的同情與最多的祝福邁向新的道路，這是毋庸置疑的，如果可能的話，我願意提供的不僅於此。如果我和弗里斯博士的情誼尚存，這路對您而言會平坦些，但不幸的是現在這條路已經完全封鎖了。去年一整年，我必須不斷重複對來自德國的患者說抱歉，我在那裡不認識什麼醫師是我可以推薦給他們的，但如果今年再度出現這類情形，我就知道該怎麼做了。如果我在德國的聲望增加了，對您當然有幫助，如果我可以稱您為我的弟子和追隨者（對我而言您似乎不是個會以這個名號為恥的人），我就能夠大力支持您了。

　　交易成功了。一九〇七年十二月，這兩人第一次見面。私底下，亞伯拉罕持續與佛洛伊德的概念以及他自己的「抵抗」搏鬥。但正如他在寫給愛汀根的一封信上所言，佛洛伊德親自告訴他，他把追隨者分成三種等級，而因為他能夠接受原慾理論，所以亞伯拉罕屬於最高的一級，他覺得這個讚美「十分令人欣喜」。在接下來幾個月裡，或許同等重要的是，亞伯拉罕也知道該如何在佛洛伊德想就他們彼此的猶太性質進行交流時，他能以同樣親切的方式去回應。

　　已經有很多學者專文討論佛洛伊德身為一名猶太人的自我認同。這是個困難而複雜的課題。在這裡，原則上我將以丹尼斯・克藍（Dennis Klein）的分析為根據，說明這個議題的兩面性。在佛洛伊德年輕時，猶太男學生心目中的英雄是奧地利帝國的大臣們。政治上效忠的是自由黨平靜的議會路線革命；文化上擁戴的是德國文化；而就社會而言最終的目標是同化。即便在一八八〇年代晚期，反猶主義逐漸升高的時期，對於帝國東部湧入的那群新來的、不抱持世界為家觀念，而且未被同化的

猶太人，佛洛伊德的忠誠度增加得極為緩慢。那段時間他對於開創國際性事業仍有憧憬，而他的猶太身分在這個事業裡並未扮演任何角色。一直要到一八九七年，當他認為他的教授職位升遷因反猶而受阻時，佛洛伊德才加入了聖約之子會，並且轉向追尋自己的內在根源。但是當布魯勒和榮格先後出現時，佛洛伊德就漸漸減少參與聖約之子會的活動。一則是他沒有時間更深入參與，二則是他又再次有了開創國際性事業的念頭。

對佛洛伊德而言，榮格既意味著一個新的非猶太人朋友，但也意味著那些舊的、同化的、世界主義的期盼。當卡爾・亞伯拉罕脫隊並獻上自己的盟約的那一刻，這些期盼便呈現出佛洛伊德的雙重認同中固有的矛盾陰暗面。儘管是猶太人，亞伯拉罕無法和維也納「那幫人」混為一談。他是來自「蘇黎世學派」的一位訓練有素的精神病學家，並且已經準備好要在柏林這個北德醫學重鎮闖出一番成績。就個人而言，佛洛伊德並不覺得和亞伯拉罕那麼氣味相投，他也從未在通信中用向榮格獻殷勤的方式來取悅他，但是另一方面，顯然他也不需要那樣做。因此亞伯拉罕對於佛洛伊德和榮格的親密關係構成了一個潛在的雙重複雜因素。他是個猶太人，並且十分樂意對他蘇黎世學派前同事們的非猶太「神祕主義」提出批判，他讓宗教歧異的問題浮上檯面。再者，如果他在柏林成功了，他也會將組織的問題複雜化：榮格或許是佛洛伊德的「子嗣」，但亞伯拉卻十分有理由要求他在繼承順位上──即在任何正式機構中保留一個位置。

不祥的是，還有第三重更個人的複雜因素，那就是亞伯拉罕不太喜歡榮格。

第7章
科學的童話

　　精神病學及其相關科學中最近爆發了針對佛洛伊德式理論的正反之爭。我自認很幸運，能握有如童話故事般美麗而引人入勝的素材，做為這場衝突中的一項武器。

　　　　　　——法蘭茲·李克林，《童話中的願望滿足及象徵使用》
（*Wishfulfillment and Symbolism in Fairy-Tales*），一九〇七

———◦◦◦◦◦———

　　一九〇八年初，法蘭茲·李克林的《童話中的願望滿足及象徵使用》出現在佛洛伊德編訂的《應用心理學論文集》的第二卷中。與佛洛伊德維持私人通信聯繫的李克林，也以身為榮格的同事及萊瑙精神病院主任的身分而馳名。對佛洛伊德而言，出版李克林的書代表他向前邁出了雖小卻意義重大的一步。也就是說，李克林的書很薄、論證方式可疑，並且坦白地對自己的缺陷表示歉意。困難之處在於，無論李克林是多麼孜孜矻矻地投入民間傳說的學術文獻（他與蘇黎世的民俗學者奧圖·史托〔Otto Stoll〕有私人往來）之中，除了「人類心理……始終仍是個女詩人」的論點之外，他就沒有其他的詮釋性理論依據了。透過從佛洛伊德論夢的書中所學習到的，李克林專注於搜尋性象徵，他識別出象徵的正當理由卻是個重申過兩次的大膽宣稱：「創始者」很清楚象徵的意義是什麼。將精神分析公式套用到文學研究時會出現的方法論問題，也是佛洛伊德在《格拉底瓦》中以十分技巧性的方式迴避掉的問題，已經開始出現了。

　　李克林確實有些具有啟發性的論點。這本書的焦點是人們耳熟能詳的人物——青蛙王子。李克林將這個角色詮釋為處女對於男性的性慾所懷抱之矛盾心態的象徵。也就是說，在這一類的故事中，性的動物層面，即令人討厭、憎惡的那一面，被轉變成對於王子的一種理想化愛情。這個故事呈現出壓抑以及分裂為正面和負面形象的一面。從這個主

題向外延伸，李克林繼續討論授精及誕生主題的各種偽裝形式，以及對於嬰兒期自我本位（infantile egoism）的各樣描繪方式，通常以典型的敵視父親為主要表現方法。他也對於童話故事中常見的催眠藥提出解釋，認為這是種浪漫情懷的內向性象徵，在這裡表達出愛情令人遺忘了外在世界的特徵。所有這些分析在前後文中看起來至少是可信的，而在單獨挑出青蛙王子為焦點時，李克林的洞見經得起時間考驗。

但是漸漸地，李克林迷失了方向，退化成走馬看花地討論從世界各地採集而來更為荒誕無稽的故事，詮釋方式也變得更猶豫不決。於是，在談到一位雙腿被巨人砍掉的公主時，李克林在括弧中問道：「這是表示不能步行（歇斯底里性眩暈）嗎？」還有位實際上是女主角父親的邪惡牧師，他下定決心策劃亂倫陰謀，下場是被囚禁在一張椅子上，有鐵圈緊箍住他的胸膛，這時李克林的插入括弧更加不確定了：「這是代表焦慮？良心不安？」當一支有魔法的金色長矛扯壞了三張網子，而且是重複兩次時，李克林問了關於網子的問題：「這是處女膜的象徵？」在這同時，儘管李克林並不明白，但是在引進那些完全沒有隱藏亂倫主題的故事時，他削弱了運用佛洛伊德式夢理論的價值。佛洛伊德在夢書中的論證認可某些夢符具有真正的普遍性，但顯然佛洛伊德的詮釋方式主要是強調象徵如何用於偽裝，並因此而協助夢的願望逃脫自我的審查。但是在一個公主嫁給她父親，並且兩人從此後過著幸福快樂日子的童話裡，有什麼是可能被偽裝的呢？

李克林的論題極其重要。神話與民間傳說在德語文化中占據相當重要的地位，英語文化對神話與民間傳說則沒有這麼重視。當德語作家頭一次從基督信仰中解放自我時，他們轉而以哲學性闡述做為道德依據，而深受他們誤解的希臘文化則是他們美學依據的求助對象。隨之而產生的是本土文化主義，而在赫爾德（Herder）以及格林兄弟被推崇為文學成就的高峰時，德國民間精神的在地產物也成為被頌揚的對象。本土的德語民間傳說和神話受到珍視的原因，一方面是因為其具備內在固有的價值，一方面也因為它們承載了一個遲至一八七〇年才結束政治分裂的

人們的民族主義希望。因此一個神話主題也許可以是個人幻想的靈感來源，民族主義希望的象徵，做為強調亞利安民族的優越性之最新種族主義理論的粉飾藉口，或是新興學術場域之學術事業的材料，這些場域包括考證學（philology）、神話研究，或研究隨時代演進之民族性格，亦即當時稱為民族心理學（Völkerpsychologie）的一門學問。神話學研究是一門高級智性可以和最深層情感和諧並存的領域。在這個領域中，新的學術貢獻可以對受過教育的一般大眾產生立即而廣泛的影響。

　　李克林的書造成一窩蜂的熱潮。卡爾・亞伯拉罕認為他看見了一條更好的路，並設法在隔年出版了自己的《夢與神話》（*Dreams and Myth*）一書，編入佛洛伊德論文叢書的第四卷（第三卷是榮格向外行人介紹精神病學新方向的演說，《精神病的內容》〔*The Content of the Psychoses*〕）。蘭克立刻以編入叢書第五卷的《英雄誕生的神話》（*The Myth of the Birth of the Hero*）加入戰局；比賽開始了，大家搶著成為頭一個針對神話發表決定性精神分析說法的人。方法論的警告被拋到九霄雲外——這個論題太重要了，不能等。

齊格菲情結

　　當然了，史碧爾埃從她還是病患，並在心理學實驗室進行工作治療時就認識了李克林，而且甚至很有可能，當他的研究仍在發展階段時，她就已經知道這篇論文的內容了。但她自己對於神話學的興趣並不在精神分析詮釋上。而是和那個時代環境下的許多年輕人一樣，她在神話和民間傳說中找到自己深層奮鬥的象徵。

　　正如我們在前兩章中所見，在一九〇七年一月以及七月，史碧爾埃成了榮格對自身情結進行各種反思的起因，也成了他想入非非的理由。但正確說來，我們到目前為止只聽過榮格這一方的說法而已。事實上，不管是榮格在一月對賓斯旺格的告白，或是他在七月寫給佛洛伊德的那封輕率的信，都不曾捕捉到史碧爾埃情感狀態的真實風貌，也不曾掌握到她在這段期間向他透露過的心事。因此，且讓我們由原路折回，從她

自己的回顧中，聽聽史碧爾埃這一方的說法吧。

一九〇六年十月，史碧爾埃和榮格進行了一連串的面談，他們回顧了她對父親和弟弟的童年回憶，以及她坐在自己腳跟上的記憶，而此後史碧爾埃的精神狀態就出現了決定性的變化。她將她的毆打情結暫時放在一邊，史碧爾埃開始憧憬精神病學家的職業生涯，這個身分可以讓她為別人做她認為榮格曾為她做過的事。榮格已經成為她的英雄和楷模了。她的「自我情結」正不斷透過這個治療性的情誼（therapeutic rapport）而加強，而在自信心增強同時，史碧爾埃的夢境也出現了變化。齊格菲出現了。

齊格菲（Siegfried）是條頓民族神話中的偉大人物，是英雄齊格蒙（Siegmund）和自己的姊姊齊格琳德（Sieglinde）生下的孩子，他手刃巨龍法弗納（Fafner），拯救了女武神布倫希爾德（Brünnhilde）。同時他也是各式各樣民間傳說中的主題，這些民間傳說數目多到一位學者很可能會問，史碧爾埃心中的齊格菲是哪一個「齊格菲」。幸運的是，史碧爾埃後來在一封信的草稿中說清楚這件事，這封信寫於一九〇九年晚春：

> 是華格納以這樣駭人清晰的形象，將這惡魔植入我的靈魂裡。我必須省略這些隱喻，因為您也許會嘲笑我的情緒過於誇大了。對我而言整個世界成了一段旋律：大地歌唱、樹歌唱，每棵樹上的每根嫩枝都在歌唱。

史碧爾埃長久以來都是音樂的愛好者，而華格納的歌劇曾是她的最愛。華格納在完成他著名的歌劇四部曲，即一八六九年於慕尼黑首演的《尼伯龍根的指環》（The Ring of the Nibelungs）時，曾根據自己的藝術目的而改編齊格菲傳說。在華格納版本的故事中，是先有了沃坦（Wotan）所生的雙胞胎兄妹齊格蒙和齊格琳德的亂倫結合。接著沃坦在他的妻子弗莉卡（Fricka）的教唆下，違背自己的意願讓齊格蒙被殺，但是齊格琳德卻在布倫希爾德的幫助下暫時逃過一劫，並得以生下他們的愛子齊

格菲。做為懲罰，布倫希爾德失去不死之身，並陷入了沉睡中，她的周遭由一圈火焰把守著，注定要成為第一個穿越火焰而來的男人的愛人。在邪惡的鐵匠米梅（Mime）的扶養下，齊格菲長成一個不知恐懼為何物的男人。他殺死了巨龍法弗納和背叛的米梅，之後救了布倫希爾德，兩人接著陷入愛河。然而，在最後一部歌劇中，他卻因為喝了魔藥而忘了布倫希爾德，並將她送去給龔特爾（Gunther）為妻，而自己則被邪惡的哈根（Hagen）殺害。所有故事都在具有豐富全面性及象徵意義的背景中上演，諸神、侏儒及巨人三種族類都同樣身陷網羅中，爭奪著能獲得至高權利的戒指，無法自拔。從一開始，每一個人類英雄的命運就已注定沉淪於這場全面鬥爭中。於是在最後，齊格菲之死以及布倫希爾德之怒（這場怒火使她最終決定犧牲自己，所以她可以和齊格菲在死亡中相聚），啟動了這部歌劇的最終章，「諸神的黃昏」（Götterdämmerung）中的全面性毀滅；在這場毀滅中，墮落的舊秩序徹底毀壞，新的時代展開了。華格納的作品是幅華麗、心理意涵繁複的織錦，與純真及英雄性格一同呈現的亂倫與背叛主題，使其成為一部引人入勝的作品。整部歌劇從頭到尾皆以複雜的方式，呈現責任與真實的激情、愛情與權力相抗衡的自相矛盾。

　　這部英雄史詩對史碧爾埃的影響似乎是，儘管齊格菲是個英雄，但他基本上也是個孤兒，是個純真無邪的人，他需要一個女人（布倫希爾德）給予最純粹且自我犧牲的保護，那是一個他拯救並愛上的女人，而這一切都在一種具有普遍意義的脈絡下進行著：有能力真正去愛的年輕一代成了那些受到偽善責任所束縛的眾神犧牲品。除了她在一九一〇年秋天保存的一本日記中偶然提到之外，關於史碧爾埃的「齊格菲情結」還有兩個主要消息來源：她在一九一七至一九一九年寫給榮格的信，以及一九〇九年五月和六月寫給某位相關第三者的信件草稿。（在那個時代，信件在寄出前都會按慣例先存留下副本。）按照年代順序，最後的記述是最接近真實事件發生之時，也最為清晰生動；不幸的是內容零碎不全。下面這段話可以為其代表：

於是齊格菲誕生了；他必須成為最偉大的天才，因為榮格醫師做為眾神後裔的形象在我眼前浮現，而從孩提時代起我就一直有個預感，我的命運不會是庸庸碌碌過一生。我覺得自己充滿能量，大自然直接向我說話，一首首歌曲、一個個童話故事，都在我裡面成形。

在史碧爾埃的想像中，有個偉大命運等待著她的感覺，與她必須做出一個同等偉大「犧牲」的想法密不可分。那時她廿一歲。

新的精神分析方法幾乎不要求分析這個急遽轉變的本質。但從醫學文獻中我們已充分瞭解到，伴隨著常見的青春期性慾高漲（尤其在有歇斯底里症的女性身上），很可能會出現自我意識高漲，宗教狂熱，及渴望自我犧牲的三合一心理。而為人所熟知的解決方法是，通常只需要讓患者將自我依附於一個合適的年輕男性，即可解決這些表面看來神祕的「症狀」了。擁有這個男性的孩子會是個重大的犧牲，這個男性自身會替代眾神的地位，而暫時氾濫的自我意志會（成熟地）讓出位置，取而代之的是一個瞭解自身價值的淑女，她將擁有平衡的態度，也能察覺到自己的魅力。

因此，我們並不知道，當潛意識的管弦樂團初次奏出華格納的齊格菲主題時，史碧爾埃允許自己天真到什麼地步，但她心裡似乎很清楚知道，榮格占據了這個情結的核心。當時她處於一個曖昧的地位，她同時是他的朋友，又是他的患者。不管是哪個身分，她都成功地讓她的新情結引起他的注意。和他公開發表過、無情摧毀患者幻想的策略相反的是，他對她十分溫柔：

當我第一次向榮格醫師坦承這個情結時，他以最溫柔的友誼來對待我，如果要您來說的話，像個父親一樣。他向我承認，他也一樣，有時必須考慮與我有關的事情（就是和我的密切關係與可能造成的後果），他說這樣的願望對他而言並不陌生，但這個世界剛好是這樣安排的……之類的。這次的談話讓我完全平靜下來，因為我的「驕傲」並未受損，而

想到他的大愛就讓我希望能夠保持他無瑕的「純潔」。

　　儘管無法準確知道史碧爾埃的「齊格菲情結」起始的日期，但上述事件很可能發生於一九〇六年底或一九〇七年初。也就是說，在這事件中榮格藉著告白自己有時也有同樣的想法，而讓這位年輕女性安心，並同時警告她關於「可能的後果」，而或許這件事就是讓榮格在一九〇七年一月賓斯旺格第一次進行實驗時所感覺到的威脅感。事後回想，榮格似乎瞭解到自己說的話不夠明智。無論如何，榮格一開始的策略似乎是要鼓勵史碧爾埃，讓她對齊格菲的那份愛情保持純淨無瑕；榮格仍遵循著他聲明過的原則，也就是治療的情誼應該是某種不只侷限於性吸引力的東西。

　　然而，史碧爾埃的「齊格菲情結」還附帶產生另一個重要的現象，也就是「預知夢」（prophetic dream）的能力。當然了，夢可以預告未來，是個自古以來常見的民間信念。佛洛伊德無疑會對這樣的說法微笑以對（他在《格拉底瓦》中明確質疑過夢的預知能力），但是從史碧爾埃看事情的角度，心理學的複雜洗練是敵不過屬於她個人特色的神祕主義。因為除了預知未來以外，她也能夠說出其他人隱藏的情結，尤其是榮格的。比方說，有一些她的「預知」夢預告了榮格擁有一個兒子的祕密願望會被揭露，這個願望他一直沒告訴過她，但卻確實向賓斯旺格透露過。

　　對現代讀者而言，史碧爾埃有天眼通的證據十分模擬兩可，但是她對此顯然深信不移。在這段時期，榮格曾經一度對她自己有天眼通的主張十分惱火，並挑戰她是否能破解他的日記；而她翻開的那一頁正是他敘述他的靈媒表妹晚上穿著白色長袍來到他房間的事。從此以後，榮格似乎就傾向多少相信這件事了。史碧爾埃在另一封一九〇九年的信件草稿中曾寫到：「無論他在我附近或是在遠處，我都可以讀出榮格在想什麼；他也同樣可以讀出我的心思。」榮格在學院時代時曾研究神祕學，其中令他感興趣的事物之一就是遠距離讀心術。簡言之，在史碧爾埃的

「齊格菲情結」的初期概念中,這似乎是個浪漫主義與理想主義的純真混合,根據會吸引榮格注意力的方式而量身訂作。但並不注定永遠都會是那個樣子。

情誼的性基礎

一九〇七年三月的維也納之行過後,榮格開始以新的嚴肅心態來研究他的患者的性情結。榮格處理史碧爾埃的「齊格菲情結」的方式也改變了。尤其是他開始用強烈的姿態將齊格菲詮釋為她希望為他生下的孩子;她也同樣奮力地抗拒這個責難。正如她在後來曾談到的:

> 若不是您的教誨,我就會像所有外行人一樣,相信我所夢想的就是齊格菲,因為我總是耽溺於英雄式幻想中,無論是有意識的,或是以「英雄式心態」的形式去表達。我現在多少是傾向於神祕主義,尤其我過去向來如此;我強烈地抗拒將齊格菲詮釋為一個真實的孩子,而且基於我的神祕主義傾向,我只會認為有個偉大的英雄式命運在等待著我,而我必須犧牲自己來創造出某件偉大事物。在那些夢裡,我父親或祖父祝福我並說:「我的孩子,有個偉大的命運正等著妳。」我還能怎麼詮釋這些夢境呢?

關於齊格菲真正意義的討論持續到一九〇七年春末,當時榮格正和其他人傳閱《格拉底瓦》(「女人們顯然是最瞭解您的。」),並祕密計畫逃離布爾霍爾茲利,以便好好品嚐從佛洛伊德的「樂園之樹」上摘下的果實。榮格和史碧爾埃兩人成了日益瘋狂的一對,史碧爾埃持續堅持她的神祕主義式命運,而榮格則沉浸於重新從性的角度來理解她真正的慾望。一九〇七年七月六日,榮格寫了一封狂熱的信給佛洛伊德,榮格內在的白日夢在那封信所敘述的事件中達到了高潮,其中包括史碧爾埃和他的祕密關係,她希望透過精神分析讓某個人自由,以及擁有他的孩子的願望,這一切在他的想像中都環繞著「小鳥」的意象和情色的「愛神」

圖像打轉。

　　史碧爾埃對那封信做了什麼貢獻則不得而知，但從其他文件中我們知道，她最常以象徵的形式夢見「齊格菲」，像是榮格給她的一根蠟燭，或是一本飛快成長的書，亦即那些「經過分析，只會得出『齊格菲』是個真實孩子的結論」的象徵。有時候，她自己也會偽裝成齊格菲的姿態出現（「在她的夢裡，她和我合而為一」），但是有時候，齊格菲又會被奧勒思（Aoles）──一個亞利安猶太吟遊詩人的形象所取代。

　　一九〇七年七月初時，這個情況的反諷之處在於，榮格將一個從史碧爾埃的眼光來說已經完全昇華的狀況給性慾化了。榮格的妻子不是唯一一個想要寫本「給紳士們的心理治療手冊」的人。

轉化日誌

　　在一九八二年卡羅德努特的文件出版之後，在日內瓦愛德華·克拉帕黑德家族檔案室中，發現了第二個裝有史碧爾埃個人文件及專業論文的盒子。這一批文件中包括一篇由史碧爾埃以德文手書的文件，長約一廿頁。除了一貫地以另一個人──榮格為發話對象，以及在某處明確地稱這是一封「信」，並要求榮格歸還這封信以便她留作參考之外，這份文件看起來就像某一類日記。以下為摘自卡羅德努特文件的段落中所提及的信件全部或部分內容：

　　他是可以對我說這種事的人，對我這個始終如此驕傲，常在信中抗議自己所遭受的每個無禮對待（有封信甚至長達四十頁），這個只能被迫以病患身分坦承我對他的愛，並且曾經警告過他無數次，唯恐太過徹底的分析會讓怪獸跑進來，因為我所意識到的慾望太過強大，並且要求得到滿足。

　　這份文件分成三部分。內部證據顯示，第三部分直到一九〇八年春天才完成，而前面的兩部分則似乎是在一九〇七年她在暑假期間寫下。

也就是說，我們在前兩部分所處理的是史碧爾埃在一九○七年暑假時期的想法，當時榮格正在準備他的阿姆斯特丹演講。這是份相當重要的文件。

這份文件有個戲劇性的開場白。在標題為「兩個說話者」的警語式引言中，史碧爾埃以較接下來所有文句都更為優雅精鍊的散文體告知讀者，這本日記是內在的心理對話，是她以最近與榮格的談話為主所做的內在省思。第一部以令人印象深刻的標題，「轉化理論及其必然結果」（The Theory of Transformation and Its Corollaries）起首。內容包括了史碧爾埃對於榮格最近強加入她治療的觀點的回應。在她的赫爾巴特式（Herbartian，譯注：此各詞由來為赫爾巴特〔Herbart〕德國十九世紀哲學家，為「教育科學」的奠基者）觀點中，所有的精神生活都受到兩個基本的傾向所支配：情結的持續力量以及轉化的本能。轉化的本能雖包含性本能，但並不等同於性本能，它藉著將新的意義吸引過來而轉化情結。在這本日記裡最困難的段落中，史碧爾埃試圖使轉化的本能與「物種存續的本能」產生關聯。她是賈內、布魯勒以及被普遍認可的醫學智慧的混合體。在她看來，每一個情結都力圖實現自身，力圖能夠獨立自主。人們自然而然會在其他人身上尋找相同的情結，因為這會將這個情結客體化，並因而得以掌控情結的感覺。然而，共通的情結也會在這兩個人之間產生一種共鳴感，且因為相同的情結必然會帶來一種隱含的相似感，因此又能夠產生性吸引力。她明確地表示，這一類非預期的性吸引力可能會出現在醫生與病人之間。

然而，關於性本身，史碧爾埃則有進一步的觀察，甚至可說是一種堪稱叔本華式的觀察：由於性運作於物種層次，並且僅僅依靠種族的相似性或同一性，因此和愛不同，性最終會與分化的個體敵對。由於這個原因，性讓人感覺像是某種「窮凶惡極」、「毀滅性」的事物。也因此，性往往伴隨著來自自身的抵抗，因為個體尋求保存那些他透過分化方式而取得的成就。甚至在還不知道性的感覺將帶來什麼後果的孩童身上，也能夠見到這些抵抗。儘管如此，人們可以分辨這種窮凶惡極或毀滅性

的性，和為了某個理想而做出偉大犧牲的願望之間的區別，後者在年輕人身上十分常見（史碧爾埃與被認可的醫學智慧在這裡產生了爭論），因為其也導致了轉化本能的出現。再者，即便在交配行為中，部分的性本能仍然必須被壓抑，受到那些在親密關係中被轉化的情結片段所牽制；除此之外，她也宣稱性行為會退化為謀殺及殉難。可以肯定的是，在這裡我們又見到了她個人關心的主題（毆打幻想及被虐快感），但從史碧爾埃的文字中幾乎感受不到這一點的存在。

第二部分繼續進行同一主題討論，史碧爾埃充滿活力的德文愈發強勢起來。透過移情共感（以及伴隨而來的性吸引力）而解除的情結，不過是通往轉化本能的大道之一。「藝術」和「科學」則是其他的路徑，這兩種方式都能將情結客體化；尤其藝術容許情結「極致地表現自我」。然而史碧爾埃堅持，藝術和親密關係間共同的分母是轉化本能，目的是為了是將情結改頭換面，而性本身並非是改變情結的要素。因此，舉例來說，她說她不再以理想的方式愛著榮格，而「這個狀態比死更糟」。她對於讓他瞭解自己的想法感到絕望：「對於您我必須採取一個極端的態度，由於您熱中於您的新理論，您不會承認非性的轉化有存在的可能。」

下面這段文字為第二部分的結論，可以清楚看到這一段結論是針對最近在他們的療程中出現的爭執：

好好瞭解我；著手治療歇斯底里症時，必須考慮兩件不同的事情：

第一，自我的性心理構成要素……會以自我轉化的方式進行（這可能藉由藝術或是透過簡單的反應〔應為發洩〕達成，隨你怎麼說）；這個構成要素會像跑不動的留聲機唱片漸漸減弱。此外，由於感覺已被滿足，精神也就不會因抵抗而變得筋疲力竭。

第二，多半的情況是，並不需要盡可能避免刺激性心理構成要素……。過分關注〔性的〕情結，以新的表徵來餵養它，這樣做很危險；一個藝術家可以就這樣過活——不過即便是他，也有超出能力範圍的極限……。

我擔憂的是隨著研究中斷，我的家庭又會讓我完全退回到那個情結裡。我再次陷入了無邊的孤寂之中。我能全身而退嗎？

當時她的父母正建議史碧爾埃休學一陣子。她自己則產生了賈內和夏爾科在她之前曾有過的相同洞見，深知如果她要再次復原，就必須從家庭裡走出來。

宗教性迷戀

從史碧爾埃「轉化日誌」的觀點，榮格在阿姆斯特丹大會上的失常表現有了新的意義。當時這名重要患者正在公開反抗治療。而且她運用的還是最好的當代理論中的精密心理學原理。實際上，她的立場簡直就是榮格自己不到一年前抱持的立場。然而，史碧爾埃最終還是在秋季學期回到蘇黎世，並且繼續讓榮格看診。至於榮格這方面，在持續與佛洛伊德通信的同時，他也正審慎思考著各種自己的組織計畫。

由歷史的後見之明來看，在這個特殊時期，人們最能夠代替史碧爾埃發言的是，她提供了榮格實現新詮釋風格的機會，不過她絕非唯一一個提供這機會的人。她並不是榮格新詮釋風格的原因。史碧爾埃與其他女性門診患者的不同之處在於，她具有理解榮格想法的直覺能力，而且擁有能用理論的措詞來表達她的「反抗」的智慧。就這方面來說，在榮格持續探索這個新詮釋風格的領域時，她完全符合了榮格的需要。但榮格對她的個案另眼相待，而且似乎十分樂在其中，原因乃是取決於他與佛洛伊德的新友誼，以及這段友誼與他持續進行的自我探索具有關聯性，正如這位年輕女性的獨特特質也和他的自我探索互有關聯。更確切地說，從榮格寄給維也納的信裡，我們首次看到榮格精神分析式轉化的第二自我出現了。

一九〇七年九月十一日，在阿姆斯特丹演講後寄出的第二封信中，榮格表達了他「長期懷抱但始終壓抑住的願望」——擁有一張佛洛伊德的照片。在一九〇七年九月廿五日的下一封信中，榮格表達了他對愛汀根

的矛盾心理，後者成功地利用九個月前那次不幸的拜訪，獲得和佛洛伊德在夏季同遊佛羅倫斯和羅馬的機會；榮格稱他是個「癆氣的氣囊」，但再三考慮後又必須承認，他忌妒這個俄國僑民能「縱情發洩一夫多妻的本能」。在同一封信中，榮格也提到奧圖・葛洛斯，他是克雷貝林診所的助理，犯罪學家漢斯・葛洛斯之子，也許也是在阿姆斯特丹大會上唯一表現良好的佛洛伊德支持者。葛洛斯的觀點十分與眾不同。他的觀點和史碧爾埃相似，他似乎認為一旦進入意識中，性的慾望就會要求得到表達；但和史碧爾埃不同的是，他並不認為這是件壞事。榮格並不同意這個觀點：

　　葛洛斯醫師告訴我，他將人們變成性放蕩者，移情作用很快就中止了。他說對分析師的移情作用及其持久固著不過是一夫一妻制的象徵，本身就是壓抑的一種症狀。神經症患者的真正健康狀態是性的放蕩。因此他將您與尼采聯繫在一起。然而對我來說，性壓抑似乎是極其重要而不可或缺的文明因素，即使對劣等人來說這也是致病的因素……。我覺得葛洛斯太過追捧這股把性當作捷徑的潮流了，這種方法既不明智，也沒有品味，好處只是方便而已，所以絕不會是文明要素。

　　榮格的信也報告了關於蘇黎世新成立的「佛洛伊德派醫師學會」（Freudian Society of Physicians）的聚會情形。恩內斯特・鍾斯，從阿姆斯特丹跟著榮格回到布爾霍爾茲利的一位英國神經學家，參與了第二次的聚會。在這次聚會上，布魯勒以一首針對佛洛伊德評論者的「極為荒唐的打油詩」開了第一砲，令蘇黎世大學神經學教授康士坦汀・馮・莫納科夫（Constantin von Monakow）僵在座位上束手無策。鍾斯後來取笑莫納科夫：「要是他那些可敬的同僚們知道這事〔他的出席〕的話，他們會說他也爬上波洛肯峰（Brocken）去參加群巫大會了。」
　　榮格也繼續向佛洛伊德報告他的病患。他在一九○七年十月十日的信中，要求佛洛伊德對其中一位患者給予督導意見：

　　我想要就另一件事請教您睿智的建議。一位因執念性神經疾病接受治療的女士把我當成她性幻想的對象，她承認這事已經過度並造成她的痛苦了。她知道我在她的幻想中扮演的角色是病態的，因此希望遠離我並壓抑這些幻想。我該做什麼？我該繼續治療嗎？她承認這帶給她肉慾的快感。還是我該不再治療她？這一切對您而言一定令人厭煩地熟悉；對於這類個案您會怎麼做？

　　遺憾的是，佛洛伊德的回覆並未保留下來。這個個案也許是史碧爾埃，也許不是。史碧爾埃已經回去醫學院復學，但關於她和榮格在一九○七年秋天的關係，我們唯一可以肯定推論的是，她仍然和榮格進行談話——且不收費。也就是說，下面這則來自她後來的信件草稿的軼聞，其中意味深長地談到佛洛伊德的外貌，可以確定能追溯到這個時期：

　　有一段很長的時間，我們的靈魂十分類似：比方說，我們從沒討論過華格納，然後有一天我偶然提到他，並說華格納與之前的作曲家不同的地方是他的音樂極具有心理性：當某個富有感情的音符奏出時，和它相稱的旋律就出現了，當這個動人音符首先在深處微弱而低沉地響起時，適合音符的情勢也正好醞釀成形，所以同樣地，在華格納的音樂中，當一個旋律第一次出現在其他旋律中時，你幾乎無法辨認出來，接著這段旋律清楚浮現了，卻旋即加入後來出現的旋律，並與其融合為一，等等。華格納的音樂是「可塑性極高的音樂」（plastic music）。我說，我最喜歡的作品是《萊茵河的黃金》（Das Rheingold）。榮格醫師的眼睛裡充滿了淚水，「我拿給妳看，我才剛寫下一模一樣的心得。」現在他告訴我，當他們以這種方式分享同樣的思考模式時，佛洛伊德如何讓他有時感動得要掉淚。他發現……〔佛洛伊德的〕臉十分討人喜歡，尤其在耳朵周圍，等等。他〔榮格〕也是一直都最喜歡《萊茵河的黃金》。

　　十月底時，榮格寄給維也納的信中甚至透露了更多事情。佛洛伊德

曾經抱怨榮格太慢回信。榮格以工作負擔為辯解，但也提及了他的「自我保存情結」：

　　其實（我是在一番掙扎之下向您坦承這點），我極為欽佩您的為人及身為研究者的表現，我並未意識到任何對您的妒忌。所以這個自我保存情結並不是來自妒忌；反而是我對您的崇敬有種「宗教性」迷戀的特質。雖然並不真的困擾我，但由於它那無法否認的情慾潛在意涵，我還是覺得它十分可憎且荒謬。這種厭惡感來自於我曾在少年時代遭到一位我十分崇拜的人性侵害。

　　根據在案的記錄，這場「侵害」發生在榮格的青春期，當時他已經長得十分高大了；所以這件事是以誘惑方式造成的成分居多。在他的信中，榮格繼續說到他同事的移情反應現在突然令他感到「徹底的厭惡」，並指明布魯勒尤其濫用移情反應。在寫於一九〇七年十一月二日的下一封信中，他陳述他因為「一位接受分析的患者所表達的憤怒」而感到十分痛苦，並繼續說到他在維也納時曾做過的一個夢，在夢裡佛洛伊德是個十分虛弱的老人。榮格接著將這個夢分析為對「您的＋＋＋危險性！」的防禦；這些用來避開魔鬼的十字是從佛洛伊德之前的一封信裡借來的，然後他又回到對於顏森（《格拉底瓦》的作者）的討論，透過這個話題他強調了「手足之愛的主題」。接下來他宣布他被選入美國心靈研究學會（American Society for Psychical Research）的消息，並坦承他再次涉足「鬼界」（spookery）：「您的發現在這裡也得到了出色的證實。」

　　簡言之，榮格仍然時而享受著性理論所帶來的新洞察力，又時而與之搏鬥，他把佛洛伊德當成是個可以推心置腹的知己。

偏執狂公式
　　卡爾·亞伯拉罕在一九〇七年十一月離職，布瑞爾幸運地得到了他離職後空缺的布爾霍爾茲利助理一職。在第一次的教學討論會上，布瑞

爾十分驚訝出席的醫師們對一名更年期女性古怪症狀的迅速處置，她用紅酒染污了她的床單，這個行為立即被詮釋為盼望她的月經能回來的願望。這種對心理學的強調及談及性時的開放態度，都讓布瑞爾留下深刻印象。他也對於整體環境深感訝異，並接著寫下這段我們所看過的最生動敘述，描繪出這個機構的昔日生活樣貌：

在這醫院裡，佛洛伊德的影響力無所不在。我們用餐時的談話三句不離「情結」這詞，它的特殊意義便是在那時被創造出來的。凡是說溜嘴的人立刻會被要求透過自由聯想來解釋這行為。也不管女性在場（醫師的妻子或女性自願實習生）可能會拘束了自由聯想經常造成的坦白直率。女性就像她們的丈夫一樣，熱中於發現隱藏的心理機制。還有一個每月聚會一次的心理分析活動（Psychoanalytic Circle）。有些來參加的人完全不同意我們的觀點；不過儘管榮格偶爾表現出衝動的偏狹態度，但這些會議頗有成效，並成功地將佛洛伊德的理論傳播出去。

就像其他人一樣，布瑞爾也對榮格的「熱忱與才華」留下深刻印象。榮格是頭霸道的獅子：

在當時榮格是最忠誠的佛洛伊德派學者……他不容許人們對佛洛伊德的觀點有不同意見；既熱血又聰穎，他拒絕看見另一面向。對於膽敢對這個當時無疑是新穎而革命性的理論提出質疑的人，都會引燃他的怒火。

令人不安的矛盾是，榮格越是用力為佛洛伊德教訓那些布爾霍爾茲利的頑固人士，他從佛洛伊德那裡得到的私人安慰就越少。從現存的佛洛伊德與榮格一九〇七年最後兩個月的通信中，語調出現了明顯的轉變。一九〇七年十一月八日，在坦承他對佛洛伊德的「宗教性迷戀」後的下一封信中，他邀請佛洛伊德在聖誕節時前來拜訪，同時向佛洛伊德

保證他已經恢復鎮靜了：「我之前的宗教狂熱偷偷地在您身上找到了補償的因子，而只有透過告訴您這件事，我才終於能夠和這情結達成妥協。」對此，佛洛伊德在一九〇七年十一月十五日回信：「您所談到的您的內心進展聽起來令人心安，我認為以宗教為基礎的移情作用是最具災難性；結果只會是帶來叛教而已……」雖然此時的榮格仍嘗試證明他的價值，他寫到他正在遊說桑朵・費倫奇（Sándor Ferenczi）、李歐博・史坦恩斯以及登門拜訪的鍾斯舉行一場「佛洛伊德追隨者大會」。我們並不清楚是誰先提出這個主意，不過籌備大會的責任顯然落到了榮格身上，他開始徵求論文。榮格也和克拉帕黑德、墨頓・普林斯祕密協商創辦一本精神分析刊物，要不是和普林斯滿一週年的《變態心理學期刊》（*Journal of Abnormal Psychology*）聯合出版，要不就是併刊。佛洛伊德適當地注意著榮格的「宏大計畫」，但最後他沒有到蘇黎世過聖誕節，更糟的是，他的賀節訊息與卡爾・亞伯拉罕剛到維也納訪問他的不幸消息一起到來。榮格的心寒並未持續很久。在一九〇八年一月廿五日的信裡，他恢復了敞露的愛慕之情：

　　我有個罪過要向您告解：我把您的相片放大，看起來棒極了。幾個您的追隨者已經索取了副本。所以，不管喜不喜歡，您已經走入許多寧靜的書房中！

　　如果榮格有意維持他跟佛洛伊德私人情誼的獨占性，他也可能發動這一波的歷史浪潮。二月二日，佛洛伊德多了兩個可以向榮格報告的訪客：桑朵・費倫奇和李歐博・史坦恩斯，布爾霍爾茲利的匈牙利代表。
　　一九〇八年二月的頭兩個禮拜，榮格默不吭聲。在二月十五日的信裡他對此道了歉，理由是感冒，但又神祕兮兮地寫道：「一個與我家庭有關的情結正折騰著我。」這封信的其餘內容全是公事：尤其重要的是期刊的計畫進行得並不順利。現在換佛洛伊德變得殷勤起來。在二月十七日的信裡，他直接稱呼榮格為「親愛的朋友」。在德文裡，信頭和信尾的

稱呼語都有詳盡的禮儀規範，因此基本上這些語言是無法翻譯的。稱呼格式從「親愛的朋友兼同事」變成「親愛的朋友」（佛洛伊德也在信的正文中再次使用這個稱呼）是親密關係更上一層樓的序曲；這一點是不可能弄錯的。但是在這同時，佛洛伊德也發出一個十分獨特的訊息。榮格將參加於薩爾斯堡舉行的佛洛伊德心理學大會（Congress for Freudian Psychology），在討論完他的準備工作後，佛洛伊德放心地寫下以下的理論性評論：

　　我終於成為科學的一份子。我在執業中接觸過幾個偏執狂的個案，我可以告訴您一個祕密……我定期會遇到原慾從同性戀成分脫離的情況，而這些要素原本一直得到常態而適度的挹注……。我以前的朋友弗里斯在拋棄對我的感情之後就成了可怕的偏執狂，他對我的感情無疑是相當有份量。我有這個想法都要歸功於他，我的意思是歸功於他的行為。人們必須從每個經驗中學到教訓……。總而言之，我有許多萌芽中、尚未成形的概念要告訴你。我們在薩爾斯堡不能完全不被打擾真是太糟了。

　　這個評論真是大錯特錯。首先，雖然榮格無法預料事情將會如何進展，但佛洛伊德宣布他有意撰寫關於偏執狂的理論，因此等於跨入了至今一直屬於榮格和布魯勒的地盤，即神經疾病的領域。由於提出「知識共產主義」的政策，佛洛伊德已經在一年前和榮格分享了他對這個主題的一些想法。但是在榮格用把事情搞得一團糟的方式來婉轉表達他的不同意後，佛洛伊德就不再提起這個主題了。現在佛洛伊德又重新找回了衝勁。再者，這個評論將偏執狂和分裂的同性戀成分等同起來，無論佛洛伊德是否有意這麼做，這說法都是重重踩上了榮格的「宗教性迷戀」的痛腳。這些話出現在以「親愛的朋友」這樣的稱呼開頭的同一封信中，可能會讓榮格感到困惑，尤其當榮格事實上是有某種偏執狂傾向時更是如此。我們也應該注意到，佛洛伊德提起弗里斯的事情，以及以理

論化方式向現在的朋友談及從前的朋友，這種舉動的確極其怪異。佛洛伊德在這裡所想到的是，弗里斯深信，一九〇〇年在阿亨湖，當他們倒數第二次見面時，佛洛伊德曾經想殺了他。可以肯定的是，佛洛伊德論夢的那本書，弗里斯在那次見面的前幾個月已經讀過其手稿，曾明確提到弗里斯應該死掉（好讓佛洛伊德獨占雙性傾向理論）的願望。在阿亨湖會面的緊張氣氛中，弗里斯這位實際身量相當矮小的男人顯然覺得，佛洛伊德邀請他去攀登一條危險的山徑根本是不懷好意。人們並不清楚榮格對這個故事知道多少，但他肯定明白自己正試著取代弗里斯，成為佛洛伊德特別的朋友。

榮格找到了一個親切有禮的方式來回覆這個複雜的訊息：

我衷心感激這個代表您信任的標誌〔也就是這個稱呼方式〕。您的友誼是我配不上的一份大禮，這是我人生的高潮之一，任何華美詞藻都不足以表達我的喜悅。您提起弗里斯（當然不是偶然）以及您和他的情誼，驅使我向您提出一個請求，讓我在父與子的關係中享受您的友誼，而不是以平等的身分。這對我而言是個適當而自然的距離。而且，在我看來，這個方法既避免了誤解，也讓兩個頑固的男人能夠在輕鬆自然的關係中共存。

現在換佛洛伊德感到困惑了。就他所知，榮格和他父親的關係十分糟糕。在為賓斯旺格做實驗並說明自己的聯想時，榮格只談到他父親的去世，但隻字未提兩人間深厚的父子之情（事實上也沒有什麼父子之情）。話雖這麼說，但傷害已經造成。此後，情感的告白，不管是父子間的或其他的，不曾出現在兩人接下來六個月的通信裡。

他們反而在費盡心機謀取曾經屬於蘇黎世學派特殊領域的地位之際，開始交換「偏執狂公式」。可以肯定的是，這兩人只在同意並附和對方意見的時候才迫切提出自己的觀點，從這一點可以看出他們耍的手段有惺惺作態的一面。榮格立刻就開始行動。在同一封信中，才說完他已經能

夠「多次地」「證實」佛洛伊德的觀點，他就馬上提出區別偏執狂與歇斯底里症的特殊心理學原理，「原慾」在後者中只是個次要因素。然而，如果榮格有理由認為，雙方都會對他「親愛的朋友」那封信的回信感到滿意，那麼他也有理由比以前更感到寂寞。因此，在寄出他的信之後，他就前往耶那去拜訪年輕的賓斯旺格以及他那位大人物奧圖叔叔。為了提醒佛洛伊德他也是有人脈的，他找到時間從耶那寄了一張明信片，由他和年輕的賓斯旺格以「榮格與小榮格」（Jung and Jünger〔意為「年輕的與更年輕的」，或者另一種說法，「榮格與門徒」〕）的方式署名。

佛洛伊德親切有禮又小心翼翼地回了信：「您確實是唯一有能力做出原創性貢獻的人；或許 O〔奧圖〕‧葛洛斯除外，不幸的是他的健康情形十分不佳。」但佛洛伊德也知道卡爾‧亞伯拉罕已經決定在兩個月後的薩爾斯堡大會中發表演說，談的是歇斯底里症與早發性癡呆之間的性心理差異。亞伯拉罕，第三位也是地位最高的「追隨者」，已經接受了佛洛伊德的論點，即早發性癡呆可以從「自體性慾」（auto-eroticism）的觀點加以詮釋。佛洛伊德將亞伯拉罕計畫發表演說的事留到下一封信才透露。榮格在一九〇八年三月十一日才知道這件事：「惡魔肯定得用我同事亞伯拉罕的演講才能撂倒我；我聽得見您竊笑的聲音。」其他與這場大會有關的事情也需要討論。榮格希望佛洛伊德能就他的個案之一發表演說，並安排旅館住宿。佛洛伊德則希望榮格能說服布魯勒擔任會議的主席（榮格甚至連問都沒問過他），也想在所有人碰面之前看看榮格的阿姆斯特丹演說內容，以及他最近與布魯勒聯合發表的一篇論早發性癡呆之病原學的論文。佛洛伊德想要看論文的願望實現了，但兩篇論文都令他失望，他也讓榮格知道他的想法。一九〇八年四月十八日，距離大會僅一個禮拜前，榮格終於絕望了，他寫道：

　　您的最後一封來信令我心煩。我在字裡行間讀出許多言外之意。我毫不懷疑如果能夠和您親自談談，我們就會達到一個基本的理解。寫信實在難以取代談話。

榮格已經逐漸發現，遠距離的友誼不必然是那麼友善。榮格希望能享受與佛洛伊德的獨占性親密關係，但他的希望從一開始就是注定要落空。其他的醫師，包括其他布爾霍爾茲利的醫師們總會踏上自己的維也納朝聖之旅，這是無可避免的；同樣無可避免的是，至少有一些朝聖者也會成為佛洛伊德的朋友。以費倫奇為例，他一開始只覺得佛洛伊德的觀點實在令人作嘔，但也逐漸從這些理論中看出一些好處。然而當他在一九〇八年二月親自和佛洛伊德會面之後，他發現他是個吸引人的人物，並迅速對他產生了同樣的宗教性迷戀，從此之後發展一段友誼，直至生命終了。這一切榮格都只能接受。但榮格也逐漸發現了另一件事，一件不那麼困窘的事，那就是一個人在佛洛伊德心目中的地位，是依據他同意佛洛伊德理論的程度而有可能或升或降。榮格已經能夠相當自如地應付這種壓力，只要這種壓力保持在私人對話的範圍內。然而現在，那個對話插進了第三者的其他對話。

對榮格而言最不安的莫過於精神分析已經開始取得了政治的重要性。「佛洛伊德心理學大會」即將在四月廿七日於薩爾斯堡舉行，這對榮格而言是再一次在這個賽場上取得優勢的好機會。

有期限的分析

如果榮格與佛洛伊德的關係開始變緊繃，那麼他和史碧爾埃的關係就是完全崩解了。榮格和她維持一週一次的會談，在這些會談中他如虐待狂般堅持治療的準確性，在探究她「齊格菲」之夢意義的同時，堅定地拒絕討論他自己的任何感覺。她的羞辱感因此增加了。這難以忍受的情況現在已經來到危機的引爆點：他們共同決定，取消任何進一步的「精神分析」。但她的感覺卻幾乎沒有減少。為了尋找一個私密的發洩空間，自從去年夏天以來，她第一次重新提筆寫起她的「轉化日誌」，並完成了這份文件的第三，也是最後的部分。寫於一九〇八年春初的第三部分爆發出怒火四射的反控，以及激情的告白。一開始是這麼寫的：

不要憑著一股衝動就行事——我的原則合理周全。我此刻肯定是累了，但我認為我內心平靜。昨天的談話對我而言似乎就像個不斷壓迫我的惡夢。是的！該是行動的時候了！我必須以行動來維護我的驕傲嗎？我得表現得像個正直、受到冒犯的女人嗎？那會像是在對我自己，也在對您說謊！啊！但願我可以別這麼拿不定主意！無論如何，聽到您對我這麼說，感覺真是糟透了。同時，您必須注意到我的「潛意識」一點也不想要您的潛意識所拒絕的事物。按照事態的發展看來，我能夠（或者必須）坦白，但您不能。而我對這坦白的濫用則是我持續受到責備的原因，但我還能有別的辦法嗎？情況的複雜性使我採取了不自然的男性角色，而您則扮演了女性角色。我絕不把說出口的話當成定案；我瞭解您必須抵抗，但我也明白您的抵抗使我更激動。我也很清楚如果一切都得看我的表現，那麼我會拚命抵抗……。您呀！但願您知道您對我有多麼珍貴，根本不需要想到那個孩子。想要擁有一個您的孩子不過是至少以一種微小形式占有您的願望而已，難道不是嗎……。是的，真希望能有個情感的聯繫將你我連結起來！但您卻想要抑制任何與我有關的強烈感覺。結果，您不過是圓滑老練，而且是個說謊者而已。

史碧爾埃繼續她的反控，她說榮格所採取的姿態造成他自己的潛意識必須迂迴前進。他讓她閱讀賓斯旺格的論文（或許是拿來矯正最近發表的阿姆斯特丹演說），實際上他是藉著這麼做承認了自己的慾望，就是他想和她生個兒子。而在他們前一天的談話中，他只有提起他的靈媒表妹時才打破沈默，好像那個故事應該為她上了道德課似的。他期盼她相信他試著讓其他人相信的事嗎？他竟敢說「S. W.」的潛意識多麼細膩複雜；事實是，他說的是他自己潛意識——那女孩代表的是他，而不是她自己。她嘲笑他，然後提到他在賓斯旺格實驗中的告白：這就是他跨過火焰營救布倫希爾德的辦法嗎？她坦承她想念他們過去的友誼：

在您能和我談論最抽象的話題之前，您會在實驗室裡給我看不同的

東西，您會邀請我到您的住處，給我看畫或是古書；現在凡是和性情結沒有密切關聯的事情，您都稱為「空談」。

她同意他的看法，認為進一步治療是不可能了：

我不覺得可以輕鬆地和您用這種方式談話，而且要做什麼呢？我不可能讓您在我面前羞辱我，又讓您捍衛您自己的觀點。對我來說，這遠比我必須為您死來獲得平靜要可怕多了。我該做什麼呢？我完全同意您的看法，我們絕不該一起討論潛意識。

從這裡開始，史碧爾埃繼續說到自己的內疚，但是她也用幾乎同樣多的篇幅抱怨榮格的妻子從她那裡借走榮格，就像她從榮格的妻子那裡借走榮格一樣。這篇日記的結尾在思考孩子的事情：

……我們要不是決定別碰這樣的話題，要不就是如果我們確實決定要碰，那麼我的反應就必須依照您的評論所要求的一樣。我的願望無法在一次談話後就自然地出現改變，因為過久的有意識反思必然會產生影響。但我也從來不曾很有系統地將我的願望陳述為「我想要跟您生個男孩」，因為那就表示「我同意和您永遠斷絕關係」。而且只有當我覺得自己深深受到您的冒犯，感到孤立無援的時刻，我才可能出現那種想法；然後想擁有您的孩子的渴望就會完全占上風。但是除此以外，我無法這麼做，這就是我為何極力抵抗這個情結的原因了。只要一想到我們的關係無法像一段無私的友誼一樣美好，我常恐懼得無法自己。但是同時，我絕不會擁有您的孩子的事實，有時候似乎令人厭惡。當我必須明確向您告別的時刻來臨時……我不知道……

從一九〇九年六月的信件草稿中，我們得知在一九〇八年四月底時，史碧爾埃的精神大大振作起來。不管原因為何，她再一次沉浸於

「齊格菲情結」的喜悅中，並因為自己不僅預知了考試日期，還預知了考試內容而高興極了。

此時，榮格正在薩爾斯堡參加等待已久的「佛洛伊德心理學大會」。在這之後，他前往慕尼黑會晤正在為他於屈斯納赫特蓋新房子的建築師，他從蘇黎世坐渡輪出發。蓋這幢美輪美奐的寓所的錢是出自他妻子的嫁妝，雖然依照佛瑞爾抱怨過的法律辦理，那些錢大部分仍由榮格做主。

四月底時確定了一件事。艾瑪・榮格再度懷孕了──她懷了法蘭茲・榮格（Franz Jung），這個家裡頭一個出生的男孩。

佛洛伊德心理學大會

歷史上人們後來把這個場合稱為「第一次國際精神分析大會」（First International Congress for Psychoanalysis）。這場大會在一九〇八年四月廿七日於薩爾斯堡的布里斯托旅館（Hotel Bristol）舉行。有四十二個人出席。榮格、布魯勒、李克林以及愛汀根從蘇黎世前往參加。日內瓦的愛德華・克拉帕黑德是唯一一位來自瑞士法語區的參加者。布瑞爾以唯一美國代表的身分獨立扛起美國的榮譽。英國來的恩內斯特・鍾斯帶了他的朋友，著名的外科醫師威佛芮・綽特（Wilfred Trotter）。卡爾・亞伯拉罕是唯一從柏林前來參加的人。維也納來了一大批人，一共廿一位。史坦恩斯和費倫奇則是匈牙利代表。羅文斐德從慕尼黑前來，奧圖・葛洛斯也是。參加者中有兩位女性，蘇黎世的蘇菲・埃里士曼醫師（Frau Dr. Sophie Erismann），她本身是位醫師，嫁給一位著名的內科醫師；以及奧圖・葛洛斯的妻子芙莉達（Frieda），她是去那兒監視她丈夫。

對卡爾・榮格來說，這不是個高水準的場合。首先，他利用他下午的講演發表他那個相當瘋狂的早發性癡呆的毒素理論。某種形式的內源性毒素（可假定為不完善的新陳代謝造成的結果）是這種疾病之病因的想法被廣為接受，克雷貝林甚至假定這種尚未被辨識出來的毒素可能與性的過程有關。榮格與盛行的精神病學共識的分歧，乃是以他自己對

於情結的研究為根據。明確地說，他提出這種假定的毒素是由某個極為嚴重的情結的活動產生。這等於是說某些想法，或者至少是某些感覺，在新陳代謝上具有危險性。讓我們公允地評價榮格的觀點，應該指出的是，任何神經疾病的心身性理論或早或晚都必須跳躍過心理與身體間的巨大分歧。然而，薩爾斯堡的聽眾並不願意做這種特殊的跳躍。

同時，卡爾·亞伯拉罕在他的講演「歇斯底里與早發性癡呆間的性心理差異」中提出的理論，正是佛洛伊德一直試著說服這兩人接受的理論，即自體性慾理論。榮格和布魯勒已經以一般性的方式陳述了布瑞爾最近在布爾霍爾茲利的教學討論會上學到的事情，亦即那個把紅酒潑在床單上的女人的案例；也就是說，性情結可能是特定症狀的決定因素。在這裡，自體性慾理論更進一步假定，原慾的某種特定功能改變，其向內轉向自身，是造成早發性癡呆必要且充足的原因，也是所有驚人的意識改變及隨之而來的最終智能衰退的原因。這確實是個大膽的宣稱，而且榮格並未提出任何檢驗該理論的經驗性方法。事實上，正如神話學的情形一樣，它訴諸的是這個觀念的基本合理性。

就某種意義而言，這裡所上演的情形並非科學史上前所未見，也就是在某個領域裡，能夠在概念上產生豐富成果的一組假設，迅速地被運用到其他領域，以便看看這些假設能夠產生出什麼來。但是，從另一個意義來看，在這個將被證實為有問題的領域裡，事情出現了微妙的變化。在邏輯上以及科學上，讓佛洛伊德的努力最終能成為有效的基礎是，他認為可以證明創傷的復原，或者是恢復壓抑的性願望，先是導致症狀排除，最終則是排除神經疾病本身。但是在薩爾斯堡時，沒有人認為就早發性癡呆（即我們所謂的「精神分裂症」）而言，會很快地出現以此種方式治癒的實例。此病症棘手、難以治療乃眾所周知，亞伯拉罕根據原慾理論推測性地重新詮釋其意義，也就不過只是一個詮釋而已。相較於榮格那同屬於推測性的毒素—情結理論，亞伯拉罕觀點的相對優越性僅僅在於，它在術語上以及概念上和佛洛伊德對於神經疾病的理論產生了共鳴。理論和經驗性檢驗微妙地分離開來；幾乎在不知不覺間，精

神分析成了一種世界觀（Weltanschauung）。

讓事情更糟的是，亞伯拉罕是在布爾霍爾茲利工作期間，從榮格那裡第一次聽說到自體性慾理論。光是這樣就夠在蘇黎世和維也納之間引起好一番爭執，但亞伯拉罕還火上加油：他的演講完全忘了提到布魯勒或榮格在這個領域的研究成果。

亞伯拉罕在這方面的策略一直不曾被充分討論過。根據鍾斯的說法，亞伯拉罕已經在私下談話中抱怨過瑞士這邊「不科學而且神祕主義的」傾向，同時認為他們不會長久堅持像佛洛伊德理論這種明確的唯物主義理論。在知識上，亞伯拉罕確實至少有一半的理由可以這麼說，但是他一直用累積的私怨為他的評論加油添醋。亞伯拉罕十分清楚李克林正在撰寫以童話為主題的論文，但他仍開始從事自己的研究，也就是《夢與神話》這本書，並設法在薩爾斯堡大會之前，也就是佛洛伊德首次有機會會晤李克林之前，將這本書寄給佛洛伊德，同時附上他認為李克林的研究較低劣的意見（在這場大會上，李克林在最後一分鐘取代墨頓・普林斯上場，發表了題目為「神話詮釋的若干問題」的演說）。在薩爾斯堡時，亞伯拉罕與鍾斯的一次私下談話中悄聲說：「您認為榮格逃得過德國的反猶主義嗎？」（值得嘉許的是鍾斯回了他一句愛德蒙・柏克〔Edmund Burke〕的名言：「我不知道如何能控告整個國家。」）至於布魯勒，亞伯拉罕在第一次與佛洛伊德會面時就已經把他當成一個心理問題來談了。沒有一個蘇黎世人逃過一劫。

佛洛伊德並非沒有意識到發生了什麼事。舉例來說，一九〇八年的二月中，亞伯拉罕被告知要去找一篇三月發表的論文〈性格與肛門性慾〉（Character and Anal Eroticism）。這給了亞伯拉罕一個機會，讓他在一九〇八年四月四日寫給佛洛伊德的信中傳達一個訊息：理論相當「符合榮格所分析的一個歇斯底里個案，您從他的描述中會知道那個案例的身分」。亞伯拉罕從史碧爾埃住院期間就認識她了，他也深知她就是阿姆斯特丹演說出版版本中的那個個案，因此他等於是告訴佛洛伊德，他想知道但又不想開口跟榮格詢問的訊息。

　　薩爾斯堡大會結束後的幾個月，為了維持和平，佛洛伊德兩度被迫要將亞伯拉罕放在與榮格相對的位置。但和平並未阻止他接著鼓勵亞伯拉罕研究「索瑪」（Soma）神話，並在這個神話中尋找「毒素」問題的解答：這種古波斯人的魔力飲料和早發性癡呆的可怕毒素，皆被視為一種存在於腦中的假設性性化學物質的變異形式。從大格局來看，在布爾霍爾茲利受訓，並以柏林為根據地的亞伯拉罕策略性地卡位進來，切斷了蘇黎世學派的概念撤退路線。亞伯拉罕喜愛這工作；薩爾斯堡是他首次表白自己立場的派對。

　　在薩爾斯堡，榮格並未如他所願那麼常見到佛洛伊德，因為佛洛伊德高齡七十四歲的同父異母兄長突如其來地現身於大會後的晚宴上，因此在接下來的晚上和隔天早晨，佛洛伊德都和他哥哥待在一塊。這讓榮格多出許多時間跟其他來自維也納的人見面，根據鍾斯的說法，他們甚至在這個時候就曾私下表示，榮格對精神分析的路線不會堅持到底。總而言之，那不算是個富有啟發意義的場合。威佛芮·綽特是第一次實際經歷到維也納那群人的論述水準，他悄悄地向鍾斯抱怨，他是這裡唯一一個知道怎麼切下一條腿來的人，以此來聊以自慰。

　　當然了，榮格確實去聽了佛洛伊德的演講——共演講了四個半小時。在大會前佛洛伊德就向榮格暗示他可能會講的題目是「精神分析（概念及）技術轉移」（Transformation in the〔Conception and〕Technique of Psychoanalysis），但榮格說服他發表個案資料。可以肯定的是，如果有人細查佛洛伊德去年一整年在他那個小小的週三夜會中的評論，他對於「技術」的相關說法是不可能讓蘇黎世學派那群人高興的。首先，佛洛伊德主張聯想實驗比心理分析拙劣得多，只能用來做為教學工具。其次，從他的觀點來看，像榮格以及不久前的史德寇那樣，將聯想實驗和精神分析混為一談並不恰當。第三，精神分析的主要目的並不是發掘情結；它特有的任務是去除抗阻。第四，不可能在早發性癡呆患者身上進行精神分析；精神分析所能做的是運用從神經症病患身上得知的訊息做為症狀的指導方針，然後直接面對精神疾病患者。所有這些限定條件的結論

是，如果只用一句話來犀利地描述，那就是無論榮格迄今為止寫過了什麼，那都不是精神分析。

除了忙於團結那些立場各不相同的支持者之外，佛洛伊德在這裡確實遇上了真正的麻煩。正如他自己在一九○七年十一月廿七日的週三夜會中承認的，「聯想和自由發想產生出許多沒有價值的素材」。那麼分析者如何決定哪一個聯想或是自由發想是重要的？分析者的「技術」不是視他選擇回應什麼而定的嗎？在分辨麥子與稗子的原則闕如的情況下，分析者的選擇不是會導致阿莎芬堡以及深具影響的莫爾最近控訴過，也就是分析者形塑材料以支持分析者希望證實的那個理論嗎？這正是為什麼蘇黎世研究者的工作具有潛在關鍵性，因為他們能夠宣稱已經識別出特定的經驗性指標，可以知道何時某個聯想或自由發想受到了干擾。

佛洛伊德無疑會對在沙發旁掛個直流電機器，或是用他原本拿著雪茄的手去拿一個碼表的方法敬謝不敏。一樣毫無疑問的是，他指出治療必須採取比立即實驗確認所能容許的方式更自由、輕鬆，這一點是正確的。但事實依然是，蘇黎世進行的實驗對於精神分析做為一種研究方法的科學，有相當重要的地位。

無論如何，坐在薩爾斯堡旅館會議室中長桌的主位上，佛洛伊德並未以有關技術的概要評論為這場會議開場，而是針對「鼠人」（Rat Man）個案做了一個廣泛的個案報告。這位患者的症狀可以寫成一本杜斯妥也夫斯基的小說。他害怕某種怪異的酷刑，即迫使老鼠鑽入受害者肛門以求逃生，他擔心這種酷刑會被施加在他正在追求的一位女士及已故的父親身上，除非他把一筆小錢還給一個軍中同袍；當他們正在軍事演習時，後者在一個鄉下郵局幫他付了這筆錢。而事實上，這名軍官並沒有代他付任何錢，因此使得這個強迫想法永遠不可能實現，這股恐懼變得令人難以招架，並且無可救藥。

「鼠人」的案例可以說是相當幸運，因為此時正是時機成熟的時候。對於這種症狀，也就是以強迫性思想、懷疑、荒謬的儀式等為主要特徵的症狀，人們目前正懷著相當高的興趣。在各式各樣的標籤（強迫性神

經官能症、精神衰弱〔psychasthenia〕、疑慮癖〔folie du doute〕、執念性神經官能症）底下，該病症的理論已引起了包括羅文斐德、買內及其他人的注意。至今為止人們已經瞭解，這種疾病在現象學上和歇斯底里症以及普通焦慮狀態不同，而如果能夠對該病症做出新的闡述，這對精神分析來說確實是一大助力。幸運的是，「鼠人」的案例也擁有非凡的能力，能運用精神分析方法來拆解他的執念。亨利‧艾倫柏格曾寫過，偉大的心理治療師需要偉大的病人。布魯勒在《歇斯底里症研究》一書中的主要個案「安娜‧歐」就是這樣一名患者。史碧爾埃也是，以她自己的方式成為榮格的重要病患。在「鼠人」身上，佛洛伊德又找到了一名偉大的病人。對這位男性來說，自由聯想的文字遊戲似乎正是他所需要的；他好像天生就是這塊料，在他的智力以及他逐漸認為自己還有救的信念影響下，他證明自己是個極具生產力的患者。他的生產力讓總是在考量症狀的祕密語言時有最佳表現的佛洛伊德能夠詳細分析他的執念，並且一點一滴地，幾乎是一字一句地展示出他的執念是如何建立起來，這幅圖像從這名患者未解決的童年期矛盾心理開始，直到一個愛他但懲罰過於嚴厲的父親。（在發表版本中〔也許在薩爾斯堡時也是如此〕，佛洛伊德在實際個案記錄上多少做了些改善，好讓他的介入可以純正、非暗示的姿態，與患者自發的自我揭露並列在一起。）總而言之，這次的演講是對精神分析方法的絕佳證明，也是個無與倫比的心理學研究，完全值得花上四個半小時來聆聽。在執念性精神官能症的龐大文獻中，這個案例研究的出現是前所未見。

　　有了這樣的一個個案材料，佛洛伊德盡可以表現出雅量，甚至是寬宏大量，他似乎運用這個場合向瑞士那方釋出一個又一個的友好善意。仔細閱讀這個個案的發表文章會發現，佛洛伊德使用蘇黎世學派的語言，到了一個絕無僅有的地步。他論及「人格分裂」、「壓抑情結」、「分散的……注意力」，甚至「情結敏感度」。他也談到了潛意識的「象徵性」，以及轉移的幻想和早先事件之間的「完美類比」。這個讓來自蘇黎世的那群人感到舒服自在的遊戲甚至一度讓他樂在其中；當患者頭一次

聽到用老鼠來折磨人的酷刑情景時，佛洛伊德是這樣描述：

當隊長告訴他這個故事時，就像是命運推動著他進行了一次聯想測驗一樣；他喊出了一個「情結刺激語詞」，而他則以他的執念為回應。

佛洛伊德十分積極地運用他的外交手腕。下午的活動結束後，他和幾個蘇黎世學派成員一起私下密談；瑞士這邊的人來了亞伯拉罕、費倫奇、布瑞爾，還有鍾斯也在場，但佛洛伊德只從自己陣營裡帶了年輕的奧圖·蘭克前往。剩下的廿幾位維也納成員只是在大廳閒逛，看看有什麼活動在進行。會議是從一個重要的宣布展開序幕。一本以精神分析和相關研究為主題，一年兩期的定期刊物決定要開辦了。榮格擔任編輯，佛洛伊德和布魯勒則共同擔任指導。

在這場會議中，所有尷尬的社交活動，以及小心眼的冷箭中傷底下，重要的事情發生了。佛洛伊德說服了瑞士那幫人，心理分析是個開放的科學，它仍能產生新穎而堅實的研究發現，而從參與會議的人之間，可以找到夠資格的人出力合辦一本自己的刊物。他們不必等到墨頓·普林斯或任何其他人來入夥。此外，藉著私下和蘇黎世學派成員會面，佛洛伊德也清楚表明了，他個人已準備好要克服任何陰魂不散的維也納本位主義。同時，布魯勒樂意出借自己名字給這個新的冒險事業，這也符合他身為蘇黎世學派大家長的角色。至於榮格，他可不只是編輯的不二人選——他的重要性不可或缺，因為他可以讓這門新事業成功。榮格沒有得到他想要的，亦即在薩爾斯堡和佛洛伊德私下交談的機會，卻得到了對他的傑出的認可，而且這認可足以讓他得到編輯這個位子。

那麼被排除的維也納那幫人呢？他們一無所得，只能冀望榮格會認為他們的投稿值得被納入這本新的年鑑裡。震驚之餘，他們在接下來的晚宴中大肆批評這位蘇黎世「齊格菲」，他們以奇特輕蔑的態度這樣稱呼榮格。

奧圖‧葛洛斯在布爾霍爾茲利

佛洛伊德個案報告的主題——對於父親的矛盾心理，和至少一位聽眾有特殊的關係，那就是奧圖‧葛洛斯。因為葛洛斯此時正和自己的父親起了極大的衝突；他的父親漢斯‧葛洛斯是格拉茲（Graz）的教授，在歐洲社會學界具有相當大的影響力。察覺到他兒子的行徑已超出古怪的範圍，並進入他特殊的專長領域——徹頭徹尾的犯罪行為，為了保護每個人，驚慌的老葛洛斯幾個月以來一直試著把自己兒子送進醫院。為了這個目的，他已經給榮格和佛洛伊德都寫了信，而這兩人接著便在他們的通信中私下討論了這個問題；這一切就發生在大會前夕。原始計畫是要榮格護送小葛洛斯從薩爾斯堡回到布爾霍爾茲利，但榮格躲掉了這個不愉快的任務。

榮格無法逃避葛洛斯太久。在他回到蘇黎世後不到一個禮拜，榮格就從佛洛伊德那裡接到將奧圖‧葛洛斯正式委託給布爾霍爾茲利的憑證了。佛洛伊德仁慈地允諾將在十月——整整五個月後，把葛洛斯從榮格手中帶走。在這同時，佛洛伊德要招待兩個新的訪客，恩內斯特‧鍾斯以及布瑞爾；在蘇黎世受訓，前往維也納初次拜訪精神分析發明者的人又多了兩個。

恩內斯特‧鍾斯已經在阿姆斯特丹大會上見過奧圖‧葛洛斯，後來又在停留慕尼黑期間見過他一次。鍾斯後來形容他是「我所見過的人中最符合天才的浪漫觀點的人……。我想我再也不會見到有人可以像他一樣，擁有這種能夠憑直覺得知他人內心想法的洞察力。」葛洛斯極為聰穎，在他短暫的一生中，葛洛斯從不乏有影響力的追隨者。他創新的精神病學及心理學理論，成為他同時代最優秀知識份子的論辯課題。他對於作家有特別的吸引力，而且似乎在多達六本不同的小說中登場。在慕尼黑時，他有時去克雷貝林的診所擔任助理，從事的工作相當具有價值，他有時也出現在慕尼黑的格林威治村，即施瓦賓區（Schwabing district）的一家咖啡館，他在那裡做即席的精神分析，直到入夜。

葛洛斯為什麼會堅持使用佛洛伊德式原則，主要在於他深信在這些

原則中，蘊藏著一個引發文化革命的實際方法。葛洛斯夢想一個不存在一夫一妻制的世界，在這個世界中，所有的家父長制權威都被推翻，公社生活以及自我探索將會引領每個個體達到屬於自己的藝術巔峰。在薩爾斯堡時，葛洛斯曾經想要討論精神分析的「文化觀點」，這讓他受到佛洛伊德的訓斥：「我們是醫生，而且我們只做醫生。」

並不是葛洛斯的觀點讓他惹上麻煩，想要實現他的童話故事的堅持才是。一開始他只是個普通老百姓。然後在一九〇六年發生了一件令人不安的事，他的一名患者服毒自殺了，這名或許是他情人的患者所服用的毒藥是他給的。一九〇七年，她的妻子芙莉達為他生下一個兒子，而艾爾絲·賈夫也為他生下一個兒子，她是別人的妻子。然後慕尼黑的人在討論他對一名年輕女性的治療，這名女性的家人後來將她住院安置，好讓她遠離葛洛斯。接著是葛洛斯計畫控告他的老闆克雷貝林不當執業，因為他不在診所提供精神分析；後來是恩內斯特·鍾斯勸他打消了主意。還有一直持續進行的馬拉松式團體討論，在這些討論會中，隨著防禦的卸除，人們的衣服也都卸下來了。除此之外，一九〇八年五月的第二個禮拜，他被強制送入布爾霍爾茲利住院治療時，他已攝取古柯鹼和嗎啡成癮。可以肯定的是，那個時候葛洛斯人格的腐蝕才剛開始，但他的聰明才智和魅力仍完好無損。曾有一句形容詩人拜倫的話，也可以用來形容葛洛斯這個人：他既瘋且壞，認識他是件危險的事。

葛洛斯和榮格一拍即合是出名的事。榮格渴求智識上的同伴，而在這些情況下，葛洛斯也不可能期望一個比榮格更專注、更有積極反應的醫師了。除了來自極為相似的專業背景外，這兩個人在性情和智識上也十分相契，因此榮格毫不猶豫地就把葛洛斯當成自己在精神上的「攣生兄弟」。於是，儘管在大會後，他和佛洛伊德的通信中充滿計畫開辦的期刊等各式各樣公事，以及對於同事亞伯拉罕行為的討論，榮格還是將主要的情感能量投入在對這位最重要的新住院患者的分析以及治療計畫中。

事情一開始進行得還蠻順利。榮格奉獻自己所有空閒時間來照料這個令人想一探究竟的男人，而葛洛斯也自願減少藥物用量。他們曾進行

長達十二小時的分析；最後，榮格事後向鍾斯透露，他們兩人無神地坐在那兒，「像會自動點頭的機器人一樣」。但是讓他們停不下來的不只是葛洛斯的分析。挾著其魅力、洞察力以及專業素養，葛洛斯有能力扭轉局勢，讓這個分析轉向為對榮格的分析。在五月底的一封信裡，榮格這樣向佛洛伊德描述這個新穎的方法：

> 我必須丟下所有事情，不分晝夜，把能夠空下來的所有時間都花在葛洛斯身上，努力分析他……。每當我卡住的時候，他就會分析我。這種方式也有益於我的心理健康……。他是個十分正派的人，如果你能解決自己的情結，你就會立刻和他處得很好。今天是我第一個休息的日子；我昨天結束了分析……。這次的分析產生了各式各樣具有科學價值的成果，我們應很快試著進行系統性的闡述。

接下來的兩個禮拜，在他對於榮格報告的各種回覆中，佛洛伊德同意如果這兩人漸漸發展出合作關係或許會是件好事。然而身為基本上是將古柯鹼引進歐洲的第一人，同時他個人也在用藥方面有大量的經驗，佛洛伊德深知葛洛斯的情況嚴重。談到治療，他試著溫和地告誡榮格要注意許多地方，包括分析太短，同時使用藥物會無法察覺阻抗，但面對榮格堅決抱持的樂觀看法，他最後還是同意，事情或許真的會如榮格所宣稱進展良好：「而且，我從沒遇過像葛洛斯這樣的患者；有他同在，人們應當能夠直視事物的核心。」然而三個禮拜後，榮格有了不同的版本要報告：所有治療方面的洞察力都消失了，沒有取得任何持久成效；事實上，就在前一天，葛洛斯趁著獨自在院子裡無人看守時翻過醫院圍牆，消失無蹤了。榮格嘗試用自我防禦的評估來掩飾他失敗的難堪，說葛洛斯其實罹患了早發性癡呆，因此治療也起不了作用。這讓佛洛伊德再一次有機會提出他對偏執症及早發性癡呆之看法的理論性批評。對於這個發展榮格終於做了回應，他提議佛洛伊德在九月時到布爾霍爾茲利來拜訪他。榮格在邀請中未言明的想法是，他們也許因此有機會一起診察一

些病人，並且比較他們的觀察結果。至於葛洛斯，佛洛伊德寫道：「他藥物成癮了，他只會對我們的事業造成重大傷害。」

葛洛斯逃院之後，榮格仍持續收到關於他的下場的回報。葛洛斯的偏執症一度相當嚴重，但是後來他努力自圖振作，並在秋天寫了篇榮格認為相當不錯的論文。葛洛斯就這樣又過了五年時起時落的日子，直到老葛洛斯再次想辦法要把他送入醫院為止；這次是在維也納的醫院。

至於榮格，事情則有相當不同的發展。這件事給他帶來的尷尬很快就讓位給史德寇的新書給佛洛伊德帶來的尷尬了，多虧了佛洛伊德的竄改，史德寇這本書混淆了歇斯底里症與焦慮性神經官能症的區別，因此使得這本書似乎主張所有的神經官能症都能藉由性行為來治療。榮格毫不猶豫地對這個維也納版本的葛洛斯哲學發動攻擊，隨著他們的通信內容日益膠著停滯，佛洛伊德不得不對榮格的觀點予以讓步。佛洛伊德在八月分的假期期間寫到，他正在思考他的理論可以採取的新方向：「種種因素讓我的思考轉向了神話學，我開始懷疑神話和神經官能症有共通的核心。」這裡的「種種因素」指的是亞伯拉罕對於神話和夢境的研究，蘭克所著的《英雄誕生的神話》（*The Myth of the Birth of the Hero*），以及佛洛伊德自己寫過的兩篇兒童性發育的論文，所有這些都正等候進行最後一輪的編輯工作。

父親的意義

葛洛斯事件在蘇黎世造成兩個立即後果。第一個後果是理論性的。恢復鎮定後，榮格開始寫作〈父親對於個人命運的重要性〉（The Significance of the Father in the Destiny of the Individual）這篇論文，並及時完成，得以納入新期刊的第一卷。在這篇論文中，榮格將自己的靈感小心翼翼地歸功於「與奧圖・葛洛斯博士共同執行的分析」。除了包含一些葛洛斯自身觀點的精華外，對任何「熟知內情的人」來說，這明明白白就是對葛洛斯性格的分析；也就是說，這分析也適用於榮格自己的心理狀態，儘管這一部分比較不明顯。這篇論文從一開始便同意佛洛伊德

的退化（regression）理論：

對愛情幻滅的人會重新退回某種感性的友誼，手淫或是虛假的宗教崇拜中以做為替代物；如果他是個神經症患者，他更會退回到從未完全拋棄的童年期親密關係中，而即便是正常人，在童年期也受到不只一道鎖鏈——與父親和母親的親密關係——所束縛。

榮格引用他的學生艾瑪‧弗斯特（Emma Fürst）剛在一九〇七年發表的論文，主張聯想實驗的「反應類型」（reaction-types）傾向在家庭中運作，並且這個心理的遺贈預先決定了接下來的神經官能性退化程度。換言之，神經官能症患者無法達成他的生命任務，尤其是情慾方面的任務，因為他用從他父母那裡獲得的感情態度來處理這個衝突，而不是依靠自己的感情。榮格的立論以實驗資料為基礎，並從自己的臨床經驗出發，他試驗性地指出，父親在形塑自己孩子的反應類型時似乎扮演著決定性的角色。他接著以四個清楚易懂的個案史來證明這個論點；從每一個個案史都可以清楚看出，個人從未成功地走出對於父親的依附，因此也永遠只能以透過那段親密關係所形成的心態來面對生活。在他的討論部分，榮格主張這種依附基本上（祕密地）是性的依附：

顯然，嬰兒期心態不過是嬰兒期性慾。如果我們現在研究嬰兒期匯集的一切深遠的可能性，我們會不得不說，基本上，人的命運等同於性的命運。

從這裡，榮格用尼采式離題的方式開始討論宗教史，「所有民族與時代的幻想體系史」，他在這裡察覺到，由父親形象（「耶和華」是典型）所支配的時代，以及藉由使自身與神聖性同一而臻於更完美昇華的先知及改革者的時代，兩者間形成了一個交替循環。接著他又再次重拾「命運」的主題：

就像落入潛意識的一切事物一樣，嬰兒期境遇持續發送著朦朧的預告感覺，這些感覺受到來自彼岸感覺（otherworldly feelings）的祕密引導。

這些是最初宗教性昇華的根源。在滿是德性與缺陷的父親位置上，一方面來說，似乎出現了一個全然崇高的上帝，另一方面是魔鬼；而在現代，魔鬼已經藉著對個人自身道德責任的明瞭而被大幅削弱了。崇高的愛被歸給前者，低下的性則歸給後者。

這篇精緻的論文簡潔、有說服力、切題而且才氣洋溢。同樣地，這篇論文宣示了一個解決問題的新方法，這問題從李克林開始研究童話故事起，便盤旋在布爾霍爾茲利不去：如何從精神分析的觀點理解神話學。祕訣不是去考慮個人的神話，而是著眼於神話的演替。因為神話的演替應該展現出從父母權威中漸進分化出的同樣模式，這樣的漸進分化乃是發生在每個世代的心理分化中。

令人驚訝的是，它也以相反的方式運作。因為這個模式也對該如何治療罕見個案提供建議，像是史碧爾埃的個案，或許榮格的也是；這些個案似乎天生有能力接觸到無意識那更深入、具有神話學色彩的層次。一旦個人和父親的原型形象面對面，不管那個父親形象是耶和華還是沃坦，他的任務就是前進到一個屬於自身獨立的、神話性（而且是含蓄的，原慾的）的英雄主義，前進到耶穌或是齊格菲或隨便哪個類似的角色。對榮格來說，這個理論性出口不僅具有一種顛撲不破的邏輯，同時也提供機會來理解一些他所處理的不尋常臨床資料。突然間，他的核心煩惱不再是該如何執行，而是該和誰一起執行。由於失去了葛洛斯，正如他在九月初向佛洛伊德抱怨的，榮格幾乎等於失去了得力的智識夥伴。

魔鬼耳語

葛洛斯事件在蘇黎世還造成另一個立即後果，這個後果更具個人性質。史碧爾埃接著在一九〇九年晚春所寫的信件草稿中這樣描述：

　　我告訴他〔榮格〕我考試的情形，但是聽到我畢竟是有能力做出好成績，並且我現在是醫學士學位的正式候選人了，他一點高興的樣子也沒有，所以我十分沮喪。我因為自己曾深信任何預言而深覺羞恥，並告訴自己：他不只不愛我，我甚至不是個他會關心其幸福的熟人。他想向我表現出我們是完全的陌生人，如果我現在去看他，那會非常丟臉。但我決定下個禮拜五去見他，但是要表現得完全專業。魔鬼還私下告訴我其他事情，但我不再相信這些了。我坐在那兒等他，深深覺得沮喪。現在他來了，笑容滿面，他以帶著強烈情感的方式告訴我葛洛斯的事；告訴我他剛得到的偉大洞見（就是關於一夫多妻制的事）；告訴我他不再想要壓抑對我的感覺，他承認我是他最要好、最親愛的朋友等等（他的妻子當然除外），他也承認，他想告訴我關於自己的一切。所以又一次，這個奇怪無比的巧合出其不意地證實魔鬼是對的。

第8章
性研究及心理學研究

　　因此當時我學會了許多事：其中許多事具有科學價值，但也有一些具有實用價值——那就是，在沒有完全中止自己的活動和生活模式的情況下，一個「全科醫師」（general practitioner）要治療那樣一個個案是不可能的。我當時就發誓，我再也不要受這種折磨了。

——在一九○七年十一月廿一日寫給奧古斯特·佛瑞爾的信中，

約瑟夫·布魯爾描述他對「安娜·歐」進行的宣洩治療

　　榮格使自己身陷於一個注定益發糾結的情結網羅中。他身為佛洛伊德派學者的事業遇到的下一個障礙是奧古斯特·佛瑞爾，他是蘇黎世大學的榮譽退休教授、前布爾霍爾茲利院長，而且在國際精神醫學界頗有勢力。一九○七年秋天，由於對布爾霍爾茲利的近期發展深感憂心，佛瑞爾寫信給布魯爾（維也納內科醫師中資格最老的人，也是佛瑞爾學生時代以來的舊識），想知道精神分析是怎麼興盛起來的。布魯爾是最早引起佛洛伊德對歇斯底里症興趣的人，他在約廿五年前告訴他「安娜·歐」的個案。他們後來合著的《歇斯底里症研究》得以問世，是因布魯爾終於同意發表這個非凡而且是病得離奇的女子的個案。布魯爾的回信十分謹慎。和已發表的描述所暗示的相反，「安娜·歐」這個個案除了歇斯底里症外，可能還有神經疾病並未完全康復。這件事佛瑞爾可能已經從賓斯旺格處知道了，後者所在的克羅茲林根精神病院是「安娜·歐」在被認為病癒後所住的地方。除此之外，在布魯爾的治療過程中，「安娜·歐」也出現了妊娠幻想，在一次分娩的譫妄性演出中，她宣布醫生先生的孩子誕生了。即便是遇到了這種事，布魯爾也沒有放棄他的病患。直到數月後，他的妻子因丈夫在這個年輕女繼承人身上花費過多時間而心灰意冷，並做出了自殺舉動後，他才放棄每天為這位病人診療。

布魯爾並沒有向佛瑞爾透露任何以上細節,但他確實表示治療過程極度艱辛,這就是為什麼他後來把他的神經症個案轉給比他更年輕的神經醫學同行佛洛伊德。布魯爾和佛洛伊德從此以後便漸行漸遠,佛洛伊德甚至在街上公然冷落他從前的精神導師,但是在這封寫給佛瑞爾的信中,布魯爾只說佛洛伊德或許是努力要「令資產階級感到震驚」。另一方面,布魯爾堅定地捍衛新的性研究發現:「我承認在理論和實作中深入研究性並不是我的品味。但是我對於什麼事得體、什麼事不得體的品味和感覺與何為真實的問題又有什麼關係呢?」

佛瑞爾並不是問完布魯爾就算了;他開始向他認識的許多瑞士醫師做調查,這些醫師都正在進行某種「宣洩」療法實驗。他的私人意見也愈益尖銳,以自由聯想實驗做為誘導患者進入催眠狀態工具的瑞士精神治療師貝佐拉(Bezzola),曾在回覆佛瑞爾的某封信時抗議說,榮格和布魯勒是嚴肅認真的人,「豬」並不是稱呼他們的適當用詞。

對於像佛瑞爾這樣有原則的質疑者,最好的回應就是用個案報告以及治癒的例子來淹沒他,但是這必須有一份期刊願意發表這些各行其道,卻是組成這門新科學核心的個案報告才行。可以確定的是,佛洛伊德可以毫無困難地將自己的論文發表在像是赫希菲爾德的《性科學學刊》(*Zeitschrift für Sexualwissenschaft*)、馬庫斯(Marcuse)的《性困擾》(*Sexual-Probleme*)之類的期刊上,但是只限於他能做出一般性的貢獻時,就像是他早前的論文〈兒童的性啟蒙〉(The Sexual Enlightenment of Children),或他最近發表的〈文明化的性倫理觀及現代神經症〉(Civilized Sexual Ethics and Modern Nervous Illness)。這些期刊不是適合討論新治療方法的場域。同時,心理學期刊也是佛洛伊德和他的同行可以發表的園地,但是在這裡若是強調性的作用肯定會引發抨擊,以及來自其他撰稿者的反駁。

從靈感出處以及最終的責任來看,《精神分析及精神病理學研究年鑑》(*The Yearbook for Psychoanalytic and Psychopathological Researches*)很明顯是榮格的計畫。但是找到出版社的是佛洛伊德,是佛洛伊德先拿

到校樣，也是佛洛伊德有權對一切做最後定奪。他重定刊名——讓它聽起來更響亮些。他重新設計刊頭，讓他可以用「佛洛伊德博士教授」的頭銜出現在上頭。他也重新撰寫了首卷的發刊詞——他寫得含糊其詞，讓人無法搞清楚蘇黎世集團和他自己的維也納集團的區別。

這本《年鑑》（*Jahrbuch*）的頭半卷直到一九〇九年二月底才終於問世，但是它以專業方式創造了一個輝煌的開始。這本書總共有五篇論文：佛洛伊德的「小漢斯」個案、榮格論父親重要性的論文、亞伯拉罕論近親通婚的論文、小賓斯旺格所做的一個個案分析，以及阿爾馮斯‧梅德爾（Alphonse Maeder）針對癲癇與歇斯底里症間關係的探討；梅德爾是被派駐在賓斯旺格精神病院工作的法裔瑞士人。性學理論到處可見，但這卷刊物從頭到尾都表現出正常科學期刊該有的樣子和感覺。佛洛伊德寫信給榮格，談到這頭半期刊物時說：「你漂亮地洗刷了在阿姆斯特丹的恥辱。」

關於這本《年鑑》，佛洛伊德有一個特別的煩惱。由於這份期刊是精神分析學派所遞出的一張科學名帖，因此其撰稿者對於較廣泛的專業讀者群都具有敏感度，並且從注腳到參考文獻，都能夠自如地掌握科學風格的外表裝飾。這對佛洛伊德個人而言不是個難題。對蘇黎世學派的人來說也不成問題，他們被布魯勒訓練成有能力與當代文獻的步伐並駕齊驅。但是對佛洛伊德的維也納集團的大部分人來說，這是個很大的問題，因為他們已經太習慣以不證自明的方式呈現自己觀點，而且他們之前的訓練大部分是在內科醫學領域。在他特有的先見之明下，甚至在薩爾斯堡大會之前，佛洛伊德就已經讓他的小集團開始準備參考文獻和簡短的個案報告了。但是在趕上瑞士人之前，他們還是需要一些時間，因此瑞士訓練出來的人在最初幾期的《年鑑》中占據了大部分的版面（亞伯拉罕甚至抱怨過這件事，卻被〔尖銳地〕告知他被算成是蘇黎世學派了）。

寫給一位朋友的信

關於《年鑑》，榮格有個稍微不同的困擾，一個他沒有立刻理解到的困擾。他就馬上要以主編的身分出現在這本新的出版物上了；因此在他心中，比以前更有必要清楚知道在一般性議題上他的立場為何，最重要的是那個佛瑞爾曾經私下抱怨的議題，也就是持續進行性研究是否得體這個議題上，他的立場為何。由於這個原因，這正好是和從前病患幽會的錯誤時機。榮格和史碧爾埃的會面始於一九〇八年六月，他們在幾個不同的地點見面，包括他的辦公室、她的公寓、鄉下。這些會面招來的風險，這份新《年鑑》的主編完全承受不起。

史碧爾埃在一九〇八年寫給榮格的信沒有一封能夠留存下來，但有幾封從那年夏天到秋初榮格寫給史碧爾埃的信尚存於世間，這些信對於捕捉他們姦情的風貌極為重要。當然了，即使最不小心謹慎的人也不敢把一些事情寫在信上。但是當榮格終於決定和她分享自己的感受時，他們的關係就開始轉變了，而且他們雙方都能自在地透過信件繼續討論彼此的心理狀況。更確切地說，他們在信裡（假定他們的討論也是如此）談到心理面向的問題就和談到其他事情一樣多。然而他們用自己方式所做的心理告白，就跟任何其他人的告白一樣具有啟發性。儘管可明顯看出榮格努力保持謹慎的態度，但他的信仍是明明白白地讓步了。

除了卡羅德努特之前摘錄過的少數段落外，榮格寫給史碧爾埃的信只在卡羅德努特的德文版書中發表過。實際檢視這批文件，讓我們清楚知道一件事，而這是我們所難以預料的。在描述這兩人時，卡羅德努特注意到，在現存的卅四封榮格寫給史碧爾埃的信中，有四封是沒有標示日期的名片。其中一封的題字是「C. G. 榮格醫師—屈斯納赫特—蘇黎世」，這封信最早的日期可追溯至一九〇九年中，更或許可溯及一九一〇年秋天。但其他三封信並無題字；此外每封都通知了會面的時間和地點。我們可以瞭解到，這些名片並非透過郵件寄送，而是由榮格親自留在史碧爾埃的信箱中；他造訪她的公寓以安排會面。

第一封有日期標示的信是一九〇八年六月廿日，這是由榮格所寫的

便條，那一天也是奧圖‧葛洛斯從布爾霍爾茲利翻牆逃跑後的第三天。在這封信裡，榮格告訴史碧爾埃，「妳那些俏皮的信簡直把我的潛意識玩弄於鼓掌之間」，並通知她一個可以會面的時間和地點，以便他們能夠獨處，並「從我們身陷的騷亂裡找到一個明亮的出口」。榮格的下一封信日期標示為六月卅日，以「我親愛的朋友」（My dear friend），而非「我親愛的小姐」（My dear Miss）開頭，從此以後這個稱呼就與「我親愛的」（My Dear）交替使用。在這封信中，榮格談到他是如何幸運地在她身上找到了「一個不會沉溺於多愁善感的堅強靈魂，但能讓這靈魂如此活躍的最真實、最深層原因，是自由與孤獨」。他也寫道：「您無法想像，我是多麼期盼可以愛一個我絕不允許她被習慣的平庸陳腐所扼殺，而她也絕不讓自己受這種罪的人，擁有這樣的盼望對我來說有多大的意義。」這封信的末尾提醒他們將在週五的老時間見面，也就是和史碧爾埃的公務會面時間。下一封現存的信，日期標示是七月四日，也以同樣的心境寫成：榮格說他們前一天的談話特別具有寬恕的效果，並說他對她的信任禁得起「多次的失望」。他覺得「更平靜及自由」了，並滿懷希望地談到，他們有能力不陷溺在多愁善感的情緒中。他提議在拉珀斯維爾（Rapperswill）見個面。

一個有外遇的男人總是很忙碌。讓人找不到，不會回電話，遲了許久才回信，而且總是在別的地方。永無止境的忙碌在解釋一個人的行蹤時當然有幫助；這個藉口在牽制情人的需索時也很有用。榮格接下來的兩張便條，七月六日和七月廿二日，就有這種感覺。這兩張便條都相當短，都說他現在時間緊迫，當她可以見到他時，都只給了最短的空檔時間。這些信的語氣顯示，榮格已經開始在估量他的行為失檢程度了，雖然也可以很清楚地看出，他還沒有準備好要和她完全斷絕往來。而且當時他剛知道佛洛伊德在兩個月內就會前來拜會。這是不是讓他收斂行為的理由，人們是不可能知道答案了。

八月時，史碧爾埃回俄國度假。榮格超過一個禮拜沒有收到她的來信，開始憂慮起來。終於來了一封信，他很快就在一九〇八年八月十二

日回了信，在信中承認他的心情沮喪。他抱怨上個禮拜的他「有點歇斯底里」，甚至因著涼而臥床了一整天，並說他的心情始終「在陰鬱到晴朗之間劇烈起伏著」。收到她的來信他高興極了；她的信是「一道光」，使他平靜下來。他清楚表示他對她最近的沉默感到害怕，正如他所說的，害怕「魔鬼已經將他的手伸進來了」。很顯然，史碧爾埃在她最近的信中暗示她已經和她的父母討論過他們的關係，因為榮格也寫說，他欽佩她父母的「寬大胸襟」，尤其是她的母親，因為女性通常更為保守。另一件明顯的事情是，史碧爾埃宣稱她決定要放棄農家女的裝束，在其他方面也要變得更淑女些；榮格的信極為明確地稱讚了這個轉變。

　　榮格此時正在更深地反思自己的處境。在同一封信中，他警告史碧爾埃提防一位金茲柏格小姐（Fräulein Gincburg），她是另一個俄國醫學院學生，也是他的患者，已經搬入她在蘇黎世住處的附近。他寫到自己漸增的憂慮，所採取的措詞讓史碧爾埃意識到，她有責任避免爆發醜聞。卡羅德努特從一九○八年八月十二日的信中摘錄了下面這段文字：

　　我發現我對妳的情感依附遠超出我所認為。我湊巧是個十分多疑的人，並且總是以為別人要利用我，對我發號施令。只有經過極大的努力，我才能夠真正控制我對於人類良善天性的信念，而我是如此經常頌揚這個信念。當然這並不適用於我對妳的感覺！

　　榮格下一封給史碧爾埃的信寫於一九○八年九月二日，這封信很短，信中催促她快快回到蘇黎世。九月廿八日的下一封信保存得並不完整。倖存的部分以歡快的口吻說到佛洛伊德最近的造訪。之前他對佛洛伊德只有欽佩之情；現在，正如他對史碧爾埃說的，榮格發現自己真的喜歡他這個人。榮格繼續談到佛洛伊德的生命經驗以及他對人們的洞察力。這個讚美至少是暗示了，榮格可能曾向佛洛伊德尋求人生的忠告，但榮格又加上一句令人玩味的話，他承認史碧爾埃自始至終都是對的。可以明顯看出，史碧爾埃和榮格已經私下討論過佛洛伊德的性格了。話

說到這裡時，榮格宣布他即將休假去服兵役的消息，並問她的心情是否平靜，以及她對自己的命運有何想法。他又說他有時會替她擔憂，「因為……」；信的第二頁已經佚失了。

佛洛伊德在布爾霍爾茲利

　　如果我們從佛洛伊德的角度來看，也許榮格與葛洛斯這對錯誤的結合，最令人不安的地方在於他們決定對彼此進行分析。有鑑於榮格和葛洛斯可以說是維也納以外最有經驗的兩個分析師，佛洛伊德將必須忍受他們試驗的結果，而榮格有意將這些結果發表在《年鑑》的前半期上。佛洛伊德現在想到，他也許可以把榮格的例子當作有用的仿效對象，也就是使自己成為個人諮詢的提供者，以便能夠先發制人地制止這類實驗進行。一九〇八年夏天，當榮格在蘇黎世，亞伯拉罕在柏林，鍾斯在全球各地飛來飛去時，桑朵·費倫奇則和佛洛伊德在貝希特斯加登（Berchtesgaden）度假地避暑。在佛洛伊德的監視下，費倫奇在那裡寫作一篇論「內射作用與移情作用」（Introjection and Transference）的重要論文，同時也討論自己的個人弱點——我們可以認為這是第一次的分析訓練課程。對於那些想要追隨費倫奇腳步的人來說，他們很快就清楚瞭解到，夏季這幾個月提供了最好的機會。因此在演化中的精神分析政治世界中，八月的假期就變得和學術大會一樣重要了。同時，費倫奇的論文根據原慾理論犀利地重新審視了治療情誼（therapeutic rapport）的觀念，此治療情誼是蘇黎世學派治療哲學的核心概念。然而，佛洛伊德說服了費倫奇，要他延後投稿給榮格，原因是他希望寫一篇自己的指南，一篇對他的精神分析方法的一般性闡述。當然，這樣的一篇方法論的闡述論文已經遲到很久了。但它還得再被推遲一陣子，因為《應用心理學論文集》（*Papers on Applied Psychology*）在向佛洛伊德催稿的緣故。

　　佛洛伊德假期行事曆的下一個項目是榮格。榮格的拜訪邀約是在六月提出，當時他們正重新開始進行關於偏執狂和早發性癡呆症的討論，而這討論有點棘手。佛洛伊德欣然接受了邀請：「為何不呢，當然會去！

我們又不是生活在不同的世紀，甚至也不是生活在不同的大陸。為什麼不該聚在一起討論對我們兩人都這麼重要的一件事？」對亞伯拉罕，佛洛伊德提到這個計畫中的拜訪時說，這是一趟「視察之旅」，但是對榮格，他在一九〇八年八月十三日寫到，這是一個機會，可以「消除這一年裡兩個對彼此有許多要求的人之間必然累積的惱怒」。佛洛伊德也向榮格表明，他希望在理論和政治兩方面都贏得「少許的個人讓步」：

　　我坦白招認我自私的目的，那就是要說服您將我已開始在神經官能症患者身上做的療法，運用在精神病患身上來繼續並完成我的工作。憑著您那堅強、獨立的性格，那使您能夠比我更輕易贏得大眾共感的德國血緣，您似乎比任何人都更適合執行這個任務。此外，我很喜歡您；但我已經學會把這點看成次要因素了。

　　榮格很高興佛洛伊德要來——而且明顯是來看他，而不是布魯勒（關於他的長官，榮格寫道：「布魯勒教授並不反對您的到訪，他有多希望您來沒有人能知道，尤其是他自己。」）。除了有機會一起診察一些患者之外，或許最後也能結束他們對精神病患有不同看法的討論，榮格也十分渴望能補償在薩爾斯堡未能私下接觸的遺憾。他有許多話要告訴佛洛伊德：「我十分期盼再次和您平靜地談話，因為自從我在維也納見到您以來，很多、很多事情都已經改變，我們有許多新而更進一步的進展。」
　　九月時，佛洛伊德去英國，接著是柏林（他沒有在柏林跟亞伯拉罕見面），然後從十七日到廿一日停留在布爾霍爾茲利。在大部分的佛洛伊德與榮格的情誼史中，佛洛伊德在蘇黎世的五天短暫停留並沒有引起注意，部分原因是缺乏第一手報導，部分則由於，在最終演變為一場風暴的這段情誼中，這是一段安靜，甚至可說是平靜的插曲。不過對榮格個人來說，這一段時期的意義極其重要。正如我們從榮格在一九〇八年九月廿八日寫給史碧爾埃的信中所知道的，經過了五天相處，榮格對佛洛伊德湧現一股全新的情感。此外，在佛洛伊德停留期間，在榮格欣然默

許下，佛洛伊德在發揮魅力的同時也給布魯勒吃了一頓排頭：他一次也沒拜訪過他，以此來明確表示對布魯勒的藐視，儘管他住在榮格位於醫院的公寓裡，而布魯勒的居所就在榮格的樓下。（這個藐視舉動奏效了：永遠保持紳士風度的布魯勒讓榮格休假去接待他的訪客，並立即在次月和他妻子造訪維也納，以便重新建立友好的交流。布魯勒的拜訪十分順利，因為佛洛伊德瞭解到他們是好人——在「他的高不可攀和她的矯揉造作的許可範圍內」，之後他對亞伯拉罕這麼說。）

在佛洛伊德停留在蘇黎世的五天期間，他和榮格每天花上多達八小時的時間散步、談話。對於他們的談話內容我們所知不多。榮格帶佛洛伊德參觀醫院病房，並將他介紹給曾在他論早發性癡呆症著作中做為重點個案的病患。仍然在奮力宣傳毒素理論的榮格提出論證，說她語言的支離破碎完全不像神經官能症患者身上所見到的。（佛洛伊德一回到維也納，就立刻翻出一個執念性神經官能症病患在成疾過程中出現語言破碎的反例。）榮格也提出了一個最有趣的吊詭，即早發性癡呆患者試著讓自己痊癒的方式是變成歇斯底里症，但是「在分析中，我們一路引導歇斯底里症患者」到達早發性癡呆。後面這段話顯然指的是，藉著研究幻想並讓患者以嚴肅的態度，以及從性的角度來看待，使得精神分析能在驅散情結之前，先把幻想提高到妄想症的強度。有可能這就是此時史碧爾埃出現的神話式精神官能症，但或許不是以她和榮格現在正用來解決它的那個方式造成的。榮格也討論了他和他妻子的關係，她當時已經懷孕將近七個月了，佛洛伊德停留期間，她剛好和孩子們度假歸來。同樣的，這兩個男人也討論了榮格的「星星情結」，也就是賓斯旺格的實驗揭露出榮格想生個兒子的願望。在這次拜訪後，榮格寫了封感謝信給佛洛伊德，他說這次的拜訪「對我有極大益處」，所以他決定在明年春天時回訪維也納。顯然艾瑪‧榮格也有同樣的看法，因為她寫的感謝信不是一封，而是兩封。

佛洛伊德對於這趟拜訪的看法則是逼近底線。七月時，亞伯拉罕已經警告過，「蘇黎世」正出現「分離運動」，那裡的人說，「佛洛伊德似乎

是個被取代的觀念了」，還說榮格已經回復到他從前的招魂術傾向。針對這些耳語，佛洛伊德回覆，在他和榮格之間有種「個人的喜愛」之情，而且不管怎樣榮格都已經涉入太深：「此外，他很難回頭了。即使他想要，他也無法否認他的過去，而他擔任編輯的《年鑑》也斬不斷這個聯繫讓。」拜訪後的兩天，在向亞伯拉罕說明他的造訪情況時，佛洛伊德變得很樂觀：

> 我要高興要說您只有說對了一部分，也就是關於布魯勒的部分。至於榮格，他已經克服了自己的搖擺不定，毫無保留地支持這個事業，也繼續站在我們這邊，積極地投入研究早發性癡呆的問題。這件事讓我十分高興，我希望您也對此感到愉快。但是從布魯勒這裡得不到任何支持，他的變節迫在眉睫，他和榮格的關係已經快要到決裂點了。榮格放棄他的醫師職位，但仍然是實驗室主持人，他的工作將完全不受布魯勒指揮。

佛洛伊德繼續說，讓榮格和亞伯拉罕和解的基礎已經準備好了，他注意到榮格曾對亞伯拉罕的科學工作表達出「高度的尊重」，也注意到榮格覺得某些未提及名字的人灌輸了關於他的錯誤想法給亞伯拉罕。平靜的日子持續了兩個月。

「齊格菲」的誕生

為了秋季學期的開學，史碧爾埃在十月初回到了蘇黎世。人們不知道她是否在榮格於十月的後兩週去服兵役前見過他。根據推測，十一月間他們確實恢復了會面，不過是在她固定週五的公務會面時間的掩護下。榮格現在正忙得團團轉，要處理《年鑑》的手稿，加上應比奈的特殊請求（這是個很重要的肯定）正在撰寫一篇論夢境的論文，還在實驗室和門診病人的診所間來回奔波。

在其他方面，十一月是個決定命運的月分。佛瑞爾私下鼓動人們對

抗布爾霍爾茲利中的新佛洛伊德潮流已經有一年多了，現在他開始公開表達他的異議。在對當代精神治療現況做了一份簡短而構思嚴密的調查研究中，佛瑞爾悲歎不同從業者之間缺乏協作，並呼籲成立一個由所有精神治療師和催眠師組成的新的跨國組織。他語帶挖苦意味地在某一段落稱讚布魯爾和佛洛伊德，雖然他對佛洛伊德（就和伯恩的杜伯一樣）後來放棄催眠的事感到痛惜。佛瑞爾在持續搜尋性情結的地方劃下界線；在他看來，這只是鼓勵進一步製造出新情結，來助長病態發展而已。雖然在這份報告中並未特別提到榮格的名字，但他無疑是批評的箭靶，一個父罪子還的例子。佛瑞爾的論文標誌著逐漸在瑞士形成的戰線，這些行動從十一月初就出現了。佛洛伊德立即就提醒榮格：「佛瑞爾的攻擊對象主要是您，雖然他的論點或許是出於無知。」

亞伯拉罕不願在殉道上讓人專美於前，很快就挑起了自己和知名權威人士的衝突。十一月十日，在對「柏林精神醫師暨神經專科醫師協會」的演講中，亞伯拉罕發表了自己的論文〈近親間及神經官能症患者間的通婚〉（Intermarriage Between Relatives and Neurosis）。他論點的要義是要翻轉一個已被確認多年的退化論者的觀察，即近親通婚會導致後代罹患神經官能症；根據亞伯拉罕的看法，神經官能症發展的一個特徵是尋找準亂倫的親密關係，因為這種方式最不會危及童年期的依賴紐帶（dependent ties）：也就是說，是神經官能症導致近親通婚，而不是相反。這是個好論點，對亞伯拉罕而言也具有雙重的個人意義。他妻子的叔叔，著名的神經學教授赫曼‧歐本海默（Hermann Oppenheim）也出席了，他出版過支持這個主流觀點的著作，即近親通婚在猶太人中間尤其盛行，並且是造成他們神經官能症高罹患率的原因。亞伯拉罕因此是在宣告他的專業獨立性。從某種意義上說，他也是在切斷他和他個人過去的紐帶，因為他用來做為主要例證的家譜正是他自己的家族史。無論如何，亞伯拉罕以極其生動的措詞向佛洛伊德描繪在他發表後接下來的那場討論會：「我形單影隻地力抗全場群眾。」佛洛伊德以同樣生動的措詞寫信給榮格：「我聽亞伯拉罕說，他從他在柏林的第一場戰役中活下來

了。他在那個前哨戰的根據地岌岌可危。」

事實上，這場會議的氣氛並非如亞伯拉罕描述的那樣激烈尖銳。亨利．艾倫伯格檢視了已發表的會議記錄，發現似乎只有柏林大學的精神醫學教授齊恩直言不諱。（聽到著名的小說家 C. F. 梅爾〔C. F. Meyer〕對自己的妹妹有吸引力是令人十分沮喪的事，但那只是最次要的論點而已，即便亞伯拉罕選擇將這個案例留在後來發表在《年鑑》的版本中。）亞伯拉罕自己對那個晚上的真正評價，也許可以從他在那一年又回到同一個協會做了另一次發表判斷得出來。儘管如此，即使我們都認為自我戲劇化的樂趣扭曲了亞伯拉罕對佛洛伊德的報告，齊恩在德國精神醫學界是個十分重要的人物，他自己進行的聯想實驗研究是榮格版本的先行者，因此也是個重要的新敵人。

然後還有馮．莫納科夫這號人物，他是蘇黎世大學的神經學常駐教授。馮．莫納科夫一直都在參與蘇黎世佛洛伊德學會的會議，他在那裡感受到前所未有的不自在，幾乎達到瑞士禮儀風俗所能容許的極限。現在他終於藉著跟杜伯共同創立瑞士神經學協會進行報復。根據榮格的說法，「偏遠地區的每個鄉巴佬」都受邀參加那個協會了，包括奧圖．維拉古特（Otto Veraguth），蘇黎世的實驗心理學家，第一個在字詞聯想實驗時使用電流計的人就是他。（榮格曾寫到維拉古特參加會議時，「對這整個程序他唯一瞭解的事情就是晚餐。」）

榮格對這些事件的反應是在表面上冷漠以對。在他寫給佛洛伊德的信中有段具有代表性的文字：

祢的真理是偉大的，它將得勝（*Magna est vis veritatis tuae et praevalebit!*〔拉丁文聖經武加大譯本，附錄，以斯拉三書 4:41 的改述〕）……沒有比吹響頃刻間令歡呼聲響起的號角，並且在人口稠密的土地上定居下來更令人厭惡的了。所以我們激起的強有力反對令我愉快。顯然還有許多人等著要把自己當成傻瓜。即使是佛瑞爾也還是有機會在倒數時刻這麼做。我已經注意一陣子了，假道學的和風從美國吹來，因為墨頓．普林

223

斯的說服力似乎相當特別。每個人都十分害怕他的出現，每個人都等著要對別人耍弄賤招。

不過有另一件即將發生的事讓榮格無法無動於衷。十一月廿七日，艾瑪·榮格開始待產。四天後，法蘭茲·榮格，他們的第一個兒子誕生了。佛洛伊德在事前就已經寫了封信，說他希望「那顆星星」終於照亮榮格家的屋頂。榮格在兒子出生後的十二月三日回信：

您可以想像我們有多高興。出生的過程很平順，母子均安。真可惜我們不是農夫，要不然我會說：現在我有兒子了，我可以安心地去了。在這個情結主題上還有許多事情可說呢。

雖然不是「情結」典故，但是對文學典故有豐富知識的佛洛伊德在十二月十一日回信道：

我必須說，令我驚訝的是您對於無法扮演理想的英雄—父親角色的悔恨（「我父親生了我然後就死了。」）發生得過早了。這孩子將會有許多年認為您是個不可或缺的父親，首先是正面意義的，然後是負面意義的。

「我父親生了我然後就死了」，引自華格納歌劇《齊格菲》的第二幕第三場，是齊格菲向布倫希爾德說過的一句話。要不是根據他和榮格在九月時的談話，要不就是他的文化素養使然，佛洛伊德將榮格有關安心離世的意涵正確地放入脈絡中——「齊格菲」已經誕生了，這是一個沒有父親的英雄。然而，榮格並不想死，但他也不想做自己必須做的事。此時艾瑪·榮格已經知道史碧爾埃這個病患的存在，一個引起她丈夫異乎尋常興趣的女人。

愛情的盡頭

　　榮格在一九〇八年寫給史碧爾埃的信，現存的最後一封日期為十二月四日，這封信並不完整，而且語調是完全的絕望：他沒有用專業態度來為她診療；他請求她不要報復他；他必須立刻和她見面（在她的公寓，他們在那裡會自由些）；他亟需她的幫助，因為他的工作現在岌岌可危。榮格在整封信中都把自己形容成容易受傷的一方，他甚至回憶起他從死亡邊緣被救回來的一次孩提時意外。在閱讀過由卡羅德努特發表的節錄內容後，人們應該會瞭解他語調中的絕望：

　　我在尋找一個人，那人可以在愛人的同時而不會刑罰、囚禁、搾乾另一個人；我正在尋找這樣一個尚未被發覺的人，那種人會努力將愛與社會的優勢或劣勢分開，這種愛的目標永遠會是愛本身，而不是只是達到另一個目標的工具……。我的不幸是，若無愛情，若無那暴風雨般刻變時翻的愛情喜悅，我的生活對我就毫無意義……。回報我，在這個我需要幫助的時刻，回報那些在妳生病時我能給妳的愛意與罪過與利他主義。現在生病的人是我。

　　這不是一封情書。榮格一度說他同情那個和他墜入情網的女孩，因為「忠誠」不是他的本性：「所以當一個人已婚時，只撒一次謊並為它付出代價，會好過於一次又一次地重蹈覆轍，一再地撒謊又一再地失望。」
　　人們會從這封信猜想，他們在小法蘭茲出生的兩天後才剛剛見過面，而且出現了戲劇性的衝突場面。我們沒有其他的記述文字可以參考，所以無法確定到底發生了什麼事，但最可能的情節似乎是，榮格曾經試著甩掉她（卻不成功）。然而吊詭的是，導致榮格與她分手的唯一最迫切動機，也以她會接受的任何形式發揮了安撫的效果。因為榮格承受不起的就是釀成公開的醜聞。
　　這些事在寫給佛洛伊德的信中全都隻字未提。榮格在十二月十五日的信中說，這封信是倉促下寫成，並迴避討論家庭事務，但是他在十二

月廿一日的下一封信則顯得老神在在,而且充滿自信,從此以後,在現存的通信中他完全只談政治,以及用佛洛伊德的話說,「榮格的《年鑑》問世;每個人都會這樣叫它的。」這些信充滿了高昂的鬥志。例如佛洛伊德一度曾寫道,「如果我是摩西,那麼您就是得到精神醫學應許之地的約書亞,而我就在遠方照看著。」至於榮格這方則專心在描述各式各樣的臨床軼事,以及他小女兒阿嘉特莉(Agathli)的一些可愛小故事,例如她如何詮釋最近家有新生兒這件事情。看來榮格是把家裡的一切事情都打點好了。

但榮格並未停止和史碧爾埃見面。採取必要手段的任務留給了他的妻子。一九〇九年一月中,史碧爾埃的母親收到一封匿名信,信上說她應該救救她的女兒。正如所有母親會做的,史碧爾埃夫人立刻寫了封信給榮格,說他已經救了她女兒一次,現在他不該毀掉她。榮格回給史碧爾埃夫人的信如下:

當我不再推開自己的感覺時,我就從她的醫師變成了她的朋友。我會更容易丟掉我的醫師角色,因為我並不覺得我負有專業上的義務,因為我從不曾收費。後面這點很清楚地設立了加諸於醫師的限制。當然,您確實瞭解,一個男人和一個女孩不可能無限期地保持彼此間的友好往來,而杜絕超出友誼的情感進入關係的可能。因為有什麼能夠阻止這兩人嚐到他們愛情的苦果呢?另一方面,一個醫師和她的患者可以談論最親密的事,愛談多久就談多久,而這個患者也許會期望她的醫師給予她所需要的全部的愛與關懷。但是這個醫師知道他的限制在哪裡,並且絕不會跨越那一條線,因為他是被付錢來處理她的麻煩。這必要的限制會加諸在他身上。

榮格在信的結尾宣布:「我的收費是每次諮商十瑞郎。」同時希望史碧爾埃夫人會選擇「普通的解決辦法」。

自從卡羅德努特文件發表以來,榮格寫給史碧爾埃夫人的初次回

信，就因其麻木不仁和明顯的投機主義而惡名昭彰。但我們必須提醒自己榮格當時的處境為何。幾乎不到一個月後，《年鑑》就要發刊了，性研究的課題讓瑞士醫學界陷入了分裂情勢，史碧爾埃夫婦是重要人物，而他們的女兒絕不會願意結束她和她的「齊格菲」的幽會。榮格已經搞砸了遊戲中局，現在他面對的是一個不可能收拾的殘局。他盡了全力，但除了繼續見她之外，他沒有找到一個她能接受的安撫方式。如果他的外遇曝光，他就得憂慮同夥的佛洛伊德派學者可能面臨的負面政治效應。「每次諮商十瑞郎」這句話，可以看成是一個軟弱男人嘗試拯救自己同行（如果不是為了自己）的方式。

　　榮格和史碧爾埃的母親又祕密通信了兩次，之後榮格（仍舊不曾向史碧爾埃提出說明）便忽然婉拒造訪她，反而要求她在定期的會面時間前來就診。我們值得看一看榮格寫給史碧爾埃夫人的第二封信，因為儘管這封信承認了許多事，但它確實也包含了明顯的否認之意：

　　我一直都告訴您女兒，性關係是絕對不可能的，我的行動都是為了要表達我的友情。當這件事發生時，我的心情是十分溫柔、富有憐憫心，為了從內在釋放她，我希望給您女兒有力的證明，證明我的信任和友誼。結果證明那是個嚴重的錯誤，我非常懊悔……

　　榮格行為的神祕轉變讓史碧爾埃深感冒犯，但她以為他只是說出他內心的騷亂而已，她連續三次在約會時間缺席。也許是因為她還記得十二月初的事效果良好，所以想讓他再擔憂一次。三個禮拜後她的態度緩和了下來。這時她終於出現在他的辦公室裡，史碧爾埃仍舊對榮格和她母親間的通信一無所知，但她剛從另一位女患者口中聽說，榮格先是讓她以為自己有機會，然後無情地拒絕她。讓史碧爾埃驚訝的是，現在只有唯一一條路可走的榮格面對她時，抬出了他向她父母提出自我辯護的理由：他對她太好了，她要的太多，她的症狀就是她未得到滿足的慾望等等。他向她提議，他們應該要開始認真地分析這一切。正如她後來記

錄的，「他向我長篇大論地說明他過去和現在為我做的一切，這些……嗯，這些全部加起來的結果是，他又只是我的醫生了。」

這是一九○九年的二月廿六日星期五。回應榮格的說教，史碧爾埃做了任何神志正常的人在同樣情況下都會做的事。她攻擊他，造成他流血，然後逃走了。

鬼神之說

史碧爾埃的襲擊和後來的不知去向，讓榮格被接下來可能會發生的事嚇得魂飛魄散。或許就像葛洛斯一樣，他會被當成是個「只會對我們的事業造成重大傷害」的人。讓事情更糟的是，《年鑑》的第一卷才剛發行，發行人欄把榮格列為佛洛伊德學派的官方代表。這個握有榮格書信的年輕女人有能力造成莫大傷害，不僅是對榮格個人，而且還是對整個精神分析事業的傷害；在瑞士的事業肯定會出問題，其餘德語世界的事業也很有可能受到波及。

榮格已經開始為自己尋找後路。一九○九年的一、二月，他開始向一些新同行獻殷勤，尤其是蘇黎世牧師奧斯卡‧菲斯特（Oskar Pfister），以及巴塞爾的哲學家和教師保羅‧哈柏林（Paul Häberlin）。在這同時，他也開始把性研究輕描淡寫為一種技術性手段，同時和佛洛伊德的學術用語保持距離。一九○九年二月廿五日，即史碧爾埃攻擊他的前一天，他寫給鍾斯的一封信相當值得注意，榮格在信中說，每一個佛洛伊德的基本心理學概念（「壓抑」只是其中一例）都能比照基本的、功能性的生物學考量而重新詮釋及命名。至於性研究，榮格率直地告誡鍾斯：「面對學生及患者，我不會把性這個主題弄得太明顯，以取得進一步的進展。」

《年鑑》已經出刊十天，但佛洛伊德還沒收到來自榮格的隻字片語，於是他拍了封電報緊急詢問這件事。榮格回了電報，然後終於在一九○九年三月七日回信。在為自己的長久沉默堆砌一個又一個藉口之後，他讓佛洛伊德知道，眼前可能會出現一些麻煩，但他仍然害怕得說不出真相：

最後一根且最糟的稻草是，有個情結正讓我陷入巨大危機：一個
女病人，我在多年前不計心血地將她從十分棘手的神經官能症中拯救出
來，她卻用可以想得到的最令人痛心的方式破壞了我的信譽和友誼。她
單方面掀起一場卑鄙的醜聞，因為我克制自己給她一個孩子的喜悅。我
一直都待她如紳士，但是在我那敏銳的良心法庭前，我還是不覺得自己
無罪，而這正最令人受傷，因為過去我的動機始終高尚正直。但是您知
道這是怎麼一回事，魔鬼可以利用最好的事物來製造污穢。同時我也學
到難以勝數的婚姻智慧，因為儘管做了所有的自我分析，但我一直對於
一夫多妻想法有個完全不適當的觀念。現在我知道在哪裡以及如何才能
逮住魔鬼了。

除了以隱喻的方式外，榮格並未進一步詳述狀況；他提到「命運對
我的肆虐」，並補充說因此他十分期待可以拜訪維也納十天，好「從我所
受的所有沉重打擊中恢復」。

佛洛伊德在回信中也有自己的重要消息要說：他受到史丹利‧霍爾
（Stanley Hall）的邀請，在他負擔得起的情況下，在明年秋天於美國克拉
克大學（Clark University）發表演講。霍爾之前就曾在前一年的十二月
底時邀請過佛洛伊德，但是（在榮格的異議下）佛洛伊德因財務因素而
婉拒了。在美國這方面，榮格是有先見之明；他瞭解到從這樣的邀約能
獲得相當高的聲望，因此非常值得投資。有賈內的例子在前，最近還有
克雷貝林在加州做一次諮商就收到五萬馬克的天價報酬。一九〇九年三
月，佛洛伊德終於接受了榮格的理由，同時也接受了霍爾再次提出的邀
約。

在說完前往美國的邀請後，佛洛伊德才開始談到榮格遇到的麻煩。
命運的機緣湊巧使然，佛洛伊德最近剛從一位來訪的醫師——慕尼黑的
阿圖爾‧慕特曼（Arthur Muthmann）口中聽到，另一個蘇黎世的病人宣
稱自己曾是榮格的情婦。可以理解的是，佛洛伊德以為這個不大可能的
指控是榮格憂心的醜聞源頭。對醫師的歇斯底里控訴不是什麼新鮮事，

佛洛伊德看不出這類控訴對新的精神分析專業有何特殊威脅:「被我們所引起的愛意所詆毀、刺痛——這是我們做這行要冒的危險,我們當然不會為了這些事而放棄這門事業。」

可以肯定的是,榮格為期兩週的沉默令人心煩;這段沉默讓佛洛伊德想起幾年前和弗里斯漸疏漸遠的通信。佛洛伊德在信中繼續提到他對這一點很容易敏感,用的詞是「創傷性感覺過敏」。他心中舊的情結,即弗里斯—期刊—合作—災難,仍然活躍著。但是榮格來信中透露出更令人擔憂的事情,或許是他沒有預期到,且聽起來真誠得怪異的「污穢」和「魔鬼」的談話。佛洛伊德在這裡做了個合理猜測。一月時,榮格曾用十分惹眼的措詞提到他的新朋友菲斯特牧師:「怪的是,我發現這種醫學和神學的混合頗對我胃口。」菲斯特在這同時也自己寫信給佛洛伊德,他徹底地以基督教觀點來看精神分析,確實會令人緊張不安,但也不是完全無法消受。佛洛伊德現在猜菲斯特已經用舊的宗教臭蟲讓榮格再次受到感染,那種宗教臭蟲應該立刻被捻死。所以結果是,佛洛伊德在給榮格的回信中暗示了,一椿潛在的醜聞瞄準的不是任何行為失檢(無論是真實或者是想像的),而是榮格那種高調的措詞:

還有一件事:「和魔鬼勾結的人還會怕火?」您的曾祖父〔歌德〕曾說過類似的話。我提到這句話因為,您肯定在敘述這個經驗時陷進了神學的文字風格裡。同樣的事也發生在我寫給菲斯特的信裡:我從火焰—火—火葬柴堆之類的情結裡借用了每個可以想得到的隱喻。我就是忍不住,對神學的尊敬讓我一直想到這句引文(!):「不管怎樣,這猶太人都會被燒死。」我還是無法習慣和新教神學家和睦相處。

這幾乎是個滑稽場面:榮格可能會被史碧爾埃的作為毀了,但是他和佛洛伊德卻在這裡討論起他的「神學的文字風格」。不過佛洛伊德確實意識到某件事——火葬柴堆的味道雖然微弱,卻不是憑空想像——但即便是他,也無法猜測煙霧會飄向哪裡。

榮格在三月十一日的回信可能只讓人放下了半顆心：

> 我必須立刻回覆您。您仁慈的話語讓我寬心，也安慰了我。您可以確信的是，不只是現在，就連未來也不會發生弗里斯那類的事……。除了熱戀時刻外，我的情感持久、可靠。只是在過去的兩個禮拜，魔鬼化身成神經官能性的忘恩負義（neurotic ingratitude）來折磨我。但我不該因此就對精神分析（ΨA）不忠。相反地，我從這個經驗學到未來該如何做得更好。您毋需對我的「神學的」文字風格過分憂心，那只是我的感覺而已。我承認，魔鬼不時會讓我那顆（總的來說）無可指責的心感到心灰意冷。

天知道缺乏必要資訊的佛洛伊德從這封信中理解到什麼，但榮格顯然很高興聽到佛洛伊德擔憂失去他，但他的信仍然無意間洩露了他內心深處對精神分析的重新思考——神經官能性的忘恩負義。實際上，榮格的信繼續提到，他最近發現的 E. T. A. 霍夫曼（E. T. A. Hoffmann）的小說《魔鬼的靈藥》（*The Devil's Elixirs*），小說描寫一位名為梅達爾德斯（Medardus）的修士的浮士德式冒險。梅達爾德斯是個叛教的嘉布遣會（Capuchin）修道士，他中了一種奇怪靈藥的毒，離開修道院，喬裝成貴族進入了俗世。在霍夫曼的敘述中，梅達爾德斯的冒險是一場夢魘，由祕密罪行及揭露其罪行所帶來的羞辱而組成。他被長得猶如自己翻版的邪惡分身追趕，古怪的巧合令他陷入網羅，這個修道士歷經一個又一個的誘惑，落入情慾、亂倫、謀殺及瘋狂的惡行中，直到尋得悔改及最終的救贖。《魔鬼的靈藥》後來注定長久影響榮格的思想，但更重要的是，它和他目前處境（等著被揭發的祕密罪行）的關聯十分異於尋常。實情是，榮格只讓佛洛伊德知道，他正考慮為佛洛伊德的論文集寫篇文章談霍夫曼的書，因為這本書包含了「一整團的神經官能症問題……所有都可能是真的」，而且「我的『神學』思考有許多顯然是來自那裡」。

確實有什麼事情不對勁；凶兆正開始浮現。接著發生的事是，榮

格拜訪維也納，原本計畫三月十九日前往的行程延遲了一週，表面上是為了專業的理由。然而在這段期間，榮格卻找到時間去巴塞爾拜訪哈柏林。榮格勉強在他三月廿一日的信中向佛洛伊德稍微提及了這次拜訪：

最近我拜訪了哈柏林。他是個有遠見的人，未來不可限量……。他跟我在同一個村莊出生，他是學校老師的兒子，我則是牧師之子。現在我們又在這個領域重逢了。他的心理學敏銳度和生物學知識遠遠超出了菲斯特。他身上不乏某種神祕主義氣質，因此我十分看重他，因為這保證他擁有某種超出一般的深刻思想，以及對廣泛綜合理論的掌握能力。

許多事正在上演，而且速度極快。榮格之前就在一月時向布魯勒遞出了辭呈，但是他卻深思熟慮地將離開的時間延遲到三月底，因為那時正是工作量非常繁重的時候。現在他已經過了離開的期限，而他之前就計畫好一趟慶祝之旅，維也納是其中一站。同時，他在蘇黎世郊外屈斯納赫特的新家工程已經進行了五年，也已接近完工階段。榮格就要在專業上獨當一面了。從榮格個人和專業生活中的重大進展來考量，和史碧爾埃的放蕩時光結束得正是時候，但是在他知道她計畫採取什麼報復（如果有的話）之前，他還是有必要繼續為保全事業而兩面下注。

正是在這個不穩定基礎下，榮格選擇了和佛洛伊德見面。在歷史記錄上，榮格夫婦二度造訪維也納，停留時間是三月廿五日星期四到三月卅日星期二。人們對這場拜會一無所知，僅能從佛洛伊德和榮格事後立即交換的通信，以及下面這段榮格在回憶錄中描述他們最後一晚談話的文字一窺究竟：

聽到佛洛伊德對預知以及一般的超意識心理學的看法，讓我覺得很有意思。當我在一九〇九年去維也納拜訪他時，我問他對這些事情的看法為何。因為他的唯物主義偏見，他把這一整套複雜問題都當作無意義而丟棄了，他所根據的是極為膚淺的實證主義，膚淺到我實在忍不住想

要犀利地反駁他……

當佛洛伊德繼續堅持他的態度時，我有個奇怪的感覺。好像我的橫隔膜是用鐵打的，而且正在變得燙紅——變成一個發光的拱頂物體。這時候，我們身旁右邊的書櫃發出很大的爆裂聲，我們驚慌得連忙起身，害怕它就要倒在我們身上。我向佛洛伊德說：「您瞧，那就是催化的外在化現象（catalytic exteriorization phenomenon）。」

「喔，別來了，」他高聲說：「那是瞎扯。」

「不是瞎扯。」我回答。「您錯了，教授先生。為了證明我的觀點，我現在預測很快就會聽到另一聲響亮的爆裂聲。」果然，我的話一說完，那個書櫃就發出了同樣的爆裂聲。直到今天我還是不知道是什麼讓我這樣肯定。但我確信那個爆裂聲會再次出現，而佛洛伊德只是目瞪口呆地看著我。

「催化的外在化現象」——這個字詞讓榮格投入他全部學院時代的時間去研究，當時他全心擁抱神祕主義。實際上，他的同僚亞伯拉罕關於瑞士神祕主義傾向的說法被證明是正確的，但最令人困窘的是，似乎只有書櫃在這件事情上是站在榮格這邊。至於榮格對燙紅、發光的拱頂物體的想像（佛洛伊德後來認為那是個懷孕幻想），說明了榮格內心深處的怨恨正清楚地開始浮現。

智識上的賭注和情感上的賭注同樣高昂。在智識上，榮格即將要更密切地認識他崇拜已久的人——偉大的日內瓦心理學家弗魯諾伊。而且榮格知道弗魯諾伊在科學界並非無足輕重的人，卻在對潛意識的描述中為潛在的靈性及進步趨勢保留了空間。確實，弗魯諾伊在他最近的論文中，很明確地從榮格論早發性癡呆症的書中引用了一段文字，以支持他的陳述。

情感上，史碧爾埃造成的危機尚未解決，並且他也未向佛洛伊德說明，整個狀況似乎將榮格推向人類經驗的極限。極度心煩意亂之下，榮格進入了由預感和奇異巧合組成、一個潛在但常存的人類邊緣世界。某

種程度上，這是榮格一直想要得到的，雖然不是在這樣的情況下。他已準備好在面對佛洛伊德時為這個感情上的變化辯護，這件事證明了他的誠信正直。但是由於同樣的原因，這卻在最重要的方向上對他的幫助極小。因為無論就認知還是預感而言，他都不知道史碧爾埃會怎麼做。

　　造訪佛洛伊德後，榮格一家人到義大利度假。榮格在那裡做了一個「偉大的夢」，這個夢可分為兩部分，他接著在一九二五年的一場研討會中報告了這個夢，然後在多少經過修飾美化後發表於他的回憶錄中。在這個夢的第一部分，榮格遇見了佛洛伊德，他是個年邁而牢騷滿腹的奧地利帝國海關官員。在第二部分裡，榮格遇見了一個十二世紀的十字軍戰士，在熱鬧的正午時分於現代的義大利城市裡四處閒晃。榮格在回憶錄的敘述中說明，這兩個人物之間的對照象徵著他和佛洛伊德對潛意識觀點的初始差異。儘管佛洛伊德（那個海關官員）滿足於窺探人類的走私行為，以便證明人類心中存在著太過人性的限制，他，榮格，則尋找著人類心理深處的神聖元素，尋找著某種可以賦予生命意義的東西。但是除了這點以外，在這兩個人物之間有著極強的相似性，因為，正如榮格在一九二五年的研討會上所說明的，他們都「死了」，但他們似乎都不知道。

　　一九二五年研討會上發表的是這個夢的較黑暗版本，但更精確地捕捉到榮格在作夢那段時間的心情。而當我們理解到，這些夢意象的形式特徵無疑是來自霍夫曼的小說《魔鬼的靈藥》中的兩段話時，恐懼感甚至更清楚地傳遞出來。小說中這兩段都有著警示作用——這兩段話代表了一段始終痛苦、時而離奇的教育歷程，是梅達爾德斯修士因他的罪行而體驗到的後果。在第一段話中，有人向他上了一堂關於意識極限的課程，意識被比喻為「一個狡詐的通行稅收費員，或海關官員的可悲行為……他們在心靈裡設了一個窄小的辦公室，每當貨物要送出去時，他們就說：『喔，不！禁止出口。它們得留在這兒。』」這段話的後續是，於是人被阻擋，無法進入靈性世界的天國之城。榮格認為，這段話多少也傳達出佛洛伊德的立場。第二段話是在痛斥現代貴族階層的立場，他

們緊緊抓住古老的騎士世系不放，即便他們在現代社會中已逐漸邊緣化：
「這說明了他們的愚行……深刻絕望所產生的後果是，他們往昔榮光的卑
微瑣碎，暴露在智者通曉世事的目光底下，而他們的不足之處成了被嘲
弄的對象。」這多少是榮格自身的處境。而且正如他那個問心有愧的夢
告訴他的，他和佛洛伊德之間的差異或許不是那麼重要：他們都死了，
雖然他們都還不知道。

　　榮格感到憂心忡忡，也因此他極度謹慎。在他第一封給佛洛伊德的
後續回覆中（從一九○九年四月二日動筆，直到一九○九年四月十二日
復活節的禮拜一才完成），他在信中對他的鬼神之說表示歉意，部分是因
為其說法和弗里斯相似（弗里斯以他那不可思議的醫學預測得到了極高
的聲望）。他也提到他最近的夢，但選擇不去描述。然而總的來說，榮格
仍然決意邁向他的新方向，而他的信也主要是在敘述收集新的臨床資料
以支持他的新方向。在這過程中，他發掘了墨頓‧普林斯最愛的一個術
語：「心理綜合」（psychosynthesis）：

　　我感覺在這個名詞底下必定存在著某種相當特別、複雜、普遍性的
事物，和人類的預期傾向有關。如果有「精神分析」，必定也有根據同樣
法則創造出未來事件的「精神綜合」（我知道我寫得就像我有一堆想法似
的）……

　　最開心的是，和您在一起的最後一晚，讓我自內在將我從您的父親
權威壓迫感釋放出來。我的潛意識以一個偉大的夢來慶祝這個模糊的感
覺，我有些天全神投入在這個夢裡，我才剛完成了對它的分析。我希望
現在我可以擺脫所有無謂的負累。您的事業必將興旺……

　　如果人們瞭解他所身處的可怕困境（在拜訪佛洛伊德之前、期間以
及隨後），就可以理解榮格的怪異行為了。但是從維也納的觀點來看，榮
格的行徑相當古怪，而且是基於十分神祕的理由。佛洛伊德從容應變。
他對於榮格在四月二日到十二日間完成的那封奇怪書信的回覆是篇傑

作，信中充滿溫情，對懷疑的寬容，對照著一開始表現出的受傷情緒，更顯出其寬宏大量：

> 奇怪的是，在同一個夜晚，當我正式收養您為長子，並在您身上塗油膏（在異教徒的土地上〔*in partibus infidelium*〕），使您成為我的繼承人及王儲時，那時您就應該已經放下我的父親尊嚴，而您感受到的喜悅就跟我一樣，只是相反的是，我的喜悅來自於我將職權授予您。如果我告訴您我對那個捉弄鬼的感覺，恐怕我現在又會重新落入您父親的角色了。

「in partibus infidelium」這個用語字面上的意思是「在異教徒的土地上」（in the lands of the unbelievers），但其義是個神職頭銜，指的是沒有教區的主教階級，也就是宣教士。佛洛伊德繼續溫和地說道，雖然榮格離開後，書櫃仍持續發出嘎吱聲，但他的輕信「已經隨著您在場的魔力而消失了」：

> ……我面對著這個失去靈性（despiritualized）的家具，就像希臘眾神消逝之後，詩人面對著不再有神居住的大自然（undeified Nature）。於是，我戴上我那副父親式的角質框眼鏡，警告我親愛的兒子要保持冷靜，因為比起為瞭解某件事而做出重大犧牲，不如不瞭解還比較好。我也搖了搖我那睿智的腦袋，並想著：對，年輕人就是這樣，他們真正喜歡去的地方就是那些沒有我們存在之地，那些我們這些氣喘吁吁、兩腿無力的人無法跟著他們前往之地。

接著，佛洛伊德拿出懺悔者的成熟智慧，他告訴榮格他在一九〇四年的希臘之旅，當時他為了反覆重現的六十一和六十二這兩個數字而十分苦惱，數字似乎預告了他的死亡年齡。接下來他用和藹可親的姿態分析這種過度沉迷於迷信的態度，說明這和他以前的朋友弗里斯的命理學的關聯，並談起「我的神祕主義，尤其是猶太性質的神祕主義」。這封信

是個傑作，而且發揮了相當大的影響。榮格溫順地回覆道，「我還沒走進任何體系裡，我也會提防自己別把我的信任寄託在那些鬼神上。」

佛洛伊德的立場夠清楚了。《年鑑》現在已經面世，他不打算失去他對《年鑑》編輯的影響力，尤其是在美國之旅前夕；多虧了字詞聯想測驗，榮格已經在美國建立了聲望。如果這意味著他必須縱容榮格的奇怪情緒，那也完全可以處理。至於榮格，如果我們忘記他的思想新轉向其實有許多前兆，我們就會抨擊他。一九〇六年時，他就已經主張必須提供患者一個新的情結，這樣才能引導他們的能量去處理現在和未來的生活任務。還有在一九〇二年，他已經指出他那靈媒表妹的閾下意識所虛構的人格嘗試要忽視她的精神病態自我，並為她的成人生活做準備。但是我們也應注意到，他現在的主張（不是只有重複其嬰兒期性意識及亂倫往事而已，情結也可以自我轉型並開始組織未來），和史碧爾埃在他們發生姦情約十個月前在「轉化日誌」中一直強調的並無不同。

簡言之，在一九〇九年的三月和四月，當他最近提出的一組理論在他近來和史碧爾埃的經驗（而這經驗的後果是他無法控制的）上觸礁時，榮格就私下開始不太認真地考慮起一個修訂過的潛意識詮釋，這個詮釋在強調其「未來」潛力之際，訴諸具有更廣泛基礎的功能性生物學原則。在某種意義上，這是回到了他以前的觀念，這個以前的觀點也提供榮格一個潛在的、政治上的逃生出口。如果事情變糟了，他被迫撤回他的佛洛伊德學說，他還是可以在精神病理學者和精神治療師的國際社群中找到其他聽眾。除了這些考量外，榮格的新觀點也提供了一種詮釋立場，從這個立場至少可以檢視一些他最近和史碧爾埃在一起時發生的經驗，像是他們可以在一段距離外讀出彼此的想法，並且或許也能夠多少減輕一些他那「過於敏感的良知」所帶來的巨痛。

親愛的佛洛伊德教授

在愛情中被背叛的人是可怕的，甚至連他們都覺得自己可畏。也許因為這樣，沒有什麼比失去真愛更糟了。背叛使得真愛的失落更具毀

滅性。於事無補的是，真愛有其邪惡性質，也許事實一向如此，當這是一段姦情時最是確定無疑。唯一的真正解決辦法就是投入另一段愛情，但是，除了暫時的偽裝外，這正是不可能發生的事。在這段期間，任何極端的行為都有可能發生。

正如在一九〇九年六月的信件草稿所表明的，史碧爾埃徹底發狂了。在她在憤恕中和榮格發生最後一次衝突後，她立刻離開了蘇黎世，前往鄉下去重新找回自己的理智。接下來，先是她母親，然後是她父親都來到蘇黎世照看她。她母親試著和榮格私下見面，但是他堅持任何會晤都必須在布爾霍爾茲利的辦公時間進行。

史碧爾埃的大學生涯也陷入險境，她設法只修一堂課（組織學），雖然她的確繼續在大學醫學診所裡工作。最後在五月時，她決定要面對榮格。她去聽他講課，但是站在講堂後面的她更像是一個幽靈，而不是個學生，她在所有人的注視下落荒而逃。五月底，她燃起最後一絲希望。提起筆，寫信給一個她不認識的男人：

親愛的佛洛伊德教授：

如果您能夠聽我說的話，我會非常感激您。這和對我極其重要的一件事有關，您或許有興趣聽聽。

如果可能的話，我應該會希望要求您提前告訴我一個方便的時間，因為我在這裡的醫院擔任實習醫師，所以在我缺席期間我必須安排人來代替我的職務。

或許您會以為我是個追逐名聲的厚顏之徒，想給您看一篇「震驚世界」的蹩腳學術論文，或是這類的東西。

不，這不是我來找您的理由。同樣地，您也讓我感到尷尬。

佛洛伊德立即有了回應。他在六月三日接到這封信，他在同一天就把這封信寄給了榮格並附上下面的詢問：

　　怪透了！她是哪位？一個好管閒事的人，一個多話的人，還是個偏執狂？如果您對這位寫信的人知道些什麼，或是對這件事有什麼看法，就好心發封電報給我，但另一方面你可不能陷入任何麻煩。如果我沒有收到您的回覆，我會假設您什麼都不知道。

　　榮格的電報遺失了；不管這電報說了什麼，這讓佛洛伊德在一九〇九年六月四日回信給史碧爾埃，禮貌地要求她在啟程前往維也納前說明她的來意。同一天，在發完電報之後，榮格寄了一封解釋函給佛洛伊德，但這封信並沒有為他掙到太多面子：

　　此時此刻我不知道要說些什麼。史碧爾埃就是我曾寫信跟您談過的那位。我曾以簡要形式將她的案例發表在我阿姆斯特丹的演講中。也就是說，她是我的測驗個案，也因此我對她抱有特別的感激之情。因為我從經驗判斷，如果我收回我的情感支持，她的病情就會立刻復發，所以我將我們的關係延長了幾年，到最後，可以這麼說吧，我發現自己有道義上的責任，必須對她全心投入大量的友誼，直到我瞭解到非預期之輪已開始轉動，此時我才終於和她決裂。當然了，她有系統地計畫勾引我，我認為這是不適當的。現在她想要報復。她最近一直在散播耳語，說我會很快和我妻子離婚並迎娶某個女學生，這在我不少同事間引起了騷動……。和葛洛斯一樣，她也是個和父親對抗的個案，而出於想要做件好事的心情，我曾試著以無限的耐性心懷感激地（！）治療過她，甚至為此濫用了我們的友誼。最重要的是，很自然地，一個良性的情結卻壞了整件事。正如我之前提到過的，我第一次訪問維也納所帶來的餘波盪漾持續了許久，先是在阿巴佳出現的強迫性迷戀（對象是一位不知名女性），接著是以另一種形式出現的猶太女人——以我這位患者的形式呈現。當然了，現在這一切的詭計都被我看得清清楚楚。在這整件事發生的期間，葛洛斯的觀點不斷地迅速飛掠過我的腦海。

佛洛伊德選擇不去注意榮格提及第一次造訪維也納的措辭中暗示的威脅意味，因為他在六月七日的回信中採用全然困惑的語調。他讓榮格知道這封思慮不周的信在他的掌控之中，而在同時他已經寫信給史碧爾埃，好像和這事有關的人是他而不是榮格。接著，針對榮格的悔恨，他承認自己也「好幾次就要陷進去，差一點就無法脫身」。他明白榮格的問題源自於他對精神分析的運用，而他對這一切表示諒解：

　　我認為是工作的嚴酷要求，以及我進入精神分析領域時的年齡比您大了十歲的原因，使我免於同樣遭遇。但是這不會帶來長久傷害。這些經驗幫助我們更禁得起磨鍊，並且能夠支配「反移情作用」，這對我們而言是個永久的問題……

　　這些女性不達目的不罷休地想方設法，透過每個想得到的完善心理策略來誘惑我們，這簡直就是自然界最偉大的奇觀之一。

　　榮格已經把他想說的都說了，佛洛伊德的回信也使他得到了莫大的安慰。他甚至被感動得痛悔起來：「偏偏是我，您的『兒子』和『繼承人』，竟會這樣粗心大意地揮霍您的遺產，這實在太愚蠢了，就好像我之前對這一切一無所知一樣。」除了感激外，另一件事也讓榮格立刻想要重新披上兩個月前他一直試著擺脫的「兒子和繼承人」的外衣——在同一週，他也收到了霍爾的邀請，要他三個月後在美國克拉克大學舉辦的大會上發表演說。無常的命運創造出莫大的諷刺：就在榮格受到他和精神分析的關係深深困擾的時候，精神分析卻又滿足了他長久未能實現的願望——得到一群美國聽眾的機會。所以他和佛洛伊德終究還是成為盟友了。

　　當然了，佛洛伊德很高興聽到榮格也要和他及費倫奇（費倫奇是自告奮勇）一起前往美國的消息，所以在一九〇九年六月十八日的下一封信裡，直到第五段才有關於史碧爾埃的進一步消息：

　　史碧爾埃小姐已經在她的第二封信裡承認她的事情和您有關；除此之外她並沒有說明她的意圖。我的回信非常睿智、有洞察力；我讓它看起來好像我是名偵探福爾摩斯一樣，從最微小的線索裡猜出了整個情形（在您的說明後這當然不是什麼難事）似的，並且提出一個最適當的做法，可以說是某種直達靈魂深處（endopsychic）的言詞。這辦法是否奏效，我不知道。但我現在必須懇求您，不要太過沉浸於痛悔以及反作用裡。想想拉薩樂（Lassalle）關於煉金術士打破試管的那句佳句：「他對這椿不順心的事皺了下眉頭，然後繼續工作。」考慮到我們處理的這類事情，要避免小型的實驗室爆炸意外是絕不可能的。也許是試管的傾斜度不夠，或是試管加熱的速度太快。透過這種方式，我們學會哪一部分的危險是事物內在固有的危險，而哪一部分的危險是出於我們處理事情的方式。

　　佛洛伊德給史碧爾埃的第二封信留存了下來。這封信語調親切和善，但態度並不明朗。他表明榮格醫師是他的朋友兼同行，在他評判榮格之前，他會遵守「古老的法律原則：兼聽則明（audiatur et altera pars）」。他向她建議的「某種直達靈魂深處的」言詞則如下：

　　從和您的信一起寄來的附件中，我領會到你們曾經是密友，但從現在的狀況也不難推知，你們的關係已不復以往。或許這段友誼在醫學診療中萌芽生長，也或許他樂於幫助精神苦悶者的態度引起了您的共鳴。我不禁要這麼想，因為我知道許多相似的例子。但對於事情是如何走入悲傷結局，又是因為誰的過錯造成的，我一無所知，也不想妄下斷語。儘管如此，如果基於上面的假設，可以容我向您說句話，那麼我會敦促您捫心自問，那些在這段親密關係結束後仍存在的感覺，是不是最好壓抑下來並將其抹滅呢？我指的是從您自身的心理做起，排除外在干預以及第三者的涉入。

佛洛伊德也將史碧爾埃寄來的一些附件隨信退回給她，這些附件想必是榮格寄給她母親的信。但他卻留下了她的信，並打算交給榮格，說他可以把信寄去，「只要您願意隨時都行」。榮格演起了浮士德，所以佛洛伊德就扮成梅菲斯特：他一方面驅逐沒有用處的葛麗箐（Gretchen），另一方面又等著看榮格有多想知道，她所要揭發的究竟是什麼事。

這兩人都誤判了這女孩的性格。她受到佛洛伊德的信所感動——「他愛他！但如果他可以瞭解這一切呢？」她並沒有如他們所料地打了退堂鼓。她受到了激勵，在六月十日開始提筆寫出她和榮格的一段情事。透過寫作的宣洩，她開始找回冷靜。到了六月十九日，她的情緒已經穩定下來，可以在榮格的某堂課後直接面對他了。榮格很驚訝地發現，她並沒有散播他和他妻子即將離婚的謠言；史碧爾埃也很驚訝地發現，他竟然假裝她對他的所有吸引力其實是從佛洛伊德女兒對他的吸引力中衍生出來的。兩方都求和。他希望她繼續保持沉默。她提出條件。他們達成了和解，之後便分道揚鑣。

面對佛洛伊德以及她的父母時，榮格一直假裝她的困境是神經官能症發作導致；而她的發狂狀態讓榮格的診斷看起來更可信。因此她的第一個條件就是，做為和平的代價，她要求榮格必須收回他之前的聲明。他無疑被迫寫了某樣文件給她父母，但是關於這件事並沒有留下檔案證據。但我們確實知道一件事，她也迫使他寫信給佛洛伊德（她明白「直達靈魂內心深處」的意涵），並且坦承他的罪責。榮格接著在一九〇九年六月廿一日又寫了封信給佛洛伊德，承認除了性交以外的一切罪行。榮格尤其後悔寫信給史碧爾埃的母親，「有一樁詐騙罪行，我十分不願意向對我父親一樣向您坦承」。至於史碧爾埃目前的心神狀態，榮格寫道：「她已經以最好的方式將自己從這個移情作用中解放出來，並且不再復發了（除了分離後有時會啜泣之外）。」在告解的最後，榮格請求佛洛伊德（無疑也是在史碧爾埃的要求下）寫信給她，讓她知道他「完美地遵守了約定」。

榮格的舉止惡劣，史碧爾埃或許有權去做點報復。佛洛伊德盡了自

己的一份力，一九○九年六月廿四日，他以盡可能優雅的口吻寫信告訴
她，「我錯了，而且正如我那年輕友人所承認，犯錯的是男人，而不該歸
咎於女人，這樣的事實滿足了我高度尊敬女性的需求。」但是讓史碧爾
埃重新恢復生氣的不只是怨恨而已。她以寫作來宣洩這段親密關係，而
這些文字所標示的日期都在六月十九日，也就是和解日之後。這世上有
人可以完全理解這件事的想法，才讓這個告解成為可能，而這個人就是
佛洛伊德。要榮格向佛洛伊德承認事實的原因是，這樣她才能夠繼續寫
信給他！佛洛伊德是個安全的告白對象：他是榮格的朋友，他瞭解精神
分析，而且他不住在蘇黎世。史碧爾埃在六月卅日回信給佛洛伊德，事
實上先前那封信是不需要回覆的。

　　我們不知道史碧爾埃六月卅日的信中的確切內容，但我們確實知道
她想像的內容是什麼。在本書中，我們一直倚賴「一九○九年信件草稿」
為資訊來源，來說明她和榮格在這些年間逐步演進的關係。但我們幾乎
不曾描繪過這個文件的真實風貌，也不曾明確說明它進一步的重要性。
從六月十日直到六月底，這段時間所寫的文件生動，熱情洋溢且混亂：
精力充沛的情緒爆發和短暫的平靜交替出現，故事情結（儘管不怎麼清
楚）時常變成破碎的細節，而我們無法解讀這些細節的意義。寫這份文
件的用意是自我防衛，並記錄史碧爾埃和榮格這一段親密關係的來龍去
脈。他們在心理學實驗室中合作共事、賓斯旺格的實驗、靈媒表妹「S.
W.」、「齊格菲」、預知夢、遠距離讀心、奧圖‧葛洛斯、他們彼此共同的
神話和潛在的亂倫夢——史碧爾埃描述了這一切，還有更多，包括神祕
地重複提及他們一起擁有的「詩」。但除了那熱情而混亂的特質之外，在
這裡我們必須要求讀者從一個完全不同的面向來考量這個文件。因為事
實上，這些文字全都是一封長信的草稿，這封信在一九○九年六月底寫
下，並寄給了佛洛伊德。

　　人們可以想像榮格的悔恨。史碧爾埃對他身為魔法師學徒的整個祕
密生涯瞭如指掌，而根據她對於「齊格菲」和預知夢的說法，他最近對
於「鬼神之說」的興趣也可能變得非常不同於以往。當然，佛洛伊德確

實多少明白發生了什麼事。但史碧爾埃的語無倫次也讓榮格避免了更大的難堪。仍深感痛苦的她無法用直截了當的方式來敘述她的故事。佛洛伊德向榮格評論她最後一封不請自來的長信：

> 這封信寫得驚人地笨拙（她剛好是外國人嗎？），或可說是極為拘謹，難讀也難懂。我只能從信中讀出，這件事對她來說有很大的意義，且她非常嚴肅認真。別自責您把我扯進這件事裡頭；這麼做的是她不是您。而且事情也有了讓所有人都滿意的結局。就我來看，您一直擺盪在布魯勒和葛洛斯之間。

除了七月十日至十三日間，榮格寄了一封信給佛洛伊德做為最後的感謝函外，史碧爾埃的事情就到此結束了。或者看起來是結束了。多虧了她當時的心境一片混亂，多虧了佛洛伊德以十分文明的態度對待女性的道德感，也多虧了榮格誤以為她很快就要離開蘇黎世到海德堡大學就學；這場風暴來了又去，一切都完好無損。佛洛伊德和榮格仍是盟友，下半期《年鑑》的論文已經蒐集完成，準備要在十一月發行，而史丹利・霍爾在美國麻薩諸塞州等候兩位傑出的訪客大駕光臨。

詩

佛洛伊德不是最後一個被史碧爾埃一九〇九年六月卅日那封不請自來的信搞得一頭霧水的人。現代讀者也發現這封信非常難懂，至少就我們唯一能夠取得的形式，也就是卡羅德努特出版的「信件草稿」而言是如此。史碧爾埃從一開始就不斷地岔開話題，說的都是只有她一個人才懂的事情。甚至當她緊扣著她跟榮格幽會的話題時，也會有某種少女的矜持干擾敘述，就像是總有個頑強的文字伴護（literary chaperone）在一旁監視著，試圖避免最糟的事情發生。看看下面的段落：

> 一個人竟要承受這樣的鄙棄，而這鄙棄出自她愛了四、五年，勝過

世界上任何事物的人；出自她將自己靈魂最純美部分獻上的人；出自她
為他犧牲自己少女自尊心的人，人生的第一次或許也是最後一次，我允
許別人對我做出親吻等動作，因為當他開始為我診療時，我不過是個天
真的孩子……

如果知道「等動作」包括什麼就好了，只是在記錄上出現一次也可
以。在接下來的文字中，「等動作」中加入了一個在所有信件草稿中一再
出現的代號，「詩」：

四年半前榮格醫師是我的醫師，然後他成了我的朋友，最後是我的
「詩人」，也就是我的最愛。最後他向我走來，而事情就像「詩」裡通常
會發生的那樣發展下去。他鼓吹一夫多妻制；他的妻子應該不會反對，
等等又等等。

在上面的例子裡，「詩」的意思似乎是簡單易懂。但是在下面的段落
中要怎麼解釋就難說了，這段話暗示著她和榮格放棄了可能懷孕的願景：

我曾多次乞求他，不要用各種尖銳的問題來激起我的「驕傲」，否
則我就會被迫發現在他身上也有同樣的情結。最後，當迴避不了的事情
發生時，當我最初發現他的焦慮和深沉的沮喪時，我就放棄了一切；他
也明白。對我來說，他那敏感至極的靈魂比任何其他事物都重要；從那
時起我一直都拒絕那些「後果」。我對他的愛超越了我們之間的吸引力，
直到他再也無法忍受並想要「詩」為止。因為許多原因，我不能也不想
抵抗。但是當他問我在我想像中接下來會發生什麼事時（因為那些「後
果」），我說首先愛是無欲的，我什麼也沒想，除了一個吻之外，我沒有
更多的要求，如果有需要，即便不親吻我也可以接受。但是現在他卻宣
稱他對我太好了，宣稱因為那樣所以我想要和他發生性關係，而當然，
他從來不想要這樣的關係，云云。

　　所有這些段落都值得仔仔細細審視一番（在信件草稿中以及史碧爾埃一九一○年的日記中還有其他類似的段落），因為雖然初次讀來，這些段落都像是在描述一段完全不正當的情感，但又總是在沒有清楚說明發生了什麼事的情況下便結束了。正是這種曖昧不明讓羅斯瑪麗‧狄尼吉下了一個之前曾引過的評論：「後人在嘗試查明在性方面誰對誰做了什麼，總是會讓自己處於不利的地位。」我認為，至少可以相信這兩人在發生性關係前就止步了。然而我也必須提出，指向相反事實的跡象是，當事情被發現時他們的反應。很明顯的，在他們自己的內心裡，他們已經做了錯事。

　　許多現代讀者會想到，正如佛洛伊德當時無疑也是這麼想的，如果我們知道「詩」的意思，這整件事就會清楚多了。從上面這兩段文字裡，「詩」似乎清楚地指著做愛。但是在接下來從一九一○年秋天起的日記中，史碧爾埃再一次說到和榮格有了「詩」，從文字的前後文中幾乎可以肯定地排除「詩」指的是真正的性關係的可能。卡羅德努特文件的編輯也留意到這種曖昧不明的情形；他在一個注腳中承認，「針對『詩』這個字，我們必須揣度這是一個只有榮格和史碧爾埃知道的隱喻意義。」但是接下來他卻背叛了自己的懷疑，立即提出了一個文學中的相似用法，並說「詩」指的是「身體占有的行為」。

　　其實要找「詩」這個字的用法（無論如何，我們對於史碧爾埃的課外閱讀習慣所知極其稀少）不該在當時的文學裡，而是該在醫學文獻中去找。而且在這些文獻中第一個要找的地方就是史碧爾埃自己後來發表的論文。確實，在她的醫學論文〈論一個精神分裂症（早發性癡呆）個案的心理學內涵〉（On the Psychological Content of a Case of Schizophrenia〔Dementia Praecox〕）中，這個字便重複地和「藝術」及「宗教」一起出現，顯然它是愛與性兩者的同義詞，正如「詩＝愛」的公式一樣。但是事情似乎比這個簡單易懂的用法要複雜許多。史碧爾埃研究的這名婦女是在布爾霍爾茲利的一位慢性早發性癡呆患者，她被困在一個支離破碎的世界裡，性在這個世界裡面似乎滲透進入一切事物當中。但是她的性

卻完全是想像力的產物，用布魯勒的話說就是「自我封閉的」（autistic），用佛洛伊德的話來說則是「自體性慾的」。在前後文中，史碧爾埃對於「詩」的解釋是要說明這名病人的一些奇怪陳述，這些陳述的大意是說，她沒有力量阻止性幻想淹沒自己的想像力。然而，考慮到這名婦女的談話簡直就是字詞的大雜燴，「詩」的意義完全無法不證自明。史碧爾埃必須弄明白意義是什麼。問題是她要在哪裡取得解釋的關鍵。

再一次，醫學心理學文獻就是尋找關鍵的地方。克拉夫特－埃賓似乎已經開啟了關於「詩」的傳統。在他的《性病態心理學》導論中他重複提到，「詩」是一種會助長性遐想的文學形式。因此他有時讓「詩」這個字以一種純粹隱喻的方式出現在書中，例如他會把「詩」當作屈從（subjection）的象徵性行為。

獨立於克拉夫特－埃賓的推論，蘇黎世學派的研究者也發現，詩的引用常是情結的指標。於是他們自然而然地想到，可以將詩做為代表潛意識幻想的一個隱喻。李克林曾寫過潛意識「仍始終是個女詩人」，而榮格則曾堅持心理分析的實作需要「詩人」的技藝。

但史碧爾埃很有可能不是從克拉夫特－埃賓，也不是從蘇黎世學派取得她的說明關鍵。她反而是從佛瑞爾在一九〇五年出版的《性問題》中取得關鍵。佛瑞爾在克拉夫特－埃賓建立起來的傳統下進行研究，在書中整整用了一章的篇幅來談討性對於詩歌和藝術的影響力，同時細心地將正當影響力與色情影響力做了區分。至於擔心「後果」的年輕女性會感興趣的地方是，這一章以對於避孕美學的討論為結束，其中包括「情詩並不因其使用而遭到太大的損害」。在佛瑞爾論暗示在情慾吸引力中扮演的角色那一章中，相似的隱喻性用法也出現了幾次，比方說「春心蕩漾」（amorous intoxication）之詩。

至於史碧爾埃，佛瑞爾的影響力相當明確：他和他的書不僅在史碧爾埃後來報告的這名患者的妄想中有著極顯著的地位，而且他的觀點也形成了史碧爾埃在「轉化日誌」中提出的抗議。順序看起來是這樣。在她一九〇五年出院後，一九〇七年中開始書寫「轉化日誌」前，史碧爾

埃碰巧讀了佛瑞爾的書。她在書中發現一段關於藝術中正當情慾影響力相對於色情情慾影響力的討論，這段討論剛好和她自己剛形成的關於昇華和「轉化」的見解不謀而合，她當時運用這些見解來抵擋榮格對於齊格菲的詮釋；他說她的「齊格菲」情結代表她想為他生個兒子的願望。她也在佛瑞爾的書中發現以「詩」來描述「春心蕩漾」的隱喻性用法，一年後這個意義捕捉到史碧爾埃對於榮格的感覺，或許也捕捉到他對她的感覺；當時他們正開始進行他們的「詩」。接著，在分手一段時間後，她認識了這個滿口「詩」、「藝術」、「佛瑞爾」的布爾霍爾茲利病院的慢性病患。解開這名患者妄想之謎的謎底似乎就在那裡了。

那些幽會是關於「詩」的幽會。詩與想像力的奇異特質有關，當性吸引力宣示自身存在時，便會出現想像力的奇異特質。正如史碧爾埃說的，「我們可以在無語的狂喜中一坐好幾個小時。」但是我們也要知道，這種想像力的特質極可能也被賦予了精神分析的傾向。在這個脈絡下，我們應該注意到的是，在信件草稿中有段奇特告白，史碧爾埃經常將榮格等同於她的父親和弟弟，她的弟弟也在她的夢中代替了榮格；而榮格則經常把她和他母親等同。我認為，這些等同不只構成了他們共有的「齊格菲」幻想的一個詮釋，有時候也交替出現在他們彼此陶醉的狂喜之中。詮釋是幻想的前奏，而漸漸地，這兩者開始與生活經驗融為一體。

這種發展並不是沒有前例。在精神分析幻想的領域中，奧圖·葛洛斯仍驕傲地用生命來體現他的反家父長制的白日夢，而他倡導的「一夫多妻制」恰恰就是將那些有勇氣走出來的母親和女兒們從父親身邊吸引過來。如果榮格跟葛洛斯有樣學樣，史碧爾埃的仿效對象則是華格納，他頌揚手足亂倫，並以該主題做為歌劇《尼伯龍根的指環》的情緒高潮之一。兄弟姊妹間的愛情並非這裡唯一重要的主題。因為當史碧爾埃不扮演布倫希爾德的時候，她則暗中化身為「齊格琳德」，也就是齊格菲的母親。因此當史碧爾埃扮演保護的、自我犧牲的母親角色時，「齊格菲」既是她要為榮格生的兒子，也是榮格自己。由於同樣的原因，由於榮格既是布倫菲爾德的齊格菲，同時也是齊格琳德的齊格蒙，榮格於是透過

她使自己成了父親。

　　簡言之，史碧爾埃用「詩」這個字來代表一對傾心於神祕主義的戀人，從神祕主義後退到性的實現（並且持續進行精神分析）時所會發生的事。分析與幻想，亂倫與神話，開始交融在一起。如果佛洛伊德沒有辦法理解這個年輕女人正在說些什麼，歷史當然會原諒他。

夢的解析

　　史碧爾埃對於榮格到底有多重要？她的倉促離去又有著多重大的意義？在這些事情上，人通常只在事後才會知道答案。假設榮格曾經真的和這個年輕女人墜入愛河，那麼他的表現說明了他是個懦夫，即便最後實際上他沒有辦法採用其他方式解決這件事情。但是除了他的損失，以及可能糾纏著他的任何自責感之外，史碧爾埃事件最重要的一面是，在他和佛洛伊德的關係中引起的轉變。榮格一直都十分認真地嘗試擴大他的理論視野以及他所針對的專業讀者群。即便是現在，他也正在計畫出席第六屆國際實驗心理學大會，這是克拉帕黑德和弗魯諾伊為日內瓦學派所召集的大會，將在八月舉行。他再也難以忽視自己對佛洛伊德的私怨（「精神官能性忘恩負義」）。可以肯定的是，佛洛伊德在這場危機中一直都站在他這邊，這點非常重要。然而感激是榮格這種人私下惱羞成怒的表面情感，他無法輕易容忍佛洛伊德在前幾個月做出各種以恩人自居的評論。在專業上，這兩人仍然在《年鑑》的發行欄中站在同一戰線，這是「一條斬不斷的聯繫」；但他們的私人情誼，這段情誼對榮格起初的熱情是如此重要，卻決然地改變了。

　　在史碧爾埃事件後，相較於佛洛伊德，榮格從另一個角度來審視自己的處境時，有一件事比其他任何事都重要，那就是佛洛伊德握有史碧爾埃的最後一封信。佛洛伊德並沒有說要把這封信寄給他，而已經婉拒看她早先那封信的榮格，也不願表現出想看這封信的好奇心。他更不敢問史碧爾埃本人。這表示除了佛洛伊德說他「擺盪……在布魯勒和葛洛斯之間」的概括性評價之外，他無法確切知道佛洛伊德還知道關於他的

哪些事。榮格長期來一直覺得自己的公開和私人自我之間是分裂的，而他的精神分析轉移也同樣有著公開及私人的面向。現在，在佛洛伊德書桌側邊的某個抽屜裡，這兩面終於合而為一——還可能是以最糟的方式結合。這個位置讓人很不自在。

榮格的痛苦只會因為他對於佛洛伊德家庭狀況的私下認識而加深。榮格認為不論他是如何任意妄為，都沒有佛洛伊德所犯下的嚴重出軌行為來得可恥。就算試著就這一點和佛洛伊德對質，以便為自己辯白，不僅是不得體，而且也是沒有必要。在缺乏證據的情況下，不管怎樣榮格都會處於下風。可以肯定的是，在危機最高潮時他曾寫信給佛洛伊德，暗示「我第一次訪問維也納所帶來的餘波蕩漾持續了許久」。但佛洛伊德並沒有從這個暗示中讀出任何惡意，因此肯定是沒有上鉤。現在，在史碧爾埃事件終於解決之後，面對難堪現實的榮格所能做的充其量就是含蓄地嘲諷幾句而已。這裡的文件記錄明顯減少了，但是有明確的跡象顯示，榮格可能就只做了這件事而已。

從一開始，在史碧爾埃一九〇九年六月的信中，就有一個非常奇怪的段落是與佛洛伊德的女兒有關。在他們六月十九號那場重要的和解會面時，榮格在史碧爾埃面前假裝他對她的感覺是從蘇菲‧佛洛伊德移情而來，而他現在出其不意地（而且是極不可能地）宣稱，他在第一次造訪維也納時就深受她吸引。在任何其他現存文件中，都沒有跡象顯示榮格這一方感覺到這樣的吸引力，史碧爾埃自己顯然也不相信這番話。然而，在她寫給佛洛伊德的漫無邊際的信中，她覺得提起這個話題是適當的：

當榮格醫師與您的女兒見面時，我們已經是很好的朋友了，好到榮格醫師可以毫不隱瞞地跟我承認他見過您女兒，她是一個非常美麗、聰明，使他留下深刻印象的女孩。以我對這類事情的敏感度，佛洛伊德小姐一點也沒有引起我的忌妒……。妨礙我的是佛洛伊德教授本人。他展現出某些我立刻就能辨識出來的獨特人格特質，因為那些也出現在我身

上，但完全受到了壓抑，所以我想榮格一定會受到您排斥；如果您令他感到厭惡，那麼我也會有一樣的下場。我甚至預言……

　　下一頁不見了。逗號可能比不見了的那一頁的內容要挑釁得多，但我們得要提醒自己，我們完全無法知道在最後這封不請自來的信裡，是否真的談到了這件事。幾乎沒有什麼資料可以讓我們從這裡繼續往前推進，唯一可以確定的是，她和榮格之前曾經討論過佛洛伊德的人格特質，而且不管榮格說了什麼，他的話都讓史碧爾埃擔心起自己來。

　　小約翰‧雅克布‧奧內格（Johann Jakob Honegger, Jr.）是個年輕學生，跟史碧爾埃同年紀，當時在布爾霍爾茲利的榮格手下受訓。六月中時他主動寄了一封信給佛洛伊德，這名年輕人試圖在信中分析這位大師（榮格在一九〇九年六月廿一日的信中，向佛洛伊德提到他學生的這個企圖，並表示這封信是在幾天前寄出的，也就是在史碧爾埃危機的高峰期）。這個分析想必沒有什麼傷害性，否則佛洛伊德就不會在七月寫給菲斯特的信中提到這封信：「奧內格揣摩我揣摩得不錯；這個習作顯示這年青人有精神分析的天分。」由於人們從未找到奧內格的這封信，所以這件事就被歷史撇下了。人們會假定，這又是一個熱情的新信徒，只根據佛洛伊德作品中談到自己的部分，就寄了一份分析過去，就像奧圖‧蘭克曾在一九〇四年做的一樣。但是在最近，法國的精神分析師馮索‧胡斯通（François Roustang）卻注意到一個應該很明顯的事實：不管奧內格寫了什麼，都已經事先跟榮格討論過了——因此這個是榮格的分析，是榮格根據他個人對佛洛伊德的認識所做的分析，這比跟奧內格從閱讀夢書或《日常生活的精神病理學》中的自傳內容所做的任何推測還要重要許多。

　　因此，無論是以什麼樣的形式去隱藏，一九〇九年夏初，從蘇黎世寄來的榮格對於佛洛伊德人格的「分析」，執筆的肯定是奧內格，也極有可能是史碧爾埃。在佛洛伊德的信中還出現了一段關於夢的詮釋的短文，是榮格在前一年秋天為比奈的《心理學年刊》（*L'Année Psy-*

chologique）所寫。

〈夢的分析〉（The Analysis of Dreams）是一篇情感豐富的短文，是榮格最擅長的文體。榮格以《浮士德》的葛麗蒨也許做過的一個想像夢境為起點，該夢境是關於一位遙遠地方的國王，他有著無限的忠誠。因此榮格指出，這是個在偽裝形式中得到滿足的現在願望（浮士德是忠誠的）。榮格繼續親切地說明，他會如何在分析中處理像葛麗蒨這樣的患者，他會揭露她的戀情、她祕密懷孕的事、她的沮喪等等。這篇文章接著又簡短描繪了另一個也是與受挫愛情有關的夢。夢中的主要人物是教皇庇護十世（Pope Pius X），作夢的人第一個聯想到他從旅行中認識的一位穆斯林酋長（「某一類型的教皇」），而第一層的詮釋是「我就像教皇一樣獨身，但我想要像穆斯林一樣擁有許多妻子」。人們會認出榮格就是那個作夢的人，也必須知道這個對於宗教的嘲諷，充滿了對扮演「教皇」和自我的嘲弄，這些都是他和維也納之間通信的特色，然後才會猜想到，穆斯林酋長這個人物的背後正是佛洛伊德。榮格在一九〇八年十一月的第一週就寫了這篇文章，而佛洛伊德是在一九〇九年的七月中才拿到抽印本——「您的文章，這個令人驚喜的禮物」。

榮格永遠覺得自主性不夠。他已經犯了一個糟糕的錯誤：切斷他和布爾霍爾茲利的聯繫，也就等於脫離了布魯勒的保護，也犧牲了他自己的獨立機構的基地（榮格被派為心理學實驗室的負責人，並且之後升為精神醫學主任的夢想，可以預見也會化為泡影）。現在他又犯了另一個糟糕的錯誤：一個良心不安的人很容易把他的榜樣當成箭靶；榮格現在談起佛洛伊德的人格來了（一直以來，榮格和史碧爾埃的調情，有部分是依據榮格對於佛洛伊德境況的瞭解來進行的；這至少是個可能的說法，因為〔令人驚訝地〕榮格竟然曾經試著要把史碧爾埃介紹給自己的家人）。毫無疑問地，榮格還是需要釐清史碧爾埃所引起的風暴，而這意謂著把事情從頭開始重新思考一遍；但是先不管無禮的問題，他所尋找的答案終究是在他自己的人格和哲學裡才找得到，而不是從佛洛伊德的人格和哲學。結果卻是他讓自己變得進退兩難。

　　也許榮格認為他有其他選項。他已經接下八月初在日內瓦舉行的第六屆國際實驗心理學大會的職務，成為瑞士接待委員會的一員；這場大會的主席是弗魯諾伊，他為這次大會設定的主軸是，呼籲恢復對於靈媒的科學研究，及提出宗教心理學的新倡議。另一個大會，第一屆國際教育學大會，也和這次大會合併舉行；教育學這個主題已經開始占據榮格的注意力，有一部分要歸功於他觀察他女兒對弟弟誕生的反應。然而最終，這兩個大會榮格似乎一個也沒去，儘管在這段期間他有時候確實有空和弗魯諾伊私下見面。他反而把八月的頭五天花在慕尼黑，他拜訪克雷貝林的診所，並勸誘診所裡的助理們變節。接著他去了巴塞爾拜訪母親，並順道看望了哈柏林，然後才前往不萊梅和佛洛伊德及費倫奇碰面，一起搭乘北德洛依德航運（North German Lloyd Line）的「喬治・華盛頓號」前往美國。

　　這段期間史碧爾埃都在做些什麼？她的八月和九月都和父母在柏林和寇柏格度假。她在這段時期所寫的日記有幾頁留存了下來，這些日記揭露出一個還十分年輕的女人心境，當她沒有在反思「我也屬於這一類所謂端莊女孩的心理」時，她以令人動容的努力忍受著自己的處境。她坦承自己感覺到「可怕的孤獨」、「渴望愛情」，以及對於「情感萎縮的恐懼」。但她也在日記中透露，她喜歡看著鏡子中赤裸著上半身的自己，並讓窗簾微啟：

　　……有人欣賞自己是多麼美好的事啊；上半身赤裸不會讓我覺得難為情；我喜歡自己成熟女人的曲線，也很高興我的皮膚柔嫩，曲線動人且豐滿。雖然我的長相十分平凡，但我還是很有魅力。如果一個健康的年輕女孩「宛如處子一般」，有什麼比她更美的呢。

　　至於榮格，她懇求命運女神能夠讓她保有他的友誼——「容許我成為他的守護天使，他的靈感之神」——即使她得到的建議是更實際的：

母親說，一旦將我們的愛給了彼此，我的朋友和我就不可能繼續當朋友了。男人不可能長期維持一段純粹的友誼。如果我對他表示友好──他就會想要愛情。

泥炭沼乾屍

正如人們所料，榮格不是個很能夠體恤人的旅伴。八月廿日，榮格、費倫奇和佛洛伊德在不萊梅集合。晚餐時，榮格在勸誘下喝了杯酒──這是象徵性的解放，表示他脫離了佛瑞爾和布魯勒所珍視並要求所有布爾霍爾茲利醫師遵守的禁慾生活。榮格接著卻長篇大論地談起鎮上最近發現的一批保存完好的骸骨，榮格把這個發現和前陣子在比利時挖掘出的泥炭沼乾屍給搞混了（考古學界向來對泥炭沼乾屍有極大的興趣，過去和現在均是如此，因為可以從中辨識出與那些人的生活方式及確切死因相關的大量訊息）。佛洛伊德希望榮格停止這個話題，但榮格卻堅持說下去。佛洛伊德昏倒了。

佛洛伊德昏倒的原因始終成謎。據說佛洛伊德懷疑榮格希望他死。或許吧。可以肯定的是，在搭了一整天的火車後，還要聽自己已經習慣控制的一位年輕同行發表漫無邊際的長篇大論，在任何情況下都不是件容易的事。是否因為他擔憂榮格最近的行為，而使得那番高談闊論變得更難以忍受，也很難說。

在這同時，史丹利·霍爾正在美國等著聆聽關於新的神經健康學說的進度。

第 *3* 部
運動

━━━━◆━▶━◆━━━━

　　最後，根據我自身經驗來判斷，嚴格運用徹底而完整的「精神—分析」方法非常困難，必須具備只有極少數醫師才能達到的技術等級，且通常要求醫師擁有非凡的人格特質。這是佛洛伊德分析方法的一個不幸變項，正如他自己所指出，因為該方法通常要求建立病患對醫師的依賴關係，而這關係最後可能會變得很難擺脫。賈內在許久前也讓人們注意到他所採用類似方法的需求，的確，每一位從事過神經官能症治療工作的人都必然注意到同樣的趨勢。這是無法迴避的必要之惡，但是當醫師完全沉浸於患者病痛之性起源的信念時，由於這種關係的親密性，他必然（不知不覺地）處在將自己的觀點強加於患者的地位；也許會很容易得到患者的默許和背書，實際上並不像表面看起來的那樣是出於患者的自發行為。

　　——詹姆士·傑克森·普南，關於精神分析首度運用於麻薩諸塞州綜合醫院（*Massachusetts General Hospital*）的報告，收錄於《變態心理學期刊》（*Journal of Abnormal Psychology*），一九〇六

━━━━◆━▶━◆━━━━

第9章

美國與核心情結

> 我們靈魂的各部分全都充滿了微弱的線索……，模糊、幾乎聽不見
> 的低語，述說著偉大而長久的生命，熱情、強烈，飾〔裝飾〕以豐富的
> 事件與不再重現的細節；而輕微的自動現象或許就是這個許多世代之核
> 心體驗的唯一遺跡了，歷經勞苦與動亂的年代後，唯一倖存的幻想一閃
> 而逝，……然而這些靈魂承載者（*psychophore*），無論它們是什麼，都如
> 蠟般善於容納，如大理石般善於保存。因此靈魂能夠真正感應的只有過
> 去……絕不是未來的狀態。
>
> ——G. 史丹利・霍爾，《青春期》（*Adolescence*），一九〇四

　　從歐洲人的觀點，美國這地方到處都是可能拓展專業的絕佳機會。
美國人的鑑賞力在某些方面難以揣摩。對於佛洛伊德的研究工作，美國
人的看法從冷靜的欣賞到激動的蔑視都有。鍾斯在多倫多找到了一份新
工作，他從那裡寫信給佛洛伊德，建議他在訪問期間不要太大力推薦性
學說。佛洛伊德覺得這是個可鄙的建議，而且沒什麼啟發性。他出發時
就沒有準備要發表任何演講了。

　　他在船上得到各式各樣的徵兆。佛洛伊德高興地發現，他的艙服員
正在讀《日常生活的精神病理學》，這是一個好預兆；但是他和榮格的關
係卻緊張到前所未見。接著，佛洛伊德的消化功能出了毛病，並逐漸出
現小便困難及嚴重的腸道疾病。從此以後這些症狀便糾纏著他很長一段
時間，他後來也不客氣地把這毛病稱為他的「美國結腸炎」。榮格則是毫
無風度地把這些症狀當作佛洛伊德罹患了「神經官能症」的證據。榮格
得到的徵兆也是好壞參半。他曾經期盼那個曾經和他在蘇黎世做過一次
諮商的麥考密克（McCormick）的繼承人，在他們遠渡重洋時也在船上。
結果卻在船上發現了威廉・史登；史登是個心理學家，他也收到了克拉

克大學的邀請；就是他對聯想實驗的批評在四年前讓榮格第一次投入精神分析的懷抱。

　　兩人皆思考著該期待這一次的美國行能帶來什麼成效，但這個共同點也沒有讓佛洛伊德和榮格走得更近些。當他們的船駛入紐約港時，佛洛伊德轉向榮格說，聽到他們要說的事情時，那些美國人會有多驚訝。榮格卻說，佛洛伊德真是富有野心。佛洛伊德回答，他是唯一沒有野心的人。對這句話榮格沒好氣地回說，那仍是一種野心——想要成為唯一的野心。

　　親切的布瑞爾在紐約迎接他們，讓事情好轉了些，中國城和其他地方的觀光行程也讓時間很快就過去了。榮格和佛洛伊德確實到中央公園私下聊了幾個小時。榮格顯然非常想傾吐他心裡一些關於猶太人和基督徒之間差異的想法。佛洛伊德跟上了這個討論，整個過程中並沒有什麼特別的事情發生。

　　榮格、佛洛伊德、費倫奇和布瑞爾四個人搭乘汽船從紐約出發前往瀑布河市（Fall River），然後搭火車到波士頓，再換搭另一班火車到沃切斯特（Worcester）參加大會。史丹利·霍爾，他們的東道主，其好客程度就像他的名氣一樣。鍾斯很快就拖著他新認識的一位重要人物——哈佛神經病學家詹姆士·傑克森·普南一起現身了。這支精神分析隊伍人數共有六人，雖然鍾斯還在探索他究竟是否要深入這個結盟而猶豫不決，而普南則什麼事也不知道。私底下，費倫奇和佛洛伊德開始計畫佛洛伊德的演講內容。榮格沒有發表自己意見。

　　佛洛伊德和榮格間的緊張關係並沒有消失。事實上在幾個禮拜以內，就在返回歐洲的旅途中，另一場衝突即將爆發。但是對這兩人而言，他們即將面對一個令人驚訝的轉變，緊張關係的重要性便暫退至第二位了。在克拉克大會中，佛洛伊德和榮格發現自己是——佛洛伊德和榮格。

第一個正式認可

　　雖是無意，但要為這次轉變負起責任的人是史丹利・霍爾。在美國理智主義的英雄年代，史丹利・霍爾完美刻畫出一個輝煌燦爛的獨特身影。霍爾一八四四年出生於麻薩諸塞州，他務農的父親希望他能夠克紹箕裘，而他信仰公理宗的母親則希望霍爾能夠成為牧師。最終，在哈佛受教於威廉・詹姆士時，霍爾在生理心理學中找到了自己的志業。霍爾很快就成為詹姆士最重要的學生，最後還成為他的主要對手，和他競爭這門新學科的全國性卓越地位。一八八七年，霍爾創立了《美國心理學刊》（*American Journal of Psychology*），這是這塊大陸上第一份這類性質的刊物。接著在一八八九年，他成了位於麻薩諸塞州東部的克拉克大學的第一任校長。他帶著他的期刊抵達沃切斯特，夢想他能仿照歐洲模式，創立結合研究所及大學訓練的第一流研究機構。但事與願違。數年之內，在洛克斐勒出資下新成立（一八九一年）的芝加哥大學就把霍爾的最優秀教員都搶走了，同時，詹姆士也終於在一八九〇年出版了《心理學原理》。霍爾則身陷於為了自己的書而做的成堆無價值筆記，以及大學校長的宿命——籌募資金的無止盡雜務中，並且還要面對新一波針對他的心理學架構的質疑。他則以質疑美國文化中的男性和成就取向為回應。最後，在私底下，他的研究結合「母性哺育、情感自發性及美學感受力」，形成了一股新的思潮。

　　一九〇四年，霍爾出版了他沉思的成果——兩卷巨著，《青春期，其心理學，及其與生理學、人類學、社會學、性、犯罪、宗教和教育之關係》（*Adolescence, Its Psychology and Its Relations to Physiology, Anthropology, Sociology, Sex, Crime, Religion and Education*），這個研究囊括了所有日光底下，正確地說，是日光和月光底下（譯注：原文為 under the sun and the moon，under the sun 有白日之下，及全世界各處的意思，作者用 under the sun and moon 表示霍爾的研究囊括各式主題，包括滿月對人體的影響）的每一個主題（霍爾的問卷研究顯示，滿月時，青春期女孩會脫光衣服，讓自己無止境地徜徉於幻想之中）。從教高中生科學知識（他推薦某

種近似於自然崇拜的方法）到布魯爾和佛洛伊德的理論（他說這些理論「對於女孩子們在青春期初期的格外脆弱做出了悲傷的新闡述」），霍爾對每件事都有意見。對於這些範圍廣泛的討論，他秉持的基本原理取徑自一種針對發展的嶄新方法論。正如和他同時代的許多思想家一般，霍爾將達爾文主義的偉大德國擁護者——恩內斯特·海克爾（Ernest Haeckel）所發表的種源法則（Phylogenetic Law）視為真理。海克爾主張個體發生學（Ontogeny）大致重現了種源學（Phylogeny）的發展過程（某一物種之個體的發展進程概括了該物種的整個演化進程）。因此霍爾相信，人類之文化演化的研究可以闡明人格發展的法則，因為個體必然會重蹈種族的步伐。具體地說，他認為在青春期，過去時代的心理學遺跡（即「靈魂的承載者」）會重新活躍起來（在今日，沒有科學的立足點足以支持這種假定的「種源性」說法，亦即種族演化與個體發展的過程呼應，而人們偏好使用的術語是「種系的」〔phyletic〕）。

　　霍爾為他的研究方法創出「遺傳心理學」這個詞，並認為這個詞和觀點都是他的原創。可以肯定的是，在德國，魏海姆·馮特近來已經將注意力轉向一個類似的領域——民族心理學，並獨立發明「遺傳心理學」（genetic psychology）一詞來指涉他的研究。馮特的觀點是，民族（德文Volk，英文為 people）心理學在邏輯上先於個體心理學。因此，民族的歷史，以及衍伸出去的人類文化史，都是研究意識之漸進發展的適當領域。舉例來說，神話和民間傳說中所呈現之英雄主題的演化，就被認為是反映了個體自我意識的歷史展現；而接下來，這個漸進發展又必然可以在一個在成長過程中逐漸發展出完全自我意識的孩子身上找到共鳴。

　　依循種源方法，霍爾也認為他可以帶領《青春期》一書的讀者來趟古宗教之旅，回顧從大母神宗教，通過陽具崇拜階段進入基督教之高峰期的漸進發展，以及基督教對愛的利他形式的重新定義。從霍爾的觀點，這個次序重現於青少年的愛的能力的發展上：它同樣也是從脫離母親的影響力出發，通過侵略性的陽具崇拜，然後達到利他之愛，即為下一代福祉而自我犧牲的成熟階段。

榮格對於霍爾的種源論留下了十分深刻的印象。霍爾的同胞則對他三句話不離性的表現印象深刻。《青春期》一書充斥著對性的討論，因為就霍爾的觀點，是性激起青少年自發地探索其遺傳而來的潛能。可以肯定的是，霍爾的性是一種崇高的性，最終與基督教倫理和藝術成就，即精神進步的動力本身達成調和。在一篇表達正式支持的評論中，心理學家艾德華・桑戴克（Edward Thorndike）正確地寫出了讀者在面對《青春期》這本書時的尷尬處境，「人們必須結合他對醫學教科書、情詩和鼓舞人心之講道的記憶」。然而私底下，桑戴克卻將這本書描繪成一本「塞滿了錯誤、自慰和耶穌」的書。

然而，史丹利・霍爾對於歷史做出的最大貢獻是他完全實際的那一面。始終頑強地為克拉克大學尋求資金及肯定的霍爾，決定把他在該校十週年慶時用過的伎倆在廿週年慶時再使一遍——舉辦一個專門探討社會科學中最新發展的國際性會議。藉由淵博廣泛的閱讀（他甚至擁有一本《年鑑》），霍爾得知所有相關學科中每個創新理論家的研究，而他湊齊了一份相當有趣的講者名單，包括法蘭茲・鮑亞士（Franz Boas，譯注：德裔美國人類學家，被稱為「美國人類學之父」）、E・B・鐵欽納（E. B. Titchener，譯注：英國心理學者，構造心理學為其主要代表理論）、威廉・史登，當然了，還有佛洛伊德和榮格。霍爾也邀請了幾乎同樣傑出的一批聽眾來聆聽他們演講。

我們現在仍記得威廉・詹姆士是因為他的哲學理論，但是他當時是因身為「生理心理學家」的先驅，受邀在克拉克大會上會晤歐洲訪客。詹姆士的傑出專業生涯是前往巴黎畢塞特醫院（Bicêtre）訪問期間開始成形；他在注視一個「綠臉的笨蛋」時產生了近乎宗教式的體驗。後來在哈佛期間，他開始對於哲學的新分支——心理學產生興趣，甚至成立了一個非正式的實驗室來進行心理學實驗，並且因此使他和馮特的名字連一起，和他分享成為世界第一個做類似實驗者的殊榮。一八九六年，詹姆士以「異常心理狀態」為主題，為羅威爾系列講座（Lowell Lecture Series）做了六次談話，這些談話內容後來又被拆解開來，用於一九〇二

年季福德講座（Gifford Lectures）中，主題為「各種宗教經驗」。早期的
羅威爾講座內容已被尤金・泰勒（Eugene Taylor）奇蹟似地重新修復；在
這些談話中，詹姆士說他完全能跟精神官能症心理學的歐洲文獻同步，
其中包括布魯爾和佛洛伊德合著的《歇斯底里症研究》，當時這本書才出
版不過一年。

　　詹姆士・傑克森・普南，他是詹姆士的好友以及美國在神經學的第
一把交椅，當時人也在哈佛，他也被叫來和這些歐洲訪客會面。普南從
一九〇四年起就開始實驗佛洛伊德的治療方法，他也是波士頓神經學家
墨頓・普林斯家中圓桌論壇的常客。普林斯也是個重要人物。他在一九
〇六年創辦《變態心理學期刊》（*Journal of Abnormal Psychology*），這份
期刊從一開始就刊登了賈內和榮格的招牌著作。同樣在一九〇六年，普
林斯也發表了他深具影響力的多重人格研究，《人格的解離》（*The Dis-
sociation of a Personality*）。在克拉克大會的幾個月前，普林斯將普南介紹
給當時正住在他那兒，一位來自多倫多的年輕醫師，恩內斯特・鍾斯。
普南有一種美國佬的正直性格與黑格爾式形上學的獨特混合特質，他當
時剛開始發現佛洛伊德的著作中有一個成熟的性格發展理論，可以透過
治療方式來促進倫理改革。而鍾斯這一方則將普南視為極其重要的熟識
者，從他的反應就可以看出，美國人會接受什麼及不會接受什麼。

　　沃切斯特城位於波士頓往西約一個小時火車的路程，克拉克大學和
沃切斯特州立療養院均設在此地，後者是麻薩諸塞州首要的精神病患收
容所。它的前院長是阿道夫・邁爾；邁爾是一位瑞士移民，曾在佛瑞爾
以及榮格新任助理的父親老歐內格（J. J. Honegger, Sr.）底下從事研究。
在沃切斯特州立療養院時，邁爾曾將他的病房開放給詹姆士在哈佛的研
究生，以及從史丹利・霍爾的新大學來的年輕人。邁爾一開始是在腦部
解剖學領域中闖出名號，但是近年來他開始研究一種創新理論，這種理
論運用「生物反應類型」來說明成人精神官能症患者的發病及其形態。
這使得他對於佛洛伊德的理論以及聯想實驗的結果產生了興趣。一九〇
二年，邁爾離開沃切斯特，前往執掌紐約州立療養院系統中最好的一

間療養院——位於沃德島（Ward's Island）的精神病院。從那裡他接連差遣腓特烈・彼得森（Federick Peterson）、布瑞爾以及奧古斯特・霍克（August Hoch）前往蘇黎世，在布魯勒和榮格底下研究新的方法。

一九〇九年，邁爾以身為聽者和講者的雙重身分回到沃切斯特。他可不是平白無故受邀演講。克雷貝林在一八九六年提出的革命性精神疾病分類法中強調，精神分裂症的發病無法預料且具有悲劇色彩，以及其病程會緩慢惡化。在這個背景下，布魯勒的基本貢獻在於，他立即確認了惡化並非無可避免。邁爾這一方則發現，發病並不是全然無法預料。在今日，「病前人格」（premorbid personality）這一詞較「生物反應類型」更受歡迎，但這個術語上的變化不應讓我們看不見一個事實，即是在一九〇九年時，關於精神分裂症的現代理論基本上已經是克雷貝林、布魯勒、邁爾和榮格這幾個人的囊中物了。

我們可以更一步研究美國的情況，以及他們和歐洲精神醫學及神經醫學頂尖人士的深遠關係。我們可以說，也許只有在小小的瑞士才會有人對醫學心理學和精神治療領域有這樣廣泛的興趣和成熟度。而在美國，儘管在紐約地區也很繁盛，沿著波士頓和沃切斯特形成的這條軸線才是對這個主題最感興趣的高峰地帶。尤其是人們對於精神分析以及「情結」的實驗證明有極大的興趣。在邁爾進行報告時，他曾特別停下，並提到這兩位訪客，他道出了這種普遍的心情：

　　我們必須歸功於我們的歐洲訪客，佛洛伊德教授及榮格醫生，他們證實了在這個階段的核心起作用的，是由失衡的經驗所構成的單個情結或是一組情結，而這些經驗受到象徵主義以不同的方式修正。他們巧妙的詮釋讓許多令人費解的病態幻想產物有機會得到澄清，而他們的討論方式，毫無疑問地，我最好留給他們自己的演講來說明。

當然了，美式性格的特殊色彩也渲染到對於醫學心理學的興趣上。舉例來說，對於「神經衰弱症」（neurasthenia，一八五六年由美國人喬

治·比爾德〔George Beard〕首先命名）的美式詮釋就強調，是現代生活的快速步調造成了神經系統的過度負擔。這和傾向強調遺傳和頹廢生活的歐洲觀點形成了對比。同樣的，精神治療的美式取徑則與美國民族性中典型的樂觀主義完全相反。例如，此時波士頓主流的治療學派乃是「艾曼紐運動」（Emmanuel Movement），一個由醫師和神職人員組成的鬆散聯盟，運作基地是教會的地下室。最後還應該注意到的是，正如英國的情形，在美國，「得體」（a sense of propriety）支配了與性有關的事，儘管這並不妨礙像史丹利·霍爾這樣高道德標準的嚴肅人士發表研究成果，但是確實偶爾會製造出尷尬場面。比方說隔年，墨頓·普林斯就在接受布瑞爾向《變態心理學期刊》投稿的同時，要求他拿掉其中一個字：那個字就是「性」（sexual）。

　　我強調這群克拉克聽眾的成熟度，是因為我認為這一點很大程度上解釋了這兩位歐洲訪客獲得的巨大成功。和佛洛伊德所想像的相反，美國人一點也沒有對他和榮格告訴他們的事感到驚訝。這正是美國人所一直期待，而且深受吸引的東西。處於一整群傑出人士中，佛洛伊德和榮格得到了所有人的注目。

　　佛洛伊德和榮格似乎有能力善用每個機會。就像命運事先做了安排似地，在某個空檔時，霍爾、普南和詹姆士找來了一個靈媒，他們為她的案例已苦思不解了好幾個月。這兩位來自歐洲的專家立刻就讓這位年輕女孩招供了；原來她的通靈能力是假的，目的是要吸引一個年輕人的注意。又有一次，演講被無政府主義者艾瑪·高德曼（Emma Goldman）打斷了，她被人護送離開演講廳。佛洛伊德把她的現身編入當天的演講內容：儘管賈內主張解離的思想會悄悄地自我消聲，但他認為這種發聲猶如是喧囂的闖入者，始終尋求重新獲得許可進入意識的演講廳，只有透過不斷努力的壓抑才能將它們擋在門外。榮格也同樣善於就地取材。他得報告他的聯想研究（美國人從一開始就對此極度感興趣），但他也設法利用美國人對於兒童發展的興趣發表了一段極具魅力的談話，談到他的女兒對弟弟出生的反應，並讓他逐漸發展出一個理論來解釋整件事情。

就連宣傳文章也出現了。《波士頓晚郵》（*Boston Evening Transcript*）刊出了一個全版報導，並下了引人注意的小標：「艾曼紐運動將亡矣」（The Emmanuel Movement Will Die）。這篇報導自稱是對佛洛伊德的擴充報導，但事實上，包括關於艾曼紐運動的預言在內，除了一兩個介紹性評論之外，這篇「訪談」不過是一篇未被公開承認的論文的英文翻譯，是佛洛伊德在一九〇五年針對他的方法所寫的文章（我們要記得，當佛洛伊德聽說有位「年輕的」醫師要在布爾霍爾茲利嘗試針對一名不知名的患者進行精神分析時，他寫了這篇論文做為自我保護）。我們不知道做出這個詐欺行為的人是誰，不過可以合理懷疑是史丹利‧霍爾；他既希望得到宣傳，此外他所處的位置又讓他能夠敏感地察覺到，波士頓神經學者對於自己的神經患者被「艾曼紐運動」的神職人員搶走的恐懼。

然而諷刺的是，促成美國之行成功的最大功臣卻是缺席的皮耶‧賈內。因為一旦賈內的理論得到完全的吸收理解，除了考慮佛洛伊德所能提供的解答之外，就提不出其他更進一步的方法了。賈內把多重人格現象當成他的臨床試驗標準，並運用這個模式，根據人格的解離部分來解釋各式各樣的歇斯底里症狀。但是，以精神分裂的學說為出發點的賈內在做進一步研究時，明顯不知道該何去何從，他的觀察變成是以尖銳的口吻指出分裂發生之處。遺傳缺陷和道德墮落仍然是這個理論的詮釋基礎。而受限於他的觀念，賈內的療法也仍然聚焦在強化人格的整體健全性。跨越不同精神縫隙而流動的是願望（就佛洛伊德看來即「原慾」）以及抵抗願望（即「壓抑」）之流，其變化賦予各種精神狀態意義及連貫；能夠認識到這一點確實是個進步。如今已經可能在患者的精神產物中辨識出基本的連續性了。被逐出意識之外的願望始終試著要重新獲得進入意識的許可，而它通常會利用改變的意識狀態，例如夢、強迫症，或者是歇斯底里的朦朧狀態來達到這個目的。賈內的許多公認的傑出資料都可以用這個新架構來做有效詮釋。在這整件事背後作祟的是衝突，而非體質。此外，這個新理論也滿足了環境論者的胃口，以及美國人對發展論的偏見。對於治療以及個人道德革新的最終目的，它似乎也提供了一

個更樂觀的遠景。

簡言之，對這一群精通賈內理論的美國聽眾而言，佛洛伊德是個天啟。他在五場演說中態度謹慎謙虛，且致力於將精神分析描繪成一種治療方法。如同他在面對一群新的聽眾時的習慣，佛洛伊德從布魯爾的「安娜・歐」治療開始說起「精神分析的起源」。接著，在表達了對於夏爾科和賈內的謝意之後，他描述他和病患的相處經驗，是如何逐漸帶領他走向目前的理論——「無偏見地檢視事實的成果」。關於嬰兒期性慾的問題，他則謹慎地引用哈維洛克・埃里斯（Havelock Ellis）及其他人的說法來回應。他也不時提到蘇黎世學派的「情結」學說，而且，即使他後來不曾寫到這一點，他也意有所指地談到心靈的道德面向以及「昇華」的可能性。

史丹利・霍爾對此留下深刻的印象，他甚至開始考慮精神分析本身也許就構成了心理學中的一個完整領域，他立刻就將佛洛伊德的演講內容強行收入他期刊的紀念號中。普南堅持邀請這些訪客到他家族位於阿迪朗達克區（Adirondacks）的休養所待幾天。十分謹慎地下注以避免損失的鍾斯在瞭解到自己嚴重失算之後，則獨自品嚐一個聰明人所會嚐到的特殊苦果（佛洛伊德在向鍾斯告別時說，他希望鍾斯能和他們待在一塊兒：「您會發現這樣做是值得的。」）。

但或許受到佛洛伊德的演講感動最深的人是佛洛伊德自己。在這裡，在一群遠比他在歐洲所擁有的聽眾更優秀的聽眾面前，他以曾做出重大經驗性發現的科學家及治療師身分發表演說，而他們則報以阿諛奉承的回應。他和榮格的演說是如此成功，甚至讓他們在閉幕儀式上獲頒榮譽學位的殊榮。鍾斯在記錄中說，佛洛伊德明顯受到感動。佛洛伊德向克拉克與會者宣布，「這是對於我們努力的第一份官方認可」。榮格在儀式結束後寫信給他的妻子，「佛洛伊德飛上七重天了，我衷心樂意看到他這樣開心……」

大會結束後，佛洛伊德、費倫奇和榮格隨著普南一起去了阿迪朗達克區，在普南的避暑地住了一陣子。普南是個和藹可親的主人，也許有

點容易輕信別人。有一次他和佛洛伊德討論到佛洛伊德診療過的一位罹患嚴重懼曠症（agoraphobia）的年輕人。後來發現這個年輕人有位極端嚴屬、苛求的父親，這讓佛洛伊德下了一個結論，這年輕人的症狀是強迫他父親再一次掌控他生活的一個手段。普南詢問可能的介入方式時，佛洛伊德快活地說：「殺了他父親。」根據這個傳說軼事，佛洛伊德花了點時間才說服普南，他其實並沒有建議這名患者採取此種治療方法。

在結束對這趟美國行的敘述之前，我們不應忘了提到那些裝飾品。一位鄰居婦人讓殷勤的美國待客之道達到完美之境，她體貼地用德語布條裝飾了普南休養所的小屋——讓一位奧地利人、一位匈牙利人以及一位瑞士人感覺自己彷彿回到了家中。

精神分析手冊

基本上，此時佛洛伊德的理論只是某種與神經健康及神經疾病有關的觀點而已，它們的價值在某些個案中得到了證實，但是整體的經驗基礎尚未經過嚴格的驗證。威廉・詹姆士就是仍抱持懷疑態度的人之一。詹姆士承認，如果醫學心理學要更進一步發展，那就必須得走佛洛伊德的路子，至少還得再走一陣子。他顯然跟鍾斯提過這個感覺，鍾斯這樣引述他的話，「心理學的未來是屬於您的研究。」但是嫻熟資料，並擁有比大部分人更犀利的認識眼光的詹姆士也看見了困難之處。詹姆士向他偉大的朋友，日內瓦心理學家泰奧多・弗魯諾伊寫道：

> 我希望佛洛伊德和他的門徒們能將他們的觀念推到極致，這樣我們或許才能真正認識這些觀念。它們當然能洞燭人性，但我得坦承，他給我的印象是他是個有執念的人。他的夢理論絲毫無助於解釋我個人的情況，而且「象徵主義」顯然是個危險至極的方法。

詹姆士的評論鞭辟入裡。因為即便是同意闡明心理症狀中的象徵元素具有重大貢獻（邁爾在他的演說中明確地為這個革新方法而讚揚了榮

格和佛洛伊德），仍然存在人們該將這種詮釋的最後界線畫在哪裡的問題。人們如何區分出恰當的詮釋以及有偏見的詮釋？有時候象徵的使用是十分清楚的，正如布魯勒在他一九〇六年的《情感態度、暗示感受性與偏執症》一書中所報告的那名歇斯底里症患者，她在近乎恍惚狀態下將玫瑰花瓣按在太陽穴上壓碎。這行為是在紀念她男友的自殺，而他是將手槍對著腦袋自戕。但並不是所有的象徵都會輕易吐露它們的祕密；舉例來說，史碧爾埃和榮格就曾經花了一年多的時間長期激烈爭論「齊格菲」的意義。此外，即使一個患者可能最終會默認別人給的任何象徵性詮釋，但這本身並不構成堅實的科學保證。這有可能只是患者對於暗示的回應。不用說，也可能是醫師自己對於詮釋正確性的信念，正確性的保證就更低了。

　　長期以來，由暗示以及醫師的自我暗示所提出的一般性方法論問題，就為歐美兩地所熟知。知名的柏林性研究者亞伯特‧摩爾近來就在他重要的新書《兒童的性生活》（*The Sexual Life of the Child*）中再次提出了這些問題，他明確提到了佛洛伊德學派的詮釋：

　　　　佛洛伊德及其追隨者確實報告了他們認為證明他們論點的個案，但是我一點也不滿意這些臨床病歷。他們給人的印象是，在他們所謂的病歷中有許多內容是由診療者的暗示性提問所引導出來的，或是他們沒有用充分的照護來防止患者出現記憶的幻覺。我心底所產生的印象是，是佛洛伊德及其追隨者的理論足以說明這些臨床病歷，而不是臨床病歷足以證明這理論的真實性。藉由心理分析的幫助，佛洛伊德努力建立他的理論。但是這涉及了這麼多武斷的詮釋，以致於不可能以任何嚴格意義來看待他們提出的證據。任意地透過象徵來詮釋夢境，武斷地假定其他明確對象是生殖器官的象徵性代表物。我在他們所謂象徵作用的武斷詮釋中看出了謬誤的主要來源。

　　回答摩爾這類批評的唯一方式就是把詮釋的規則說清楚，這樣一

來就可以用獨立判斷的方式來檢驗任何個別治療者的任意詮釋。佛洛伊德意識到了這個要求，他也重複保證會發表一份詮釋規則手冊。然而最近證明了這很難做到。在克拉克大會前一年的現存佛洛伊德與榮格書信透露出，佛洛伊德逐漸明白，他所承諾的事並非能夠輕易辦到。在一九〇八年十一月八日寫給榮格的一封信中，佛洛伊德宣布：「我已經開始寫一篇論文。題目是〈精神分析方法概觀〉（A General Exposition of the Psychoanalytic Method），這篇論文會說明一切。論文的進度極為緩慢……」佛洛伊德當時的計畫是，用這篇論文來完成第二卷論文集。佛洛伊德下一次提到這篇論文是在兩個月後，在一九〇八年十二月卅日寫給榮格的信中，他又提了一次這個題目〈精神分析方法概觀〉。但是到了一九〇九年一月時，他向榮格透露了關於「我的方法論文章」的消息，他說「我在完成上遇到了困難」。到了一九〇九年六月，他告訴榮格他決定延到隔年再完成這篇跟方法論有關的論文。

簡言之，在克拉克大會召開時還沒有精神分析手冊。在某種程度上，佛洛伊德試圖用說明一些他最近的創新觀念，像是自由聯想和移情作用，來彌補他演說中缺乏一般性方法論這件事。但是佛洛伊德在這些主題上可以談的東西不足以解釋他的詮釋方法。正如一年後墨頓・普林斯在一份有關夢的研究的短論文中所說，如果人們不去尋找佛洛伊德式象徵，他就不會找到——即便它們確實在那兒。

核心情結

吊詭的是，在克拉克大會舉行時，精神分析的詮釋範圍正以極其引人注目的方式在擴展。因為在之前的九個月間，佛洛伊德已將一個新的觀念引入精神分析文獻中，這個觀念就是核心（core，或是核子〔nuclear〕）情結。核心情結（德語為 Kernkomplex）有點像是種萬能的解釋原則。它不只會顯露在每個神經官能症個案中，而且在所有神話的原始形式（與可能經過大幅偽裝以及／或者重寫的後續變形呈相反形式）中也都能夠發覺到它的存在。在某種意義上，它是唯一被遺忘的人類夢

境，是繼斐德列克‧邁爾斯之後，詹姆士在他一八九六年的講座中曾大聲疾呼的普遍基礎──閾下自我。

　　精神分析領域中的兩個發展讓核心情結的概念來得正逢其時（如果不是不可避免的話）：一是蘇黎世學派及其情結說的出現，一是對於神話之精神分析研究領域的蓬勃發展。從佛洛伊德那十分系統化的觀點來看，情結說的問題在於其徹底的折衷主義。榮格和他的同事或許可以證明，在統計上「情慾情結」是正常受試者中最常見的情結，在臨床上也是歇斯底里症患者最重要的一個情結，但他們也允許像是「職業情結」（career complex）和「傷害情結」（injury complex）進入他們的分析當中。在一九〇七年再版的《日常生活的精神病理學》中，佛洛伊德在這方面前進了一小步，他提到了一個「個人情結」，一個「專業情結」，以及一個「家庭情結」。在他的私人書信中，他也毫不遲疑地把這個術語當成某種簡稱來使用，比方說，他在寫給榮格的一封信中提到他的「金錢情結」。但是情結有呈幾何級數倍增的傾向。我們回想一下，賓斯旺格就曾在榮格自己的科學實驗證據中發現不下十一個不同的情結，其中一個被他稱為「哲學情結」，還有一個可以恰當地稱為「死亡／父親情結」。

　　在一九〇八年的一篇論文〈創造性作家及白日夢〉（Creative Writers and Daydreaming）中，佛洛伊德試探性地跨出重整秩序的第一步，但他沒有提到情結本身，而是指出各式各樣的動機因素可以如何化為一個單一的性核心（sexual core）。舉例而言，專業上的野心可以成為讓某個特別女士留下深刻印象的動機。然而比起情結的激增更令人不安的是，實驗證據似乎顯示這些情結中隨便哪一個都很容易受到壓抑。而回溯到他和布魯爾合作的最後階段，佛洛伊德的主張則是，性的感覺尤其會引發壓抑。實際上，榮格已經證明了跟布魯爾相反的主張，即任何惱人的情緒都可能會受到壓抑。

　　這裡有許多事關緊要的潛在性議題。佛洛伊德的理論是記錄在一九〇五年出版，以性為主題的那本書中。該理論不僅主張針對性願望的壓抑作用帶有特殊的病原學意義，且與所有其他願望形成對比，也主張每

個神經官能症狀都有一個受到壓抑的嬰兒期性願望為核心，而一般而言這願望具有變態性質。然而，由於弗里斯過早離開他們的小團體，並帶走了雙性傾向的理論，壓抑理論於是出現了一個裂口。正如佛洛伊德在一九〇九年十一月向他的維也納同黨所做的評論，「只要沒有說明壓抑的有機核心，整個神經官能症理論就是不完整」。儘管佛洛伊德免不了要宣稱，做為一種調查技術，自己的精神分析方法優於聯想測試（他在克拉克大會的第三場講座上正式做了這個宣稱），但是對照於榮格的方法，分析的實際執行卻幾乎無法證實他的理論。因為記憶通常是環繞著感覺而組織起來，甚至壓抑的記憶也是如此，在分析實作中去定位榮格所描述的那種受到壓抑的情感性情結，尚未被證明是件難事。但是要找到佛洛伊德以更明確理論所主張的受到壓抑的嬰兒期變態性願望，卻已經證實是困難得多。這本身無法否認佛洛伊德的主張（或許嬰兒期變態性願望確實受到極深的壓抑），但是也不支持其理論。

　　第二個讓「核心情結」這個取巧概念顯得有吸引力的發展，是從精神分析觀點研究古老神話這個新的可能性。李克林對童話的研究創造出一個重要謎題。解開謎題的獎品是，神話素材的分析在當時似乎有種可以窺探靈魂奧祕的特殊權威。無論是從古老宗教、民間傳說，或是一些民族心理學的面向來想像這塊領域，任何號稱擁有普遍有效性的心理學體系，都必然會在這個一般性區域標定一塊屬於自己的範圍。這個在當時廣為人們接受並深刻感受到的要求，也同樣適用於潛意識心靈的理論。自從一九〇〇年弗魯諾伊發表了對於靈媒「海倫‧史密斯」的案例研究起（不會早於這個時期），醫學心理學的世界也已經變得慣於思考閾下自我的「神話創構」（mythopoeic）功能了。如果佛洛伊德可以證明他的心理學甚至能夠深入洞察神話創構的心靈，那可真的是個一鳴驚人之舉。但相反的，如果所有他的追隨者的貢獻最後證實就和李克林的一樣毫無章法可言，那就會令人十分尷尬了。當數目未定的情結與數目未定的童話故事被放在一塊兒，結果就是眾所周知的詮釋亂象。混亂的折衷主義所帶來的威脅並不是到李克林就結束了，在一九〇九年底（或許不

會早於這個時期），魏海姆・史德寇對於「象徵主義」的興趣就已經是眾所周知。

　　走出神話叢林的一條可能道路已經近在眼前。從阿道伯特・庫恩（Adalbert Kuhn）在十九世紀中葉的開創性研究出發，民俗學者的進展十分迅速，他們令人信服地展示出許多核心神話及民間傳說的存在，透過傳播，這些神話和傳說產生出表面上十分不同的無數變體，並散布到不同文化中。更深一層來看，這些核心神話的存在某種程度上是透過語言學研究而發現的，也就是透過對共通語言學根源的調查。在夢書中，佛洛伊德已經將語言學根源視為詮釋象徵的附帶基礎。在某個意義上，這是個安全的對策，因為語言學已經顯示出，有許多語幹起初都有明顯的性意涵。但是現在向前跨一大步的誘惑出現了。不只是訴諸於語言學語幹的性根源，而且可能因為顯示出民俗學者的核心神話本身就擁有可辨識的性根源，而贏得全體的認同。也就是說，在核心神話底下，精神分析或許可以找到核心情結。

解謎者

　　回過頭來將佛洛伊德在夢書中分析索福克里斯的「伊底帕斯王」（Oedipus Rex）的段落，解讀成佛洛伊德已經在考慮「核心情結」的可能性，是有可能的，但是這種讀法是將佛洛伊德一九〇〇年的一般文化綱領和更特定的學說合併，而後者是在一九〇八至一九一〇年間才變得重要起來。對佛洛伊德個人而言，做為一個英雄主題，「解謎者」伊底帕斯這個人物具有極大的重要性。根據記錄，在一九〇六年春天他五十歲生日時，他的一小群支持者獻給他一塊獎章，上面刻有索福克里斯所寫的句子——「猜出著名的〔斯芬克斯〕謎語的人，就是最偉大的人」；佛洛伊德一看到就頭暈了，這正是他長期以來幻想的榮耀，他被這奇妙的巧合給弄得不知所措起來。一如彼得・魯帝尼茨基（Peter Rudnytsky）在最近的著作中所詳盡說明的，在十九世紀下半葉，在更廣大的德語文學及哲學世界中，索福克里斯將伊底帕斯神話寫成悲劇這件事情變得很重

要。但是儘管伊底帕斯確實是佛洛伊德用來代表兒童期亂倫願望之普遍性的個人象徵，無論如何，它都還不是一個「核心情結」。

至今為止，只有較廣泛的分析文獻中的偶然評論，曾經短暫地提到了伊底帕斯。李克林在他一九〇八年的一篇論文裡，曾經在討論嬰兒期自我主義時，在括號中激動地提到這個名詞——「（伊底帕斯英雄傳說！）」。同一年，費倫奇在一篇論性無能的論文中曾經提到一位病患，說他是「伊底帕斯神話的典型具現，這是由佛洛伊德的研究發現所揭露的普遍人性意涵」。然而，即使在分析的文獻中，伊底帕斯傳說也很慢才扎根。亞伯拉罕在第一期《年鑑》裡寫了一篇近親通婚主題的文章，就沒怎麼提到伊底帕斯。榮格在同一期《年鑑》中以長篇幅探討兒子反叛父親的論題，也幾乎沒有正式提到索福克里斯（以及佛洛伊德）的英雄。

換句話說，在伊底帕斯（或任何其他論題）被奉為核心情結之前，必須先建立有一個叫做核心情結的東西的觀念才行。儘管佛洛伊德已經私下向他的維也納黨人推銷這個概念一陣子了，但榮格第一次聽到這個概念，是佛洛伊德在一九〇八年八月十三日信中的隨口評論：「一些事讓我的思考轉向了神話學，我開始猜想神話和神經官能症或許有個共通的核心。」這裡的「一些事」，是指佛洛伊德當時正在進行的四篇手稿。第一篇是卡爾・亞伯拉罕為佛洛伊德的《應用心理學》系列所寫的《夢與神話》（*Dreams and Myth*）。在前同事李克林的幫助下，亞伯拉罕確實有所改進（正如他所承諾的）。亞伯拉罕在長篇的方法論附記中明白承認，自己對神話缺乏象徵聯想，接著，部分論點以佛洛伊德的夢書為基礎，他主張某些象徵是「典型的」，因此很容易便能夠加以詮釋。在提出自己的理由之後，亞伯拉罕繼續就精神分析觀點對已經被民俗學者深入分析至核心版本的普羅米修斯神話發表看法（亞伯拉罕的詮釋是，從諸神手中偷走的是男性性能力的祕密）。

第二份手稿也是為《應用心理學》系列而寫，這份是奧圖・蘭克的《英雄誕生的神話》（*Myth of the Birth of the Hero*）。蘭克蒐集了大量古老神話和傳說，這些神話和傳說均描述各個英雄出生的神奇境遇。躺

在竹籃中順著尼羅河水漂流而下的嬰兒摩西的故事，可能會被讀者當成是蘭克故事集的原型：典型的英雄出生會出現懷孕困難，很早就和親生父母分離，接著被人收養，然後在經歷一系列的冒險之後，終於和親生父親發生衝突或和解，或者兩者皆有。他依序討論了薩爾貢（Sargon）、卡爾納（Karna）、伊底帕斯、派瑞斯（Paris）、泰勒佛斯（Telephus）、柏修斯（Perseus）、吉爾伽美什（Gilgamesh）、居魯士（Cyrus）、崔斯坦、羅慕勒斯（Romulus）、海克力斯（Hercules）、耶穌、齊格菲和羅安格林（Lohengrin）。值得關注的是，用來將這些不同的故事化約為一個單一主題的個案，主要是根據民俗學者的研究文章，只是摻進了一點十分合理的新心理學成分。

　　一九〇九年春，《英雄誕生的神話》以蘭克的名義出版了，但是在一九〇八年十一月廿五日，以其論題為主題的「週三夜會」中，這本書的真正原著者是誰就完全清楚了，而起身捍衛的人正是佛洛伊德：

　　這些神話是兩個對立主題的結合，兩個主題皆屬於個人透過英雄來為自己辯駁的大論題。這兩個主題是：一、對父母的感激與柔情；以及二、對父親的反叛。然而在這裡，與父親的衝突根源並不在於為了爭奪母親而產生的性的敵對關係，而是父親隱瞞了與出生相關的性過程的事實。

　　我們應該好好注意最後一句話。在佛洛伊德的想法中，對於父親的敵意根源是來自父親隱瞞了與出生相關的性過程的事實——至少就案例中的幾個故事是如此。決定點是，這些神話典型敘述了環繞著英雄誕生而發生的神奇事件，而佛洛伊德深信在這些事件中，他可以發現與嬰兒來自何處有關之嬰兒期理論的明確證據。

　　我們在這裡遇到了一個新的論題——嬰孩的性研究，這也是當佛洛伊德寫信給榮格時他正在進行的四篇手稿中的第三篇。 一九〇八年十二月，〈論兒童的性理論〉（On the Sexual Theories of Children）在一個柏

林的性學學刊刊出，這篇文章第一次採用了「核心情結」這個術語。表面上，這篇論文探討的是一個重要的社會議題：性教育。為了和他大體而言算開明的立場一致，佛洛伊德刻意和當時流行的兒童教養方式唱反調，亦即在兒童的弟弟妹妹如何來到這世界的話題上，必須有意地欺騙他們。佛瑞爾後來在他的回憶錄中描繪出一幅生動的圖畫：

> 不久後……我妹妹出生了。他們一直小心地瞞著我。當助產士出現在家裡，每個人都忙得跑來跑去，我不瞭解正在發生什麼事，為什麼我得坐在人來人往的前廳裡。這讓我困惑極了；我也因為這些欺瞞以及伴隨著欺瞞的笑聲而惱怒。一直到隔天我才知道，雖然關於到底發生了什麼事，我還是無法理解……
>
> 我妹妹出生後，我很快地意識到男人和女人有著不同的構造，儘管我父母小心翼翼地保守著祕密，我還是企圖得到關於這個主題的訊息。父母向孩子們隱瞞性關係的做法實在大錯特錯；這是因為在那個時代性關係通常被隱瞞起來，不是以平靜、嚴肅的態度向孩子們開誠布公；當然了，我指的是不帶有任何情慾和輕挑的成分。但是正如我們所知，他們卻是習慣相反的方法……

相較於佛瑞爾、摩爾和其他關懷這個議題的人的抗議，佛洛伊德觀點的更高明之處在於，他考慮到這類做法可能會在孩子們心中挑起幻想。根據佛洛伊德的看法，孩子們不僅會繼續探索性慾和生殖主題，而且有時會導致他們編出極具幻想性質的祕密理論，這些理論接著可能會無意識地存留到成年時期。在他的論文中，佛洛伊德十分具體地詳述某些幻想理論，至於他的理由，在其他資料蒐集方法中，他尤其訴諸「推論及解釋……來自於對精神官能症患者的精神分析」。關於這種研究方法，他主動提及，「我只能夠保證，那些知道並實行精神分析技術的人，對它的發現有極大的信心」。

他還是繼續開出方法論的本票。分析範圍也仍在擴大中。佛洛伊德

不僅將這些嬰孩的性理論和民間傳說的內容做類比，也讓這個一般性議題變成整體心理學發展的重要關鍵：

> ……從第一次的欺騙和回絕開始，〔孩子們〕就對成人生出了不信任感，並疑心有某件被禁止的事情存在，是「大人們」瞞著不讓他們知道，而且……他們因此遮遮掩掩地自己進行進一步研究。然而，孩子們也因此頭一次經歷了「心理衝突」……這樣的心理衝突可能會很快地變成「心理解離」（psychical dissociation）。這一組成為「好孩子」以及停止反思的觀點，成為支配的、意識的觀點；在這同時，還有一組觀點是孩子們藉由研究取得了鮮明的證據，但卻被認為不算數，於是這另一組觀點成為了受壓抑的、「潛意識的」觀點。神經官能症的核心情結就以這樣的方式誕生了。

　　讀者們似乎會很驚訝，在核心情結概念第一次出現的正式陳述中，孩童的性研究被賦予如此重要的角色，但事實是，在一九〇九至一〇年間，每一次關於核心情結的後續討論中，佛洛伊德都明確地重新提起同樣的論題。問題在於壓抑。不再能夠從雙性傾向中導出壓抑理論的佛洛伊德，轉而向社會過程尋求解釋，尤其是在分享性資訊方面親子之間所發生的衝突。佛洛伊德也許會傾向以有機體的角度來解釋，為何唯獨性過程是如此容易受到壓抑，但是他暫時樂意借重社會環境的解釋。

　　佛洛伊德確立核心情結概念的最初努力，在他正在進行的第四份手稿中達到了高峰，也就是後來出現在第一期《年鑑》中的「小漢斯」（Little Hans）個案。「漢斯」即是赫伯特·葛拉夫（Herbert Graf），是音樂學家麥克斯·葛拉夫（Max Graf）的兒子，佛洛伊德很早就網羅他進入自己的學術圈中。在三歲時，小赫伯特就開始展露出對於性行為的好奇心，並因此而在〈論兒童的性理論〉這篇論文中客串了一個小角色。四歲時，小赫伯特開始對馬匹產生極度恐懼，並因此成為第一篇發表的兒童精神分析中的主角。這篇「分析」的真正執行者是麥克斯·葛拉夫，

他在自己允許的範圍內嚴密詢問這個孩子，而這些問答就是這篇分析的內容。佛洛伊德則始終隱身背後，為這名父親提供建議，他真正和這孩子會面只有一次。這篇文章於是分為兩部分，一部分是父親十分有吸引力的自述，以逐字逐句的方式重現，一部分是佛洛伊德的評注。佛洛伊德評論的一個特點是，他為這位年輕的消息來源者辯護，反對認為兒童性傾向的初期表現是受到遺傳退化影響的見解；而不久前摩爾才又一次提出了這個見解。

方法論又再度成為話題。佛洛伊德在「小漢斯」個案中大量且不經意地提到他的精神分析程序，但這些評論幾乎無助於回答他當時的批評者。他似乎意識到莫爾對於他影響了資料的指控，從他不辭辛勞地指出，他謹慎地阻止那位父親做某些公式化陳述，從而保證了孩子所透露話語的真實性，即可看出他試圖回應這一點。然而佛洛伊德也主張，有時候詮釋必須先於資料，他主張唯有當治療者的評論讓患者感覺到他被期待做出回應的情況下，他們的幻想才會浮出表面。顯然這讓暗示成分又回到分析中。表面上佛洛伊德承認了這個看法，但是他隨即主張，精神分析主要是種治療形式，而不是科學的研究程序。然而，即便是這個特性描述也被佛洛伊德評論的明顯要旨掩蓋了。他對於小男孩治療過程的興趣，明顯不如他對於追蹤恐懼症的每個瑣碎細節的興趣，他並將這些細節填入他的整體詮釋框架中。

佛洛伊德在這個個案中對於方法議題的處理，最終只是激化了追隨者和批評者之間的分歧。此外，正如在這類合作中可能發生並且對教誨目的有害的事情是，大出風頭的人是這個孩子。小赫伯特對於心儀的女人總是軟硬兼施地要求對方接受自己的感情，這樣的行為或許讓他成為嬰兒期性慾說最適當的發言人。赫伯特也以其他方式參與了這件事情。除了症狀減輕外，在佛洛伊德的報告中，他「分析」的主要結果是，「他和父親的關係變得非常親近，而後者有一段饒富興味的陳述」來說明關係的變化。赫伯特可能也是個有批判性自覺的人。在他和佛洛伊德單獨進行諮商時，他被告知在他出生之前很久，佛洛伊德就曾經告訴他父

親，有個小男孩會誕生在這世上，雖然他愛他父親，但他還是會害怕父親。後來在回家的路上，赫伯特（聽起來有點像威廉‧詹姆士）跟他父親說：「那個教授會跟神說話囉，既然他能夠事先知道所有事情？」

　　這個個案是個科學的轉折點。這三個合作者：小赫伯特、他父親以及佛洛伊德，無意間獲得了一個偉大的發現；正確的說法是，一個發展心理學上的偉大發現。在現代社會中被扶養長大並且適應良好的兒童中，確實有個完全可以用「伊底帕斯期」來稱呼的正常發展時期。在這個階段，大約是四到六歲之間，兒童經常會發展出幻想和白日夢，在這些幻想和白日夢中會清楚呈現出對於父母的闈下情慾和敵對願望（如果人們知道要怎麼找到這些反應的話）。此外，當這些願望（通常在健康方面只會以衍生形式表現）受到家庭環境加溫（赫伯特的母親經常讓他睡在她床上），孩子通常會發展出一種恐懼症，這個恐懼症的內在其實是由衝突的慾望所形成的祕密象徵。小赫伯特一點也不是個「退化的」孩子，在他的願望以及當願望超出他所能承受時所發展出的症狀上，他都完全表現出典型狀態。在被艾倫柏格稱為精神分析的「偉大病人」的名冊上，小赫伯特都以其魅力以及他公開承認關於馬匹的「胡言亂語」，而占有一個特殊位置。

　　佛洛伊德對於伊底帕斯的個人關注是挖到了一條科學金礦。其他的評論者多半對這個即時出現的孩子感到愛意和忌妒，但至今為止從來沒有人認為，這樣的情緒可能多少是普世性的，也沒有人認為它們通常會以潛意識和象徵的方式來表露自己（然後在表面上消失了）。然而佛洛伊德對於自己的發現並不完全滿意。即便是假定可以從單一個案類推出一般性現象好了，一個兒童期的普遍性階段本身，無助於將健康者和精神官能症患者區分開來。它也不必然就能夠說明支配核心神話之形成機制。正如他在一九〇八年十二月十一日寫給榮格的信中所表明，他的原意是要用「小漢斯」的個案來體現這門新的學說，但是它卻留下許多尚未得到解答的問題：「我是如此著迷於小赫伯特個案的核心情結概念，以致於無法再前進一步。」然而他在實際的論文中卻表現得更有自信一點。

在許多地方，佛洛伊德都主張「漢斯」真的是個想取代父親，並完全把母親據為己有的「小伊底帕斯」。但佛洛伊德補充了這個公式，主張漢斯對他父親的敵意也源於他對於嬰兒從何處而來的好奇心，佛洛伊德將這個問題和「斯芬克斯之謎」做了比較：

> 他（父親）不只不讓他和母親共寢，也不讓他知道他渴望瞭解的事。他讓漢斯在這兩方面都處於不利地位，並且顯然是為了自己的好處才這麼做。

在這篇論文的最後一行，佛洛伊德清楚表示，核心情結的理論已經幾乎到手了：

> 因此我不禁宣稱，這種兒童期精神官能症做為一種類型和模式的重要性，並指出由精神官能症所展現出的壓抑現象的多樣性及其病原素材的充足性，無礙於它們乃是源自於數量有限的過程，而這些過程皆與同樣的觀念性情結有關。

英雄返家

在結束和普南在阿迪朗達克區的假期之後，佛洛伊德、榮格和費倫奇搭火車回紐約，乘坐「威廉大帝號」（Kaiser Wilhelm der Grosse）返回歐洲。在船上，這三個人輪流分析彼此的夢境。這成了另一個和榮格交鋒的機會；不過在航程結束時，佛洛伊德似乎覺得和他私生活有關的所有問題都暫告結束了。正如他後來寫給榮格的信中所表示，「我現在希望所有心胸狹窄的爭執及不和，都會很快地從美國之旅的記憶中消失，只留下美好的印象」。

九月廿九日，一行人在不萊梅下船。佛洛伊德和費倫奇向榮格道別，一起先去了漢堡，然後到柏林，他們在柏林時抽空外出調查一位女預言家。比從前更乖巧聽話的亞伯拉罕在那裡迎接他們兩位。他對這趟

美國之行以及其所造成的情勢變化顯然得出了自己的結論，並決心不能失去佛洛伊德的寵信。佛洛伊德寫信向榮格說，他發現亞伯拉罕「和藹可親，一點也不偏執；我幾乎因為最近一直和他不和而在費倫奇面前感到羞愧」。亞伯拉罕甚至殷勤地在佛洛伊德返回維也納的旅途中同搭了一個半小時的火車。維也納黨人也拿出他們最好的表現。他們在十月十二日舉行了一場歡迎晚會，為返家的英雄接風。這場晚會的高潮是，史德寇即席做了一場個案報告，個案是名「不付錢的可惡病患」──也就是他自己，因為大師離去而罹患了恐懼症。佛洛伊德自己則藉著這趟旅行重新充電。他十分享受和比他年輕廿歲的人四處走走，後來他提到這段時間時曾說，這是「我的情慾學說遲來的風光時刻」。他甚至刮了鬍子，並以沒有鬍子的造型畫了張肖像畫。然而很快地，佛洛伊德的患者就開始回來接受診療，「週三夜會」重新舉行，鬍子也長回來了，一切又回到了如常的公事軌道上。總而言之，佛洛伊德忙碌的行程讓他沒有多少時間能夠從事他向榮格形容的，「我那眾多且絕對有必要的科學計畫」。

　　在他的書桌前，佛洛伊德是守舊與創新的結合體。十月時，他替已經長期延宕的「鼠人」個案校樣進行了校對。強調對父親抱持矛盾情感的「鼠人」個案分析，曾在薩爾斯堡大會中占了近乎五個小時的演說時間，如今它的高知名度已經讓它難以改動了。然而，核心情結仍設法在一個注腳中現身：「核心情結……包含和孩童的最早期衝動相類似，針對父母和兄弟、姊妹的溫情與敵意，會在孩童的好奇心被喚醒之後出現──通常是由於新的弟弟或妹妹的降臨。」十二月，《性學三論》的第二版問世了。他也只在一個新增的注腳中做了變動而已。「核心情結」本身還是沒有出現在主要文章內，儘管有一個針對兒童性研究的新注腳，另一個注腳針對的則是以西朵・沙格（Isidor Sadger）對於自戀與同性戀之間關係的發現。夾在這些計畫之間的是為《美國心理學期刊》的紀念號撰寫五場克拉克講座的文字版。十一月底時，佛洛伊德完成第四場講座，並送出去給史丹利・霍爾。在這篇文章的結尾，佛洛伊德對於新的研究計畫發表了一個簡短但明確的聲明：

在親子關係以及……手足關係中所激起的，不只是正面或是溫柔的情緒，也激起了負面、敵對的情緒。因此而形成的情結注定在很早時期就受到了壓抑；但是它仍從潛意識持續施加重大而深遠的影響。我們可以猜測，在其延伸影響的作用下，它構成了每一種神經官能症的核心情結，我們或許可以預期它在精神生活的其他領域也同樣積極地運作。弒父娶母的伊底帕斯王神話在小幅更動下透露出這個嬰兒期願望，這個願望後來被亂倫屏障所反對與拒絕……

孩子仍未受到被壓抑的核心情結支配時，他的智識生活有一大部分便會運用在他對性的興趣上。他開始打聽嬰兒是從哪裡來的……在決定這孩子性格的形成及後來的任何精神疾病的內涵上，這個孩子氣的研究本身，以及這個研究所發現的不同的嬰兒性理論，仍然具有重要性。

不在書桌前時，佛洛伊德也不斷為核心情結遊說。十月，在一次個案討論時他向他的維也納夥伴宣布：「一般而言，神經官能症比我們以為的更接近核心。這個個案也是，它是個典型的問題，和伊底帕斯和小漢斯中所揭露的是一樣的故事。」接下來那個月，在一次關於小兒科的討論中，他描繪了一個分為核心情結—兒童精神官能症—成年精神官能症的三層發展基模。儘管佛洛伊德並沒有這麼說，但這讓揭露核心情結成為分析療法中的適當行為（在前一年五月，佛洛伊德曾經在一封寫給賓斯旺格的信中表明這一點）。

在這同時，佛洛伊德也沒停下他對「考古學」的研究。他在十月時開始定期和一位文理中學古典文學教師諮商，這個人叫做大衛・恩斯特・歐本海默（David Ernst Oppenheim），顯然是希望能夠增進他這個門外漢對於神話學和哲學的知識。比方說，他得知「伊底帕斯」的意思是「腫脹的足踝」，根據他自己的理由，他只是將它讀成了「勃起」。在十月和十一月寫給榮格的信中，佛洛伊德明白表示，他時時想到神話學。他歡迎榮格進入他的領域——「少了點寂寞」——的同時，也推銷他自己的嘗試性綜合理論——「我希望您很快會同意我的看法，認為神話學和

神經官能症很有可能以同樣的核心情結為中心」。為了分享他的觀點並且形塑榮格的觀點，他兩次分享了他將伊底帕斯翻為「勃起」這件事，並且三次以強烈的方式將榮格的注意力導向一九〇八年那篇論兒童的性研究論文（十月一次，十一月一次，十二月時又一次）。十一月時，佛洛伊德也忙著重讀榮格的〈父親對於個人命運的重要性〉一文，並已經在他的大學討論課上排入一次對這篇論文的討論。

　　但是，十月和十一月最重要的新課題是李奧那多・達文西（Leonardo da Vinci）。到十一月中時，他已經完成了一篇論文的草稿。十二月一日，佛洛伊德向「週三夜會」成員報告了這篇論文（他發現這些維也納人的鑑賞能力不足）。接下來幾個月，佛洛伊德繼續寫作這篇論文，延宕已久的「一般性方法論」的那篇文章，連同關於「錯誤詮釋技術」的一篇較新文章被無限期拋下。另一篇〈論男性所選擇的特殊類型對象〉（On a Special Kind of Choice of Object Made by Men）也因為要挪出時間給李奧納多那篇文章，所以延後了。即使是神話學的研究也可以暫時擱下，只有在二月時佛洛伊德寫了一篇十分不錯的稿子，談〈原始文字的兩歧現象〉（The Antithetical Sense of Primal Words）。在這同時，李奧納多的研究在三月完成了，四月進行校樣的修訂，五月時榮格拿到了一本《李奧納多・達文西及其童年回憶》（*Leonardo da Vinci and a Memory of His Childhood*），這是佛洛伊德《應用心理學文集》的第七本。

達文西傳奇

　　佛洛伊德的論文一開始便提出李奧納多性格特徵的幾個觀察：他是個孜孜不倦的科學研究者；他總是無法完成畫作；身為一個成人，他在性方面並不活躍，雖然他對年輕男孩有父親式的好感；他最知名的畫作《蒙娜麗莎》暗示了一個巨大祕密。佛洛伊德運用了許多言詞去描述這幅肖像，但他的主要根據是俄國小說家德密特里・梅列日考夫斯基（Dmitri Merejkowski）之前的歷史研究（為了回覆一九〇七年一個出版社的要求，佛洛伊德曾將梅列日考夫斯基的《達文西傳奇》〔*The Romance of*

Leonardo da Vinci〕列入十本他最喜愛的書籍之列)。

在描繪出達文西的大致樣貌之後,佛洛伊德繼續介紹達文西童年時代的一段特殊回憶:一隻在他口中輕拂尾羽的「禿鷹」。接下來的文章展現出精神分析文獻中最偉大的演繹技藝。在沒有太多其他資訊的幫助下,佛洛伊德開始討論這隻「禿鷹」的象徵性質,並將它和古埃及神話連結起來;在古埃及神話中,禿鷹經常被用來指涉母親(同一個字「姆特」〔mut〕似乎可同時用來指「母親」和「禿鷹」兩者)。在小心維持其推論基礎穩固的情況下,佛洛伊德接著主張,李奧納多的「回憶」是後來製造出來的屏蔽記憶(screen memory),並且這位藝術家對於埃及符號學有某種程度的熟悉。這篇文章跳過這個斷崖,躍入了一次大膽的重構:最初的「禿鷹」是李奧納多的親生母親,李奧納多在三到五歲間才被送去給她父親和繼母;在那之前,她在他嬰兒時期時在性方面給予他過度的刺激。換言之,「禿鷹」的回憶是個屏蔽記憶,既描繪也遮蔽了早期的過度刺激。

這個過度刺激和後來的分離造成了多重的結果,佛洛伊德繼續收攏他之前描繪李奧納多性格時的所有思路。李奧納多的愛戀對象是分裂的——有兩個母親,一個是不見的生母,一個是養母。佛洛伊德主張,這兩個母親分別出現在兩幅畫裡,一幅是《聖母、聖子與聖安娜》(Madonna and Child with St. Anne),另一幅是《蒙娜麗莎》;前者的靈感是被《蒙娜麗莎》的微笑所喚醒,才出現對較早這位母親的記憶。李奧納多無法如一般成人達成性認同,反映出他在依戀這個過度刺激的母親,以及他對他父親認同的失敗。和再版的《性學三論》中新插入的注腳立場一致,佛洛伊德現在清楚陳述,同性戀的自戀性質——成年男性愛戀男孩,既是一種對母親表達忠誠的方式,也是一種認同她對他的愛戀的方式。佛洛伊德主張,在李奧納多的個案中,同性戀透過藝術得到了昇華。同樣昇華的還有他孩子氣的性研究。佛洛伊德表明,正是在這裡我們找到了李奧納多孜孜不倦的科學興趣——以及概括來說,他的天才的起源。李奧納多並未像大多數人一般,受苦於性好奇的初期受挫所

帶來的有害後果。他學會透過自然（自然本身即是母親的象徵）研究的形式將其昇華。

這是篇力作。佛洛伊德已經進入了相對來說較新，但已經饒富爭議性的「疾病誌」（pathography）的醫學文獻範疇，並針對一位偉大人物提出了能引發共鳴的絕佳說明。佛洛伊德描繪這幅肖像的性面向，很自然地激起了另一輪的批評（他的老朋友羅文斐德也在反對者的行列中），但精神分析的小小世界卻迫不及待地接納了它。榮格宣稱：「基於內在的必然性，神話學的變革從這篇文章產生了，這確實是您的文章中第一篇能夠讓我從一開始就覺得和它的內在發展完全契合的文章。」菲斯特甚至做了個額外的貢獻：他發現在李奧納多的畫作《聖母、聖子與聖安娜》中隱藏著一隻禿鷹的輪廓——只要知道該怎麼看，就可以看得一清二楚！菲斯特在一九一三年發表了他的發現，佛洛伊德則在一九一九年的再版中，以注腳的方式將這個發現加入他的文章中（榮格也發現了一隻禿鷹，但是是在不同的地方，不過他發現的畫面比較沒有說服力）。

然而這裡有個問題，如果當時被大眾知道，有可能會引起方法論的憂慮。「禿鷹」是個誤譯。在李奧納多的筆記本中找不到這個字。實際上，只有在梅列日考夫斯基小說的德文譯本中才找得到。梅列日考夫斯基的俄文原文寫的並不是「禿鷹」，而是「風箏」；這才是真正出現在李奧納多筆記本中的那個字。這表示李奧納多的童年回憶是和「風箏」，而不是「禿鷹」有關。而根據文獻記錄，「風箏」似乎和古埃及或是任何其他地方神話中的母親象徵都扯不上關係。簡言之，沒有「禿鷹」，沒有「姆特」，沒有母親。

有趣的是，也沒有「伊底帕斯」。由於他的資料的性質，佛洛伊德選擇將完全省略這個主題。此時，「伊底帕斯情結」這個特定用詞終於出現在出版物中。第一個在出版物中使用這個詞的榮譽則歸給了費倫奇，他經過大幅修訂的論文〈內在投射與移情作用〉（Introjection and Transference），終於出現在十一月出版第二期的《年鑑》中；這篇文章就用了這個詞。鍾斯則是第一個以英文使用該詞的人，他的〈伊底帕斯情

結做為哈姆雷特之謎的一個解釋〉（The Oedipus Complex as an Explanation of Hamlet's Mystery）發表於霍爾的《美國心理學刊》一月號。佛洛伊德自己則終於在〈論男性所選擇的特殊類型對象〉──一篇以愛情生活之心理學為主題的短篇論文中，第一次使用了這個詞。一九一〇年六月，這篇手稿終於送達了蘇黎世。文中，佛洛伊德描述某些男性對聲名狼藉之女性所產生的激情。典型的情況是，這名男性的激情乃是以他對自己能夠拯救這名女性免於沉淪的信念為基礎，如果其他男性的利益在這過程中受到損害，那只會強化他的熱情。佛洛伊德在診察這個症候群時，簡潔描述了「伊底帕斯情結」的作用，但是只有在他再次提到嬰兒期的性研究後才這麼做（在拯救這個人盡可夫的女人時，成年的精神官能症患者也抵消了孩童時期的理想幻滅，即他發現自己的母親本身就是個墮落的女人）。

美國之行的餘波

　　正如臨行前的史碧爾埃危機，美國之旅產生的影響不只一個；每個影響都有其重要之處，也都在不同的地方以不同的方式表現出來。美國之旅的第一個影響是，強化了佛洛伊德對於他身為人類境況理論家的高度意識。正如佛洛伊德認同伊底帕斯之「解謎者」身分，從此之後他以嬰兒期性慾之「發現者」的形象自居，他的李奧納多研究──這是另一個時代的科學暨藝術奇才，如今被揭露他也是個昇華的性研究者──也幾乎肯定地反映了佛洛伊德在克拉克大會勝利的餘暉。但比這勝利餘暉更重要的是，佛洛伊德再次嘗試明確地表達核心情結這個概念，並且獲得了榮格的幫助。事實上，距離佛洛伊德終於完成核心情結的公式化表述，還有將近一年的時間（他將加入種源論），距離正式發表也還有好幾年。因此這個概念暫時仍看起來像是個開放的概念，其他的研究者也還有空間可以想像、描繪其輪廓，並做出自己的貢獻。

　　從諮商室的現實情況來看，核心情結學說削弱了患者的當前情慾衝突做為神經官能症之立即沉澱劑的相對重要性，而偏向更加強童年的決

定因素。然而，這個學說的真正重要性是在別處，並且可以簡潔地陳述出來。它是精神分析理論的樞軸，從這個樞軸上，精神分析理論從一個基本上是神經疾患的臨床學說，轉變成一門針對人類心靈與文化的一般性理論。同時也形成了一個概念的領域，在這塊領域上，佛洛伊德和榮格之間的緊張關係得以展開。

第 10 章
有兩個骷髏頭的房子

在這裡時間被填得滿滿的。昨天佛洛伊德和我在中央公園散步了好幾個小時，我們對於精神分析的社會學問題有過一番長談。他聰明機智一如以往，並且十分敏感；他不喜歡其他觀念的出現，而我必須補充，他通常是對的。他肯定擁有當今人們所能想像最縝密、最純粹的生物學觀點。我們談了許多關於猶太人和亞利安人的事，而我做過的一個夢提供了兩者差別的清晰意象。但是在這裡實在無法深入探討任何事，因為日子每天都過得非常忙碌。不過在公園裡那幾個小時的靜謐時光，還是對我助益良多。

——榮格寫給艾瑪·榮格的信，一九〇九年八月三十一日

美國凱旋的第二個重大後果是，強化了榮格對於他自己身為人類境況的獨特理論家之高度意識。正如他在克拉克大會前的行為所證實，雖然他仍忠於原慾理論，但是榮格對於理論的態度永遠在求新求變。他也開始尋求像是弗魯諾伊和威廉·詹姆士等其他人的友誼。弗魯諾伊已經對於佛洛伊德在觀念史上的地位提出十分精明的評價。晚年時，榮格回想起弗魯諾伊時，說他「可以用最明智的方式說明佛洛伊德的理論，他也指出了佛洛伊德固守反宗教之啟蒙時代的價值」。至於詹姆士，榮格在克拉克時找到時間和這個美國人私下對談。他們討論神祕學、宗教心理學，以及理論家的「個人平衡」是如何影響他的理論。

榮格在克拉克的講座只暗示他的心神不寧。他的第一場講座主題與字詞聯想實驗有關，主要是關於方法論的議題，雖然他時不時提到他的發現和一些佛洛伊德臨床概念的相似性。榮格的第二場講座「家庭叢集」（The Family Constellation），探討艾瑪·弗斯特（Emma Fürst）所發現的情結和反應類型，傾向在家族成員身上反覆出現的現象，但榮格這次並

未採取過去的做法，即從嬰兒期性依賴來推導出這個觀點，而是將之歸因於家庭內的一般情緒感染。此外，榮格還做了一件可能令史丹利・霍爾高興的事，他接著將青春期視為發展的關鍵時期，因為孩子在這個階段必須完成與家庭分離的困難任務。

榮格的第三場講座「孩子的心理衝突」（Psychic Conflicts in a Child）加入一個令事情更加複雜的全新元素——內向性（introversion）。演說中所提到的孩子是榮格的女兒（但用另一個名字來稱呼），當她面對一個困難處境，也就是她弟弟的誕生時，她轉向了內在的幻想。乍看之下，她的「內向性」完全可類比於前一場講座中的青春期內向的「憂鬱」。這裡面確實有同樣洩露內情的「詩意」傾向：

在這裡我們遇到了這孩子生活中一個重要的新特性；空想，激起詩意的新芽，一種具有輓歌般張力的情緒——都是通常只會在生命晚年會經歷到的事物，此時這青年或女孩準備脫離家庭紐帶，向前邁入獨立人生，卻仍被思念家庭溫暖的痛苦情緒向內拉扯著……。把一個四歲孩子的心理，和接近青春期的男孩或女孩的心理相提並論，乍看下有些吊詭；但類同之處並不在於年齡，而在於運作機制。輓歌式的空想表達了一件事實，即從前屬於而且也應該屬於某個真實客體的愛，現在有一部分已經轉向了主體的內在，並且從而產生越來越多的幻想活動。

然而在一個邊注中，榮格主張內向性有一個潛在的適應面向：

當生命遇到了障礙，無法達成適應，而原慾的轉向現實也擱置時，內向性的情形就會發生。也就是說，原慾並非朝向現實而運作，而是以移除障礙（或者至少是在幻想中移除它）為目標的幻想活動會逐漸增加，這或許會適時產生出一個實際的解決辦法。

榮格也提到小女孩幻想中的古老性質，他將它們等同於「童話故事

的詩意，甚至連成人都感覺得到它的魔力」。於是榮格在這裡贊成「童話
故事的詩意」的說法，儘管之前他曾把青春期的「詩意想像」等同於對
生命的反抗。顯然榮格對於「詩意」的定義仍舉棋不定。古老性質的詩
意可能會輪流將人們帶出或是帶回家族叢集之中。在後者的情況中，詩
意會成為成人生活中的「抵抗源頭」。然而在前者的情況中，「內向性」
過程會出現另一個可能的結果，那就是在暫時轉向內在後，緊跟著可能
會出現創造性的新適應型態。

一個理論性的夢

　　返家途中，榮格繼續沉思他與佛洛伊德間哲學傳統的差異：「……
我的印象是佛洛伊德的思想史始於畢希納（Büchner）、莫萊蕭特
（Moleschott）、杜布瓦—雷蒙（Du Bois-Reymond）和達爾文。」接著他
做了一個重要的夢。這個夢的情節十分簡單。在夢裡，榮格發現自己身
在某棟建築物二樓的一個房間裡，房間中裝飾著洛可可風格的精緻古老
物件。他愉快地心想，這一定是他自己家，於是他懷著急切想探索這房
子的心情下到了一樓。但一樓卻是個相當陰暗的空間，裡面擺設著中世
紀家具。榮格接著參觀了古羅馬風格的地下室，最後來到了更深一層的
地下室。在那裡他找到陶器、骨頭，還有兩個骷髏頭，所有物品的歷史
都可追溯至史前時代。

　　榮格認為這房子代表了他自己的心理及其發展歷程。二樓代表他所
受的十八和十九世紀的哲學教育：首先躍入腦海的是康德、叔本華的哲
學，以及克魯格（Krug）的《哲學科學字典》（*Dictionary of the Philo-
sophical Sciences*）。一樓代表他們的基督教先驅，即經院哲學家；正如榮
格的回憶錄告訴我們的，這一層樓是黑暗的，因為自達爾文以降，中世
紀的上帝就消失了。地下室及羅馬牆垣令人回想起更早的歷史時期，也
喚起榮格在青少年時期熱愛考古學的回憶。而最後抵達的更深一層地下
室，這裡不僅呈現出最早的史前時代，也指涉了榮格在醫學院時對於古
生物學的興趣。簡言之，這個夢是本視覺的成長小說（Bildungsroman），

涵蓋了榮格自己在四個不同階段中的智識發展。

　　這一切有何特別之處？這棟建築物的設計並未遵照榮格人生的年代先後順序。史前時期的那一層，也就是更深一層的地下室是次序顛倒的；它應該在最上面一層，因為這是榮格最近感興趣的領域。然而它卻位在最底層。同樣的，童年時習得的中世紀神學應該要在青春期晚期的古典考古學之前，而不是之後才對。如果這房子確實代表榮格自身的意識，那麼這個夢的訊息是，意識乃是根據文化史和種源史的順序來安排，而不是基於個人的過去。這房子的設計因此和佛洛伊德的理論形成了明顯對比：

　　在做這個夢之前那幾天，我的腦海中一直浮現著某些問題。這些問題是：佛洛伊德式心理學是建立在什麼前提之上？它屬於人類思想的哪一個範疇？它那幾乎排他式的人格主義（personalism）和普遍性歷史假設之間的關係為何？我的夢給了我答案。它顯然指出了文化史（延續的意識層的歷史）的基礎。我的夢於是構成了某種人類心理的結構圖示……

　　然而，榮格對於佛洛伊德的疑慮不只是理論，也有其私人的面向。因此榮格藉機利用這幢有兩個骷髏頭的房子的夢發表極為尖銳的評論，也就不會令人太過驚訝了。解夢是佛洛伊德、榮格和費倫奇在乘船返歐旅途中主要消遣之一。然而，考慮到在底下流動的緊張關係，這個消磨時間的娛樂也具有潛在危險。當佛洛伊德拒絕說出關於某個自己的夢的聯想時，緊張終於累積到了爆發時刻。榮格在他的回憶錄中謹慎地敘述了這段插曲：

　　佛洛伊德做了個夢——我不認為把它所涉及的問題說出來是對的。我盡力詮釋它，但補充說如果他可以提供我關於他私生活的某些額外細節，我就可以多做一些詮釋。佛洛伊德對這些話的反應是做了個奇怪的表情——一種極度猜疑的神情。接著他說：「我可不能冒失去權威的風

險。」在那一刻他就已經完全失去權威性了。那句話牢牢烙印在我的記憶中；那句話也預示了我倆關係的結束。佛洛伊德把個人權威置於真理之上。

如果我們知道佛洛伊德的夢和什麼有關就好了。榮格後來只告訴鍾斯，佛洛伊德的夢「主要和對他家庭及工作未來的憂慮有關」。然而一九五七年，他告訴畢林斯基的內容更深入得多，並且在透露這件事時採取一種近乎傲慢的姿態：

〔美國〕旅途中佛洛伊德做了一些令他十分困擾的夢。這些夢和佛洛伊德、他的妻子以及妻子的妹妹所形成的三角關係有關。佛洛伊德不知道我知道這段三角關係。所以當佛洛伊德告訴我那個他妻子和她妹妹在其中扮演了重要角色的夢時，我要求他告訴我一些他對於這個夢的個人聯想。他看著我說：「我可以跟你多透露點，但我可不能冒失去權威的風險。」這句話當然讓我打消了想要幫他解夢的念頭。在那次旅途中他出現了嚴重的神經官能症，我必須為他做有限的分析。他有心身問題，比方說幾乎每半小時就要小解一次。我向佛洛伊德提議他應該進行完整的分析，但他對這主意十分排斥，因為這樣他就必須處理和他的理論密切相關的問題。如果他曾試著在意識層面去瞭解這段三角關係，他的情況就會好得多。

然而，這個夢的詮釋並沒有停在這裡。停止的只是榮格不再要求佛洛伊德說出他的聯想而已。榮格把握住接下來的機會，告訴佛洛伊德自己在前一年的四月所做的夢，佛洛伊德在那個夢裡的角色是「死去的」海關官員。榮格的動機似乎有一半是出於存心不良，有一半是出於好奇，因為他還沒想出該如何理解一個人死了但卻不知道自己已經死了的心理機制。然而佛洛伊德也不知道該如何理解。榮格接著又說了他最近那個地下室有兩個骷髏頭的房子的夢。佛洛伊德輕易地就提出了他的想

法，榮格希望有兩個人死去，並且想把他們埋在地下室下層裡。接著他
要求榮格說出他的聯想。

　　後來，在過世前不久，榮格曾經寫下關於他的回應的兩個不同說
法，一個發表在他的回憶錄中，一個發表在他同時寫作的一篇論夢的詮
釋的論文當中。在這兩個地方，榮格都強調佛洛伊德想要證明榮格希望
他死。在這兩個地方，榮格都說他不曾有過這樣的死亡願望。在這兩個
地方，榮格也都承認他在回答時撒謊了。而且在這兩個地方，榮格都用
同樣的理由來合理化他的謊言：他說他們兩個人的背景差異讓佛洛伊德
無法正確詮釋那個夢境。在論夢的詮釋那篇論文中，榮格寫說他沒有說
出他對於那兩個骷髏頭的真正聯想，是因為他害怕佛洛伊德「……會把
它當成只是企圖要逃避問題而已，而那個問題其實是他自己的問題」。但
是榮格只有在自己的回憶錄中才提出他真正的回答：「我妻子和我妻子的
妹妹。」

　　要不注意到這句話其實暗指著佛洛伊德家裡的情況並不容易。榮格
自己說到了佛洛伊德的反應：

　　我明顯意識到我的行為失當，但是戰爭是不講情面的！我不可能讓
他〔佛洛伊德〕洞悉我的精神世界。存在我倆精神世界之間的鴻溝已經
太過巨大。事實上，我的回答似乎讓佛洛伊德如釋重負。

　　關於船上的這次衝突，一直是令人霧裡看花。榮格的聯想——「我
妻子和我妻子的妹妹」——聽起來明顯就是個挑戰。然而，佛洛伊德卻
顯然不是這麼理解。根據榮格的說法，他反而「如釋重負」，幾乎就像是
透過對那些不討論個人私事的紳士們而言的得體方式，讓這整個話題暫
時宣告結束。此外，在這之後榮格的行為似乎變得比以往更圓滑了。在
他下船後寫給維也納的第一封信中，榮格幾乎是滿懷渴望地寫道，「在回
瑞士的旅程中，我分析夢境分析到停不下來，而且發現了一些十分有趣
的笑料。真遺憾現在沒有空做這種事了。」榮格的下一封信聽起來則是

正面的感謝：「返家途中做的分析對我幫助極大。」然而，不過三年後，榮格回憶起這些時光時卻充滿了痛苦的心情。顯然在當時，克拉克的凱旋在他們的回憶中仍然鮮明，使得榮格隱藏了他真實的感受，儘管內心累積著怨恨以及祕密的優越感，他仍裝出受教弟子的模樣；但是一九一二年十二月，這兩種情緒終於爆發了。

榮格的奧德賽之旅

　　一九〇九年九月廿九日，榮格在不萊梅下船，並辭別了佛洛伊德和費倫奇。他後續寫給佛洛伊德的信說道，他渴望展開職業生涯的下一階段：「我覺得自己正處於巔峰，而且變得比您以為的更通情達理得多。」在屈斯納赫特的新家安頓下來後，榮格立刻開始認真梳理他一團亂麻的私人生活和職業生涯。在自己家裡，他開始分析起妻子的夢。在專業上，他旋風般地展開許多忙碌的活動。

　　榮格的專業活動十分多樣。除了為私人病患看診，繼續在大學的講座之外，他還在家裡為一群醫生開起私人的精神分析研討班。這個研討班裡有兩位美國人：崔甘特・布羅（Trigant Burrow）以及奧古斯特・霍區（August Hoch）。崔甘特很快就擔起為榮格分析的工作，有時他們會在榮格的帆船上分析；奧古斯特是享有盛名的紐約精神醫學研究院院長，阿道夫・邁爾的預定接班人。在此同時，榮格還寫了六篇以兒童精神障礙為主題的講座論文，並打算在新年期間的一月和二月講授。在這段期間，榮格都持續為《瑞士醫師學報》（*Bulletin of Swiss Physicians*）撰寫近期精神醫學文獻的評論。

　　在瑞士醫學政治中，一九〇九年秋天是段關鍵時期，而在這段期間，榮格不屈不撓的現身也終於被人看見了。佛瑞爾正在積極地為他的「國際心理醫學暨心理治療學會」（International Society for Medical Psychology and Psychotherapy）招募會員（當佛瑞爾這樣偉大的人物竟然在蘇黎世的一個歡迎會上朝他走來，並邀請他加入這個新團體時，崔甘特・布羅感到既喜悅又光榮）。佛洛伊德和榮格當然也接到了邀請（當他

們回到家時，邀請函已經在等著了）；榮格起先拒絕了，但是在徵詢過維也納那邊的意見後，他便在十一月中為他們兩人把事情都安排好了。此舉立刻在那個月於蘇黎世舉行的「瑞士精神病醫師冬季會議」（Winter Meeting of Swiss Psychiatrists）中得到報償。布魯勒、路德維希‧法蘭克（Ludwig Frank）及阿爾馮斯‧梅德爾預定將發表三篇與精神分析課題相關的論文。在會議的一開始，佛瑞爾就起身攻擊至今為止始終公然與精神分析為敵的馮‧莫納科夫，因為他和杜伯共同成立了一個由瑞士神經學家所組成的競爭性組織。榮格站在佛瑞爾這邊，而「莫納科夫及其同夥孤立無援」。接著在精神分析報告之後的討論中，佛瑞爾以站在和講者同一陣線的方式報答了這次人情，雖然他對於嬰兒期性慾的學說仍有保留。榮格在寫給佛洛伊德的信中頌揚自己的手腕高明，正如他所說的，「您的〔也就是說，我們的〕目標贏得了全面性的支持……」。榮格在新年的一月和二月所進行的兒童心理學講座，進一步利用了這次策略性勝利。他的講座為在宣傳精神分析的精神病醫師、教育者和蘇黎世神職人員提供了一個共同論壇（由於歐斯卡‧菲斯特戰鬥力高昂地擁護這些新學說，後者的團體在最近被捲入一場針對佛洛伊德理論的激烈論戰中）。

　　儘管榮格將全部時間投入事業，他全部的空閒時間都待在圖書館中閱讀神話學和古代歷史的書。這是種執迷。佛洛伊德早在十月十四日時就聽說了這件事：「我對考古學或神話學深深著迷，這裡面蘊藏了不可思議的寶藏。」榮格很早就在他的研究中追隨史丹利‧霍爾的腳步，專注地追蹤調查有陽具崇拜的古代宗教。在一九○九年十一月八日的信中，他向佛洛伊德做出這樣的評論，「這開啟了神經官能症之種源學基礎的豐富礦藏」。在一九○九年十一月十五日的信中，榮格直接將陽具崇拜帶入與母親亂倫的主題中，且頭一次從頭到尾都使用了佛洛伊德的術語：「我對於最古老、最自然的神話所試圖傳達的意涵已不再有任何懷疑。它們以極其『自然』的方式說出了神經官能症的核心情結。」但是到了十一月底時，榮格已經走得比陽具崇拜更遠了。他在一九○九年十一月三十日的信中宣告，「似乎只有偉大的，也就是史詩式的諸神才是陽具崇

拜。」但是在古代神話中還有一種更古老的傾向，他稱之為「基本原理」（elemental），他寫給佛洛伊德的信中說到這件事情。這封信的內容還包括下面這個意有所指的請求：

我常希望您就在附近。有那麼多事想要請教您。比方說我有時會想跟您探問原慾的定義。至今為止我還沒看到令我滿意的說法。

此外，榮格現在也明確表達出他的種源論傾向：

我越來越覺得只有透過歷史或是在歷史的幫助下，才可能達到對心理的透徹理解（如果這是可能的話）……。由於這個理由，古代歷史如今對我而言有了全新而重大的意義。我們現在在個人心理中所找到的（以受到壓抑、阻礙或是半分化的形式）或許在過去的時代中曾經達到完全開展。那些能夠讀懂這些符號的人是有福的！

這封信引起維也納那一方不耐的反應，關於「原慾」的定義，佛洛伊德建議榮格可以去看《性學三論》「第一句」。在深思熟慮的忍耐限度內，佛洛伊德談到他們需要「一場長時間面對面討論，在牆壁和家具的嘎吱嘎吱聲中，如果您會……」

榮格在十二月裡無畏地繼續自己的道路：「我反覆再三地思考著古代歷史的問題。這問題實在棘手！其中無疑存在著許多嬰兒期性慾的元素，但不僅只於此而已。」一九〇九年十二月廿五日的同一封信也宣布，榮格已經將他研究的一部分，即處理精神分裂症之現實喪失及其與神話形式之思考的關係，交給他的助理歐內格去研究。榮格接著在一九一〇年一月卅日的信中宣布，他剛進行完一場談論「象徵主義」的演講，他在演講中有力地說明個人幻想的形式具有「神話學上的典型意義」。不幸的是，正如他告訴佛洛伊德的，「支持的資料相當薄弱」。從這封信接下來的內容，我們可以多少看出榮格在一月之前的一整個月的心理狀態：

在我沒寫信給您的這段期間〔十七天〕，我受到各種情結的折磨，而且我痛恨訴苦的信。這次被魔鬼愚弄的人不是我而是我的妻子，她聽信了邪靈的話，毫無根據地上演了一堆嫉妒的戲碼。一開始我的客觀性失靈了（精神分析的第一條規則：佛洛伊德式心理學原理適用於除了分析者之外的每一個人），不過後來又恢復正常，我妻子的情況也因此而大大好轉。除非能確保相互的自由，否則分析自己的配偶會是最困難的一件事。對我而言，可以認同不忠是一個好婚姻的必要條件。我自己也從中學到許多。最後的重點是：經過精心計畫和深思熟慮之後，我的妻子又懷孕了。

無論魔鬼在艾瑪・榮格的耳邊悄悄說了什麼，很可能都跟史碧爾埃無關，她當時正在布爾霍爾茲利擔任學生助手，努力工作的同時也試著撰寫一篇醫學論文。但榮格已經開始為一名新病患——妥妮・沃爾夫（Toni Wolff）診療，之後的一年又數個月的時間，她成為他藏書室的助理。沃爾夫小姐是蘇黎世一個富有家庭的么女，有一半猶太血統，當時正因為父親過世而處於嚴重的憂鬱狀態，或許還伴隨某些精神病症狀。正如後來的事件證實，她也是位十分果斷、聰慧的女性。榮格對她的診療贏得了她的家人的感激（人們一直謠傳是他從精神病院把她拯救出來的），並因此為他們後來終究演變出來的親密關係開了路。然而，根據可以取得的資料，似乎在第一輪的治療結束時，他們還維持著禮貌得體的關係。如果讓榮格太太煩惱的人是妥妮・沃爾夫小姐也是有道理的，不過這事仍要在相當遙遠的未來才會實現。

佛洛伊德和榮格現在正進入討論三月底即將在紐倫堡舉行的精神分析大會，這場大會是榮格按照兩年前在薩爾斯堡的會議上做成的暫時性決議而召開的。這兩個人為紐倫堡大會所訂的計畫，反映出他們改變了對自己身分的評價：這兩人不僅決定要不顧他們之間差異而站在一起，還決定要將他們的夥伴關係制度化。從此之後，他們之間的通信就被這場大會及其後續發展所占據，於是榮格的信就暫時不再提到關於他的研

究消息了。榮格僅草草地談到他最近潛心研究的範圍，如此他就滿足了。一九一〇年二月廿日，他寫道「我潛意識的群巫之夜（Walpurgis Night）」。四月六日，他說到「洋溢著神話的喜悅，我總是保留它當作飯後甜點來享用」。四月十七日，他告訴佛洛伊德，「目前我正以幾乎是自體性慾式的快感追尋我的神話學之夢，我的朋友們都摸不清我在做什麼」。只有三月二日的那封信脫離了這個模式，信中進一步說明了一月份那場談論「象徵主義」的演講：

　　我在此說明，「邏輯性」思維是透過語言文字的思維，像論述一樣是外在導向。「類比性」或是幻想性的思維，帶有情感的色彩，是圖像式、無語言文字，不是論述，而是一種對屬於過去之物的內向性沉思。邏輯性思維是「語文思維」（verbal thinking）。類比性思維則是原始的、潛意識的，不形諸於語言文字，幾乎無法透過語言文字表述。

　　在構成榮格思想織錦的各色素材中，最重要的是一篇由一位法蘭克・米勒（Frank Miller）小姐所寫的短文，標題為〈下意識創造性想像的一些例子〉（Some Instances of Subconscious Creative Imagination）。以父親之名來命名的法蘭克・米勒是位詩人兼講師，曾在日內瓦短暫受教於弗魯諾伊。她的文章的重點在陳明，有一些詩和幻想在她尚未完全意識到時就已經完整出現在她腦海中了，這一點可以顯示出它們遵從已知的心理學法則，因此這些詩沒有任何奇蹟色彩。透過這個方式，她希望提供弗魯諾伊一些對抗神祕主義者的材料。她的文章為榮格提供了他在一月份演講中極度缺乏的個案材料。他描述了發生的事。我們在他的研究中看出他自身的影子：

　　我像瘋了一樣閱讀，帶著狂熱的興趣研究著堆積如山的神話學材料，接著是諾斯替派（Gnostic）作者的文章，結果是我完全迷惑了⋯⋯
　　在這些研究中，我偶然讀到一個從沒聽說過的年輕美國人的幻想，

那就是米勒小姐。這份資料由我敬愛的、如父親一般的朋友泰奧多・弗魯諾伊所發表，收錄於（日內瓦）《心理學刊》（*Archives de Psychologie*）。我立刻為這些幻想中的神話特質驚訝。這篇文章宛如儲存在我腦中雜亂想法的催化劑。

米勒小姐的文章從描述自己「容易緊張的性格」開始，她舉了一些例子說明，她是如何容易接受暗示和自我暗示。接著她描述了她的第一首詩，標題為〈榮耀歸神〉（Glory to God），她是在夢中想到這首詩的。但她立刻驅散了關於這首詩誕生的傳奇色彩，她清楚描述了這首詩是源自於她十分熟悉的文學作品，包括《約伯記》以及米爾頓的《失樂園》（*Paradise Lost*）中的一些段落。第二首詩〈飛蛾與太陽〉（The Moth and the Sun）也具有宗教氣息。這首詩是當她在入睡前狀態（hypnagogic state）時，也就是當她處於半夢半醒，但仍然能夠自我反思之際想到的。同樣在這裡，儘管沒那麼肯定，她還是用她先前的經驗來分析這首詩。最後她提到了《奇溫托佩爾》（*Chiwantopel*），一齣不由自主在她腦海中演出的入睡前戲劇。這齣戲主要是一名阿茲提克戰士的獨白（他的名字就是這齣戲的劇名），他在劇中哀嘆自己一直找不到一個真正瞭解他的女人。接著出現一條小蛇，殺了奇溫托佩爾和他的馬。在她的分析中，米勒小姐回憶起自己在童年時期曾經對阿茲提克遺跡十分著迷。在構成《奇溫托佩爾》這齣戲的文學模範中，她列出了莎士比亞的《布魯圖斯》（*Brutus*）、山謬・強森（Samuel Johnson）的《阿比西尼亞王子》（*Prince of Abyssinia*），以及華格納的《齊格菲》——並且特別強調齊格菲對布倫希爾德的哀悼。

性慾摧毀其自身

榮格運用米勒的幻想來支撐他對於神經官能症之種源論的基礎思考，他準備在一九一〇年五月十六日於海利邵（Herisau）舉行的瑞士精神病學家春季會議上，發表一場長而重要的談話。榮格的海利邵演說

講稿已經佚失，但是我們很容易就可以重建其內容要素。榮格先從佛洛伊德式夢境象徵開始談起，然後漸進地透露出他對於兩種思維方式的想法。儘管科學所立基的理性思維是透過語言文字而開展，並且擁有一個確定的方向，但是在我們每一個人的心靈中，都存在一種運用圖像和象徵的不同思維方式，在幻想與白日夢中，我們便撤退到這樣的思維模式裡。在第二種思維中，我們以自己的願望為優先。更進一步來說，這些圖像本身經常直接表達出願望的性質，因此比方說，某些性願望就經常會透過典型的象徵而被表現出來，例如一頭公牛或一條蛇。這些典型的象徵源自於人類的種源經驗。在夢中，這些原慾象徵以最清楚的方式浮現，就像是作夢者當前心理狀態的一種清單一樣，因為作夢者會回歸到古老的自我表達模式。夢因此顛倒了人類歷史的進程。在人類歷史中，我們看見從象徵的思維形式到更理性、更具語言性、更物質主義的思維方式的進展。這個進展有其重要意義，因為它逐漸征服了性表達之原始形式，在衰微、人口過剩的時代，這征服曾經具有絕對的生存價值，但是現在卻導致了對心靈中性的、古老面向的無謂壓抑。

壓抑的不幸結果可以在現代神經緊張的案例中看到，米勒小姐就是非常好的一個例子。我們在她的第一個夢〈榮耀歸神〉中，看到了明顯的宗教主題，但是我們發現在這個夢之前，卻是那一天的各式各樣情慾影像。當我們進一步研究這首詩的象徵結構時，我們發現神的形像是來自於父親的形象。米勒小姐很自然地沒有意識到這個更深的元素，因為亂倫屏障封阻了她意識的認知。因此，她的第一個例子搭建了背景：她告訴我們她對於性的失樂園，即她的童年渴望，當時父神不僅僅是股道德力量，也是股深情而肉慾的力量。

米勒小姐的第二首詩再次顯示出她沒有意識到古老的、性的根源。〈飛蛾與太陽〉明顯反映出一位基督徒對神毫無保留的愛，但是，當我們從她自身的貧乏聯想中提取出言外之意時，反而看見一種根深蒂固的內向性狀態。米勒小姐的自我所飛向的太陽，是她自己內向的性慾。她無法逃脫她父親所設下的魔法範疇。於是，儘管成熟世故如米勒小姐也渾

然不查，一齣真實的戲劇正在自己身上上演。

　　這齣名為《奇溫托佩爾》的入睡前戲劇包含了那齣戲的解答。阿茲提克英雄奇溫托佩爾代表了作夢者的自我，他的馬則代表作夢者的原慾。我們可以在奇溫托佩爾長長的哀嘆中察覺到內向性所受的苦難。那齣戲有個壞結局。突然出現並殺了奇溫托佩爾和他的馬的那條蛇，本身就是個原慾的象徵。蛇對馬的攻擊也同樣表明，在性趨力自身當中，特別是在回顧的亂倫紐帶（蛇）和前進的生殖衝動（馬）之間，是存在著衝突的。我們在古代世界中可以重複找到同樣的主題，尤其在古代拜日教（Mithraism）的肖像研究中最為鮮明；拜日教是在西元初世紀時和基督教相競爭的一個神祕宗教。拜日教的雕像重複呈現出一個性象徵吞沒其他性象徵的意象。因此在性慾的核心存在著一場衝突：一部分的它是與其他部分對抗的，而兩者的平衡取決於個體是否達到成年人的適應調節。榮格用這句格言總結了這個內在固有的衝突：「性慾摧毀其自身。」原慾的亂倫成分必須被犧牲，這樣人類的生殖力量才可能被解放。只有當這一切透過英雄─神自願犧牲其原始性慾整體之一部分而完成時，才能夠展現真實的生命力。然而，在奇溫托佩爾的案例中，我們看見了相反的結果。在這裡，亂倫的原慾最終獲得了成功，英雄死了，內向性狀態則持續下去。很明顯的，米勒小姐是因為想提供科學的幫助而發表她的手稿。但是在潛意識中，她已經發出將她從深度內向性中拯救出來的懇求；這內向性會逐漸地、更進一步地將她帶進幻想中，並且最終進入早發性癡呆的階段。在早發性癡呆中，當她的心靈受困於古老、象徵性的夾層中時，所有與現實的連結最後都將被消除。

　　榮格在他寫給佛洛伊德的信中說，他的演講「激起很大的掌聲」。這個例子精采地說明了榮格極為拿手的一件事，那就是榮格可以在線索極少的情況下直覺地瞭解象徵的意義，就像史德寇一樣。要預測一個像米勒小姐這樣明顯能夠自立的人會崩潰，確實是大膽的一步。而要根據神話學上的比較讓這個預測在占滿了一整個大廳的精神病學家面前顯得可信，則是一門功夫。即使是佛洛伊德也有點被這件事嚇到了，因為他在

對這份手稿的評論中承認，他在他的夢書中相當程度忽略了象徵的使用；
這是一個失察，他告訴榮格，史德寇正在修正這個疏失。

佛洛伊德確實有幾個反對的理由。首先，正如約翰‧佛芮斯特（John
Forrester）已經注意到的，佛洛伊德並不喜歡將象徵性及語言性這兩種
思維方式做對照。事實上，佛洛伊德立刻動手寫了自己的比較論文，〈關
於兩種心理運作原則的構想〉（Formulations Concerning Two Principles of
Mental Functioning），在這篇文章中他明白表示了自己對於這個主題的偏
見。為了防止榮格的憤怒，在他一九一〇年六月十九日的信中，佛洛伊
德告知榮格這項新計畫，並附帶以下警告：「……不要控訴我剽竊，雖然
或許是有誘惑讓我這麼做。」佛洛伊德接著解釋，「在您的『象徵主義』
寄來的前兩天，我已經構思並寫好它了……」然而八月時，佛洛伊德又
給了榮格一個不同版本的說法。在從義大利寄來的信中，佛洛伊德承認
那篇〈兩個原則〉的論文尚未完成；事實上，它「就像便祕一樣折磨著
他」。

佛洛伊德亟欲出版自己那些遲遲無法完成、對於現實原則與享樂
原則的想法，但這其實是佛洛伊德與榮格情誼中正在發展中新面向的症
狀。這裡的爭議與其說是明目張膽的競爭（適當且沉默的競爭一直存
在他們的關係中），不如說是相互同化。佛洛伊德不久前才將榮格的術
語「情結」挪用於自己的「核心情結」理論中，並在這過程中巧妙地改
變了它的意義。同樣地，榮格則提出自己的自我犧牲的種源學詮釋，做
為「原慾」理論的一項特別貢獻，並在這過程中暗地擴大了這個詞彙的
意義，納入嬰兒期性慾以外的東西。保羅‧史特潘斯基（Paul Stepansky）
寫到佛洛伊德與榮格情誼時曾說，從這段關係的一開始，他們就同意彼
此可以意見不同。吊詭的是，這件事卻變得越來越困難。這兩個人沒有
擁有兩個不同的理論，而是開始支持起同一個理論的不同版本。

對於海利邵那場演講，佛洛伊德還有其他的批評。他不喜歡榮格用
直接的方式詮釋米勒小姐的第一個夢。就他的看法，榮格忽略了審查機
制的角色，因此沒有掌握住她潛意識的目的。更深一層來看，佛洛伊德

不太能夠肯定夢境和古代神話之間的簡單等式，尤其當榮格似乎暗示現代的夢是古代思維模式的殘餘物時：「如果那些生活在神話中的古代人並不會作夢的話，這說法就會更貼切了。」最後，也是我們最能夠預料到的是，佛洛伊德認為榮格那句「性慾摧毀其自身」的說法，是種無可救藥的混淆。對於佛洛伊德來說，自我犧牲的動機是壓抑的投射，在其中意識的自我滿是悔恨地犧牲了自己強有力的趨力——「基本上是閹割情結的一部分」。

最後一個評論引發了兩人現存通信中最重要的一封信。在一九一〇年六月廿六日，榮格回信，在思考這兩種原慾流動時，他用了三頁的篇幅討論這個自我犧牲的英雄角色。根據榮格的說法，這個英雄角色透過象徵性的自我犧牲而克服了原慾中的亂倫之流，從而讓生殖得以發生：「於是自我犧牲那令人欣慰並且真正狂熱的結果出現了：我們將再次富有生產力。」透過與拜日教的比較，基督教版本的自我犧牲表現為一種昇華的戀屍癖：「基督徒認同的是自我征服者，他的慾望向內侵蝕自己，只能偷偷摸摸、勉勉強強地繁衍後代，心裡沒有一點確信。」榮格的信清楚表示，他現在想要擴充他的演說內容，加入對於自我犧牲式英雄的長串思考，他認為自我犧牲式的英雄是數千年來原慾的象徵使用之種源演化的媒介。佛洛伊德或許對於榮格對基督宗教所做的惡毒評論感到頭暈目眩；他在一九一〇年七月五日的回信中描述榮格的信是「充滿許多重要觀點的一封佳信」，但補充說，他現在希望榮格為他的主張提供「豐富的證據」。此外，佛洛伊德在六月底的告誡性評論如果曾發揮正面作用，也被上個月寄到蘇黎世的那本《李奧納多·達文西及其童年回憶》給削弱了。因為在分析李奧納多的屏蔽記憶時，佛洛伊德自己也轉向神話學象徵尋找解謎的關鍵。基本上這和榮格在海利邵演講中的做法是一樣的。

最後一個方法論的批評是適當的評論。榮格長期以來就對視覺心像（inner visual imagery）感到著迷；不只是他自己的，他也對其他人的心像著迷，他個人在這方面的專注投入對他在科學上的進展很有用處。因為人類的心靈確實是依賴著兩種不同的訊息處理模式（對於這個現象的

研究仍然在進行中），而透過他對「兩種思維方式」的區分，榮格已經對該現象做出了初步描述。但是榮格依賴拜日教的肖像研究做為自我犧牲主題的神話學類比，這種做法有問題，儘管在當時是逃過了批評。事實是，這個宗教的信徒並未留下任何文字記錄，因此關於他們的心像也就完全只能依靠詮釋了。同時，榮格對於米勒小姐性格的評估儘管肯定是可信，但必然是帶有推測性質，他對於她會出現精神分裂式崩潰的預測也是如此。事實上，米勒小姐確實在幾年後曾經短暫住院，但是正如索努‧夏達沙尼（Sonu Shamdasani）所指出，她實際的臨床狀況並未證實榮格的推測。

　　簡言之，儘管他對於思維心理學做出貢獻，榮格並沒有逃過處理核心情結概念的基本方法論問題。不管他怎麼努力，榮格都無法看穿拜日教象徵主義的面紗，也沒有超越米勒小姐有限的自我揭露的範圍，他所做的只是透過自己的聯想，將這兩者接合起來而已，而這些東西本身並未得到肯定的證實。榮格演說的一致性最終是依賴以種源論重塑的核心情結：如果這是出現在發展之既定階段的一個基本普遍的性群聚（sexual constellation），那麼在人類史前史中，必然有一個這個群聚形成的階段。但是種源論觀點並未對榮格的理論形成限制，只是加倍了他的詮釋自由度。而最後的結果就是臨床預測是錯的。

　　即使未能逃過核心情結的方法論陷阱，榮格仍設法讓他自己的理論架構暫時能夠使用。透過他對於原慾的兩種類型的區分（一種是嬰兒期的、亂倫的、回溯性的，另一種則是成人的、生殖的、前瞻性的），他得到一種他可以接受的精神分析觀點的版本。這是件重要的事，原因是，多虧了三月底的紐倫堡大會，他終於讓自己成為精神分析運動的主要精神領袖。

　　可以說，海利邵演說還存在著另一個面向。因為從回顧的角度來看，將海利邵演說看成是與史碧爾埃風暴有關的一種矛盾心理的遲來表達也是合理。正因為榮格最初是在驚慌失措中求助於「精神綜合論」來推測她可能會洩露的內情，一旦雨過天青，他也就回到了神話學的懷

抱。儘管從他的書齋研究所得到的「自體性慾的喜悅」，是他失去她的友情的主要補償方式，但「生殖原慾」及其目的論、適應性層面的主題，仍然潛在地讓他能夠在他的人格中納入些許身為她的「齊格菲」的興奮感。或者我會這麼主張。主題是一樣的，但是整件事已經被放回到古代，放回到人類的種族歷史之中。即使假設他仍然牽掛著這段情事，榮格現在也可以用自己是在研究一個心理學課題——數千年來透過種源方式傳承下來一個心靈承載者做為理由而不受指責。可以肯定的是，他從這裡學到一個道德教訓——英雄必須犧牲他的亂倫依戀，也可適用於他個人的體驗。

第 11 章
國際精神分析學會

　　我們的心理學是一門科學，而這門科學充其量只能被指控為發現了恐怖份子所使用的炸藥而已。道德家和一般從業者要用它來幹什麼不關我們的事，我們也無意干涉。許多不夠資格的人也混進來並做了些荒唐至極的蠢事，但那也跟我們無關。追求科學知識是我們唯一的目標，我們也不需要操心它所激起的那些騷動。如果在這個過程中宗教和道德被摧毀了，那也是因為它們沒有更多的精力足以撐下來。

——榮格，〈對於威托斯《性需求》一書的旁注〉
（*Marginal Notes on Wittels, The Sexual Need*），一九一〇

　　在佛洛伊德和榮格針對海利邵演說交換看法的那段時間，他們還有其他急迫的事情需要煩惱。在一九一〇年三月卅至卅一日舉行的紐倫堡大會中，他們創辦了「國際精神分析學會」。

　　鍾斯後來宣稱他在克拉克大會時就曾經參與關於成立官方組織的討論，但現存的通信透露的卻是另一個故事。首先，佛洛伊德與鍾斯在紐倫堡大會前的那幾個月通過幾封信，信中完全沒有提到這樣的一個計畫。同時，現存的佛洛伊德—榮格通信也清楚顯示，雖然榮格希望仿照兩年前在薩爾茲堡舉行的會議，召開另一個會議，但他並沒有訂出明確的日期和議程。再者，現存的文件也指出，佛洛伊德起初比較關心的是讓他和他的擁護者與一個或更多現存的組織結盟，而不是建立自己的組織。在這一點上，他曾經要求阿德勒準備一份關於精神分析學家是否應該加入社會民主黨的備忘錄。

　　提到要為精神分析成立特定組織的第一個已知出處，是佛洛伊德在一九一〇年一月一日寫給費倫奇的信。佛洛伊德也要求費倫奇去思考，這樣的一個組織是否需要比一般科學性社團更為嚴格的內部紀律。隔

天，佛洛伊德就寫信給榮格，他表示自從蘇黎世大會以來許多事情已經
改變了，而在即將舉行的大會上「致力於組織之類的其他任務」或許會
有幫助。即便是這樣，榮格還是繼續表現得好像他只是在辦一場跟兩年
前一樣的科學會議，而且一開始他優先考慮的，是讓佛洛伊德再一次就
個案材料發表演說。一直到一九一〇年二月初，榮格才第一次從佛洛伊
德那裡聽說，費倫奇將要發表一場關於「組織與宣傳」的演說，並且很
快就會就這件事直接跟他聯絡。此外，在接下來寫給佛洛伊德的幾封信
中，榮格也從未承認他知道自己將被推舉為計畫要成立的學會會長。實
際上，榮格對於這個計畫中的組織表現得漫不經心，以致於人們會自然
而然地懷疑，他是否知道自己在這個組織中應該扮演什麼樣的角色。一
封佛洛伊德僅僅在大會三週前寫的信已經遺失，不過從榮格震驚的回覆
（「您怎麼會這麼錯看我呢？」）我們可以猜測，佛洛伊德責備他的態度過
於扭捏，並單刀直入地問：他想成為終身會長，還是不想？

　　榮格在寫給佛洛伊德的信中對此保持高度沉默，這件事指出，他認
為成立一個官方的精神分析學會並不是個激烈舉動（後來的發展與他的
想法不同）。這讓我們不禁要提出一個問題：佛洛伊德和榮格認為他們
能夠從這個舉動中得到什麼？研究他們在美國之旅和三月大會中間這六
個月的通信，人們會看出，他們主要關切的是精神分析出版物的品質低
落，其次則是他們陣營的追隨者在醫學政治上所使用的拙劣戰術。

　　精神分析出版物品質低落的話題一而再、再而三地出現在他們一九
〇九年秋天的通信中。佛洛伊德對於賓斯旺格大為光火，因為他認為他
在賓斯旺格最新的發表中聽出了紆尊降貴的語氣。這兩個人都正忙於處
理由布魯勒所籌備的一篇對精神分析的重要討論（榮格認為，如果布魯
勒願意將這篇文章刊印在《年鑑》，他會更高興，因為這麼一來，布魯勒
或許會不得不收斂自己的文字）。李克林完成了一篇談歌德的論文〈一個
美麗靈魂的告解〉（Confessions of a Beautiful Soul），但佛洛伊德認為它
「太沉悶、無趣，以致於我猶豫是否要將它放入《論文集》裡」。而這些
人還是通常可以信賴的瑞士人。至於維也納人那邊，如果說有什麼區別

的話，只能說是更糟了。史德寇之前就不准人更動他最近在《年鑑》上發表的那篇關於夢的文章，他最近更火上加油地發表了一篇論執念的論文，佛洛伊德認為它「瑣碎至極且方法錯誤」。至於以西朵・沙格，另一個多產的維也納人，佛洛伊德則希望榮格可以完全把他排除在《年鑑》之外：「沙格的文章令人無法忍受，他只會毀了我們的好書。」就佛洛伊德的看法，阿德勒的文章是「唯一可以不經過審查就收錄的，雖然並非沒有可以批評之處」。

　　一開始，佛洛伊德和榮格計畫在《年鑑》中開闢一個特殊的評論單元來發洩他們的不快。這個評論單元的第一批攻擊對象是布魯勒和史德寇。評論單元是榮格的主意，但是獲得了佛洛伊德的強力支持：

　　我建議你和我一起負責這個評論單元的工作；你評維也納這邊的人，蘇黎世那邊的人開始有自己的版本時，則由我來評他們。這些評論必須表達出我們個人的評判；這是一種文字獨裁的企圖，但我們的人民是靠不住的，所以需要管教。

　　這是發生在一九〇九年十一月的事，就在克拉克大會後不久。隔年三月時，這兩人決定把他們的「文字獨裁」明確表示出來。我們很自然地認為，這個行動最後成為了剛萌芽的國際性組織，也就是一個以訓練及認證為主的專業性組織。當然了，成立這樣一個組織的目的有一部分也是因為，它可以讓精神分析看起來像是個合法的醫學專業。但是這個組織的基本精神至少算是名符其實。佛洛伊德想要控制他的追隨者在《年鑑》以外的期刊上發表的科學及辯論性文章。《年鑑》主編的辦公室就是所有這類論文的信息交換所。也就是說，這些論文必需先得到總編的批准才能公諸於世。這正是費倫奇在關於組織的提案附錄中所說的，總編對一切「外部事務」負有全責的意思。既然榮格是佛洛伊德心目中擔任總編一職的人選，而且《年鑑》也已經在榮格的控制之下，其結果就是讓榮格可以全面掌控所有精神分析出版物的發表。在他的兩個工作

之間，榮格可以在以官方發言人的身分駁斥批評的同時，也擁有提高精神分析論文品質所必須的權力。至於佛洛伊德，透過將精神分析的重心正式移至蘇黎世，他可望能夠利用蘇黎世學派的名聲，以及榮格和布魯勒所能動用的機構資源。無論是榮格、佛洛伊德或是費倫奇似乎從沒想過，追隨他們的分析師會怎樣看待這種安排。

從歷史回顧的角度來看，建立「國際精神分析學會」，並以佛洛伊德和榮格這兩個主要負責人的個人威望為其精神支柱，這樣的決定只能以魯莽躁進來形容。可以肯定的是，無論是這個組織，或是它在若干年後所殘存的框架，都證明了在第一次世界大戰後，它對於精神分析的宣傳發揮了作用，也許甚至可說具有關鍵性的角色。從這個角度來看，人們可以說佛洛伊德異常地具有遠見。但是這個決定帶來不幸的立即後果，甚至幾乎具有毀滅性；在隔年夏天之前，佛洛伊德和榮格兩人都會同意他們的行為實在是輕舉妄動，現在要為此付出代價了。

無論我們對這兩人的舉動下什麼樣的判斷，我們都應該銘記在心的是，大體上，那確實是個發起國際性運動的時機。佛瑞爾才剛把歐洲的精神治療師都納進一個新團體裡。一個名叫科納普（Knapp）的藥商正在成立一個新的國際性道德聯誼會（另一個佛洛伊德認為與精神分析同一陣線的組織）。而達爾文派的生物學家恩內斯特・海克爾則以自己的理論為基礎開展了後來形成一門新宗教（「一元論」〔Monism〕）的學說，造成海克爾學會（Haeckel Bund）在歐洲大陸如雨後春筍般冒出（對此感到憂慮的天主教教會也很快地成立托馬斯學會〔Thomisten Bunden〕為反制〔當然是根據偉大的經院派聖徒的名字命名〕，而那些在海克爾派和天主教徒之間尋求中間路線的人，也馬上成立了另一個網絡，克普勒學會〔Kepler Bund〕）。這些都還不包括以德國為中心的各式各樣改革組織，許多歐洲青年團體，由佛瑞爾、布魯勒和克雷貝林領導的禁欲運動，當然了，還有迅速增長的精神醫學、神經學、實驗心理學以及教育學的專業性社團。確實，在多樣性組織活動的風潮下，並不總是能夠在各個團體間清楚地劃出界線，而這些精神分析師無法解決的問題之一就是，他們

無法決定自己想要成為一個什麼樣的團體。

佛洛伊德的團體有一個非常糟糕的起點。甚至連即將成立的倒數計時階段都不太順利。一開始，這三個合作夥伴（榮格、費倫奇和佛洛伊德）決定一切要在祕密中進行。在費倫奇演講中散發的講義上面寫有這個學會的內部章程，並印有一家紐倫堡印刷廠的標誌。它顯然是在大會第一天的早上印出來的。為了和從柏林南下的亞伯拉罕會面，佛洛伊德比預定時間提早了幾個小時抵達紐倫堡。我們所能猜測出最可能的狀況是，亞伯拉罕是在那時候才得知這件事。從所有其他可以取得的通信中，也完全找不到讓其他人參與這項計畫的證據。這個保持神祕的策略糟糕透頂。當維也納人知道事情時，他們馬上就猜出是那三個前往美國訪問的人串通好的陰謀。

接著還有怎麼搞定瑞士人的問題。費倫奇的章程要求蘇黎世做為學會的永久所在地。也許佛洛伊德是想給瑞士人一個驚喜吧。結果是他們讓他嚇了一跳。首先，仍是這場運動最重要贊助者的布魯勒，決定把三月的最後一週拿來進行一個非急需手術，而不是出席紐倫堡大會。然後是克雷貝林診所裡的一個助理馬克斯・伊瑟林（Max Isserlin），他想出席大會當個旁聽者。伊瑟林一直很有興趣地關注精神分析的發展，並且他當時正準備發表一篇雖具批判性但仍帶有敬意的論文。但是他私下的觀點有時尖銳許多，透過慕尼黑和蘇黎世之間學生網絡的蜚長流短，榮格已經聽說過他的事了。無論如何，伊瑟林原本就不會受到歡迎，不過鑑於這場會議的特殊性質，佛洛伊德決定最好直接拒絕他的申請。對於一個科學性會議來說，這舉動很不尋常，因為他們幾乎是將這個來自慕尼黑診所的助理當作怪人。克雷貝林極度憤怒，這也是可以理解的。榮格認為這整件事是個「差勁的玩笑」；不過這個玩笑會產生重大的影響——克雷貝林開始公開質疑布爾霍爾茲利內部的運作，他還在下一次遇到布魯勒時當面抨擊他——對榮格而言，立即進行損害控管會是個聰明的做法。然後在最後一刻，榮格決定他無法拒絕為麥考密克的繼承人在美國進行諮商。因此他不僅在最後的準備工作中缺席，也沒有警告布

魯勒，克雷貝林進城的目的可能不只是為了諮商，還可能發生更嚴重的事情。在這種情況下，榮格急忙回到美國，把最後的準備工作留給榮格太太和年輕的歐內格去煩惱。榮格在他的加冕典禮前夕消失（回程的蒸汽船預定進港時間是大會開始的前一天），對佛洛伊德而言這可不是個高興聽到的消息。接下來是菲斯特寫信來說他也不能來。佛洛伊德開始焦慮了起來：

　　我還沒從你無法來紐倫堡的打擊中恢復過來。布魯勒也不會來，榮格現在在美國，我對他是否能回來感到很焦慮。如果我的蘇黎世朋友們拋棄我，會發生什麼事呢？

　　榮格確實準時回來了，但佛洛伊德的麻煩才剛剛開始而已。他自己的專題演說，〈精神分析療法的未來展望〉，或許是他曾寫過的文字中最好戰的一篇，他清楚表示要為這個事業集結部隊。然而，這個舉動似乎只有透過某種延遲的行動——激起人們對費倫奇後來提出的組織提議的反應——才算是成功了。一聽到這個匈牙利人的演說，這些被集結來的人立刻就理解到佛洛伊德的弦外之音，以及整個計畫的輪廓。佛洛伊德的其中一個論點是，他宣稱隨著精神分析的聲望與日俱增，實施精神分析會變得更加容易，因為那時精神分析師在他的患者眼中就會取得更大的權威姿態。簡言之，這個學會讓治療變得更為容易。而平衡這個好消息的一個警告則是，從今以後人人都需要做自我分析——「任何無法從這類自我分析中得到結果的人，可能得要立刻放棄用精神分析來治療病患」。也就是說，這個學會將會控制內部成員的紀律。佛洛伊德以精神分析的文化任務做為演講的結語。簡單來說，這個學會將會是一場運動：

　　因此我很想讓諸位在離開時帶著某種確信：無論從哪種意義上來說，透過精神分析來治療你們的患者，都是在克盡職守。藉著利用這個唯一的機會，來發現神經官能症患者的祕密，您不只是在造福科學事業；

您也不只是在用今天能夠獲得的最有效療法來解除患者的痛苦；您也是在為這個社群的啟蒙盡自己的一份力量。我們期望從中沿著社會權威的間接路徑，能夠針對精神官能疾患發展出更徹底的預防方法。

費倫奇關於組織的演說排在第一天下午。這場演說結束後的討論極度激烈，以致於必須中途休會，延到隔天再做決定。人們說費倫奇基本上是個和藹可親的人，但他有著極為獨裁的一面，而這個傾向在那個場合中發揮得淋漓盡致。或許，很難理解有任何語調（無論多麼具有安撫效果）能夠拯救得了費倫奇那場演講的論題。他從一開始就把精神分析史分成兩個時代，「英雄時代」，此時佛洛伊德必須「孤身一人」應付所有攻擊的時代，以及「由榮格及『蘇黎世的人們』的出現宣告來臨」的第二個時代。這種說法把像阿德勒和史德寇這種最近八年來一直在佛洛伊德身邊的人置於何地？誰也說不準。接著，基於「游擊戰」不再實際可行，而他們迄今為止都缺乏組織這件事情，也成為一個障礙，費倫奇繼續想像一個精神分析組織應該要有什麼樣貌。身為分析師，他們當然都意識到每一個團體都複製了家庭的動態，也就是說每個會長都是父親，其他的高層幹部則是年紀較長的孩子，一般成員則是想把那些大孩子趕走的年紀較小的孩子。但是身為分析師，他們應該也明白自己不可能完全逃脫存在於自己身上的驅力。因此他們的組織應該要有自覺地利用這個「家庭組織」：

它會是個家庭，這個家的父親不會施展獨斷的權威，而是將權威限制在基於他的能力和勞力時有權使用的範圍。他的決定不會被盲目奉行，好像它們是神聖天啟一樣，而是像其他每件事一樣，必須受到徹底的批評，對於這些批評，他不會以家父長的可笑優越態度接受，而是以給予應得關注的態度來收下。

此外，無論真相如何慘痛及嚴重，透過這個學會而聚集在一起的大小孩子們都能接受被當面告知真相，而不會有孩子氣的受傷反應與懷

恨在心。

接著是費倫奇的具體提議，那是當天早上才漂漂亮亮地印出來的一份規約。從其他與會者的敘述，我們知道費倫奇口頭上還做了以下額外說明：榮格是終身會長，全權處理「外部事務」（包括檢視《年鑑》以外的出版物），並有權取消違反規定成員的會員資格。事實上，不只是整個組織都交給了榮格，他還有權削減他認為應該削減的任何成員，而且如果他選擇這麼做，也有權告訴維也納人他對他們的看法，「當著他們的面，無論真相是如何的慘痛及嚴重」。弗里茲・威托斯（Fritz Wittels）描述了接下來的一幕：

我可以立刻想像這些毫無防備之心的維也納人（「我們沒料到會有這種突襲。」）會因這些提議而極度沮喪。我懷疑除了某些羅馬天主教教團的教長之外，是否曾有人被交託如此絕對的權力……

佛洛伊德表現得就像原始部落的長老一般——既無情又頭腦簡單。當他發現維也納的門徒開始試圖反抗，堅決全力反對費倫奇的提案時（尤其以阿德勒和史德寇的決心最為明顯，他們的利益受影響的程度勝於其他人），他便將投票延至下一次開會。精神分析陣營內長達三年的鬥爭於焉展開，而這場不光采的鬥爭在三次大分裂中結束……

在值得紀念的這一天午後，維也納分析師們在紐倫堡大飯店中進行一次私人會議，討論這個粗暴可恥的局面。這時，未受邀出席的佛洛伊德突然露面了。我從未見過他如此亢奮過。他說：「你們大部分是猶太人，所以沒有能力為這個新學說贏得更多朋友。猶太人必須滿足於打下基礎的謙卑角色。在科學的世界中，結交關係是絕對有必要。我已經上了年紀，厭倦了無休無止地受人攻擊。我們都處於險境。」他邊抓住他的大衣翻領邊說：「他們不會對我手下留情。瑞士人會拯救我們——拯救我，也拯救你們所有人。」

這是個難以應付的局面。維也納人不會讓步，但是沒有佛洛伊德，單靠他們自己也成不了事。他們宣稱自己的地位居於瑞士人之上（史德寇向出席者發表的慷慨激昂演說強調了這點），但這點取決於他們是第一個站在佛洛伊德身邊的人。最後他們達成了妥協。榮格被授與會長一職，但任期只有兩年。李克林則擔任幹事。學會以會長居住的城市為官方所在地。因此，蘇黎世是現在學會的所在地，但不一定是永久所在地。審查制度則取消。

戰爭才剛剛開始。佛洛伊德離開後，阿德勒和史德寇自己開了一個幹部會議，決定馬上來測試一下「沒有審查制度」條款是不是真的。在隔天的研討會上，史德寇突然宣布他們兩人創辦了自己的期刊，《精神分析文摘》（*Zentralblatt für Psychoanalyse*）。顯然，針對榮格個人，他們也利用各種機會表現出粗魯無禮的態度。

大會結束的隔天，佛洛伊德和榮格整天都待在一起。為了轉移注意力，他們拜訪了附近的小鎮羅騰堡（Rothenburg），那裡有世界上最豐富的中世紀刑求設備的蒐藏品。多年前，佛洛伊德始終無法讓弗里斯對女巫和她們的告解產生興趣，此時他無疑會回想起，一個人的命運可以多麼變化多端。至於榮格，或許就是在這裡，他向佛洛伊德提起他真的該看看丹尼爾・保羅・史瑞伯（Daniel Paul Schreber）的書，《一個神經症患者的回憶錄》（*Memoirs of My Nervous Illness*）。史瑞伯是個法官，他一路高升到薩克森州高等法院，不料竟因為精神錯亂而失足。在他的書中，史瑞伯以彷彿透露重大宗教啟示的口吻描述他的病情，因此而讓他的作品成為一部精神醫學的經典。關於這次郊遊，並沒留下多少明確的訊息，不過佛洛伊德和榮格似乎在告別時，都對他們共同的命運有了新的體認。

當佛洛伊德回到維也納，他發現氣氛仍舊沸騰著。維也納的人指控他是費倫奇提案的始作俑者，而他沒有否認。他們感覺受到傷害；佛洛伊德得解釋他為什麼偏愛蘇黎世。儘管處於壓力之下，佛洛伊德仍舊表現得無懈可擊。至少目前他已經正式將運動的中心搬出維也納，現在

他樂於在名義上向維也納人做出進一步讓步。很快地，阿德勒成了維也納學會的會長，史德寇則是副會長。佛洛伊德也提議，透過尋找適當聚會地點好讓其他人認識到這個團體的新地位。聚會地點不再是他的候診室，而是要有一個適當的會議廳。佛洛伊德甚至答應完全辭退任何正式的職位；此時人們的觀感改變了，他被賦予科學主席（Scientific Chairman）一職。佛洛伊德寫信給榮格說，他對於自己「政治手腕的成果」感到滿意，在接下來的頭銜爭奪戰中，他設法取得了那本新《文摘》的主任一職，雖然有名無實，但地位卻高於身為編輯的史德寇和阿德勒，這個安排掩飾了他們真正的交易內容（佛洛伊德設法說服這兩人，說讓他的名字掛在刊頭是某個可能贊助出版商的堅持。喝完咖啡後，這三個人達成了一項實質平等的協議：每個人對所有投稿都有否決權）。

　　威托斯精闢地觀察到，對於「精神分析陣營中『長達三年的』鬥爭已經展開」這個說法，是必須有所保留的；這場鬥爭從一開始就非常愚蠢。紐倫堡決定的直接結果是，維也納小組轉型成為某種辯論性社團，每個辯論社成員都自以為高人一等地想要推展自己的「發現」。鉤心鬥角或許是一直存在的現象，不過官方組織的形式將這種現象更強力地推上了檯面。就佛洛伊德來說，他樂於想像自己在這些行動中察覺到的是辛勤的投入和嚴肅的思考，但除了這個令人愉快的想法外，他對於維也納人的自負表面上是嗤之以鼻。這形成一個誤導，讓人以為不會有什麼嚴重的事情發生。漢斯‧薩克斯後來回憶，佛洛伊德曾在之後召開的維也納小組年度事務會議上發表過這樣的意見：「今天我們得假裝回到高中的兄弟會。」但事實上，佛洛伊德把這個新的高中生活動十足當一回事。他只是在等待時機而已。

　　但是這樣做只解決了維也納當地的問題。不過這個新的學會在更大的世界裡則是個大失敗。簡單地說，人們不會參加國際精神分析學會。在柏林，曾在紐倫堡大會發表演說的馬奇諾夫斯基（Marcinowski）「全力反對加入」。蘇黎世學派的固定成員蘇菲‧埃里士曼夫人（名義上第一位女性精神分析師）在參加完會議之後沒有解釋理由就消失了。和蘇黎世

學派只有表面關係的騎牆派路德維希‧法蘭克則高調退會，並抱怨佛洛伊德在紐倫堡時當面怠慢了他（佛洛伊德確實是。當法蘭克向他自我介紹時，佛洛伊德只回說，他的事他都知道了）。不是個騎牆派但能夠自力謀生的愛汀根，也看不出有什麼加入的理由。慕特曼從很早以前就支持佛洛伊德，佛洛伊德對他的「勇氣」十分肯定，但他也不加入。耶那的精神病學及神經學編制外講師（pivatdozen）威廉‧史卓邁爾（Wilhelm Strohmayer）則拒絕讓自己的名字列在《文摘》的刊頭上，雖然他後來確實在柏林小組裡當了兩年的正式會員。佛洛伊德的私人朋友兼批評家羅文斐德，一直都很樂意在紐倫堡大會上演講催眠療法。也許佛洛伊德對他沒有如此期待，不過羅文斐德也沒有參加這個學會。威托斯在一九一〇年夏天，曾因為詢問是否可以發表以卡爾‧克勞斯為主角原型的小說而和佛洛伊德發生衝突，那時他就退出維也納小組了；克勞斯是位知名記者，和威托斯是因為一宗三角戀而扯上關聯。 繼任榮格擔任布爾霍爾茲利第二把交椅的漢斯‧邁爾（Hans Maier），也是賓斯旺格從童年起的好友，他也不參加。賓斯旺格是參加了，但除了他之外，他那傑出家族有關人士也沒有人加入，他自己則對於被他私下稱作佛洛伊德「帝國」的這個學會一直持保留態度。正如榮格在談到學會時所說：「它似乎讓人覺得恐怖。」

最重要的是尤金‧布魯勒不參加。學會排除伊瑟林的手段不尋常，並且引起了嚴重分歧。榮格和佛洛伊德對於討好克雷貝林已經不抱希望，寧可用懲罰他的助理來讓自己高興，不過他們在縱容自己的時候，卻沒想過這會讓布魯勒陷入什麼樣的處境。布魯勒一走，整個布爾霍爾茲利就跟著走了。只有簡‧尼爾金（Jan Nelken）除外，現在由邁爾帶領的其他助理也都拒絕加入，雖然他們仍繼續參加當地的聚會。在佛洛伊德的同意下，榮格試著透過宣告正式會員身分的方式來阻止這場準叛變，但是這個提議被否決了。

布魯勒的缺席讓蘇黎世小組群龍無首。菲斯特顯然是蘇黎世學會會長的第二人選，榮格和李克林因為他們的中央職位而被排除了，但賓斯

旺格因為擔心轉診到他在克羅茲林根的私人療養院的病人數目會減少，所以以菲斯特不是醫界人士的理由而反對他。日內瓦的阿爾馮斯‧梅德爾是個好的妥協人選，如果他願意離開在克羅茲林根的助理工作，並在蘇黎世定居的話。榮格已經開始不信任賓斯旺格，佛洛伊德幾個月前也曾指控他知識貧乏，但賓斯旺格此時卻是發號施令的人。情況雖不至於一團混亂，但也差不多了。更麻煩的是，瑞士人和維也納人之間的緊張程度達到了新的高峰。維也納人比過去任何時候都更不相信榮格，而在瑞士人這邊，榮格、梅德爾和賓斯旺格都一口回絕了在阿德勒和史德寇的《文摘》上發表文章。布魯勒對史德寇的嫌惡如此強烈，以致於他把他單獨列為拒絕加入學會的一個理由。正如他對榮格所說：「一個不願意坐下和所有人在一起的人。」

　　榮格既無調解之才，又無牧養信眾的本事。中央指揮一概付之闕如。《會訊》（*Correspondenzblatt*）是會長和地方社團間的官方通訊，在斷斷續續毫無計畫地出了六期之後就夭折了。榮格把瑣碎的會務交給李克林。但李克林這個人做事更缺乏條理；他甚至不回信。維也納人需要一份國際特許狀的副本，才能在奧地利當地官方註冊，但他們卻苦等不到蘇黎世那邊的答覆。他們絕望到考慮要自行其事，至少在名義上可以獨立進行。而成立一個國際性組織的宣傳價值也完全喪失了。事實是，布魯勒的名字從名單上缺席，此一遺漏肯定會引起多餘的注目，在這樣的情況下，學會不情願地公布了會員名單。

　　由於這種種原因，學會既未贏得在知識方面的敬意，在專業規範的改善上也毫無斬獲。局外人的理解是正確的，這不只是個尋常的科學性社團而已，人們用佛洛伊德並不期望的方式來談「精神分析運動」。威托斯在去年發表一本意圖引起爭論的著作《性需求》（*The Sexual Need*）中，就已經提出這個詞彙。這本書的唯一主旨是呼籲以佛洛伊德學說為基礎，進行普遍性的性改革。榮格很快地用了同樣的詞彙，他預定在八月的《年鑑》中針對威托斯的書發表一篇極度狂熱的書評。柏林的海爾帕赫是第一個用貶抑口吻使用那個詞彙的人，而佛洛伊德已經和他交手

多年。在六月份的《日報》（*Der Tag*）中，海爾帕赫預測了「佛洛伊德學說運動不可避免會崩潰」。然而就在前一個月，弗萊堡（Freiburg）的精神醫學教授埃弗雷德・霍區在巴登—巴登（Baden-Baden）的西南德精神醫學家大會中發表演說，當時他就已經找到了一個更好的措詞。霍區將演說題目訂為〈醫師之間的精神傳染病〉（A Psychic Epidemic Among Physicians）。這個詞和若干年前用來詆毀催眠術傳播時所用的詞彙基本上有異曲同工之妙。為了適應變化莫測的當前情勢，霍區將「精神傳染病」定義為「存在許多人腦海中的一種強制力量之特定表現的傳播，會造成判斷力和洞察力喪失」。談到人們對佛洛伊德學說的歡迎，他指責那些信奉者高高在上的態度，他們的行話、他們缺乏包容、思想變節、容易受騙，以及他們荒唐地高估了自己的貢獻。霍區繼續羅列出這種傳染病的成因，包括缺乏歷史感、哲學教育，以及對其治療的神經患者忘恩負義。

　　漫長的夏季中最糟的時刻，也許是出現在佛瑞爾的「新醫學心理學暨心理治療國際學會」在八月初舉行的第一次集會。與會的年輕佛洛伊德學說信奉者（他們之中最著名的是舉棋不定的恩內斯特・鍾斯）似乎打算要攻擊沒把佛洛伊德的名字掛在嘴上的任何人，他們過分的程度讓佛瑞爾終於站起來表示抗議。佛瑞爾的朋友歐斯卡・沃格特，也是《心理學暨神經學學刊》（*Journal für Psychologie und Neurologie*）的共同主編，有感而發地做出以下譴責：

　　我要抗議，我從十六歲起就記錄自己夢境，並從一八九四年起就開始研究這裡討論的這些問題，也就是說，我從事研究的時間幾乎和佛洛伊德一樣長，而且比任何他的門徒都還要長，任何佛洛伊德學派人士不應拒絕我，我有討論這些問題的權利。

　　八月十日，佛洛伊德從荷蘭寫信給榮格：

　　也許該怪我，但是在事情發生後要找到解釋很容易，結果也並非

當初能預料得到。當我客觀地思考這個狀況時，我還是認為我衝得太快了。我高估了大眾對於 ΨA〔精神分析〕重要性的理解，我不該這麼急著成立學會。我希望你能得到正確待遇而感到不耐煩，以及我在自身責任的壓力下表現出的焦躁不安，也都多少促成了這件事。說實話，我們應該什麼都不做才對。事實上，我親愛的兒子、我的繼承人，你治理學會的這幾個月還沒做出什麼出色成績。

然而佛洛伊德的沮喪一點也沒有讓榮格擔心：

我衷心地同意，我們是衝得太快了些。即便是在那些「傾向於贊同」的人之中，還是有太多人對於 ΨA 到底是什麼，尤其是它的歷史意義毫無概念。我現在專心聆聽我們的敵人的看法：他們說的一些事情值得注意，可以從幾個方面開啟我們的視野。所有關於宗派主義、神祕主義、晦澀難解的行話、入會等的牢騷抱怨，都是有意義的。甚至是積怨已深的憤慨情緒，這種道德義憤只能讓我們看見某種深深吸引人的東西，它擁有宗教的一切標誌。

榮格的世俗化宗教信仰接著演變為一種具有魅力的天啟：

而且 ΨA 是個太偉大的真理，現在還不到得到大眾承認的時候。大量摻雜其他物質的真理精華，和受到稀釋的稀薄真理，應該要先流傳開來才對。我們也還沒提供必須的證據，證明首先發現 ΨA 的人不是您而是柏拉圖、托馬斯・阿奎那和康德，而庫諾・費雪（Kuno Fischer）〔知名哲學家及文學批評家〕和馮特也有貢獻。然後霍區將應邀成為柏林的 ΨA 主席，阿莎芬堡則成為慕尼黑的主席。精神分析的黃金年代將從此展開。一千年後，ΨA 將在巴黎被再次發現，英國會再反對個五百年，最後他們將什麼也不會瞭解。

佛洛伊德被他的話蠱惑了。他在一九一○年八月十四日寫給費倫奇的信中說到：「是的，昨天我收到一封來自榮格的書信，信中的他處於巔峰，完全展現出讓他從其他人選中脫穎而出的特質。」

佛洛伊德有理由振奮。因為儘管國際學會在其他方面的表現出了差錯，但是有一件重要的事情做對了：指定榮格為這場運動的官方負責人。這裡我們必須先一提佛洛伊德對於榮格的依戀。繼約翰‧季多（John Gedo）之後，彼得‧侯孟斯（Peter Homans）也指出，這種狀態呈現出現在被稱為「自戀移情作用」（narcissistic transference）的所有特徵，也就是說，佛洛伊德對於榮格的愛，是將他當作完成他自身自我感覺的工具。從五十年後梅德爾的一段描述中，可以些微看出當時的人們是如何看待這種依戀關係，或至少瑞士人是怎麼看待的：

……他〔佛洛伊德〕把他和榮格的交往視為一種救贖。就像我們說的，他把榮格當成他的「王儲」〔皇太子〕。他不想要猶太人。他很高興他〔榮格〕不是個猶太人……。從某些方面來說，他並不是很看得起他的門徒，不管是在性格上還是創造力上。他的確注意到榮格是個天才型人物，你看得出來，他強健有力。我的意思是，如果你看看那些維也納人，他們看起來像是一群又老又怪的傢伙。沒人有一點新鮮氣息……而〔榮格的健康〕讓佛洛伊德很高興。

至於維也納人的看法如何，可以從以下這段威托斯的描述中判斷出來。我們引用的是威托斯討論佛洛伊德、費倫奇和榮格之間關係的談話：

這三個旅人發誓要忠於彼此，他們同意加入這門學說的保衛戰，對抗一切的危險。其中一個危險是，每一個科學學說在開始普及時都會立刻受到的威脅——低俗化和誤解。尤其是對於擔心一些佛洛伊德的維也納門徒走向的榮格來說，他即將面臨到的風險是……擔心維也納人會有牽強附會的詮釋。雖然佛洛伊德一定知道他那些維也納門徒的奉獻是全

心全意的，但那時候他也明顯地偏向榮格這一方。談到榮格時，他的臉
綻放出光芒：「這是我的愛子，他帶給我無上的喜悅。」

　　簡言之，國際學會創會的頭一件好事就是，似乎暫時再次拉近了佛
洛伊德和榮格的關係。正如佛洛伊德在一九一〇年九月廿四日說的：「謹
致上真誠的問候，我確信只要你我之間的心意一直是相通的，就沒有任
何不幸會降臨到我們事業上。」

　　國際精神分析學會的創會還有另一個好處；也許這是有意造成的結
果。如今，年輕的醫師可以想像他們加入這個組織，在這個新的專業領
域中接受進一步訓練，換言之，他們可以想像自己成為精神分析師。也
的確是如此，即便是當精神分析圈內的「三年鬥爭」展開之際，這一群
幾乎全部都很年輕、卓越、才華洋溢的新入行者也慢慢開始申請成為地
方社團會員的候選人了。在一九〇九至一九一一年間，包括漢斯·薩克
斯、維克多·陶斯克（Viktor Tausk）、迪奧多·芮克（Theodore Reik）等
（只舉出幾個特別傑出者）新生代登場了。

新時代
　　在蘇黎世，薩賓娜·史碧爾埃在八月底踏出重要的一步，加入了下
一代精神分析師的行列。布魯勒在過去這一年中一直在指導她的論文，
一份針對慢性早發性癡呆患者的精神分析研究。但布魯勒並未加入這個
新的學會，他也沒有找出時間來閱讀史碧爾埃的論文初稿。所以，在經
過一個夏天的暫時冷靜後，史碧爾埃決定跟榮格聯繫：

　　絕望帶給我勇氣。我奔向我的朋友，但我並不想和他聊太久。有好
一會兒我找不到話說，然後我終於向他傾訴我的絕望處境，並要他讀我
的論文，最大的原因是他在其中扮演了一個角色。他嘲弄布魯勒教授的
分析師功夫，還說我當然沒辦法拿一個我這麼喜歡的人開玩笑。我們把
會面安排在九月，我會叫布魯勒教授把我的論文還我，然後寄給我的朋

友……

我們討論的最重要結果是，我們又再次熱烈地彼此相愛。我的朋友說我們一直都要保持警覺，不要又再次墜入情網；我們對彼此來說都很危險。他向我承認，他至今還沒有認識一位可以取代我的女性。好像他有一條項鏈，所有他的愛慕者都是上面的珍珠，而我則是那個勳章。一開始，他惱火我沒有早早把我的論文寄去給他，說我不信任他，等等。然後他變得越來越熱情，最後他好幾次把我的手壓在他的心上，說這代表了一個新時代的開始。

第 12 章
精神分析的靈性趨勢

　　最後我想強調，佛洛伊德發現的「對抗描述」，對妄想症的發展而言
至關重要。舉個特別重要的例子來談，就是藉死亡象徵來描述性活動。
依我所見，造成這個現象的原因，就在性行為本身的特質裡；說明白
點，就是「性」中兩個敵對的要素。

　　　　——史碧爾埃，〈論精神分裂症（早發性癡呆）個案的心理要點〉
（ *On the Psychological Content of a Case of Schizophrenia*
〔 *Dementia Praecox* 〕），一九一一

　　史碧爾埃九月初寄給榮格的論文〈論精神分裂症（早發性癡呆）個
案的心理要點〉，後來刊載於一九一一年的《年鑑》。這篇史碧爾埃僅存
的論文中，包含了她於一九〇九年夏季期間記錄在她日記中的沉思反
省，以及她在一九一〇年八月間所寫的那些極度興奮的日記內容；她在
日記一開頭就宣告，她與榮格即將開啟「新時代」。

　　史碧爾埃選擇研究的女病患教育程度高，但敵意異常地強，且極
無條理，心神全被死亡和瓦解的念頭占據，幾乎無法溝通。儘管如此，
史碧爾埃還是可以解讀大部分她要說的話。舉例來說，在她發表的文章
中，探討這位女病患「皈依天主教」情結的論述，不僅清晰易懂，也很
有說服力。這位女士是清教徒，她那風流的丈夫是天主教徒，兩人之間
的性吸引力很強。因此她的「皈依天主教」情結對照出她不願意承認卻
無法招架的性觀念。這種情結是從「神話實驗」（「人類誕生」）穿越到
「西斯汀實驗」（無論承認或否定性慾，皆施加幻想式的懲罰）。「西斯汀
實驗」再次使病患身體發生不同的「轉化」，在產生性慾與抗拒性慾之間
拉鋸著，並表現在身體原生質（protoplasm）的層面上。同樣地，「宗教」
利用類似「詩」與「藝術」（繪畫）的觀念來發揮作用；「詩」與「藝術」

（繪畫）也是情人間想像性接觸的方式之一。

除了追索性主題，史碧爾埃還展現她鮮活嫻熟的技巧，用一種根據常識交叉比對的方式，解讀病患及其妄想症。例如，她多次用佛瑞爾來進行比對：病患的其中一個主要妄想，就是她的內心有個小小的「佛瑞爾」；「西斯汀問題」就是《性問題》的變體；佛瑞爾倡導齋戒運動，因此有多種酒類和食物可供比對。

文中也一再出現榮格；病患似乎總是不厭其煩地談到他。論文開頭的精神狀態測驗中，記錄著一個非常值得注意的妄想症狀，就是直接與榮格有關。病患再三表示，她「經過巴塞爾時曾被鞭打」。史碧爾埃精明地挑出這個情結的所有線索。巴塞爾是榮格生長的城市。被「鞭打」與許多狂歡節的儀式有關，特別是「露天烤肉會」，在這種烤肉會上，賓客都會被捉弄，也有行鞭笞刑的方式；這兩點病患都有明確提到。因為榮格曾對這位病患做過字詞聯想測驗。整個測驗過程中，必須由一位主試者對受試者大聲喊出刺激字詞，同時由另一位同事記下受試者的反應時間；病患很清楚自己的情結被暴露出來，而且感到羞恥。除此之外，她還覺得那項測驗是對她的性騷擾。

但在其他方面，病患對榮格讚譽有加。例如，她主動稱讚榮格是樂天派，而且天性聰穎，每個人都愛跟隨他。另一方面，病患卻諷刺榮格的背景，也許是看史碧爾埃在場，她故意一語雙關：「J醫師的父親是牧師，他受過純潔的教育……」不過最尖銳的描述莫過如下：「幫我拉皮條的J醫師信的是摩門教，他想要一年離一次婚。」

就算史碧爾埃暗自覺得這些嘲弄很有趣，從表面上也看不出來。她從頭到尾語氣都很嚴肅，甚至很無情。她的結論也很有新意，因為她發現了一種巧妙串連起佛洛伊德式辯論和討論早發性癡呆現象的方式：

　　一般而言，精神分裂症患者喜歡用曖昧和抽象的詞彙，這當然有其原因……用詞的界定越不清楚，越不能表達出具體明確的意義，包含的訊息就越豐富。我覺得，一般的象徵都是透過努力在整個〔集體〕思想體

系中增生與瓦解的情結中產生的……因此，精神分裂症患者的情結缺少個人特色。

　　至於病患的心神為何持續被死亡、疾病、髒污和瓦解的意象占據，史碧爾埃認為，這與性融合時天生差異化的自我所受到的威脅有關。每個人的心裡可能都潛藏著這種被威脅感，但精神分裂症患者的自我已經處於備戰狀態，因此會馬上產生妄想。史碧爾埃認為，在這些妄想中可看得出性動力中「兩個敵對要素」的運作，這兩個要素，一個是瓦解（因此具毀滅性），另一個是轉化。

　　但在蘇黎世，在這些主題上有個人經驗的並非只有史碧爾埃一個人。榮格也曾想過，性可能分成兩股不同的力量，就是死亡和重生兩種動機的關鍵。現在他收到舊情人寄來的論文，文中提到一個相當相似的原慾模型，可用於解釋「死亡象徵」。這件事的發展已到了緊要關頭：他發現有位病患，自己把性和宗教的問題結合在一起，還說了「藝術」、「詩」以及喜愛「J醫師」這些話；史碧爾埃把自己的情結轉移到別人身上，成功開脫。榮格覺得這篇論文在提醒他，史碧爾埃不再是跟他調情的天真小女孩，而是年輕的專業女性，只要她想，就可保持和某些事之間的安全距離，又不至於犧牲掉任何探勘心理深度的天賦。

折彎的傘

　　現在換榮格感到矛盾了。收到論文後，他回了兩封信，第二封信是在一九一〇年九月十三日寄到史碧爾埃手中。第一封信中，他說論文中「好幾段」令他「深深癡迷」，第二封信的態度就冷淡多了：「他很氣我沒提他的名字，好像我是故意的；我不僅不引用他的文章，甚至最後還開他玩笑。」

　　一九一〇年秋天，史碧爾埃第一次與榮格碰面是在九月廿日週二。她在日記中描述，這場會面對她來說有多折騰：

　　我努力向他解釋，說我喜歡他，但我天身傲骨，壓迫我過了頭，我就會忍不住抗拒。後來氣氛很緩和。他提議一起討論我的論文，好供《年鑑》採用。還說這個案很有趣，「精神分析學會」會讓我加入。我遲疑了一下（因為只要他在，我的心裡可能就會七上八下）才答應。因此這個看來似乎不可能實現的願望也可實現了；但我不滿足的心反而很痛苦，因為缺少一個重要的東西，就是愛。啊！這個「怎麼辦？」又出現了。我好難想像自己能像愛這位朋友一樣去愛別人。恐怕我一生就這樣毀了。

　　史碧爾埃的心情比誰都複雜，因為她太清楚了，她不是唯一愛慕著榮格的女人。在她的日記裡很清楚地描述到，阿普特曼小姐（Fräulein Aptekmann）也同樣迷戀著榮格。從榮格一九一〇年九月八日給佛洛伊德的信，和佛洛伊德的一九一〇年廿四、廿六日的回信中，我們也看得出來，還有另外兩位女士，蘇黎世的瑪麗亞‧莫澤（Maria Moltzer）和慕尼黑的瑪莎‧波丁浩斯（Martha Böddinghaus），當時也為了榮格鬧得不可開交。榮格再次請佛洛伊德調停，他在信中傾訴：「這兩位女士自然是為了我而爭風吃醋。」

　　榮格與史碧爾埃下次碰面是在九月廿四日週六。史碧爾埃自己說，她不知不覺就想「抗拒」這位朋友，因此去搭開往屈斯納赫特的渡船時快要遲到了。她急著從電車下來，好衝去趕上渡輪，結果膝蓋擦破皮，裙子裂開，「傘折彎了」。傘壞了這件事讓她特別生氣，因為她最近剛夢到「我母親的傘已經很舊了，而我的正好相反，又新又好看」。在此說明一下，她母親就讀文理高中時有兩位追求者，因此她一直視母親為對手，想超越母親。傘壞了對史碧爾埃來說是一種羞辱，因為她跟想戀愛的對象進展得不順利。榮格一點都不心疼她，至少一開始時沒有：

　　他嘲笑我在電車上發生的意外，還說我不該想要滿足「焦慮慾」。我也笑了……煩死我了！我跟許多苦苦掛念著他的女人一樣，希望他用體

貼的眼神、幾句善意的話回報。仰望著他，忙著滿足他每個願望，也不可激怒他！因為，誰要是不顧他的面子，就必須付出慘痛的代價：他一定會用冰冷又不通人情的口吻應付；那麼誰才會受苦？當然不是他：勤快工作，就可趕走那麼點煩心事。失去一個女人的愛，還有另一個女人的愛可以取代。可以確定的是，這女人最後一定會自慚形穢，承受好幾天的折磨，好幾夜的不成眠。真是個笨女孩。

　　不過，除了她的尷尬和自尊心受傷，這次碰面還算順利：「我們談了很多有趣的話題。他建議我的第二篇研究可以跟他和奧內格的論文一起發表；他發現了『性本能和死亡本能』的關連，值得一探究竟。」史碧爾埃所說的「死亡本能」，是聯想到流亡俄國人埃黎耶‧梅欽尼可夫（Élie Metchnikoff）的理論。梅欽尼可夫從巴黎崛起，成為頂尖巴斯德學院（Pasteur Institute）的領導者，還於一九〇七年得到諾貝爾獎。從他最受歡迎的一九〇三年專書《人的本質》（The Nature of Man）開始，梅欽尼可夫曾在多本著作中推斷，人可能自然即有想死的念頭，而且在接近漫長一生的終結時，這種念頭越是明顯。史碧爾埃認為，他所推斷的「死亡本能」，實際上表達了追求瓦解的性願望。

　　不過，到了下個週二，史碧爾埃又再次出糗。九月廿七日，她差不多準時赴約，卻無緣無故地不得其門而入，只好離開。到傍晚她才知道被怠慢是什麼原因：那天早上，榮格的妻子生了一個小女兒。九月廿九日週四，他們又補約一次。隔天的日記中可清楚看出，那天應該發生了重大的事，史碧爾埃的心情出現大轉變：「沒錯，我親愛的摯友。我愛你，你也愛我。我一直渴望的事，最近終於實現了：他表達的愛意再清楚不過了。」

　　我們本該坐下來工作，卻開始討論性本能和死亡本能、以死亡的形式代表的疑慮、早發性癡呆的理論，以及我們祖先的世界。我們聊個沒完。我的朋友入迷地聽著我說話，然後給我看他還沒送印的論文，還有

一封給佛洛伊德教授的信，以及佛洛伊德的回信。他給我看這些，是因為心中很激動，我們倆的想法和感受竟然這麼相似。他說，察覺這一點讓他很苦惱，因為他就是這樣愛上我的。我終於明白我對他有多重要。我太滿足了。「所以，我跟那眾多的女人不一樣，我是唯一的，肯定沒有任何女孩比我更瞭解他，沒有誰像我一樣，讓他這樣驚喜，既能獨立發展自己的思想體系，又完全呼應他的想法。以前他抗拒著，他不想愛我。現在他必須愛我，因為我們的靈魂是如此契合，即使分離，共同的事業還是會讓我們團圓。」是的，就像我說過的，人可以輕易壓抑自己的情慾，換來這樣美麗高貴的友誼。他催促我寫一篇關於死亡本能的新研究論文，但我說，我想先寫完手上這篇。明天還要再跟他碰面，我們已講好要繼續處理手上的工作。我現在只希望，我們明天還能像「朋友」般把持住。

　　她所指的明天，是十月一日週六。榮格之前已安排好，十月一日到十四日要單車旅行，從瑞士南部騎到義大利北部。他只延後一兩天出發，好注意妻子產後的復原情況。

我們祖先的世界
　　榮格當然很高興再與史碧爾埃碰面，她是眾多仰慕者中的「佼佼者」，但他接受這份復燃的舊情還有別的原因，與他最近擔任「國際精神分析協會」的主席有關。榮格把這個職位視為引導他深入發展精神分析理論的憑證，他正開始累積人氣，或許史碧爾埃的加入非常適合他目前的計畫。九月廿九日會面，他告訴史碧爾埃最新的情況。
　　這天榮格給史碧爾埃看的未發表「論文」，是海利邵演講的手稿；至於那兩封信，我們幾乎可以肯定就是榮格一九一○年六月廿六日長達三頁的信，信中為他的自我犧牲英雄論辯駁，以及一九一○年七月五日佛洛伊德的回信，說榮格的努力解釋是「充滿許多重要觀點的一封佳信」，但要等榮格提供「豐富證據」後，他才會下最終的評判。但是在

過渡期，榮格發現死亡和重生的主題，還可以回溯到更古老的神話時期，也就是太陽英雄的神話。的確我們可說，太陽英雄之死、太陽英雄遊地府，以及太陽英雄最終復活的故事，在古代世界中非常普遍。通常這種冒險故事都是以星象來比喻，太陽代表英雄，從西邊落下，夜間的海中之旅，以及黎明時從東方升起、重生。通常太陽英雄身邊會有一位夥伴，在特定時機來臨時，他必須對抗這位夥伴。太陽英雄的伴侶通常也是月亮女神，傳說中誘使他沉淪的人。最後，在許多這類的冒險故事中，太陽英雄最終會帶著造福人類的恩澤回來。對榮格來說，整套冒險故事都可用內向性的方式來詮釋；危險的月亮女神特別象徵母親的退化內在形象，而英雄必須從中解放自己。

六月到九月間，榮格決定擴大分析米勒的第三個幻想，納入太陽英雄歷險記。無論在時序上或邏輯上，都是史碧爾埃參與的好時機。榮格很興奮，誤以為史碧爾埃已釐清死亡和重生兩種象徵相連的關鍵（以她的說法，就是「轉化」），以及兩者與亂倫性慾的關係。再來就是使用神話的角度來詮釋。對史碧爾埃而言，神話象徵會吸引她的病患，因為這是最適合解離的範疇。她強調，神話的表象可當成一種去個人化且集體的思維。榮格曾率先朝這樣的方向探究（「類比」式思考），去年還加入新主張，也就是無意識中持續出現「典型神話」象徵，反映出這種形式的思維是「種源遺傳」的。

在榮格新創的系統中，這附加的條件會朝兩個方向發展，一個跟道德有關，另一個跟診療有關。道德上，這表示在古老的宗教中犧牲非常重要，我們一定會因種源而遺傳到自我犧牲的動機，要逃脫亂倫原慾或反抗型原慾的圈套時，必須有這樣的動機。診療上，帶有神話色彩的種源遺傳說，意味著病患越退化，越可能觸及因種源而得來的神話思維。因此，精神分裂症的現象探討與榮格的理論特別有關，應該可用來肯定或否定他的預測。奧內格負責找出這方面肯定的資料，這些也成為他在紐倫堡時授課的內容。從紐倫堡之後，榮格自己也發現了相似的資料。同時，在九月與史碧爾埃的討論中，榮格從不必住院的精神分裂症門診

病患身上，發現了一套神話系統；九月廿九日與史碧爾埃碰面的同一天，在寫給佛洛伊德的信中，他很興奮地描述自己的發現：

> 我對米勒幻想所做的推測，確實可徹底證明神祕的救贖。就在另一天，一位快被我治好、所謂的早發性癡呆病患，又產生非常嚴重、焦慮的出神幻想，是完全由聖餐禮拜的意象所構成的神祕救贖。

下個月，在榮格的敦促下，史碧爾埃在她的論文中寫下某些與那位病患的妄想類比的神話，這是她之前一直沒注意到的。突然加入的新詮釋法並未大幅改變論文的內容，但在歷史上確實有重要的意義：榮格的精神分裂症種源說引發爭議，而史碧爾埃後來變成第一位在出版的論文中提供支持資料的學者。

客觀判讀兩人睿智的對話，我們應該也會注意到，所有討論的內容，從「以死亡的形式代表的疑慮」、病患對「J醫師」的斷言，到「我們祖先的世界」，對於史碧爾埃和榮格兩人都有相當重大的個人意義。從某個角度來看，這只是一段病理分析，從另一個角度來看，卻是此時此刻只有這兩人才能共享的世界觀。在這種私密的意識型態中，回溯所有人類歷史，亞當夏娃的故事可濃縮成性慾核心的本質衝突，是解離和轉化間的衝突，並且仍存留到現在；即使表面上看來，這是從無意識深處召喚而來的古老動機。儘管他們的對話展現了兩人的聰明才智，但又再度緩緩邁向近乎「調情」的險境。

榮格出城兩週，與一位從慕尼黑北上的醫師友人沃夫·史多克麥爾（Wolf Stockmayer）一起騎單車穿越義大利北部。看來他是覺得，最好在離開前讓那位年輕的女門徒死心。十月九日，也就是榮格離開蘇黎世後，史碧爾埃在日記中寫下，想找別人擔任未出世兒子「齊格菲」的父親。如果找不到，她就要吞氰化鉀自殺。

我們祖先的世界是一場夢

榮格的單車假期充滿了重大意義，且在還沒開始之前就是了。規劃行程時，他特別提到要避開羅馬，很顯然是模仿佛洛伊德的「羅馬精神官能症」（一八九〇年代晚期，佛洛伊德儘管經常旅行，但對於造訪「永恆之城」卻像得了某種恐懼症似的）。一九一一年八月十一日，榮格寫信給佛洛伊德，描述自己的行程計畫：「至於羅馬，我還是不打算去。但隨著時間越來越接近，我偶爾甚至會有非常期待的心情。」

不談羅馬，這趟旅行相當成功。在維洛納（Verona），榮格發現充滿暗示性的普里阿普斯（Priapus）雕像；史多克麥爾有幫他拍照。在這座雕像上，一條蛇咬著神的陰莖，而普里阿普斯笑著旁觀，還指著那條蛇。這令榮格回想起關於拜日教圖像研究的主張，就是原慾的某種象徵攻擊另一種象徵。榮格在維洛納還發現某些古老神祕的銘文，可隨即用他最近的理論來解讀，因此他特別得意，覺得自己可以深入古老異教的核心。他也同樣愉快地循著「祖先」的足跡，重踏前輩歌德到義大利旅行時走訪過的路徑。但是回程時發生了一件事，完全打碎榮格的信心。在阿羅納（Arona）的馬焦雷湖（Lake Maggiore）畔，榮格做了一個令他心神不寧的夢：

> 夢中，我和一些過去幾個世紀的名人鬼魂聚在一起……用拉丁文交談。一位戴著長捲假髮的紳士對我說話，還問了一道難題，醒來後我想不起來那難題的大意是什麼。我瞭解他的意思，但語言能力不足，無法用拉丁文回答他，我覺得非常丟臉，這情緒強烈到令我驚醒。
>
> 一驚醒時，我想到正在寫的書……而且一想到未解決的問題，情緒變得奇差無比，想要馬上搭火車返家處理。我不能再繼續這趟單車旅行了，我沒辦法多等三天再回來。有正事要做，我得找出答案。

這是常見的典型焦慮之夢，榮格自己卻有一套非常不同的解釋，他認為這是「檢驗之夢」（examination dream）。剛好在同時，佛洛伊德和

史德寇都在寫關於「檢驗之夢」的文章，並且大致詮釋為和質疑自己的男子氣概有關。姑且不論這種從性角度的詮釋是否適用，但這個夢看來跟榮格擔心能否掌控自己的工作有關。他被賈內稱為「不全感」（sens d'incomplètude）的焦慮壓垮了，這是一種揭發自己缺乏完善心靈，無法充分自我反省的感受。事實上，榮格此際的確快要喪盡寫作時應保持的理性步調。接下來幾個月，他貿然落入用現代眼光解析古老題材的陷阱。但是在他的回憶錄中，他在幾個零星段落中用別的說法粉飾這一點，認為阿羅納之夢提示了置之於死地而後生的意義。他還把這個夢跟一八九六年他父親過世後一再出現的某個夢境聯想在一起。在那個夢裡，他父親要求回家，而且似乎不知道自己已經死了；這是榮格第一次想到死後重生是有可能發生的。這種美化的詮釋，隱約透露出他又重燃早先對神祕主義的興趣。

我們當然想進一步解析榮格的夢境，但由於缺乏榮格本身更澄澈深入的說明，最好的辦法還是從歷史脈絡中找出這個夢境的意義。最近這十年之初期，早在佛洛伊德活躍於這個領域以前，邁爾斯、弗魯諾伊與詹姆士已是知名的學者，再加上賈內，這幾位都在探索閾下意識的世界。他們的學說與佛洛伊德不同，他們認為無意識可能包含奇妙的現象，例如心電感應和靈示。鑑於這些說法猶新，榮格的夢亦可解讀為，他想再發揮那方面的創意，拯救一些尚未立名，最近卻被忽略的公式或現象，尤其他想採用精神分析的術語來轉譯。

但榮格目前特定的處境更值得關注，正因他的處境有問題，即使後來在解析阿羅納之夢時，也幾乎沒產生什麼引人注目的結果。他最近感興趣的終究還是種源遺傳，而不是通靈。即使有辦法與死者單向溝通，因此承接亡靈的想法，也沒辦法立即說清楚，這又是如何演變成如他的夢境所示：「靈性祖宗」的雙向交流也是可行的？在此，我們可先把阿羅納之夢擱一邊，因為根據榮格自己所言：「有正事要做，我得找出答案。」所謂的正事牽涉到他目前的研究，他必須修改理論。

「齊格菲」活起來

　　十月十六日，榮格回到蘇黎世。十月廿日，他寫信給佛洛伊德，透露出另一種焦急的心情：「又要開學了，我急著做好神話研究，壓力很大；不趕快完成的話，開學後很容易分心。已經寄給你看的內容，因為再深入研究的關係還要全部重寫，而且我這次鑽研的是最難以洞悉的隱晦思想。」但從這之後，他們的通信開始瀰漫著出奇靜默的氣氛，這情況史無前例。去年，榮格一直把自己的研究全都攤開來告訴佛洛伊德，佛洛伊德對他都沒有這麼坦誠，但現在他卻突然停止討論他的作品。可以確定的是，兩人現在都忙著在信中討論如何招撫不馴的布魯勒，這個問題始終無法解決；他們都覺得有必要讓他加入「國際精神分析學會」。為了達到這個目標，得想出新辦法。因此，佛洛伊德在十月廿三日的信中表示，他暫訂聖誕假期要去一趟蘇黎世，屆時就有機會和榮格私下討論（但中間這幾個月，計畫改變了，原訂聖誕節的蘇黎世會面最後改為到慕尼黑）。

　　榮格此時還是沒公開自己的新想法。一九一〇年十二月十三日，榮格的確在信中告訴佛洛伊德，他打算把書稿分成兩部分，並且在《年鑑》分兩期連續刊出。前兩個米勒幻想的分析涵蓋榮格〈兩種思維方式〉中的想法，預定下一期刊出。但書稿其餘的內容快速增長，在十二月十三日的信中，榮格坦言想保持神祕的態度：

　　　　之前寄給你的稿件內容，又很快增加了很多。甚至在下半段，所謂的奇溫托佩爾冒險那一部分，在我找到（但還沒整理好）的考古證據中有非常豐富的資料……看來這次我命中目標了，或者說快要命中了，從這些資料中都看得出令人震驚的模式。我還不能透露太多。不過請做好心理準備，這些都是你從來沒聽我說過的奇聞。

　　榮格在十二月十六日的「蘇黎世精神分析學會」上報告了新觀點的概要，並在一九一〇年十二月廿三日的信中，向佛洛伊德報告當天的情形：

我在「精神分析學會」上簡介了即將發表的新作。神學家們的印象都很深刻,特別是菲斯特。精神分析的靈性趨勢現已開始在蘇黎世成形,我覺得,這比起布魯勒和阿德勒想把每件事都拿生物學(生物物理學)解釋的傾向更有前景。

除了這封信之外,唯一存留到現在,可證明榮格新方向的其他文件,就是史碧爾埃的日記。這不無參考價值,畢竟她是榮格當時最親近的研究夥伴;當時奧內格住到萊瑙精神病院了。甚至就在此時,史碧爾埃的日記出現非常大的轉折。在下一篇日記,也就是榮格回到蘇黎世後的十月十八日,她改口大談自己的內心事。她開始挖出之前的「齊格菲」之夢,但寫了幾句就神祕地轉了論調,突然談起「高處的召喚」:

我該好好說出發生了什麼事嗎?「啊!守護天使,願我的渴望都是神的恩賜!」昨晚我忍不住對著我的朋友叫罵;為了這件事我徹夜難眠,一直在想,原來我也跟多數人一樣,不會有超凡的成就;「高處的召喚」可能是我一場荒謬的夢,而我現在得為這個夢付出代價。問題是,為什麼我會相信這是源自高處的召喚?為什麼我這麼深信?或許有一部分是父親遺傳給我的,但我們都知道,或者說,在個人心理上接受父親所扮演的角色的人都知道,母親身上一定找得到父親的類比(analogon),所以她才會選擇他。這就是為何我的曾外祖父和外祖父都是猶太拉比;一切都是神的選擇。

之後,史碧爾埃在日記中開始用很多篇幅描述她的外曾祖父:「我聽過很多故事,說他有靈通力。」然後談到她的外祖父,據說他是憑一己之力成為偉大的人。這位外祖父年輕時曾愛上一位基督徒醫師的女兒。史碧爾埃注意到一種相同的模式:他的女兒,也就是史碧爾埃的母親,也曾愛上基督徒,但最後只能嫁給猶太人。然後她改談自己。她十幾歲時也曾多麼虔誠,還困在一位基督徒和一位猶太朋友之間,陷入兩難的

局面。

　　隔天，十月十九日的日記中，史碧爾埃繼續用同樣非比尋常的心情寫了差不多長達九頁的內容。在這篇日記中，史碧爾埃依據自己的人生經驗，進一步探討猶太人和基督徒之間的對立。事實上，她連續描述了四組朋友，每組都是一位基督徒和一位猶太人。談到「第四組……當前的男性組」時最精采：

　　我的朋友，這位基督徒，是位醫生，已婚。他擁有一些特質，如宗教意識強、感召力強，這些感受他比誰都多，因為他父親是位牧師！在我們的關係一開始時，他已有兩個女兒，而自己內心深處可能也渴望生一個男孩，我在做「先知的夢」時，我的下意識適時察覺了這一點。他跟我說，他愛猶太女人，希望能跟膚色黝黑的猶太女孩戀愛。所以他也一樣，渴望忠於自己的宗教文化，同時又非常想和其他種族的人交往，探索其他可能性；藉由與不信基督教的猶太女孩交往，這種動力可把他從父親帶來的束縛中解放出來。他的朋友是佛洛伊德教授，他是個猶太人，一家之主（paterfamilias）……而且在這一組裡，基督徒是猶太人的「兒子」。猶太人比較年長，也比較獨立。不過，我的朋友同時也是我兒子，無論情不情願，我們都跟佛洛伊德教授結婚了。

　　史碧爾埃在此處特別寫了幾句關於佛洛伊德女兒的話之後，她終於按捺不住了，讀者會突然察覺，原來這整段長篇大論，都是為瞭解決她的「齊格菲情結」：

　　……我打算堅持自己的信念：天將降大任於我。現在，事情還會朝什麼方向發展？我剛剛在彈琴。心中燃起熊熊烈火，充滿了愛！「我有堅定不移的信念！齊格菲，活起來！活起來！活起來！」除了死亡，誰都不能奪走這份堅定。

神話觀點

史碧爾埃一九一〇年十月十八到十九日的日記非常難懂。可以確定的是，她腦中浮現了宗教信仰的問題，也試著依據自己的人生經驗，綜合探討自己與猶太教和基督教間的關係。除此之外，她顯然想調解「齊格菲」信念和「高處的召喚」，這是她最近與榮格交談時形成的想法。然而，我們還要考量那些交談內容的另一層面向；這層面向要很晚才會出現。首先，榮格的回憶錄非常坦誠。這些回憶的意義並不在於是歷史記錄，而是從個人的迷思中窺見自己人生的價值。請注意下面提出的軼聞，出自回憶錄第四章〈精神病的活動〉（Psychiatric Activities）。在一九一〇年九月廿九日給佛洛伊德的信中，榮格曾描述一位不必住院的精神分裂症患者的「救贖」幻想；在回憶錄中，他用了幾頁詳細描述同一位患者，在這幾頁說明和下面的軼聞之間，插入一段輕鬆討論「方法」和「醫病關係的無意識身分」的內容，榮格告訴讀者：「……這會導向超心理學的現象」。軼聞一開始是一般意見：

我從不想幫病患改信什麼，也從不強迫他們做什麼。對我來說最重要的是，病患應有自己對事物的看法。被我治療以後，異教徒還是異教徒，基督徒還是基督徒，而猶太人也還是猶太人，只會照著命運給的處方走。

有個個案，我還記得非常清楚，是一位失去信仰的猶太女性。剛開始是一個我自己的夢，夢中有位我不認識的年輕女性來找我治療，對我描述她的情況，她邊說我邊想：「我根本不瞭解她。不知道這一切有什麼意義。」但突然間，我發覺她一定有不尋常的戀父情結。夢到這裡就結束了。

隔天有病患預約四點來諮商。來了一位年輕女性。她是猶太人，富有的銀行家之女，漂亮、時髦，非常聰明。她已經做過分析，但醫師對她產生移情，甚至還求她別再回去找他，因為這會害他賠上自己的婚姻。

這個女孩多年來深受嚴重的神經質焦慮所苦，之後的狀況自然是

每況愈下。一開始我看了一下病歷，但沒發現什麼特殊情況。她是一個適應良好、西化的猶太女性，從裡到外都反映出她受過良好的教育。起初我不瞭解她有什麼困擾。突然我想起了自己的夢，才恍然大悟：「天哪！她就是我夢中的女孩！」但是我卻感覺不到她有任何戀父情結，我依慣例問她關於祖父的事。她雙眼閉上一下子，我立刻明白問題就在這裡。因此我再請她描述這位祖父，得知他是一位猶太拉比，屬於一個猶太教派。我問：「妳是指哈西德教派（Chasidim）嗎？」她回答是。我繼續問：「如果他是拉比，是不是剛好也是一位義人（zaddik）？」她回答「是」：「大家都說他是聖人，而且有靈視的能力。但這些都是胡說八道。根本沒有這種事！」

　　我的病歷在此做結，也瞭解了她精神官能症的來龍去脈。我跟她解釋：「現在我要告訴妳一些事，妳可能無法接受。妳祖父是一位義人。妳父親是猶太教的叛徒。他洩漏了祕密，背叛上帝。妳之所以得精神官能症，是因為害怕上帝來找妳。」她聽完，露出一副被雷電擊中似的神情。

　　當晚我做了另一個夢。我家裡有一場宴會，然後我看到那個女孩也來了。她上前來問我：「你有傘嗎？雨下得好大。」我真的去找來一隻傘，拿給她的時候，我笨拙地想打開傘。結果發生了什麼事？我跪下來把傘呈給她，彷彿她是女神。

　　我把這個夢告訴她，結果那個禮拜她的精神官能症就消失了。這個夢告訴我，她不但不是個膚淺的小女孩，而且內心還具備聖人的特質。她沒有神話的觀念，因此她的天性本質找不到表達自我的方式。所有她意識中的活動，全朝著調情、裝扮與性來發展，因為她不懂別的事。現實中，她是神之子，注定要實現上帝的神祕旨意。我必須啟發她對神話和宗教的觀念，因為她屬於從事靈性活動的那種人。這樣她的人生才有意義，精神官能症才會徹底消失。

　　在這個個案中，我沒有採用任何「方法」，只是察覺到內在引導力量的存在。我跟她這樣解釋，也完成了治療。在此，方法並不重要，重要的是「對上帝的恐懼」。

　　這個女孩就是史碧爾埃。之前「對她產生移情」的醫師就是榮格自己。榮格在此幾乎沒做任何新的分析；他仍想復原第一次分析的結果。史碧爾埃當然有神話的觀念，只是多虧了榮格先前的分析，她終於瞭解神話的意義就是無意識想表達性願望。榮格回到蘇黎世後，發現他不在的期間，史碧爾埃幾乎要發狂，因此他們必須好好談談，矯正這樣的情況。於是他鼓勵史碧爾埃，將「齊格菲」想像成象徵祖傳和內在靈性智慧，而不僅僅是受挫的性渴望（無論榮格怎麼解釋，從日記中看得出，顯然史碧爾埃採用新的詮釋方式）。雨傘夢的第二晚，榮格又做了另一個夢。而榮格的雨傘夢令她想起九月底夢見「彎折的傘」而感到的懊惱和羞恥。這種心情，再加上她覺得「原來我也跟多數人一樣」，以及他高傲地嘲笑她的糗事，如果榮格告訴她那個跪下來呈傘給她的夢真的治好了她的病，就太值得讚嘆了。而實際上榮格在賠罪，說自己誤判了她真正的價值。至於他說出她祖父是義人的事，從她激動地思考自己的族譜就可看出來了（附帶一提，榮格那邊強調的是父方的祖父，而史碧爾埃的日記反而是在講母方的外祖父，比這兩者更重要的是外曾祖父。但應注意到，在她的日記告白中〔上述段落〕，母親那方的父祖輩會有呼應父親那方父祖輩的靈性潛能，也就是「母親身上一定找得到父親的類比，所以她才會選擇他」。看來她是在適應榮格的版本，同時也忽略了他其實對她的家世一無所知）。

　　榮格選擇在多年後的回憶錄中記下這段病歷，顯示這對他非常重要。我想，只要我們更瞭解那位女性，亦即史碧爾埃，就會理解原因了。史碧爾埃一直都是榮格精神分析的「實驗個案」，而且也一直是榮格沉淪於深度亂倫性幻想的對象。還有誰比史碧爾埃更適合做他新「靈性」觀點的實驗對象？他用的啟蒙新方法「神話和宗教的觀念」似乎很適合她，也正好確認了他有「不全感」的毛病。史碧爾埃又再度變成榮格的「實驗個案」了。

犧牲

　　史碧爾埃很能接受榮格的新詮釋觀點，這似乎令他們的關係更複雜，但並未動搖他們的牽絆。史碧爾埃下一篇十二月廿四日的日記，簡短寫下了她的悲嘆：「我們兩個是如此盡情地相愛，要是他單身就好了！」下一篇十一月九日的日記更是亢奮：

　　從昨天到現在，我只要一看到他，就會再次失去理智。理智！有這種東西嗎？愛到這種程度，還會有理智嗎？能靜下來談談發生了什麼事？他跟我說了什麼？是的，在一週前的週四〔十一月一日〕，我們寫下了熱烈的情詩。那時他說他愛我，因為我們的想法多麼相似；我有時候可預料到他在想什麼。他還說他更愛我那驕傲無比的性格；卻又說他絕不會娶我，因為他的內心是個非常鄙俗又眼光短淺的腓力斯人，又是個標準的瑞士人。

　　這篇日記的結論是：「再會了，我的兒子！永遠再會了！」
　　史碧爾埃的下一篇日記是十七天後的十一月廿六日。她寫著，準備期末考期間，父親曾來陪她；還有，她決定考完試以後不隨父親回俄國。她還擔心榮格可能會剽竊她「死亡本能」的想法。這件事顯然是指榮格為了批評布魯勒的「矛盾說」而寫的公開評論；布魯勒是在冬季的伯恩「瑞士精神病學家」會議的隔天發表了他的「矛盾說」。布魯勒已把他的演講稿寄給榮格，而榮格正打算寫一篇非常嚴厲的批評，刊在《年鑑》上（榮格之所以這麼火大，是因為布魯勒忽略了現有精神分析的性觀點，以及支持這個觀點的意見）。榮格給身為《年鑑》期刊總監的布魯勒一個機會去回應他的意見，並且也會將他的回應刊登在這本期刊上。榮格從十月與布魯勒討論過這些事後，才發現史碧爾埃理論中的兩種性要素（毀滅／瓦解與轉化），非常呼應他對布魯勒「矛盾說」的批評。但榮格的積極只是讓這位年輕女性起戒心，而她也希望榮格不要提起她的理論。因此，無論是布魯勒的評論，或榮格專書的第一部，都沒有提到

史碧爾埃的死亡本能觀點。

史碧爾埃之後的幾篇日記,混亂地反覆記載著戀情和期末考告急的實況,有時候則在一段中同時寫下這兩件事。

道別時,我的朋友說我一定會考得很好,因為我現在跟魔鬼結盟。但願那會成真。上週三,我們兩個寫下最輕柔的「情詩」。會怎樣發展呢?命運之神哪!請賜給我好運,讓我以高尚的愛對待他。分別時,我們狂亂地深深一吻;我心愛的兒子!

史碧爾埃參加了期末考,從一九一一年一月十六到十九日,連續四天,共計八場。最後她在心理學取得高分。考完最後一場的當天傍晚,她離開蘇黎世,一月十九日的日記中只寫著:

「他走了,這樣很好。」
至少我父母現在高興了,這是好事。「唉,是啊!現在怎麼辦呢?」

校方於二月十一日將史碧爾埃的論文正式歸檔。後來在二月間,她又恢復寫日記,在一篇沒有註明日期的日記中,她幾乎都用宗教術語描述她的命運和叛逆。她還是一直強烈地想著「齊格菲」,也準備好「犧牲」一切來挽留他:

我叛逆,因為我很高貴、偉大,有創造的能力;我也不是天生庸庸碌碌的人。這是生死存亡的命題。如果真的有天父,請聽我說:只要我能履行自己神聖的使命,沒有忍受不了的痛,沒有犧牲不了的事!「他一定得是個英雄」,因為這是祢的旨意,也是「我父沃坦的旨意」。

「犧牲」的想法又出現在下一段(日記中斷了一些);在這段落裡,史碧爾埃談到她剛剛看到的異象。後來她的日記少了好幾頁,二月廿七

日的才有存留，在此摘錄其內容，並以刮號加刪節號代替遺失的內容：

> 異象消失時可以聽到〔……〕。這很不幸，因為身為好幾代教士的後人，我相信自己的無意識有預言的能力。人們確實可貼近這位「神」、和祂說話、明白祂的期望，這能力是無數世代的個人能量累積起來的結果。所以神哪！祢的期望是什麼？……
>
> 這是預示我的死亡？或者這痛苦是每件偉大使命必要的犧牲？

　　史碧爾埃想像著將自己託付給「神的雙手」，並結束日記，她懷著夢到另一則預言的希望就寢。醒來時，她這麼寫道：「神要不是太累了，才會沒給我夢；要不就是我的意識太愛挑剔，無法吸收任何美麗的預兆，而我又很難相信上個夢所預言的真相。」一九一一年二月廿八日的日記中記載著，她夢見她的小弟生病了（接著她批評榮格沒正確診斷出問題），然後悶悶不樂地描述她的父母多不關心她的問題。之後內容突然中斷，而且幾乎中斷了一整年。

　　史碧爾埃從一九一○年十月到一九一一年二月的日記，其記錄的價值之珍貴，可濃縮為兩件完全意外的驚人史實。榮格首度在實際治療時試用新的靈性觀點，那就是嘗試緩和仍令史碧爾埃痛苦的「齊格菲情結」。還有，一旦史碧爾埃不在他身邊，雖然療效並沒有完全消失，但還是開始消退了。

明日之星

　　史碧爾埃夢見小弟的同時，榮格在全新「國際精神分析學會」中的主席地位大為提高，多虧了兩場在慕尼黑帕克旅館的會談。第一場是佛洛伊德與布魯勒的會談。在一九一○年秋天給佛洛伊德的信中，布魯勒清楚地表達他對新學會一貫的立場。他反對學會的派系色彩，特別是學會無法容忍伊瑟林這種良心的批評。布魯勒的堅持很正確，科學的討論需要開放的風氣，但他也有情緒化的一面：「如果我不想騙自己，那我也

沒辦法繼續下去。我非常後悔；是我損失重大。」當布魯勒開始想私下找佛洛伊德談時，便於聖誕節在慕尼黑帕克旅館，安排了另一場會面。

這場會談之前，佛洛伊德和布魯勒都發表了重要的論文，提到相同的情況。布魯勒的論文〈評佛洛伊德精神分析的利與弊〉（Freud's Psychoanalysis: Defense and Critical Remarks）刊載於《年鑑》。佛洛伊德這樣告訴榮格：「……這可奇了！他利用私下協議的方式發洩他的無禮行為，這卻讓他在公開場合表現極佳。我相信這篇文章幫了一個大忙。」佛洛伊德自己的論文〈論「粗野」的精神分析〉（On 'Wild' Psycho-Analysis）則出現在阿德勒和史德寇的新《文摘》。表面上他是關切技術問題，先從一個個案開始談；這位緊張的病患被她的醫師告知，她的焦慮都是由性不滿足引起的。佛洛伊德警告，不成熟的分析法相當危險。即使他可以理解這個意見對那位女病患有益，但佛洛伊德認為這不是精神分析，因為分析師完全沒注意這位女士的內在抗拒。他繼續申論，沒有通過特殊「合乎特定精神分析技術規則」訓練的人，不該介入這樣的個案治療。但很不幸地，這些規則「書上學不到」，只有「已經有能力運用的人」才知道怎麼做。就是有這種情況，才迫使佛洛伊德成立新學會：

　　無論是我或友人與同事，都不同意在醫療技術上運用這種壟斷的方式。但面對病患和精神分析事業的危機，可以預料到即將出現「粗野」的精神分析療法；我們不得已，只好這麼做。一九一〇年春，我們成立了「國際精神分析學會」，會員公開具名宣示效忠，以便與不屬於我們卻自稱用的是「精神分析」療程的人劃清界限。

這篇論文是佛洛伊德自一九〇五年來，第一篇特別關注精神分析方法「技術規則」的情報。而事實上，盼望著精神分析聖經能問世的漫長等待終於結束，永遠結束了。這時間拖得太長，以至於沒有任何指南存留下來，佛洛伊德正好可以宣告，精神分析的大門不隨便對外開放。

佛洛伊德和布魯勒一起過聖誕節。兩人屬於同一個世代，也都有能

力面對面來一場滿足對方要求的智慧交流。事後佛洛伊德寫信給賓斯旺格：「在他捍衛了我的精神分析後，我只能誠心誠意地對待他，而他也沒有為難我……」佛洛伊德也告訴費倫奇：「……他只是個跟我們一樣可憐的傢伙，需要一點關懷，因為在他重視的領域中，別人可能一直都忽略他。他肯定會加入『蘇黎世學會』，而派系的問題會好轉的。」布魯勒的確在兩週後加入「蘇黎世學會」。

　　榮格隔天抵達帕克旅館。一開始他和佛洛伊德都很保密，沒透露會面的事，但最後兩人還是決定公開，不然萬一布魯勒發現了會有反效果。他們談了很多。正如佛洛伊德告訴賓斯旺格的，榮格也承諾「要想出並維持著適當的態度來面對布魯勒」。然後換佛洛伊德向榮格徵詢意見，問他如何處理目前擔任「維也納學會」主席的阿德勒。阿德勒最近認為，在童年期反覆灌輸去除「女性」特質（例如依賴和順從），以便換得「男性」特質的過度嘗試而造成的人格扭曲，這正是促使精神官能症發作的背後力量。十一月，「維也納學會」通過了一項決議，阿德勒的新觀點會與原慾論一起接受辯論。佛洛伊德已即時修改了決議，將主題聚焦於壓抑。不知是幸還是不幸，對於完美討論的期待開始刺激阿德勒的創意。就像佛洛伊德和榮格在克拉克大會上分別發掘了自己的天分一樣，在為即將到來的辯論準備時，阿德勒也發現了自己的天分。

　　後來，榮格發現布魯勒和阿德勒非常相似，他們都是多管閒事的討厭鬼，欣賞不了原慾論的詮釋之美。但佛洛伊德卻固執地認為，阿德勒和弗里斯比較像，都是「偏執狂」；而且近幾個月來，他一再用這些中傷人的醫學用語在私底下形容阿德勒。談到這一點，佛洛伊德之所以掛記著偏執狂，還有另一個原因。他把自己剛完成的瘋狂法官史瑞伯的精神分析帶來慕尼黑，他認為史瑞伯的症狀可被判定為因壓抑同性戀情慾而發作的偏執狂。榮格非常清楚，佛洛伊德這個公式據說是在他與弗里斯決裂時發現的。其實這裡談到的是個三方等式：史瑞伯＝弗里斯＝阿德勒（＝偏執狂）。佛洛伊德還向榮格透露，他發現了自己苦惱人生中持續出現的動機。已知他與榮格在慕尼黑談了阿德勒的事，但不清楚討論的

內容。至於佛洛伊德分析的史瑞伯個案，很少有佛洛伊德的臨床研究像此個案一般，遭到當今這麼多的非議；但當時的兩個月後，榮格收到這篇研究時卻讀得津津有味。

榮格與佛洛伊德不同，還沒把自己目前的書稿帶出來，他到最後一刻才端出託辭，不過他的確和佛洛伊德討論過對於太陽英雄動機的詮釋，認為這是一場描繪自我透過亂倫禁令，降回到原慾源頭的冒險。他似乎也談過阿羅納之夢，連同他對靈性祖先重燃的興趣，因此得到的反應如下：

佛洛伊德對我說的話，我還記得非常清楚：「親愛的榮格，答應我，千萬別拋棄性理論，這才是最根本的觀念。你要明白，我們必須為它搭建一座屹立不搖的教義堡壘。」他充滿感情地對我這樣說，就像用父親的語氣說：「而且，親愛的兒子，再答應我這件事，你每個禮拜天都要上教堂。」我很吃驚地問他：「建一座堡壘？要防禦什麼？」他回答：「防止污黑的爛泥淹上來。」然後他停頓了一下，再補上「我指的是神祕主義」。

榮格在回憶錄中談及自己的回答：「我支支吾吾了一會兒，就結束對話了。我覺得很疑惑，且怪難堪的。」

但這些回憶只記下了一部分事實。佛洛伊德當時生病了。他曾在會面前的最後一封信中提到自己的身體狀況：「如果你察覺到我的健康已大不如前，千萬別難過。」然後在會面後的第一封信也提到同樣的問題。佛洛伊德抱怨的毛病「奇怪的頭痛……記憶力喪失」，結果只是書房裡瓦斯漏氣造成的；但幾週後，佛洛伊德病倒了，被發現是動脈硬化惡化。在帕克旅館時，兩人的確暫時約定由榮格到維也納短暫拜訪，約定的時間正好是佛洛伊德病情惡化的前幾週。甚至這整個延伸討論的暫時約定，也肯定是因為榮格有「國際精神分析學會」主席的身分。佛洛伊德也許一直當自己是榮格的父親來下指令，並以各種方式警告他，特別是有關布魯勒的事情和他的神話研究太深入時；但更重要的是，佛洛伊德還是

會徵詢榮格的意見，而且最後依然非常高興，他能夠再次感受到自己指定繼承人散發的能量和奔放的情感。這兩人都不太花時間探索自己處境的黑暗面。面對面在一起時，一切都說得通了。

　　會面後，榮格寫信給佛洛伊德，「在慕尼黑的事，我有道不盡的感謝」。佛洛伊德的回信中寫道，他也記得「慕尼黑的愉快時光」，且「獲益良多」。佛洛伊德也寫信告訴費倫奇與榮格會談的心情：「他很優秀，對我有很多正面的影響……我再確信不過了，他就是明日之星。」

第 13 章

垂死和復活的神

「我也屬於那股力量／本身行邪，卻又生善」〔摘自《浮士德》〕是不朽的箴言。這魔鬼般的力量本質是毀滅（邪惡），同時也是創造力，因為新事物會從（兩個個體的）毀滅之中崛起。這就是性動力，天生就是毀滅的動力，是個體滅絕的動力，因此我認為每個人都必須克服這種龐大的阻力；但光是為了證明這一點可能就會耗掉你太多的時間。

——史碧爾埃的信件草稿，一九〇九

━━━━━•∽∾∾∽•━━━━━

一九一一年春天，史碧爾埃一個人待在慕尼黑，她解決了性壓抑基本概念的問題。她在慕尼黑大學修了一整學期的藝術史課，但仍繼續研究精神分析理論，而且在寫「死亡本能」的研究論文期間，突然理解到自己所寫的內容有多麼與眾不同，這些內容也許會讓她名垂青史。她的理論解釋了為何壓抑的運作會有特定傾向，而且必然與性願望（而並非別種願望）相違，奧祕就在於如何定義「性」。佛洛伊德一直用解離和愉悅來解釋「性」，但正因為這樣解釋，反而難以理解「性」為何會規律地受到壓抑。史碧爾埃認為原因正好相反，「性」的特質可用不同的說法來解釋，是尋求融合而非愉悅；一旦將這個說法概念化，自然就會解開性壓抑的問題。不管用哪種標準來評判，她的見解都非常了不起，即使當時還沒有人察覺到這一點。從長遠的歷史觀來看，或許更了不起的是，早在幾年前她基本上已猜中答案了，只是連自己都還不知道。在「轉化日誌」和一九〇九年的草稿信（見上述）中即可發現這個基本公式。

性和死亡

史碧爾埃的解釋就像數學或物理學定理那樣精簡。她認為只有兩種本能值得注意：一個是保存自我（self-preservation）的本能，另一個是

保存物種（species-preservation）的本能，也就是「性」。精神世界的結構也只有自我和無意識兩種。在保存自我方面，自我（ego，一般意識中的「我」）必須靠本能提供的能量運作，會企圖維持自身的個體性，擊退施加於個體的改變，這些改變都是個體不願承受的。自我甚至還會以精神再現的方式來處理個體的純個人經驗，這些經驗總是指涉著正在感受這段個人經驗的那個「我」。在史碧爾埃的體系中，無意識在意的反而不是個體的獨特性，而是集體性；無意識再現的目標和方式，都在處理非個人性的共同象徵。而且無意識企圖實施的目標（就像叔本華所說的盲目「意志」），完全不在意個體的命運。無意識的能量全然來自於「性」（總之，根據約定俗成的說法，就是保存物種的本能）。在無意識的精神世界中，偏好的是種族目標（朝向種族的延續），而非個體目標。意識則相反，它是屬於理智的範疇，有意識的「我」懂得分辨與無意識的「我」的差別。

　　這套體系非常簡單，卻會導致驚人的結果。如果我們同意，「性」永遠與種族或散播物種的目標有關（生殖），則表示在這之上還有性意志（sexuality will），性意志若偏離原本方向，就會企圖壓倒自我的獨特領先地位。「性」會「想要」（這是目的論上的隱喻）孩子，並準備透過性融合的動作瓦解自我，以得到孩子。同理，當進入「昇華作用」的假想境界時，「性」會「想要」創新，而這創新的成果是種族可共享的。「性」並不在意這個新創作會讓個體「付出代價」（另一種隱喻，根據法國傳統哲學所言，就是「經濟」價值）。因此站在自我的立場，「性」隱含了瓦解的威脅。「性」散播物種的目標，與個體「我」的純個人動機有衝突。因此這構成了「自我為了抵禦『性』，永遠都以抗拒的態度來回應『性』」的重要論點。在精神世界中，這表示防衛反應永遠會伴隨著性慾望（最常以內在召喚死亡和毀滅的意象來表示），代表「我」在抗爭自身的瓦解。

　　史碧爾埃的想法是根據佛洛伊德的觀點發展而來，而且極其精確。體系中的各種微妙之處也找不到破綻。首先，她也假設佛洛伊德的觀點

為真，也就是藝術創造與「昇華」的「性」有關。其次，她接受嬰兒有亂倫的性依戀，而且是普遍存在的現象。在此她還補充了一些意見。為何亂倫依戀是普遍存在的現象？又為何亂倫依戀這麼容易以移情作用的方式重現？這都是因為家庭成員彼此之間血緣相近。因此，亂倫依戀的自我瓦解程度，不及非亂倫依戀的自我瓦解程度嚴重。根據她的用語，亂倫依戀的「毀滅性」比較沒那麼大。

　　這有許多實用上的意義。史碧爾埃全心全意投入自己這套體系，精闢分析了精神分裂症患者漸漸失去自我時所伴隨的情緒現象。她本應探討許多層面，但卻沒這麼做。她曾提出一個充滿啟蒙意義的說法，佛洛伊德在一九〇九年三月在給菲斯特信中，稱之為「性和死亡間密不可分的關係」。浪漫主義時期的詩人和劇作家早就相當熟悉這個「密不可分的關係」，但近來才引起精神分析運動的關注。唯一值得注意的例子是一九一一年三月，史碧爾埃正在撰寫論文時，史德寇出了一本《夢的語言》（*The Language of Dreams*），其中有一整章專門探討這個主題。

　　但史碧爾埃的解釋更適用於一般的情形。到目前為止，所有精神分析史上公開發表的個案中，從「安娜・歐」的骷髏頭妄想，到「朵拉」從火中被救出的夢；從榮格的第二個分析個案（先發表）害怕感染其他人，到賓斯旺格的「伊瑪」（Irma）害怕中毒；「如精神分析學派所闡述的，死亡象徵、疾病和毀滅，是精神官能症臨床研究上最常探討的現象」。在某種程度上，史碧爾埃對於歇斯底里症狀的描述確實一針見血，歇斯底里與其他疾病總是很雷同，但史碧爾埃看得出來那並不是一種假象，而是象徵意義上的自然相似。

「齊格菲」之死

　　史碧爾埃知道自己成功了。〈毀滅為生存的動機〉這篇論文甫出版，即先強調壓抑的問題，並極力探討「性」的影響，尤其是童年時期的「性」（還不知道「後果」時）。她甚至還批評了自己的導師；論文第三章〈神話中的生與死〉（Life and Death in Mythology）涵蓋許多榮格探討

的主題，但她卻提出不同的結論。首先，榮格在原慾上強調亂倫說和生殖說，但放到史碧爾埃的體系裡便無法成立。對史碧爾埃而言，「性」是一致的動力；選擇亂倫客體的理由與選擇生殖客體的理由，都同樣完全基於無意識。她照單全收亂倫性慾的概念；就這點而言，她比較傾向佛洛伊德，而非榮格的觀點。其次，史碧爾埃認為「毀滅」始終屬於「性」的一部分，不僅表現出內向性的個案是如此，所有人與人之間的性行為亦然。在史碧爾埃的體系中，詮釋「犧牲」的方式也不同，她認為「犧牲」並沒有道德上的寓意，而是失去個體性所必須付出的代價。如此一來，「性」才能繼續朝著其目標發展，「犧牲」就是原慾的「毀滅性」索償的代價。

　　簡而言之，在史碧爾埃的體系中，榮格目前點出的三種內向性特色：死亡幻想、亂倫移情作用、犧牲的必要，都被她視為「性」的通則，無論是否具有內向性。她相當不認同榮格對於內向性心理結構的描述，正如她也不認同人與人之間的性行為有任何差別。

　　不過可以確定的是，史碧爾埃並不想拿她的體系來跟榮格唱反調。注意史碧爾埃的文章，會發現那是她現實處境的一種反諷。當她撰寫這篇論文的期間，都在試著努力朝榮格最近提出的方向改正，也就是將她的「齊格菲理念」詮釋為支持她的「英雄天命」。的確，對她來說，以寫作這篇論文的行動將她的「齊格菲理念」化為具體，是一種相當真切的感受，儘管是以昇華的形式。諷刺的地方正是如此：寫論文是企圖實踐她的「齊格菲理念」，但背後的思考邏輯卻迫使著她修改詮釋「齊格菲」意義的方式。

　　史碧爾埃的「齊格菲」分析放在論文的第三章和最後一章，從觀察伊甸園中的亞當夏娃開始探討。史碧爾埃理所當然地認為他們的罪跟性有關；吃掉「生命之樹」（性）的果實，就是對自己釋放出性的毀滅性要素，他們必須為這點贖罪，也因而誕生了基督這樣的角色，他被釘上十字架犧牲了自己，代表犧牲了性的毀滅性要素。為了進一步申論這個觀點，史碧爾埃舉了許多傳說為例，在這些傳說中，基督的十字架就是由

殘存的「生命之樹」轉變而來的。不過從這之後,她改用天象變化來做比喻;基督拯救人類,就像太陽神拯救地球,將其比喻為春天的降臨,就是將受苦的自然界從寒冬中拯救出來。接著文中突然插入齊格菲和布倫希爾德:

在尼伯龍根的神話中,齊格菲和布倫希爾德分別代表了太陽和大地,布倫希爾德(大地)處於冬眠的狀態,被齊格菲(太陽)的征服之光拯救了,他用劍砍斷了她的盔甲(冰層),並使她受孕……重點來了,這表示齊格菲藉由布倫希爾德讓自己的母親懷孕。我們都知道齊格菲的母親就是齊格琳德,而布倫希爾德是她的姊姊,而且她與齊格琳德愛上同一個男人,亦即齊格蒙。因此,她覺得自己擔當齊格琳德的角色,齊格琳德變成她性願望的「人格化」,拯救齊格菲就是拯救她自己願望的子嗣。在葛拉夫博士的著作(佛洛伊德專題系列中的《羅安格林傳奇》〔*The Lohengrin Saga*〕)中,曾修正過布倫希爾德是齊格菲之母這項主張。布倫希爾德與夏娃不同,違抗的是父親的命令;而與夏娃被逐出天堂相似,她也被逐出眾神的國度。布倫希爾德抗命的舉動也為她帶來近似死亡的沉睡,也因此被齊格菲的「春陽」所拯救。在華格納的作品中,渴望死亡往往也是渴望死於愛人的懷抱。

至今尚存的這段內容,是從華格納的歌劇中摘錄了布倫希爾德的垂死輓歌。史碧爾埃還改採華格納的另一齣歌劇《飛行的荷蘭人》為例,並停下來稍做解釋:

華格納的英雄都有共通點,像齊格菲和布倫希爾德,都為了愛而犧牲自己去赴死,是典型的救世者。北歐的齊格菲和東方的基督相似度極高。基督也是為了人類犧牲自己的救世者。齊格菲是太陽神,而他的愛人是地母;基督也是太陽神,死於生命之樹,軀體被釘在上面,像果實般垂吊著。基督之死,也正像果實相繼落地般埋入地母之中,成為種子。

　　然後話題又轉回亞當夏娃，史碧爾埃的結論是，神懲罰他們的罪，某種程度上是等於性的「毀滅性」；而為了避免受這樣的懲罰以及討好神，他們必須犧牲；因此在論文這一章的後半段，史碧爾埃便探討各種基督徒和猶太人的犧牲儀式，同時仔細說明這些儀式與生殖的關係。

　　史碧爾埃這段論文發表於一九一二年中，現代的讀者讀來也很震驚，因為問題重重。即使是發表當時，這章所探討的內容依然讓人摸不著頭緒。她將齊格菲傳奇詮釋為母（或至少是願望的母親）子間的亂倫結合，兒子之死是為了拯救母親，並讓母親受孕。根據史碧爾埃當時現實中的遭遇，她想到這一點一定相當痛苦。榮格並沒有為了支持她而甘冒著死亡，或甚至被社會邊緣化的風險，也沒讓她懷孕；如果有誰稱得上瀕臨死亡，那也是她想像中尚未出世的「齊格菲」。

　　史碧爾埃整個春季都待在慕尼黑。七月，她聯絡上最近成立「慕尼黑精神分析學會」的瑟夫，並讓他參與自己的研究。八月她搬回維也納。史碧爾埃正是在維也納完成了文稿的第三章，齊格菲傳奇的詮釋。她將整篇論文的完稿寄給榮格，以便刊載於《年鑑》上，並附上一紙感人的說明信，開頭這樣寫道：「現在你收到了我們的愛情結晶，這份研究的成果就是你的兒子齊格菲。」一九一一年八月八日，榮格回信，表示因為忙著接待從慕尼黑來訪的瑟夫，所以他沒空讀完整份論文。不過榮格已完成對這篇文章的「暫定評判」：

　　我很驚訝妳居然先提出了大量的傑出觀點，而且都與我的想法不謀而合。有人的觀點與我相同，當然是件好事；能提出這些，表示妳很有勇氣，而且深思熟慮。因此發表在《年鑑》上實在太可惜了。妳可以出版成一小本書，或我們可把它收錄在佛洛伊德的系列專題裡。

　　榮格自信滿滿、就事論事的語氣，表示他想撇清關係；無論如何，這樣一來就可以把史碧爾埃撇開，而且他一點也不想改變情勢。基於這種心態，他將之前在秋天討論過的「齊格菲」重新詮釋為史碧爾埃的英

雄天命，以及為了達成這個天命必要的自我犧牲，這幫「他」擺脫了史碧爾埃，也等於幫史碧爾埃調適失去榮格的心情。不過，榮格當時太過疏遠史碧爾埃是個錯誤。再過沒幾個月，他就會後悔當初沒仔細讀她的論文。

六月，史碧爾埃正式從蘇黎世大學畢業，成為一位醫師。她的醫學畢業論文還是發表於《年鑑》，於八月中出版。這表示她的職業生涯正式開始，她也計畫參加九月底於威瑪舉辦的精神分析大會。因為她尚未加入維也納協會，便決定以蘇黎世代表團成員的身分前往。在榮格寫給史碧爾埃的下封信裡，他無動於衷地表示已得知她的意願，並建議她寫信給負責安排當地事務的亞伯拉罕。

日常生活的神話

當史碧爾埃為自己的職業生涯做準備時，她的導師卻陷入了瓶頸。榮格的專題〈原慾的轉化和象徵〉（Transformations and Symbols of the Libido）下半部出了大問題。上半部大為成功，而且在二月中已付印，將於八月的《年鑑》上與史碧爾埃的畢業論文共同發表；此時下半部出問題反而越顯困窘，這才是最可怕的煩惱。畢竟前半部的鋪陳造成了包袱。在前半部中，榮格表示現代的幻想等同於古代神話的思想，甚至正因兩者相似，就可在缺乏足夠的個人背景資訊或關聯性之下，對某些典型的幻想做出詮釋；例如在之前的個案中米勒的前兩個幻想。榮格還希望在本書這章節中引介對於智識歷史、理性發展與科學思維的新點子，同時又打算奠定犧牲和兩種原慾說的理論基礎；只要注意到這些有多龐雜，就不難想像為何他一著手就會踢到鐵板。但話又說回來，即使是以現代的眼光來看，榮格的第一部還是值得一讀。榮格至今完成的這上半部堪稱傑作，而且他最初動筆時大概就知道自己會有這樣的成就。英文版翻譯得不太好，不過即便如此，基本上還是成功捕捉到一些體裁上的韻味。以下是譯者碧翠絲·韓寇（Beatrice Hinkle）譯本的前言：

　　任何讀過佛洛伊德《夢的解析》，而不覺得他的新意違背科學，不覺得他的大膽分析顯得毫無根據，也不覺得他驚世駭俗的夢境詮釋會引起道德公憤的人，一定也會對書中的下列論點印象深刻：佛洛伊德提醒我們，古代偉大的伊底帕斯悲劇歸根究柢是個人心理上的衝突。我們可把這短短一條論點所造成的印象比喻為：走在現代熱鬧吵雜的街道上，遇見一個古代遺跡，那是埋藏多時的科林斯式柱頭，或碑銘殘片。前一刻，我們才全心投入眼前庸碌又稍縱即逝的生活，下一刻，卻出現了莫名其妙的遠古事物，轉移我們的注意力；本來在凝視著繁複失序的當下，轉而瞥向脈絡可尋的過往。

　　其實榮格在此已暗示了他的意圖，不過他對於這種印象的描述還算正確，相當符合佛洛伊德的風格，只是帶著高傲偏激的心態。可確定的是，榮格在後面幾頁引述自己認同的布克哈特經典名言，即伊底帕斯適合希臘人，浮士德適合德國人。而且他在文中來回反覆討論的也是浮士德，不是伊底帕斯。他採用的基調很明顯地充滿浮士德風格；為了從古時候流傳下來的線索，也就是原慾的符號中找出人性的根源，而把基督教義撇一邊，刻意讓自己的靈魂墮落；同時藉機尋求救贖，因為他與魔鬼簽訂了精神分析盟約。

　　因此在第一部中，榮格半途曾一度去探討內向性可適應的層面。提到第一個米勒幻想時，他認為有些病患的夢是預期自己的人生或療程會越來越進步，並順便引用梅特林克（Maeterlinck）「昇華作用的組合現象有朝未來發展的性質」的觀念。在《年鑑》下方的附注進一步說明了這一點：

　　這次我難免被指責採取了神祕主義……精神分析之所以退步，跟歷史研究的習慣一樣……當下其實包含了過去和未來，導向未來的所有線索早已埋下，越瞭解過去，多少越能看出長遠的發展，或對未來有所認知……但就像歷史研究很少將本身視為未來的一部分（這是政治運作的

功能），心理學也很少在分析的目標中納入對未來的考量，因此，心理分析的結果是不斷刻意地改良其理論，並順應原慾的自然發展。這種未來的傾向不受控制，卻可能反映在無意識之中，而且不時出現；在某些情況下，過程中的大量片段會浮現，至少會以夢的形式來表達。因此在這裡我們不得不討論長久以來視夢境為強大預言力量的迷信。

在談米勒小姐的第二個幻想〈飛蛾與太陽〉時，則浮現內向性不可適應的層面：

熱切的渴望，也就是原慾，具有雙面性；一方面是美化所有事物的力量，另一方面在某些情況下又會摧毀這些事物……一個完全放任自己熱情發展的女人，特別是在當今的文化脈絡下，只會以過快的速度到達毀滅性的層面……

的確，傳宗接代即意味著自毀，隨著下一代的誕生，上一代的最佳狀態已消逝；因此我們的後代就是我們無法打敗的勁敵，他們會活得比我們更久，如無意外的話，將會接掌我們的權力。我們對於情慾注定的發展會感到焦慮，也是情有可緣，因為那是無法衡量的失落感。命運時常隱藏著不明危機；神經病患者為何總是不敢賭上性命，可簡單解釋為他有想振作的慾望，不願鋌而走險。「自稱放棄某種體驗的人，必須遏制自己探求那種機會的渴望，因此算是某種程度的自殺。」在這種死亡幻想中，很明顯地醞釀了對於情慾願望的捐棄（renunciation）。

談到「性」和「捐棄」的這段說明，都不約而同提到死亡，顯然反映出榮格的私人問題。他舊話重提，警告史碧爾埃可能會有哪些「後果」，也提醒他自己對於長子出生可能會有什麼感覺。

下一段，榮格轉為談論〈約伯書〉和拜倫的詩〈天與地〉（Heaven and Earth）（皆為米勒小姐談自己的聯想時引用的），最後才為第一部下了令人難以置信的結論，即米勒小姐在等待自己的原慾復活，彷彿只有這

樣才能從內向的狀態中解脫：

> 對我們這位女詩人而言，〔拜倫的〕雅弗（Japhet）的靈視能力幾乎就是個預言；隨著飛蛾撲向光亮而死，邪惡被擺在一邊；情結又再度浮出，雖然是以篩選過的形式出現。然而這樣並沒有解決問題，所有的悲傷和渴望又從頭開始，不過卻「瀰漫著希望的氣氛」，預告將有「受愛戴的」拯救者太陽英雄出現……人生中無盡的希望，原慾的意象。

任何熟悉榮格的資料來源和偏好的人，都不難猜到榮格第二部想寫什麼，他的靈感主要來自弗魯諾伊一九〇八的論文〈反自殺的目的論自動現象〉（Anti-Suicidal Teleological Automatisms）。在這篇論文中，弗魯諾伊舉例說明，打算自殺的人在最後一刻都會看見一些景象，說服他們生命是有意義和有價值的。從弗魯諾伊的角度來看，這些景象充滿目的性，目標是留住生命，也證明無意識的思維中具有目的性要素，是一股想向未來發展和適應的潛在力量。基本上榮格打算申論的是，當米勒小姐墮入內向的狀態時，會浮現某種象徵，而且完全等同於弗魯諾伊所說的目的性幻想，並意味著解決之道。

這段旅程一開始很順利，沿途都很明快，眼看終點就在眼前；卻在一九一一年初的幾個月完全偏離了軌道。

榮格的白日夢

一九一一年春，榮格寫好了書稿的第二部，但根本難以閱讀，奇慘無比。段落太長，每段都長達廿頁以上，內容編排散亂，有意義的內容隨便穿插，沒有隨便穿插的內容又隱晦難解，可理解的內容卻是怪異的觀點。突兀和冗長就算了，更糟的是，各段的內容都是東摘西補而來。這是一場大劫難，完全比不上榮格迄今該有的文采。

神學家、當代的精神分析評論家侯孟斯（Peter Homans）讀了原版的《轉化與象徵》後做了評論。在此就不一一列舉內容，以免讀者受不了；

以下只摘述侯孟斯一段中肯又犀利的點評：

其實這只是用原慾論和米勒幻想，對神話、儀式、象徵主義，以及猶太、希臘、東方與原始文化風俗，發動一場大規模的奇襲……

榮格向讀者呈現了各式各樣的自由聯想和奔放的想像力；意象或意念，一個接著一個，再互相跳接，通篇如此到底……簡單來說，這是他自己幻想的記錄，而不是在詮釋過去的神話和象徵。

後來過了很久，榮格徹底改寫了這本書，並加入一篇新前言，為自己初版的謬誤向讀者坦誠道歉，還說那是「我的年少之罪」：

我對這本書總是不滿意，這是在忙碌的醫療工作壓力下倉促寫成的，時間不夠，方法也不對。一發現新題材就急著把它們放在一起，沒機會深思熟慮，結果就像山崩，一發不可收拾。

這段批評跟侯孟斯的一樣嚴厲，當然表示榮格的確變得成熟許多。不過，即使在當時，榮格似乎也已瞭解到，自己人生中的幻想牽扯到他對古老題材的研究，無可避免地使得白日夢開始超出詮釋架構的界線；這是不該發生的事。如果我們留意一九一一年前六個月他寫給佛洛伊德的信，就會發現他去年十一月開始的逃避心理不僅還在延續，寫作的進度也越來越踟躕不前，他為此感到很愧疚。一月時，他曾承認質疑自己，接著在二月又猶豫地宣稱自己「忙著處理亂倫的問題」，而且「應該會有結果」。到了三月，榮格寫道，他在「……研究亂倫幻想和『創作』幻想之間的相似關聯。等我想清楚了，一定會徵詢您的意見，一切還在醞釀當中」。到了五月，他又墜入白日夢，這次想的是神祕主義和占星術，不過他算有自知之明，有提醒佛洛伊德要包容他：

請別擔心我是不是會無止盡地迷失下去。我一定會帶著豐收回來，

帶著人類精神世界的知識回來。我得花點時間用迷香麻痺自己，才能揣
測出這些隱藏在無意識深淵的祕密。

毀滅之母

　　榮格根本沒必要長篇大論補充說明太陽英雄，或提墮落到地底世界
的事，那只表示他無法控制自己的題材；瞭解這一點，就會覺得榮格的
白日夢作文實在很荒謬。第二部要做的就是詮釋第三個米勒幻想，而米
勒小姐的「奇溫托佩爾」英雄並沒有墮落到地底世界，他和坐騎只是被
蛇咬死，而蛇是亂倫原慾的象徵。之後他們當然被大地吞噬，但對米勒
小姐來說這就是結局了。沒有任何地下之旅，沒有遇到月亮女神，後來
也沒贏得什麼寶物，最重要的是，沒有轉生。榮格並不是非要用這漏洞
百出的題材不可，他一開始明明知道如此，但還是用了。為什麼？

　　雖然他在公開場合很有魅力，氣焰也相當高張，但其實私下一直都
在祕密探索著自己內心更敏感的部分。他的白日夢吸引他做出和公開表
現截然不同的行為。甚至有一件事，與他追求智識的過程和最近的研究
重心之間，有莫測高深的異曲同工之妙，就是太陽英雄的冒險歷程。身
為精神分析師，榮格打算打破亂倫的藩籬（因為他將這個視為認識自我
的阻礙），並接觸智識中最深層的原慾泉源。但這樣的命運或多或少跟神
話中描述的太陽英雄一樣；至少榮格在讀那些資料時，從精神分析的角
度就可以看出這一點。因此，太陽英雄冒險就是現成的答案，可代替榮
格的批判性自白；他越著迷於前者，就越能擺脫接觸後者時達到的智識
困境。

　　只要留意太陽英雄冒險動人的英勇事蹟蘊含了神祕的救贖，就會知
道榮格的白日夢其實不怎麼在意追求更高層次的真理。相反的，他一心
探求的是向下「墮落」。在墮落的時候，他比較留意戈耳貢（Gorgon，譯
注：蛇髮女怪）般醜陋的亂倫之母退化形象，因為是她害英雄被困在地
底世界。無論如何詮釋，結果往往都跟這位堪稱具有「毀滅」或「可怕」
性質的母親有關。三個象徵最終都代表兒子渴望與她合而為一。魚和蛇

355

的象徵也一樣。肢解的橋段象徵她的毀滅力量。死亡和重生的主題則象徵兒子渴望透過她重生的矛盾心情。龍代表她的形象;以此類推。

所有詮釋最終的結果都跟她邪惡的吸引力有關;「毀滅之母」的形象瀰漫了整篇文章。榮格假設母親有兩位,在內向的狀態中,母親的形象分裂,變成「雙母親」形象。榮格進一步申論,雙母親的另一面以正面、強化生命力的形式顯現,是引導我們前進的「永恆女性」(eternal feminine)。可是在文中並未多加討論跟這一面向有關的內容。相反地,榮格的討論一直停留在「毀滅之母」的狀態,彷彿榮格就是無法從這個主題中抽身。

即使是白日夢,這樣的內容也顯得太薄弱,變成一場慘澹晦暗的旅程。榮格的門生,後來也成為引起廣大迴響的榮格傳記的作者芭芭拉‧漢娜(Barbara Hannah)曾對榮格說,在他所有的作品中,《轉化與象徵》最特別,因為這是唯一令她感到無望而非希望,迷惘而非透徹的作品。據說榮格聽了以後回答:「我太震驚了,因為寫那本書的時候,我自己是在嚴重沮喪的狀態。」漢娜參加過榮格在一九二五年的研討會,在這場會議中榮格重建了自己發展的理論,她記得榮格當時的樣子:

他被惡夢所擾,而且還是要花好幾年的時間才肯承認那本書……就是在反映「他本人」,描繪的是他自己的精神狀況;即使是在當時,書中所詮釋的內容也是引導他分析自己無意識的過程。他過去曾解釋有兩種不同的思考方式(書中開宗明義談的),亦即理智(或應用)思維和幻想思維。當時他覺得後者完全不純正,幾乎變成某種與無意識之間的亂倫苟合,從理智思維的角度來看這是不道德的。

的確,文中瀰漫著「亂倫苟合」的氣氛,如揮之不去的陰霾。

榮格之所以如此關注後來變成毀滅之母的亂倫角色,可能有幾個原因。某個層面上,可能暗指著榮格那有雙重人格的母親。榮格一直停留在討論「毀滅之母」的狀態,符合他在回憶錄中所說,他發現自己母

親的第二種人格更強勢。榮格後來在一九二五年的研討會上曾進一步解釋，卻把焦點放在米勒小姐身上：「若用主觀的方式分析我的書，會發現她取代了我幻想中的角色，甚至還變成引導者。」這裡反映出雙重現象，一則是榮格對白日夢的主導權被米勒小姐奪去，然後從更深的層面來看，其實是被榮格的母親奪去（當她在冥界顯靈時）。女性不見得永遠引導著我們前進，有時候也會把我們拉回過去。

　　乍看之下會覺得這樣的詮釋很有說服力，卻不盡然適當。榮格對幻想思維感興趣，是因為幾個月前先知曉了米勒小姐和她的幻想。榮格需要題材來整理他的論述，而米勒小姐一開始也只是提供他要的題材；她本來不是引導者，而是實驗樣本。榮格甚至差不多在認識米勒小姐一年後，才開始將「毀滅之母」寫到書裡。

　　故事的拼圖卻少了一片。那一片就是史碧爾埃。如果把她視為榮格原慾白日夢中既聽從又抵抗的女性權威之音，一切就變得很清楚了。我們從她的「一言一語」得知，對真實女性的渴望以及對母親的內向亂倫慾望之間，其實沒有差別，背後都是同樣強大的物種保存本能。她也不認為畏懼的感覺（最後會變成對瓦解和死亡的恐懼）是愛的障礙。這只不過是原慾毀滅性要素所要求的代價。在她體系中的「轉化」，就是靠投降來付出這個代價。簡單來說，榮格用母親形象有「毀滅」之感來描述內心交戰時，史碧爾埃則公然表示「毀滅」是愛的必要性質之一。把兩人的文章放在一起看，就像分別截下一半，失落了許久終於又拼接在一起的對話錄。

　　榮格的白日夢之所以逃不開「毀滅之母」控制的刺激地底世界，確實有他個人當下處境的理由。讓我們最後一次看看白日夢的內容。他墮落到幻想的地底世界，在那兒發現自己遇到一個會盡可能緊緊抓住他的女人，這個女人有惡意，還會微妙地以退化的形式誘惑他，能夠隨意進出他的幻想人生，安然擔任他幻想的母親，也是他永恆的伴侶，使他既是愛人又是兒子，並可讓她受孕；這個女人還告訴他，所有的性吸引力都包含毀滅的成分，如果他無法靠轉化來體驗這點，就會被她認為有病；

最後她更大膽而肯定地說，榮格就是「齊格菲」。榮格白日夢中「毀滅之母」的形象，其背後的心理正巧毫不避諱地支持了這位女作家所寫的〈毀滅為生存的動機〉。

「齊格菲」活起來

榮格和史碧爾埃的觀點雷同，證明兩人關係密切，而且最終也隱瞞不了他們的關係，如果榮格的白日夢文章不想辦法收錄齊格菲，將是一大遺憾，尤其是在米勒小姐的聯想中，還包括齊格菲為布倫希爾德悲嘆的那一段情節。儘管中間長達廿五頁雜談各種同質性的象徵，榮格的分析觀點還算前後一致。舉以下段落為例：

眾所周知，女武神布倫希爾德守護了（亂倫的）齊格菲的誕生，而他的人類母親是齊格琳德，布倫希爾德則扮演了「精神母親」（母親意象）的角色；不過與赫拉和海克力斯的故事不一樣，布倫希爾德不是要討齊格菲的命，而且她還很慈愛。她祕密幫助齊格菲，這就是她被沃坦放逐的原因。齊格菲的誕生不凡，生他的女人既是姊妹又是妻子，突顯他正是「重生之子」荷魯斯（Horus），也就是歐西里斯（Osiris）的轉世；在太陽英雄傳說中，歐西里斯等同於沃坦。

* * *

布倫希爾德的罪，就是疼愛齊格菲；而這背後意味著亂倫。這是齊格蒙和齊格琳德兄妹戀情的投射；事實上在古老的說法裡，天父沃坦曾附身自己創造的女兒，以便使自己恢復青春。

* * *

這可解釋為何齊格菲非常渴望布倫希爾德。原慾的矛盾掙扎就在於此，「想遠離母親，又朝著母親而去」。這句矛盾的話可解析如下：只要原慾的滿足僅停留在幻想的層次，就會往心靈深處的母親形象而去……唯有克服現實的障礙才能從母親那兒解脫；母親是創造者持續不懈的生命力來源，卻也是致膽小懶散者於死地的力量。

　　榮格的詮釋在倒數第二章末才提出，不過一直延續到最終章〈犧牲〉的開頭。齊格菲的分析出現的章節，正是榮格白日夢魘的最高潮，也是進入結論的開始。在現實中，時值一九一〇年十月底，是榮格與史碧爾埃對談的期間；齊格菲傳說將成為榮格脫胎換骨的機會，他大膽提出全新的「犧牲」觀點，做為道德規範皆從種源養育而成的論據；藉由這個象徵的大門，人們即可接觸到「無數世代累積起來的能量」。

現實原則

　　一九一一年初的幾個月，榮格為處理個人事務疲於奔命。史碧爾埃於一月離開蘇黎世後，榮格感到很失落，他失去了一位可交流智識的好夥伴，更別提啟發了。蘇黎世這群人內部的問題也一直懸而未決；布魯勒加入了學會，卻拒絕擔任主席，他甚至不強制要求布爾霍爾茲利的助理們正式加入會員。很快地，他又與榮格吵得不可開交。接著來了一封信，是維也納足智多謀的新鮮人賀伯・西爾巴赫（Herbert Silberer）給《年鑑》的投書；他在文章中描述了各種回歸子宮的幻想，也可說是幻想回歸到受孕前父親的生殖器。布魯勒一聽到這個想法就大聲咆哮，他不希望自己的英名毀於這個「精子之夢」，但榮格不太能理解他在氣什麼。佛洛伊德又再次應邀來調停。

　　三月初傳來震驚各界的消息，阿德勒被解除在維也納學會的主席一職。榮格告訴佛洛伊德他「大吃一驚」，不過他早就聽說阿德勒有「偏執狂」，因此並沒有深究這件事的發展。阿德勒有了新的臨床見解，加上他變得越來越聰明，且討厭總得受到佛洛伊德的庇蔭，他的表現讓佛洛伊德描述的性格似乎有幾分變得真實可信（另一位被批為「偏執狂」的人就是亞伯拉罕最近才結識的柏林最有名的內科醫師弗里斯；其實相較之下他挺正常的）。這場有關阿德勒的爭執實在沒帶來什麼益處。十二月，佛洛伊德聲援新學會，因為他需要藉此磨練精神分析的技巧。不過，維也納協會內部卻採用不同的標準。基本上他們不是依個案驗證理論，也不比較療法的效果，阿德勒放棄了原慾論，並以此削弱了精神分析運動

的力量。威托斯當時不在場，不過他請史德寇幫忙打探，得到的資訊是：「佛洛伊德的打手們猛烈抨擊阿德勒，所有精神分析有史以來的爭端中，就以這次最為殘暴。」「小漢斯」的父親葛拉夫後來曾回憶這場爭辯：「開會的氣氛彷彿是在討論一個宗教的基本教義。」他還說，除掉阿德勒，佛洛伊德就變成「教會領袖」了。不過站在榮格的立場，佛洛伊德是替領導階層大換血（史德寇也辭去副主席，以支持被圍剿的同事），在佛洛伊德的通盤計畫中，這樣才能把精神分析的重心繼續推向蘇黎世。而賓斯旺格的看法則更激進：「我創立的帝國孤立無援，看來唯有榮格才能繼承這一切。」阿德勒被解職，榮格成為主席的機率確實提高，不過，精神分析運動的團結一致卻因此而遭到動搖。「國際精神分析學會」成立還不到一年，已開始出現公審異端邪說的情形。

三月中，佛洛伊德遲來的論文〈關於兩種心理運作原則的構想〉（Formulations on the Two Principles of Mental Functioning）終於發表。在當時的氛圍下，佛洛伊德的短篇論文讀起來像是想偷偷藉榮格之力使力。榮格書中第一部所有的主題：幻想、宗教、科學、藝術、現實所扮演的角色，以及「性」在固著和退化作用的力量，在這篇論文中都有提到，只是佛洛伊德用自己特殊的方式改寫。佛洛伊德在這篇文章中表示，「現實原則」是「享樂原則」的潤飾。榮格的新觀念因為被佛洛伊德輪番以迥異的用詞提出，而顯得大失其原先的創意（事實上這的確影響深遠。現代大部分的精神分析師都熟知佛洛伊德的論文，卻很少人聽過〈兩種思維方式〉，更別提去閱讀相關文本）。更糟的是，佛洛伊德的版本又重提之前亞伯拉罕和榮格對於精神分裂症是否屬於性疾病的爭議。最糟的是佛洛伊德的結論，他一邊解析一則特殊的夢境，一邊探討壓抑造成的人格扭曲：

　　有個人曾照顧長期痛苦臥病的父親，他告訴我，在父親死後幾個月，他不斷做同樣的夢，在夢中「父親又活了過來，像過去一樣與他開話家常。但他覺得這太痛苦了，因為父親已經死了，但他自己卻不知

道」。唯一可解釋這荒謬夢境的方式，就是在「父親真的死了」後面補上一句，「順了作夢者的願望」或「他許願成真」；在最後一句結尾再補上「他〔作夢者〕正希望如此」。這個夢境背後所呈現的思維，就是作夢者在父親還活著時即巴不得父親死去（才能解脫）；以及作夢者有多怕父親察覺到這一點。這種個案就是我們熟悉的失去親人後的自責，而在本個案中，當事人的自責回溯到希望父親死亡的嬰兒時期。

　　他說的就是榮格的夢。一八九六年榮格的父親過世後，他就一直做著同樣的夢。佛洛伊德為何突然要公開發表這一段，我們並不是很清楚（佛洛伊德還把這段加入夢書第三版，再次展現出失禮的舉動）。也許佛洛伊德總算看出這個夢和榮格另一個夢之間的關聯；在另一個夢裡，佛洛伊德是位海關官員，也是「死了」，但自己卻渾然不知。又或者，他用精神分析的手段蠻橫地攻擊榮格，都是因為早先榮格分析阿羅納之夢的神祕主義觀點惹惱了他。不過無論如何，從佛洛伊德這段分析我們可以看得出來，到目前為止，他都沒有與作夢的當事人討論過他的分析。上面那段寫完後，佛洛伊德又突然為「這篇短文的缺點」致歉，再用以下這段曖昧且不祥的意見做結：

　　特此說明，基於可能會影響某人的精神狀況，因此我在改寫這篇的現實原則上，不得不稍微採取保留的態度，目前最好不要透露太多，而且當事人也一定會想盡辦法辯駁。但是，我希望好心的讀者千萬別忽視了這幾頁中提到現實原則如何主宰了精神狀態的描述。

　　佛洛伊德的論文已經完成排版。一九一一年三月十九日，榮格勇敢表示贊同：

　　我衷心支持你的「享樂和現實原則」，目前一定會採用你的術語。「享樂和現實原則」的確是很棒的措辭，可以廣泛應用在許多方面。我唯

一後悔的是竟然沒早點注意到這個觀點。

　　布魯勒氣還沒消，史碧爾埃走了，佛洛伊德又把他的夢攤開來供眾人指點，榮格心情越來越差；接下來他試著和最近從克羅茲林根搬到蘇黎世的梅德爾交朋友。梅德爾很感激榮格相挺，但又擔心被榮格的盛焰壓過頭，因此和他保持著禮貌的距離。這時梅德爾正在用新方法研究夢的形成論。這個論點是根據早先日內瓦的克拉帕黑德所出版的文章。克拉帕黑德認為，歇斯底里和睡眠的現象可用「功能」來解釋，這是借用心理學家卡爾·谷魯斯（Karl Groos）對於兒童遊戲特質中關於「功能」觀點的說明，亦即，兒童的遊戲是為了將來的成年生活準備，從遊戲中練習初步的技巧。梅德爾在想，克拉帕黑德和谷魯斯的觀點可能沒辦法有效補充佛洛伊德所談的夢境理論。佛洛伊德認為，作夢的「目的」只是保持睡眠，釋放內在所受的刺激，否則作夢者會因為刺激而醒過來。而梅德爾則認為，作夢除了有這樣的功能之外，也許還可幫助作夢者準備面對隔天的事務。因此，作夢的功能跟兒童遊戲的功能有異曲同工之妙。

　　三月，梅德爾開始寫信與佛洛伊德討論這個想法。結果，梅德爾拿這個議題來煩佛洛伊德時，正好是榮格急促地要求佛洛伊德修改夢書第三版之後的一個月；佛洛伊德幾乎沒什麼時間可做好這件事，情況相當緊迫。榮格想知道佛洛伊德如何詳細分析他自己的夢，在那個夢的分析裡，佛洛伊德強調嬰兒期性問題所占的成分，也就是指亂倫的根源。艾倫伯格曾提過，佛洛伊德的這個觀點沒什麼原創性，但佛洛伊德明知如此，卻沒心情接納建言。他不再氣急敗壞地回覆榮格的要求，不過還是把底線講明：「我沒辦法再自曝更多事給讀者看了。」因此過了不久，另一個瑞士人寫信給他，又提起同樣的話題，這讓佛洛伊德覺得太過頭了，令他幾乎坐立難安。

　　如果梅德爾無法成為榮格的夥伴，目前正在萊瑙精神病院住院的年輕人奧內格還是有機會擔任這個角色，只要他能好好振作起來，處理好

他與未婚妻之間的事、完成他的畢業論文，再回到蘇黎世，擔任榮格的正式助理。但事情卻往可怕的方向發展：一九一一年三月廿八日，奧內格在收到這一年的兵單，準備動身服役的那天傍晚，注射致命劑量的嗎啡自殺了。這件事對榮格的打擊很大。即使漢斯‧懷瑟（Hans Walser）在事後仔細研討過奧內格自殺的問題，但這件事從沒徹底了結。由榮格事後給佛洛伊德的信中可看出來，這件事帶給他很大的衝擊。榮格盡力把它視為醫療問題，結果卻變成醫療上的錯誤。榮格愧疚自責，認為奧內格一定是活在自己幻想的世界裡，而他卻沒有察覺。

現在，內向性和死亡戴著他朋友的面具出現。榮格再也受不了了。雖然後來幾個月間，他在給佛洛伊德的信中繼續有一搭沒一搭地聊著自己的書稿，卻越來越陷入占星術和（或）神祕主義的漩渦中。已知曾替榮格專書第二部收集相關圖書資料的沃爾夫小姐，本身也是一位業餘的占星師，且懂得畫占星圖。沃爾夫以前是榮格的病人，現在則是研究助理。在得體的安排下，她也成為一位好夥伴。無論如何，奧內格死後，榮格放下他的書稿，改為投入新題材的寫作，毀滅之母的白日夢就此保持原封不動。

心理學新徑

榮格第一篇新作是相當受歡迎的精神分析論文〈心理學新徑〉（New Paths in Psychology），發表於當地的文學刊物《拉榭爾氏年鑑》（*Raschers Jahrbuch*）。寫這篇論文是榮格反省自己生涯的機會，不過他還是挪出了時間與人爭辯在現代的都市化社會中，人是否疏離了天生本能。在當時的德語文化圈，普遍存在著對現代性的反動。其實榮格只是把精神分析的方法用於普遍的社會趨勢，替歐洲文明一去不復返的田園生活詮釋得浪漫而理想化。一九一一年五月八日，他在給佛洛伊德的信中就是這樣說的：「我試著再度喚起大眾的注意，但這不是只為了自己，你會明白的。」

但榮格的文章還提出了另一種觀點。文章中有很大的篇幅在討論形

成歇斯底里的問題，以及這些問題與創傷的關係，然後描述相關個案，並摘述唯有目前的情慾衝突才足以引發精神官能症。榮格認為，人在面臨當前的情慾衝突時，會緊接著發生退化；嬰兒期的要素也因此對無意識產生影響。不過他也指出，無意識還包含比嬰兒期記憶更深層的東西：「根據蘇黎世學派最近的研究顯示，除了嬰兒期的回憶之外，還有跨越個人界線而蔓延開來的『種族記憶』。」在奧內格死後，榮格發表了他迄今最好的理論。他所謂的「蘇黎世學派」，除了他自己，只有兩位正式加入「蘇黎世精神分析學會」的布爾霍爾茲利助理有談論這個議題，一位是史碧爾埃，另一位是尼爾金（Jan Nelken）。榮格顯然相當倚重史碧爾埃的論文，或者說，他靠著在自己文章中穿插她論文的內容來捱過這段日子。無論如何，目前他對「無意識的種族記憶」主題的詮釋令蘇黎世文學圈相當感興趣；榮格覺得最好告知佛洛伊德可能的發展。在一九一一年六月十二日的信中，榮格寫道：

> 我現在做的每件事都跟無意識幻想的內容和形式有關，而且我覺得結果還不錯。您會明白，這項調查工作是研究早發性癡呆心理學必要的初步作業。史碧爾埃的個案就是最好的例子（都在《年鑑》中）。

這是一九〇九年七月以來，兩人通信中第一次提到史碧爾埃。佛洛伊德在回信時表示他注意到了：「我猜你在《年鑑》上準備了要給我的驚喜。我會在卡爾斯巴德（Karlsbad）好好讀一讀。」如果佛洛伊德早就知道的話，他會對〈心理學新徑〉中的其他內容更感興趣。雖然文中的確注明「並非每件與高深分析技巧相關的內容都有刊出」，卻也暗示著，他可能會為了讓病患獲得「人生的實用價值觀」，而依隨「自我犧牲之謎」來調整治療過程。

榮格又寫了第二篇論文，是兒童精神分析的報告，打算在下次克拉帕黑德召集的「國際教育學大會」上親自發表；發表日期訂於八月的第二週，於布魯塞爾舉行。這個個案實際上是莫澤小姐在榮格的監督下所

做的精神分析，對象是一位恐懼上學的十一歲小女孩，她的恐懼症來自暗戀老師。榮格點評的焦點不是女孩的行為，甚至也不是她的動機，而是她幻想的「內容和形式」。過去三年來，我們都肯定精神分析學者的發現：問小孩子寶寶是怎麼來的，他們的答案往往很妙，而且與民間傳說和神話中神奇的定律（寶寶是從爐灶中或睡蓮下跑出來的）非常雷同，證明後者（兒童的回答）受到前者（神話和民間傳說）的影響。榮格現在明白，這整套公式很容易就能反過來說明。兒童在缺乏更周全的資訊下，會捏造寶寶怎麼來的故事，並且進入白日夢的狀態；在白日夢中，兒童會受到自人類起源後即存在於無意識中的種族記憶所影響。這也「正是」兒童的說法會與民間傳說雷同的原因。自從克拉克大會後，榮格一直試著從種源演化的觀點，而非個人過去的經驗，來為原慾發展設定調。他現在終於找到適當的理由，能宣稱精神狀態的詮釋重點應是在童年期。

　　八月的布魯塞爾行之前，榮格也抽空到斯圖加特和柏林尋求支持者，另外還花時間猛烈批評普林斯的新書。普林斯是鍾斯的朋友，在第一次「精神分析大會」上沒有發表什麼觀點；而替病患做精神分析時，他也沒發現跟性願望有關的跡象，因此他在一九一○年出版的專書《夢的機制和解析》（*The Mechanism and Interpretation of Dreams*）中特別提到這一點。佛洛伊德立刻停止進一步和普林斯合作，說他「是個混蛋，在我們的圈子裡太礙眼了」；而榮格身為「國際精神分析學會」主席，覺得他應該做正式回應。榮格的批評非常尖銳，就像一個得了勢的人卻還不肯放過其餘失勢的人。在這場牌局裡，榮格握有王牌。他可以一直拿普林斯病患的同一個夢來分析，並一再表示，這些夢的性象徵多到不可遏抑，甚至與病患對醫師的移情作用脫不了關係。

　　榮格對普林斯的貶損開啟了一股影響越來越大的普遍趨勢。從一九一一年前幾個月開始，精神分析在美國和歐洲的制度發展越來越穩定。不僅有各種規模的活動可有效宣傳，精神分析的追隨者們，包含布魯勒、普南等人的水準都相當高，與敵對的心理治療學派相較，精神分

析學派顯然天生體質佳，足以贏得大眾的尊重。這裡我們該提醒自己的是，在當年的時空背景下，佛洛伊德的貢獻有哪些。例如：表面上看起來無關乎性的失調症，可能找出與性和情慾有關的因素；精神分析刻意保持開放的態度，在診斷和治療時排除種族和遺傳問題是一種啟蒙的理性態度；持續應用發展觀點（developmental perspective）；以治療的角度來解析夢境的意義，讓病患為自己的願望負責；利用包含治療本身等多種情境衍生出的資訊，在各種明顯的精神「分裂」症狀中，建立起病患反應結果的連貫性；研究症狀是否可能有象徵上的意義；研究童年性經驗和幻想時，採取不主觀批判的態度；瞭解醫病關係的密切和諧，不表示就無法去談論這樣的關係，包含病患對治療師的幻想；注意病患使用語言的個人習慣，當作發掘背後動機的線索；讓談話式治療保有開放式結論的性質。

精神分析的眼界相對崇高，對榮格的生涯而言也有雙重意義。一方面，這給了他在精神病研究的場域，例如在布魯塞爾大會或《拉榭爾氏年鑑》上繼續發表他離經叛道的理論，但也能獲得所需的支持。另一方面，這麼做也開始為他帶來越來越多的新人脈。精神分析運動已進入發展制度的階段，它的理論造就了某種語言風格。榮格和佛洛伊德兩人都漸漸與能流利說出這種語言，或與積極想學這種語言的對象為伍。當然精神分析還是會遇到外界的反對，不過早期勢單力薄的情況似乎已經結束了。榮格開始享受「國際精神分析學會」主席的地位；但書稿還是原封不動。

朋黨集結

一九一一年九月廿一日到廿二日，在歌德之城威瑪舉行的第三次精神分析大會，是精神分析運動的最高潮。在這樣的大會上，受邀者有誰總是最敏感的話題，此時傳出每次開會都像木頭人般噤聲的阿德勒，早在六月終於退出維也納學會，真是謝天謝地。佛洛伊德告訴榮格：「搞不好還有幾位無用的會員也會有樣學樣，跟著離開。」事實上的確有三位

退出，就像阿德勒一樣，他們都是社會主義者。一週後的六月廿日，又有六位維也納人簽署聲明，宣告他們支持阿德勒，但希望繼續留在佛洛伊德的組織中。

而出人意料的是，史德寇竟沒受阿德勒的牽累而留了下來。現存佛洛伊德和榮格之間的書信內容中，在一九一一年上半年出現驚人的轉折，就是史德寇一連串的「改過自新」（找不到更好的詞來形容這個大逆轉了），其程度只有先前鍾斯拖了一年的「改過自新」才能勝過。史德寇為了修飾詮釋的結果，竟捏造個案的資料，甚至公然杜撰；這些都成了不爭的事實。然而他有相當的外交手腕，總能在緊要關頭與佛洛伊德之間保持暢通的聯繫管道，因此當阿德勒辭去《文摘》的職務時，便交由史德寇接手。

八月第三週，《年鑑》的春季特刊號終於出版。這是第五本簡短卻精采的《年鑑》。裡面收錄佛洛伊德的史瑞伯個案、〈關於兩種心理運作原則的構想〉，榮格《轉化與象徵》的第一部，史碧爾埃的畢業論文，布魯勒投書論嬰兒的性，榮格對布魯勒〈精神分裂症的拒絕現象〉的批評，布魯勒對榮格批評的回應，榮格對普林斯的書評，以及梅德爾、蘭克、費倫奇、賓斯旺格、菲斯特與新人海因里希・博欽格（Heinrich Bertschinger）的來稿。這本《年鑑》毋庸置疑是至今最精采的一期，但精神分析陣營內部的緊張氣氛卻也開始顯露出來；就像一只看起來花花綠綠卻布滿了細小裂紋的花瓶。一九一一年八月廿日，佛洛伊德給榮格的信中表示他收到了這本《年鑑》，並趁機溫和地警告榮格，如果榮格不改變立場，他就會採取必要措施：

　　從我恢復了意志力後，一直在研究你想像不到我會探討的領域。我發掘了一些怪異至極的事，而且覺得「沒有」必要與你討論。不過你這麼精明，要是我說我迫不及待要讀你的〈原慾的轉化與象徵〉，你應該就知道我在做什麼。

　　這個警告讓榮格措手不及。佛洛伊德當時已開始撰寫新書《圖騰與禁忌》(*Totem and Taboo*)，裡頭將提到他對古老宗教的看法。聖誕假期於慕尼黑與榮格會面後的六週，佛洛伊德就已有這個構想，或許榮格的作品正好解釋了佛洛伊德為何有敵意。當榮格投入與母子相關的神話（可用伊西絲和歐西里斯來代表）研究時，佛洛伊德則開始思考欠缺的父親角色。他甚至開始猜想，這些神話中缺少了父親，證明了為何後來的神話資料會被訛用，若深入暸解文化史料中的社會階層，可能會發現有一位父親的原型，還有兒子謀殺父親的原型。若果真如此，不僅可推測出伊底帕斯情結一度有其重要性，還表示對於這個情結的壓抑心理是種源遺傳而來的。若不看原本精神情況的話，我們會發現人的意識中存有一絲絲微弱的敬畏，那是早已遺忘的弒父罪的悔恨殘餘。在此我們可看出，佛洛伊德在「現實原則」那篇短論文的結尾，是如何大幅討論榮格的夢境。他認為榮格的夢境悄悄地壓抑了弒父的願望。佛洛伊德一定也注意到了，榮格在挑選神話題材時，私底下可能偏偏要刻意避談這一點。

　　該來比較一下佛洛伊德和榮格在性情上的差異，因為他們的理論都開始展現兩人的性格色彩。在榮格改寫的新原慾論中，特別是種源遺傳的太陽英雄傳說部分，揭示了他想感受到自己內在完整性的願望。在這一方面，榮格研究無意識的基本方向在過去十年來並沒有多大改變。榮格似乎總在等待某種「無意識」出現，可與之交談、諮商，並能引導他，甚至可幫他療癒自己的人格分裂。佛洛伊德卻相反，他沒有想要尋求個人與內在世界聯繫。他似乎總是在尋找一種宛如謎團，需要被解讀和說明的「無意識」。即使面對看起來不怎麼正經的夢，佛洛伊德的愉悅也是來自對夢境象徵的解讀，而不是能否解開個人問題的謎團。榮格的太陽英雄輕易就跨越了亂倫的藩籬；因為他的藩籬就是為了迎合佛洛伊德而阻礙了自我的認識。佛洛伊德比較想猜測神話中可能隱藏了哪些事，壓抑了哪些事。這種想像中的盲點之美是以虔誠的心態代代相傳下去，在某方面吸引著佛洛伊德，卻永遠吸引不了榮格。

　　九天後，榮格回應了佛洛伊德的訓辭。他鼓勵佛洛伊德用開放的態

度讀他自己的論文,「釋放你的聯想和(或)幻想」,同時希望「你待在這兒的期間可別再守口如瓶」。此際,大會正在做最後的準備工作。普南在九月的第二週抵達了蘇黎世,榮格好意勸佛洛伊德在十五日前加入,好讓他們在動身前往威瑪前有足夠的時間聚一聚。至於蘇黎世要派誰做代表去參加大會,榮格很高興地報告,會有很多代表「女性特質」的人前往參加:「好姊妹莫澤小姐、辛克伊斯特維克博士(Hinkle-Eastwick,一位討人喜歡的美國女士)、史碧爾埃女博士(!),然後是我自己找到的新生力軍,沃爾夫女博士,她是一位對宗教、哲學都有絕佳見解的了不起學者;當然也別忘了,還有我太太。」

結果史碧爾埃並沒有參加大會。到了最後一刻,她的腳踝發痛,並決定把在維也納的「盤纏」省下來治病。現存大會前最後一封佛洛伊德的信中告知榮格,他得知有哪些人會隨行,還大肆發洩自己對女性精神分析的偏見:「我們維也納人的風采絕對沒有你從蘇黎世帶來的那些女士迷人。我們唯一的女博士在阿德勒造反的時候表現得像個道道地地的被虐狂,因此不可能現身了。」更重要的是,在同一封信中佛洛伊德告訴榮格,他「第一次讀」榮格論文時,有一種撥雲見物的感覺:「所以你也注意到伊底帕斯情結是宗教情懷的根源。太棒了!我可以用五分鐘的時間來給你看證據。」

佛洛伊德於十六日早晨抵達屈斯納赫特,並且在那裡待了四天。根據鍾斯的說法:「當然有研討會、訪客會面、招待會,絕對不是單純的度假。」以榮格夫人的立場來說,她覺得她的丈夫和訪客該多花時間在討論個別的計畫上,並且發現他們並未這麼做時感到很擔心。佛洛伊德在停留期間的確撥出六小時來分析另一位訪客,普南。已知這段分析裡,佛洛伊德一度提到普南太過一絲不苟(當時普南還不知道《圖騰與禁忌》這本書),他的內心仍在彌補童年的弒父願望。

六月十九日,榮格一行人、佛洛伊德、普南和梅德爾搭日間火車前往威瑪。布魯勒和其他的蘇黎世代表團員在隔天抵達。第三場精神分析大會從廿一日開始舉行。根據會議記錄,普南站在講台上宣布會議開

始，是整場情緒的最高潮。普南是個深思熟慮的人，他的觀點也太難懂，只有沉浸在美式黑格爾主義的人比較有可能理解他的理論。普南和榮格一樣，相信精神分析必須要有深入而達觀的知識做後盾；更了不起的是，他認為人透過分析而在靈性上得到的發展，與太陽英雄神話之間有著深遠的關係。普南接著便提到與榮格相同的聯想。但耐人尋味的是，普南完全沒有提到原慾論。他反而認為那是宇宙中具有創造力和道德能量的意識本質，並經常從自身投射向客體，並在自我反省時再度回到自己的內心世界。根據他的說法，這種原初根本的一來一往力量，在嬰兒本能和神話中都找得到。

佛洛伊德則是簡短發表了史瑞伯個案的「後記」。他並說明，在最新一期《年鑑》中，榮格和史碧爾埃都有提到史瑞伯；佛洛伊德說，此個案的某些層面是精神分析研究宗教行為的很好出發點，特別是針對圖騰習俗。榮格還有兩件事要說，一件是以主席身分，另一件則是以理論學者的身分做正式發表。以主席身分發表時，他充滿信心，提出許多統計數據，例如有多少新學會、新成員等等；以理論學者的身分發表時，他則顯得很猶豫。他談到釘上樹的十字架刑與一位布爾霍爾茲利女病患的妄想，在某些原始動機方面非常雷同。蘇黎世學派的另一位成員尼爾金接著發表附議相同觀點的論文，也就是說古老宗教情懷和當代妄想有很多共通點。再來是史碧爾埃最近出版的畢業論文。在威瑪時，榮格殷勤又積極地表達對她的支持，發給大家看她的論文的抽印本，但後來又突然話鋒一轉，開始長篇大論地抱怨、責備史碧爾埃竟用身心失調當託辭，不肯來參加大會。

整體來說，這是一場盛會。除了阿德勒和史碧爾埃，大家都來了。他們還拍了一張照片，做為這場盛會的永久紀念（蘇黎世來的女士們都排在前頭一排，攝影師即為比亞瑞的現任情人，那位令人敬畏的莎樂美女士。大家看起來都非常出色，除了榮格以外；他看起來很彆扭，事實上的確如此，因為他站在佛洛伊德的正左邊，刻意縮著身子，以免靠到大師身上）。會議中的各項發表都和照片的效果一樣品質極高。大會期

間,榮格看起來很不錯。鍾斯的報告中說,有個不具名的人(很可能就是鍾斯自己)曾告訴佛洛伊德,他覺得榮格開的玩笑很粗野。佛洛伊德則刻薄地回答:「他的粗野有益健康。」普南則在中場休息時讚美佛洛伊德的追隨者都很優秀,佛洛伊德回答:「他們都學會了如何忍受現實。」

　　散會後,榮格馬上寫了封說教信給史碧爾埃。佛洛伊德則在威瑪多待了一天,私下與亞伯拉罕會面,他們聊的主題正是《圖騰與禁忌》。

第 4 部
私密生活

———◆◆◆——◆▶◀◆——◆◆◆———

　　所有的批評均出自非科學界，而即便是科學界的異議，也無損於佛洛伊德發表的內容，更改變不了他近乎荒謬的偏執有著不討好的傾向。一個思想運動能發展至這樣的境界，卻自毀前程，實在令人失望。畢竟，若非先從這個方向建立觀念，心理治療就不可能提升其地位的重要性，更無法成為影響人生的常態考量；這是我們不容否認的成就。在人類精神世界的研究上，佛洛伊德注入寬宏的見解和信心，帶給後世能據以建構的基礎，可謂一舉成永恆。他犯下的錯誤可能令人苦不堪言；然而，凡要進行治療，任誰皆無法不採用他的發現。承接佛洛伊德科學成就的後人，將謹記著他所有藝高膽大的想法，並盡其所能不帶偏見地貫徹實現。

　　　　——保羅・比亞瑞（*Poul Bjerre*），《精神分析的歷史與實務》（*The History and Practice of Psychoanalysis*），一九一六

———◆◆◆——◆▶◀◆——◆◆◆———

第 14 章
轉化

經過長時間自省，我已拋開一想到妳就心痛的情緒，秉持開放坦白的態度寫這封信。事實上，我那種心痛的情緒並非妳的論文而起，而是由於我們彼此陷入的創慟。我由衷祝福妳，並希望以後想起妳時，也始終秉持同樣的心情。請妳也絕不要忘記，無論遇到任何情況，面對依靠直覺讓妳相信這是真和美的事物時，都別退縮。每當發生這種事，都會磨掉妳的自負、傲骨和頑強，妳也會覺得，似乎在這過程中漸漸迷失自己。但是，唯有透過難以言喻的自我犧牲，才能換得美妙的新人生，成為他人幸福的泉源。因此無論如何，千萬別放棄參加大會。

——一九一一年九月廿一、廿二日，榮格寫給史碧爾埃的信

史碧爾埃在最後關頭打消前往威瑪大會的念頭時，榮格才發覺，如果她在維也納現身，可能會對他的一生造成重大又複雜的影響，因此相當不安。於是，儘管在信中盡訴善意，當他人還在威瑪時卻早已表現得有失風度，拒絕替她寫推薦函，並要她自己想辦法：

佛洛伊德一定會接受妳。他有幾次提到妳的論文，表示對妳印象深刻。妳不需要靠我推薦，只要奉他為大師、猶太拉比，一切就成了。

精神能量

十月初，榮格前往聖加侖服四週的兵役。在這段期間，他得以重新衡量自己的選擇和書稿內容。多年來他不時興起的念頭就是提升、超越精神分析中視「性」為動力和動機的基本論調。在威瑪聽了普南的演說後，他再度激起這個念頭。後來又因奧內格之死，促使他建構出種源論（phylogenetic theories）與早發性癡呆的關聯性。

這些想法之所以燃起實屬偶然。最近他靈機一動，想到某個絕佳的切入點；對精神分析而言，這是至關緊要的人類學論據。根據當時流傳的人類學知識，原始人生火的方法與現代的童子軍不太一樣；他們大多是摩擦兩塊木材，也就是在地上平放一小塊木板，用一根木頭或「木鑽子」，對著木板上的凹洞磨進磨出。這動作顯然極似性交。此時榮格提出了初步的推斷：要是沒見證過這方法的效果，絕不會有人這麼做，這種生火方法也根本不可能出現。這個現象唯一可信的解釋為：原始人一開始因為這動作正好象徵了性交，令他們聯想到快感，才會這麼做。做了這個動作後，才發現磨擦的木棍會發燙，足以點燃木屑。榮格大概也挺暢快地自忖，亞伯拉罕在針對普羅米修斯傳奇所著的長篇大論《夢與神話》中，竟沒想到這點。

隨著推敲原始動力論的發現，以及思考如何於作品中採用種源退化（phylogenetic regression）論來分析精神分裂症，榮格終於明白，這兩者息息相關。與現實的頻繁接觸會使原始動力得到滿足，而精神失常則是由於退化而逐漸脫離與現實接觸的機會。與現實頻繁接觸即表示性象徵遭到去性化；退化則是指無關性的作用（實境測試）卻被賦予性意義，因而失去其功用。

這樣的聯想已夠驚世駭俗，但榮格還想投入研究另一項觀念，即特定象徵在未來可能的運作方式。當時榮格在蘇黎世的重要夥伴梅德爾正著手整理榮格的夢境「運作」分析，並探討夢境象徵在未來運作方面的重要性；這是一個具有非凡爆炸性的論點。初來乍到維也納的西爾巴赫（Herbert Silberer）似乎也正憑一己之力在相同的道路上邁進，當時他正致力於催眠幻覺（hypnagogic imagery，譯注：人半睡半醒時腦中出現的景象）的研究。西爾巴赫主張，有某些催眠幻覺並非絕大部分與性相關，而是屬於「靈性思維」（anagogie）；這些幻覺與思考問題的智識運作很相似，是人類企圖用象徵的方式初步解決問題。

榮格再發一想，或許要適當比喻性，就是將演化當作一副牌，而性正是鬼牌，亦像是亨利·伯格森（Henri Bergson）所提出的「生命衝力」

（*élan vital*），能引出其他張牌的常態力量。一方面，在適應新環境的改變過程中，「性」可能會透過各種象徵式的等化作用幫助客體融入環境。特別是宗教象徵就像是臨時羈押未善加發揮之原慾的處所。另一方面，個體發生退化時，隨著更接近種源的深層心識狀態，早期的思維（也就是賦予性意義的思維；但這只因其尚未達到適應環境改變的對等去性化狀態）可能會主動浮現。簡單來說，一切都與能量的轉化有關；在轉化能量的過程中，通常是經由「性」的暫時流出來進化或退化。

現代的讀者可能會覺得上述論點相當模糊；想當然爾，在一九一一年十月時，榮格自己也同樣沒完全掌握要領。但我們可確定一件事：佛洛伊德絕不可能欣賞這種新論點，也就是廣義地將「性」納入精神能量的範疇中。而其實榮格早在約兩年前已特別提出這個論點，擴大了「原慾」的意義；假使他對佛洛伊德的立論有誤解，也只要到他的辦公桌上找出一九○九年十二月十九日佛洛伊德寫給他的信，就會明白佛洛伊德的不屑了。

還有另一個理由，可能導致這一步走向基進。榮格撰文的第一部已付印，第二部也有約兩百頁已正式定稿。如果榮格想採用新觀點，就必須大幅修訂。要將能量轉化的新觀念用於扶正「最好將某些夢境推斷為無意識所發出的象徵式訊息，而非只當成願望的滿足」的觀點，並非難事。然而，在思路的整理和文章的編排上，將其整合入把原慾分為亂倫和生殖原慾的舊式觀點，卻困難重重。事實上，可能必須大刀闊斧修改現有的文稿；然而考量全局，這麼做還是比維持舊論更合宜。因為榮格對於原慾的亂倫、生殖兩種說法，已與六或九個月前的情況大為不同。

此時《轉化與象徵》第二部的內容中，自傳的成分占極少；而且，除非有人瞭解榮格生活中極其私密的幻想，否則看不出當中是否真的隱含他的自我分析。截至目前為止，這整套議題都與神話結合；只要管得住史碧爾埃，榮格還是無後顧之憂。在榮格苦心申論的整套作品中，光是她一人就足以成為關鍵的真人實例。但是當她力拒出席威瑪大會，榮格即明白他已無法約束她了。在威瑪寫了那封囉唆的「自我犧牲」說教

信後，榮格還是毫無把握史碧爾埃是否會堅持上次被否定的說法。他提醒史碧爾埃兩人討論「齊格菲」時所下的結論。榮格自然想不出有什麼特殊因素要她放棄論點；更沒有理由臆測她會恬不知恥地透露兩人的私密關係。然而，這畢竟是榮格當初沒料到的窘境。

他現在才發覺自己太淺讀史碧爾埃那篇關於「毀滅」的新論文。史碧爾埃一定會被視為榮格的女門徒，無論她寫了什麼，勢必都會被拿來與榮格相提並論。光是如此可能就會造成麻煩。不過換個角度想，精讀史碧爾埃的論文內容或許也可幫自己決定該如何修改論述。榮格從聖加侖寫信給她，問是否能再取得她的文稿一讀。

新星

榮格重燃對史碧爾埃文稿的興趣；這是在她現身維也納後引起一連串驚擾的開端。史碧爾埃是第一位遷往維也納定居、不折不扣的蘇黎世學派成員。維也納與蘇黎世發展的精神分析論調截然不同。即使兩派之間略有交流，但在這之前，無人充分瞭解兩者之間的全面差異。史碧爾埃極有可能改變這個情況。她身為與布魯勒和榮格兩人均相熟的同事，深諳蘇黎世的社會文化背景，也精通瑞士所有最新的論述。她甚至還是從住院治療的少女，蛻變成蘇黎世醫學院的高材生，以及《年鑑》的撰稿人，活生生就是蘇黎世學派療法的最佳代言人。史碧爾埃本身既是啟示，又是傳播啟示的使者，無形之中，她成為兩個學派間的重要橋梁。

不過還是有個問題。兩派之間共通的脈絡微乎其微，要解讀啟示實屬不易；甚至也無從預測這啟示的重要性或值得擔憂的程度。可想而知，圈內人會馬上開始猜測。大家一開始都猜錯了。史碧爾埃相當開門見山，完全不在乎可能會引起一連串的不安。她的目標有二：她想繼續接受精神分析師的訓練，也希望自己的新壓抑理論得到認可。一九一一年十月十一日，她帶著這樣的企圖心前往「維也納精神分析學會」，打算加入。

「維也納精神分析學會」的成員曾經多次群聚在佛洛伊德的候診間，

坐在長桌邊抽雪茄、清痰，而申請入會者在入會致辭時，可能也同時說明了自己的性歷程；但這樣的場景已經過去了。一九一〇年四月（這是個記錄在案的日期），因為有人提議讓瑪格麗特・希爾弗丁（Margarete Hilferding）博士入會，引發了一場女性是否「能夠」入會的激烈爭辯。持反對意見的沙格拉攏了另兩位也認為原則上不該允許女性入會的同僚；即使希爾弗丁以些微差距領先勉強過關，當時的學會主席阿德勒還是正式記錄下這三張反對票，並同意未來會嚴加管制同樣的事。史碧爾埃是第二位申請加入「維也納精神分析學會」的女性。

　　一九一一年秋季的「週三夜會」從十月十一日開始。依慣例，舉行第一場會議之處並非向博士學院（Doktor Kollegium）承租的講堂，而是咖啡館；這次訂於阿爾卡登咖啡館（Café Arkaden）。當時史碧爾埃隨心所欲四處遊走，總之找到了那個地方，直接踏了進去，目睹了早期精神分析史上相當不堪的一幕鬧劇。就在這天晚上，佛洛伊德對阿德勒發動攻勢。早在六月，阿德勒和三位「無用的追隨者」便已退出學會。之後他們自己成立「自由精神分析學會」（Society for Free Psychoanalysis）這個小團體。但是還有六個人認為阿德勒遭到不正當的驅逐，也加入了阿德勒的新團體，卻希望無論如何都能繼續待在維也納學會。十月十一日晚上，佛洛伊德實踐早先在威瑪與榮格討論過的計畫，就是驅離「阿德勒派系」的餘黨。

　　討論的細節無足輕重，但事件梗概卻透露出清楚的訊息。佛洛伊德以執行董事的身分突然宣布改變政策，從此以後，只要加入阿德勒團體者，便「不容」參與正式學會。那六人被告知此規則即刻生效，若不聲明與阿德勒斷絕關係，就得離開。效忠佛洛伊德的徒眾親自輪番上陣，表達對新規定的支持。曾受過哲學教育，時為政治方面活躍人物的卡爾・富特穆勒（Karl Furtmüller）則聲援這些所謂的阿德勒信徒。富特穆勒相當正直，不是那種聽命行事的人。史德寇則單打獨鬥，試著拖延這項決策的實施，希望能從中斡旋。在這種緊張的氣氛下，富特穆勒要求舉行正式的表決。結果，這項動議以十一比五通過。富特穆勒當場宣布

與其他五人一起退出，其中包含被稱為「正宗受虐狂」的希爾弗丁，也就是學會的第一位女性成員。這兩派從此決裂，不再正式交流。這種情況只能用慘烈形容。正如保羅・羅森（Paul Roazen）所著的薩克斯夫人回憶錄所述：「這樣的宿仇破壞了長久的情誼。女眷們停止往來，晚宴時夫妻討厭和另一派的夫妻坐在一起。」

　　史碧爾埃究竟如何利用這個機會的，我們不清楚；我們也無從得知，她的入會申請又怎麼在當晚早先的議程中由沙格提出並排入決議。沙格提議，此後只需要不到四分之一的人即可否決新成員的加入；他認為只要三個人否決就夠了。沙格也正是一年半前帶頭反對希爾弗丁入會的人。既然沒人對沙格的動議有意見（也沒理由這麼做），這位剛從蘇黎世來的女子顯然也完全沒注意到，要是在過去自己就是個箭靶。無論如何，佛洛伊德立刻附議沙格，還說「既然在座的各位都認識這幾位申請人」（明明沒有多少人知道史碧爾埃，大家都不清楚她的來歷），應該馬上開始表決。既然主席都這麼說了，三位候選人的申請全數通過。隔天，佛洛伊德寫信給榮格，點名新成員：「荷蘭的奧古斯都・史塔克（August Stärcke）、萊登的約拿・埃姆頓（Jan Van Emden）……還有突然出現的薩賓娜・史碧爾埃。」

　　史碧爾埃趁機倒向勝利者的那一邊。阿德勒一派被逐出後，她在一般的社交場合把握機會私下與佛洛伊德攀談。我們不知道她是否聽了榮格的話，把佛洛伊德奉為「大師、猶太拉比」而上前攀談；不過可以確定的是，在佛洛伊德主動寫給榮格的信中卻是這麼說的：「她說我看起來不凶狠，她本來還以為我是那樣的人。」

　　佛洛伊德對上次去蘇黎世依然印象深刻，也照樣重視與榮格間的通信，程度甚至勝過與維也納同僚的交流。兩天後的十月十三日星期五，佛洛伊德抽空寫了第二封信給榮格，談論一些深奧的理論問題。重點是，他提到種源遺傳說的觀念「很快會變得勢不可擋，這太糟了」。佛洛伊德沒說他要怎麼處理這件事。只在結尾時寫著：「很可惜，我們只能一起討論這種生硬的技術問題。」四天後的十月十七日，榮格回信，首次

表明對所謂「早期童年記憶」的看法，他說那「完全不是個別存在的案例，而是種源性的」。在維也納學會中，這種看法通常會造成一陣嘩然，不然至少也會引發質疑。不過，假設佛洛伊德是十月十八日收到這封信，當天引起他關注的信可不只這一封。

給友人的信

艾瑪・榮格一直很擔心她的丈夫。她察覺到不對勁，雖然還沒料到這與史碧爾埃有關。榮格去聖加侖服役時，她決定趁機寫信告訴過去在布爾霍爾茲利認識的費倫奇，她覺得榮格和佛洛伊德博士之間有問題。她認為可能跟榮格正著手的原慾理論有關，另一個原因是佛洛伊德太過「威權」。她想徵詢費倫奇的意見，還拜託他別告訴佛洛伊德。

費倫奇有心想幫忙，但不是把保密義務同樣放在心上，他立刻將她的信轉寄到維也納，還加油添醋，認為佛洛伊德近來可能對他那來自蘇黎世、珍視為兒子的傳人太冷淡了。就在十月十八日，佛洛伊德收到了這封信。他立刻回信，要費倫奇轉告榮格夫人直接來信。佛洛伊德非常在意榮格夫人究竟在憂慮什麼。他認為費倫奇應「推翻」所有扯上理論的事，而弄清楚她說的「威權」是什麼意思。

週三夜會時，原本是法官，後來成為精神分析師的陶斯克（Viktor Tausk）針對幾個特定主題，發表了自己的哲學分析。除了本來就很討厭陶斯克的史德寇精明地批評幾句以外，當晚堪稱一陣脫序。史碧爾埃並未發言。一九一一年十月廿日，佛洛伊德寫信給還在聖加侖的榮格，他暴躁地怒評：「你看看，一個人委身在烏合之眾裡，會變得多麼無意義，這就是我在維也納學會的感受。上週三的事使我再次大嘆，有多少人連最初級的教育水準都談不上。」

從美國返回歐洲的旅程中，費倫奇在現場目睹了佛洛伊德與榮格的交鋒，他應該要瞭解這兩人間的情況，但他此時的舉動卻完全違背佛洛伊德的指示。他的確寫信給榮格夫人，請她直接聯絡佛洛伊德，卻叫她談榮格的理論就好，而別提「威權」這件事。一九一一年十月廿一日，

費倫奇給佛洛伊德的信可算是不老實的巧辯，他辯解說自己誤會了佛洛伊德的「推翻」是指「追根究柢」，而不是「撇開」的意思。

十月廿五日的週三夜會上，路德維希‧克拉格斯（Ludwig Klages）發表了〈筆跡精神分析〉（Psychology of Handwriting）。葛洛斯在慕尼黑施瓦賓區浪跡咖啡館時，克拉格斯曾是他的好兄弟。對於太陽英雄傳說，他同樣也是根據個人的詮釋建立自己折衷的觀點。不過，他對於筆跡分析的見解卻相當前衛，是與維也納學派格格不入的東西。討論又觸礁了，史碧爾埃也再次不發一語。佛洛伊德決定採取一些行動，讓新成員開口。兩天後，他留言給史碧爾埃，以熱切的語氣為最近乏善可陳的學會致歉，並鼓勵她，希望她感受到被接納。榮格接著忽然收到史碧爾埃的緊急來信，請榮格把文稿還給她，因為佛洛伊德要她在即將到來的週三夜會上做發表。榮格立刻回信：

親愛的：

既然如此，我當然要馬上還給妳，雖然有點遺憾，因為我還沒讀完……如果妳用不到了，請再將文稿寄給我……

親愛的，千萬別以為我有抗拒讀妳作品的意思。我只是想等一等，先讓自己平靜下來，才能專心閱讀。每當我想讀的時候，總是受到干擾，這樣讓我永遠都無法好好徹底瞭解妳的想法。很抱歉對妳造成不必要的困擾。在此向妳道歉……

妳說的關於維也納的事很有趣……又讓我覺得很糟。史德寇很愛作夢，沒什麼科學精神。克拉格斯應該會叫人印象深刻，不過他怎麼會跑去維也納？除了佛洛伊德、蘭克和薩克斯（他在場嗎？）之外，那裡沒幾個人是像樣的。請別背棄我。

十一月一日並沒有舉行週三夜會。萬聖節在維也納是國定假日，「博士學院」沒開，市立郵局也不營業。次日，佛洛伊德收到兩封信。第一封是榮格寫的，他的役期已接近尾聲：

　　沒回您上封信，我得趕緊在此向您道個歉。服役的最後十天，我精力完全透支……明天一早還要回蘇黎世。我很訝異竟然是賓斯旺格中尉替補我，「S.精神分析」〔這是拿S. J. 來打趣；S. J. 是「耶穌會」（Society of Jesus）的縮寫〕的世界可真小！他要我問候您。等我粗魯的軍旅生活結束，就會給您寫封像樣點的信，在這裡實在沒辦法思考。

　　另一封信是榮格夫人寫的：

親愛的佛洛伊德教授：

　　我不知道自己哪來的勇氣寫這封信給您，不過，我確定這絕不是貿然行事，而是順著第六感走，我的直覺通常都很準，希望這次也沒錯。

　　自從您來訪後，我感到您和我先生的關係不同以往，這個想法老是困擾著我，也覺得不該這樣下去，所以想盡力幫幫忙。我不確定自己這樣的判斷有沒有錯，不過我覺得您似乎不太認同「原慾的轉化」。您完全沒表示意見，然而我想，如果兩位願意好好討論，對雙方都有好處。或者還有別的問題？如果有，親愛的教授先生，請告訴我；因為我不願讓您這樣隱忍著……

　　請別誤以為我好管閒事，也千萬別把我當成您提過的那種女性，也就是破壞友情的妻子。我先生當然不知道我寫了這封信，我也誠心請您別責怪他，或因此對他有一絲一毫的不快。

　　附帶說明，信中提到的破壞佛洛伊德友誼的女性，不是指別人，正是弗里斯的妻子艾達‧邦迪（Ida Bondy）。

　　佛洛伊德給榮格夫人的回信並沒有流傳下來。不過他似乎以安慰的口吻，要她別擔心兩人有理論上的歧見，這種事沒什麼好緊張的。這段期間，沒忙於處理自己的難題時，佛洛伊德寫給她丈夫的下一封信則透露出愉快的心情：「很高興你又回家了，不必再當兵，畢竟那是很蠢的差事」：

做宗教的精神分析給我帶來了不少麻煩;工作時沒什麼樂趣,常常像「陣痛」(douleurs d'enfantemen)似的;總而言之,心情鬱鬱寡歡,身體狀況也不太好。衰老可真不是憑空幻想的狀態。一個老人活該被一槍斃命,就算這樣也沒有什麼好悔恨的。

一九一一年十一月六日榮格的回信都在談公事,不過有提到書稿的第二部還沒完成,說不定也要延期至下一期《年鑑》,因為這一期的稿子都已經滿了。

佛洛伊德同時還收到榮格夫人的信:

您的好心回信著實讓我寬慰不少,我很怕自己是否終究做了一件蠢事。現在我當然非常高興,並真心感謝您的善意回應,特別是您對我們的溫情。

……我提到「象徵」,主要是我明白卡爾多麼渴望您的意見;他常說您肯定不會認同,因此老是戰戰兢兢地聽候您的發落。當然,這只是戀父(或戀母)情結殘留的陰影罷了,這本書中可能已經解決這個問題了。事實上,卡爾如果對某件事有把握,根本無須擔心其他人的意見。因此,也許您最好不要馬上有所反應,才不會加重這種父子情結。

此時榮格正認真思索,是否要徹底修改「象徵」和「戀父情結」。

一九一一年十一月八日的週三夜會,由史德寇和萊因霍德(J. Rheinhold)輪流發表〈論無意識的無時間性的假設〉(On the Supposed Timelessness of the Unconscious)。雖然史德寇對於神經病與時間的關聯性有敏銳的見解,但聯合發表時的內容太陰鬱,也未激起更熱烈的討論氣氛。史碧爾埃要不是被潛意識的無時間性主題所觸動,就是憋了兩週沒發言,終於決定鼓起勇氣;根據蘭克的會議記錄,這位蘇黎世來的年輕女博士正是在討論中第一位開口的人:

　　史碧爾埃博士在她的開場白中表示，她只能就自己所屬學派〔也就是蘇黎世學派〕的角度來參與討論……

　　為何嬰兒期經驗會造成這樣的影響，並足以激發各種情結？因為這些經驗其實都是順著種源的軌跡而來，一如兒童遊戲（谷魯斯）、性變態（性倒錯、雙性戀）、嬰兒性理論、早發性癡呆以及類似觀念的退化等等所呈現的。

　　無意識會抽離人在某件事的當下感覺，並將它轉化為不受時空限制的體驗……昇華作用也是如此，最近的慾望轉化為種源所驅動的渴望。

　　眾人的評價淺顯易懂：一顆明日之星正式誕生了。史碧爾埃本人在當時得到的評價似乎比史書記載的更好。後兩位發表者，陶斯克和保羅‧費登（Paul Federn）也對她明顯表示贊同。甚至在另三位發表後，加斯頓‧羅森斯坦（Gaston Rosenstein）也在評論幻想是順著種源的軌跡而被塑造出來時，明確地呼應她的說法。

　　佛洛伊德那一晚則顯得比平常更健談。他的評論就占了公開會議記錄的兩頁之多，顯示他想徹底改善自己認為的「有多少人連最初級的教育水準都談不上」。佛洛伊德也回應了史碧爾埃在會議中令眾人豁然開朗、引起熱烈迴響的主題，也就是無意識的幻想來自種源遺傳。他三週前給榮格的信中幾乎已勉強承認了這種情況有越演越烈的趨勢，但現在他覺得已失控，該是提出警告的時候；這是他最近研究人類學家詹姆士‧佛雷澤（Sir James Frazer）著作的心得。他還是認為種源記憶也可能引起昇華作用的論點根本名不正言不順。他是這麼批評的：

　　（史碧爾埃）對谷魯斯的兒童遊戲研究所做的詮釋很空洞；這無關於人生經驗的預演，而是願望滿足的實際運用……

　　聯想的可能性堪稱創造所有神奇事物的基礎；但如果一個人停留於聯想階段，一定會出現完全跟他的祖先一樣的迷信。只要我們能用分析精神現象的方法來解釋這些事，就不該做出「大量記憶是由種源帶來的」

這種結論，為什麼在分析退化的精神現象後，可以將它視為種源帶來的記憶？這實在說不通。

昇華作用不是靠無意識進行的過程（如史碧爾埃所言），而正是發揮意識的力量，推波助瀾而成。

佛洛伊德之後的評語則是傾向贊同史碧爾埃說的，無意識缺乏時間感，這可圓滿呼應他對無意識做為一個體系的詮釋。

佛洛伊德對種源遺傳說的抗辯很薄弱，缺乏有力的普遍性認知；且史碧爾埃招惹他的，只不過是蘇黎世學派一貫秉持的基本論調，只是在前兩次的會議中，他自己都沒警覺到該提醒她別朝這個方向發言。也許他這時才想到該這麼做。不過，他對於兒童遊戲和昇華作用的評論又是另外一回事。顯然在精神分析的信條上，維也納和蘇黎世學派即將出現分歧。史碧爾埃馬上寫信到蘇黎世請求澄清。她也同時追問文稿的下落，因為榮格還沒還給她。

榮格的藉口是忘記地址。十一月十三日星期一，他終於將文稿寄還給她：

但願妳能盡快再寄給我看。我書中的第二部（我寄第一部給妳了嗎？）曾參考妳的想法。希望同樣能再參考妳的新作。這樣前後就能一致了。

同時，佛洛伊德也寫了封信給榮格。在這封一九一一年十一月十二日星期日寫的信中，他有意再三確保所有事都不會有問題。首先，他不著痕跡地解除史德寇和西爾巴赫參與《年鑑》的事務。下一步，他輕描淡寫地說明史碧爾埃幾天前初次參與討論的貢獻：「上次開會時，史碧爾埃小姐第一次發言；她很聰明，有條不紊。」對於女博士在維也納學會現身，是否與蘇黎世學派的蠢蠢欲動有關，佛洛伊德不願多談，他隨即岔開話題，提另一位從蘇黎世造訪維也納的人史脫佛（A. Storfer）。值得

關注的是，史脫佛也曾在布爾霍爾茲利住院療養，當時是由布瑞爾進行治療，並發表他的案例；而且，史脫佛就像史碧爾埃，也是以別種才能加入精神分析的行列。這意味著，對於過去是病人，後來卻改變角色的對象，在醫學上當然必須繼續以謹慎的態度看待他們。確保了以上的事都沒問題後，佛洛伊德終於回覆榮格夫人擔心的事：榮格的書。他的語氣很寬容，幾乎充滿著關愛；不過，仔細的讀者也可發現還是有些語帶諷刺：

我讀宗教方面的精神分析資料的進度越來越慢。已讀（再讀）的作品當中，最好的一篇是某位知名作者寫的〈原慾的轉化和象徵〉（Transformations and Symbols of the Libido）。他對許多現象的論點都表達得相當好，似乎認為那些現象都有決定性的形式，而人是採用這些形式來保留對現象的記憶。有時候我覺得他的眼界太小，受限於基督教義。偶爾還覺得他太仙風道骨了，偏離現實。不過，這位前途無量的作者到目前為止的論述都是最頂尖的，我相信他以後還會更進步……

只是，許多我說過或打算說的事情，如果也能取得對方的共識，我會很高興。既然你就是這位作者，我得繼續說下去。我承認，一想到從此以後可能要你打消某些想法，就覺得煎熬……但老天爺，我怎麼會允許自己跟著你走到這步田地？你得給我點建議。不過，我可能會鑽研得比你還深，我們會因此擦身而過，但每當我回到世俗時，就可以和你打個招呼。我最好用「打招呼」結束這封長信，這是「真心」的招呼；在此也用同樣的心意問候你太太和孩子。

但佛洛伊德不只寫了這封信到蘇黎世；還有另一封信，且口吻嚴厲得多，至少我們從榮格夫人十一月十四日星期二的回信中可以這麼判斷：

我的信真的惹惱您了，是嗎？我自己也很苦惱。現在我的自大症已治好了，想著這該下地獄的無意識不僅害到別人，也害您受氣。在此我

必須不甘願地承認您是對的：我上封信，特別在態度方面，的確是受父親意象（father-imago）驅使……

……我的意思並非榮格不重視您的意見；一個人當然需要認定權威，如果辦不到，那只表示那個人想再三掩飾不安全感……最近卡爾一直在剖析自己對那本書的態度，發現自己有些抗拒。我把他對第二部的疑慮，與卡爾很在乎您會有什麼反應的事聯想在一起……現在看來，太在意您的想法只是缺乏自我分析的藉口罷了；而自我分析正是這本書實際上要探討的。我發現自己把當下身邊發生的事投射到遠處的維也納，而人總是將近憂視為大敵……

請別寫信告訴卡爾這些；現在事情已經被我攪和得夠糟了。

「威權」一詞到底是什麼意思，終於真相大白，顯然佛洛伊德寫信以某種方式又問一次，卻沒得到他想要的好徵兆。無論如何，榮格夫人現在總算清楚，自己把事情搞砸了。任何人都可以從她悲傷的第二封和第三封信讀得出來，她很難過，且遠超過沮喪。而佛洛伊德也很清楚，無論令榮格夫人沮喪的原因是什麼，他都不打算繼續背著榮格與她通信，並藉此釐清自己想知道的事情。

性和死亡

十一月十五日的週三夜會上，芮克發表了性和死亡的相關主題。芮克雖是位新人，主題卻了無新意，這是多年來週三夜會一再討論的議題，因此許多資深成員，特別是史德寇和佛洛伊德，對於「生命本能」和「死亡本能」，以及這兩者對神經質焦慮有什麼影響，早已發展出充滿個人特色的見解。

芮克試著提出廣泛的綜合理論。他發表的論述非常折衷，涉及各個層面，從基督教義到印度毀滅女神迦梨（Kali），從弗里斯的名言「所有焦慮都構成對死亡的恐懼」到一交配完即死去的「蜉蝣」現象，從梅毒到性犯罪者的虐戀幻想。接下來的討論相當熱烈，範圍甚至更廣。費

登、陶斯克、沙格、薩克斯、希奇曼和羅森斯坦一一發言，史碧爾埃之後才發言：

史碧爾埃已完成的論文（〈毀滅為生存的動機〉）裡，早已探究了許多今日討論的問題。她探討了對自我瓦解的恐懼、對轉化成不同性格的恐懼……還有生理關係，以及幻想死亡即幻想亂倫的懲罰。性本能包含死意；唯有在某種情況下才能突顯生命成分，而在另一種情況下則會突顯死亡成分……

史碧爾埃發表完，輪到史德寇，然後佛洛伊德上場，開始發表自己對神經質焦慮的論點。其實他是採取預防措施，提醒眾人也告知新人，誰才是老大。然後他談到兒童對死亡的反應，並表示這與兒童無法控制哀悼時的矛盾心情相關。最後他還談及基督教義；在費登提到榮格最新作品的論點時，他也客氣地批評了一番。

佛洛伊德所說的話，呈現出一位感到困惑難解之人的心情。那天早上寄來的不只榮格夫人寫的第三封信（見上述），還有榮格對佛洛伊德十一月十二日「確保信」的回函。榮格緊張地抱怨著：

如果一定要抗爭的話，您就是我最危險的對手。但我還是偏要往險路行，這都是順勢而走，該發生的擋也擋不住，也不該阻擋。我和您的見解各有不同，所作所為也必然不一樣。想往地下鑽出寶石，就儘管去吧！反正我「有能力往四面八方發展」。

榮格也忙著處理各式各樣的編輯事務，像是《年鑑》的出版社抱怨有些文章實在太長了。他則巧妙地以新話題捍衛自己的判斷：「但史碧爾埃的論文相當值得刊出。或許您也可以發表您的想法。」至於榮格自己的著作方面，他也有重要內容準備發表，是比他妻子所知的「自我分析」更前衛的論點：

在我重寫的第二部中，我開始仔細探討原慾論的基本原理。您在分析史瑞伯案例的原慾問題（失去原慾等於失去真實感）那一段，正是您和我在精神分析路上分道揚鑣的地方。我認為《性學三論》中提出的原慾概念需要補充種源因素，才適用於分析早發性癡呆。

榮格打算跨出一大步，就是修改理論。

隔天佛洛伊德就回信了。但這封一九一一年十一月十六日的回信，正如開宗明義的第一句，「只談公事」，完全不提榮格想將「種源論」加入原慾論這件事。所謂的公事包括：「史碧爾埃的論文當然值得收錄於《年鑑》，這點毋庸置疑。」事實上，兩人目前都認可史碧爾埃的論文，並同意至少她不是兩人間的芥蒂，即使佛洛伊德還沒讀那篇論文。

當時，十一月廿二日的「週三夜會」舉辦了一系列以自慰為主題的討論，維也納學會也計畫另以專刊收錄這一系列的討論。或許這個主題太尷尬，史碧爾埃並未發言。榮格的〈歇斯底里症的佛洛伊德式理論〉中，曾以史碧爾埃的個案為例闡述自慰一事；她可能擔心，如果發表意見時不夠客觀，反而會害自己陷入過去那段不愉快的回憶。除此之外，按照排定的時程，她是下週要報告。她可能只是將心思都花在準備那場演說上了。

一九一一年十一月廿四日，史碧爾埃收到下一封來自蘇黎世的郵件，榮格回覆她有關蘇黎世和維也納學派的差異。提到種源遺傳說時，榮格預言（雖然很精闢，但信心用錯了地方）佛洛伊德很快就會發覺榮格是對的。不過他也提醒史碧爾埃，一旦他發表了第二部的研究，蘇黎世和維也納學派之間的根本差異就會越來越明顯。這也順帶點出了以下的情況：「我現在完全依自己的風格寫文章。」更明白地說，榮格認為維也納學派傾向視精神官能症為性剝奪的結果，但蘇黎世學派強調的是衝突。榮格舉佛洛伊德自己的話為證，他曾說一個調戲女人的男人根本不算得了精神官能症；他還要史碧爾埃發誓別把這段軼事傳出去。榮格還認為佛洛伊德的嚴守科學精神，會讓他無法維持同樣的觀點；不過榮格

也說，但「史德寇正是這樣的態度的產物」。

　　榮格對目前第二部的進度很滿意，原因有幾個：他決定要在開頭加入新章節，說明更廣義的原慾論。當然還有他平鋪直述的風格又復活了，因此改過的章節雖然難度高，但比之後其他的內容更清楚易懂。不過重點來了，儘管他摩拳擦掌準備一路迎擊佛洛伊德的反論，他還是先閃避了較糟的戰場。現在，無論史碧爾埃要怎麼處理她的論文，他的論述已經夠特別了，不必擔心被拿來對照兩人之間的私密關係。

　　就在史碧爾埃收到榮格信件的同一天，佛洛伊德也再度收到榮格夫人的來信：

　　衷心感謝您的來信。請別擔心，我不是老像上封信那麼沮喪……我通常還蠻能平靜面對自己的命運，並覺得自己非常幸運；只是一想到面對卡爾時該如何打起精神，依然不時很掙扎。我發現自己沒有朋友；所有與我們有交情的人其實都只想認識卡爾，除了一些我覺得很無聊的人以外。

　　女士們理所當然會愛上他，而在男士之間，我卻往往被視為前輩或友人的妻子，而被隔絕在外。但我卻非常需要受人關注，連卡爾都說，我不該再將心思全投注在他和孩子身上，可是我到底該怎麼辦好呢？這是個難題，一方面因為我的自體情慾傾向很強，另一個客觀事實是，我永遠比不上卡爾。好像要證明我確實比較低劣一般，每當大家聚在一起時，我老是說出特別愚蠢的話。

　　我盡量轉移心情，如果他們的反應不如我的預期，我總會非常沮喪。現在您明白，為何我覺得您不再關心我時，我會這麼難過，我也很怕卡爾可能注意到有什麼不對勁。無論如何，現在他知道我和您通信，而且看到是您寫信給我時，覺得很驚訝；但我只透露一點點內容。親愛的教授，能否給我建議，而且如果可以的話，可否請您安撫我一下？

　　即使是八十多年後的現在，讀到這一段，我們仍會不由地同情起榮

格夫人。要不是她既聰慧又低調，榮格涉足精神分析的險境時也不會偏好與她同行；所有傳世的證據都顯示，她是位討人喜歡、腳踏實地，又盡心盡力的伴侶。即使她的交際手法很笨拙，仍看得出她對丈夫的忠貞之心。

佛洛伊德的第四封寫了什麼內容，就不得而知了。他可能早在一個月前寫信給快離婚的菲斯特時，已不假思索地表達他對榮格的意見：「精神分析史上注定要發生的事，終究還是發生了。」無論如何，佛洛伊德顯然認為插手管榮格的家務事，對他來說沒好處。榮格現在已經知道他們通過信；此外，榮格夫人能透露的內容實在也非常有限，不過還是有個疑點已塵埃落定。幸好「威權」這件事是子虛烏有。看來只剩下原慾的「種源論」需要煩惱。佛洛伊德也準備好要面對這個議題。想必他回信給榮格夫人時安慰了她幾句，但無論他說了什麼，這封信總算成功終結了雙方的信件往來。過沒多久，榮格夫人就開始找慕尼黑的瑟夫諮商，談她「轉移心情」的問題。

佛洛伊德自己的煩惱，就像榮格的一樣，才剛冒出來。十一月廿七日週一，榮格夫人又捎來了一封信。隔天，十一月廿八日週二，佛洛伊德收到布魯勒的信，宣布他要退出「蘇黎世精神分析學會」。這個令人震驚的消息完全符合布魯勒始終一貫的立場，就是任何科學性的學會都必須開放讓所有合格的專業人士參與，並允許自由討論。去年三月布魯勒就預告了這一天。當時他就清楚地嚴詞批判精神分析界的弊病：

　　我覺得這種「不贊成就是反對」、「全有或是全無」的態度，在劃分教派和政黨時確實是有利。我瞭解這種信條是什麼，但在科學領域上，我想這是有害的……

　　我認為學會不該在這種對立到底的氛圍下運作。這不叫做具備「世界觀」……

布魯勒希望還能保持與佛洛伊德的友誼，他寫道：「我妄自猜想，

如果你考量到已發生的事，就明白我的退會是不證自明，非做不可的事情，而且無論如何也不會影響到我們的私人交情。」這是十一月廿九日週二的信件，史碧爾埃預計於週三夜會發表的前一天。

論轉化

　　史碧爾埃發表〈論轉化〉（On Transformation）時，決定採用論文中最難的第三部分。或許是因為史碧爾埃對維也納會員愛用文學比喻感到印象深刻；也可能是有人建議她，最好用她的神話理論來闡述。對她而言更棘手的是，兩週前芮克發表性與死亡主題時，史碧爾埃對自己論文的談論多少有點破壞了與會人士的期望。因為當晚的討論重心逐漸轉向「虐戀是導致某種神經質焦慮的關鍵」，之後就是芮克發表他的主題。在這種氛圍下，自己即將探討的內容似乎就得與虐戀的哲學和現象學扯上關係。當然，十一月廿九日她一發表完之後，這些先入為主的憂慮馬上就煙消雲散。但問題在於她並未釐清自己的理論。蘭克的會議記錄這樣記載著她的表現：

　　史碧爾埃博士就人是否有正常的死亡本能〔梅契尼科夫〕出發，努力證明性本能原先就包含死亡成分；其中同樣與生俱來的還有毀滅成分，這也是生存過程中不可或缺的動機。我們不習於注意這種自毀傾向，而在榮格的體系中有解釋這點，根據他的說法，這兩種對立的成分是所有意志的根本，但這兩種成分總是很少取得優勢。因此我們似乎常以為，勝出的是生命本能；然而，基本上只要稍微偏向另一端，就會從性本能中發覺毀滅的力量。

　　甚至在眾多神話的構想中，也非常直接地表達出毀滅的渴望：死亡孕育著轉化成別種狀態的方式。精神官能症的形成也是如此，總是存在著衝突，因為這兩種性本能的成分互不妥協。

　　神話中對生死的概念，以土和水的象徵延續至今。善惡知識樹象徵著死亡和創世的雙重角色，並再現於基督的木頭十字架，生命之樹也被

視為水上橋梁，如同土地的原始生殖力。

這些關係演變成「齊格菲」傳說和「飛行的荷蘭人」傳奇；在這樣的聯想下，參考佛洛伊德式的救世主類型，可以得知華格納的英雄很想犧牲自己，因而赴死。同理，基督也是想為全人類犧牲的救世主類型……

在人類、動物和植物的世界中，皆證明了這種類比關係存在。繁衍的本能，仰賴性本能中〔與生俱來的〕的毀滅力。人有求生，也有求死的渴望；因此在民間傳說的認知中，永生變成是種負擔（飛行的荷蘭人；格勞卡斯〔Glaukos，希臘神話中的英雄〕）。唯有犧牲才能救贖，因為犧牲包含兩種成分：一種挪用於生存，另一種則放棄生存，達到犧牲的毀滅……

因此毀滅是生存的動機，必須打破舊模式，新模式才能成形……的確，死亡本身很可怕，但就性本能來看，它是為拯救生命而效勞的恩澤。

在此一一解釋：首先要記得，史碧爾埃明示了她的理論本身並非「死亡本能」（亦即性產生的本能）。再來我們也該記住，這段發表中，史碧爾埃提出了壓抑與性本能的關聯，即壓抑屬於性本能的毀滅性成分；後面引發的討論突顯了這一點，即使蘭克決定不記錄這個論點。話鋒一轉，她提到的「救世主類型」是取自佛洛伊德的論文〈論男性選擇對象的特殊類型〉，文中描繪某種想拯救墮落女性的男性。但佛洛伊德並沒有表示這種人也願意犧牲自己來達到拯救的目的。這是史碧爾埃自己錯誤地援引了佛洛伊德的意思。佛洛伊德的確認為「齊格菲」可能是某種「救世主」的類型，這點並不稀奇；但她提到基督也是，這個論點肯定讓這位當時的主席覺得很怪異。她進一步申論，通常犧牲是由性本能衍生出來的，特別是做為釋放毀滅成分的方式；這表示她想用榮格的見解扶正自己的理論。這再度引起佛洛伊德的質疑，為何要一再突顯「犧牲」這個主題？

不過，最耐人尋味的恐怕是她一開場所提到的：「根據榮格體系，這

兩種對立的成分是所有意志的根本。」可見史碧爾埃想到榮格在海利邵授課時的理論，亦即他一直試圖調和原慾的亂倫說與生殖說。但是她表達自己的觀點時，其實只是把布魯勒廣義的「矛盾」說誤植成榮格的論點；而布魯勒則是根據達爾文學說中「每種情緒及其相反情緒間，存在著本能的平衡狀態」所推衍出來的。就在一年前，榮格寫信給佛洛伊德，正面攻擊布魯勒的論點，說那只不過是套上「生物學的束衣」而已。在那段過渡期，榮格甚至還寫文公開反對布魯勒的觀點。現在看來，顯然榮格在同一時期教導他的女門徒類似的觀點，還說這是他自創的點子。簡言之，對聽眾而言，史碧爾埃的演說是一連串難解的觀念，對佛洛伊德來說更是如此；過去他相當熟悉蘇黎世學院的教條，因此一直深信自己在這方面懂得最多。

　　薩克斯率先開口；主要是針對所謂的榮格矛盾說。然後是陶斯克，他很高興探討的方向是哲學性的，並覺得她的看法，亦即「對性的抗拒出自毀滅元素」很有價值。

　　後續的討論完全變了調。後四位發表者，費登、羅森斯坦、萊因霍德和史德寇，全都借用史碧爾埃的論文來擁護各自對生死本能和神經質焦慮問題的立場。後來約瑟夫‧佛萊勇格（Josef Friedjung）抨擊這場討論越來越形而上，並說這場發表是「意圖從科學中得到對懼死的慰藉」。在佛萊勇格之後發言的是史泰格曼（Stegmann）女博士，另一位客座的女性出席者。史碧爾埃一度感到很慶幸，總算有比較能認同她的人在場：

　　史泰格曼女博士說，討論中「生命」這個詞的用意不盡相同；必須分別探究個人和全宇宙的生命。求死慾看來像是想投身於全宇宙的慾望。對愛的恐懼是對自身人格死亡的恐懼。我們確實認為，愛就是從小我轉化成大我的生命歷程。

　　下一位是生性敏感的陶斯克，亟欲反擊佛萊勇格（他認為佛萊勇格的發言是針對自己）。然後是附和妻子意見的史泰格曼，他沒多說什麼，

但有提到偉大的心理物理學家，神祕主義者古斯塔夫‧費希納（Gustav Fechner）：「根據他〔費希納〕的說法，對人而言，死亡只是走向宇宙，進入世界之靈的狀態。尼采就是根據費希納的觀念發展出超人的觀點。」

　　佛洛伊德等到最後才發言。他先提出在討論中剛好想到的一些論點。然後，出乎在座人士意料之外，他不談史碧爾埃，而是談她的導師。他的意見顯得格外有備而來：

　　這場發表本身就是批判榮格的機會；他最近探討神話時，凡是神話題材都拿來做詮釋，從不去蕪存菁，顯得過於冗餘。如果要採用神話題材，只該使用其原來的樣貌，而不是拿變形過後的版本來做詮釋。

　　這就是對榮格「有能力往四面八方發展」的非議。佛洛伊德繼續說：

　　這些轉換過的〔神話〕題材，已變成無法用來解決精神分析問題的狀態。反而還必須仰賴精神分析的手法來解釋它們。佛洛伊德舉〈創世紀〉篇為過度曲解的例子，並詳細論述。

　　從下一段文中可知所謂的「詳細論述」是什麼。令人訝異的是，他竟是談伊甸園中的樹是一棵還是兩棵。佛洛伊德繼續說：

　　我們心理學所假設的問題：「本能是否代表未完全順服的無定向配對〔astatic pair〕？」或許也適用於探討「性」，我們能接受這樣的觀念，但必須藉由研究個人的心理來決定。但是，發表者卻與我們的心理學觀點相反，她想將本能論的基礎建立於生物學的前提（例如保存物種）上。

　　佛洛伊德顯然不確定這裡談的「生物學的束衣」，是榮格還是布魯勒說的，但還是選擇批判。

　　他從未如此尖銳批判過榮格，更從未在同僚面前這麼做；而過去以

來佛洛伊德老是吹捧這個討厭的外人，同僚們也實在受夠了。現在居然聽到佛洛伊德批評他們戲稱的「蘇黎世的齊格菲」，現場勢必一陣騷動。這可算是史碧爾埃挑起的，因為她又要求發言，或彷彿怕之前說錯了話：

> 史碧爾埃的結語是，自己未審慎處理「毀滅為生存的動機」的基本論調，造成大家觀念混淆，妨礙討論，實屬遺憾。她認為性本能是驅動轉化的特殊情況。至於衝突，她表示這與個人自我有關，而非宇宙自我。求死慾是針對自己還是別人，取決於虐待狂或受虐狂的成分何者占優勢。想被吞噬的慾望是正常的傾向，尤其女性常常以毀滅幻想來表達這種慾望。

很不幸地，這些注解還是無助於釐清她的說法，聽眾仍舊茫然，甚至也沒澆滅佛洛伊德一時興起批判榮格所引發的熱議。特別是她提到「驅動轉化」，只會使她發表的內容變得更複雜。

對這位年輕的女博士來說，這一晚相當難捱。不僅新理論完全得不到支持（這是讓她最難過的事情），還察覺到更尷尬的事（她當然感受得到當時的氣氛），那就是新同僚對自己的前導師並無善意。

蘇黎世學派瓦解

十一月卅日週四，史碧爾埃發表的次日，也是布魯勒寄信表示退會的兩天後，佛洛伊德收到榮格來信。榮格的語氣像是壞事突然都找上了門。一開始，榮格只是為上封信的倉促態度道歉：

> 我很希望自己壞脾氣的毛病沒壞了什麼事才好。工作的安排有變，所以我很暴躁。不過我就不拿這件事情煩您了……

他所說的變化是什麼，我們只能猜測了。已知參加過威瑪大會的「新發現的珍寶」沃爾夫小姐，曾到榮格的書房參與「轉化」這個主題的

研究。我們也確定這個安排半途中斷，事實上，最後是榮格夫人幫榮格完成工作計畫。也許這就是信中提及令他暴躁的「工作的安排」，也就是艾瑪堅持非辭退這位助理不可。可見艾瑪有了應對之道。

　　榮格接下來的信文說了幾件無關緊要的事情；其中一件是，他想辦法避開了分析菲斯特妻子的機會；然後又斷斷續續地提到上週末剛舉辦過的「瑞士精神病學家學會」（Society of Swiss Psychiatrists）冬季會議，他說了很多有關這次會議的消息。他甚至很得意地說，七場講堂中有五場與精神分析相關，其中包含他自己、李克林和梅德爾講授的。再來就像不得不報告似的，信文內容明顯變得很瑣碎。

　　「蘇黎世精神分析學會」內緊繃的氣氛從未真正解除。首先，在醫學上很有成就的布魯勒和賓斯旺格，對菲斯特這種精神分析門外漢所做的工作抱持著質疑。艾倫伯格在讀過漢斯‧布呂厄（Hans Blüher）的回憶錄之後，說明此際在德語醫學圈內，對於在藝文界和其他天生反骨的前衛知識份子間延燒的精神分析觀點，普遍存在著反感。菲斯特牧師雖是位虔誠、正直的人，卻很好鬥，過於直率，容易成為瑞士精神病學家的箭靶，法蘭克（Ludwig Frank）尤其反對精神分析勢力在他們的地盤上崛起。還有更複雜的情況；以邁爾為首的布爾霍爾茲利助理們的立場也很曖昧，根據既定政策，儘管榮格反對，他們還是能繼續參加會議，卻始終拒絕正式加入蘇黎世學會。梅德爾最近為了主席之位而不得不退出，處理邁爾等人的責任便落到他身上。

　　精神分析師們在這一連串內部分裂下，準備參加瑞士精神病學家的冬季會議。會議還沒舉行，麻煩就先報到。非精神分析師的精神病學家一得知那些上台報告者的背景，便擔心這場會議可能會變得荒腔走板。甚至怕精神分析師們邀來太多自己人，多到把講堂擠滿，而這次租的場地又比過去都來得大。他們向布魯勒反應，於是布魯勒去找李克林，而李克林一如往常什麼都沒做。更糟的還在後頭，榮格決定該向梅德爾攤牌，或許是學佛洛伊德對阿德勒「派系」的做法，他想徹底整肅門戶。因此他跟梅德爾談，梅德爾直接告訴邁爾，邁爾又去找布魯勒。

　　清算下來的後果是兩敗俱傷。布魯勒終於受夠了，辭職不幹。同時在冬季會議上，榮格的如意算盤打得太快了，第二天一早就離開。他當然有很多事要費心，但太早離開是一大失策。他離開後，法蘭克再提動議，認為下一場瑞士精神病學家會議應與佛瑞爾和沃格特創立的「國際心理醫學暨心理治療學會」共同舉辦，這個學會剛好選蘇黎世舉辦明年秋季第三場的年會。動議通過。可別忘了，佛瑞爾和沃格特這一群人，早在前兩次大會上便成功地抵禦鍾斯和其他人的疲勞轟炸。

　　蘇黎世學會失去布魯勒和邁爾後，等於斷絕與布爾霍爾茲利主事者的正式聯繫。結果就是，像賓斯旺格這樣的人肯定不虛擲分秒立刻送助理過去受訓，途中甚至不必勞駕榮格。而且，既然「瑞士精神病學家學會」抗拒精神分析師介入，他們就失去了可自然吸收成員的機會。僅僅是一個週末，過去五年辛辛苦苦堆砌起來的成果就這樣瓦解了。

　　從佛洛伊德對榮格的回應來看，蘇黎世學派瓦解的低迷氣氛似乎也籠罩著佛洛伊德。事實證明果真如此。一九一一年十一月卅日，在回信中，佛洛伊德宣示了自己力爭到底的決心。布魯勒兩邊不討好。邁爾也必須離開。總有一天，兩人都會找沃格特算這筆帳。不過菲斯特還有一線生機。只是信文下一頁，話題馬上一轉，說的是佛洛伊德同樣掛心的事：

　　這邊沒起什麼風波。會議進行得很順利……史碧爾埃小姐昨天讀了一段她的論文（我差點把她的〔ihrer〕寫成您的〔Ihrer〕），之後引發了一場熱烈的討論。我駁斥了您（〔Ihrer〕，這次沒寫錯）處理神話的方法，並且與那位年輕女士討論這件事情。我得說，她相當不錯，我開始體會到這一點。但我覺得最不妥的是，她想讓心理學的論述服膺於「生物學」，這比附庸在哲學、生理學或大腦解剖學之下更糟，是不可接受的。在精神分析上她只能自求多福了〔farà da se〕。

　　如果榮格沒覺得不寒而慄，那表示他沒專心讀信。接下來的信文

更冷峻。佛洛伊德報告了自己對圖騰的研究，也再次強調這議題有多棘手。他補充道：「我仔細推敲你上封信的言下之意，你一點都不想插手管我的研究，或許你是對的。但我得懇請你這麼做。」我們可以這麼說，佛洛伊德所謂的「懇請」，其「言下之意」正表達出他猜測榮格一定很不願意。況且，只要有人開始注意這些信件的言下之意，看到那句「她想讓心理學的論述服膺於『生物學』」時，又會做何感想？他開門見山地質問榮格：

　　我非常想知道你所指的「原慾的概念適用於早發性癡呆」是什麼意思。我們之間是不是有什麼誤會？你在文章中曾提過類似的事，說我認為原慾跟任何一種慾望都差不多；但事實上我曾表明，人有兩種基本動力，唯有性動力背後那股力量可稱為原慾。

　　原來佛洛伊德一直有做功課。他指的文章是〈歇斯底里症的佛洛伊德式理論〉。那篇論文構成了榮格劃時代的阿姆斯特丹演說，因此佛洛伊德絕對對論文內容很熟悉。不過，史碧爾埃的病例正是隨著那篇論文的發表而被公開。如果佛洛伊德早先研讀過她這段病例，後來聽她發表論文時，就會發現不僅是「任何一種慾望」這件事，還有注腳中斬釘截鐵的「保存物種」這幾個字，通通都冒犯到他。佛洛伊德還不知道怎麼把這些拼湊在一起，不過，目前找到的這些資料已經夠他難受的了。佛洛伊德一九一一年十一月卅日的信，雖以愉快的口吻完筆，但上下文連貫起來，卻透露著一絲不祥：「儘管還有很多事想跟你說，但時間不多，只能就此打住。」

　　榮格在十二月十一日的回函中用了全新的信頭，最上方印著一排黑色粗體字「國際精神分析學會」（Internationale Psychoanalytische Vereinigung），下面是一小行字，一端印著「主席：C. G. 榮格博士」，另一端是「蘇黎世的屈斯納赫特」。榮格讓佛洛伊德等了超過一週才收到回信，因此一開頭便為了這件事情而道歉；然後他特別說明信紙的新信頭

設計：「你看，這個新的信頭就是我回應布魯勒退會一事的做法。」彷彿表示他是多麼在意布魯勒。

再來榮格說明了四段關於《年鑑》的事務之後，才是回應史碧爾埃十二天前那場不妙的發表會：

我很樂意將史碧爾埃的新論文收錄在一九一二年第一期的《年鑑》。雖然還得大幅修改，不過，這位年輕女士總是非常需要我的指導，她也值得我這麼做。我很高興您對她有好印象。

現在我處理神話的時候，會盡量記住您駁斥的理由。如果您願意告訴我細節，我會很感激，就可一邊修改第二部，一邊參酌您的批評。當然，我知道史碧爾埃太著力於生物學上的陳述，但這不是從我這兒聽來的，是她自學的。如果我曾舉出類似的論點，那也是「不得已才退而求其次」……我真的不知道史碧爾埃的新論文已發展到什麼程度。

……現在我將多年來對於原慾的想法整理出來，並特別在第二部中用一個完整的章節來說明……重點是，我想改用「種源論」來描述原慾的概念，不僅涵蓋當前以「性」來解釋原慾的說法，還囊括長久以來所有將原慾分化為組織活動的形式。難免會用到一點生物學的知識。

榮格要貫徹自己理論的建構，避免向史碧爾埃靠攏，同時下決心與佛洛伊德周旋到底。這期間，史碧爾埃又寄回了文稿，同一天榮格也寫信給她：「親愛的，別喪氣。妳的作品將會刊載於《年鑑》，這是連佛洛伊德教授都很看重的。恭喜妳，妳成功了。」還說這一期都已定稿，但下一期就會刊出來，連同她的前蘇黎世同僚葛列伯斯卡亞（S. Grebelskaja）和尼爾金的論文一起出版。這封信既簡短又漠不關心。看來榮格不知道還能跟她說什麼，只好聊聊讀史德寇夢境那本書的心得，信尾再補上遲來的感性發言：「佛洛伊德對妳讚譽有加。」

純粹基於科學的研討

佛洛伊德利用史碧爾埃的話來批評榮格，但這不等於他忽略了史碧爾埃。「維也納精神分析學會」的會議記錄記載著，史碧爾埃將參加十二月的聚會。在她發表論文後一週的十二月六日，是討論自慰的第二次聚會。她還是沒針對這個主題表示意見。下一週，十二月十三日的聚會，則是討論「對大自然的情感」，結果又離題，變成討論「藝術」、「矛盾」去了，甚至又再提起「保存物種」。史碧爾埃這次卻沒發言，可能還在冷靜中，想要從上次不妙的經驗中復原。不過，到了十二月廿日晚上，她已完全恢復正常，終於在第三場關於自慰的團體討論中開了口。她提到兒童的性研究、父母欺騙的手段，以及導致兒童撒謊和虛構出童話的症狀，都相當一針見血。十二月廿日這一天，這位年輕的女博士總算開始感到自信，而且更適應新環境，完全從十一月廿九日的潰敗感中振作起來。

十二月廿日後幾天，史碧爾埃離開維也納，回故鄉羅斯托夫度假兩週。她很可能沒收到榮格在十二月廿三日的來信。這封信很值得注意，因為榮格建議她先請佛洛伊德讀一遍她的文稿，再將文稿寄回蘇黎世。榮格也很唐突地通知她，《年鑑》下一期的截稿時間是一九一二年一月卅一日。至於她問到如何講授兒童心理學，榮格回覆，可查閱他在克拉克大學第三次的授課資料。這封信的結語意有所指：「佛洛伊德教授在信中對妳備極推崇。雖然我想祝妳在其他方面更成功，不過還是恭喜妳得到他的認可。」榮格的結論就是怪她牆頭草。

而史碧爾埃在羅斯托夫當地大學講授兒童心理學，課程相當受歡迎。在她一九一二年一月七日一回到維也納就馬上動筆寫下的日記中記錄著這件事，措辭中充滿自信地談到她的新處境：「我越來越尊敬佛洛伊德教授，他很看重我，並告訴大家我的『文章很了不起』，私下對我也很親切。」日記中也記載著，當時她正在替兩位病人做免費治療。至少有一位，不過很可能兩位都是佛洛伊德本人轉介的，可見他非常器重她（在當時，能付費看病的患者非常稀少。不過史碧爾埃沒有經濟壓力，非常

樂意接受轉介給她的免費病人)。史碧爾埃離開維也納兩週,此時才剛回來,顯然早在她去度假前的十二月,改變她命運的事就已發生了。

但如果證據顯示,佛洛伊德差不多在一九一一年十一月卅日寫信挑戰榮格的同時,也想網羅史碧爾埃到旗下,那麼信文結尾的「還有很多事想跟你說」,到底是什麼意思?就得看史碧爾埃和佛洛伊德之間可能談了哪些事。在此我想請讀者注意史碧爾埃以下的陳述,這是出自將近六年後她寫給榮格的信:「有一次我告訴佛洛伊德一段自己對夢的解析:(在夢中)我動了一個念頭,我講的課也可以和佛洛伊德或榮格的一樣有趣;但這也可能象徵著,我想滿足塑造一位兼具亞利安和猶太血統的大英雄的希望。佛洛伊德不僅認同這項詮釋,還覺得分析得非常有趣又富深意。」還有,一九一八年一月另一封給榮格的信,似乎也描述同一件事:

有一次,純粹基於科學的研討,我給佛洛伊德看我對「齊格菲之夢」的解析,他覺得我的詮釋很成功,顯得很高興,還說:「想生小孩是可以,但那真是浪費了妳的才華。」短短幾個字卻大大影響了我。

兩段文字都沒有清楚交代對話的日期。可以確定的是,第一段陳述中,她希望自己講課和佛洛伊德或榮格一樣有趣,應該是指即將在度假期間講授兒童心理學的事。而第二段後面則提到,佛洛伊德與她對話當時,「我和他的交情甚至還沒那麼深」,表示對話是發生於她去羅斯托夫度假的前幾週。

簡而言之,我們可以推測,在一九一一年十一月底到十二月初之間,史碧爾埃和佛洛伊德曾私下談過她的「齊格菲」之夢和她的解析,這段對話大大地提振了她的信心。不過「齊格菲」卻有多種意義,不僅代表她可能想跟榮格生一個愛的結晶,一位「兼具亞利安和猶太血統的大英雄」,也代表史碧爾埃自己靈性和英雄般的使命,即必須自我「犧牲」。確實,後者自然正象徵著她在職業上的企圖心,還可解釋她為什麼

會希望「我講的課也可以和佛洛伊德或榮格的一樣有趣」。假設史碧爾埃在一九一一年十二月的某一天，跟佛洛伊德分享兩種詮釋「齊格菲」的方式，那麼就會引起很大的不安了。從一九一九年六月史碧爾埃寫的最後一封信中，佛洛伊德得知「齊格菲」代表與榮格的愛的結晶，但令他驚訝的是，早在一九一〇年秋天，榮格即已贊同另一層面關於靈性象徵的詮釋。

　　到目前為止，史碧爾埃的書信已經流傳了超過十年。許多人也認為，史碧爾埃和佛洛伊德的私交越好，佛洛伊德與榮格之間的歧見就越深。但在這之前，這些評論大部分都是著眼於佛洛伊德懷疑她之前曾是榮格的情人，而他對於榮格與病患交往可能很不以為然。但這說法沒什麼說服力。與病患談戀愛的人不在少數，榮格不是唯一的案例。葛洛斯的情史就相當轟動，傳頌一時；史德寇始終「花名在外」；鍾斯正在付一筆遮羞費給過去的病人；甚至連正直的牧師菲斯特後來也被控以類似的罪名，加入了這風流的行列。最奇情糾葛的就屬費倫奇了，這位仁厚的匈牙利人替情婦的女兒做精神分析，後來竟也愛上那個女孩。事實上，佛洛伊德當時正受費倫奇之託，替那女孩看診，好幫他收拾爛攤子。史碧爾埃曾是榮格情人的事實，不太可能驚動佛洛伊德。但象徵著他倆結合的「齊格菲」，後來卻可能演變為發自內在靈性的渴望，這一點實在令他震驚。這與精神分析的理念完全背道而馳。此外，從佛洛伊德的角度來看，這種分析很假道學；明明跟性有關，卻戴著討好宗教的偽善面具。

　　以上就是重建現場的推理。可確定的是一九一一年十二月，佛洛伊德對榮格的態度有了一百八十度的大轉變。佛洛伊德對這位瑞士同僚長久燃燒的堅定情誼，在此時終於熄滅。

你的信紙真不錯

　　佛洛伊德幾乎拖了一週，才回覆一九一一年十二月十一日榮格那封承認要用到「一點生物學的知識」的信。一九一一年十二月十七日的回信中，他先稱讚榮格洋洋自得的「國際精神分析學會」信頭：

　　你的信紙真不錯。意見相左才會加強我們之間的聯繫。說不定布魯勒會對我們好一點，畢竟他現在成了局外人。這很符合他說的「矛盾」，他就是對這個執迷不悟。

　　歡迎你來挑戰原慾論，我本身非常期待你努力的成果能啟發我。

　　佛洛伊德寫了這些感性的話後，顧左右而言他幾句，然後又拉回到史碧爾埃發表的論文：

　　你曾要我舉例，明確說明反駁你濫用神話的理由。那麼我就舉出辯論中所用的例子。史碧爾埃小姐引用〈創世紀〉故事中的蘋果做為女性誘惑男性的例子。但〈創世紀〉的傳說相當粗劣、偏頗又扭曲，是一個見習僧編出來的，我們已知這人只是把兩套不同的題材變成一個故事（就像在作夢一樣），非常愚蠢。搞不好有兩棵神聖的樹，因為有兩套題材。夏娃的創造非常奇怪，也太異常。蘭克最近叫我注意，聖經故事可能多半是將原創的神話反轉過來。這樣一來一切都很清楚了；夏娃就是亞當的母親，我們當然很清楚，這就是眾所皆知戀母情結的主題，還有亂倫的懲罰等等。同樣奇怪的主題還有女性給男性吃一顆豐碩的果實（石榴）。若這個故事是被反轉過來的話，我們就能找到相似的主題。男人給女人吃水果是由來已久的結婚儀式……因此，我認為神話的表象不可拿來與我們精神分析的發現相提並論。我們必須回溯到神話最隱晦的原初形式，要用對比的方法，消除它們在歷史脈絡下遭到的曲解。史碧爾埃小姐很聰明，我可以證明她求知若渴。

　　佛洛伊德抨擊〈創世紀〉的編寫方式，當然是因為他曾紮實地讀過聖經注釋學：當時大家都知道，現存的內容是由不同的歷史時期演變出來的兩種版本混合而成。佛洛伊德點出的另一條警語也相當有理，雖然在方法上不是什麼了不起的突破。榮格兩年前開始著手這個計畫時，就一再提醒自己，要非常警戒變動因素和曲解的可能性。無論榮格最初是

否注意到這個問題，佛洛伊德當然有資格指出，他的論文第一部分還是與自己的研究方向相抵觸。不過，佛洛伊德自己對〈創世紀〉的詮釋也非常偏頗，沒有任何一本已知的聖經注釋學書籍足以支持他的分析。

這封信中，佛洛伊德分析〈創世紀〉時的諷喻更是打壞榮格的心情。不過他的用意很明顯。「相當粗劣、偏頗又扭曲，是一個見習僧編出來的」，這段話說的不是別人，正是指榮格把兩股原慾的線索「變成一個故事」，「就像在作夢一樣」，「非常愚蠢」。對照之下，佛洛伊德認為「樹」只有一棵，原慾也只有一種。追根究柢，佛洛伊德是在影射榮格的修訂版，其實是「戀母情結的亂倫」主題，以及隨這種罪惡感而來的死亡恐懼。也不是女性誘惑男性（榮格曾這樣對史碧爾埃說過），事實上根本就是相反的情況。要釐清這些謎團，「必須回溯到神話最隱晦的原初形式，要用對比的方法，消除它們在歷史脈絡下遭到的曲解」。

如果說一九一一年十二月十七日的信是篇寓言，也可說當中諷刺了榮格的理論發展與史碧爾埃之間的關係，且這是比佛洛伊德原先知道的還密切的關係。榮格有沒有回信，我們就不得而知了。

以弗所人的女神戴安娜萬歲

寫信給榮格的同時，佛洛伊德也在為《文摘》的十二月號撰寫兩篇一月刊出的文章。諷刺的是，第一篇就是解夢的手法。佛洛伊德認為不用過度解讀任何夢境，否則會干擾病人加油添醋的自由。這則妙方好像也在談佛洛伊德要如何處理史碧爾埃的問題，那就是不要給她壓力，耐心等她自己透露更多；當然這都是巧合。另一篇則是題為〈以弗所人的女神戴安娜萬歲〉（Great is Diana of the Ephesians）的短文。根據他閱讀宗教心理學的心得，佛洛伊德想到一個與以弗所城有關的趣事，出自法國歷史學家薩提阿（Sartiaux）的作品。在《文摘》中他只列出史實。

希臘人在公元前八世紀征服了小亞細亞的古以弗所城（「附帶一提，要找考古遺跡的話，幸虧我們奧地利的考古學派得上用場」）。希臘人發現當地人信仰古老的母神歐碧絲（Oupis），並認為她就是來自他們故鄉的

黛安娜。幾個世紀以來，他們建立了無數雄偉的黛安娜神廟，而以弗所變成了古時候的露德鎮。西元五十四年左右，門徒保羅曾到在那裡住幾年。縱然保羅遭遇迫害，還是創立了自己的基督教會。但佛洛伊德繼續說：

保羅是個徹底的猶太人，無法允許古老的神祇用別的名字繼續存留下去，於是替她再施洗，就像愛奧尼亞征服者對歐碧絲女神做的事情一樣。因此，這座城市的工匠和藝術家變得不知道要怎麼對待他們的女神，就像不知道怎麼處理他們的工資一樣。他們造反，在大街上沿路不斷哭喊著「以弗所人的女神戴安娜萬歲」……

保羅在以弗所創立的教會並沒有效忠他很久。有個叫約翰的人出現了，他的影響力很大，人格複雜，叫評論家難以下定論。他可能就是〈啟示錄〉的作者；〈啟示錄〉的篇章中充滿對聖保羅的詆毀……約翰去以弗所時，瑪麗亞陪同他一起去。於是在以弗所的保羅教會旁建起了第一座巴西利卡式教堂，崇拜新的基督教母神……再一次，這座城市又有了偉大的女神，除了名字以外其他都差不多。金匠們也一樣繼續為新來的朝聖者鑄造神廟的模型和女神的塑像……

接著伊斯蘭的征服者來了，城市遭到破壞和遺棄……但偉大的以弗所女神並沒有放棄自己的地位。今天，她以聖潔虔誠的德國女孩樣貌出現，就是迪爾門的艾默瑞赫。她描述自己到以弗所的旅程，她居住和過世所在屋子的裝飾，床的形狀等等。我們真的找到了那間房子和床，跟這位聖女描述的一模一樣，這棟房子也再度成為朝聖者的目標。

真是個好故事；先是歐碧絲，再來是黛安娜，然後是聖母瑪麗亞，以弗所永遠有自己的女神。但我們可能會問，這有什麼意義？佛洛伊德並未進一步申論。知名的歷史學家艾倫伯格則下了這個結論：

佛洛伊德為什麼要發表這篇考古學上的軼聞？不需要懂得聖經注釋

學，就能猜得到他別有寓意。佛洛伊德（聖保羅）推廣新學說（教義），有人反對他，一群門徒就變成暴力迫害的目標，因為他的學說威脅到某些人的利益。約翰（榮格）來追隨他，一開始跟他站在同一條陣線，後來又傾向神祕主義，把他的信眾都帶走，另外組織異議的教會，再度滿足了「聖殿的商人」。

讀了艾倫伯格的文章後，我們再注意另一個奇怪的巧合。幾年前榮格曾發表一份案例報告，大意是一個歇斯底里的女孩佯裝成艾默瑞赫；這位病人的名字是「薩賓娜·S」。

身分、理論和政治

佛洛伊德那篇短文有個惡兆，就是比對保羅和約翰時，把保羅形容成「徹底的猶太人」，忍受著偽君子；而約翰則是變節的基督門徒。精神分析完全從科學角度來詮釋各種現象，這樣的體系美妙之處就在於可以避談遺傳上的缺陷，也就是不必視種族為病因。佛洛伊德實際上是創立了一個普遍的範例，以性取代遺傳上的缺陷，並讓性成為放諸四海皆準的新變因，會隨著個人經驗而有根本上的差異，有效排除了對種族觀的討論。再強調一次，這是科學上的重大進步。從純哲學的角度來看，還可將精神分析的理論引申為：在重新詮釋宗教象徵上提供唯物主義式的基礎。身為徹底反宗教的人，佛洛伊德一再利用這種優勢。但這些特色卻也為精神分析帶來很大的阻礙。在一個人類蒙受著種族和宗教偏見之苦的年代，要用最投機的方式非議精神分析，只要指控它是猶太式的說法即可；光這一點就傳達出對猶太人的成見。而且事實上，諸如此類的指控的確不時以其他形式出現。例如，柏林的神經病理學家歐本海默（Hermann Oppenheim）本人雖是猶太人，也是亞伯拉罕妻子的叔叔，私下還是說，精神分析只適用於東方人、斯拉夫的猶太人這些他認為比較低等的社會階級，然後才流傳到柏林。

因此，佛洛伊德一開始才會覺得榮格「非猶太人」的身分在政治上

有重大的意義。他在紐倫堡大會上對同行的維也納人激動地捍衛榮格，正突顯了這點：「你們大部分都是猶太人，因此無力為我們的新學說贏得支持……這位瑞士人卻可以拯救我們，所謂的我們，包含我，還有你們全部。」同一個月稍後，在漢堡的醫療會議上，阿弗烈·薩傑（Alfred Saenger）言之鑿鑿地指責精神分析的肛門情慾理論是胡說八道，並堅稱還好德國北部人不像維也納人這麼肉慾橫流。佛洛伊德在給費倫奇的信中特別記下了薩傑的批評，並明示了總體策略：

> 你看看，這就是我得拉攏蘇黎世，使其成為精神分析的中心的原因，目的就是為了避開這種爭議。維也納人肉慾橫流？好像世上別的地方的人都很清高！他可不只罵維也納人下流，字裡行間還暗示猶太人也如此。就差沒明說而已。

同樣地，在給亞伯拉罕的信中，佛洛伊德也捍衛對榮格的禮遇，是基於「他是我們不可或缺的亞利安夥伴，否則精神分析學派就要疲於應付反猶太主義」。

佛洛伊德的策略確實奏效。榮格擔任蘇黎世學派的主席，且讓蘇黎世成為這個運動的國際中心，精神分析的猶太特質總算沒被過於炒作。然而，現在針對史碧爾埃所揭露的真相看來，不論於公於私，榮格很可能祕密實驗著基督教版本的精神分析。亞利安對猶太的歧視問題可能又再度浮上檯面，但這次則是精神分析圈內人的分裂。榮格在任內甚至可能會盡全力拖垮佛洛伊德。在這種氛圍下，佛洛伊德的文章似乎意味著，就算哪一天出事，他早已準備好迎擊。

儘管佛洛伊德文章的政治意圖引發很大的騷動，但比起他對榮格的私人恩怨，這些都算小事。讓我們回想一下，佛洛伊德的猶太人身分有兩種突出的特質，一種是驕傲好戰，另一種是四海一家，五族共融。對於榮格的私人情感，特別呼應著四海一家五族共融這項特質。弔詭的是，當亞伯拉罕在場的時候，佛洛伊德對榮格的這種身分認同的投射情

感，似乎更根深蒂固。因為跟亞伯拉罕在一起時，佛洛伊德可以自在地展現另一種不屈不撓的特質。有榮格為伴，佛洛伊德可以規劃國際舞台；跟亞伯拉罕在一起時，他則能暢所欲言，表達對亞利安人、基督徒和瑞士人的懷疑。從佛洛伊德與亞伯拉罕和榮格往來的狀況，可以看出佛洛伊德對控制這兩種身分特質的掙扎。亞伯拉罕和榮格很快就變成敵對，深深猜忌著對方。但是，無論佛洛伊德在口頭上或書面上對亞伯拉罕表達了什麼，他更熱切的期望總是放在榮格身上；亞伯拉罕漸漸明白這點，並因此感到苦惱萬分。佛洛伊德與榮格之間的情誼從來都不像他平常對待亞伯拉罕那樣，這是個重要的體悟。對佛洛伊德而言，榮格不是基督徒、不是亞利安人，甚至不是瑞士人，而是自己在榮格這個年紀時希望變成的樣子。

這是理解佛洛伊德一九一一年十二月十七日的信件，以及〈以弗所人的女神戴安娜萬歲〉強大寓意的背景描述。佛洛伊德腦中一再清楚浮現基督徒和猶太人的對立。我認為，這是有史以來佛洛伊德第一次視榮格為亞利安人和完全的他者，跟佛洛伊德自己的性格特質完全無關。長久以來的身分認同，對於榮格人格的參與感，轉化為剛剛升起的陌異感和疏離感。我在此很快地再補充一點，即使兩人之間的差異如此大，但實際上跟誰是猶太人，誰是基督徒，並沒有很大的關係。但現在，兩人之間有那麼多事無法開誠布公，基督徒和猶太人的問題也沒辦法解決，更無法拿出來討論。只要這件事沒化解，別的問題也解決不了。

佛洛伊德和榮格之間的關係基礎已經蕩然無存。史碧爾埃無辜地扮演著造成這場戲劇性變化的要角。這個從蘇黎世到維也納，以她本人做為主要傳遞者的消息總算被理解了，或至少被仔細確認過。史碧爾埃無法掌控這場複雜的戲碼，她的台詞一直以來都是榮格寫給她的。不過她把戲台給推倒了。如果她有意報復這兩個男人，不會有比這更厲害的方式了。

瑞士藝文年鑑

　　佛洛伊德一直擔心的惡兆彷彿成了真，十二月底，他收到榮格最新作品〈心理學新徑〉的抽印本，這篇文章剛剛刊載於《拉榭爾氏瑞士藝文年鑑》（*Raschers Jahrbuch für Schweizer Art und Kunst*）。這篇論文讓人印象深刻的是，不僅談到世人還沒讀過的創新精神分析技巧，也標幟著榮格首發的社會批評砲火。榮格將鄉下人的簡單生活與城市人狼狽又壓抑的人生做對比。但佛洛伊德對這本年鑑的來頭最好奇：

　　我收到你在《拉榭爾氏年鑑》上刊登的小論文，算是新年禮物。很有威力，霸氣十足，希望讀者會欣賞。不過，拉榭爾是誰？出版商？他的《拉榭爾氏年鑑》又是怎麼回事？是那種類似老式年曆，收錄有教育意味的文章，當人們在面對一切未知的新年時，幫忙提醒該怎麼辦嗎？

　　結果佛洛伊德猜對了。拉榭爾的確是出版商，他很快就會簽下榮格的所有著作，他的《拉榭爾氏年鑑》也確實在年終時出版，專門收錄有教育意味的文章，主題都是與通俗的「瑞士風土」相關。但我們不該因此忘了佛洛伊德想關切的重點。榮格書名中的「新徑」（Neue Bahnen）兩字，是搭上一本同名暢銷奧地利小說的順風車，這點很重要。那本同名小說正好屬於眾多描寫「宗族和國土」的傳統文學，這種體裁也被稱為「鄉間藝術」（Provinzkunst），主要在讚揚鄉下人的民風，譴責現代都市的腐敗影響。在奧地利，有很多這類的文學作品都是擺明著反猶太。在維也納尤甚；一份名為《克夫豪森》（*Der Kyffhäuser*，用一座山命名，這座山因建國神話中日耳曼的巴巴羅薩國王〔Barbarossa〕而聞名）的報刊中，經常刊載這種文學作品。而且《克夫豪森》就是特別為了推動日耳曼國族主義運動而創辦，響應奧地利惡名昭彰的國會極右派兼反猶太份子喬治·施尼勒（Georg von Schönerer）。這就是為何佛洛伊德關心榮格選了哪種報刊來發表。現在什麼壞事都可能發生。

第 15 章
友誼之死

　　率先提出完整早發性癡呆概念的人是克雷貝林。歸功於他的著作，我們才知道怎麼分類與描述個別的症狀。但如果要我們一一條列出每個實例，才能感謝欠他的恩情，就太冗長了；希望我的聲明已足夠讚揚往後每一筆漏算的功勞。運用佛洛伊德的觀念解釋早發性癡呆相當重要，而促進、擴展精神病理學的概念也同樣重要。我肯定每位讀者都明白，縱使我沒有在接下來的討論中提起這位作者，也無損他的重要性。同時，我也想感謝在布爾霍爾茲利精神病院的同事，在此只提李克林、亞伯拉罕，特別是榮格。三人對各種想法或觀點所做的貢獻，多到我細分不出個高下。

　　　　——布魯勒，《早發性癡呆或精神分裂症族群》（*Dementia Praecox, or the Group of Schizophrenias*），一九一一

　　一九一一年六月，眾人引頸期盼的布魯勒鉅作《早發性癡呆或精神分裂症族群》出版，這本書屬於阿莎芬堡醫學手冊系列之一；精神分析與正統精神病學的整合終於得到正式認可。緊接著在之後秋季的斯圖加特「德國精神病學家大會」（Congress of German Psychiatrists）上，賓斯旺格受到雨果・力普曼（Hugo Liepmann）的講題〈韋尼克氏區對於臨床精神病學的重要意義〉（The Significance of Wernicke for Clinical Psychiatry）的啟發，也想撰寫一篇論文；標題有異曲同工之妙：〈佛洛伊德對於臨床精神病學的重要意義〉（The Significance of Freud for Clinical Psychiatry）。賓斯旺格家族素來富有聲望，他替佛洛伊德背書，勢必在精神病學界造成震撼。賓斯旺格寫信通知維也納他的計畫，比起其他從瑞士傳來的壞消息，他的來信顯然是好事，但佛洛伊德卻沒什麼信心：「或許您該對自己捍衛的立場稍加保守一點，別針對學會強加些什麼。」四天後，蘇黎

世學派瓦解了，反而提升賓斯旺格的重要性。到了十二月底，佛洛伊德的態度變得軟化許多。賓斯旺格後來有稍微提到佛洛伊德的歲末問候：

> 一九一一年十二月廿六日，他〔佛洛伊德〕寄來那年的最後一封信，信中謝謝我的聖誕祝福：「說來，這也是我從這圈子裡收到的唯一一次佳節問候。」他祝我們全家和診所來年順利，他還相信，在我有生之年會見證精神分析得到認可，也會慶幸自己年輕時曾叛逆過（這點他說對了）。「別擔心我；我可沒指望自己活到那麼老。」然後他繼續談「蘇黎世那些令人煩惱的事」：「不過我太瞭解布魯勒了，即使是榮格也沒辦法應付他的事情。我不看好布魯爾，不是不感激他，而是他不領情。」

在此該說明布魯爾為何會受到如此對待。事實上，背棄對方的人是佛洛伊德，不是布魯爾。甚至在佛洛伊德寫信給賓斯旺格時，正是離布魯爾的七十大壽不到三週的時間點，此時有一個以他為名的基金會正在籌備中。捐款總額達 58,125 克朗，捐款人都是維也納第一流的科學家、作家與藝術家。而根據艾倫伯格的記載，捐款人的名單上獨缺了佛洛伊德。

佛洛伊德對待布魯勒和布魯爾的態度很相似，明顯看出他的心境大為改變。與布魯爾絕交後，他發表誘姦理論，表示是精神分析上的新方法促成了他的發現。這個理論沒多久就失敗，使佛洛伊德後來在業界長期遭到孤立。不過，如果佛洛伊德注意過一九一一年末的社會狀況就會明白，他已是名符其實的「富翁」。他發行了兩本專門闡述精神分析的期刊，還有第三本《意象》（*Imago*）即將出刊；而「國際精神分析學會」旗下至少有六個以上的分會。這表示，儘管他的理論爭議不斷，但傳播的態勢已如星火燎原。這一切都證明，他到目前為止對榮格的栽培都還是很值得；他也不可能退到以前只有「聖約之子會」才接受他的情況。

現下他的問題是如何約束榮格，同時抑制蘇黎世方面發展出不同派系精神分析論點的趨勢。但是，榮格在學會中的影響力很大，兩人的國

際聲望也不分軒輊；佛洛伊德手上堪稱有用的籌碼，只剩下雙方多年來合作所累積的情誼。過去佛洛伊德可以輕鬆愉快地喚起榮格的忠誠心，但那是因為佛洛伊德對這位年輕、情感奔放的同事也同樣用心。一九一二年初的幾個月，佛洛伊德在想該用什麼態度面對榮格。在一九一二年一月廿三日給費倫奇的信中，佛洛伊德說自己一想到榮格，就變成一頭「感情用事的驢子」。在一九一二年二月二日給費倫奇的另一封信中，他仍希望雙方基於共同利益能並肩邁進，即使個人交誼已不如以往密切。不過此際佛洛伊德心裡卻很難過：「我怎麼老是說中，總是略勝一籌？」

　　榮格的問題，則是如何在既有的體制運作下，重建自己在精神分析上的身分認同，以便與新論點一致。佛洛伊德的控制慾強，而且只要史碧爾埃出招，就可能壞事；無論如何，一切都讓情感號召成為艱難的做法。一九一二年初的幾個月，榮格的反應顯得越來越疏遠，不僅對佛洛伊德和史碧爾埃如此，對蘇黎世的同事也是。他自認是把精力專心投入寫書。拖了半年多，榮格才明白什麼對自己最有利；若要證明那些新理論，必須兼顧論點的多元性和臨床經驗，儘管不情願，他卻不得不開始接受這麼做才是對的。但他的喜怒無常與佛洛伊德的專橫不相上下，對於自己觀點的獨特性也同樣執著。眼下他最在乎的，是證明自己是對的。

她有責任

　　佛洛伊德給賓斯旺格的信盡顯善意，給費倫奇的信則多了幾分溫情；而給榮格的信，卻開始專門談起一位史上有名的病患「C女士」；給菲斯特的信中佛洛伊德則稱她「H女士」。這位女士來自蘇黎世，本身就是蘇黎世與維也納間的重要橋梁；一九〇八年起，她便斷斷續續地接受佛洛伊德的治療。佛洛伊德寫信給榮格時，一提到她，總是用輕蔑的口吻形容她是「我的頭號麻煩」。一九一一年十一月，「C女士」不滿意自己的療程，決定找菲斯特諮商，結果不知何故，她之後沒回到維也納。一九一一年十二月十七日，佛洛伊德給榮格的短信中提到她消失了：「她當然是對的，因為沒有什麼療法足以治癒她，但她還是有責任犧牲自己，成就

科學。」

　　C女士沒回到維也納，而是去找榮格諮商，榮格也特意不告訴佛洛伊德這個真相。她向榮格抱怨佛洛伊德疏離又冷漠。榮格同意這點，並表達自己的顧慮，然後就把她趕走了。結果年底她又現身維也納，說起蘇黎世學派的閒言閒語。佛洛伊德在一九一一年十二月卅一日給榮格的信中是這麼說的：

　　C小姐跟我「說了」很多你和菲斯特的事，如果你懂我的暗示，該知道那是什麼。我知道你們執業時都沒有奉行該有的客觀立場，依然讓自己跟著陷入，還指望病人能有什麼回饋。我畢竟還是德高望重的老前輩，容我坦言，這種做法絕不可取，最好有所節制，只要盡量聽病患說的話就好。絕對不能跟我們可憐的神經病患者一起發瘋。我認為大家都該讀一篇關於「反移情作用」的文章，當然這不適合公開發表，但必須在自己人間互相傳閱。

　　在信中他繼續論斷：「你們這些年輕男士，似乎不知道該怎麼處理自己的戀父情結。」

　　榮格在一九一二年一月二日的回信中有解釋，但這封信卻晚了將近一週才寄到維也納；也就是說，佛洛伊德等了兩週才得到主席的消息。他回覆的語氣很冷漠。榮格為C女士一事道歉，但沒打動他。佛洛伊德說：「你對C女士那件事的解釋，我實在很難相信。」榮格的冷處理也公然觸怒他：「這兩週來我百思不得其解，為什麼都沒收到你的回音……」這段期間，榮格與佛洛伊德又通了兩回的信。榮格在一九一二年一月九日的信中，對C女士的事不再那麼歉疚：

　　對我來說，最根本的規則就是分析師自己也必須游刃有餘，病人才有釋放的空間，否則分析師要不就裝死，要不就是像您說的，被病人搞瘋。我覺得這問題突顯的是人生觀不同，而不是對原則缺乏共識。

佛洛伊德看了以後有什麼反應，至今不明。這段期間，榮格在一九
一二年一月十日寫了另一封信，內容顯得簡短又公事公辦，不過還是回
答了佛洛伊德之前對拉榭爾氏《年鑑》的疑問。

過去每隔一段時間，只要佛洛伊德一發飆，榮格總是馬上道歉，或
試著讓情況回到正軌。這次不一樣了。榮格又陷入沉默。又隔了兩週，
他才寫信給佛洛伊德。

其中一個原因是榮格捲入《新蘇黎世報》（*Neue Zürcher Zeitung*）文
化版上爆發的批評戰火。導火線是十二月初舉行的當地克普勒學會的精
神分析發表會。兩週後，榮格的新作品〈心理學新徑〉問世，大聲疾呼
性改革，只是為這場論戰火上加油。艾倫伯格從頭到尾詳細記錄下這一
連串的激辯。其中一個無益的爭執點，就是精神分析源自有一半斯拉夫
血統的維也納，而且並非偶然。而最強烈的批判就是認為精神分析療法
是錯的，不合乎科學精神，又有損道德。榮格對於解決爭議無甚大貢
獻，最後終結這場筆戰的人也是佛瑞爾，不是他。佛瑞爾一開始沒使上
什麼力，但二月一日的終極宣言卻正中要害：「我必須嚴正聲明，只要
是腦袋清楚的研究者一定會完全同意……該譴責的是佛洛伊德學派的偏
執、把性拱上神聖的廟堂、討論嬰兒的性慾，還有用注釋猶太法典的那
套方法來詮釋理論。」從此以後，戰地暫時轉移到當地的文學雜誌上，
榮格用更廣義的原慾觀來捍衛精神分析的方法，最終的論戰是在一本教
牧期刊上發表，另一位原本也是牧師的精神分析師阿道夫·凱勒（Adolf
Keller）發言支持蘇黎世精神分析學派在道德、宗教、社會和教育學上的
論點。

佛洛伊德不是從榮格那兒得知這場蘇黎世戰火，而是從另一位病人
那裡知道的。榮格在一九一二年一月廿三日姍姍來遲的信中，抱怨精神
分析師變成被公然「勒索」的受害者，但這不太能安撫這位「德高望重
的老前輩」（他在〈心理學新徑〉就是這麼稱呼佛洛伊德）。他也沒為兩
週的無消無息道歉：「我不打算先透露原慾觀的內容，將來全都會收錄在
我的書中。」這句話也沒起什麼特別的用處。佛洛伊德馬上在一九一二

年一月廿四日簡短回信，表示對榮格的話完全沒興趣：「我一點都無意讓你分心……」潦潦開始，草草結束。

　　這期間，佛洛伊德又在《文摘》上發表了兩篇技術上的論文。第一篇是〈移情作用的動力〉（The Dynamics of Transference），主要是把榮格的「內向性」說法，與無意識的、具有正面積極意義的移情現象連結在一起；重建概念的行為本身，就是一種抵制的宣告。「愛會影響療效」這種老派的認知，顯然很符合這個概念。病人唯有對醫師產生有意識的愛，才能促進療效；據說，在無意識下暗暗發展的愛，反而會使病況永遠好不了。第二篇論文是〈給精神分析師的執業建議〉（Recommendations to Physicians Practicing Psychoanalysis）。佛洛伊德建議醫師「不該做」的事，包含主動提起自己的個人經驗、鼓勵病人學習昇華的新方法，或提供精神分析的書籍文章給病人閱讀。而榮格多年來就是一直用這些方法。但是，談這個為時已晚，在前線上交戰的已不是技術問題，而是對神話的詮釋。也到榮格該做出決定的關頭了。正如一九一二年一月廿三日的信中記載的，他開始撰寫書稿的最後一章〈犧牲〉（The Sacrifice）。

　　而佛洛伊德也說到做到。正當蘇黎世鬧得不可開交，榮格又疲於投入自己的書稿之際，佛洛伊德沒有稍來隻字片語。這種無聲反而震耳欲聾。原則上，是輪到榮格回信。二月中，他總算發寫了封「短信」給佛洛伊德，是三週來的第一封信。他試著提振自己的心境：他說自己正在「與神話幻想中的九頭蛇激烈交戰」；在蘇黎世，精神分析是「話題中心」；太太過得還不錯，「正在認真研究語源學」。讀起來就像是個分心的人寫的；事實上也的確如此，因為他同時還收到史碧爾埃的曖昧來信。

雙稿記

　　史碧爾埃雖然回到了維也納，卻沒出席一月十日和十七日的週三夜會。或許她正專心寫文章，以趕上《年鑑》的交稿期限。一月廿四日週三，她終於恢復出席，那是第四場關於自慰的集體討論，她提出「戀愛中的女性會從情人的角度認同自己的身分」（在這場討論中，佛洛伊德則

提出閹割焦慮可能根於種源）。四天後的一月廿八日，史碧爾埃的日記中記載著，她剛剛將完成的作品寄給榮格，最後只有單純的念頭：「現在我想快樂起來！」

　　除了代表作之外，她還寄了一篇全新的論文〈對於理解兒童靈魂的貢獻〉（Contributions to the Understanding of a Child's Soul）；論文中除了描述兩個她近來替兒童諮商的案例，也分析了一大段自己童年的記憶。很明顯地，當時史碧爾埃期許自己能成為兒童精神分析療法的專家，她前幾個月在週三夜會上發表的意見，也漸漸把重點轉向兒童心理學（這當然非常適合她，因為她是維也納學會唯一的女性成員；男性因固著於社會性別角色的禁忌，無法涉入這一塊領域）。但對榮格來說，史碧爾埃的詮釋不幸剛好中了原慾論既有說法的埋伏，特別是她自己的案例。儘管她從小滿腦子都是各種宗教和玄秘的幻想，也懼怕瘟疫，但還是做了一個結論，她認為這些幻想都發自情慾。在所有表象之下隱藏著小孩可怕的性幻想。這是一篇了不起的自我分析，但站在榮格的立場，她的結論很不討喜，因為他恰恰準備在終章裡申論，最好從其象徵意義，而不是照本宣科地探討嬰兒期的性幻想，並宣告這些幻想是老早之前從種源遺留而來。而且榮格也漸漸看出，這位最重要的女門徒已變得無法信賴，而且正朝當地精神分析的派別靠攏。他自己和凱勒還曾一度認為，這有助於區隔兩地精神分析特有的風格。

　　史碧爾埃的日記中只剩另外三篇，兩篇是一九一二年二月寫的，最後一篇是七月寫的。二月的那兩篇非常重要。二月十七日她寫下，榮格確認收到她二月五日隨信附上的包裹。榮格的回信很奇怪：「我在此確認收到兩份您的手稿。」喚她的語氣也太過生疏；他叫她「親愛的同事」。讀到這句，史碧爾埃生氣了。顯然她有寫信向榮格抱怨，還有另一封草率的回信也惹到她。史碧爾埃在日記中寫著：

　　今天還發生一件不愉快的事。我受不了！我把護頸套纏在脖子上，幻想著自己從這悲慘的現下當中解脫……噢！因為有個男人毀了我的一

生；不過我也只是欺騙自己吧。因為如果身邊有哪個男人長得像他，又屬於我，我該會樂得不像話。

　　五天後是另一篇重要的日記，描述她前一晚的夢境。夢中，阿普特曼女士宣布榮格成為布爾霍爾茲利的院長；這位女士對榮格的迷戀，令史碧爾埃再度跌入一九一○年十月自憐自艾的情緒。史碧爾埃憤而反駁她，不對，院長還是布魯勒。但阿普特曼女士回答，布魯勒只配去地下貯煤室。史碧爾埃馬上分析這個夢：煤炭典出歌德的字句：「沒有任何一種煤渣，任何一種炭火／能如同不可告人的祕戀／炙燒得如此燦爛。」「地下室」勢必象徵子宮。而「布魯勒」則代表「佛洛伊德」。因此：

　　無須贅言。這下子一切都很清楚了，佛洛伊德教授就是讓我發光的人：如果榮格醫師也是院長，他的愛情會讓某人（阿普特曼女士）淒涼。

　　榮格錯了。他的女門徒可說是已解決性壓抑的問題，而且急於讓大家知道，但這正是維也納至今仍不能接受她的一點。這也是她最後一次站在榮格那一邊。但榮格早已懷疑她的忠誠，因此錯過了這個機會，在這過程中又掀開了舊瘡疤。

　　這是雙重悲劇。不論是榮格的粗率，或是史碧爾埃的愛恨交織，都足以證明兩人對彼此的感覺還是很強烈。可見過去幾年的傷口比兩人想像中更痛，也更難癒合。除此之外，榮格對她的想法總缺乏積極的興趣，表示他根本暗地裡瞧不起她的理論。他最終還是要面對這個損失。如果我們仔細查閱史碧爾埃已發表的論文，會發現她只是想調解蘇黎世和維也納兩地的論點。

亂倫憎惡

　　榮格二月中來信，五週來這才僅僅是第二封。佛洛伊德已開始掛心，因此二月十八日的回信態度好很多：

　　收到你的信實在非常高興。我不喜歡習慣的事中斷，一點都不開心。這習慣硬是被打斷，我已不太記得跟你講過什麼事了；不過除此之外，我還是希望別打擾到你的工作進度。

　　後來，出版界發生了一些值得關注的事。瑞典催眠治療師比亞瑞與蘇黎世學派結盟，曾在《年鑑》上發表過幾篇文章，是證實佛洛伊德偏執狂理論的系列專題。榮格已將編輯的重擔移交給佛洛伊德，現在佛洛伊德為此抱怨：「比亞瑞的論述不清不楚，我改了，也送印了。這樣亂七八糟的作品還要出版，我覺得不是好事。」接下來才是真正犀利的話：「附上一份《意象》的企畫書……如果能在這本期刊和《文摘》上看到你的名字，我會很開心；不過你呀，卻躲到宗教原慾的雲霧後頭了。」酸完以後，則有警告的意味：「在我看來，你似乎超前太多了。我在〈亂倫憎惡〉一文裡所強調的，正是你和你的追隨者正在投入精神分析發展的部分，我想你應該也會認同這點。」

　　〈亂倫憎惡〉是《圖騰與禁忌》中四篇主題論文的第一篇，選定在《意象》創刊號中發表。佛洛伊德的文章，連同那本準備出版的期刊，都是斷斷續續發表。榮格並不是獨自遊走這個領域的人。這篇文章的標題反映出人類學的事實（佛雷澤的原始人研究中確實也點出有亂倫憎惡），所以榮格的創見是否也隱約參考了這一點，則有待討論。在《意象》中，史碧爾埃被名列為榮格的「追隨者」，但是在後來出版的專書中卻將她除名。

　　榮格嗅出了不尋常的氣息。過了一週他回信：

　　我猜，我疏於保持聯繫，您一定相當生氣。我承認自己的行為確實有點不負責任，竟然任由自己的原慾全投注在工作中了。另一方面，我覺得您不必擔心，我沒有長期躲在「宗教原慾的雲霧」後。我很樂意告訴您來龍去脈，但這很難靠寫信說清楚。基本上，這是闡述所有戀母亂倫原慾引發的問題，或者更精確來說，是原慾全神貫注於母親意象

（libido-cathected mother imago）……所以請容我多花一點時間。以榮耀精
神分析之名，我會帶來好東西的。

　　二月廿九日佛洛伊德的回覆，看得出他的情義開始消散：

　　你說，你越來越不在乎我們之間的通信，因此我很生氣；這倒是可
以徹底用精神分析的方法來證明。沒錯，我是要求有一來必有一往；也
不否認我等你的信等到失去耐性，所以會立刻回信。先不談你之前有一
搭沒一搭的樣子。我覺得這次情況更糟了……我很自制，馬上壓下快爆
發的原慾。很遺憾非這樣做不可，不過我慶幸自己即時控制住。之後我
就變得要求不高，也沒人顧忌我了。你我都清楚，不負責任完全不是認
真從事心理學的人該犯的錯。

　　接著，佛洛伊德拿榮格的新信頭當攻擊的目標。榮格在信中說明了
蘇黎世的情況，還提到唯一稱得上正面的消息：他們為病人成立了精神
分析學會（李克林不掛名地代理榮格處理這個新團體的主席事務）。於
是，佛洛伊德特別針對這件事，指出「國際精神分析學會」變得風雨飄
搖：每個團體互不往來；上次大會後只發布一次總〈匯報〉（*Bulletin*，發
表在《文摘》上）；看不到下次大會的計畫；學會祕書李克林也沒反應。
佛洛伊德會這麼生氣，是因為實際上榮格咸命在身，要在上次大會後的
一年內排定下次大會的時程，而佛洛伊德很想就此跳過不參加。
　　榮格不會不懂。一九一二年三月三日，他的回信以「看了你的信，
我很感傷」開始。接著盡量閃避佛洛伊德條列出來的各項跟學會事務有
關的指責，然後提到自己為什麼不積極通信：

　　這幾週來我沒有很積極通信，因為我覺得可以不寫就不寫；我只是
希望有多一點時間來寫書，而不是刻意要讓您覺得被忽視。難道您不相
信我？以過去的經驗來看，這種念頭毫無根據。當然，對於精神分析的

至高真理，我有我的看法，即使與您的不同，但我尚未確定，更沒辦法用寫信的方式攤開來講清楚所有細節……但是我從頭到尾、裡裡外外，絕對沒有想撇開您的意思。

榮格多多少少總算是攤牌了。他最後還引用尼采《查拉圖斯特拉如是說》中讚揚學生必須靠自己出擊的八句話來做結語。

榮格寫信的技巧總是比不上佛洛伊德。一九一二年三月五日佛洛伊德的回信，堪稱被激怒之傑作：

事情非常單純，有什麼好「感傷」的？我已說得很明白，主席幾個月來對學會根本沒興趣，竟然還派了一個不可靠的朋友李克林來當左右手，這對學會來說完全沒有益處。看來你知道我是對的，這是重點。你的意思很清楚，我明白了，你目前不想寫信給我，那麼我也告訴你，我在打算要怎麼從這種被剝奪感中釋懷。我說中了吧？這不就是自我防衛必須採取的動作嗎？……

你說需要獨立思考，還引尼采的話來支持自己。我完全同意。但假使有第三者讀到這段內容，問我何時曾企圖在智識上凌虐你的腦袋，我一定會回答：我不知道。我不相信自己做過這種事。阿德勒確實抱怨過類似的情形，但我認為他是得了精神官能症才會這樣說……

再問一次，為什麼你會「感傷」？你覺得我想找別人來當我的朋友、助手和傳人嗎？還是你以為我想找，就可以馬上找到？

榮格決定不再與這串對話牽扯下去。一九一二年三月十日，他回信感謝佛洛伊德「好意來信」，並聲明他沒有「效法阿德勒」的意思。其餘信文大部分都是在聊別人的閒話。只有兩件事比較重要。第一件事，《轉化與象徵》的第二部分終於完成。「除了附錄之外，其餘都完成了。」說「完成」其實並不精確，榮格才剛放棄繼續寫下去，並寄出已寫完的部分。「毀滅性母親」的幻想還是保留不動，只是變成不時在各段落間穿插

補述；至於書稿的其他部分，榮格只是拼拼湊湊，然後指望有好運。另一件要事，就是他開始為〈毀滅為生存的動機〉潤稿。「恐怕要修的地方不少，我總是得花上漫長的時間來修改。」

佛洛伊德等了十天才回信。這段沉默也許沒之前的可怕。榮格的書已完成，開始認命地面對自己的處境。他自己後來也這麼寫道：「我早就知道出版這本書要付出的代價，就是我和佛洛伊德的友誼。」

耶穌與尼哥德慕

根據榮格寫作書中最後一章〈犧牲〉的時空背景，如果他表明了與佛洛伊德意見不同，或綜合了對廣泛素材的多樣化詮釋，那麼這一章的內容應該會很切題。事實上，這兩件事他都辦到了，只是手法很糟，非但難懂，還出乎意料地唐突。

讓我們回想一下，《轉化與象徵》的第二部原先只是詮釋米勒小姐的第三個幻想「奇溫托佩爾」的冒險，沒別的用意。到了最後一章，只需要詮釋奇溫托佩爾之死。前三章都是為讀者埋下結局的伏筆：奇溫托佩爾之死象徵了米勒小姐深層的內向性，是她的亂倫渴望退化成功。但是，榮格早在海利邵授課時已有系統地說明過此案例的象徵意義，他現在並不想申論這點。同時，在第二部開頭插入的三個新章節中，榮格假設性幻想代表未分化精神能量的分支。這些幻想中的象徵可能是一種適應現實的新方式。

出人意料之外地，在〈犧牲〉中，榮格同時採用這兩種觀點來詮釋奇溫托佩爾之死。不久前他才描述米勒小姐可能因逃避「個人情慾衝突」而產生「幻想式的自我遺忘」，現在他又採用完全相反的論點，以另一種方式詮釋：奇溫托佩爾之死就是米勒小姐的無意識放出的訊息，這個訊息意味著對未來的期望：如果她的人生要進步，就必須犧牲掉自己的幼稚。

我們不該忘了，「神經病的性幻想，以及夢中微妙的性語彙」正是

退化的現象。無意識的性的意義並不如表面那樣單純，「它純粹是一個象徵」，一如白日和陽光般明朗清晰的想法，亦是達成人生每個目標的決策與步驟，只是以無意識虛幻的性語彙和早期的想法形式來表達；我們可說，這是早期的適應模式復活了。

　　這樣的詮釋法等於陷米勒小姐於尷尬處境：她瘋了嗎？或是正好有了重要的領悟？稍早在第二部中，榮格引述新約中耶穌對尼哥德慕（Nicodemus）說的話：「不要因為我說『你們必須重生』而感到驚奇。」來示範宗教比喻如何在象徵上運用亂倫幻想，做為改變原慾方向的手段。榮格離題了整整十八頁，都在談瘋狂詩人賀德麟（Hölderlin），現在總算回歸正題，談他的女主角：

　　……我覺得無意識給了作者睿智的忠告，就是她必須犧牲掉這個幼稚的英雄。顯然最好靠著完全投入生活來達到這種犧牲；從外在的人際關係檢視內在所有因家族遺傳而無意識聯結在一起的原慾……這一步正暗示了可採用哪些療法，至少明示了個別的性問題可以靠電療解決。如果不這麼做，未善加發揮的原慾還是會固著於亂倫的束縛，並使人在本質上不得自在。請記得基督教義中毫不考慮地就把男性與他的家庭分開，在耶穌與尼哥德慕的對談中，也看得出基督特別努力想疏導亂倫原慾。兩種傾向的目標都相同，即解放男性；從異常固著於家庭的狀態中解放猶太人。但這並不表示進步，反而更脆弱，更無法控制亂倫慾望，〔因此〕產生以強制儀式進行狂熱膜拜的補償心態，以及在宗教上恐懼難以捉摸的耶和華。當男性無懼於規範、激情的宗教狂熱或先知，也並非為了更高的理想而充分發揮、解放亂倫原慾時，就會受無意識的衝動影響……因此，這個男性無意識的亂倫原慾會以最原始的形式出現，在面對他的戀愛對象時，令他處於不能控制而情緒化的相對原始階段。這就是一度有過古老傳統的心理學實境，當時的「救世主兼治療師」致力於教導男性昇華他們的亂倫原慾。

這段本身說明得夠清楚，不過，從精神分析創始者的角度來看，它還另有所指。榮格所說的「他的戀愛對象」，呼應了佛洛伊德在〈論男性選擇對象的特殊類型〉的說法，那也是首次出現「伊底帕斯情結」一詞之處。其實榮格的言下之意是指，持久的伊底帕斯式固著心理反映出猶太家庭組織的特殊形式。即使榮格委以「一度有過的古老傳統」來解釋，這個論點還是很荒謬。

在比較基督教與拜日教時，他也推翻自己的論點。在〈犧牲〉的結尾他明言：

比較拜日教與基督教時，我們可以明確看出基督教的象徵更強勢；坦白說，不僅要犧牲卑微的願望，還要犧牲掉整個人的人格。基督教象徵要求的是完全奉獻，名符其實強迫人們為了更崇高的目標而自我犧牲……

本書出版時，以上段落有可能引起佛洛伊德的注意，事實上某些跡象顯示佛洛伊德確實注意到了。但是，不知幸或不幸，這些內容並沒有造成多大的衝擊，這全是拜整章都不知所云所賜，即使不小心略讀這一段，也沒什麼差別。總而言之，〈犧牲〉讀起來完全不通。前面幾章不斷離題、攻擊的口徑老是不一致，以及目標不明確的毛病，在這章裡全都出現了。舉例來說，上面兩段探討基督教的內容中還穿插了談論原始的亂倫象徵和兒童的亂倫幻想，又臭又長，而且還把對兩者的詮釋皆改成為求適應而不斷掙扎。然而，在談到這樣的掙扎終究是負擔了什麼時，榮格得意地提出一個奇怪的答案，就是「求生和求死」這種與生俱來的衝突。

榮格在申論兩種對於原慾的主要看法時，也不太清楚透徹，這是更大的敗筆。在論及實際行為時，他根本就是沿用過去的原慾的亂倫說和生殖說。不過，論及象徵和幻想時，他卻採用了是否與性相關來區分的新觀點。人如果在適應現實時受阻，過剩的能量就會溢出，變成性意

424

象,並試圖尋求別的適應方法。結果可能會產生與性相關的意象,但深層的意義可能不是這樣。簡而言之,兩種不同的說法可運用在不同層次的邏輯思考。但在〈犧牲〉一章中榮格並沒有把這些掌握好。榮格並未處理好這些重點,使得第一次讀到終章的人絕對摸不著頭緒。

結果隔年九月,《轉化與象徵》的第二部問世時,沒有任何一位與榮格同時代的人看得懂,包括佛洛伊德。榮格誤以為自己的理論很大膽,其實他只是成功創造出晦澀無比的東西。而且這本書也不是他想像的那樣,終結了與佛洛伊德的友誼。他們的友誼早在那之前就告終了。

她自己的情結

在〈犧牲〉(或《轉化與象徵》的其他章節)中,都沒有引述史碧爾埃〈毀滅為生存的動機〉的論文內容。榮格在一九一二年三月十日給佛洛伊德的信中說,他先完成了書稿,才定下心來好好修改史碧爾埃的論文。顯然他認為優先處理自己的作品是理所當然的事。但是到了三月十八日,他寫了封令史碧爾埃非常錯愕的信。信中說,他這才發現兩人的作品「竟然近乎雷同」。他說,在這之前他總是把她的標題誤讀成「差異」而不是「毀滅」。不過現在總算讀對了:「人不但有向上,也有向下,甚至終結的慾望……我也有細究這點。」榮格還繼續說,在〈犧牲〉中有引述史德寇的《夢的語言》(*Language of Dreams*),而史德寇已經在其著作中提過這點。

史碧爾埃的回信並沒有流傳下來。但是根據榮格寫的下一封信,可以看得出史碧爾埃氣炸了。一九一二年三月廿五日,他在信中寫道:「妳又太激動了,沒這個必要。」接著又說:

> 對於我所說「詭異」的雷同,妳又只看到字面上的意義。我這是讚美的意思……畢竟是妳先寫出來的……妳比我早弄清楚求死慾是什麼。大家都會理解的!……我在書中表達的方式完全不同,沒有人會以為妳是抄我的。

　　然後他又說，兩人是無意識地「併吞」彼此一部分的靈魂，彷彿是因為心電感應才會讓他們的作品這麼雷同。但榮格警告她，這個「思想滲透的祕密」絕對「不能公開」。然後在結尾中寫道，他很高興在維也納有她站在他這邊，因為他的新作品很可能會被誤解。他再加上一句「在佛洛伊德面前，妳就代表我」，壓根沒想到這位女博士可能會覺得這封信比上封信更過分。

　　同一時間，佛洛伊德寫信給榮格回答他最近的問題，順道讚美了史碧爾埃的論文：

　　　　至於史碧爾埃的論文，我只知道她在學會中讀出來的那篇。她很聰明，所說的一切都有意義；但我不贊同她說的毀滅驅動力，因為我認為那是個別的案例。她似乎有種不尋常的矛盾感。

　　從上下文來看，「矛盾感」指的是又愛又恨。佛洛伊德在信中繼續針對不同的事大肆談論「矛盾感」：「《圖騰與禁忌》的論文進度很慢。我早就知道結論是什麼。但禁忌和從中衍生的道德觀念的來源卻很矛盾。」

　　史碧爾埃的真正傑出之作正瀕臨絕路。榮格誤讀成她在描述「求死慾」，而佛洛伊德則是誤會她在談自己人格素質的傾向。這兩位男士都沒有花心思瞭解她做了什麼。然而，如果精神分析理論不是朝她研究的方向邁進，又會朝哪裡發展？探討自我與性慾問題本質之間關係的理論，還是有其必要，無論推理是否能成功。一旦跨出這一步，去詳細解釋性壓抑，然後遭遇問題，就會催生出「自我在面對性交中天生的瓦解性質時，會出現矛盾的反應」這樣的道理。冥冥之中，彷彿有股力量在證明她的論文會實現這條公理。緊接著在一九一二年三月廿七日的「維也納精神分析學會」上，陶斯克講授了一堂「性與自我」。

　　終於有陶斯克可當她的盟友。他的見解基本上都與她的理論相呼應，只有一個例外。當陶斯克評論自我保存和自我生殖兩種本能，以及它們對自我有什麼不同的影響時，逐漸強調要視施虐狂的現象為特殊案

例，因為施虐狂兼具兩種本能。強調施虐狂，就表示他用男性的角度詮釋自我。一旦大家先吸收了他單方面的論點，再回頭看史碧爾埃的說法，就會認為那是女性觀點，以通俗的方式來形容的話，就是變成同一現象的被虐狂版本。儘管如此，相似的論點還是造成了一些衝擊，史碧爾埃自己是這麼寫的：

若問為何一個人要對抗自己的性慾，可從性本能是兩極化這件事來著手：性慾有一部分會召喚出自我的瓦解性質。陶斯克也斷言，發生性行為時自我會瓦解。克拉格斯則說，現在的發表者也主張，每一種強烈的感受都有自我瓦解的傾向……每一種精神反應都有自我朝本身種源的過往而瓦解的傾向；第二個因素是對當下的投射與適應。

史碧爾埃對適應與種源退化的見解，是她論文中的強項，但與會者可能都沒完全聽懂。不過其他意見則是很容易被瞭解。她最後再試著說明一次，她的理論闡述了壓抑的問題。

史德寇接著發言，然後輪到佛洛伊德。佛洛伊德的話後來也收錄在關於自戀和種源壓抑的文章中。對於史碧爾埃的論文，他只這麼說：「史碧爾埃博士說，虐戀問題與毀滅本能一樣，一點也沒錯。」佛洛伊德六天前給榮格的那封信，之所以說「她似乎有種不尋常的矛盾感」，顯然就是這樣來的。「矛盾」會引發所有在性方面有問題的感受。但是在討論當時，佛洛伊德這個想法並不是那麼明顯。大家聽起來可能只是單純以為，他支持史碧爾埃的論點，相信虐戀現象與自我瓦解的程度有關，並建立起適用於當今性慾併發症的通則。這正是史碧爾埃想說的。討論中她做了第二次發言，但並未澄清自己在這方面的立場，也沒請佛洛伊德澄清他的立場。她顯然沒領會佛洛伊德用字遣詞的玄機。她的理論被否定，而她似乎還不知道這回事。

一個人講的話，別人都聽不懂，當然可以怪到這人頭上。也許這人說的事情很難懂、講太多，或者非常不客觀。史碧爾埃可能都犯了這三

種毛病。不過平心而論，她在壓抑作用上的見解得不到認同，並不是她的錯，而是佛洛伊德和榮格的問題。他們對自己和對方的理論都有既定的成見，就是不肯暫時放開心胸，接納這位資歷尚淺的同事，更別提助她善加表達想法了。更無望的是，兩位男士依然暗地裡把她當成病人；不認同她也是正當的，因為病人不該有自己的意見或洞察力。無論是當時，還是又過了一段時間，精神分析的演變都有這麼一種詛咒般的偏見，修辭方式不僅毫不公正，雖然與能產生出新療法的特質大相逕庭，卻又讓任何人都能輕易去實踐。佛洛伊德與榮格間的競賽，在於系統化精神分析的理論，以及編纂一套從此以後永久適用的法則，卻忽略了一項最簡單的真理：有時候，一個人的話別人聽不懂，那是因為根本沒人在聽。

已知三月廿七日陶斯克的這場討論，是史碧爾埃最後一次出席週三夜會。後來的文件記錄內容突然變得很貧乏，原因不明，只剩下一點點四月三日和十七日的會議記錄。四月十日似乎沒開會，也許是因為佛洛伊德沒辦法出席，他去找費倫奇了。大概在這段期間，約於四月的第三週，史碧爾埃離開了維也納，前往柏林。（史德寇隨後寫了封信，抱怨她在維也納時都沒找他。還問她發生了什麼事，是不是得了「恐懼症」或是因為「榮格主義」？）至今無人知道她為什麼搬走，也沒人知道她是怎麼認識保羅·謝夫特爾（Paul Scheftel）的；兩個月後史碧爾埃就嫁給他了。我們只知道謝夫特爾是猶太人，長相英俊，是位醫師，個性不太隨和。

這個時候，佛洛伊德和榮格間的通信差不多也不談史碧爾埃了。榮格在度假前剛好修改完她的論文。一九一二年四月一日，在寫給佛洛伊德的信中，榮格提到自己認真看待她的論文，就像敲起喪鐘。他特別挑選論文中的第三部分，這部分包含她對「齊格菲」的分析，也就是佛洛伊德已經批評過的那段：

出發前我在修改史碧爾埃的論文。我得說：「上半身是美女，下半

身是條魚。」〔出自羅馬詩人賀拉斯（Horace）的名言，原文為拉丁文：
desinat in piscem mulier formosa superne〕。開頭大有可為，後續到結尾卻
越拖越無力。〈神話中的生死〉（Life and Death in Mythology）這一章特別
需要刪減，淨是錯誤，更糟的是她的詮釋方式有偏執的毛病。她的學識
不夠，論文寫得很平庸，反正就是不夠深入。我必須說，如果要幫她找
藉口的話，她把自己的問題與布滿謎團的神話層面聯想在一起。除此之
外，她在論文中投入太多自己的情結。真要針對這位女作者的弊病開出
批評的處方的話，那也會是「每天四次，三餐飯後」（refracta dosi）。過不
久我會親自寫信告訴她。

　　榮格四月初度假時，與妻子去了拉溫那（Ravenna），在生存於五世
紀的加拉‧普拉西提阿（Galla Placidia）陵寢禮拜堂的彩色馬賽克下冥
想許久。在他的回憶錄中這麼記載著：「在我看來，她的陵墓是最終的
遺物，我可從中得知她的性格。她一生的際遇和整個人，都在我面前活
靈活現。」這段看起來很玄，不過讀者如果熟悉榮格不斷與鬼魂相遇的
軼事，大概就會明白這是什麼情況。正如榮格自己是歌德的化身，史碧
爾埃也被回溯成普拉西提阿的轉世。用這種方式悼念一名女子實在很奇
怪，竟然是回溯到數個世紀前的過去，但榮格不覺得有何不妥。
　　這個假期等於是榮格和佛洛伊德不必通信的好藉口。直到四月廿一
日，佛洛伊德終於提筆，才打破這段相互的沉默。除了一些漫不經心的
意見，佛洛伊德最後一次提到史碧爾埃。這是兩人的通信中最後一次出
現她的名字：「還好我沒有跟史碧爾埃提起你的批評。幾天前她來向我道
別，還跟我討論了一些私密的事。」佛洛伊德的措辭隨性不拘，看不出
有什麼事情正在進行。其實史碧爾埃找佛洛伊德談是有特殊目的。她希
望在接下來的秋季，請佛洛伊德幫她做精神分析。她想藉此解決對榮格
這個「毀了我一生的男人」的心情。我們並不知道雙方如何達成在十月
前敲定療程的共識，也不清楚兩人對這件事有什麼感覺。從現存的文件
中判斷，佛洛伊德從來沒告訴榮格這個計畫；史碧爾埃也沒提。無論如

何，佛洛伊德這封四月廿一日的信透露的不祥徵兆，還不止史碧爾埃這件事。「我又恢復與賓斯旺格的通信了，」佛洛伊德接著又說：「要解釋人為何變得興致缺缺，可能只有生病和開刀比較有說服力。」

克羅茲林根的拒絕暗示

三月第一週，賓斯旺格動了盲腸手術，醫師及時發現了一顆癌腫瘤，並且把它割除了。要不是剛好闌尾發炎，賓斯旺格也不會這麼好運撿回一命，不過當時沒人知道這件事。當時最先進的醫學知識認為外科手術也沒辦法解決這種癌症，病人終究難逃一死。因此賓斯旺格誤以為自己快死了，並要求佛洛伊德保密。

不過，事情遠比表面上看來更複雜。賓斯旺格打算在臨終前寫好〈佛洛伊德對於臨床精神病學的重要意義〉這篇新論文，而佛洛伊德必須傾力配合。重點是，佛洛伊德曾告訴他，最近可能沒辦法馬上去見他。而且這私人面談計畫的討論主題越排越多，還把榮格排進行程裡，後來賓斯旺格回想，他認為佛洛伊德並非真的這麼看壞兩人的關係：「儘管佛洛伊德對榮格不如過去滿意，但仍希望『一切紛擾能和平結束』。」儘管賓斯旺格居住的克羅茲林根距蘇黎世只有四十英里遠，佛洛伊德卻沒告訴榮格他要去那裡；就像他也沒提史碧爾埃（接受佛洛伊德的精神分析）那件事一樣。

榮格下次寫信給佛洛伊德是四月廿七日。信中沒提什麼要事，但態度很友善。他在信尾感謝佛洛伊德寄來〈亂倫憎惡〉的抽印本，還說當時他也正在處理相同的議題：「神話中母親的關鍵角色全都反映於純幻想中，這遠比生理上的亂倫還重要。」榮格雖然想用漫不經心、隨口說說的語調帶過，但佛洛伊德可沒有中招，他在回信（已散佚）裡終於問榮格到底在玩什麼把戲。

榮格脫胎換骨了。現正在為九月即將於美國福特漢姆大學開的課「精神分析理論」寫教案。〈犧牲〉已促使他走上不歸路。他撰寫福特漢姆的教案時，雖然不願意，但還是提到了自己的立場與佛洛伊德不一

樣。他現在也不像過去那樣會為了這種事而沮喪。我們觀察福特漢姆大學的教案，會發現榮格的散文風格變得相當清楚易懂，又有驚人的說服力，可見他內心平靜了不少（回顧歷史的時間軸，令人驚訝的是，這份教案是在完成《轉化與象徵》的僅僅一週後就開始寫作。也難怪這個主題會有所助益；撇開解釋古老神話會遇到的困難和陷阱，榮格的思緒突然又變得清晰有條理了）。

這些都可證明，為何他一九一二年五月八日寫給佛洛伊德的下一封信中，沒有過意不去的感覺，不但如此，他還決定仔細說明改寫亂倫禁忌的想法。他的想法是由多種層面衍生出來的，包含臨床和個人的經驗；但在信中，他偏向採取人類學的解釋。這正是他的論述中最不易懂的部分，佛洛伊德馬上回信反應這點：「我還是覺得你的亂倫說很模糊。相信我這麼說你也不會覺得詫異。」

兩天後，佛洛伊德又寫信給賓斯旺格。之前佛洛伊德七十七歲的母親生病，因此去不成克羅茲林根；現在他則很確信，五月廿五日週六即可登門拜訪賓斯旺格。他很高興賓斯旺格在寫論文，也期待這場個人面談，可以聊聊「我們都由衷關心，有關布魯勒、榮格和整個世界局勢」的議題。

同時，榮格又再試著解釋一次。在一九一二年五月十七日給佛洛伊德的信中，他不僅重申從人類學出發的觀點，還提到了相似的臨床經驗：「正如拉丁俗諺所言，凡事都該『有所保留』（*cum grano salis*）；是否真的發生過性創傷，或所謂性創傷僅只是幻想，並不重要，對心理學而言是否有亂倫禁忌，其實是無足輕重的，因為基本上，要看之後的發展才會瞭解所謂亂倫的問題是否會變成重點。」

某種程度上，這段話很乖僻。兩人表面上都以精神分析的方法詮釋原始神話，這是個非常專業的領域，需具備高水準的學識才能對談。但實際上，他們彼此都想暗自藉題公報私仇。而亂倫的主題就是這個藉口。榮格沒提自己懷疑佛洛伊德的家庭紛爭；榮格之所以找新方法來詮釋觀點，其實是想撇清自己與史碧爾埃間的情感糾葛，而佛洛伊德也沒

針對這點透露他到底瞭解多少。當然，這種不談論個人私事的對話模式，是從兩人自兩年半前由美國回來後，就成為彼此溝通的標準形式。但是，這樣的無意義之爭到底該持續到何時？總有一天要結束的。佛洛伊德在下封信中打破了這無謂的僵局，而且就此終結了這種對話方式。

五月廿四日週五，佛洛伊德準備離開維也納，前往克羅茲林根。動身前一天，他提筆告訴榮格這個果斷的決定。這等於宣告了精神分析之戰：

關於原慾，我總算認清你的觀念與我的不同（我當然是指亂倫說，但我也同時考量你打算整個改寫原慾觀的事）。我一直無法理解，為什麼你要揚棄舊觀點？還有，亂倫禁忌到底還有哪些別的源由和動機？當然，我也不奢望你會在信中充分解釋這種難題；我會耐心等到你將這些想法出版成書的那一天。

我很重視你信中傳達出來的警訊，那也點醒了我，我犯的第一個大錯，就是誤把幻想當作真實。每走一步，我都該小心謹慎，睜大眼睛。

不過，如果我們現在把理智放一邊，改成由愉不愉悅來決定的話，我必須承認，我對你的創舉極為反感。

「改成由愉不愉悅來決定」這句話，後來成了〈關於兩種心理運作原則的構想〉（Two Principles of Mental Functioning）的術語。在這篇論文的結論中，佛洛伊德重新詮釋了榮格一八九六年的夢，認為那是隱藏的弒父念頭。佛洛伊德在信中繼續提出兩點：他不喜歡榮格創造的「退化特質說」，並點出他特別討厭的一點是，「阿德勒的原理是個禍害，而你跟他差不多」。提到阿德勒，他還說：「我接受你的提點，相信你對亂倫原慾有不同的擴充解釋，但跟阿德勒的說法還是很像。」

佛洛伊德有意爭辯的心思昭然若揭。當然，榮格很可能搞不清楚〈關於兩種心理運作原則的構想〉究竟暗示了什麼。佛洛伊德唯恐榮格不懂，彷彿要先發制人似的，一提到阿德勒之後馬上又重提先前的話題，

然後把暗示講明：「我還是重申：我承認自己的反感都是由享樂原則決定的。」

信的結尾很平靜，他告訴榮格自己即將出城，而且兩人不會碰面：

> 聖靈降靈節的週末，我會去離你很近的地方。廿四日晚上，我要去康斯坦茨湖畔拜訪賓斯旺格，打算下週四回來。時間不多，沒辦法安排別的事。

佛洛伊德要拜訪賓斯旺格的事已成定局，後來榮格也覺得賓斯旺格和他變得疏遠。榮格清楚兩人不歡迎他加入，儘管佛洛伊德事後曾辯解沒這回事。榮格彷彿被打了一巴掌似的，這件事也被稱為「克羅茲林根的拒絕暗示」，但佛洛伊德很快就忘了，後來還竄改了事實。在此暫時打住，讓我們先好好消化三件事。首先，在與賓斯旺格的個人面談計畫中，顯然榮格是其中一個討論主題。其次，信中的表態是另一種宣戰方式。最後，佛洛伊德寄出這封信的同一天，榮格就收到了。

榮格花了兩週才接受這場震撼。在一九一二年六月八日的信中，他認定情勢已變：

> 在亂倫的問題上，看到您大肆反攻我的意見，破壞力有多強，讓我覺得很難過⋯⋯您說我跟阿德勒雷同，我也只好乖乖吞忍下去。這是我躲不過的命運。我不可能改變，我自有銳不可擋的理由。一開始，我也想證實舊的原慾觀沒錯，但不得不說，事情跟我原來想像的不一樣⋯⋯
>
> 您來到克羅茲林根，卻不願見我，我想一定是我發展原慾論的方向令您不快。希望以後我們能互相諒解彼此的爭執點。看來以後我得走出自己的路。您也知道，瑞士人都很頑強。

佛洛伊德回信時裝作受傷又無辜。一九一二年六月十三日，他厚著臉皮，很痛苦似地解釋克羅茲林根一事，他說，要榮格把週末花在舟車

勞頓上實在是「不合理的要求」，不過「如果你自己想要過來，我會很高興」。他無法理解榮格受傷的心情：「你的話表示你不信任我，我覺得很痛苦。」這說詞很虛偽。他還說，因為家人生病，所以一直無法敲定日子：「我當時想，確定可以出發的時候就要寫信告訴你……」好像是在說，只要一有機會他就會馬上行動。但根據歷史記錄，事實上並不是那樣。他五月十六日就訂好位，然後拖了一整個禮拜才通知榮格。

至於榮格的理論創見，佛洛伊德等著再多瞭解一些：

原慾的問題之後再說吧。我不太清楚你改變想法的性質和動機。我非常清楚自己有哪些偏見，所以只要瞭解得夠多，一定會變得很客觀。即使我們無法馬上達成共識，也沒理由認為，不同的科學觀點會破壞私人情誼。

佛洛伊德當然沒指望從榮格本人那「再多瞭解一些」。隔天，佛洛伊德寫信給史碧爾埃，開頭說，有位之前轉介給她的病人來訪，感謝佛洛伊德的轉介：「我也同樣感謝妳。」接著佛洛伊德想免去是由史碧爾埃先提出種源遺傳觀點所造成的麻煩，便說亞伯拉罕早在《夢與神話》（這是在佛洛伊德的監督和審稿之下寫成的）的基本論點中已提過類似觀點了。不過他告訴她，未來可能會「為了支持妳和 A〔亞伯拉罕的縮寫〕，收回對榮格的讚譽」。顯然史碧爾埃曾寫信給榮格，提到這段期間他們兩人之間的關係緊繃，因為佛洛伊德的信尾寫著，感謝她在這方面的關心，同時積極計畫幫她做精神分析的事：

我很期待十月來臨，到時候妳就會決定來維也納的時間，那表示妳終於脫離榮格而獨立了。妳對榮格說的：「巴不得想看到你們的裂痕變成鴻溝的人，永遠不嫌多。」這句話很有智慧，我非常感激。

從最後一句看得出來，佛洛伊德開始放寬心對身邊親近的人談及自

已對榮格的不滿。

「先生，你這個人⋯⋯」

賓斯旺格認為，「國際精神分析學會」不能少了榮格；但同時也覺得，榮格會跟人家先打交道後疏遠，這是他的壞習慣。佛洛伊德一九一二年初夏時檢討過自己的境遇，可證明賓斯旺格的兩個意見都沒錯。先把反感放一邊，佛洛伊德也看得出來，榮格的情況不能與阿德勒的相比。榮格只說一定要發展自己的理論，但還沒出版任何相關作品。

佛洛伊德的傷感已影響不了榮格，但還是有些人感受得到他越來越沮喪的心情。鍾斯的妻子對嗎啡上癮，並有長期歇斯底里，還有依戀他的問題，為了請佛洛伊德治療她，鍾斯於六月中到了維也納。他驚訝地發現，佛洛伊德對榮格的態度與九個月前在威瑪時截然不同。他決定善用這個特別的機會；鍾斯私下找蘭克和費倫奇，提議組一個以佛洛伊德為中心的菁英團體，好保護他別再沮喪下去。

七月初，佛洛伊德寫信感謝菲斯特最近插手管梅德爾（蘇黎世學會名義上的領導人）的事，然後將砲口對準榮格，這段就是特別設計來引發砲火的：

> 很遺憾您沒見到榮格，也沒跟他談到話。要不然您就可以幫我轉告，他可以完全自由地發展與我不同的觀點，而且不必感到良心不安。

菲斯特一定會把這段話轉告榮格，這可能就是一九一二年七月十八日榮格寫了封信挑釁佛洛伊德的原因。在佛洛伊德痛苦地解釋克羅茲林根的事後，這是一個多月來榮格首度回應他：

> 我到現在還不知道怎麼回應您上封信。現在我只能說，克羅茲林根之行就是拒絕我的暗示，我懂了。您這個手段對不對，端看我未來的作品成敗與否。我總是保持安全距離，避免像阿德勒那樣背叛您。

在給當時已離開維也納的鍾斯的信中，佛洛伊德寫道，榮格的話「沒別的意思，就是正式否決我們迄今以來的友誼」。在給費倫奇的信中，他表現得更激烈。他附上榮格的信，證明榮格的精神官能症發作了。賓斯旺格也收到一份信的副本；他還說，為了想聯合「猶太人與非猶太人」，一起推動精神分析所付出的努力都白費了：「他們就像油和水，不會交融。」

七月底，鍾斯寫信給佛洛伊德，說了他與蘭克和費倫奇討論的事，這是在鍾斯以為榮格不盡職責的情況下才試著評估新組織的可行性。佛洛伊德八月一日馬上回信附議核心團體的成立。佛洛伊德希望這是個「完全祕密」的組織。同時，榮格告訴佛洛伊德，他去美國時會由布魯勒負責編輯下一期的《年鑑》。榮格也直言，在福特漢姆講課時，他會用修訂後的詮釋方式來分析亂倫；也因為人會在美國，他提議下次大會可討論他主席一職的去留問題。

在佛洛伊德寫給別人的信中，越來越蓄意提起猶太人和基督徒對立的話題。七月給蘭克的信中，佛洛伊德寫道自己一直試著「在精神分析的領域上結合猶太人和反猶太者」〔原文照錄〕。八月，他又寫信給史碧爾埃：

所以妳現在是位已婚女性了，我一直想著，這表示妳對榮格的神經質依賴已經治好了一半，否則妳不會決定結婚。還有另一半沒好，問題就是該如何解決它。

我祝妳完全康復。我必須老實說，這件事過後，我並不是很喜歡妳那個生出混血聯姻的救世英雄的幻想。在反猶太的時代，上帝卻選擇讓英雄以更優越的猶太血統降生。不過我知道，這些是我的偏見。

我們都同意，十月一日前妳會告訴我，是否還想跟我聯手驅離那個內在的暴君。現在我想稍微提一下與這個決定相關的情況。我想，那個妳說了很多好話的男性也有權利……同時可能還會出現另一個人，比前

後兩位男性加起來的權利還多。在這個階段，精神分析最好退到幕後。

　　佛洛伊德早就打算好了，可以不用再聽到她又提起「齊格菲」。組織祕密核心團體的計畫氣勢越來越旺。這個後來稱為「委員會」的團體，成員有蘭克、薩克斯、費倫奇、鍾斯，如果大家都無異議的話，還有亞伯拉罕。

　　亞伯拉罕很慢才察覺佛洛伊德改變了態度。他想抗拒榮格在精神分析運動的主導地位，長期以來都不成功，因此早就放棄嘗試了。可能除了賓斯旺格以外，比起大多數人，亞伯拉罕在促成精神分析與正統精神病學的友好交流上得到更多好處，所以他一點都不願意破壞這種和平。因此，儘管佛洛伊德的追隨者深諳政治之道，並且團結在一起利用局勢，在柏林的亞伯拉罕還是一直寫著充滿希望的信，認為事情還有轉圜的空間。而佛洛伊德花了很長的時間在信中以猶太精神感召亞伯拉罕後，現在已變得很謹慎，不再任人自由行事；榮格就是他以前過度放任的結果。

　　九月初，當榮格前往美國講課時，鍾斯想辦法從瑟夫手上拿到了《轉化與象徵》的打樣版初稿。他立刻親手交給佛洛伊德，還發表自己的意見。艾瑪‧榮格也做了同樣的事，雖然她希望佛洛伊德即時得知榮格新作內容的理由是不一樣的。十月，鍾斯到蘇黎世，與瑟夫和梅德爾一起討論榮格的書稿。鍾斯表現得像個政治人物，認為或許情況還有挽回的餘地。

　　當佛洛伊德一讀到〈犧牲〉這一章，就要求蘇黎世方面做進一步澄清。問題是，整個夏天雙方都沒有聯絡，現在榮格人又在美國，完全聯繫不上。因此佛洛伊德下了一個很妙的決定。他想寫信給梅德爾，看看是不是能引起他討論更具破壞性的東西。初秋時，佛洛伊德曾收到梅德爾的信，佛洛伊德得以就此展開攻擊。在一九一二年十月廿日給費倫奇的信中，他提到了自己的苦心：「我在給梅德爾的回信中盡我所能地犀利和坦白，很好奇會產生什麼效果。」

　　可憐的梅德爾。他那篇探討夢境象徵未來可能如何運作的論文，雖然在去年十一月那場不幸的冬季「瑞士精神病學家學會」就發表過了，但目前還躺在榮格抽屜裡等著出版。不知道佛洛伊德是怎麼得知這件事的，可能是從之前與梅德爾本人的通信中得知，又或者是根據榮格的作品猜出來的。現在，梅德爾收到一封令他非常錯愕的信，如同晴天霹靂。那是佛洛伊德寫的，第一句就是：「先生，你這個人，是一個反猶太份子。」

第 16 章
只餘靜默

　　我明白你職業道德上的理想，你也將這點視為使命。鍾斯告訴我，你殷切盼望精神分析師能成為完人，但我們很難滿足這種理想。我老是要安撫自己心中被別人激起的怒意，也得一直提防我招惹來的反擊。阿德勒是天生的思想家，卻也是偏執的壞傢伙，在他的無恥背叛〔原文照錄〕後，我跟我們的朋友榮格之間也出了問題，他顯然還沒克服自己幼稚的精神官能症。不過，希望他仍全心忠於我們的志業，我對他的好感也尚未大減。只是我們的私交已不再密切。

　　我不認為這表示精神分析徒勞無功；反而彰顯我們用這方法分析人格時，針對別人甚過針對自己……

　　　　　　　　——一九一二年八月廿日，佛洛伊德寫給普南的信

❧

　　這封一九一二年八月廿日，由佛洛伊德寫給普南的信，正好反映佛洛伊德和榮格當下的困境。這兩人私交甚篤，廣為人知，如果絕交，難免遭到同樣關注程度的議論；而且從一開始就不缺想居中調解的人，這更容易衍生問題。他們都無法假裝友誼依舊，卻又不願開誠布公。除了《轉化與象徵》中的兩段，佛洛伊德全是從史碧爾埃那兒得知榮格的基督教版新精神分析，但他不願透露這些祕密消息的來源或內容。況且公開舉出猶太版和基督教版之間的差異，誰也不認為是好事一樁。正如佛洛伊德給梅德爾的信所言，維也納人和瑞士人千萬別搭上這種風潮，不可「互相折磨」。榮格雖猜想佛洛伊德金屋藏嬌，但無憑無據，很難大肆宣傳，也無法藉質疑佛洛伊德的私情來影響其專業地位；更不可透露自己之所以變調，其實也跟私事有關。就像榮格在拖延的回信中對史碧爾埃的提醒，這些事都不可公開。

　　兩人以不同的方式發展出相同的局面。佛洛伊德開始根據鍾斯和

亞伯拉罕的線索四處蒐證，想證明榮格為了個人的發展而怠忽「國際精神分析學會」主席的職守；換句話說，是暗指榮格的「精神官能症」發作。佛洛伊德與親信們對榮格祭出政治手段，施加來自精神分析圈內的壓力。佛洛伊德以為，如果榮格忠於體制，或許也因為必須要讓觀點前後一致，就會受到制約。

榮格卻反其道而行；他向一大群感興趣的專業人士宣傳自己與佛洛伊德迥異的科學新理念。榮格的政治手段是，一方面訴諸實徵證據對佛洛伊德施壓，以公開精神分析運動的範式（paradigm）；另一方面藉著擴大解釋精神分析的概念，增加與其他研究領域接觸的機會。榮格以為，只要圓滑地使用純粹科學的中性語彙，他與佛洛伊德之間的異議就會變得不像私人恩怨，也更好掌控。榮格的策略雖然理念高貴，卻犯了情感大忌；想從圈外得到與圈內同樣密切的支持，是很難實現的願望。佛洛伊德暗中規劃的委員會成員都是他的革命夥伴；而榮格大概得孤軍奮戰了。

就這樣，從一九一二年秋天開始，兩人採用不同的策略，鎖定不同的對象。榮格尋求更廣大的閱聽族群，想找正當理由駁斥那些批評他要自行發展的說法；佛洛伊德藉著影射人身問題和來自圈內的政治壓力，令榮格打不成純科學之爭的如意算盤。戰火有一觸即發之勢。但比起未解決的私人恩怨，這些都不算什麼。無論多麼堅定地保持相當程度的職業禮儀，兩人還是有劍拔弩張的情緒。

榮格赴美

榮格前往紐約「醫學會」向同仁發表演說，他先提出新理論的臨床跡證，同時列舉與舊觀念的比較。佛洛伊德建立理論之初曾提及早期的性創傷，後來經實證而放棄此一說；現在，榮格舉出相似的個案，但超越了早期幻想的固著論。佛洛伊德是公認「徹底的經驗主義者」，大家也認同，這些幻想多半是分析成人精神狀態所收集的資料推測而來；榮格說，這樣的幻想雖好發於神經病患，但正常人一樣會有。因此，精神官

能症的決定因素必須到別處去找，特別是病患目前生活中使病情加遽的因素。榮格順帶一提，他注意過阿德勒曾舉出相似的觀點；下結論時他則談自己如何修改正常人格發展與精神官能症的關係，這個概念調和了佛洛伊德與賈內的觀點。

這裡有個隱晦的弦外之音。他在「醫學會」的演講是從修改過的原慾觀開始探討。常態的精神能量發生退化時，可能會以性投射的方式來呈現。在這個背景概念下所討論出來使病情加遽的因素，勢必變得相當廣泛。但基本上他是重提舊論。在「朵拉」個案與《性學三論》中已強調過這些觀點；而且這些說法後來還因為提出核心情結的教條而失去價值，那教條就是「精神官能症的發作是由當下情慾的衝突所引起的」。榮格認為（但沒說出來），佛洛伊德和瑪莎、敏娜間的三角關係，正是他近來一再抱怨身體欠佳的原因。榮格也相信，佛洛伊德沒處理好這段三角關係，導致他的理論偏頗，也看不清自己當前人生事件造成的重大影響。當然，這些都不可明說；但榮格確實曾私下主動告訴布瑞爾，他覺得佛洛伊德患有「精神官能症」。

隱晦的弦外之音還有另一個。榮格對於自己和史碧爾埃的不倫戀感到既危險又興奮。可知從此以後，他在探索智識的歷程中想再獲得那種興奮感，同時又想逃離原先想實現的亂倫幻想險境。站在榮格的立場，那段歷程確實為他的論點提供了臨床依據。舉例來說，在種種適用的情況下，從精神分裂症到現在所謂的自戀人格失調症，如果發生無法控制的性慾高漲，通常直接反映出的是當下人格的整合失敗，而不是預告長期受壓抑的願望即將浮現。然而，即使榮格採取理智的優勢，也無法改變他受情緒影響的事實。我們絕對可想像，這場「醫學會」的演講就像一段個人竭盡所能主導的聯想實驗；演講者本身少不了情緒化。下面這段就是如此，榮格以正式的口吻尖銳地否定佛洛伊德：

　　我無法為童年和原始人性中亂倫慾望的特殊力量平反；我甚至不想去找出原始亂倫慾望或任何其他性慾望退化的理由。我得說，精神官能

症的病因純粹與性相關這個概念實在是很狹隘。我的批評不是基於任何
對性的偏見，而是對整個問題有深入的瞭解。我從不否認自己採用佛洛
伊德提出的假設；我覺得某種程度上他的理論有效，但不是在任何情況
下都行得通。

　　普南負責記錄榮格授課的內容，在課餘和課後閒聊間，他簡短地評
論了榮格的理智和情緒，以下是他向鍾斯報告的內容：

　　榮格博士一方面仍重視、謹守著精神分析的技巧；另一方面他又
不像以前那樣把嬰兒期固著當作重要的致病因素。的確，以我對他的瞭
解，在大部分的情況下，他都不是很重視把嬰兒期固著……
　　我覺得他是個強勢而自我中心的人（我想我有十足的信心下這樣的
評斷），為了滿足私心，非得強調自己有多特殊。我不敢想像，他目前的
作為會不會嚴重違反精神分析運動的原則。

　　普南的擔憂不可忽視，他怕榮格的觀點就是破壞整個運動的前兆。
榮格當然打算走自己的路，分裂的氣氛正在醞釀。因為過去榮格被視為
繼承佛洛伊德衣缽的「子嗣」，他如果離開就是不忠，但留下就是不誠。
此時，鍾斯急著給佛洛伊德看這份報告，還指出普南覺得榮格的舉止有
異。
　　榮格九堂福特漢姆大學的課是仔細釐清其新觀點的機會，比「醫學
會」演講更重要。大家對福特漢姆大學課程引起的公論而非課程的內容
印象比較深刻，。很多人第一次聽到榮格宣稱「伊底帕斯情結」是人格發
展的通則，也是精神官能症的「核心情結」時，一定很驚訝。榮格也製
造了新詞「艾蕾克特拉情結」（Elektra complex），是具有相同屬性的女性
版本。他還根據縝密的性線索著手分析三種個案，發揮臨床醫師的精湛
技術。任何用心讀過課程內容的人都會驚嘆連連。
　　榮格想在整套人格慾望運作論中，找到臨床分析的著力點；他關注

的目標與佛洛伊德一樣，只是方法不同。榮格考量到人格發展的演進，而提出宏觀的原慾論，這點也與佛洛伊德不同。以單純的角度看待性高潮，就是大量產生後代來達到生殖的目的；而從深入的角度來看待性高潮，許多如築巢、育兒的特定附屬行為，也會隨著生殖而遺傳下去，因此已不再帶有明顯的性色彩。其實原慾已失去本來單一的特性，大多轉變成這些附屬的、無關乎性的適應問題。但佛洛伊德在談童年和精神官能症時已說明過這點了，他證明性的感覺也可能再投入這些附屬行為中。我們何不根據精神能量不滅的通則來綜觀這些現象？當能量在某方面受阻時，就會轉向別的方面；有時投射於性，有時則是流失。

榮格的原慾論帶有這種廣義的「種源概念」，然後在這樣的思考背景下申論特定的人格發展機制，而在這個機制的每個階段中，性本能都占有相對的分量。首先是約一到三歲的「性前期階段」，在這個階段裡，因為著重性高潮的成熟化發展，性感覺不如滋養本能來得重要。然後是約三到五歲的童年中期，這是性的全盛期，很容易依戀父母。結果就是「伊底帕斯情結」變成人格發展的通則；雖是通則但充滿不確定性。一個人是否會變得正常或患有精神官能症，取決於第三階段青春期發展的結果。這個階段的主要發展任務是向外探索世界，尋找新的性對象。如果這個階段沒發展好，原慾就會回到伊底帕斯亂倫階段的對象，而引發精神官能症。

這樣的人格發展機制再次成為榮格臨床分析的背景概念。根據榮格的理論，我們通常都在處理退化作用所引發的心理問題。病患無法掌控自己人生當下的任務，執行那個任務所需的能量就會轉移到性的領域，再退回到伊底帕斯亂倫階段的對象。但這段再度引發的亂倫幻想全盛期必須被視為退化作用的後果，而非起因。正確的精神分析療法必須引導病患回到當下人生的衝突，而不是讓病患充分發揮亂倫幻想到令人生厭的地步。他警告，如果對退化作用的理解不當，精神分析師反而會發現自己站不住腳，無法實施治療，且正好助長該被制止的症狀，也就是退化作用產生的亂倫幻想。

　　總而言之，這就是他的詮釋機制在臨床上充分發揮力量的效果，他保留了探索佛洛伊德核心情結的空間，但也意味著，病患和精神分析師之間存在著退化作用、依賴關係和不知不覺共謀的難題，若不妥善處理就會導致治療失控。榮格授課時說明了理論與臨床分析的相關性，舉例的個案中也應用了這套人格發展機制，同時還對整體精神分析理論的演變發表了中肯的意見。無論是在哪個時代，榮格的一些想法一定都備受爭議。例如，他在伊底帕斯階段和青春期之間安插一個中繼的捐棄（renunciation）階段，被認為最能代表這個內在邏輯的概念就是「犧牲」的「基督教象徵」（榮格是暗批「維也納人」。他們用「曖昧不明」的「閹割情結」來稱呼同樣的階段）。他還提出許多特定象徵在未來會如何運作的相關主張；鼓吹發展時種源遺傳迷思的影響；以及，如果精神分析療法的確牽連了告解制度，那麼這種牽連也往往招來反對的聲浪。更不可否認的是，榮格審慎調整過他的立場，採用可安撫瑞士批評家的觀點。不過他強調在精神生活中發展和適應是獨立的因素，也將這些獨立因素與性的主題之間重複交叉指涉，的確拓寬了精神分析的願景，某種程度上來說，也使這個運動變得更精微。

　　榮格課程的英文名稱聽來非常博大精深，被命名為〈精神分析理論〉（The Theory of Psychoanalysis），其一系列演講內容被刊載在《精神分析評論》（*The Psychoanalytic Review*），這是威廉‧阿藍森‧懷特（William Alanson White）和史密斯‧埃利‧耶里夫（Smith Ely Jelliffe）合辦的新期刊，後者就是邀請榮格到福特漢姆大學授課的人。這是第一本由美國出版，專門探討精神分析的期刊。榮格不僅搶先在創刊的前幾期發表，還寫了篇序文，趁機宣傳自己的觀點。榮格回蘇黎世後馬上又為德文版寫了第二篇序文，說明在這些課程內容中，他慎重地批評佛洛伊德的理論；他過去一直有這些想法，只是從未透露過。他還強調，提出新觀點不代表精神分析運動內部發生「派系分裂」，他以相當專橫自大的口吻說：「只有信仰發生問題，才會出現派系分裂。」他還提到，最近讀了阿德勒的最新著作《緊張人格》（*The Nervous Character*），他很訝異地發現

兩人有許多一致的見解。榮格漸漸變成創造精神分析多元論的專家，儘管這不在他原先的設想之內。

在榮格嘗試各種不同的方式宣傳新觀念前，佛洛伊德早已嚴詞警告過他，福特漢姆大學的授課內容不會得到支持。因此這段期間，榮格都沒寫任何信到維也納；但一九一二年十一月十一日一回到家，他立刻釋出善意。他的盤算很明確。佛洛伊德一定不會認同他，但不該因此公開決裂。榮格只希望終止以精神分析的手法互相攻擊，換句話說，他希望別再影射他自己的情結了。以下這段是榮格說明尚未出版的課程內容：

我覺得，我這個版本的精神分析說服了許多人，而那些人原本都不肯接受精神官能症中與性相關的問題。只要這些課程內容的抽印本一出刊，我很樂意寄給您一份，希望您能漸漸接受一些我在原慾那篇論文中隱含的新觀點。我不會讓您失望，只要您用客觀的角度看待我們共同努力的目標，就不會有這種感覺。如果您認為我改變路線，只是為了跟您做對，我會感到很遺憾。克羅茲林根的拒絕暗示對我造成的傷害也一直沒有癒合。就算有什麼不滿，我比較希望能面對面解決……希望這封信能讓您明白，我完全不想與您斷絕私人的交情。我也沒把您當成某種必須遵循的教條。我總是盡量公平地對待您，也會繼續這麼做，無論我們的私人交情最後變得如何。我當然想跟您保持友好，因為我欠您太多了；但我希望您能客觀評判，不要有絲毫恨意……我能保證我完全沒有想跟您唱反調的意思；除非您把我當成患有什麼情結的蠢才來看待，我才會拒絕接受。我認為自己的論點都很客觀。

佛洛伊德十一月十四日的回信來得快又冷漠。信文一開頭就是冷冰冰的正式招呼：「親愛的榮格博士」，在過去的通信中他從來沒用過這種稱呼。整段的語氣也同樣冷淡：

歡迎從美國回來。不過我這次迎接你的心情，跟你上次從紐倫堡〔也

445

就是榮格一九一〇年之旅〕回來不一樣，不再這麼熱烈（善意的送往迎來是我的習慣，偏偏這次徹底斷了這興致）；不過看到你個人的成功，我還是相當肯定、關心，並為你高興……你的改變論調並沒有廣受抵制，不過你可別以為我在褒獎你，你也清楚，越少去牽扯對精神分析而言不熟悉的領域，越容易得到掌聲，也越不會被反對。

接下來佛洛伊德繼續表達不快、鄙視的態度。對於「必須繼續共同合作」這件事，佛洛伊德表示有同感，但他又「很不解，你為何老是叨唸著『克羅茲林根的拒絕暗示』？實在太羞辱我了」。榮格可能不曉得，他沒參加佛瑞爾「國際心理醫學暨心理治療學會」的期間，阿德勒曾到蘇黎世，並在會議上報告說，蘇黎世人「對性的問題過度恐慌」，卻「也沒辦法靠榮格的觀點紓解這種恐懼」。

佛洛伊德的盤算也同樣很明確：保留精力，隨時準備與阿德勒一較高下，並獲得勝利。在這種氣氛下，榮格什麼辦法都沒有，只好再次提辭呈；很快地他又在下封信中提議，下次開會時請大家選出新主席。榮格想盡快從制度中脫身，無疑是受了另一件事影響。當時梅德爾來訪，對於佛洛伊德在信中指控他是「反猶太份子」還是很不明就裡。

榮格出國時，梅德爾覺得自己該回應佛洛伊德的指控，這不僅是對他個人的攻擊，也是對瑞士所有精神分析師的污衊。他辯駁自己的初戀情人和許多朋友都是猶太人，而且，說是猶太人發現了精神分析一點也不為過：「我深信精神分析一定是猶太人發現的，猶太人的心智最適合從事分析的工作。」他還補充說明，基督徒的心靈特別適合去挖掘出無意識未來可能運作的方式，也適合用重生的幻想做為人格改造的工具。於是，梅德爾在不知不覺中呼應了史碧爾埃同樣輕率的結論，也就是從推理的層面來看，詮釋類似「齊格菲」這樣的象徵在未來可能的運作方式，的確可用來揣測猶太人和基督徒在心理學上的差異。但他私底下並非刻意想支持史碧爾埃的大膽推論，也不覺得這是重要議題。所以他沒有就此罷休。他接下來說精神分析師的戰略正是受到「猶太心靈」的負

面影響：「大部分的精神分析師，特別是維也納的同事，在駁斥對手時都
有負面的戀父情結；沒錯，這種情結充滿猶太作風。」此外，在《意象》
的創刊企畫中，他特別提及有組織的宗教應被取代，這點也引起佛洛伊
德的注意。梅德爾覺得佛洛伊德最近寫的文章已超越猶太心靈；他還認
為，在精神分析的範疇上，可利用基督教和猶太兩種傳統互相驗證。

　　總歸一句，梅德爾的想法一點都不討好。他那篇探討夢境未來可能
如何運作的論文尚未付印，卻對於這篇為何會自然被視為基督徒特有的
觀點，依然不知所措。榮格一回到蘇黎世，梅德爾馬上去找他求解。榮
格的回應斬釘截鐵，要梅德爾先別管這個問題，而他，榮格，會把一切
都交代清楚。

史德寇的麻煩

　　我們不知道如果佛洛伊德和榮格之間完全只靠通信，究竟能把事情
解決到什麼程度。不過出人意料地，一九一二年十一月廿四日，兩人再
度於慕尼黑的帕克旅館面談，為了討論史德寇在《文摘》內部引發的特
殊情況。

　　這次該輪到史德寇下台了，雖然這次問題不是出在他的理論上。一
九一二年春季的最後一場週三夜會上，史德寇和陶斯克之間爆發了異常
惡劣的爭執。這兩人積怨已久，自從陶斯克加入維也納的團體開始兩人
就互相憎惡對方；但最近這次的爭執（會議記錄中並沒有記載）顯示公
然表現出敵意的情形更嚴重。這一年夏天，佛洛伊德動了個新念頭，想
指派陶斯克擔任《文摘》的書評。或許他希望這個舉動可激怒史德寇，
逼他辭職。或至少，陶斯克可以當佛洛伊德的眼線，替他看管這個事業。

　　佛洛伊德的算盤打錯了。我們還記得紐倫堡大會後的協議是授予
三位主事者否決權。當然，阿德勒已不在了，但史德寇可沒忘了這條規
矩。如果他能否決某篇文章，當然也能否決人事安排。他態度自若，宣
稱這本期刊不會收錄陶斯克的書評。這正好是佛洛伊德可用來挑釁的機
會。早在一九一二年秋，他就以董事的身分寫了封正式書信給出版商伯

格曼（J. F. Bergmann），要求他別讓史德寇擔任編輯。在十月九日的維也納學會上，他要薩克斯代表學會的執行董事，宣布實際上史德寇已被開除。然而這行不通。伯格曼還記得那些規矩，並提醒佛洛伊德，史德寇還有這項權利，而佛洛伊德反而是越權。只要伯格曼管定這件事，史德寇還是能穩坐編輯的位子。

佛洛伊德完全沒料到會這樣。他覺得這兩人背叛了他，因此散播謠言，指史德寇陰謀「密通」伯格曼。真相卻沒這麼複雜。自從威瑪大會後，《文摘》夾帶著〈匯報〉出刊，因此而引人詬病。且榮格幾乎沒在管理這份立意不佳，該由學會主席負責的時事報導。根據協議，「國際精神分析學會」要為所有歐洲會員預付《文摘》的訂閱費。佛洛伊德以為，只要讓《文摘》成為學會的正式通訊報，他，或至少榮格，都有權管理。但史德寇也料想到這一點，因此在同意新協議前已採取預防措施，他先與伯格曼商談，擔心這會改變他們先前的共識，伯格曼則認為不會；這就是史德寇「陰謀」的全貌。

無論如何，薩克斯太早宣布排除史德寇的宣言，讓佛洛伊德很尷尬，他只好比過去更堅決。接下來他找史德寇到辦公室談，私下要求他辭去《文摘》和學會的職務。史德寇當然早就做好準備。佛洛伊德告訴他，他的所作所為造成傷害（老罪名），而且佛洛伊德厭倦了總要在別人面前為他辯護。史德寇，特別是在自我感覺良好時，總是變得很直接；他冷靜地問佛洛伊德想到的人是誰。佛洛伊德回了他一記，答「榮格」。顯然先前就已有人把這件事告訴阿德勒，他憤而寫信到蘇黎世要求解釋。史德寇不僅沒上佛洛伊德的鉤，還即時逃脫自己的困境。他表示，榮格老早就放棄做精神分析，而自己一直以來都在推動精神分析運動。最後他願意辭去本地學會的職務，因為他不喜歡跟人爭執，也不想步上阿德勒倒楣的後塵，亦即能參加會議卻不能發言；但他並未辭去《文摘》的工作，他認為這本期刊是自己的使命所在。

史德寇這場告別面談意外地平和收場，但他不肯辭去《文摘》的事還是讓佛洛伊德感到不滿。如果史德寇不辭，那麼「他」就辭，並把史

德寇的所有撰稿人一併帶走。榮格從美國返回時，佛洛伊德自己創辦了一份新刊物《期刊》（*Zeitschrift*），預定於一九一三年一月出刊；史德寇似乎也早就對此做好準備了。一九一二年十月十二日，史德寇善意警告鍾斯：

> 你遲早會明白，佛洛伊德絕對會犧牲朋友。他只會利用聽命於他的人，那些俯首稱臣的膜拜者。只要哪天你想表達自己獨立的意見，他也會這樣對待你。下一位要犧牲的就是榮格；這段友誼早已暗潮洶湧。

面對佛洛伊德的打壓，史德寇態度卻很樂觀，這跟當時的財務情況有關：「國際精神分析學會」和《文摘》每年簽訂一次的契約才剛續約，且「國際精神分析學會」承諾會再提撥十二個月分的補助。儘管現在這份刊物已名聲敗壞，學會與它之間依然有正式的關係。榮格從美國回來時，佛洛伊德已找到解決辦法，許多分會都肯為他的新刊物背書。但與伯格曼之間的合約還是有效，榮格得要想辦法從這兒脫身。

這是榮格展現自己忠誠的天賜良機，他也把握住機會了。他利用自己的職權，倉促召集本地學會的主席們，共同討論該如何解決現在的情況。這場會議於十一月廿四日在慕尼黑的帕克旅館召開。實際出席的有佛洛伊德、亞伯拉罕、瑟夫、鍾斯、榮格、李克林與荷蘭人約罕‧歐培生（Johan van Ophuijsen）；歐培生是現任的蘇黎世學會祕書。鍾斯遲到，因為榮格邀請函中的日期寫錯。鍾斯給榮格看那份邀請函，榮格的表情很訝異，讓鍾斯瞭解這是不小心犯的錯誤，純粹是筆誤。但即便如此，鍾斯後來告訴佛洛伊德時，佛洛伊德仍不懷好意地批評：「一個紳士不該犯這種錯，即使他不是有意的。」

早上九點，榮格宣布會議開始，並隨即請大家接受佛洛伊德的提議，無須討論。但佛洛伊德堅持發表自己的說法，也確實這麼做了。瑟夫後來回想起，佛洛伊德發表時看起來很激動。榮格後來主動向佛洛伊德擔保，學會一定會盡力支持他。佛洛伊德的提議通過後，這群人開始

討論下一次大會的主題，並定為「夢的詮釋」。梅德爾代表瑞士人，蘭克代表維也納人。

　　這個場子一定充滿奇怪的示範意味。佛洛伊德和榮格之間瀰漫著緊張氣氛，卻還是攜手解決兩個非常棘手的情況，而且效率絕佳，彷彿是這個組織有史以來運作最順利的一次。兩位當事人之後在午餐前外出散步了兩小時，其他人則留在原地等候，猜想大勢會怎麼發展。兩人出門前，瑟夫聽到佛洛伊德抱怨，今年春天時榮格怎麼沒關心佛洛伊德母親生病的事。母親生病就是佛洛伊德到克羅茲林根卻沒找榮格的藉口。瑟夫當然不知道這件事，他只是覺得，佛洛伊德的口吻像一位家長，彷彿在溫情責備榮格怎麼沒關心他精神上的祖母似的。

　　佛洛伊德和榮格散步時，當然兩人憶起上次在帕克旅館的會面，那已是快兩年前的事了。再來自然是談到「克羅茲林根的拒絕暗示」。他們談了很多事情，從佛洛伊德母親的病況，到賓斯旺格的大祕密（末期癌症）；從佛洛伊德拖延來訪的通知，到佛洛伊德的信寄到時榮格實際上已經出城。可以確定的是，榮格最後承認，或許他回來時沒注意到佛洛伊德來信的日期；簡單來說，這完全是場大誤會。此外在談話間，榮格也主動吐露自己的心聲，他承認每次與別人合作的程度太緊密，自己就會很難獨立。大概可以猜到這話有道歉的意思，因為去年冬天他總是很慢才回佛洛伊德的信，當時的藉口是他把所有原慾都投注在工作上。其實榮格是把兩人的疏遠怪罪在個人的怪癖上。

　　總而言之，這次兩人重聚，貌似已解決了心結。但是午餐過後沒多久，佛洛伊德開始訓斥李克林，說他在最近出版的刊物中竟然沒有引用佛洛伊德的意見。李克林則回應，佛洛伊德的貢獻已廣為人知，實在沒必要再特地標示他的名字了。接下來大家談到亞伯拉罕最近關於古埃及君主阿蒙霍特普（Amenhotep）的論文。阿蒙霍特普通常被奉為一神教的創始者，在他的改革措施中，曾有一項是從公共紀念碑中抹去父親的名字。佛洛伊德用這個例子支持阿蒙霍特普懷有弒親願望的論點。榮格毫不猶豫地表達反對意見，他認為實際狀況比這個論點更複雜，既然在阿

蒙霍特普的一生中，父親始終被視為神，而過去的父祖輩也都是如此；消滅舊神的名字只不過是鞏固新教的手段之一罷了。佛洛伊德打岔，認為這剛好就提醒了他榮格是瑞士人，而瑞士人也都沒在他們的精神分析刊物中提到佛洛伊德的名字。榮格則轉為捍衛李克林和他的鄉親，解釋佛洛伊德本就名聲遠播之類的。但佛洛伊德不放過挑起這個話題的機會，鍾斯後來憶起當時的情況，認為佛洛伊德太公報私仇了。然後榮格繼續談阿蒙霍特普，語氣比之前更不客氣：「這個故事也許很粗野，甚至殘忍，卻再自然不過了。父親已有名聲，兒子則必須走出父親的影響，創造自己的名聲。」佛洛伊德回答：「好吧，古時候可能是這樣沒錯，但現在可不盡然如此。」然後陷入沉默，榮格則繼續詳加描述阿蒙霍特普。接著，佛洛伊德從椅子上跌落，昏了過去。

榮格衝向跌落的佛洛伊德，後來憶起事情的經過：

　　我扶他起來，把他抱到隔壁的房間，讓他躺在沙發上。我抱著他的時候，他的意識恢復了一半，我永遠忘不了他的眼神。虛弱的他望著我，彷彿以為我是他的父親。

佛洛伊德不僅也這樣看待榮格，還說了同樣的事；鍾斯後來回想起當時佛洛伊德望著榮格說：「若能就此死去，該有多美好啊！」

當然沒必要繼續討論下去了，所有人關切的重點都轉向昏倒的「大師」。佛洛伊德不知怎麼辦到的，總之恢復了冷靜，把這次的昏厥歸咎於睡不好和反胃；往返洗手間時，他又大膽地想像，如果這就是瀕死經驗，那麼他甘之如飴。榮格離開後，佛洛伊德馬上振奮起來，開始覺得瑞士人的神祕傾向很有意思，他還注意到阿德勒與榮格的相似處，他們都藉由減低性的影響，讓自己在美國大受歡迎。不過除了新樂趣之外，佛洛伊德還是繼續抱怨自己身心失調的老毛病，宣稱偏頭痛一度影響到他的整個左半身，痛到直達小趾頭上的肉刺。這場會議終究只好解散，每個人都搭火車回家。

很顯然有大事發生，但沒人肯定是什麼。根據後來幾週佛洛伊德寫給密友的信文，他有意將那場會談解釋為「同性戀因子失控」的結果。瑟夫也把自己的詮釋告訴鍾斯，他認為佛洛伊德之所以昏倒，反映出佛洛伊德「對於『戀父情結』分析得不夠周全」。這是呼應榮格夫人所說的「做分析和被分析是兩回事」。瑟夫甚至還補上充滿冒犯的意見：「兩千年來，我們一直被迫背負著猶太父權傳統的重擔，看來就是會發生不幸的後果。」他反而認為榮格的新觀念是進步，大意如下：

現在我們自己要想一想：佛洛伊德有辦法擺脫自己的衝突嗎？他能否放下對榮格的嫉妒，至少在該肯定榮格時就給予肯定（反正佛洛伊德還是在自己沒意識到的情況下這麼做了，那就是突然昏厥）。這是最好的解決辦法。

如果這也不可行，起碼在表面上做做君子之爭的樣子，榮格再怎麼樣都值得這種禮遇。

鍾斯決定不告訴佛洛伊德瑟夫的意見。至目前為止，費倫奇的意見最中肯；在給佛洛伊德的信中，他表示自己早就預料到有可能發生這種事。上回佛洛伊德當著榮格的面昏倒時，費倫奇就在不萊梅的現場，他跟這兩位都很熟；要是他在個人情感上靠攏佛洛伊德，那麼他沒有低估榮格的重要性，也沒有輕忽佛洛伊德在這段關係中的情緒化反應。

此時，榮格寄信到維也納，持續對佛洛伊德表達關心。佛洛伊德特別告訴亞伯拉罕，榮格十一月廿六日的信「非常好意」，不過讀者會發現，榮格降低身段是刻意了點，他是這麼寫的：

很高興我們在慕尼黑碰面，這是我第一次真正瞭解您。我明白自己跟您之間有多大的差異，足以徹底改變我的整個態度。現在您可以放心了，我不會放棄我們的私人情誼。請原諒我，我不會再找藉口，希望這層體悟從今以後能引導我的所作所為。我非常痛苦，要是能早點體悟

到，就不會讓您這麼失望了。

我一直擔心您是怎麼回到維也納的。還受得住趕夜車的不適嗎？請告訴我您還好嗎？即使用明信片簡短寫幾個字都好。

榮格的關懷只是為了表達自己的無辜，從後面的信文就看得出來：「希望布魯勒有告訴你《年鑑》文章的事。我自己也不知道一月號會刊出什麼內容。」一月號會刊出梅德爾的〈論夢的運作〉（On the Function of Dreams），而榮格假裝這件事和他無關。

事實上，佛洛伊德受不了榮格的說辭。再怎麼樣佛洛伊德都不希望榮格只是「好意」；他希望榮格有悔意，但不是好意。在慕尼黑的那天早上，佛洛伊德盡力控制自己的情緒，但後來昏倒讓一切破功。他半昏半醒時說的話，「若能就此死去，該有多美好啊！」反而讓榮格和瑟夫能藉機攻擊。逼急了，他就不得不為自己說的話負責，哪怕得再多說一次。他彷彿實現了自己的幻想，他成為榮格的父親，並死在兒子的臂彎裡。

史德寇如果知道那天下午發生的事會如何？會不會最後有本事大喊勝利的才是他？《文摘》只又持續發行了兩年多，不過史德寇後來繼續靠寫作精神分析主題的文章，成為多產的作家。我們可以這麼說，即使史德寇有時發表的個案分析只是順應主題，但他對於人性確實有諸多洞見。我們也可以說，他完全是個不會記仇的人。他晚年所寫的自傳幾乎沒說過誰的壞話。其實史德寇如果有哪裡稱得上不對勁，大概是寫作能力太好。佛洛伊德主義是一種語言，這種語言談述病徵，並將其轉化為未實現願望的詩句。不過做為一種談述病徵的語言，佛洛伊德主義只能意會不可言傳；只能閱讀而寫不出來。但史德寇竟然有可把它寫出來的神祕能耐。

「只餘靜默」

十一月廿六日，佛洛伊德不懷好意地回覆榮格那封「好意」的信。五天前在慕尼黑出糗，他得花上一番功夫才能掩飾尷尬，重新恢復一貫

的鎮定。一如往常，他還是寫出充滿挑釁意味的句子。信文開頭先表達微不足道的革命情感：「我們之間過去密切的情誼將永遠迴盪在我心。」接著才提到他昏倒的事：「有點像是精神官能症，我得好好檢查一下。」然後突然談起公事，他希望榮格和他同事能為《期刊》撰稿，才可避免讓這份刊物讀起來「像維也納派系的通訊報」。他並特別請榮格評論佛洛伊德最新有關分析技巧的論文。佛洛伊德早就知道史碧爾埃的事，因此這個請求顯得很猖狂，但這才剛開始而已，更尖銳的還在後頭：

在〔《期刊》〕第二期中，費倫奇可能會發表研究你原慾論的結果，希望能公平論斷作者和他的作品。我越來越認可這份論文（就是你的論文）的價值，現在我覺得，你所透露的東西帶給我們很大的啟發，雖然不是你當初預料的那種。看來你已解決所有神祕主義的謎團，你以象徵手法來利用情結，這已超過情結原本的功用。

很顯然地，佛洛伊德還是密切注意榮格的精神狀況，只是換了另一種立場。從當時的情境來判斷，佛洛伊德所說「以象徵手法來利用情結，這已超過情結原本的功用」，正是指「齊格菲」情結，而且是帶有情慾成分的情結。其實這是一條警訊，提醒榮格，佛洛伊德會任意利用史碧爾埃透露的事情，暗中抨擊榮格的神祕主義，甚至可能壞了他所有的心血。

榮格特別恐慌不安，等著費倫奇評論的發表，而且還得找出別種有利的角度來拜讀。早在三年前，威廉‧詹姆士已說過，精神分析過度依賴「象徵主義」，這種方法非常「危險」。他的警告實現了，而且結果非常驚人，表面上很單純的理論很快地變成影射個人祕密的武器。佛洛伊德當然很高興，他總算想到該怎麼下戰帖；他在信中署名「你始終不變的佛洛伊德」。

榮格怒不可遏，在一九一二年十二月三日的信中，他潦草寫下信文的最開頭：「我寫這封信是提出厚顏的請求，要您適應我的新風格。所

以，您看著辦吧！」榮格先感謝佛洛伊德自己承認「有一點」精神官能症，然後繼續猛烈攻擊這點：

　　我個人認為，即使是「有一點」也要戒慎，根據經驗，這會導致「近乎自願死亡」〔引自《轉化與象徵》中拉丁作家阿普留斯（Apuleius）的原文「usque ad instar voluntariae mortis」〕。雖然您都沒注意到，但我們往來時我就是受您這毛病之累；我想澄清自己的立場時您也誤解了我。如果早點除去這個障礙，我相信，您會以非常不同的眼光看待我的作品。

　　除了用詞充滿諷刺，榮格還說，正因為佛洛伊德有精神官能症，才會欣賞不了他的論點；他正面回敬佛洛伊德的「高見」。如果佛洛伊德打算用史碧爾埃的事來找碴，榮格就會爆料佛洛伊德的家務事。榮格寫了三大段激憤的話，就為了告訴佛洛伊德以下這件事：

　　您可能還記得，我們的分析不了了之，就是因為您「無法為了分析而『冒失去權威的風險！』〔原文照錄〕」我牢牢記著這句話，這表示未來什麼狀況都可能發生。

　　榮格指的當然是兩人從美國返回時在船上談的事，那件事在榮格心中鑄下很深的印象，因為佛洛伊德拒絕透露對自己夢境的聯想。榮格宣告他準備全力迎擊，即使用語相對節制，那也是書信的禮節使然。
　　前三年的努力現在都白費了，情況完全無望，無法挽回，兩人變成互相要脅，如果再不想辦法遏止，只會對彼此造成難以估計的傷害，而且危及雙方都在意的共同目標。榮格彷彿隱約察覺這點，繼續責備佛洛伊德不該為了自我防衛而「誤用」精神分析，這種手段是「藉影射別人有情結，貶低這個人和他的努力（好像這樣就可以解釋一切，真是可鄙的做法）」。
　　佛洛伊德雖然使性子，但從不曾讓自己完全失控，不過這次他選擇

馬上退出這場交戰。十二月五日他回信：

你千萬別擔心我覺得你的「新風格」不對勁。我把那當成精神分析師間的問題，至於分析本身，只要坦白，一切都可允許。我偶爾也會對你所指的濫用精神分析感到困擾，尤其是辯論新觀念時。我不知道怎樣可完全避免發生這種事；目前我只能想到自主修養。就讓我們多注意自己而不是別人的精神官能症吧！

其餘的信文都在談公事，不涉及個人總是比較保險。只有在倒數第二段時佛洛伊德回應榮格挑起的話題：

很抱歉我不能盡情討論你對精神分析師得了精神官能症的意見，但你不該以為我是放棄申辯。我必須強調，我敢表達不贊同；你也並非像你說的那樣，被我的精神官能症傷害。

假使佛洛伊德樂意避開個人影射，榮格也會持同樣的態度，他立刻回信，表示願意接受這個可稱為休戰的條件：「既然你對我的『新風格』印象那麼差，那麼我會改變一下，暫時低調些。」但榮格說歸說，其實不知道該如何調整。他十二月七日的信中，雖然本意是幽默，但繼續大幅嘲弄阿德勒前一本書的內容，還承諾寫一篇書評。也許榮格懷念過去與佛洛伊德一起奚落他人的日子，但即使現在調侃的目標是阿德勒（他曾在紐約「醫學會」和福特漢姆大學的德文授課上正面肯定的對象），也是不智之舉。

乍看之下，佛洛伊德和榮格通信的內容像軍事隱喻。雙方互相考驗對方的弱點、虛晃出招等等。而且，兩人其實是在彼此刺探是否有交火的可能。不過，這些軍事隱喻可能已從對抗的本質中抽離了。事實上，佛洛伊德和榮格爭著想看看誰才是精神分析師，誰才是精神病患。談好的協議已崩解，變成只有其中一人可擁有權威，只有其中一人能煉製出

精神分析的真理。因此，現在他們各自用特殊的心理戰術威脅對方，這種戰術或許也是史無前例。他們不但都宣稱自己比對方更瞭解對方，還藉此證明自己才有資格擔任精神分析師。彷彿舞台上只能容納一種聲音，只有一個人才有權發言，而兩人搶著扮演這個角色。這段糟糕又蠻橫的情節，隱含著精神分析的演變過程：在缺乏驗證或可靠方法論的情況下，誰是強者，誰就有權參透和掌握對方無意識的動機。不過弔詭的是，一個有資格自稱精神分析師的人，就不該一再沉溺於自己越來越暴烈的激情。兩人必須合作，才能成為名符其實的精神分析師，如果因私人恩怨破壞了精神分析的體制原則，那麼兩人想追求的目標都無法達成。

他們在最近的一次通信中，都明智地暫停做個人影射。但是，這不表示佛洛伊德自我節制到不批評所有議題。他回覆榮格十二月九日的玩笑信，認為寫一篇針對阿德勒的書評有正面的政治意義，可反駁有人認為榮格向阿德勒倒戈的傳言。至於榮格想幽默一下的心情，佛洛伊德簡要地表達認可：「你很懂得製造娛樂，不管用哪種方式，我都會不禁被你逗得很開心。」看來榮格抗拒不了被灌迷湯，馬上順勢答腔：「就算是阿德勒的密友也不會認為我是他們的一份子。」但是他不小心把「ihrigen」的「I」寫成大寫，使得「他們的」變成「您的」。這是德文寫作者常出現的筆誤，兩人之前的信中都曾無數次犯了這個毛病，應該不至於妨礙榮格想表達的意思。但佛洛伊德在十二月十六日的信中，卻忍不住把這個挑出來：

把客觀的陳述當作形容自己私人經驗的習慣，不僅是（退化的）人性，還是維也納人特有的弱點。如果這種話不是你說的，我會很欣慰。而你是否夠「客觀」得足以判斷為什麼會有以下的筆誤，並且不會惱羞成怒？

「就算是阿德勒的密友也不會認為我是『您的』一份子。」

榮格的怒火再度爆發：

我客觀到可以看穿您的小把戲。您在四處嗅聞，想找出別人的行為中有哪些症狀，把每個人都降成子女來看待，然後難堪地承認子女有缺失。而同時，您卻保持父親高高在上的穩固地位。

但榮格其實沒有真的看透佛洛伊德的「小把戲」。佛洛伊德的信完全只想挑釁。榮格可能從來沒想過，也許佛洛伊德會把他的信到處傳閱，當作他「還沒克服自己幼稚的精神官能症」的證據。這正好稱了佛洛伊德的心意，因為榮格一九一二年十二月十八日的信通篇都在抱怨，是佛洛伊德的這種行為助長了阿德勒和史德寇的氣勢。佛洛伊德可能邊讀信邊感到得意，因為榮格再次給了佛洛伊德可用來攻擊的彈藥。不過，比起榮格的爆怒，更令佛洛伊德滿意的是榮格的收尾：

我會在公開場合繼續支持您，同時保有我自己的觀點；但私下，我會開始在信中寫出我對您真正的看法，我覺得這樣做算客氣了。

這是佛洛伊德一直在等待的信號。榮格絕不會公開他個人的不安。十二月廿二日，佛洛伊德草擬一封信，表示自己也懂得如何謹言慎行：「我們的交情破裂後，我對那兩人〔阿德勒和史德寇〕有什麼精神分析上的意見，大部分都是為了做給別人看的。」這封信後來並沒有寄出，顯然他不滿意自己努力做出的解釋。佛洛伊德主動告訴鍾斯，不寄出這封信是因為感覺太溫和了，只會鼓勵榮格更加無法無天。但現實看來更複雜。不僅榮格可能根據自己的經驗反駁佛洛伊德自稱的謹言慎行，這封信也傳達不出佛洛伊德想自曝的究竟是什麼。這是件微妙的工作，而就這麼一次，佛洛伊德的寫作風格無法好好發揮一貫的水準。因此，在往來蘇黎世和維也納的數封公務短信中，佛洛伊德拖了十天都沒有回應榮格對於公私場合應分開討論的提議。最後榮格忍不住了，以賀年做為藉口重提這件事：

別遲疑，請告訴我您是否不想再收到我的祕密信件。您不想的話，我也可以接受。更別說我連折磨您的意思都沒有……如果一個人出現神經質焦慮的症狀，多少就無法對事情有所認知。從過去發生的事就可看出來了。所以，如果我坦白告訴您真相，即使可能傷了您，也都是為了您好。

我覺得自己的動機正直，也很明確，所以就不多說了。再來就看您怎麼決定了。

而在此時，佛洛伊德想到了適當的說辭。一九一三年一月三日，與榮格來信的同時寄出的信中寫著：

如果要詳細回答，我只能針對你上封信〔也就是一九一二年十二月廿三日的信〕中的一個論點。你指控我對待自己的追隨著就像對待病人一樣，很明顯這是不對的……

如果真的是這樣，我就無法回你的信。那會令我們沒辦法談私事，而且用通信的方式更是完全無濟於事。精神分析師之間的默契，就是誰都不需要為自己有一點精神官能症而感到羞恥。但如果有個行為不正常的人，卻一直高喊著他是正常的，這就有理由讓人懷疑他對自己的病缺乏洞察力。因此我想，我認為我們得要完全拋棄這段私人情誼。我不會覺得有什麼損失，因為我與你之前的情感連結始終都是一條細線，靠過去的不滿牽引著；想想你最近在慕尼黑的意見，你說你與另一人的密切交流限制了你在科學上的自由發展，所以我知道你這麼做也不無好處。所以我說，儘管自由吧，也饒了我，別再提什麼「友誼的紀念」。我們都知道，人該把個人情緒能量發散到有利於自己的事業上。在我們共同投入的事業和追求的科學目標上，你永遠不會有理由抱怨我這邊做錯了；至少我可以說，未來不會再像過去一樣。換句話說，我有權力盼望你也這麼做。

我們必須謹慎閱讀佛洛伊德的信，而榮格的確也很仔細研讀。在一月六日的回信中，榮格終於選擇言簡意賅，並引用了一小段《哈姆雷特》：

您想放棄我們的私人情誼，我願意答應。因為我從不把自己的友誼硬塞給任何人。您最能判斷這一刻對您自己有什麼意義。「只餘靜默」（The rest is silence）。

危機已過，但在這之前，兩人早已用盡各種辦法來調解。除了難免還要寫幾封相當制式，且不帶私人情感的信討論公事之外，兩人之間的通信，正如他們的友誼，結束了。

佛洛伊德與榮格間的通信公開至今，已將近廿年。至今評論者判斷兩人為何絕交，一般都是傾向於關注最後兩個月激烈的通信。然而他們的不和，早在佛洛伊德還沒寫〈以弗所人的女神戴安娜萬歲〉的一年多前就發生了。事實上，史碧爾埃還在維也納時，佛洛伊德和榮格的友誼就結束了。剩下的問題就是如何正式宣布這件事，以及如何避免讓這件事情破壞「國際精神分析學會」。第一個問題靠「克羅茲林根的拒絕暗示」解決了；而解決第二個問題的辦法，一直到一九一三年初都還未提出來。除了這兩個問題外，還牽涉到第三個問題，也就是兩人都瞭解對方的一切，以及他們會如何在私下辯論時利用這點。這個問題一直都在，只是在暗處等待現身的時機；一九一二年最後兩個月，這個問題終於浮出檯面。我們仔細看看他們這段期間的通信所暗藏的火花，撇開阿德勒和筆誤不談，就會發現兩人針對某些重要議題漸漸湊合出某種權宜之計。往後剩餘的，只有靜默。

第 5 部
餘波

━━━━◆▶◀◆━━━━

　　佛洛伊德的行為多年來一直依照相同的模式：不理會針對他理論的批判爭議而繼續發展，彷彿這些理論的基礎都已經過科學證實，也不需要做任何深入研討。最近的作品《圖騰與禁忌》更是大為偏離科學範圍。一年半來，我們目睹佛洛伊德學派的成員個個都拋棄了他的理論。很顯然，他應該先好好測試大部分的理論，以及修改基本的原則，再採取下一步。然而，他的作為卻完全相反。在他最近的論述中，他將伊底帕斯情結理論當成研究的重點，完全無心回應反對的聲浪，更遑論去反駁這些意見。他認為自己論述的邏輯很一致，即使是最大膽的假設，只要朝著伊底帕斯情結的方向來談，都有當作證據的價值。

　　──富特穆勒，評於《精神分析與心理治療文摘》（*Zentralblatt für Psychoanalyse und Psychotherapie*），一九一四

━━━━◆▶◀◆━━━━

第 17 章
精神分析運動史

　　我還是不明白，為什麼對你而言，要整個科學界接受這套龐大的
論述是這麼重要。但我記得曾告訴你，無論你被科學界所認定的成就如
何，你在心理學上的創新我都覺得很了不起，你就像藝術家一樣。從藝
術的角度來看，可以理解為何你不希望自己的作品被毀壞。在藝術上，
我們已自成一格，不容崩解；在科學上，你有偉大的發現，也必然存
留。至於其他不太相關的事物是否也能延續下去，那並不重要。

——一九三三年十一月三日，布魯勒寫給佛洛伊德的信

　　現在，精神分析運動進入最後階段，這是早期精神分析史學家威托
斯稱為「為了取得崇高地位而做的無益鬥爭」階段。或許稱為掙扎求生
會更合適，至少對榮格、佛洛伊德和史碧爾埃來說是如此。就像當初在
宣傳精神分析理論，並漸漸擴展至制度階段時，可預測到三人必然聚首
一樣；他們會分道揚鑣也是早就注定的事。三人的拆夥，在當時只不過
是表示個人關係的結束；而時至今日，卻成為奠定精神分析制度和理論
的關鍵。

　　已知接下來的廿個月，從一九一三年一月到一九一四年八月，是
精神分析史上決定性的時期。從個人層面來看，這段期間該注意的議題
是，榮格與佛洛伊德（以及史碧爾埃）永不回頭各走各的路之後會怎麼
發展。基本上，三人都心有不甘，並各自用不同的方式收回一度投向對
方的熱烈情感和理想期望，轉而寄望自己。

　　很難說誰的失落感最大。榮格當時還算年輕，卻親手斬斷人生中最
重要的兩段關係；這兩段關係不但曾引導過他的人生，也曾帶給他情感
上的滿足，令他覺得自己的生命完整。十二年前，榮格剛到布爾霍爾茲
利擔任實習精神科醫師時，表面上是因為對心理病症感興趣，其實是內

心希望找到解開自己另一種人格之謎的關鍵。在佛洛伊德和史碧爾埃的協助之下，他的解謎似乎一度成功了。現在他得仔細想想自己是否還握有這個關鍵，還是已經被佛洛伊德和史碧爾埃偷走了。

佛洛伊德的失落感雖不太一樣，程度卻也不輕。一切得從一九〇四年談起。當年，鮮為人知的蘇黎世精神病學教授布魯勒在慕尼黑醫學通訊報上發表一份評論，文中相當激賞佛洛伊德的理論，佛洛伊德興奮地寫信告訴弗里斯這件事，就此展開精神分析的生涯，這是一場他自己當時也想像不到將來會在國際上發光發熱的冒險。而榮格曾是這段冒險的重要夥伴，是他為佛洛伊德帶來振奮的活力。現在，佛洛伊德五十五歲，榮格卻離開了。對佛洛伊德而言，無論未來會有什麼遭遇，比起榮格還在的時候都不夠好，也不夠有趣，無法帶來腦力激盪的樂趣。偉大的冒險結束了，皆下來幾個月，佛洛伊德四處尋找可寄託的新對象。後來也的確找到了一群人；但與其說與這些人是合作，不如說只能算同聲出氣。他一度靠這種關係的新鮮感打起精神，但最終還是得回到他能否面對榮格已不在的事實。

史碧爾埃倉促結婚，也很快地察覺了別人面臨同樣狀況時的感受：她對榮格的愛並不會輕易消逝，即使這位舊情人背叛了這段戀情，或理智告訴她自己該過新人生了。她又不慎觸動了一些事，使得這場悲劇變得更不幸。儘管她情路坎坷，面對現實生涯時，她仍有資格成為自己夢想的專業精神分析師。她卻在此時發現精神分析王朝內部分裂了，如果要追求自己的天職，就不得不一再撕開自己最痛的傷疤。

派系政治的問題相當明顯：誰掌握了精神分析的制度？制度的標準又是什麼？一如往常，可從兩方面來思考這兩個問題；一種是正式組織的會員資格；另一種是將自己的看法當成科學新「發現」來發表的權利。榮格可以利用「國際精神分析學會」主席的職權以及在《年鑑》上發表論文來維持自己的地位。即使會賭上自己的管理權威，他還是樂意雙方均採用開放探討和容忍異議份子的政策。但儘管他的姿態有理，看在某些特定的人眼裡，他的威信還是打了折扣，因為最大的異議正是他

自己。榮格是否會利用自己在雙方面的優勢，硬是要別人默許自己的新觀點？他似乎從沒想過這點，但有心人卻興致勃勃地如此臆測。佛洛伊德管理著維也納學會，一直依照自己的目標來改造它。他只能以編輯的身分直接控制《應用心理學》專題系列，該系列的神話研究企圖辨識出核心情結。不過，他對於編輯群的影響力也間接控制了正在連載《圖騰與禁忌》的《意象》，以及新發行的《期刊》。史德寇負責《文摘》，他開放讓阿德勒和他的夥伴，如富特穆勒等人，以及任何想在這裡發表文章的人投稿。懷特（William Alanson White）和耶里夫（Smith Ely Jelliffe）負責美國的新期刊《精神分析評論》（*The Psychoanalytic Review*），還有他們自己的專題系列（美國人也參與了這場他們自己不太瞭解的鬥爭）。

　　然而，最有待解決的問題並非人格或政治，而是理論和方法；這正是布魯勒一直再三提醒的事情。精神分析是一門科學嗎？還是一門藝術？若是科學，必須要建立正反假設，才能驗證資料的意義；若是藝術，原創藝術家對於如何完成作品理應堅持自己的意見。

　　或許可以這樣解釋：精神分析的實際操作既非藝術也非科學，而是一門技術。佛洛伊德目前所發表的技術論文強調的是手法運用方面的智慧：精神分析師在處理如移情作用和夢境詮釋這樣的基本現象時，應有務實的態度；而假設的測試和問題的驗證等等基礎程序，則可以完全擱置一旁。因此，精神分析與別種形式的心理治療相比，觀念並不同；佛洛伊德、榮格和其他精神分析師在推動這個運動的理論與實務上，還是有一定的創新地位。其實許多願意與精神分析結盟的心理治療師當初只是認為，結盟有利於他們治療師的身分，可以在社會上更活躍。即使佛洛伊德的肛門情慾或榮格的內向性只適用於某些個案，他們還是覺得夠用了，並不期待精神分析能發展成一套能充分解釋所有現象的理論。而這正是布魯勒對精神分析的看法。他認為，精神分析就是不斷改良對於心理疾病的觀念，再導出更有效的治療形式。布魯勒並期望有一天，這些創新觀點會變成全體心理醫師的共同資產。

　　但這種不求全的態度看在佛洛伊德眼裡，簡直犯了該被逐出門派的

大忌。他依然堅持把精神分析當作一門科學來看待，有專門的特殊技術程序，能夠在科學上建立與認定新的假設。他曾立誓出一本介紹詮釋規則的綜合手冊，雖然到現在還尚未落實，但他似乎也不擔心這本手冊是否有可能出版的一天。他也從未擔心過自己究竟算不算是科學家。他也沒懷疑過自己的假設，那就是要確保精神分析能單純立足於科學領域，最好的方式就是經營一所特殊的培訓機構。他固執堅守精神分析的科學立場，對他而言，這意味著唯有使用技術的方式有問題才會覺得發現的現象不正常。光是這種信念就使他成為藝術家了。

　　對於精神分析在科學的地位，榮格則是快速改變態度。佛洛伊德基本上仍固守十九世紀科學觀念的解釋邏輯，而榮格卻從伯格森（Bergson）的文章、新物理學的發現，以及詮釋學和分析思維間的關聯性中，開始對廿世紀時期沸騰的新科學思想感興趣。榮格要設法完成自己的方法論，同時還要執行「國際精神分析學會」主席的職責，不難想像後果會如何。事實證明，他沒辦法兩者兼顧。

遺體

　　史碧爾埃對自己的尷尬處境後知後覺。一九一二年秋，她加入柏林精神分析學會，很快又察覺她跟在布爾霍爾茲利認識的亞伯拉罕處不來，即使她多年來常聽榮格談起他。於是她繼續與維也納的佛洛伊德和蘭克保持聯繫，蘭克也是她投稿到精神分析刊物的窗口。這表示佛洛伊德可以掌控對她作品的取捨。因此，一九一三年時，史碧爾埃的來稿起碼刊出了五篇，大部分都很簡短；比起童年性衝突那一篇，這幾篇都不算直接與榮格作對，但絕對也不是站在榮格那一邊。我們並不清楚一九一二年底時這些論文得到什麼樣的迴響，當時史碧爾埃深受疾病、手術（包含病況和術後恢復皆不明的煎熬），以及疑問所苦。或許生病期間也讓她有空反思；也可能她聽到最近在慕尼黑帕克旅館發生的事。無論如何，一九一二年十二月，她寫信問榮格該如何釐清他與佛洛伊德之間的理論差異。

　　榮格並未回信。他一方面還在等佛洛伊德回應他是否願意停止個人攻擊的提議；另一方面，他開始沉迷於自己的內心世界。他思考過如何捍衛自己的新觀點；不是靠召集政治核心小組，也不是靠費心經營海外人脈（他向來不擅長如此），而是靠寫作。但是他越自我防衛，越從內在開始變質。他的論點沒辦法以理性的智慧使人信服；這是他過去八年來個人經驗的集結。這些理論是總整理，也是犒賞，且變成支持他自我感覺的主要方式。只要榮格對自己的選擇仍有信心，並確定還是會找到支持他新觀點的對象，一切都很樂觀。但是一想到無法掌握的因素，他又突然沒那麼有信心了。

　　麻煩的第一個徵兆似乎是在慕尼黑會議時浮現；當時他正深思在下次大會時提出的夢境具有未來運作功能的詮釋理論。而透過梅德爾的轉述，榮格得知佛洛伊德已起疑心，他認為這個主題就是要進一步探討猶太人和基督徒在心理學上的差異。正當榮格在想該如何解釋這一切時（未來運作功能的角度成為他新理論不可或缺的部分，這跟「齊格菲」的詮釋完全不同），他似乎也察覺自己對於這些議題的思緒太過混亂，不宜公開發表。他意識到這一點；即使在當下的時空背景還看不出來，但在回憶錄裡卻說得很清楚：

　　我解釋過古人的神話，也寫書探討過神話中的英雄，那是古人所習以為常的神話世界。但是現在的人都生活在哪種神話世界裡？如果從基督教神話的角度，或許該這麼問：「你是否生活於基督教神話世界中？」我自問。而坦白說，答案是否定的。「我並不是依靠這個神話過活。」「那麼，我們是否不再保有神話？」「沒錯，顯然我們不再保有任何神話。」「但你的神話又是什麼？你真正賴以維生的神話是什麼？」自問自答到此，我開始覺得不舒服，於是停止繼續思考；我遇到瓶頸了。

　　這並不是個過渡性的「瓶頸」，而是痛苦的開始，榮格越想駕馭自己，越陷入掙扎，同樣的問題反覆糾纏了他很多年。這件事令他充滿挫

折感，在榮格的回憶錄中有痛苦但稍嫌不完整的描述，另外在一九二五年關於他自己發展進度的研討會中也有關於這段歷程的記錄，許多讀者可能都很熟悉大致的情況。

若說榮格與佛洛伊德決裂後幾乎快瘋了，這一點也不誇張。榮格對該歷程做了相當清晰的描述。但他把這種掙扎浪漫化，將其當成他自願的選擇，而且一路把掙扎解釋成為心理上的謬誤。一個卅六歲的人不可能自願發瘋，尤其榮格是這麼有天賦的心理學家。也不能說這是他鼓起勇氣去做實驗的結果。其實有不少理由可解釋榮格為何幾近瘋癲。其中一點是，他領悟到沒有屬於自己的神話。以榮格的性格來說，這個事實當然很難接受。他坦承自己並非基督徒，這絕對沒錯；但他沒想到其實自己傾向嘗試做基督教版的精神分析。他也沒想到，他的導師和最親近的密友似乎打算公開影射他的基督教版精神分析反映出他與一位猶太女子的婚外情。

史碧爾埃正等著回信，但榮格卻變得更在意自己的幻想，藉以尋求內心的指引：「我一再幻想某種情節，就是某個應該已死去的生命依然活著。例如，有具放在焚化爐裡的遺體，卻被發現其實還活著。」想當然，這些幻想都是藉由夢境進入他的腦中。榮格夢見自己處於一整排遺體之中，每具遺體所屬的時代各有不同。他沿著成排遺體走，從十九世紀走回十二世紀，每具遺體都微微動了起來，表示他們都還活著。榮格的結論是，這些遺體代表某些遺留在無意識中的古老事物，表面上死去，卻可能還活著。根據榮格的回憶錄，以及他在一九二五年的研討會記錄，榮格特別指出這些事物表面上死去這一點的確反映出佛洛伊德的觀點，但同時他又發現遺留的古老事物依然活著。

但在這兩處榮格都沒提到，當時還有人提出別的關於無意識的見解，那人就是史碧爾埃；她認為，遺留的古老事物同時包含死亡和重生的種子，而且都可根據性象徵來理解。榮格探索的內心世界看來似乎呼應史碧爾埃的解釋：那缺失的成分，讓遺體真正重生的藥劑，就是身邊有她為伴。因為根據她的理論，死亡意象是自我對於性瓦解的反應。同

理，重生意象反映出性的轉化要素，個體是因為接受本能中為了保存物種的集體目標才會復活。我們不需要認同史碧爾埃論文中全部的特殊見解（如探討核心情結時太依賴文學隱喻和類比），但仍看得出來，榮格在思考自己的幻想時一定曾想到史碧爾埃的論點。

這裡還有一個令他憎恨的矛盾，是他事先沒預料到的。史碧爾埃的理論，就像榮格和佛洛伊德的一樣，其實都留下自己私事的痕跡。榮格再度對史碧爾埃產生矛盾的心情，他無法自在採用她的觀點。他甚至也不敢想像佛洛伊德會怎樣詮釋他的心血。舊情人的論點非但沒明示他一條康莊大道，還可能侵入到他自己內心世界的隱私。

榮格的幻想都很怪異又不快樂，無論他自己怎麼詮釋，也禁不起更深一層的自我檢視。他決定改走別的路，就是去旅行。他計畫一九一三年三月再去一趟美國，中途先到義大利一趟。

重大工作

當榮格正為了自己的幻想而天人交戰，史碧爾埃等待榮格的回信的時候，佛洛伊德則很忙碌。正式結束與榮格私人通信兩週後的一月廿日，他寫信告訴史碧爾埃最新的情況：

> 我和妳的日耳曼英雄之間的私人交情確定已經結束了。他的舉止太差勁了。自從收到妳的第一封信後，我對他的觀感大為改變。不過，我們大概還是會保持科學上的合作。

因為考量到史碧爾埃有一天還是可能請佛洛伊德替她做分析；佛洛伊德為求保險起見，只好先提醒她他與榮格之間的私交算是完了。但佛洛伊德掛念的不只這件事。還有她的〈毀滅〉一文即將與《轉化與象徵》第二部共同刊登於最新一期的《年鑑》。她本人可能向著佛洛伊德，她的理論卻並非如此。因此在同一封信中，佛洛伊德警告她，新的《期刊》中會刊出一篇不支持她的評論。佛洛伊德出奇大膽地找別人來扮黑臉：

　　妳上次投了篇很棒的文章，這次《期刊》的改版首刊號會有別人對那篇文章的評論。這裡風氣自由，允許無後顧之憂的批評，因為蘇黎世人曾明白表示要我們這麼做。別生氣，放寬心，好好讀一讀。

　　對史碧爾埃而言，要好好讀費登的評論，光是「放寬心」還不夠。我們很難想像還有誰會比費登用更高傲或頑固的態度去讀她的論文。而從許多層面來看，史碧爾埃的理論確實很難讀。要讀她的論文需要超凡的專注力，而且可能要讀不只一遍，才能完全理解內容。她理所當然會期待評論者能以這種水準去閱讀她的論文，不過她所達成的成就也是不容置疑的。藉由將性慾重新定義為自我天生的問題，使精神官能症和精神病中有關死亡、疾病和毀滅的意象普遍化，這一點她確實有真知灼見。而且史碧爾埃還闡明了精神分裂症的退化現象。整體而言，她的作品探討了性慾的問題，還解開了壓抑的癥結。

　　費登的評論不但完全沒提到這一點，還嚴加嘲諷她的論點，彷彿她想證明「性」顯然少不了毀滅的成分。事實上，他把這部作品解讀為想強調受虐必然性的怪異論文。這讓我們再度想起佛洛伊德先前說的：「她似乎有種不尋常的矛盾感。」費登越想要鑽研她的理論核心，情況越糟。不僅如此，他還提出一個論點，他認為女性可能會重視保存物種，但史碧爾埃卻無法證明男性也有同樣的動機。彷彿為了突顯自己相反的論點，他還說愉悅和疲勞都是為了調劑性行為。不過在最後一句時，他突然一反自己的立場，美言了幾句。這些句子讀起來像別人突然加進來的：「在我看來，姑且不論這篇論文是否為客觀的真理，幸好作者夠感性，她所分析的思維充滿神祕感，對全人類有很大的貢獻。」維也納已經有人察覺（很可能就是費登），史碧爾埃的專題與《轉化與象徵》第二部有多麼吻合。

　　史碧爾埃在讀這篇評論前先回覆佛洛伊德的信，同時附上另一篇分析病患夢境的短文；那是她在維也納時的病患。在史碧爾埃的報告中，病患把「佛洛伊德」的名字與德文的「異教徒」一起連用，用來做為她

不在場的父親的象徵。她分析得很有說服力，文章主題也是大家一定會接受的類型。她也報告了一些好消息：她認識的柏林慈善醫院（Charité）的弗里德里希・克勞賽（Friedrich Kraus）教授對精神分析越來越感興趣。佛洛伊德似乎被她的不屈不撓折服，感到不好意思。一九一三年二月九日他回信，感謝她最近提供的消息，並勸她打消念頭：「妳完成了很多重大工作，絕對值得好好休息一下，整理自己的思緒。」

兩邊不討好

在此我們該好好說明佛洛伊德對史碧爾埃的態度。佛洛伊德似乎從來不曾對史碧爾埃抱有任何特殊的私人情感。史碧爾埃與榮格親密的過往彷彿是一筆情債，但弔詭的是，佛洛伊德好像覺得自己有責任處理這件事。史碧爾埃全心信任佛洛伊德，而佛洛伊德也會回報雙方相互認定的默契；只要她別太苛求，又夠成熟，即使眼睜睜看著自己的理論不為人採信也不抗議。事實上，史碧爾埃能做的事情確實不多。佛洛伊德對於自己的偽裝自信滿滿，將責任推給費登的評論，「蘇黎世人」的說法正好攻破史碧爾埃的心房；她與那位過去的導師之間並沒有保持密切聯繫，不足以得知他詳細的近況。她只知道佛洛伊德和榮格之間出現分歧，私下鬧翻。

史碧爾埃不是唯一落入所謂「兩邊不討好」（佛洛伊德愛用的說法）的人。菲斯特似乎也一直搞不清楚狀況，如果有人要他表態的時候，也不知道自己到底站在哪一邊。普南也有同樣的失落感；他曾寫信給當時正接受榮格心理分析治療的姪女，抒發無奈的心情：「為什麼大家不能好好相處？」比亞瑞在當時愉快地想著，自己很可能是第一位寫文章記錄精神分析運動的人。現在他覺得可能必須補上最後一章，說明這個運動又要再度分裂了。私底下，比亞瑞內心則開始猶豫，他認為最好不要再回頭替人做催眠治療。這些人都以為榮格的新觀念是用合理的方式擴展了佛洛伊德的原慾觀，他們都感覺不出精神分析運動有股不祥的氣氛。

日內瓦的弗魯諾伊自己下了定論。他在一年半前出版了一本新書

《靈魂與靈媒》(*Spirits and Mediums*)。他率先創立宗教信仰的心理學，並認為這種心理學會開放討論生命終極問題的空間，同時另外還能靠堅定的科學角度來發揮影響力。弗魯諾伊很在乎這個議題，因為這是他兩年前因心絞痛過世的好友威廉·詹姆士所關心的。接著，當他轉而注意精神分析內部目前的發展，也就是前幾年在瑞士引起話題的蘇黎世報論戰，他想到了自己長期關心的主題或許有助於新目標的發展。他聯絡榮格，而榮格也很樂意向他介紹自己的新作。弗魯諾伊現正準備寫一篇詳細的長文，贊同榮格和凱勒牧師這些擴大精神分析視野的人，認為他們的想法與德國的哲學和宗教觀一致，並預言蘇黎世和維也納之間必然分裂。文章中沒提，但在一九一六年講座中佛魯諾伊有談到，精神分析運動分裂的基礎是在於猶太人和基督徒觀念的差異。儘管弗魯諾伊的出發點是善意的，但他所做的事只是讓精神分析運動的情況惡化，變得更不文明、更站不住腳。

布魯勒則覺得，自己最近為佛洛伊德學派所做的辯護有幾分過度樂觀。因此他在春季布雷斯勞（Breslau）的「德國精神病學家」會議上發表後續論文。他一發表完，德國精神病學界的傑出人士便紛紛起身譴責這種新興的偽科學。兩年前曾演講「精神流行病」的霍區站起來說，精神分析正邁向「垂死掙扎」的階段。而克雷貝林診所的美國助理覺得，這次發表措辭冗長，但合理的論辯卻很少，並把他的觀感告訴克雷貝林。克雷貝林卻回答，他們本來就不打算進行科學討論。這位直言不諱的德國北部人對他蘇黎世同事一頭鑽進的「深度心理學」向來不著迷，認為這件事的意義就是見證了正式精神病學並不接受佛洛伊德學派，並給了布魯勒公開回頭的機會。

總之，隨著佛洛伊德與榮格私下不合的耳語傳開來，精神分析的地位又再度受到質疑。榮格在福特漢姆講座德文版的前言中，特別說明「派系」這個詞只適合用於宗教運動，而非科學運動。但既然劃分派系的氣氛已然形成，無論是敵是友，皆對精神分析如何發展有全新的看法。兩邊不討好的結果，就是精神分析失去了科學界的公信力。

「所謂朋友」

佛洛伊德始終懂得做表面功夫的重要。他開始在新發行的《期刊》上大肆刊登文章，包括一篇有關所謂告解式夢境的論文；加快維也納學會召開會議的腳步，而他也繼續保持與他人通信，毫不倦怠。偶爾在信中他還會精神抖擻地謾罵榮格。這些對舊友的私下批判相當惡毒，他罵榮格很「殘酷」，充滿「反猶太的高傲」，肯定犯了「愚蠢情緒化」的毛病，明顯步上阿德勒的後塵，變成徹底的偏執狂。由此可見，未來兩年佛洛伊德還是會斷斷續續找新話題惡毒批評榮格。但佛洛伊德這種情緒爆發可能會給人錯誤的印象；其實他通常以相當寬容的態度對待開放討論，而一般而言，他信中所關注的焦點也往往是別的事。與榮格斷交是一回事，但忙著注意他的一舉一動又是另一回事，佛洛伊德大概本來就很清楚這兩種不同立場的界線在哪裡。最重要的是，必須盡量保持把討論的水準拉高，讓這些歧見看起來像科學之爭，且這些爭執是可以用深入驗證資料的方式來解決的。

能幫助佛洛伊德沉住氣的就是新成立的祕密委員會。這個由鍾斯、費倫奇、亞伯拉罕、薩克斯和蘭克組成的團體，在一九一四年即為人所知；是薩克斯首先撰文透露了這件事，但一直沒受到應得的批判。這個團體的主要目的，就是在精神分析運動中支持佛洛伊德的觀點，以對抗將來的異議之聲。講白一點，是佛洛伊德命令他們該站在哪一邊，他們就會站在那一邊。如果他們執行任務時內心有所罣礙，會靠進一步的自我分析來調解。這個十多年來祕密運作的委員會及其中心主旨，其實稱不上是科學組織。要確保科學的品質，靠的是開放的討論，以及用正當的心態去考量各種不同性質的假設，而不是一群人在幕後進行祕密行動和施壓戰術。為什麼會有這種規則，並非因為科學家有多高尚，他們對同事保持多麼開放和信任的態度。而是因為當發生科學爭議時，最終還是要靠公開研究發現以及獲得其他研究者的認可，才能贏得真正的勝利。委員會之所以能夠祕密進行這麼久（最終是被內部危機拖垮，而非外力），是因為成員有自信能有效執行受指派的使命，但這本身即意味著

精神分析脫離了科學所迫切需要的驗證法則。

委員會尚未舉行過實際的會議，但成員們還是以通信來維持組織狀態。榮格三月去美國時，亞伯拉罕暗中到處照會柏林、布達佩斯、倫敦和維也納當地的學會，要求榮格於五月辭職。這個舉動很好判讀，他們想看看有多少機構願意照他們的吩咐做。結果是太少了，他們徒勞無功。或許該特別注意這件事在歷史上的定位：他們首度試水溫的結果就是，榮格擔任主席的管理資格得到了廣大的支持。

同樣於一九一三年三月，蘭克和薩克斯完成了合著的《精神分析在社會學上的貢獻》（*The Significance of Psychoanalysis for the Social Sciences*）。這部著作從一出版起就未獲得好評，因為在書中兩人逐一反駁榮格的各項論點。因為這本書調性相當乏味，甚至不時引用榮格的話；而且這本專書是以知識份子的論調，輕鬆帶過如何將精神分析觀念普遍應用於社會學的問題，這多少是仿照佛洛伊德最近針對同樣主題的短文。但是越精讀越會注意到，這本書是採用修正的觀點來討論榮格的主題，例如現實與幻想的區別、幻想和意象思維究竟重不重要、英雄和其同伴（或孿生子）的動機，當然也少不了「齊格菲」神話，他們認為這很適合重新詮釋為變相的伊底帕斯故事。還有一篇的主題是關於藝術和詩歌，但內容相當平庸，只是為了給外行人做參考。蘭克和薩克斯延續從佛洛伊德開始的維也納傳統，在前言中標示寫作日期為「一九一三年復活節」；他們故意用諷刺、誇張的方式發洩對於道德和宗教的不滿，一切的偽裝都只是想維護他們自己的基本教義。這本專書是這個新委員會的第一部作品，也呈現出當時他們所運用的戰術。不管榮格想採用什麼姿態來迎戰，都會被反面文宣淹沒。被如此圍攻之下，美國的立場變得特別重要。榮格在美國的名望特別好，加上鍾斯最近搬到倫敦，一群親近佛洛伊德的人都猜不出普南、霍爾、梅爾和霍區這些人會站在哪一邊。因此，他們很快地將蘭克和薩克斯的這本專書寄給剛創刊的《精神分析評論》編輯懷特和耶里夫，希望這本書能成為這本期刊的專題系列。

從此以後，委員會的各個成員便明著來暗裡去地爭相指責榮格，包

含鍾斯、亞伯拉罕、費倫奇，以及所有在布爾霍爾茲利受過訓的人，都懷著敵意主動輪番寫出《轉化與象徵》的負面評論。我們只能從榮格的回憶錄中一瞥他心中的苦澀情感：

> 與佛洛伊德絕交後，我所有的朋友和點頭之交都離我而去。大家都說我的書一無是處。認為我只不過是個神祕主義者，除此之外沒什麼好說了。而李克林和梅德爾又被我打擊過。不過，我早就看出自己會孑然一身，對於我所謂的朋友們也不懷抱任何奢望。

特別一提的是，這當中評論寫得最周到的是費倫奇，他有許多觀點都密切圍繞著佛洛伊德與榮格通信的內容，顯然這位匈牙利人曾看過兩人的通信。費倫奇值得尊敬的一點就是，他挑戰的是實際層面的問題：榮格到底有沒有打聽過米勒小姐和她的實際情況？費倫奇還有另一點值得敬佩；儘管佛洛伊德影射榮格有情結問題，但費倫奇並沒有聽從佛洛伊德的暗示。榮格應該感激費倫奇沒那麼做。無論是否因為如此，或者這位溫厚的匈牙利人覺得該小心注意委員會的活動（儘管沒說出口），總之榮格與費倫奇私下還是繼續通了幾年的信。

其他委員會成員所寫的文章裡，有的人暗罵榮格有壓抑的肛門情慾；其他人則顯得更傲慢，更老學究。史碧爾埃沒加入這場譴責大會。四月十一日，她終於收到從美國回來的榮格的回信。從他的回信可推測，首先，她對自己招惹眾怒感到很不悅；其次，榮格並沒有責怪她：

> 我可能要寫半本書才能回答妳。我很沮喪，因為現在大家都攻擊我。除此之外，在慕尼黑時我終於體認到，佛洛伊德永遠不會瞭解我，還會與我斷絕私人情誼。他想給我關愛，但我想要的是被瞭解；我想基於平等的立場做朋友；但他想把我當成兒子。這就是為何不管我做什麼他都會責備，只要我做的事不符合他設下的教條，就歸咎於是我有情結。他想這麼做就去做，但我絕不接受。在慕尼黑會面時，我清楚佛洛

伊德對我很失望。我花了很長的時間在面對自己內心的掙扎，因此沒寫信給妳。我不是不接納批評，只是我太清楚了，這件事的影響範圍太大了，很難輕易釐清。

　　我永遠都會是妳的朋友。

　　此時榮格已經回復鎮靜，不僅能寫信給史碧爾埃，還開始嚴正處理自己的幻想。他是靠某種自我療法來解決幻想問題。在屈斯納赫特的康斯坦茨湖畔，榮格開始蓋一座石頭小村莊，重拾他幼年時最喜歡的遊戲。顯然有一陣子這個方法相當有效，榮格想起了許多重要的童年回憶。

　　當榮格試著靠遊戲讓自己鎮靜時，佛洛伊德則忙著與人通信。五月，佛洛伊德撥空寫了另一封信給史碧爾埃，當時她已懷孕五個月，而且開始後悔自己人生過去所做的決定。佛洛伊德安慰她：

　　很遺憾聽到妳因為思念 J 而憔悴，而我現在也剛好跟他處不好。我幾乎可以斬釘截鐵地說，他是個不值得費盡心思關愛的對象……但對妳抱怨他的事情當然沒什麼意義……我想妳是在整理自己的思緒，這對孩子絕對是件好事。這是正確的方向。希望妳用承擔原慾的責任來證明自己可以比以前更快樂……我猜妳還深深愛著 J 博士，但那是因為妳還沒明顯察覺自己對他的恨意；這才是他應得的。

　　到目前為止，五月最重要的事就是《圖騰與禁忌》的最後一部分完成了。這部分有佛洛伊德論述的關鍵，他主張所有的宗教情懷以及遺傳的善惡觀傾向，都是衍生自對於弒父這種原始行為的自責。事實上，原始部落的族長被殺死後，新的族長要儀式性地吃掉他的肉，而佛洛伊德認為，這的確也會隨種源遺傳下去，只是偽裝成別的形式再度出現，例如當代某些宗教儀式。佛洛伊德不僅認為伊底帕斯情結是放諸四海皆準（意思是我們皆屬於同一個原始部族的後代，因此在精神上都遺傳到性質相同的衝突情緒；這一點令人難以置信），還認為所有的宗教儀式可能都

跟情結有關。

　　用令人半信半疑的方法去定義「核心情結」這件事終於敲定了。佛洛伊德一直在思考自己該在哪裡做結論，所以這最後的心血結晶是否受到當下心情的影響，也是備受質疑的爭議點。可以肯定的是，在佛洛伊德一九一三年五月十三日寫給亞伯拉罕的信中說，這篇文章會「讓我們徹底擺脫所有亞利安人宗教的魔掌」。不過，本文在理論上所造成的後續影響的重要性，遠大於佛洛伊德在文中散發出的敵意。因為，現在的問題已不再是觀察正常人格發展中有沒有伊底帕斯階段（「小漢斯」個案的發現），也不再是思索為何某些情況下這個階段對心理的影響很重要，在其他情況下卻不然。而是就心理學而言，這個階段雖然在概念上解決了發展成正常人或神經病的差別，或在方法上證明了壓抑的伊底帕斯動機確實是成人精神療法的核心，但其所根據的人類史前事件卻是靠想像而來的。

　　嚴格來說，佛洛伊德只是增加各種假設，再用這些多種假設結果推論出三種不同領域之間的因果關聯。要判讀成人病患的精神問題，不但得回溯至他們的童年，還得回到古神話裡；這在科學上令人懷疑的假設論述如果有哪裡能令人接受，就是它顛覆了原本的論點，並用現代的觀點判讀想像中的史前事件。幸好大家公認佛洛伊德是位了不起的人，而且他的行文風格總是看似充滿合理的描述，否則他的努力可能會落得被奚落的下場。但是，這篇文章卻讓「伊底帕斯情結」成為精神分析規則的中心思想。我們在對這篇文章寫就的方式感到不滿，並試著從訝然中恢復平常心之餘，也該想一想當時知識份子圈的風氣是什麼？為何這種蓄意操作可被允許而不受到質疑？

　　其實《圖騰與禁忌》曾被大為質疑，只是質疑的聲音並非出自相關的圈子。六月十一日，在《意象》上發表的《圖騰與禁忌》最後一部分的印刷校樣已經完成，佛洛伊德寄給委員會成員每人一份。一點都不意外的是，他們全都表示非常喜歡。為了慶祝這件事，他們在六月卅日宴請佛洛伊德，定名為「圖騰慶典」，地點是一間維也納郊外的庭園餐廳。

幾年前，佛洛伊德也曾對費倫奇提議辦類似的活動，活動的高潮就是吃掉很多象徵精神分析敵人的貢品。因此不難想像，一九一三年六月卅日的圖騰慶典上，主菜送上來時賓客們會大開玩笑的對象是誰了。這次被殺和被吃的不是父親，而是兒子。佛洛伊德把裝訂好的論文發出去，並敦促賓客們來稿，繼續進行他們的志業。鍾斯的合法同居伴侶洛伊·康（Loe Kann）當時正接受佛洛伊德的治療，她也參加了這次活動，並奉上一小尊埃及雕像。

　　閱讀歷史記錄時，我們看到這些受文明教養的人竟半戲謔地辦了場「最後的晚餐」，實在令人震驚，不過當時的人卻覺得沒那麼奇怪。值得注意的是當時的人際關係和政治局勢的變化有多快，理論一個接一個地建立又倒下。在這段過程中，精神分析面臨的關鍵問題卻被用最不妥善的方式處理。佛洛伊德變得極不信任榮格，而且既然兩人斷了聯繫，他仍猜想榮格還是想搶走他對精神分析的主導權，然後朝自己想要的方向發展。佛洛伊德對自己想像中的威脅太過信以為真，因此緊抓著委員會不放，期盼將來有一天可重獲直接控制所有精神分析機構的權力。委員會的成員雖然都是能士，但除了樂意跟他一起討厭榮格之外，也沒辦法給佛洛伊德帶來什麼啟發。沒人能像榮格一樣帶來那麼多貢獻；也沒人有如同布魯勒或普南的地位。這個新核心團體的運作全憑佛洛伊德的恐懼和設想來維持。不得已只好退而求其次，這個核心團體變成宣傳佛洛伊德觀點唯一有用的媒介。每個相關的人似乎都能輕易明白該如何隨情況調適自己的方向，這本身就說明了精神分析制度的發展方向。

心理類型

　　榮格和佛洛伊德最後一次共處一室，是一九一三年九月七、八日於慕尼黑所舉辦的第四次「國際精神分析大會」。大家還記得，第一次大會是榮格召集的，而且之後就被粗魯地稱為「佛洛伊德心理學大會」。那次大會之後馬上召開了一場私下集會，成立《年鑑》這份期刊，也冒犯了被排除在外的維也納人。第二次大會的名稱好聽一些，叫做「紐倫堡第

二次精神分析會議」；該會議同時見證了「國際精神分析學會」與阿德勒、史德寇《文摘》的問世。第三次大會就是一九一一年九月的威瑪大會，是精神分析學會史上的最高潮。普南在演說時提出遺傳心理學的潛在道德性質，引發聽眾的讚嘆；而史德寇用德文的「老鷹」一詞（意指「阿德勒」，佛洛伊德讓他留在維也納）讓自己備受矚目。我們從上述簡介中或許就可以想像，第四次大會充滿抨擊性的主題正是敵手的夢境詮釋理論，而大家都料得到，討論氣氛不會多麼平心靜氣。

榮格還是幾乎什麼都沒做，只有探討已經經過仔細驗證的善惡觀，以及偶爾在國外進行一些突圍策略。此時佛洛伊德聯合私下與梅德爾通信的費倫奇，繼續奮力解決「反猶太」問題。佛洛伊德五月時曾寫信給費倫奇，說精神分析應從所有「亞利安贊助者」的手中脫離。接著到了六月，費倫奇報告，梅德爾仍直白地寫出維也納人與瑞士人表面的差異時，佛洛伊德給了費倫奇以下建議：

猶太人與亞利安人的靈魂當然很不一樣。從日常生活中就可以看出這點。當然在生活和藝術的表面上一定到處都有差異，但科學不該分為亞利安科學或猶太科學。科學的結果必需是一致的，儘管呈現的方式可能不同。

但八月初，佛洛伊德卻告知費倫奇，他終於審視福特漢姆講座的內容：「我現在已讀過榮格的作品，而且出乎意料地發現，這作品內容相當好，而且無害（無辜）！」列舉了一些評論後，佛洛伊德在結語中承認，「我好像對局勢的瞭解不夠深入，過度高估危險的程度了」。他確實是高估了「危險」的程度，不過事件的發展越演越烈，已無法停止。當大會時間快來臨時，佛洛伊德開始變得憂鬱，且情況嚴重。安娜·佛洛伊德（Anna Freud）後來說，這是她一生中唯一一次看到父親這麼沮喪。

史碧爾埃也很憂鬱。更糟的是她又生病了，併發症對胎兒有害。她不會參加大會。佛洛伊德八月底寫信給她：

　　樂觀一點，妳這次雖然倒楣，但正好讓妳免了一次被分析的窘境。如果妳還要再熱烈談論舊愛、過去的夢境，還把希望都寄託在那位奇妙的孩子身上，我可能就聽不下去了。

　　妳也知道的，我偏愛亞利安人的毛病已經痊癒；如果小孩是男生，我希望他有一天會變成堅強的猶太復國主義者……

　　我們是猶太人，且永遠都會是猶太人。別人只會占我們的便宜，但永遠不會瞭解或欣賞我們。

　　參加慕尼黑大會之前的幾天，佛洛伊德去了羅馬。他每天去聖保羅大教堂看米開朗基羅的摩西雕像。一九○一年他第一次造訪羅馬時，就為摩西雕像的氣勢所懾服（摩西正要把十誡碑投擲出去）。但去年他最後一次到梵諦岡時，對這座雕像的喜好又有了全新的理由；當時榮格去美國，在福特漢姆講座授課。現在正值一九一三年夏天，佛洛伊德研讀了榮格的課程內容，覺得那座雕像應該「不會」真的把十誡碑投擲出去，摩西會克制自己，不會毀了新律法。對雕像有這種看法相當奇怪，少不了自私的投射。佛洛伊德很憤怒；他希望自己可以自制一點。

　　後來，佛洛伊德為了自娛而寫了一篇小品文，標題是〈米開朗基羅的摩西〉（The Moses of Michelangelo），大致描述了他對那座雕像的個人見解。次年，蘭克說服他用匿名的方式在《意象》發表這篇文章。文章還附上編輯評語，不自覺地為內容辯解，並認為這位不具名作者的「思考模式」多少與「精神分析使用的方法」一致。這當然都是事先安排好的。而佛洛伊德一九一三年八月底到九月初，每天都去看那座雕像，讓人忍不住做出合理猜測：他把自己投射到那座雕像上，就像他曾一度把自己投射到榮格身上。

　　必須有人大大鼓勵佛洛伊德，他才願意開口演說。在大會上，他發表〈精神官能症的著迷傾向〉（The Disposition to Obsessional Neurosis）；這是個艱澀的主題，但不算有什麼新意。這又是一篇嚴重缺乏案例參考資料的理論性文章；不管是當時還是接下來幾年，他都沒辦法讓大家認

同這篇文章。文中發表的一般問題已經談了十年以上都還沒解決：如何用對於歇斯底里症性質的既存看法來解釋其他神經質症狀（像「鼠人」那樣有執迷傾向的病患似乎是為躁進而非因「性」感到困擾；而當時佛洛伊德則說，這是從發展原慾的肛門期固著所衍生而來的）。無論如何，特定議題則已陷入了範圍更大的討論：如何像建立一般心理學理論一樣建立精神分析的理論？榮格早在福特漢姆講座時就已在這方面搶先做了許多研究。不過，隨著開會時間漸漸逼近，佛洛伊德越來越清楚該怎麼發展出比榮格新創的自我心理學更犀利的理論，即「自戀理論」。佛洛伊德天天去看摩西雕像，也一再思索該如何撰寫有關自戀的文章，他又變得精力充沛，可以迎戰舊友。

榮格準備的方向卻完全不同。八月初，他到倫敦參加「國際醫學大會」（International Medical Congress）。他再度造訪那年去參加「紐約醫學會」之前去過的地方。有趣的是，榮格有了新想法，認為自己的轉念「並未」迫使精神分析技巧發生任何變化。他顯然不想再推動要於無意識中尋求精神潛能的精神分析觀念。榮格回家後，與幾位朋友到蘇黎世湖畔划船，度了四天假。榮格的童年好友奧里帶了一本荷馬的《奧德賽》，並在划船時大聲朗讀。奧里選讀的段落是關於會施幻術的女妖瑟西（Circe），以及〈冥府卷〉（Nekyia）的故事，在這一段故事中奧德賽去見了亡靈。出國一趟又回家鄉度假後，榮格的內外在終於達成共識。

一九一三年九月七、八日，第四次「國際精神分析大會」於慕尼黑的巴伐利亞飯店（Hotel Bayerischer Hof）舉行。共有八十七位人士到場，包含榮格請來的弗魯諾伊。蘭克和梅德爾首先於第一天早上的議程發表他們的夢境詮釋論文。梅德爾似乎已越來越能掌握這樣的場合，他從佛洛伊德最近的論文中選出一個夢境為主題，說明夢境的確會反映出倫理以及未來運作的傾向；這點與佛洛伊德所寫的大不相同。蘇黎世代表團成員令人印象相當深刻。佛洛伊德之後寫下，大會期間他曾起身抗議，說這些全部都「不算」精神分析。他大概沒仔細聽梅德爾的發表。梅德爾後來回想起當時的情景，對艾倫伯格說，他為了推進自己的理論而被

眾人攻擊，彷彿他違反了聖律似的。從後來的文件中可看出，開會當時全無正面的意見，是一次缺乏建設性的集會。榮格擔任會議主席，而且利用這個角色來避開發言的機會，他一直沒參與討論。即使有討論種族差異，會議記錄上也沒記載。

　　事實上，梅德爾和蘭克之間的爭辯，代表好機會已經喪失了。的確出現兩種對立的假設；雙方也的確都有機會接受測試，看看在實際的臨床工作中哪一方的正確性比較強。而且再怎麼深入調查、驗證雙方假設的優缺點，也不必去探討像神話那般久遠的領域。主題和調查方法都呈現出精神分析的精髓。夢境是否只代表試圖解放未滿足的願望？或夢境是否有時也帶有試圖預測和解決不遠的將來會面臨的問題的目的？會議室中的每位醫師都有充裕的機會，可試著探討執業時兩種不同詮釋模式的成果，以暫時達成決議。這確實是值得所有在場有智之士研究的方向。甚至，要是探討的氣氛很開放，最後勢必導向釐清其他重要問題，例如何時可確認詮釋的結果？研究者自己的偏見，使得醫師不知不覺與病患共謀的影響有多大？卻沒人朝這樣的方向去努力。

　　會議剛開始還不錯，後面卻草草收場。在接下來的議程中，要發言的名單一長串，榮格顯然一心只想盡力讓議程能進行下去。他一個接一個地縮短了發表時間，只為了留時間好進行後續討論，這讓維也納人越來越不滿。我們可從梅德爾的回顧中發現會議的氣氛。他在一間通往大會堂的接待室遇到佛洛伊德，並想和他握手表示友好。佛洛伊德走得很急，沒理會梅德爾的招呼，趕著離開那間接待室。但匆忙之間他的外套口袋被門把勾到，他為此氣急敗壞，無法脫身。梅德爾只得上前幫他一把。

　　無論如何，到了第二天下午，佛洛伊德的代表團已密謀好，為了抗議榮格連選主席，他們要投廢票。計票結果出爐，五十二票贊成連選，廿二張廢票棄權。沒有其他人跟榮格競選，因此開票時，廢票引起了一陣騷動。事後榮格特別跑去跟鍾斯說：「我還以為你是個有道德原則的人。」榮格很愛在尷尬時刻說這句話，刻意製造逗趣氣氛來緩和場面。

但是在那個場合，投廢票是非常刻薄的舉動。鍾斯的朋友們對那句話的理解是，「我還以為你是基督徒呢！」這種版本的解讀可說是這件事的另一個轉折，而這個轉折又被記錄下來，變成一件「史實」。特別一提，榮格其實沒講那句話。同樣也要聲明，投票時有三分之二的「國際精神分析學會」成員都認為，讓榮格繼續當主席是理所當然也很合適的事情。

　　榮格自己對八月這場風波又有什麼看法？他演說的主題是「論心理類型的問題」（On the Question of Psychological Types）。榮格從比較歇斯底里和精神分裂症中原慾移情的動力開始談起，他認為兩種病都有退化作用，但歇斯底里的個案中，原慾會透過移情作用而依戀他人；而精神分裂病患的原慾則徹底轉為內向性，然後發生妄想，吞噬掉患者的整個精神世界。這樣的開頭似乎很單刀直入，但榮格又突然結束，然後岔開來去漫談哲學問題。他認為目前在病理上，大家都過度強調兩種方向在根本上的差異。一種是向外發展的，另一種則是向內發展的。他針對這兩種不同的發展，分別提出「外向」和「內向」兩個詞。接著，他先引用威廉·詹姆士在哲學上區分「心智脆弱」（tender-minded）和「心智堅強」（tough-minded）的傾向，再說明相同基調的兩種極端是如何在各種情境下一再浮現。除此之外，他還引述席勒（「感性」和「天真」的詩人）、尼采（「太陽神」和「酒神」），和葛洛斯（「偏執狂」相對「繼發性腦部處理」的「躁鬱症」傾向）；有趣歸有趣，但不知道這樣又會發展成什麼？

　　好戲在後頭，而這是榮格刻意這麼做的。介紹完這麼多思想家以後，他才回到自己的領域：「聽過上面這麼多各界的例子以後，大家一定不驚訝，我們的精神分析領域也具備這兩種極端的心理類型。」然後他舉出佛洛伊德和阿德勒為例。佛洛伊德當然就是著重外在世界的外向例子，因此他關注病患投射愛和移情作用的對象；他會把病患的症狀視為病患無法擴展自己的愛。阿德勒當然就是著重內在世界的內向例子，他認為病患有被重視的需要，並藉此保護他們免受攻擊。因此，他會把病患的症狀視為病患試圖巧妙地處於優越地位。榮格的發表一針見血。他

用以下簡單的聲明做結語：「闡述這兩種心理學類型相當困難，這份任務必須留待未來執行。」

在此我們不得不談一談榮格急中生智的本事。在他職業生涯和情緒上都彷彿落入最低潮時，竟然還想得出新點子，而且發揮驚人的效果。榮格新提出的這套「內向」和「外向」人格類型理論注定會廣為流傳。這的確是精神分析運動中少數難得有望贏得其他研究者認可的見解，甚至時至今日，還能孕育出無數新世代的重要研究者。很少有人比榮格更聰明、更有創意，足以避開那種難堪的處境。

是什麼啟發榮格想出這種全新的理論？他後來曾強調，這是私下一再思索自己的幻想以及他與佛洛伊德間差異的第一個成果。合情合理的是，榮格視自己為內向型的人，並用阿德勒做為他的代言人。除了這個解釋之外，還有另外兩個更合理的考量。首先，他與佛洛伊德之間的意見相左，一直被認為是出於種族差異，而他提出新的對立比較觀點，可幫他避開任何與種族差異相關的麻煩。這也意味著彼此可回歸客氣相待的局面，並退一步，不再談神祕主義。再者，榮格當然也擔心人家在背後的閒言閒語，特別是有流言說他之所以變成偏執狂，其實自己也難辭其咎，因為他忍受不了與佛洛伊德之間的密切關係。他們老是在傳一個等式，史瑞伯＝弗里斯＝阿德勒；榮格很怕自己變成等式裡的第四位（＝榮格）。到目前為止，榮格知道這種毀謗已經在佛洛伊德身邊的人之間傳開了。因此榮格展現出精湛詮釋技巧的驚人之作，是為了要直接面對這些毀謗，當然也要指出其荒謬之處。

除了這些動機之外，哪些人啟發了榮格也很重要。可能的名單有一長串，從尼采和威廉·詹姆士，從葛洛斯和梅爾。根據艾倫伯格的記錄，一九〇三年，當榮格在巴黎度安息日時，偉大的法國心理學家比奈曾出版一本書，描述自己兩個小女兒的「向內」（intratensive）和「向外」（extratensive）傾向。比奈和榮格的觀念非常相似，榮格應該是吸收了比奈獨到的見解，並自行改為「內向性」和「外向性」的觀念，他認為這是任何人都可能發生的精神過程。但要從「內向性」推演出「內向」

人格類型，仍要花點功夫才能達成。我要在影響他的名單中加入另一個人，而這個人是意料之外的人選。佛洛伊德在一九一二年一篇名為〈精神官能症發作的類型〉（Types of Onset of Neurosis）的論文中，曾試圖把榮格的「內向性」觀念整合到描述精神官能症發作型態的基礎類型學中。這篇論文問世時，正好是榮格開始為即將來臨的福特漢姆講座寫教案的時候，而文中也剛好特別提到有哪些事件會突然加速精神病的進程；無疑地，榮格曾仔細研讀過這篇論文。榮格很可能在讀佛洛伊德的論文時，想出了在慕尼黑大會上邁出的重要一步。如果是這樣，從歷史的時間角度來看，榮格心理類型的新論點堪稱是與佛洛伊德合作的最後一件成果。

應該如此做結：儘管榮格這次的表現很高明，但創意也就僅止於此，不能真正帶領精神分析邁出一條新道路。因為他並沒有解釋，不同心理類型的病患可能要根據不同的模式來理解，甚至要用不同的方式來介入，這些才真正是臨床上的方法論。他不但沒這麼做，反而還說不同的「理論學家」會發展出不同的理論。但這是另外一回事。長久以來，精神分析理論的演變都掌握在兩位巨擘手上，而人們始終不經意地維護著理論學家優於病患這種觀點，甚至當大家都投入在糾正理論的錯誤上時亦是如此。

「齊格菲」之死

慕尼黑大會在怒氣沖沖，陷入僵局的氛圍中結束。缺乏正當理由可把榮格從主席的位子上趕下來。佛洛伊德難以平息怒氣。而且，派系分裂的氣勢也無法遏止，這是兩人不和所造成的。結果對史碧爾埃來說，或許不在場還比較好。如果那兩人看到她懷孕，正好提醒了他們，彼此的決裂就是從該把「齊格菲」詮釋為真實的孩子還是精神上的孩子開始的。總之，史碧爾埃得靠自己拿捏這個問題，以及所有其他要操心的事。她懷孕的最後幾個月很辛苦。她覺得「齊格菲」還活在她體內，而且想殺了這個未出世的孩子。她可以從精神分析的角度為自己辯解，她

終於夢到自己消滅了榮格。大會結束後幾週,孩子出生了。謝天謝地,這個孩子是個健康的女娃。史碧爾埃為她取名為蕾娜特(Renate)以紀念她自己差點死去,因為這個字有「重生」的意思。

儘管榮格有寫道賀信,但並沒有流傳下來;不過佛洛伊德的道賀信倒是還留存著。信中還是看得出他對榮格依然很生氣:

> 我要衷心恭喜妳!妳生了「女」兒,那真是太好了。我們可以再回想一次那個金髮的齊格菲,然後可以把他摔死,不必等到他自己的大限來到。

榮格似乎也從他最後一次在現實中與佛洛伊德交手的而感受到的震撼,但隨著蕾娜特出世,這震撼總算終止了。十月,榮格在搭火車時產生了一個可怕的幻覺,彷彿在反映他的孤絕和越來越高漲的憤怒。他看到位於北海和阿爾卑斯山之間的歐洲大陸被洪災淹沒;阿爾卑斯山升高,所以只有瑞士得救了。榮格在回憶錄中稱這是持續了約一個小時的「靈視」:

> 我看到黃色巨浪,文明的瓦礫在當中載沉載浮,還有成千上萬數不清的溺死遺體。然後整片海洋變成血海……我很不知所措,作嘔,並為自己的無力感到可恥。

幾週後他又看見同樣的幻象,這次血明顯變得更濃。榮格還聽到一個聲音告訴他:「好好看著!這都是真的,以後也會如此;不容你懷疑。」榮格相信自己瀕臨「精神病的威脅」。

到了十月,榮格聽梅德爾說,佛洛伊德質疑他不適合繼續擔任《年鑑》的編輯。我們不知道佛洛伊德寫了什麼給梅德爾,也不清楚他是怎麼提出指責的。最近一期《年鑑》有榮格在福特漢姆講座的授課內容,下一期則會刊出梅德爾之前在慕尼黑大會上的演說。無論如何,榮格現

在想不出有什麼好理由可為自己辯護，只好退讓。十月廿七日，他寫了一封正式信給佛洛伊德，說自己要辭去編輯的職務。因為如此，加上在這種氣氛下，布魯勒也無心繼續擔任總監，所以也正式提出了辭呈。佛洛伊德和委員會成員都以為這兩人的辭職是榮格精心設計的把戲。他們又想像敵人是多麼狡猾，想加強對精神分析機構的控制。但他們又猜錯了。榮格已經精疲力竭。看來他唯一的目的就是想隱瞞這個事實。

佛洛伊德和出版商談好，排除了所有障礙後，他一人獨任總監的位子，並把期刊名稱改成《精神分析年鑑》（*Jahrbuch der Psychoanalyse*），再指派亞伯拉罕和希奇曼擔任編輯（就像費登一樣，希奇曼永遠效忠佛洛伊德。但他們兩個都不知道委員會的事）。但佛洛伊德並未因此滿足，在費倫奇的促請之下，他盤算著要控制所有的學會，使它們脫離「國際精神分析學會」，並另外新組一個屬於他們的本會。但鍾斯建言，美國人不會接受這一套，他們會繼續與目前的組織結盟，因此這個計畫被制止了。

十一月，榮格孤絕的情況更嚴重。向其他人尋求專業協助通常不是榮格的作風。而且，到底還有哪些人「能」幫他，確實也是個問題。因此，他決定做以前做過的事，那就是沉浸於白日夢：

> 為了捕捉從「地底」驚擾我的幻想，我明白，我得自己下去面對。我不僅激烈抗拒，還感到極度恐懼。因為我擔心控制不了自己，變成幻想的獵物；身為精神病學家，我太明白那意味著什麼了。就這樣一拖再拖、猶豫再三，但我明白也沒別的辦法了。

一九一三年十二月十二日，榮格終於鼓起勇氣放手一試，任由自己陷入白日夢中。他馬上感覺自己往下墜，並在一陣恐慌之間發現自己置身於異象中。他降落在軟黏的地上；有一個皮膚像木乃伊般粗韌的矮人守衛著地底洞穴的入口；榮格進入洞穴，在及膝的冰水中涉水而行；他在一個石岬上發現一顆閃耀的紅水晶。榮格拿起紅水晶時，發現岩石上

有一個洞，看得出下面還有一個更深的洞。在洞窟的水中，有一具腦部中彈的金髮年輕人浮屍。遺體後方有一隻巨大的黑色聖甲蟲，更後方是「新生的紅色太陽」。太陽很快就被成千上萬扭動的蛇吞噬。當榮格從這個景象中急抽身，想重新關上洞口時，水和血先後湧了上來。

我們可以猜到，榮格大概三年前在寫普林斯的書評時就看過這樣的幻象。如果有人想用同樣可怕的風格來詮釋這個幻想的話，會說這與大量性象徵有關。但就像詮釋榮格的夢境一樣，詮釋他的幻象也該謹慎進行。不管是夢境還是幻象，使他燃起絕望感的並非願望和恐懼（無論他的願望和恐懼究竟是什麼），而是他所創造並到現在為止始終在思考的詮釋理論。無論如何，他思索這個幻象時，刻意想找出不同的詮釋立場。根據太陽和聖甲蟲（埃及常見的太陽象徵）的線索，可判斷榮格想運用精神上的死亡和重生來詮釋夢境。但該怎麼解釋那位死去的年輕人（很明顯是英雄動機的化身）？

六天後的十二月十八日，榮格做了一個重要的夢。這個夢完全無法釐清上週「幻象」的意義，但一樣令人心驚膽跳：

我和一個不認識的棕膚色野蠻人男子一起站在孤寂的岩山上。那是在黎明破曉前，東方的天空已經發亮，星光越來越黯淡。接著我聽到齊格菲的號角聲在山間響起，我知道我們要殺了他。我們帶著步槍，在岩石間的狹窄通道等他。

然後，齊格菲出現在山頂上，沐浴在朝陽的第一道光裡。他駕著一輛人骨製成的戰車，火速衝下陡峭的山坡。當他轉彎時，我們對他開槍，他撲倒，死了。

毀掉了一個如此偉大而美好的人，我覺得很噁心、懊悔，我轉身跑走，唯恐這場謀殺會被人發現。但突然下起傾盆大雨，洗刷掉我的犯行留下的所有蹤跡。我逃過了被發現的危機，得以繼續過日子，但那不可承受的罪惡感始終存在。

　　榮格從屈斯納赫特家裡的床上驚醒。在床頭櫃的抽屜裡放著他的軍用左輪手槍，已經裝了子彈並上了膛。榮格嚇壞了。如果他沒辦法調適這個夢境帶給他的感覺，可能就要對著自己開槍了。榮格在回憶錄中寫著，他當時明白了「齊格菲」代表他的英雄理想和日耳曼人的執著（「有志者事竟成！」），而他現在必須放棄這兩點。他還確實提到，齊格菲被殺時，感覺自己也中槍了（「這象徵著我祕密認同齊格菲」），也產生「難忍的憐憫」和「悲痛」的情緒。在回憶錄中，榮格把這種情感詮釋為「……一個人被迫犧牲理想和意識態度時的感受」。到目前為止，榮格說的都是實話。齊格菲的確象徵他導正精神分析錯誤的英雄使命；而他其實正頭也不回地放棄了這個使命。不過我必須提醒大家一件事，否則我們會對他的詮釋有錯誤的認知：很顯然地，還有其他理由讓榮格希望「齊格菲」死亡，被人遺忘，而那理由太過令人難以承受，即使是五十年後他也無法公開。他的確逃脫「被發現的危機」，在現實中也得以繼續過日子，「但那不可承受的罪惡感始終存在」。

　　接下來幾個月，他繼續利用孤絕來替自己的幻象做實驗，一步步分解道德觀所告發的各種罪狀。他察覺自己可憑想像自身下降到心靈深處，來開啟那些幻象。他一度覺得自己降落在月球上，或是「亡者之地」。在那裡他遇到兩個人，一個是自稱「伊利亞」（Elijah）的老人，旁邊是一個年輕的盲女孩，自稱「莎樂美」（Salome）。榮格覺得這一對老男人和年輕女子很不相配，但伊利亞說他倆已經在一起一生一世了。他們身邊帶著一條大黑蛇，這條蛇很喜歡榮格。榮格不信任莎樂美，覺得她看起來就像邪惡誘惑的化身，而他跟伊利亞聊了很久，卻不能理解他們的談話內容。

　　回憶錄的記載到此為止。在一九二五年的座談會上，榮格補充了一些象徵。他重新描述這個幻象時有點不大精確，莎樂美是希律王的繼女，與繼父亂倫，並且想得到施洗者約翰的頭顱。而黑蛇象徵榮格內心深處的內向性。既然如此，我們或許可將伊利亞視為基督之前的先知。而且，在卡巴拉（Kabbala）猶太神祕主義的傳統中，認為伊利亞受到亞

當第一任妻子女巫莉莉絲（Lilith）的誘惑。簡而言之，榮格似乎又再次墜入宗教與亂倫相關的幻想。

在一九二五年的座談會上，榮格還發表了第二個與伊利亞和莎樂美有關的幻象。在這次的幻象中他們的身形縮小了。榮格找到以「如其在上，如其在下……」（As above, so below）開頭的古諾斯替碑文；我們注意到，同樣的碑文也出現在《轉化與象徵》的第一部中；在那一段裡榮格幾乎是用情色的角度詮釋基督教的布道。莎樂美轉向榮格，並稱呼他「耶穌基督」，請他醫治她的眼盲。榮格不願意；但那條黑蛇開始快速盤繞他身上，他越掙扎，反而發現自己的姿勢越像被釘上十字架一樣。然後他的臉變成了獅頭。他明白自己不是變成基督，而是變成在圖書館看過的拜日教神祇艾恩（Aion）。莎樂美恢復視力。

榮格後來繼續抽絲剝繭地分析這些幻象，卻從沒提過莎樂美和伊利亞很可能就是他最近失去的那兩人的化身或替身。他反而屢次強調（甚至杜撰了「積極想像」〔active imagination〕幾個字來形容），讓自己刻意身處幻象之中時，總算讓他找到能駕馭這些幻象的辦法。光這一點其實就意味著，那些幻象真正的價值在於幫他解決個人的困境。即使在榮格的白日夢裡，莎樂美和伊利亞還是依自己的意志行事；而且即使白日夢重現了過去榮格與史碧爾埃、佛洛伊德之間痛苦交往的回憶，也不足以造成實質的傷害。因為在榮格的內心世界，幻象依然算是他「性格特色」的一部分；這是屬於他自己的幻象，總比屬於別人的更好。

結局

從許多方面來看，佛洛伊德都是靠榮格熱心與他交流，才能設法推動自己的精神分析運動。兩人現在都改採別的方式來完成他們的目標。是該拆夥的時候了。一九一四年四月廿日，榮格邁出決定性的一步，寄信給各地的精神分析學會會長，正式宣布辭去「國際精神分析學會」主席的職務。在寄給佛洛伊德的那封信中，榮格在信尾標上「＋＋＋」，這是多次用於兩人通信中的符號，有避邪的意思。「無益鬥爭」的鬧劇總算

告終。

史碧爾埃就是拉下謝幕的那隻手。四月她寫信給榮格，罵了他很多別的事（但這些大多是流傳的謠言）。一九一四年四月十五日她收到的榮格回信令她感到受傷和痛苦，她把信轉寄給佛洛伊德，並附帶以下的意見：「大家都知道，我說過我是佛洛伊德一派的追隨者，而J卻無法諒解我的選擇。」但是到了五月，史碧爾埃卻覺得自己過去被利用了。她寫信給佛洛伊德（這封信並未留存），提出很多指控。佛洛伊德五月十五日回信：

　　妳現在瘋了，而且更糟的是，症狀和妳的前輩一樣！有一天，我沒料到會收到一封榮格夫人寫的信，說她丈夫以為我反對他。這就是一切紛擾的開始，而妳也知道那是怎麼結束的。

　　而妳竟然說我沒有介紹妳任何病患？阿德勒也做過一模一樣的事，他自稱我沒有介紹他病患，所以被我害慘了……

　　到目前為止，我跟妳的交情都很好，我究竟為了什麼要反對妳？難道不就是因為妳沒辦法擺脫妳崇拜的對象，進而受困於自己糟糕的意識嗎？再好好想想吧。想通了再回覆我。

史碧爾埃可能有收回自己對佛洛伊德的指控，但到目前為止，都沒有找到任何相關證據。

六月，佛洛伊德又寫信給她，這次是問她是否想被列在新一期《年鑑》的刊頭。他寫了頗長一段，表明自己能體會她的困境，因為所有蘇黎世人的名字和頭銜在這之後都會被排除，如果刊出她的名字就表示她「很顯然是同一國的」。「而此時妳還是愛著榮格，」佛洛伊德繼續說：「因為妳就是無法真的對他氣惱，仍把他視為被烏合之眾追捕的英雄，寫信給我大談他的原慾論，還怪亞伯拉罕說出了真相！」佛洛伊德的用字遣詞非常客氣，他說：「別太拘禮。」但其實是在下最後通牒：她到底要不要站在我們這一邊？佛洛伊德滿懷希望地說道：「我當然希望妳能拋開

那些有關日耳曼英雄的幼稚幻夢，那些夢只是阻礙妳面對自己的環境和出身；妳渴望父親給妳一個這樣的小孩，但可別把這種期望寄託在不存在的幻想上。」

佛洛伊德的語氣很嚴厲；不過，佛洛伊德怎麼知道蘇黎世人很快就要被除名？他沒告訴史碧爾埃新的《年鑑》會有哪些內容。佛洛伊德不僅完成了計畫中的〈論自戀〉（On Narcissism）論文，同時還寫了一篇非常犀利的議論文，〈論精神分析運動史〉（On the History of the Psychoanalytic Movement）。這篇議論文明顯是為了刺激蘇黎世人，要他們徹底退出學會。佛洛伊德對這一套相當在行，並打算在新改組的《年鑑》首刊號同時發表這兩篇文章。所以史碧爾埃想被列在刊頭嗎？

顯然史碧爾埃對很多事情都非常遲疑。或許她還寫信給榮格傾訴她的不安。若果真如此，就可以解釋為何榮格在六月看見的幻象變得比較正面。他最近一再看到同樣的「幻象」，亦即歐洲被覆蓋在厚厚的冰層之下。但「幻象」的結局改變了，他看到自己從一棵枯樹上摘下一串有療效的葡萄，並遞給一大群人。

佛洛伊德在《年鑑》上刊登的議論文產生了他期望的效果。七月十日，蘇黎世學會投票決議退出「國際精神分析學會」。佛洛伊德寫信給亞伯拉罕，狂喜地說「我們終於擺脫他們了」，擺脫「討厭的榮格，和他那些忠心耿耿的鸚鵡們」。佛洛伊德和他的祕密委員會成員們慶祝自己的戰略奏效，「國際精神分析學會」落入他們手中了。他們會在九月的下一次大會上開始進行統一並控制其餘學會的工作。這群人中問題最大的是鍾斯，他卻是碩果僅存的非猶太人，費倫奇做了分析認為他是下一任主席的適任人選。

他們的算盤打錯了，就像其他歐洲人也都沒料到一樣。大會辦不成了；只剩下戰爭，一場可怕的大戰，槍砲四起，所有各地的大會都取消，國際間沒辦法進行科學交流。榮格夢見過大屠殺和滿目瘡痍的景象，這下就像恐怖的預言成真了。他鼓起勇氣振作，八月再次前往倫敦，卻驚覺自己就這樣被困在國外。他搭上位於德國前線後方的火車，

花了超過一個月才回到瑞士的家。

論精神分析運動史

　　三位密友就此不幸斷絕往來的故事，總是帶著純粹人性的色彩。但這三人真正的貢獻並不僅只是他們曾義無反顧地團結在一起。他們更肩負起推動精神分析運動，以及決定這個運動本質的責任（史碧爾埃對榮格產生很大的影響，所以也必須納入這個行列）。既然會聚在一起，有一天也勢必會分道揚鑣。他們斷絕往來的方式是個充滿決定性的最後舉動，使得精神分析至今依舊受到特殊關注。個人關係的結束影響了政治局勢；而政治局勢則決定了精神分析理論的未來方向。

　　佛洛伊德並未持歡迎批評，或對異議秉持開放的態度，甚至也不太在乎實際驗證；他明白，這些事情在科學上自有定位，但最初的榮耀通常總是歸屬於有遠見的人，要看誰能先跨入這個領域，洞燭機先。這當然要冒很大的風險，即使像他如此聰明的人也是一樣。一個人是有天分，但是否能達成如同達爾文的物競天擇論，或像夏爾科的歇斯底里論那樣的成就，是無法預料的。在這種背景之下我們可以說，是瑞士人讓佛洛伊德能誠實面對自己的理論，至少一度是如此。為了討好他們這個實際上的需要，意味著要嚴格地注意手邊資料，以及用更慢、更學院派的步調往前進。這樣的讓步，不僅達到對科學的尊重，也是對佛洛伊德某些關鍵性創新論點的認可，例如：症狀所呈現的象徵；壓抑在暗中運作以迴避衝突；以及提出治療時發生移情作用的實用觀點。在那段期間，即使有些事沒能達成，例如佛洛伊德沒能出版那本綜合手冊，但在彼此協調合作時，善意和理智還可算是發揮了效果。但現在瑞士人都離開了。

　　此後，佛洛伊德說精神分析是什麼就算數。界定精神分析意義的不是方法或任何驗證的外部準則，而是和過去一樣，變成繼續由排外的組織會員來掌控。只有那些可隨著當前權威結構和優勢觀點來調整自己接受哪些詮釋方式的人，才擁有特權。並沒有能改變理論的適當機制和秩

序，依據治療資料所做的判斷發生爭議時，也沒辦法判定哪些是對哪些是錯。至廿世紀結束為止，多次發生了強烈的異端審判，以及更頻繁的派系之爭等威脅和現實問題，導致精神分析理論的變化發展相當緩慢。

誰能把這些都怪罪在榮格身上？誰可批評，都是因為他的變調，因為他曾一度轉向基督教版本的精神分析，使得當時的制度變成採用權力主義的內部結構，而理論則採用保守主義？如此指責只說對了一部分。因為一九一四年後，他就不再參與機構活動，這麼說對他不太公平。要怪罪的話，其實兩人都有責任。因為他們本來都有機會建立開放的組織，讓精神分析打下更扎實的科學基礎，但他們卻沒做到。一旦兩人不再往來，當初聯手奠定基礎時發生的錯誤，就再也無法修正了。

一九一四年是佛洛伊德和榮格之間有正式聯繫的最後一年，這一年有三篇論文問世。其中兩篇佛洛伊德寫的，一篇是葛洛斯寫的。從這三篇論文中可以看得出上述內容的蛛絲馬跡。結論很叫人難過，不過我們還是不能忘了，他們是如何從坑谷中一舉築起這座注定無法繼續合作的高牆。

佛洛伊德的兩篇論文都刊登在改版的《年鑑》首刊號。第一篇是〈論自戀〉；大致而言，這篇論文從容交代了精神分析中錯綜複雜的本能論。這篇論文就像簡約版的福特漢姆講座，但相當離題，內容又不比福特漢姆講座明確，他似乎想把自戀當成原慾對自我的反撲，並用來取代自我本能的舊觀念。另一方面，這篇論文則大致描寫了佛洛伊德對失去榮格的反應，他過去把自戀的心情投射在那位瑞士朋友身上，現在這種心情則回歸到自己。

佛洛伊德在〈論自戀〉中大肆發表挑釁的觀點。阿德勒和榮格就是他頭號攻擊的對象，不過還有其他值得注意的地方。例如關於精神病，他繼續投入史瑞伯個案引發的論戰，挖出精神病學舊稱的「晚發妄想性精神病」，還宣稱以後都要採用這個用語，而不是克雷貝林的「早發性癡呆」或布魯勒的「精神分裂症」。布魯勒的用語已經廣為接受，當作描述症狀的標準用語，直到現在我們也還是這麼使用。佛洛伊德顯然是看布

魯勒小有成就，想扯一下後腿，便要求精神分析師得遵循他的用語。後來有好幾年，佛洛伊德都不斷進行學術用語之爭。

接下來是史碧爾埃的論文。佛洛伊德似乎非常希望她能解釋壓抑。如果自我是原慾的衍生物，他就無法完全解釋與「性」有關的衝突的根源究竟是如何產生的。唯一可行的解決辦法就是清楚地界定自我，即使自我是基於本能行動，在面臨瓦解成另一種狀態時就會發生矛盾。但佛洛伊德並沒有這樣告訴史碧爾埃，只是稍微提一下；即使他自己也曾停下來思索人的本能是否天生就分為保存自我和保存物種這兩種。佛洛伊德曾客套地評論史碧爾埃和陶斯克的看法：「實際上，個體的確有兩種不同層次的存在意義，一種是為了自己的目的，另一種是成為連結的群體的一分子；但在第二種意義下，個體會違背自己的意志，或至少是非自願的。」但他很快又駁回這種觀點，他不認為可用這個觀點來指引詮釋的方向，因為這不是從精神分析的結果衍生出來的，「而主要是靠生物學來支持」。彷彿是在批評史碧爾埃沒用臨床上的個案來支持自己的論點。

佛洛伊德駁回史碧爾埃這篇投稿，或許可以跟最近史德寇在《文摘》上對她另一篇論文採取全然不同的態度來做個對照。史德寇設法讓這本期刊直到戰前都還順利發行，這段期間還刊出了許多有趣但現在已被遺忘的文章。例如，普南有一篇論治療哲學的文章，提到倫理意識重的美國人在真心決定接受治療後，便不願意從中抽身。還有一篇史德寇自己的文章，認為是他優先提出夢境「未來可能」的運作方式這個觀點（這個觀點顯然成為當時的趨勢。阿德勒也說自己提過同樣的觀點，而西爾巴赫目前也沿著同樣的道路邁進，不過他採用自己的術語「靈性思維」，而不是「未來可能」）。同樣在一九一四年，《文摘》也刊登了一篇〈論毀滅象徵〉（On Destruction Symbolism）的文章，作者正是葛洛斯。

葛洛斯以其如同一陣旋風般的生涯，很快地就讓他搭上某些歐洲當時最前衛的政治煽動人士，他最後終於被普魯士警察以贊同無政府主義者為罪名逮捕，而且在他父親的授意下，被軟禁在維也納外的療養院；史德寇應要求去那裡幫他做分析。但是，葛洛斯雖被視為舊式父權思維

的受害者，後來卻成為歐洲激進知識份子中鬧得沸沸揚揚的訴訟案主角，他簡直就是那個時代的派蒂‧赫斯特（*Patty Hearst*，譯注：美國報業大王威廉‧赫斯特的孫女，在被激進組織共生解放軍綁架以後，反而成為該組織的成員，並參與了銀行搶案而被捕），當時還有人發起運動，要求「釋放奧圖‧葛洛斯」。葛洛斯被轉送到管理更嚴密的療養院，但後來打贏了場官司，被宣判釋放，一大群激進份子便像朝聖似地親自帶著法院的判決令高高興興地前往奧地利。但是當他們抵達時，卻發現葛洛斯已經不是病患了。雖然他還是處於被軟禁的狀態，卻升格為正式的醫師。

　　葛洛斯發表於《文摘》的文章〈論毀滅象徵〉的價值，就在於那是唯一承認自己是佛洛伊德追隨者，卻願意公正評論史碧爾埃的一篇文章。葛洛斯確實明顯贊同她的觀點，認為她成功掌控了性壓抑的邏輯。但不幸的是，葛洛斯利用她的想法進一步發展他自己對父權、強姦與違反自然秩序等觀點的引子。對史碧爾埃而言，葛洛斯只是一個無用的擁護者。

　　最後要探討的是佛洛伊德另一篇刊登在《年鑑》的文章，〈論精神分析運動史〉。與〈論自戀〉和另一些佛洛伊德同時期的文稿相比，這篇論文善加發揮了議論文直截了當的風格。委員會成員都讀了印刷校樣。整體而言，佛洛伊德所描述的這場運動中的各種奇思怪想，證明了一句老生常談，那就是每一個故事都有兩種面向。可想而知，佛洛伊德在陳述自己的版本時充滿了信念和活力。在最後他似乎強烈地要求那些悖離真理、蹩腳的叛徒應該放棄自稱為「精神分析」的傳人。他特別譴責用精神分析當武器的行為，而當然他向讀者解釋，他自己也無法不去揣測對手的動機。因此，除了亞伯拉罕表態反對，佛洛伊德還是在談阿德勒時用了「迫害」一詞，知情的人都明白他認為阿德勒有偏執狂。

　　在此，我們先不談佛洛伊德在文中是怎麼評論榮格的。有些讀者可能會覺得，榮格那些有關象徵和宗教昇華的漫談很沉悶，不過以下內容就像一陣清新的風：

　　所有榮格提議精神分析該做的改變，都是意圖消除家族情結中會引起反感的要素，於是在宗教和倫理中就不會再看到這些要素了。他用別的抽象觀念取代原慾概念，這樣就可以保證原慾能維持其神祕性，無論是聰明還是愚蠢的人都無法參透。而伊底帕斯情結只有「象徵」意義：母親代表無法得到的對象，必須藉由對禮教的嚮往來放棄她；在神話裡被殺的父親是「內在」的父親，人必須從這個父親的手中解放才會獨立……因此，一種新的宗教倫理制度建立了，就像阿德勒的制度一樣，勢必重新詮釋、曲解或在揚棄分析時發現的事實。真相是，這些人從人生的交響樂中抽出了一些文雅的泛泛之音，結果再次落得聽不到本能那強大原始旋律的下場。

　　最後一句的暗喻令人聯想到的正是華格納的歌劇；所有代表角色感受的主旋律都是由舞台下方的管弦樂團演出，而演員必須在台上背對著他們唱出來。如果讀者們記得的話，史碧爾埃就是在聽了華格納「齊格菲」的主旋律時，想到她的「齊格菲」；佛洛伊德的暗喻的確相當美妙。

　　但他這樣做幾乎違背了與榮格之間的協議，即不揭露個人隱私。其實他只是在提醒榮格這個協議。而這個提醒也出現在文中其餘段落。舉例來說，佛洛伊德引用一大段榮格病患的信，這位病患說榮格的說教有多麼令人洩氣。這位病患並不是史碧爾埃，而佛洛伊德也承認，採用病患反控的手法值得存疑；但在注腳中他卻寫著：「我不認為精神分析技巧可以護衛分析師的醫療裁量權。」他還認為，榮格的理論不符合各種執行精神分析的適當方式，「特別是每一種兒童精神分析的方法」。佛洛伊德又再次避談史碧爾埃最近在兒童心理學方面的文章，反而提出榮格出版的克拉克講座內容，主題是他大女兒對於家中第一位誕生的男孩所產生的好奇心。最後佛洛伊德暗示，榮格的所有創新理論都對病患的疾病構成侵犯之實。這一點反映出榮格並非適任的精神分析師。事實上佛洛伊德聲稱，榮格那可疑的創新理論是來自於「醫師的無能」，不能幫助病患克服抗阻，「……要不然就是醫師畏懼自己的工作會帶來什麼樣的結果」。

　　這就是造成榮格和其他大部分蘇黎世會員辭去「國際精神分析學會」的文章。榮格始終無法寫出這種含沙射影的文章。對於佛洛伊德的人格，他當然有自己的看法，也的確曾在沒經過實際驗證的情況下發表這些看法。問題是，如果不是本來就瞭解榮格做法的人，其實也沒辦法從他的陳述中判斷出什麼。而且在未來很多年，榮格都無法自由說出他知道的事。

　　在此我不可能鉅細靡遺地列出佛洛伊德和榮格接下來生活的大小細節。他們還是像以前一樣，非常注意和怨恨對方的一舉一動，但這幾年他們的工作目標已經完全不同了。佛洛伊德必須重建他的精神分析運動，在他與瑞士人做不當角力時，損失了太多在科學上的榮耀，現在他正要試著恢復這方面的聲望。榮格必須靠自己探索出人類的內在本性，以建立他身為偉大心理學家的名望。兩人在互相合作時都已學到處理這些不同工作所需要的技巧，也都會成功。至於史碧爾埃，我們對於她的職業生涯所知不多，但她為自己所促成的新世界帶來重要的光輝，因此值得我們好好對她的生涯說明一番。

第 18 章
天命的追尋

我過去一直對所學習的一切特別抱持神祕的信念，現在依然如此深信著。我強烈反對把齊格菲詮釋為真實的孩子；正因為我的神祕傾向，我覺得那正表示有個偉大的英雄天命正等著我，使我不得不犧牲自己，以建立偉大的功績。我怎麼可能不把那些夢境詮釋為我父親或祖父對我的祝福：「我的孩子，偉大的天命正等待著你」？

——一九一八年一月十九日，史碧爾埃給榮格的信

我們可以這麼說，史碧爾埃終於從婚姻和孩子（第一次世界大戰結束時，她的第二個女兒愛娃〔Eva〕出世）身上找到幸福，而且有很長一段時間，她仍繼續擔任優秀的精神分析師。但是就像很多歐洲人一樣，龐大的動亂最終決定了她的命運；廿世紀並不如十九世紀的人所預期，他們對美好將來的希望落空了。雖然她們全家人逃過了第一次大戰的砲火，但在德國還是有更邪惡的事情越演越烈，魔爪終於在一九四一年伸到她的家鄉，頓河畔的羅斯托夫。納粹占領期間，她和兩名女兒以及該城其餘的猶太人，都被帶往一間猶太教堂槍決。當然她是逃不了的，但據說她曾上前向一位納粹軍官攀談，用德語譴責他，因此害自己加速走上絕路。很久以前她曾住過柏林，因此她不相信那些曾跟她相處過的人們竟做出如此殘酷的暴行。

她被殺害之時，在她成長過程中所認知的世界已所剩無幾。當時史碧爾埃的父母雙亡，又在俄國大革命時失去了財產（已知的史碧爾埃論文中，最後一篇就是獻給父親的）。她丈夫也已因心臟病過世。他曾棄她而去，但後來又帶著跟別的女人生的女兒回來；他死後，史碧爾埃把那個女孩當作親生的孩子撫養。史碧爾埃的三位弟弟也曾對姊姊的職業感興趣，有一位甚至曾投稿到《期刊》；但在一九三○年代，她的弟弟們也

全都死於史達林的統治之下。有一句流傳至今的話可用來形容俄國當時發生的事:「他們的生命線都被剪短了。」

　　一個世界消失了;曾有個自以為長得太醜,沒人受得了看她一眼的歇斯底里少女誕生在那個世界。在那個世界裡,淑女不會排汗,甚至連吃東西都會聯想到排便和羞恥。在那個世界裡,一個富有的女性可以改掉本地文理學校的課程,以保護她女兒的「純潔」不受與生殖有關的知識玷污。但那也是個對外遇習以為常、到處都是娼妓的世界,而沙皇政權的混亂情勢結束後,娼妓可說是在首都聖彼得堡發展程度排名第二的產業。那是一個戴綠帽的父親可闖進妻子和長女間過度純潔的神奇圈子,並靠打孩子屁股來滿足自己慾望的世界。那是一個性慾四處蔓延,卻不可告人的世界(除非是基於藝術上的美感,或哲學上的讚揚)。

　　同樣在那個世界裡,人們想像有偉大的事物、重要的天命正等著實現,只要有人願意掙脫無聊的舒適生活,以及憤世嫉俗、實事求是的布爾喬亞階級,就可以辦得到。從維也納的咖啡屋,到沙皇軍隊中的軍官俱樂部,各地的男人都想像著自己可能會變成下一位達爾文、俾斯麥或尼采。在試圖實現她的英雄天命的過程中,史碧爾埃完全是她生存時代的產物。唯一的差別就是,她是女性。

藝術家

　　史碧爾埃的國籍是俄羅斯,第一次世界大戰爆發後不久,她便搬到中立的瑞士。她先在蘇黎世停留,聯絡上布魯勒,然後是榮格和他的圈內友人。我們只知道她告訴佛洛伊德她與榮格那個圈子的人碰面的事。佛洛伊德一九一五年四月廿日的回信是唯一流傳下來可證明這件事的資料:

　　我完全贊同妳去接受治療,但我不希望妳談太多榮格的事;妳老是為了他找不只一種藉口。菲斯特博士最近有給我看妳這份蘇〔黎世〕的報告⋯⋯我的感想是,那些人比我們過去想像的更愚蠢太多了。

史碧爾埃又從蘇黎世往南搬到瑞士法語區洛桑的湖畔，那座湖的另一端與日內瓦相鄰。她越來越少發表精神分析的文章；她在一九一四年投了三篇稿，一九一五年和一九一六年各一篇。這些文章內容都很簡短，沒什麼特殊見解，而且完全依該期刊的要求規定照章辦事。一九一六年唯一的那篇文章堪稱代表之作，〈兒童伊底帕斯情結的形成〉(The Formation of the Oedipus Complex in Children)，這篇文章內值得一提的是，她說到賀爾蒙可能會影響發展的問題。但這些文章中也並未提到她之前論文中的「毀滅」、「轉化」、「犧牲」、「無意識有預言能力」，或任何曾令她如此關注的主題。

總之，這段期間史碧爾埃投的幾篇稿，行文間透露出內心抑鬱的徵候。她的職業生涯顯然發展不下去了。她也沒有將感情和了不起的才智投入其中。在洛桑，她終於辭去精神分析的工作，去一間外科診所上班，因為她想找「有用」的事來做。史碧爾埃從此不再發表文章。但那間外科診所並沒有給她想得到的啟發；她做了個夢，夢見自己是藝術家。她寫信告訴榮格這個夢（他可能有回信，但信件並沒有流傳下來），不過後來又覺得自己其實非常明白該怎麼詮釋這個夢：她注定要成為一位編曲家。她很快地做了幾首樂曲來權充她的作品集，然後寄給當地的音樂學校。她不知怎麼辦到的，找到一位年輕的作曲家願意收她為學生。她的處境相當孤絕；從她真的花了好幾個月才想到自己並沒有去音樂學校上課，而是在另一處找到老師授課，可判斷出她的情形有多嚴重。

不過，有件事開始在她心中翻騰起來。音樂本身相當美好，她全心全意投入學習課程，而她的老師也同樣用心；課程結束時，他們都沒注意到花了多少時間上課，師母還得列出延長時間的費用。音樂除了帶來安慰，也帶來了靈感。她的新朋友隨意翻了翻她的筆記本，挑出幾段，然後譜出了音樂。其中有一段他詮釋為：「我知道我為什麼無法提起勇氣：因為懦夫怕死，而死亡就是他最大的恐懼。」很顯然地，這樂句呼應了她過去對於「後果」、「疑慮」的擔憂，以及害怕她會消解於對方之中。她把樂曲寄給榮格，但他沒回信。

接下來，她突然看到榮格刊登於一九一六年初《心理學刊》（*Ar-chives de Psychologie*）的新文章〈無意識的結構〉（The Structure of the Unconscious）；榮格在這篇文章中第一次談到意識中的「集體」要素。榮格的基本論點是，分析時浮現的特定資料中，有某些要素很明顯是從個人的過往衍生而來，其他要素則反映人類意識中共通的潛在性。一個人達到集體層次的跡象，其中一種就是出現抽離和「神一般」的感受。榮格進一步申論，面對從集體層次產生的幻想時，如果「只」套用佛洛伊德和阿德勒的理論，只會分析出一個無可奈何的人生。現在，榮格不用只把象徵判斷成本能的「符號式」解釋方法，改而提出「詮釋式」解釋方法；這種方法尊重幻想，因為它們會默默朝著人生中尚不可知的未來摸索前進。一個受集體無意識影響的人會透露出來的其他跡象，就是感受到自己要不是很大，就是很小，正在墜落，或已經死去。榮格甚至把這種心理狀態形容成某種「迷走」，與「精神錯亂」的感覺「非常接近」。這些當然全都直接反映出榮格自己在一九一三年到一九一四年間的幻想經驗。同理，他所下的結論也等於洩漏了自己暗中盼望和恐懼的事，因為他說，在這樣的分析（等於他在檯面下對自己的分析）階段中，「所有封存著神話思維和感受的藏寶箱都被打開了。」無論如何，史碧爾埃覺得他的論文很有親和力，又寫了信給他；這次，榮格基於同事間的禮儀，於一九一六年五月卅一日回了一封信，感謝她願意勞駕去拜讀他的文章。

但史碧爾埃內心翻騰的情緒並沒有停止。她又做了一個「齊格菲」之夢，醒來時第一個想法就是，「所以他還活著；她的齊格菲。」差不多同時，史碧爾埃又看到榮格的另一部作品《無意識過程的心理學》（*The Psychology of the Unconscious Processes*）。這本專書可說是〈心理學新徑〉的延伸修訂版，看得出榮格運用了臨床資料來繼續闡述他對於集體無意識的看法。首先，他以歇斯底里反應的個案為例，說明即使不依照佛洛伊德還是阿德勒的研究方向，同樣可以達到很好的分析結果。這兩種研究方法可以互補，雖然基礎是被限制在僅研究個人過去的經驗。然後榮

格繼續講他自己治療個案的故事，那位病患承認，她有時候會把榮格看成「邪惡的魔術師」。榮格認為這種移情作用不可能是基於她過去經驗的反映，因為現代並沒有什麼邪惡的魔術師。就像其他神話故事的投射一樣，這種想法應該是洩露出人內在特定的心理結構（在此榮格用「主控」〔dominant〕一詞表示，但過幾年以後改成用「原型」〔archetype〕），是人類古老過往的一部分。

　　這本書也一樣，暗中重現了榮格自己祕密幻想生活的要素。在所有象徵「主控」的人物中，有一種類型是出現在夢中的黑膚色（像蒙古人）夥伴。這個夥伴曾出現在榮格一九一三年那個殺了齊格菲的夢裡。他也提到霍夫曼小說《魔鬼的靈藥》中的主角梅達爾德斯修士；榮格在那醜聞滿天飛的一九○九年時期曾對這本小說非常著迷。所以榮格這突如其來的一筆，等於也洩漏了自己其實從霍夫曼那裡獲得很多靈感。榮格聲稱，佛洛伊德和阿德勒的觀點對於分析人的前半生很有用，因為那時生命力還是往上升的狀態。但到了「生命的黃昏」時，人就必須發展出靈性的面向，就必須進入集體無意識。

　　在史碧爾埃讀了榮格最新的專書後，到自己又做了「齊格菲」的夢之間這段期間，她又找到充分的藉口，於一九一七年初秋再次寫信給榮格。這方面的文獻並不完整，不過看來榮格在一九一七年九月十三日寫了一封信，應該就是為了這件事；而那封信流傳了下來。榮格在信中說，他依然扮演著史碧爾埃無意識中的一個角色；如果她有辦法解讀出自己夢中的「象形文字」，就可以用來當作連結到集體精神世界的媒介，也是指引她未來發展的嚮導。榮格還說，自己最近都睡不著，他為瞭解決類似的問題而相當煩惱；事實上他的確是很苦惱。

　　但史碧爾埃並不知情。榮格私底下的掙扎有多痛苦，她完全看不到。她也不清楚，其實榮格目前的情況越來越糟。榮格特別謹慎，因為他過去曾對神話感興趣，不希望現在所提的集體無意識觀點被人聯想到任何與神話相關的詮釋；分析的內容也避免觸及任何有關他私領域的事。史碧爾埃只能從榮格的論述和回信切入，而且她覺得榮格在信中對

她的夢所表現的態度令人困惑。她在回給榮格（這封信並沒有流傳下來）的信中提到這一點，還做了以前不敢做的事，那就是侵犯榮格精神上的隱私。她完全沒料到榮格現在有多脆弱，也沒意識到自己對他而言意味著怎麼樣的威脅；一九一七年十月十日，榮格在回信中大發雷霆：

好啊，算我怕妳了；我被咒罵、嘲弄得還不夠嗎？被批評得還不夠徹底嗎？所以我才會藏好那些神祕的東西，還有我那所有不堪一擊的小點子，有一些還是我在「原慾」那本書裡發表過的……現在只要妳想得到太陽、神祕的永恆大地之美，都可以許願，甚至還可以命令它們都變成妳的。而我絕不相信妳的辯解，就像多年以來德國人一直想發動戰爭，沒人還會相信他們是和平主義者。我揭露自己的祕密，可不是為了讓毫不理解的人來踐踏。我向妳保證，這個花園的外圍現在豎起了一座又厚又高的牆。這座牆的背後什麼都沒有，除了眾所周知的貧乏和「膚淺的寓言」……妳瞧，佛洛伊德的理論可沒這麼膚淺，甚至深到皮下腺體去了，最深可達到他所謂的人類心理學層面。卻不可能再深入到子宮去。從那裡的話就可以簡單地解釋這個世界；其他剩下的都是「不科學」的，是建立在被壓抑的肛門情慾之上的象徵性謊言。人們只需要知道，每一件事最終都是源自母親的子宮，而且除了「性」及其不幸地受到壓抑之外，沒別的解釋途徑。其他的都不重要。如果還要再推薦另一個前途光明的假設，那就是「反猶太主義」，再加上其他一些小小的詆毀。

史碧爾埃一整個月都沒回信。然後她才開始著手新的計畫。首先，她寫信給佛洛伊德，很顯然是要說她目前幾乎沒事可做，從一九一七年十一月十八日佛洛伊德的簡短回信中贊同的話就可證明這一點：「妳說的沒錯，時局艱難，而且科學工作更是困難。」榮格對她的反應就是把她當成跟佛洛伊德是一夥的，而這段時間她確實是如此。因此，她寫給佛洛伊德的信彷彿是設計好的，是為了消除這方面的良心不安，也可說是為了確保她和榮格之間的隱私。下一步，一九一七年十一月廿七日，

她用很枯燥、就事論事的語氣回信給榮格。一開始她先描寫了一大段理性的考量，比較他與佛洛伊德、阿德勒的處境，還舉她的小女兒為例。接著，她還要榮格寄還這封信和以後的信，因為這對她將來的發展很重要。簡單來說，她讓自己看起來又再度變成了學生。

現在他們又開始對話了。對話密集持續了至少三個月，之後將近兩年也斷斷續續往來著。很不幸的是，文獻量雖然很龐大，卻還是有很多都散佚了。雖然從留下來的文件中足以推敲出每次交流的主要內容，但並非能知道所有詳細情況，也不知道他們最後是如何結束通信交流的。在流傳下來的信中，有八封篇幅極長的是史碧爾埃寫的，都是在一九一七年十一月到一九一八年一月的三個月內完成。榮格則共有十封信留存，涵蓋的期間比較長，從一九一七年十一月到一九一九年十月。有時候，從榮格的回信中可推衍出史碧爾埃寫了什麼；但並非總是能夠做到。

從現代人的角度來看，史碧爾埃的信不太好讀，不過那卻代表著她努力以誠意和聰慧去理解榮格、阿德勒和佛洛伊德三人的理論。史碧爾埃除了列舉他們的差異之外，也試著集三人之大成，做為自己在一九一二年發表論述的參考基礎。甚至每當整合的工作遇到瓶頸時，她就會不斷用實際範例來帶入，根據三人的臨床專長判斷個別理論的優點。因此，在所有現存的精神分析文獻中，她的信件相當獨特。這段期間，就算還有其他人也曾如此積極嘗試整合理論，他們的成果終究沒有被流傳下來。至於她本身的狀況如何，我們可以從信中看得出來，她不僅又恢復了多產的能力，還重獲對於知識的敏銳度。

而從榮格的信則可看出，雖然他差不多很快就恢復鎮定，但偶爾還是會動輒發怒。還有，他認為史碧爾埃在考量個人和理論的問題時，仍希望得到他的指導。他的姿態相當自信，因為兩人的交流不夠深入到談及更私密的事。一九一八年一月九日史碧爾埃的信是轉捩點：

分析病患的「無意識」時，會削弱判讀的強度，還是「加重口味」，皆取決於病患的個性，而醫師的個性又更有影響力。佛洛伊德建議醫師

的態度要中立，或許適用於普通的病患：如果醫師在分析過程中流露出負面的態度，病患只會更加抵抗和壓抑；如果表現得太正面，又會鼓勵病患傾向自我沉溺，而且「養大他的胃口」。醫師和病患的性別不同時，發生這兩種極端的風險特別高。

我覺得這樣的觀點還有改善的空間，而且你有機會這麼做：佛洛伊德認為，病患有了新的精力後，醫師就該讓病患自己去找能發洩那些精力的實際管道。而你則是認為，醫師該繼續分析（潛意識）下去，讓病患明白他有「更高的目標」（天職）。要解決這個問題，最好從經驗而非先驗（a priori）著手。乍看之下，我覺得佛洛伊德的方法比較適合普通病患，而你的方法則適合能夠產生昇華作用、較為堅強的人（在此我還是想到互為異性的醫師和病患，因為照理說這種組合發生固著的危險比較大）。

在漫談了音樂究竟是不是她的天職，或只是她誤判所做的夢而蒙蔽了自己後，話題到此，「齊格菲」終於現身。問題就在於應如何詮釋「齊格菲」：

對於齊格菲問題的誤解，或許可歸因於意識方面的分析，但我跟你的看法不同。一開始在我的潛意識裡，齊格菲可能是「真的」，而我的潛意識看穿了你潛意識裡對這個問題的態度。後來遇到了日常生活的難處；你身為一名有經驗的成年人，可以瞭解所有錯綜複雜的事物。我那時還太年輕，而我的初戀和「天職」對我來說太神聖了，沒辦法聽從你說的道理，也不會去注意潛意識可能為了警告我所產生的象徵。我還記得其中一個警告的象徵，但搞不好這種象徵還有很多。

所以，你應該明白我是怎麼著手處理問題的了；我們可以刺激潛意識去解決問題，無論這些問題是以實際的，還是以昇華的形式呈現。當然，潛意識也可以警告人別去解決「實際」形式的問題；也就是指示此人朝昇華的形式走。不過，人面對問題時的意識過程或受到暗示產生的

影響，或許也會完全改變他的潛意識傾向。這就是你最後消滅了「真實」齊格菲的過程，你曾經跟我提起這件事（證明你也有一個「真實」的齊格菲）；也就是說，犧牲他去成就昇華的他。而我則是用相反的方式，我在夢中殺了應該成為齊格菲之父的男人，然後在真實世界中找到了另一個男人。

史碧爾埃隔天又補寫了一行斜體字：「你對我的意見有什麼想法，還有你是怎麼看待這些問題的，我都很感興趣，非常想知道。」然而另一行補充卻顯示，她等了十天才寄出那封信。

榮格讓步了。他寫信給她：「當我們用自己特定的英雄主義來看待齊格菲時……他就不再是個象徵。」榮格還說，如果她不懂這句話的概念，就永遠不會瞭解他的新觀點；此外，音樂只不過是讓她與自己無意識感覺溝通的「橋梁」。

史碧爾埃還是堅持她的方向，也依然保持討論的模式，用許多相反的論點來回覆榮格，其中包含一個觀點是，音樂對她來說或許比當精神病醫師更實際，因為在精神病學的領域中，她總是必須克服源自嬰兒期的內在阻力。她用最近夢到的一幅諷刺畫面來描繪自己天生的不切實際：「……前景是位德國將軍，他相當強勢、萬分果決、精力充沛，站在他身後的是個俄國人（Kerensky，克倫斯基）以及他的軍隊，就像基督一樣充滿理想主義和美德。」這幅圖的標題是「俄國人為何戰敗」。而提到實際這個話題，他建不建議她去找精神病醫師的工作？她自問自答說「應該不會」，即使榮格認為她有「英雄主義」，甚至還有「宗教情懷」。她嘆息著結束這封信：「我想這個世界就是這樣，這也是為什麼除了音樂創作外，很難找到另一條把人從白日夢引向現實的路。」

榮格覺得她的夢反映出問題的核心，因為她遊走於俄國與德國、現實與「基督教化」的世界。史碧爾埃的錯誤是想把齊格菲帶入現實，而非視他為內外在世界的橋梁。榮格在第二封信中深入剖析這個觀點，但語氣很差：

別忘了猶太人也有先知。妳還沒用猶太那一部分的心靈來思考過，因為妳太在意外在的世界。他把內心最深沉的靈魂稱之為「滿足嬰兒期願望」；很遺憾，但這就是猶太人的詛咒。他殺了自己的先知，甚至殺了他的「彌賽亞」。

但史碧爾埃並沒有退縮。在下一封信中她接下了榮格這討人厭的指責，還就其論點反攻回去，表示猶太人對於「彌賽亞」的觀點沒這麼狹隘；然後提出更多有關理論、她的夢、齊格菲，以及她的人生該怎麼辦的問題。她完全接受無意識有預知功能，但還有太多問題有待解答：

我們的潛意識是否會提示我們，該選擇兩種高貴情操的哪一個？或者做出類似「打造偉大的亞利安—猶太英雄是妳的責任」這樣的提議；然後讓我自己決定該不該藉著去理解這位以孩子、藝術或科學作品形象出現的偉大詩人、音樂家和救世主，來接受這個具有宗教情懷的高貴天職？

從尚存的文件看來，他們的對話僅止於此。史碧爾埃後續寫給榮格的信都沒有留存下來。而後來榮格寫給史碧爾埃的信，至今尚存的信是十個月後寫的，再下一封又隔了超過一年。不過即使歷史資料有缺，無法讓我們滿足一窺究竟的慾望，但還是足以推想出他們討論的精華。這段交流一開始是探討理論，後來卻變成微妙的心理掙扎。榮格認為，從史碧爾埃的各種夢境和幻想證明了她依然緊握著佛洛伊德式觀點不放，讓她無法瞭解到導致自己內心起伏的正是內在的自我。他把史碧爾埃的精神狀況等同於自己的，並鼓勵她採用新理論，他也是從新理論中得到很多慰藉。史碧爾埃多少瞭解這一點，在理論上也聽從了他的建議。但她心裡也有別的打算。特別是她想聽到他說，早在「齊格菲」變成她天賦使命的象徵之前，他就已經是他們兩人對彼此的愛的象徵了。在她得到滿意的結果前不會打算放棄對話。但是這樣卻威脅到榮格，而史碧爾

埃並不瞭解這一點。

　　兩人的對話不斷地繞著同樣的圈子打轉，始終無法藉由心理學說出他們非說不可的話。

布達佩斯大會

　　往東好幾百里之外，佛洛伊德正努力想重振精神分析運動。戰爭期間，維也納大部分都還算穩定，但遵守兩年停戰協定卻讓經濟敗壞。一九一九年夏天，史碧爾埃的弟弟尚恩（Jean）排除萬難去拜訪了佛洛伊德。過沒多久，佛洛伊德又接到史碧爾埃的消息。她似乎沒有告訴佛洛伊德自己與榮格通信的事，不過她有報告榮格那一個團體所發生的事。提到榮格時她只說，自己正在把一些他的作品翻譯成俄文，那是為了生計。在這個脈絡之下，她也問自己能否繼續擔任維也納學會的成員，繼續訂閱期刊，但先允許她賒欠一下訂閱費。她還說自己很快就會有新的文章可以投稿。簡單來說，史碧爾埃準備好重新回到戰場。無論她與榮格之間的對話有多少成果，至少又讓她想再度返回精神分析師的生涯。而就像很多戰前曾參與精神分析運動的人一樣，她很積極地想重拾過去拋下的事物。

　　鍾斯是這樣形容佛洛伊德在戰時的心情：

　　一九一七年，佛洛伊德對於自己一生心血的未來發展已經悲觀到底了。在阿德勒、史德寇和瑞士人背棄他後，他覺得幾乎用不到五根手指頭就可以算出全世界到底還有多少值得他信賴，能依照他想要的方式去推動他的工作的人願意追隨他。

　　但鍾斯沒提的是，佛洛伊德對未來悲觀的預測所要面臨的最大威脅是什麼。其實那正是榮格和史碧爾埃目前正在信中討論的事：夢境詮釋的未來運作論。比亞瑞最近出版了精神分析史，將這個觀點評為精神分析理論的高潮。梅德爾在慕尼黑的演講已被翻譯成英文，其內容不僅說

明夢境詮釋有未來性的視角，還強調了倫理方面的特徵。榮格的最新作品也強調了類似的靈性發展。阿德勒的新書《緊張人格》則強調一般的神經質症狀都帶有目的性作用，還特別說，應優先把夢境詮釋當作具有未來運作的功能。史德寇也靠自己獨立發展出相同的觀點，亦即該優先考量夢境詮釋的未來性。普南最近出版了一本代表作，想用精神分析的方法來調解黑格爾的倫理學。霍爾正在研讀阿德勒的作品，發現他的觀點與自己對教育的觀點一致。西爾巴赫則寫了一本重量級的書《神祕主義的問題》（*Problems of Mysticism*），分別用兩種詮釋觀點：「精神分析」和「靈性思維」（西爾巴赫在談未來運作性時用的專門術語）來驗證一篇古老的煉金術短文，結果發現這篇短文其實等於是開發靈性的工具書（西爾巴赫的書導致他與佛洛伊德不和。佛洛伊德反對的原因是，不該用「精神分析」方法來揭示直覺如此「低等」的領域；又用「靈性思維」方法來挖掘出心靈傾向這種「高等」的領域）。

這些人基本上都相信，除了「分析」之外，勢必要用某種形式的「綜合理論」來輔助治療。佛洛伊德的麻煩（如果可以這麼說的話）就是，一旦國際間的科學活動恢復運作，這些思想家就會開始參加大會、分享他們的觀點，而想必榮格會到場擔任他們的總指揮。佛洛伊德的一個優勢就是擁有「國際精神分析學會」這個空架子。他搶先在所有人之前召集了「第五次精神分析大會」。這次大會是在一九一八年九月於布達佩斯舉辦，時間點是在凡爾賽合約簽訂之前；這場大會也是戰後第一個國際科學會議。在大會上，佛洛伊德發表了〈精神分析治療的前進路線〉（Lines of Advance in Psycho-Analytic Therapy）。佛洛伊德說「精神綜合理論」是一個「空虛的用語」，因為分析所發現的本能衝動本身就提供所有必要的綜合活動（synthetic activity）。佛洛伊德特別想起了之前與瑞士人之間的意見不合：「我特別強調，對於把自己交付給我們、尋求我們幫助的病患，我們拒絕把他據為己有、替他決定他的命運、把我們自己的想法硬套到他身上，以及用造物主的高傲態度，照著我們的形象塑造他，然後認為這樣是好的。」

　　佛洛伊德風塵僕僕地回到維也納，迎接他的是一本菲斯特的新書。菲斯特的意見又是什麼？他認為精神分析太偏頗，過於著重性本能。菲斯特用一貫高傲的好鬥態度提議要使用他稱之為「有機」（organic）的新方法，這種方法會考量到所有精神世界的本能。佛洛伊德寫了一封信攻擊這位從事神職的朋友，這封信以下面這段惡劣的挑釁聞名：「真巧，不知道為什麼，從來沒有一位信教的人發現精神分析？為什麼得等一個完全不信神的猶太人出現才能辦到？」不過，如果仔細閱讀這封信就會發現，其實佛洛伊德是被自己的邏輯困住了。他說精神分析著重性本能是對的，因為它的性質「保守」，而且與「享樂原則」密切相關，這對於精神官能症的影響很大。但這多少是菲斯特已經講過的話，也就是說，「性」通常是精神世界中退化的力量，一定找得到一些其他的心靈力量可以平衡它。

　　總之，一九一八年到一九一九年間，隨著嚴冬降臨維也納，佛洛伊德開始花六個月的時間深思本能的性質與相關的治療策略。這段期間他打開自己書桌的抽屜，挖出一篇舊論文〈詭奇〉（The Uncanny），這是他十幾年前在榮格第二次造訪維也納後就開始寫的。這個主題與精神綜合的問題密切相關，因為當榮格為自己轉向「精神綜合」而辯解時，正是率先用上突兀的詭奇怪事為藉口。佛洛伊德很快發現了兩個對修辭而言很重要的資料。首先，他重讀了霍夫曼的《魔鬼的靈藥》，然後找到了一段確實影響榮格夢境的內容，在那個夢裡，佛洛伊德是一個已經死亡的海關官員。佛洛伊德把這段內容發表在《期刊》上，沒做出任何意見；這可能就是給榮格的訊號。其次更重要的是，佛洛伊德發覺在重新詮釋任何怪事時，可根據費倫奇的其中一個觀念去除這些詭奇的靈性色彩；這個觀念就是，在精神世界中有重複做同樣事情的強迫念頭（一九一三年大家爭相攻擊瑞士人時，費倫奇曾進一步用這個觀念來說明瑞士人不足為信。費倫奇的說法中修辭上的意義大於實際上的意義；他認為因為種源遺傳，而導致人會強迫重複做同樣的事，因此在精神世界中產生彷彿有進步的錯覺）。這個論點很難處理，那表示得把所有詭奇現象一律濃

縮成似曾相識（*déjà vu*）的感覺，但佛洛伊德很快說服自己，這個就是正解。到了一九一九年夏天，他又說服自己相信更令人詫異的觀點，即這個重複做相同事情的強迫作用構成一種基本上會導致個體尋死的直覺傾向。

「S 對 J 的愛」

　　當佛洛伊德在深思本能的意義時，榮格和史碧爾埃還是繼續遠距離討論「齊格菲」主題。在一封一九一八年十一月廿九日的短信中，榮格很關心她所說的一個夢，但還是認為她太在意外在世界。下一封尚存的信，日期標記為一九一九年三月十九日，在這封信中榮格的語氣更凝重。他告訴她，她的夢開始出現「謀殺」和「威脅的特徵」，因為她的態度還是太唯物了。她應該認知到自己內在「神性般的心靈」，而不是用理性來把它殺了。榮格以「希望還不至於來不及」這句話做結。

　　因為後續史碧爾埃的信都沒有流傳下來，我們只能猜測她最近可能跟榮格說了什麼，使他採用凝重的語氣來溝通。此時史碧爾埃已再度提筆寫精神分析的文章。一九一九年，她發表一篇針對俄國精神分析書籍的書評；一九二〇年，她發表的論文不只五篇。所以生涯的選擇並不是主要問題。她一九二〇年的論文中有一篇〈小蕾娜特對人類起源的理論〉（Little Renate's Theory of the Origin of People），就傳達出很明顯的訊息。這篇論文延續由佛洛伊德開始的傳統，也就是記錄兒童的性研究，文中說明蕾娜特試圖解釋她妹妹是怎麼生出來的。這就是一九一九年春天她寫信給榮格所要談的問題：史碧爾埃又懷孕了。她再度感覺致命的「齊格菲」又在自己體內現身，且他可能會傷害未出世的孩子。

　　榮格下一封尚存的信，日期標著一九一九年四月三日，語氣還是一樣凝重；他的觀點也很明確。她必須接受「齊格菲」就是她自己類似神性的存在，是現實和無意識之間的媒介；唯有如此認為，齊格菲才不會威脅到她或孩子。榮格堅稱「齊格菲」是「英雄」的再現，一度是「世界的中心」和「救世主」，而不僅僅是一廂情願的幻想。榮格的情緒相當

激昂：

　　佛洛伊德的意見是犯了強暴聖潔的罪。他散播的是黑暗，而不是光明……認為唯有最暗的黑夜才生得出光明。齊格菲就是那道火光……我在妳心中點燃一道新的光芒，在黑暗的時期，妳必須好好維護這道光。

　　但這封信中也有令人不解的坦言：榮格宣稱自己害怕陰性精神狀態中的「輕佻」和「暴君般的自命不凡」。接下來的話語更是充滿惡意，榮格把她的「理性和唯物的詮釋」聯想成具有陰性傾向，會把所有事都變成「平庸」。
　　榮格的信後來只剩兩封。下一封信的日期標注為一九一九年九月一日，這封信簡短、坦誠又露骨：

　　S對J的愛，使J注意到他之前有些懷疑的事，即無意識有塑造某人天命的力量，是這個力量後來引導他去從事大業。而他們的關係必須「昇華」，否則只會導致他產生妄想和瘋狂（無意識的具體化）。有時候，一個人必須變得卑鄙才能繼續生存。

　　我們很好奇是什麼促成了這樣的告白。很可能是因為史碧爾埃又生了一個健康的女兒（這孩子長大後成為一個很有成就的音樂家）。如果查看榮格前兩年給她的信，就會發現他一直害怕同樣的事物。首先是佛洛伊德學派，然後是德國講究技術的精神，再來是唯物主義、猶太心靈，最後是陰性精神狀態。不管擔心的是哪一件事，他都害怕自己的私下狀態被誤解了，而他會被這種想像中的誤解所吞沒。同樣的，不管是哪一種擔憂，榮格都把史碧爾埃當成這種威脅的化身。因此榮格才會頑固地堅持自己對「齊格菲」的觀點，反對史碧爾埃的詮釋方式。但是在一九一九年九月一日的信中，榮格總算承認「齊格菲」還有另一面。
　　榮格五週後寫的另一封信則比較神祕隱晦，沒那麼露骨。顯然史

碧爾埃曾寫信問他有關心理類型的新理論。這暗示他們已經盡最大的努力解決了「齊格菲」對雙方的意義，也許還解決了雙方對彼此的意義。總之，榮格在一九一九年十月七日的信中寫了兩個比較不同心理類型的人的圖示，第一個圖示是比較他自己、布魯勒和佛洛伊德，第二個圖示是比較歌德、康德、叔本華和席勒。接著是第三個沒有任何解釋的神祕圖示，形狀是兩個圓圈，外圈標著象徵陽性的符號，內圈則標著象徵陰性的符號。在內圈的上下方各有一個 x；上方的 x 標著「史碧爾埃的意識」，整個圖的下半部標著「無意識」。圖中間有一條直線和一條橫線交叉穿過中間，彷彿暗示了榮格的心理類型理論。榮格的唯一意見就是，或許史碧爾埃以前比現在更外向。

就人們已知的範圍內，兩人之間的關係就到此結束了。

史碧爾埃在日內瓦

文獻中史碧爾埃下一次現身，是在一九二〇年九月於海牙舉辦的「第六次國際精神分析大會」的列席名單中。很奇怪的是，這是她第一次出席大會，而她第一次的發表內容是〈口語的發展和起源〉（The Origin and Development of Spoken Speech）。這段演說驚人之處在於，她想把佛洛伊德的嬰兒初期孤僻階段（這個階段受到享樂原則的控制）與發展心理學的發現做整合。史碧爾埃舉「媽媽」（mama）和「爸爸」（papa）兩個字詞為例，認為孩子最先學會說的字是從吸吮的動作引發的，而且充滿了願望實現的神奇特質。這些最先學會說的字漸漸朝著環境發展，成長為異性戀情慾。繼續發展下去，潛意識會同化現在與過去，這些字詞就會變成句子。簡單來說，口語會話是從享樂和現實原則的中間地帶發展起來的。

會後，史碧爾埃搬到日內瓦，住進盧梭中心（Institut Rousseau），這裡很快就發展成世界首屈一指的教育學中心。一九一二年，弗魯諾伊的姪子克拉帕黑德曾在日內瓦大學成立教育學實驗室。這個實驗室後來發展為研究中心，由克拉帕黑德和皮耶・波維（Pierre Bovet）共同擔任院

長。這裡一開始就有各種心理治療方法的課程，其中包含精神分析，但不見得都有好結果。一位講授庫埃法（*Couéism*，譯注：由法國藥劑師庫埃〔*Coué*〕所發明的療法，亦即使用自我暗示的力量來治療疾病）心理學的講師曾因為觸犯禁止催眠術的舊郡法而遭到逮捕，而一位名為史奈德（Schneider）的佛洛伊德主義者則因為無恥的變節而遭到疏遠。另一位佛洛伊德主義者馬蘭（Malan）小姐表現不錯，但一九二〇年時，對克拉帕黑德這些人來說，熱衷派系的精神分析師可能會威脅到開放的討論風氣（在蘇黎世，賓斯旺格和菲斯特這些人在看到委員會成員薩克斯於戰爭結束時的不愉快處境時，也同樣感受到這種威脅）。後果之一就是，克拉帕黑德主導的本地精神分析學會一直保持非正式的狀態。他們不定期聚會，向所有人開放，也沒想過要努力得到「國際精神分析學會」的認可。

但在學會內，有一個小型的精神分析團體每週聚會一次，而且僅限願意登記為「國際精神分析學會」成員的人才能參加。這個團體的成員都是研究中心的領導人物，包含目前為院長的波維、著名語言學家索緒爾的兒子雷蒙・索緒爾（Raymond de Saussure）、瑞士語言學家古斯塔夫・貝里（Gustav Bally），以及尚・皮亞傑（Jean Piaget）這位當時前途光明的新人，他後來成為兒童發展先驅的學者。後來波維曾用不太禮貌的話語記載史碧爾埃的到來：

我們的研究中心還不至於太絕望。我們是在一九二一年體認到這一點。當年有一個俄國女性來到日內瓦，她既膽小又頑強，名叫薩賓娜・史碧爾埃・謝夫特爾。她說自己是荷蘭「國際精神分析大會」指派來擔任盧梭中心的助理精神分析師。她初來乍到此地，卻表現出彷彿主教來占領教區的態度。克拉帕黑德總是很好心，在他的研究中心安排了一間小諮商室給她，史碧爾埃小姐就此展開她的使徒工作……

我們對於這位新來的傳教士多少持保留態度。但是我們的確告訴學生史碧爾埃小姐的優點；她真的是一位專家，擅長為自己安排授課，而

且即使沒人邀請她，她還是會主動參加「精神分析小組」的聚會。她依照佛洛伊德的規矩，定期為我們當中的一些人分析，為這個團體帶來新的氣息。

史碧爾埃小姐是怎麼來的，就怎麼回去。我們懷著感激之情想念她的一切，但在她的任期期間並沒有為精神分析帶來任何進步，而那似乎是高層對她的期望。

事實上，有不只一筆資金贊助史碧爾埃來這裡，而那些資金來自祕密的委員會。在當前的政治局勢下，她沒做好那份工作也並不完全是她的錯，事實是她在的時候那個小型精神分析團體就瓦解了（她參加了最後一次聚會，當時的主題是壓抑）。到了一九二二年六月，她淪落到寫信拜託佛洛伊德居中調解。佛洛伊德回覆說他也沒辦法：

如果我照妳的意思做，只會引起他們對我這個自以為是精神分析教宗的舊領導人物的愛國情仇。

如果發生這種事，這些人會用他們的政治立場來壓制科學，而且用來掩蓋他們自己全部或部分的無知。他們跟蘇黎世人沒什麼不同，而且除非他們允許依照我們的觀念訓練出來的成員加入，否則我們一點辦法也沒有。

不過，雖然史碧爾埃旅居日內瓦期間在政治上沒什麼影響力，但在智識上卻成果非凡。從一九二一年到一九二三年之間，她總共寫了十一篇精神分析論文，包含幾篇關鍵的理論文章。當中有兩篇重要的文章分別是和語言學家貝里以及皮亞傑交流的成果。一篇為〈無意識身心的時間感〉（Time in the Unconscious Life of the Soul），另一篇為〈兒童失語症與前意識思考的相似性〉（Some Analogies Between the Thought of the Child with that of the Aphasic and with Preconscious Thought）。在前一篇文章中，史碧爾埃表示兒童是透過重複的動作來理解未來時態，並透過空間想像

的類比來理解過去時態。這篇文章是心理語言學早期的重要文獻。在後一篇文章中,她分析兒童的獨白,當作是某種連續、自我產生的聯想實驗,然後將其與失語症兒童努力試圖說明自己如何執行一個簡單任務的話語做比較。雖然她沒有強調這一點,但整體的比較結果顯示出這兩種思維根本不是「孤僻」的,其實是代表適應環境的初步表現。

因此,史碧爾埃的兒童獨白論文可拿來與《心理學刊》上一篇皮亞傑早期的重要論文一併參考。我們暫時在此停下,談談兩人之間的關係。皮亞傑有一位古怪失常的母親,他之所以往心理學發展,是因為青春期經歷了很大的危機,當時他努力想釐清基本的哲學問題。他很年輕就在生物學研究上出類拔萃,被視為「神童」,皮亞傑之後有幸在巴黎跟比奈學習兒童發展,然後在蘇黎世跟榮格和布魯勒學習實驗精神病學。當史碧爾埃認識他的時候,他已經提出研究兒童的犯錯形式來推論他們認知結構的革命性方法,雖然那距離他獲得廿世紀最偉大發展心理學家的國際名聲還有一段時間。

但是,一般對皮亞傑比較不認同的評價,都是因為他早期的研究多少是從精神分析的觀點發展而來。事實上,佛洛伊德還沒發展出現實原則時,皮亞傑一開始就認為只要弄清了發展中的「孤僻」階段,就等於理解了佛洛伊德的範式;這些觀念都是直接援引自佛洛伊德(史碧爾埃在一九二二年《通訊期刊》(*Korrespondenzblatt*)上報導日內瓦的情況,就是用這樣的詞語來描述皮亞傑在秋季的課程)。除此之外,皮亞傑也從兒童的性研究,亦即小孩對於寶寶從哪裡來的想法,推衍出「人為論」(artificialism)的觀念,這是兒童思維中最特殊的兩種特徵之一。他的假設模型完全與佛洛伊德和史碧爾埃的觀念相符;而他一九二六年那部關於兒童世界觀的巨著中,也實際引用了她那篇小蕾娜特詮釋嬰兒出生的論文。

不過,或許因為他母親的關係,皮亞傑對於情緒的研究完全沒興趣。他接受史碧爾的分析訓練,僅僅是為了學習方法而已。如果我們讀一讀他後來言談中的弦外之音,就會發現他第一手的「移情作用」經驗

一點都不愉快。有一則可能是捏造的軼事：當他坐在沉默的史碧爾埃身旁，一察覺自己投射在她身上的對象是誰時，就從躺椅上坐了起來，說一句「我明白了」（*J'ai compris*），然後就走出診療室。

我們該好好檢視一下為何史碧爾埃旅居日內瓦的生活會如此不順利。即使她不是被環境所逼而必須成為外交大使，她的智慧還是讓她得以察覺到時代的潮流。她這段期間的論文隱約透露出，她意識到絕對有必要用發展心理學和語言學的新發現來匡正精神分析的理論。從她的文章中也看得出來，她具有融合這幾門學科所需的智慧。一九二三年她離開日內瓦，回到俄國，西方心理學界就此失去了一個可以好好培養的人才。她幾乎才剛開始從事這項重要的改革，而在她離開後，有數十年的時間都無以為繼。

對她來說，這段期間只有讓她越來越失望。她的論文中充滿榮格的思想。一九二二年一篇簡短的臨床報告〈郵戳之夢〉（Postage Stamp Dream）幾乎就是她的自傳。有一個女人夢到自己收到弟弟寄來的郵件，信上沒有郵戳，信封裡是一張弟弟褪色的相片。前一晚，女人重讀了某些她過去精神分析師的信，她經常在夢中以自己弟弟的形象來取代這位醫師，她雖與這位醫師分手了，但情緒依然陷在「密切又矛盾的移情作用」中。夢中的象徵可以從「郵戳」（Marken）聯想到骨髓（Mark），再聯想到脊髓癆；這是一種因為梅毒侵入骨髓而惡化的疾病。這個夢的意義就是，女人不再注意這個「得了梅毒的唐璜」醫師想對她說什麼。

一九二二年九月，史碧爾埃參加於柏林舉行的「第七次國際精神分析大會」，發表〈無意識身心的時間感〉（Time in the Unconscious Life of the Soul）。這場發表就是她在精神分析研究的謝幕演出，她彷彿想利用這個機會表達她對榮格最後的想法，特別是他對於過去的戀棧，從下面這段軼事就可以看出來：

有位先生決定永遠與他的愛人分手，因為這段戀情令他很痛苦，在夢中，他看到這位女士變成覆滿青苔的物體。這個意象同時也傳達出他

想要讓尷尬的分手成為過去的願望，過去的一切可能已經變成覆滿青苔的物體。作夢的這位先生通常喜歡用過去的事物來擺脫尷尬的感受。

到了一九二三年初，史碧爾埃已經準備好辭去日內瓦的工作。佛洛伊德鼓勵她試著到柏林發展，那裡有一間新成立的診所提供兒童精神分析，但最後她還是選擇去莫斯科；在莫斯克・沃夫（Mosche Wulff）的帶領之下，當地精神分析學會正蓬勃發展。

這樣的退場方式一定很叫人不甘。那一年，她在一篇刊登於新《國際精神分析期刊》（*International Journal of Psycho-Analysis*）的短文〈流星之夢與憧憬〉（A Dream and Vision of Shooting Stars）中，描述一名運氣很差的女士打算搬到俄國去找工作。據說這位女士在與一位年輕男士外遇並分手後，也試著調適自己的心情。這是她有生以來第一次體會到什麼是激情。當她想著自己的命運時，看到雨滴落在窗戶上，一盞黃色路燈從後面照亮雨滴，她覺得這讓雨滴看起來很像微小的流星。她就寢，並做了一個夢，夜空中的星星排成了一個字，那個字就是「愛」。

從日內瓦到莫斯科

或許史碧爾埃博士做過最重要的事，就是在一九二三年初秋遷居莫斯科。那是向西方開放、列寧推動「新經濟政策」，以及俄國開始在生活各種領域進行重要實驗的時代。在這種氣氛下，精神分析蓬勃發展，俄國各地有才華的人都前來加入「莫斯科精神分析中心」（Moscow Psychoanalytic Institute）。在這些人當中，亞歷山大・魯利亞（Alexander Luria）和利維・維谷斯基（Lev Vygotsky）這兩位後來成為該世紀偉大的心理學家。魯利亞曾擔任這個機構的祕書，而他在《國際精神分析期刊》上定期報導史碧爾埃參與各種活動的記錄，從教學到擔任精神分析師們的訓練師，到在兒童診所工作。

現在回溯過去來看，算一算史碧爾埃總共親自認識了多少人，實在令人驚訝。要列出該世紀十位最偉大的心理學家，可能會因為個人的

定義和品味而各有不同，但任何人的名單上一定會列出這五個人，而史碧爾埃全都親自認識他們：這五人分別是：佛洛伊德、榮格、皮亞傑、魯利亞和維谷斯基。雖然她曾是榮格和佛洛伊德的學生，是皮亞傑的同事，但是對維谷斯基和魯利亞來說，她的角色則很不一樣。相對而言，他們都是新人，她卻是老手。而且她是集西方心理學各派精華的化身。史碧爾埃從蘇黎世取得布爾霍爾茲利的臨床傳統及其心理實驗的方法；從維也納帶回了正統的佛洛伊德學派；從日內瓦帶來了新潮流的發展心理學；從她與榮格的私人交流中，則帶來了他持續自我分析的成果和她犀利的批判風格。精神分析在俄國蓬勃發展的時代並沒有維持太久，只有三到四年的時間，後來史達林就下令禁止了。有一個像史碧爾埃這樣博學多聞的人實屬萬幸。

魯利亞和維谷斯基是少數能正確判讀苗頭不對的聰明人，當史達林開始認真肅清思想份子時，就即時離開了莫斯科。他們轉向不同的領域發展，魯利亞轉向神經心理學，而維谷斯基轉向發展心理學，通常不會有人把他們的名字跟精神分析聯想在一起。但史碧爾埃在那裡，而他們認識她，儘管承認這一點會在政治和科學界危害到自己，他們還是利用了她所提供的一切知識。在此我們只舉魯利亞的第一本巨著《人類衝突的本質》（*The Nature of Human Conflict*），在這本書裡他用一種非常精妙的方法應用了字詞聯想實驗。而維谷斯基對於兒童思維發展的一系列豐富想法，就是從反駁「孤僻」的觀念開始，然後再用兒童獨白的實驗詳細說明這個論點。

這是一個偉大的天路歷程，她幫助俄國心理學跨入廿世紀。

死亡本能

史碧爾埃遷居回俄國後，迅速從精神分析運動的記載中消失。沒人讀她的論文，關於她的回憶也漸漸被遺忘。最後她完完全全隱匿不見，直到一九七四年佛洛伊德和榮格的書信出版為止。可以確定的是，她不該被遺忘，卻得到這種無奈的下場，跟其他佛洛伊德早期那些偉大卻也

渺小的追隨者的命運基本上並無不同。唯一的差別是，她在精神分析理論上做出了一條充滿爭議的貢獻而被記憶下來。她在精神分析運動史上是一個註腳。

這個註腳出現在佛洛伊德一九二〇年的書《超越享樂原則》（*Beyond the Pleasure Principle*）。佛洛伊德在此繼續深思他於一九一九年就開始思考的「強迫性重複」。基於無生命總是優於有生命（佛洛伊德確實依照上述字詞來論述），他認為重複做同一件事的強迫作用，最終就是傾向回到無機的狀態。佛洛伊德還提出與這個傾向相反的第二種傾向，即原慾是衍生性的，無意識地想製造出新的結構。兩種傾向的交互作用實際上是先驗的生理原則，據說會影響生理和心理的進化及退化。

關於佛洛伊德所說的「死亡本能」，後來英國心理學家威廉‧麥獨孤（William McDougall）評論道：「這是怪物群裡最怪誕的怪物。」沒有比這句話更貼切的評論了。有機物發展過程的基本觀念，或許可以由兩種不同的發展過程之間取得平衡來表示，一個是建設性的，另一個是毀滅性的；這是十九世紀生物學假設中的老生常談。佛洛伊德所做的就是把毀滅傾向與死亡願望或死亡本能串接起來。精確來說，死亡本能公認是由諾貝爾獎得主、巴斯德學院院長梅欽尼可夫率先於一九〇三年《生命的韻律》（*The Rhythm of Life*）這本書中提出的。梅欽尼可夫的意圖很明確。梅欽尼可夫相信，所有宗教都代表過時的迷信，唯一實際的意義是刺激人們對死亡的恐懼；他盼望有一天科學能成為人類唯一的信仰，可以滿足人類一切所需。但該怎麼處理永遠存在的死亡恐懼？梅欽尼可夫認為，現在大家討厭和害怕死亡，只是因為死亡總是與生病和體內累積毒素有關。他相信，隨著科學越來越進步，人類越來越長壽以後，老年的醫療問題會越來越不棘手，人們到了生命的盡頭自然會有想死的願望，並且基本上會是個愉快的經驗。

佛洛伊德並沒有引述梅欽尼可夫的文章，但這個引起爭議的觀點顯然非常相似。佛洛伊德這個運動的創新之處就在於建立一套系統，這套系統中不會有遺傳本能影響心靈成長，儘管普南和瑞士人並不認同。人

當然可能會隨著發展而進步，但這僅僅是因為要發展就必須重複物種的演化順序（此處佛洛伊德引用費倫奇的觀點），這種順序原本就令人有挫折感，而且是因為外部環境的刺激而使得有機體不得不實現這種發展順序。

佛洛伊德的文章，即使是標題也帶著特有的諷刺趣味。在德文中，「超越」（Jenseits）這個字通常用於表示某些在高處、超越一般存在的心靈領域，有時候甚至可當作「來世」（Hereafter）的同義詞。因此讀了佛洛伊德的文字後，任何想法單純的讀者可能會以為他要「超越」享樂原則之外，其舉出與本能相關的其他原則，例如自然靈性。越是讀下去，讀者越是以為佛洛伊德是要談回到早期狀態的迫切要求，因為在德國的理想主義哲學中，人們一致公認就是這種迫切要求（回到亞當夏娃墮落前的伊甸園）會無情地拉扯著人前往成為完美靈魂的新天堂。但是當然，佛洛伊德完全不是在講這回事。所謂的「超越」只是「之前」的意思，而且都會加速死亡。

佛洛伊德從未放棄這個理論。即使有許多未必確實的假設，誇大了一些未經證實臆測的重要性，他還是緊抓住這一點，而當他試著建立下一輪的理論時，這些問題都讓理論變得更複雜（有些圈外人會欣賞佛洛伊德在一九二〇年初提出的本我、自我和超我這個大家耳熟能詳的模式，其實這其中就包含死亡本能的運作，死亡本能會做出令人不悅的事，例如造成退化，或被無藥可救的罪惡感所侵襲）。不過，佛洛伊德為什麼會特別執著的理由也不難看出來。在《超越享樂原則》中運用措辭的優勢改寫的本能論，把原慾觀變得更純粹。佛洛伊德其實已抽掉全部有問題的「性」要素（其「保守」的性質、固著的傾向、促成退化的角色，以及與「死亡」劃上等號的浪漫聯想），並把它們轉移到別處。現在可不能再說他的理論談太多「性」了，因為「性」已不再是問題。精神世界中真正的罪魁禍首是「死亡本能」，如果治療出了差錯，病患沒有進步，多半要歸咎的是「死亡本能」。

在這個沒什麼說服力的理論上，史碧爾埃又扮演了什麼角色？順帶

一提，佛洛伊德接受被虐狂的理論。過去，佛洛伊德把被虐狂解釋為對自己的施虐狂，但現在他重新解釋為死亡本能的原始證明。他還在注腳裡如此說明：

史碧爾埃（一九一二年）曾在一篇有趣而富啟發性的論文中預先提出這些臆測，但很不幸地，我覺得她說得並不是很清楚；她把性本能中的施虐狂要素形容成具有「毀滅性」。

佛洛伊德最後還是在文中引用史碧爾埃，此舉是默默瞄準了榮格和其他瑞士人，因此本身就帶有諷刺意味。然而，即使列出引述的前後文，還有佛洛伊德對她的理論感到困惑這件事，這樣的引用還是一種誤導。史碧爾埃並沒有提到任何與原始被虐狂相關的論點；只有一位維也納男士曾這樣說過她。她甚至也沒「預先提出」過死亡本能的觀點。她只說「性」帶著死於所愛之人臂彎的渴望。但這是截然不同的事情。

佛洛伊德的引用不明不白，但令人驚訝的是，這卻成為大家對史碧爾埃的根本印象。現實就變成如此了，幾乎每一本歷史書只要提到史碧爾埃，都會錯誤地認為就是她預先提出佛洛伊德的死亡本能論。但佛洛伊德的注腳並非只引用史碧爾埃一人，這點很有趣。他在注腳中還提到了荷蘭精神病學家史塔克，剛好他就是跟史碧爾埃同一天晚上加入「維也納學會」的新人。一九一四年，他提出自己獨自推理出來的論點，結果跟史碧爾埃的論點極度相似。他認為「自我本能」具有向心性，主要目的是為了延續生命。與之相反的是生殖本能，生殖本能具有離心性，終將導致捐棄和死亡。因此，史塔克也把「毀滅」視為性的要素。但那跟「死亡本能」還是不一樣；而在《超越享樂原則》出版後，史塔克曾寫信給佛洛伊德，抗議佛洛伊德誤引用了他的論點。因為找不到史碧爾埃是否也同樣寫信抗議的記錄，我們只好假想史塔克的抗議可能也比較偏向她的立場。在給佛洛伊德的信中，史塔克寫道：「我反對你的引用，因為那是我觀察人心而得到的感想……去愛意味著想死。」佛洛伊德在

給史塔克的回信中道歉，還說兩人最好不要再通信了。

　　總之，史碧爾埃在史料中呈現的形象非常奇怪，她注定以自己沒提過的理論而為人所知。〈毀滅為生存的動機〉是為瞭解決性壓抑的問題，而將「性」形容成具有天生自我矛盾的性質，但當中並沒有包含「死亡本能」。無論是這個精確的用語，還是佛洛伊德以為的觀念，都沒有出現在這篇論文裡。

阿尼瑪

　　由於佛洛伊德的誤用讓史碧爾埃最重要的貢獻被後世誤解，而榮格則忙著用其他名義讓她變得不朽。至少有些讀者一定會很驚訝，怎麼這個俄國女士的故事聽起來如此熟悉；其實他們只是不知道，她就是他們早就認識的那一位俄國女士。

　　第一次世界大戰過後十年，榮格漸漸建構出新的心理系統，其基礎即為「原型」的觀念。據說這些「原型」是由潛意識心理結構中遺傳而來的，會控制我們的思想和行動，無論在治療階段的後期、作夢或發生「積極想像」時，都可能會接觸到這個狀態。據說這樣的基本結構也可從神話和民間傳說中發現，在神話和民間傳說中可發現它們的相互作用，而後來許多榮格的作品都是致力於追求這種耐人尋味但方法卻曖昧的主題。雖然後來榮格擴充了多種原型，但其實一開始只有四種，分別是：「人格面具」（外顯人格）、「暗影」（梅達爾德斯修士就是最明顯的模型）、「智慧老人」（智慧化身的長者）和「阿尼瑪」（anima）。在榮格的系統中，最後一個「阿尼瑪」所扮演的角色非常特殊，因為它有進出集體無意識，然後把其帶回意識的力量。基本上，「阿尼瑪」就是個體內心深處的「靈魂」（這個詞取自柏拉圖），是意識和集體無意識之間的媒介。但榮格進一步提出的論點則令人吃驚，他認為男性的「阿尼瑪」天生永遠是陰性（對應到女性身上的陽性「靈魂」則稱為「阿尼瑪斯」〔animus〕）。

　　一開始「阿尼瑪」極具有浪漫特色，這或許可以解釋為何它會成為

一個受歡迎而廣為流傳的概念。根據榮格的理論，陷入愛河的過程包含將內在的「阿尼瑪」投射到真實女性的身上，而之後男性可能會從這位女性身上體驗到危險的誘惑，或她就像陰性誘因（inspiratrix），可能會引導男性打開創作的泉源。從文學比喻中，榮格經常引用亨利·萊特·哈葛德（H. Rider Haggard）的《洞窟女王》（*She*）和皮耶·班諾（Pierre Benoît）的《亞特蘭蒂斯》（*L'Atlantide*）；在教學時榮格會解釋，「阿尼瑪」化身的女性，在男性看起來就是「必須聽命於她的女人」。

榮格第一次在作品中提到「阿尼瑪」，是在一九二〇年的《心理的類型》（*Psychological Types*）中，而且因為講得太隱晦難解，實在看不出他已經投入相當多心力於這個觀念。但是他後來在回憶錄中清楚解釋，自己對於特定人格原型如何運作的親身經驗，是來自於第一次世界大戰的動盪期間，他長期進行「自我分析」時發生的一個事件。接著讓我們來看看這段期間究竟有多動盪。到了一九一五年，榮格的情況之糟，使得他妻子坦然接受沃爾夫小姐成為他的情婦，有時候甚至把她當家庭成員對待，只因為沃爾夫小姐是唯一能讓榮格鎮靜下來的人。一九一六年，儘管在沃爾夫小姐的照料之下，榮格還是繼續為人格解體和明確的妄想所苦。當時他甚至覺得自己的「靈魂」消失了，彷彿已經飛去「亡者的國度」。不久之後，當他的孩子不斷作惡夢，他們住的屋子也好像「鬧鬼」，他聽見一群鬼魂聲嘶力竭地哭嚎著：「我們已從耶路撒冷歸來，在那裡找不到我們要的。」為了回應他們，榮格寫了一本非常誇張，近乎發狂的小冊子《給亡者的七誡》（*Seven Sermons to the Dead*），這本小書結合了諾斯替術語和《查拉圖斯特拉如是說》的風格，故意表現隱晦的內容，像是一篇自我辯護的訴狀。

榮格這段時間對付自己的基本策略，就是在筆記本上小心翼翼記下每一個意象和幻想，有時候還加上插圖。榮格覺得，盡量以科學方法研究自己心理變化的過程非常重要。就是當他努力這麼做時，榮格遇到了「阿尼瑪」的原型：

當我寫下這些幻想時曾自問：「我到底在做什麼？這當然跟科學無關。那到底是什麼？」此時我內心有一個聲音說：「是藝術。」我嚇了一大跳。我從來沒想過我在寫的東西會跟藝術有關。然後我想，「或許我的無意識形成了一種不是我，卻堅持要冒出來表達他自己的人格」。我非常肯定那是一個女性的聲音。我認出那是一個病患的聲音，一個天資聰穎、對我產生移情作用的神經病患，她變成我腦中一個活生生的人。

此處的「神經病」是對患有遺傳性精神疾病者的舊稱，亦即傾向精神失常的人。榮格繼續說：

很顯然我在做的不是科學。但除了藝術外，還可能會是什麼？看來世界上只有這兩種選項。這是一個女性的思考模式。

我對著這個聲音強調，我的幻想跟藝術無關，然後我感到我的內在極力反抗。但是那聲音沒有再出現，所以我繼續寫作。接著那個聲音又來攻擊了，還是說著同樣的話，「那是藝術」。這次我打斷她並說：「不！那不是藝術！正好相反，那是本性。」然後我等著她來跟我吵架。什麼事也沒發生，我推測這個「我內在的女性」沒有跟我一樣多的詞彙可表達想法。所以我建議她用我的詞彙。她照做了，然後發表了長篇大論。

我很驚訝竟然有一個女性從我內在干涉我要做的事。我覺得她一定是最原始的「靈魂」形式，然後我開始想，為何要用「阿尼瑪」來稱呼她？為什麼是以女性形象出現的思維？後來我瞭解，這個內在的女性扮演了男性無意識中的典型或原型人物，所以我叫她「阿尼瑪」。而女性無意識中的男性對應人物，我則稱為「阿尼瑪斯」。

一開始我對「阿尼瑪」的負面面向印象很深刻；我覺得自己被她嚇到了。彷彿房間裡有一個看不見的人。後來我又有了新想法，放下所有分析資料不談，我其實是在寫信給「阿尼瑪」，也就是說，用我自己意識中的不同角度寫信給某部分的我自己。和我對話的對象有著不尋常和出人意料的特質。我就像是一個接受鬼魂和女性的精神分析治療的病患！

每天傍晚我都會誠實地把一切所思所想寫出來，我認為如果我不寫，我的「阿尼瑪」就沒辦法進入我的幻想裡。同理，若能把它們寫出來，她就沒有機會可以耍陰謀……

通常當我在寫作時，可能會被某種特殊的反應給迷惑。慢慢地，我懂得分辨出我自己和干擾的差別。如果我的情緒變得很粗魯、庸俗，我會告訴自己：「我偶爾會這樣想，或這樣感覺，這都是完全真實的，但我現在沒有必要那樣想或那樣感覺。我不需要永遠接受自己的這個平庸狀態；這是不必要的羞辱。」

最後榮格覺得「阿尼瑪」有正面的意義，而且每當他有情緒困擾時，就會去找她，這樣行之數十年。通常，他會藉由請她幫忙製造一個意象，來讓自己進入無意識：「只要意象一出現，那些不平靜和壓迫感就會消失。這些情緒的所有能量都轉化成對那個意象的興趣和好奇。」但他剛開始體驗到的「她」很難令人信服：

「阿尼瑪」對我說的話充滿了狡詐。如果我把這些無意識的幻想當作藝術，那麼它們只是視覺化的概念，彷彿看電影一樣。我不覺得該為它們負任何道義責任。「阿尼瑪」可能會接著輕易地引誘我，使我相信我是被誤解的藝術家，而我所謂的藝術天性賦予我忽視現實的權利。如果我真的照她說的話去做，總有一天她一定會對我說：「你想過嗎？你投入的胡說八道真的是藝術嗎？根本就不是。」因此「阿尼瑪」的奉承以及無意識所說的話最終會毀掉一個人。

榮格沒有留下什麼線索讓我們可猜出「阿尼瑪」是誰。他只說，他與這個女人終於在一九一八年到一九一九年間斷絕往來，而這有助於讓他從「黑暗」中浮出來。他也暗示自己與這個女人通信：

舉例來說，有一天我收到那個愛談美學的女士的信，在信中她還是

頑固地堅稱，那些從我無意識中跑出來的幻想有藝術價值，而且應該被當作藝術。這封信惹惱了我。她說的話一點都不蠢，所以具有可怕的說服力。

榮格與那個女人通信，以及在戰後沒多久就與她斷絕往來，這些線索都表示那個女人是史碧爾埃。或許最大的線索就是一開始明講的：科學與藝術的爭議。只是我們也搞不清楚，這兩種不同的類別如何或為何會互相混淆。甚至就算混淆了，又為什麼這麼讓人煩惱？

在此我們可看到，將科學與藝術等同這件事絕對與史碧爾埃發展的方向有關。我們思考一下，她在一九○七年所寫的「轉化日誌」中就已經探討過科學和藝術，還將它們劃上等號，而且在討論過程中她用了榮格後來解除焦慮危機時的方法來描述：

每個情結都想逃脫人格的束縛。它會尋找像它的東西，尋求自己的反射，當你拿起一面鏡子，它就會冒出笑聲，即使意識本身根本沒什麼好笑的……

藝術不過是一種變得獨立的情結，或用你的話來說，就是「變野了，想以最大的程度表達自己」的情結；或用我的話來說，就是「希望被轉化」的情結。藝術家創作時，完全不需要與自己流露出來的情結做溝通。情結就是想要出來！……在科學的領域也一樣，經過很長時間的磨練並整理好的想法（或不管那可能是什麼），想要被其他人瞭解。

但「轉化日誌」是一九○七年寫的，當時史碧爾埃還反對榮格認為無意識等於被壓抑的「性」的觀點。當她在寫醫學院的畢業論文時，史碧爾埃變成完全接受他的觀點，也就是無意識跟性有關。而在她所寫的〈毀滅〉一文中她又進一步申論，無意識不僅天生跟性有關，從其意象的角度來看，無意識也是有集體性的。史碧爾埃研究了這麼久，她的理論也萃煉出了藝術成分。特別是她強調，創意過程本身就是與性有關，因

為藝術作品可以跟所有人種分享。藝術創作的基本過程反映出做愛，而且的確代表它們內化的相等特質，在這過程中產生了第一次的毀滅（純粹是從藝術家私人的角度），再轉化（以生產的形式集體分享藝術品）。

如果榮格聽到史碧爾埃的聲音說：「那是藝術。」就表示他同時聽到她在暗示她改寫過的理論。他的深思熟慮不只是一位客觀科學家在經歷內在思考的冒險。無論他有沒有察覺，那都是性本能的表現。其實史碧爾埃暗示的指控還是很凝重，而在此我們開始瞭解，榮格堅決放棄「平庸」和「粗魯」的情緒，以及感覺到「阿尼瑪」可能反覆無常又有「可怕的說服力」時所面臨的危機是什麼。因為那個聲音意味著他又再次屈服於性幻想，就像他幾年前一樣，而且他一點都沒有足夠的男子氣概去承認這一點。在此我認為，也許榮格沒有故意錯報「阿尼瑪」實際上所說的話，是很合理的推論。與史碧爾埃醫學院畢業論文的雷同之處有三個，不是兩個，但其中一個的祕密含意只有史碧爾埃和榮格知道。除了「詩＝愛」的等式之外，論文中也還另外提到「藝術＝詩」，而這是在談病患的性妄想。榮格一九一六年聽到的聲音也很可能是：「那不是科學，是詩。」

上述這些真實的故事背景可以幫助我們理解，為何榮格在一九一九年九月一日給史碧爾埃的信中，會出現那句動人的告白「S 對 J 的愛」？為何他必須讓兩人的關係「昇華」，否則就會瘋掉？以及一九一九年十月七日，至今流傳下來榮格寫給史碧爾埃的最後一封信中，那個神祕的圖式是什麼意思？或許他是用這個圖示來向她告白，表示在他內心裡她已經變成了什麼模樣。榮格選擇把自己的新方法實際運用出來，就是寄一個圖給他的「阿尼瑪」。

後來幾年，榮格花越來越多的時間待在郊區小鎮波林根（Bollingen）湖畔。他住在自己砌的石頭小屋，過著簡單的生活。生命中最後那幾年的時光，榮格的主要嗜好就是石雕，而且變得很拿手。而留在波林根小屋的是一份用石頭雕刻出來的象徵性記錄，傳達出他晚年全心全意關注的事物。當中有個刻在石頭上的三幅連環圖，主題是「阿尼瑪」。第一幅

是一隻熊彎下身來，用鼻子輕推面前的一顆球。圖下方刻著的字是「俄羅斯讓球了滾起來」。

　　這是他對史碧爾埃最後的見證，但即使是做成石刻的紀念品，還是無法寫上她的名字，實在令人感傷。但也許榮格內心的苦也不輕。榮格的「阿尼瑪」，那個「必須聽命於她的女人」，在她職業生涯的最後變成了佛洛伊德的信徒。

後記

粗略劃分一下，我們可以說，對「性」與「生命」的崇拜是基督教信仰出現前流傳於歐洲和小亞細亞的異教流行風氣；而崇拜「死亡」和「看不見的靈魂」則是基督教信仰的特色。對現代國家而言，「性」與「生命」、希臘與希伯來元素，都是可被接受的，而這些詞彙都是象徵最友善、最瘋狂和最無懼的精神。

——愛德華·卡本特（*Edward Carpenter*），
《愛的時代來臨了》（*Love's Coming of Age*），一九一一年

———❧———

這些都不是精神分析該發生的事，因為精神分析應該如前所述，是一門科學。在科學的領域中，無論是創始者的幻想或是門徒反對其幻想，都不該成為這門學科發展的重要關鍵。某方面來說，這正是科學所能帶給人的慰藉。因為一切基礎都建立在可複製的經驗上，即使後來可能被修改，或甚至被更有力的研究結果推翻，也不必擔心其他問題（例如個人偏好或宗教傳統）會妨礙它發展。確實，這就是為何思想家們一開始懷抱很大的希望去設立實驗心理學研究中心的原因；或許終將有一天，我們都可用實驗來證明所有對人類天性的假設。在佛洛伊德和榮格早期的合作階段，就是靠這一點來保護自己。精神分析原本是一門科學，隨著資料越來越多，差異就會主動呈現出來。但資料不斷送進來，情況卻只是變得更糟。

很明顯的，佛洛伊德和榮格最後一定會創造出兩個不同的深度心理學派別，這也表示精神分析再怎麼說都不是科學。事實上，在兩人努力將這個運動制度化後，他們也隨即意識到（佛洛伊德可能比榮格的體認更深），唯有強制追隨者遵守意識型態上的規矩，才有機會產生同質的成果。後來在歷史上，兩人的學派一直面對新派系的威脅（榮格學派已不再是佛洛伊德學派反對者的天堂），更加證實這一點。無論精神分析是什

麼，總之它不是科學。但如果佛洛伊德和榮格都是天才，而且兩人當時都享有接受頂尖科學教育的優勢，那麼我們自然該問的是，到底哪裡出錯了？

當然，諮商過程中得出的資料，從「小漢斯」對馬的恐懼到史碧爾埃青春期時打她的手的妄想，這些都是真的。同樣肯定的是，佛洛伊德和榮格對這些和其他「神經」疾病提出的見解也比同時代的人來得多。資料本身的真實性並沒有問題。而且同樣地，兩人分析資料所採用的基礎也絕對符合當時的科學智慧。歷史學家可能會指出，種源遺傳假設在當今毫無科學根據；或佛洛伊德夢想著有一天神經學家將會發現腦中有特定的「性」毒素（也許是屬於生物鹼），看來也絕對不可能實現。但在科學史上，這些都是正常的現象。如果只是要從當今科學知識的思考角度來修補兩人的理論，那就沒有疑問了，而事實上早就有人這麼做了。

問題是在於理論和資料間的關係，也就是跟方法有關。佛洛伊德深信，他所鍾愛的精神分析建立了研究無意識的有效之道。他還相信，這種方法可證明他的詮釋假設很有價值。但是當時機來了，他卻發現自己甚至說不清詮釋的規則是什麼，更別提是否能證明它們符合堅定的科學精神。而且即使是使用科學用語也完全無法解決佛洛伊德在方法上的問題。但佛洛伊德始終不理會他人針對這個重點而批評的聲音。相反地，他留下的是一個靠無數關聯假設來增生的空殼子，迅速放出一道道推論，令人頭昏眼花。他還把未解決，而且通常也無法解決的驗證問題丟給了下一代的精神分析師；就像他告訴史碧爾埃的，這些是「依照我們的觀念訓練出來」的人。這些人如果想從包圍著他們的龐雜理論網絡擺脫正統佛洛伊德式的臨床見解，就必須找到屬於自己時代的天才。可是，有兩位天才早就在精神分析運動史上出現過了。這正是精神分析的悲哀之處；如果他們其中一人沒收手的話，兩位天才就足以毀了這門學科。

這就是精神分析的悲劇。從榮格還是「國際精神分析學會」主席時就已經出現限制詮釋的壓力，在他離開後更加速惡化。第一次世界大

戰後，在政治時局敏感而歷史上意外事件不斷的氛圍下，佛洛伊德成功地讓精神分析成為心理測驗運動的先驅，且至今依然保有這樣的地位。但還要過很多年，精神分析師才敢推出前伊底帕斯期發展（pre-Oedipal development）、分裂客體再現（split object representation）、母體環境（maternal environment）和分離／個體化（separation-individuation）這類論斷。而且他們直到最近才能不尷尬地討論「自我」（self）的重要。這些都是榮格很久以前就想探討，卻有時用雜亂無章方法來呈現的議題。至於驗證精神分析觀念以便一舉免除這些觀念自相殘殺窘境的工作，是直到最近才剛步上軌道。

但是，我們還是要給精神分析的豐富想像力給予肯定，否則就無法為這個追本溯源的工作下一個定論。至少到目前為止，這個豐富的想像力還繼續產生新的爭議。祕密並不在於詮釋的「方法」，當然更不是怎麼在診療間擺張躺椅或禁食規定這些手法，而是治療的默契。佛洛伊德的規矩相當先進，值得讚賞，他提出的精神分析治療模式到了現代還是被證實非常有價值。病患不需要被催眠，也不需要用建議或說服的方式去灌輸病患比較正面的想法。在治療過程中也不提價值觀的好壞。治療師是心理疾病的顧問，並不是道德良知的導師。因此，精神分析師在診療室呈現出一種新的（有益的）沉默樣貌，這也是一種新的傾聽方式。但讓一個病患自由做自己，或隨他的喜好做自己，代價就是病患必須能貢獻豐富的資料。要不要提供分析的資料全取決於病患，而不是治療師。病患和精神分析師之間的交流要根據信念進行，也就是說，無論病患反映自己動機的過程有多痛苦，都可以透過後續更坦誠的自我監督，或藉發洩創傷所累積的痛苦來治癒疾病。

這種有默契的治療景象當然是一種理想的狀態，但從任何案例的現實狀況來看，確實有兩點值得注意。第一，永遠都有願意嘗試這種治療方式的病患；第二，至少還有一些精神分析師在既定的詮釋標準無效後，還願意繼續嘗試新理論。因此精神分析流傳到現在，雖然很遺憾地，比起當時其他科學的發展落後太多，但還是足以生存下來，吸引有

天分的男男女女從內部再生成新的爭議，甚至不時對人類做出貢獻。

佛洛伊德和榮格的悲劇，並不是他們試圖打造一門科學但失敗了。他們的理論如果確實紓解或理解了某些人的痛苦，那麼還是算一門學問。我們可別忘記史碧爾埃就是因為這個新理論，而從可能終身孱弱或甚至疾病惡化的狀態中得救。真正悲哀的地方是他們對於精神分析臨床方法的界定；他們把詮釋範圍限制得太狹窄，同時又建立充滿政治意圖的組織確保可以如此限制下去。對史碧爾埃理論的打壓（即使到了現在，她的理論依然值得我們好好思考一番）證明了限制的氛圍是一個普遍的模式。

如果這份研究釐清了什麼重點，那就是精神分析早就不是單純的臨床方法（也始終不是科學），反而變成了一種思想運動和「世界觀」。佛洛伊德需要榮格，因為他想推展這個運動；榮格需要佛洛伊德，因為他想以「世界觀」為生，並根據自己的形象來重建這個「世界觀」。他們曾經一度很樂意互相適應對方的觀點。最後導致他們決裂的並不是私人在性方面的祕密，這些事情他們早在一九〇九年就吵過了。也不是因為宗教傳統不同的關係，而且這個議題同樣在一九〇九年就討論過，也似乎解決了。更不是因為「該怎樣發展詮釋標準」的理性之爭，這個問題一直都在，而且總是不及經營派系來維持政治優勢這類問題來得優先。硬生生拆散他們的，是當性、宗教和傳統這三個不同領域的觀念無望地糾結在一起，讓他們無法再討論下去了。彼此不能談，對別人也談不了。現在我們明白了，有害的沉默才是對精神分析致命的一擊，於是在這麼多的矛盾之下，精神分析就此衰頹了。

延伸讀物

這本書已改寫多次，目的是加強敘事的清晰度與為一般讀者釐清重點。專業人士會馬上領略到，無數包含於文章內的主題還可以再做更廣泛和詳細的討論。這些主題有：核心情結的演變、阿德勒的成就、自閉症和偏執狂的精神分析詮釋、驅動理論與情感的關係、內向性、矛盾、詮釋的預測未來性、死亡本能論，以及其他主題。

以下提供的延伸讀物資訊，設想的主要目標有二：為一般讀者指引龐大的文獻資料；為專業人士提供可能遭漏的特定參考資料來源。本書主要參考已出版的原始文獻，最主要的是卡羅德努特的 *A Secret Symmetry: Sabina Spielrein Between Freud and Jung*（New York：Pantheon, 1982；rev. ed., 1983），書中包含一部分一九〇九年到一九一二年間現存的史碧爾埃日記，以及她寫給佛洛伊德和榮格的信。榮格寫給史碧爾埃的信尚無英文版，只能在卡羅德努特的 *Tagebuch einer heimlichen Symmetrie: Sabina Spielrein zwischen Jung und Freud*（Freiburg im Breisgau：Kore, 1986）德文版中找到。史碧爾埃的「轉化日誌」是一九〇七年到一九〇八年間寫的，被米瑞‧西法利（Mireille Cifali）重新發現後，並由珍妮‧莫爾（Jeanne Moll）翻譯為法文出版，刊登於 *Le Bloc-Notes de la Psychanalyse* 第 3 期（1983）第 149 到 170 頁的 "Extraits inédits d'un journal: De l'Amour, de la mort et de la transformation"。史碧爾埃於一九一一年到一九一二年加入「維也納精神分析學會」的記錄，收錄於由赫曼‧紐伯格（Herman Nunberg）和恩斯特‧費登編輯，赫曼‧紐伯格及 H. 柯林斯（H. Collins）翻譯的 *Minutes of the Vienna Psychoanalytic Society*（New York：International Universities Press, 1962–1975）第 3 冊（1975）。當然，同樣重要的還有由雷夫‧曼海姆（Ralph Manheim）和 R. F. C. 霍爾（R. F. C. Hull）合譯，並經威廉‧麥格瑞（William McGuire）細心編輯和注釋的 *The Freud/Jung Letters: The Correspondence Between Sigmund Freud and C. G. Jung*（Princeton：Princeton University Press, 1974）。

以下是摘錄其他人往來信件的來源：傑佛瑞‧梅森（Jeffrey Masson）編輯的 *The Complete Letters of Sigmund Freud to Wilhelm Fliess, 1887–1904*（Cambridge：Harvard University Press, 1985）；希爾德‧亞伯拉罕（Hilde Abraham）和恩斯特‧佛洛伊德（Ernst Freud）編輯的 *A Psycho-Analytic Dialogue: The Letters of Sigmund Freud and Karl Abraham:1907–1926*（New York：Basic Books, 1965）；賓斯旺格所著的 *Sigmund Freud: Reminiscences of a Friendship*（New York：Grune & Stratton, 1957），其中包含信件的摘錄和個人回憶；刊登於 *Archives of General Psychiatry* 第 12 期（1965）第 1 到 9 頁，法蘭茲‧亞歷山大（Franz Alexander）和薛爾登‧賽萊尼克（Sheldon Selesnick）所著的 "Freud-Bleuler Correspondence"，其中包含信件的摘錄以及評論；恩斯特‧佛洛伊德和 H. 曼恩（H. Meng）編輯的 *Psychoanalysis and Faith: The Letters of Sigmund Freud and Oskar Pfister*（New York：Basic Books, 1963）；奈森‧哈爾（Nathan G. Hale）編輯的 *James Jackson Putnam and Psychoanalysis: Letters Between Putnam and Sigmund Freud, Ernest Jones, William James, Sandor Ferenczi, and Morton Prince, 1877–1917*（Cambridge：Harvard University Press, 1975）；恩斯特‧佛洛伊德編輯的 *Letters of Sigmund Freud, 1873–1939*（London：Cambridge University Press, 1975）；由吉哈德‧阿德勒（Gerhard Adler）編輯、阿妮拉‧賈斐（Aniela Jaffé）協力的 *C. G. Jung Letters*, 共 2 冊（Princeton：Princeton University Press, 1973–1975）；約翰‧伯翰（John Burnham）所著、威廉‧麥格瑞編輯的 *Jelliffe: American Psychoanalyst and Physician & His Correspondence with Sigmund Freud and C. G. Jung*（Chicago：University of Chicago Press, 1983）。

佛洛伊德與費倫奇之間的書信集尚未出版，但我要特別感謝恩斯特‧法茲達（Ernst Falzeder）幫我解答了與書信相關的疑問；可從以下來源讀到兩人書信的選錄和摘錄：鍾斯的 *The Life and Work of Sigmund Freud*，共 3 冊

（NewYork：Basic Books, 1953–1957）；彼得‧蓋伊（Peter Gay）的 *Freud: A Life for Our Time*（NewYork：Norton, 1989）；刊登於 *International Review of Psycho-Analysis* 第 13 期（1986）第 259 到 277 頁，伊爾斯‧格魯布利西—西米提斯（Ilse Grubrich-Simitis）的 "Six Letters of Sigmund Freud and Sandor Ferenczi on the Interrelationship of Psychoanalytic Theory and Technique"；刊登於《國際精神分析期刊》（*International Journal of Psycho-Analysis*）第 40 期（1959）第 243 到 250 頁，費倫奇的 "Ten Letters to Freud"；以及菲利斯‧葛羅斯克斯（Phyllis Grosskurth）的 *The Secret Ring: Freud's Inner Circle and the Politics of Psychoanalysis*（NewYork：Addison-Wesley, 1991）。　佛洛伊德與鍾斯之間的書信集也尚未出版；在此我要感激安德魯‧帕考思卡思（Andrew Paskauskas）回答了我的問題；可從以下來源讀到兩人信件的選錄和摘錄：鍾斯的 *Life and Work*（同上）；蓋伊的 *Freud*（同上）；刊登於 *Free Associations* 第 11 期（1988）第 7 到 34 頁，帕考思卡思的 "Freud's Break with Jung: The Crucial Role of Ernest Jones"；以及帕考思卡思的 "Ernest Jones: A Critical Study of His Scientific Development（1896–1913）"（博士論文，University of Toronto, 1985）。

　　佛洛伊德和榮格所出版的作品一直都受到負責英文版人士的喜愛。*The Standard Edition of the Complete Psychological Works of Sigmund Freud*（London：Hogarth Press, 1953–1974）的總編輯是詹姆斯‧史崔奇（James Strachey），他同時也身兼翻譯總主筆，由亞歷克斯‧史崔奇（Alix Strachey）、艾倫‧泰森（Alan Tyson）與安娜‧佛洛伊德協力。*The Collected Works of C. G. Jung*（Princeton：Princeton University Press, 1953–1980）是由赫伯特‧瑞德爵士（Sir Herbert Read）、麥可‧佛德翰（Michael Fordham）、吉哈德‧阿德勒以及威廉‧麥格瑞瑞編輯，R. F. C. 霍爾翻譯。榮格的〈原慾的轉化和象徵〉（1911 年到 1912 年）原先由碧翠絲‧韓寇翻譯成英文，刊登於 *Psychology of the Unconscious*（NewYork：Moffat, Yard & Co., 1916），最近由麥格瑞瑞編輯，沿用同名再次出版（Princeton：Princeton University Press, 1991）。

　　史碧爾埃已出版的作品尚未有英文版，我是參考娥蘇拉‧歐夫曼（Ursula Ofman）和彼得‧加紹（Peter Gachot）所準備的譯稿。史碧爾埃的論文列表可以在卡羅德努特的 *A Secret Symmetry*（同上）第 238 到 239 頁中看到。本書特別引用過的有：刊登於 *Jahrbuch für psychoanalytische und psychopathologische Forschungen* 第 3 期（1911）第 329 到 400 頁的 "Über den psychologischen Inhalt eines Falles von Schizophrenie（Dementia Praecox）"；刊登於 *Jahrbuch für psychoanalytische und psychopathologische Forschungen* 第 4 期（1912）第 465 到 503 頁 的 "Die Destruktion als Ursache des Werdens"；刊登於 *Zentralblatt für Psychoanalyse und Psychotherapie* 第 3 期（1912）第 57 到 72 頁的 "Beiträge zur Kenntnis der kindlichen Seele"；刊登於 *Internationale Zeitschrift für ärztliche Psychoanalyse* 第 1 期（1913）第 484 到 486 頁的 "Traum vom Vater Freudenreich"；刊登於《意象》第 2 期（1913）第 524 到 525 頁的 "Das unbewusste Träumen in Kuprins Zweikampf"（實際上是她和弟弟尚恩的書信記錄）；刊登於 *Internationale Zeitschrift für ärztliche Psychoanalyse* 第 4 期（1916）第 44 到 48 頁 的 "Die Äusserungen des Oedipuskomplexes im Kindesalter"；刊登於 *Internationale Zeitschrift für ärztliche Psychoanalyse* 第 6 期（1920）第 401 頁 的 "Zur Frage der Entstehung und Entwicklung der Lautsprache"；刊登於 *Internationale Zeitschrift für ärztliche Psychoanalyse* 第 6 期（1920）第 155 到 157 頁的 "Renatchens Menschenentstehungstheorie"；刊登於 *Internationale Zeitschrift für ärztliche Psychoanalyse* 第 8 期（1922）第 342 到 343 頁的 "Briefmarkentraum"；刊登於《意象》第 8 期（1922）第 345 到 367 頁的 "Die Entstehung der kindlichen Worte Papa und Mama"；刊登於 *Internationale Zeitschrift für ärztliche Psychoanalyse* 第 8 期（1922）第 234 到 235 頁的 "Schweize"；刊登於《國際精神分析期刊》第 4 期（1923）第 129 到 132 頁的 "Rêve et vision des étoiles filantes"；刊登於《心理學刊》（*Archives de Psychologie*）第 18 期（1923）第 306 到 22 頁的 "Quelques analogies entre la pensée de l'enfant, celle de l'aphasique et la pensée subconsciente"；刊登於《意象》第 9 期（1923）第 300 到

317 頁的 "Die Zeit im unterschwelligen Seelenleben"。在卡羅德努特的作品列表中不包含西法利所發現並再度發表於 *Le Bloc-Notes de la Psychanalyse* 第 2 期（1982）第 141 到 146 頁那篇非常具有啟發意義的論文 "Qui est l'auteur du crime?"。前幾期 *Psychoanalysis Review* 中刊出多篇（並非全部）史碧爾埃論文的英文摘要。可以在下列幾冊中找到摘要：第 1 期第 470 頁、第 5 期 434 頁、第 6 期第 106 頁、第 7 期第 95 到 100 頁、第 12 期第 353 到 355 頁、第 14 期第 338 到 339 頁、第 16 期第 444 頁、第 20 期第 233 到 234 頁，以及第 25 期第 547 到第 548 頁。

　　西法利是研究史碧爾埃後來在日內瓦職業生涯的權威專家。請參閱她刊登於 *Le Bloc-Notes de la Psychanalyse* 第 8 期（1988）第 253 到 266 頁的文章 "Une femme dans la psychanalyse, Sabina Spielrein: Un autre portrait"。同樣值得參考的還有刊登於 *Le Bloc-Notes de la Psychanalyse* 第 6 期（1986）第 171 到 189 頁，費南多‧維達爾（Fernando Vidal）所著的 "Piaget et la Psychanalyse: Premières rencontres"；以及皮耶‧波維（Pierre Bovet）所著的 *Vingt ans de vie de L'institut Rousseau*（Geneva：Université du Genève, 1932）。至於她後來的生涯可從《國際精神分析期刊》第 1 期第 359 到 360 頁、第 3 期第 280 頁、第 513 頁到第 520 頁、第 4 期第 241、524 頁、第 5 期第 123 頁、第 261 頁到第 266 頁、第 6 期第 258 頁到第 261 頁，以及第 7 期第 151 頁的報告中推衍出她活躍的軌跡。我很感謝 A. 艾金德（A. Etkind）、維拉利‧札蘭斯基（Valerie Zelensky）和馬格斯‧永格倫（Magnus Ljunggrien）告訴我史碧爾埃在俄羅斯的資訊。如果想瞭解一般背景資訊，亦請參閱：刊登於 *Slavic Review* 第 44 期（1985）第 625 到 646 頁，馬丁‧米勒（Martin Miller）的 "Freudian Theory Under Bolshevik Rule: The Theoretical Controversy During the 1920's"；以及刊登於 *Sigmund Freud House Bulletin* 第 2 期（1978）第 5 到 30 頁，漢斯‧羅伯納（Hans Lobner）和佛拉米爾‧列維汀（Vladimir Levitin）所著的 "A Short History of Freudism: Notes on the History of Psychoanalysis in the U.S.S.R."。

　　佛洛伊德和榮格的二級文獻太龐雜，而且有些內容只是在爭辯議論而已。但一些作品仍可提供研讀本書的參考基礎，因此在這裡還是單獨抽選出一些作品。要瞭解基本歷史資訊，絕對不能錯過的是鍾斯的 *The Life and Work of Sigmund Freud*，共 3 冊（NewYork：Basic Books, 1953-1957），以及艾倫伯格啟發後世好幾代學者的天才之作 *The Discovery of the Unconscious: The History and Evolution of Dynamic Psychiatry*（NewYork：Basic Books, 1970）。漢娜‧戴克（Hannah Decker）的 *Freud in Germany: Revolution and Reaction to Science: 1893–1907*（NewYork：International Universities Press, 1977）非常具有價值。同樣重要的還有羅森（Paul Roazen）的 *Freud and His Followers*（NewYork：Knopf, 1975）。跟隨戴克腳步的還有諾曼‧基爾（Norman Kiell），他所寫的 *Freud Without Hindsight: Reviews of His Work, 1893–1939*（Madison：International Universities Press, 1988）內含許多有用的資料。本書的中心研究概念來自侯孟斯的 *Jung in Context: Modernity and the Making of a Psychology*（Chicago：University of Chicago Press, 1979）。在由詮釋立場來看精神分析的科學地位，我是遵循三位作者所給的線索：羅伯‧侯特（Robert Holt），他的文章最近被集結成冊，書名是 *Freud Reappraised*（NewYork：Guilford Press, 1989）；法蘭克‧蘇洛威（Frank Sulloway）寫的 *Freud, Biologist of the Mind: Beyond the Psychoanalysis Legend*（NewYork：Basic Books, 1979），他有另一篇文章 "Reassessing Freud's Case Histories: The Social Construction of Psychoanalysis" 最近刊登於由托比‧基方德（Toby Gelfand）和約翰‧克爾（John Kerr）所編輯的 *Freud and the History of Psychoanalysis*（Hillsdale, N.J.：Analytic Press, 1992），在這篇文章中蘇洛威以同樣犀利的眼光評斷佛洛伊德無法發表技術手冊與他無法控管團體內部組織之間的關聯；以及亞道夫‧克倫堡（Adolf Grünbaum）的 *The Foundations of Psychoanalysis: A Philosophical Critique*（Berkley：University of California Press, 1984），定義了佛洛伊德的理論中引發當代爭議的證據問題。

　　彼得‧史威爾斯（Peter Swales）是我的朋友也是同事，值得格外一提他的貢獻。他的論文有："Freud, Johann

Weier, and the Status of Seduction"（自行出版，1982），這篇文章的濃縮精華版 "A Fascination with Witches；The Role of the Witch in the Conception of Fantasy" 刊登於 The Sciences 第 22 期（1982）第 21 到 25 頁；"Freud, Cocaine, and Sexual Chemistry: The Role of Cocaine in Freud's Conception of the Libido"（自行出版，1983）；刊登於 New American Review 第 1 期（1982）第 1 到 23 頁的 "Freud, Minna Bernays and the Conquest of Rome: New Light on the Origins of Psychoanalysis"；"Freud, Fliess, and Fratricide: The Role of Fliess in Freud's Conception of Paranoia"（自行出版，1982）；一九八二年五月廿日，他的 "Freud, Minna Bernays and the Imitation of Christ" 曾在紐約「社會研究新學院」（New School for Social Research）發表；"Freud, Martha Bernays, and the Language of Flowers: Masturbation, Cocaine, and the Inflation of Fantasy"（自行出版 1983）；"Freud, Krafft-Ebing, and the Witches: The Role of Krafft-Ebing in Freud's Flight into Fantasy"（自行出版：1983）；"Freud, Professor Diogenes Teufelsdröckh, and the Garden of Eden: Primal Innocence, Carnal Knowledge and Original Sin"，一九八八年一月七日曾在紐約康乃爾醫學中心的「精神病學史部」（The History of Psychiatry Section）發表；"Fliess, Freud, and the Skull on the Lido"，一九九一年十月十五日曾在多倫多聖三一學院「醫學史系」（History of Medicine）的「第三次漢納會議」（Third Hannah Conference）發表；"Freud, His Teacher, and the Birth of Psychoanalysis"（1986，第 1 冊第 3 到 82 頁），以及 "Freud, Katharina, and the First `Wild Analysis' "（1988，第 3 冊第 81 到第 164 頁），都是刊登於保羅．史特潘斯基（Paul Stepansky）的 Freud: Appraisals and Reappraisals（Hillsdale, N.J.：Analytic Press）系列；一九八七年一月廿六日曾在紐約哥倫比亞大學的「以色列與猶太研究中心」（Center for Israel and Jewish Studies）上發表 "Freud, His Origins, and Family History；The Freuds, the Nathansohns, and the Bernays"；一九九二年一月廿五日曾在紐約「國家促進精神分析心理學學會」（National Psychological Association for the Advancement of Psychoanalysis）上發表 "Freud and the Unconscionable: The Obstruction of Freud Studies, 1946–2113"；刊登於 Harvest: Journal for Jungian Studies 第 38 期（1992）第 30 到 37 頁的 "What Jung Didn't Say"。在自行出版的論文中，關於古柯鹼、威爾（Weier）、克雷貝林、弗里斯和弒手足的內容，都可在羅倫斯．史普林（Laurence Spurling）編輯的 Sigmund Freud: Critical Assessments 第 1 冊（London：Routledge, 1989）中讀到。此外，史威爾斯曾給我一份他即將出版的研究論文 Wilhelm Fliess: Freud's Other（New York：Farrar, Straus & Giroux）的草稿。

　　同樣值得格外一提的是蘇諾．夏達沙尼（Sonu Shamdasani），他的作品現在才正要付梓。他刊登於 Spring（1990）第 26 到 56 頁的論文代表作 "A Woman Called Frank" 是以全新觀點替榮格《轉化與象徵》中臨床診斷預測的性質做解釋，是不可或缺的一部作品。亦請參閱他刊登於 Harvest: Journal for Jungian Studies 第 38 期（1992）第 38 到 43 頁的 "Two Unknown Early Cases of Jung"。除此之外，夏達沙尼也很慷慨地與我分享他收集的基礎資料，以及他為了即將問世的重要著作、他的智慧結晶——榮格傳記所做的準備資料。

　　榮格生平方面最關鍵的資料來源有兩個，一個是他的回憶錄，由阿妮拉．賈菲協助撰寫的 Memories, Dreams, Reflections（1962）（最終修訂版於一九七三年出版，New York：Pantheon）；另一個是一九二五年座談會的筆記，由凱利．德．安傑羅（Cary de Ángulo）記錄，榮格親自審校，長期以來都可從「紐約榮格研究院」（C. G. Jung Institute of New York）的「克莉絲汀．曼恩圖書館」（Kristine Mann Library）借閱到打字稿，最近並由麥格瑞編輯，以 Analytical Psychology: Notes of the Seminar Given in 1925 by C. G. Jung 為題出版（Princeton：Princeton University Press, 1989）。沒有任何一位其他精神分析學者，包含佛洛伊德，像榮格一樣公開揭露自己生平的第一手文獻。如果想找精采的短評，可參閱《國際精神分析期刊》第 45 期（1964）第 450 到第 55 頁，D. W. 溫尼寇特（D. W. Winnicott）針對這本回憶錄所寫的書評。

　　榮格並沒有像鍾斯為佛洛伊德所寫的那種傳記傳世。最重要的基本參考書籍有：艾倫伯格寫 Discovery of the

Unconscious（同上）第 9 章（第 657 到 748 頁）的參考依據，並由榮格親自校稿的 "Carl Gustav Jung and Analytic Psychology"；芭芭拉‧漢娜的 *Jung: His Life and Work, A Biographical Memoir*（New York：Putnam, 1976）；安東尼‧斯多爾的 *C. G. Jung*（New York：Viking, 1973）；E. A. 班奈特（E. A. Bennett）的 *C. G. Jung*（New York：Dutton, 1962）；文森‧布魯姆（Vincent Brome）的 *Jung: Man and Myth*（New York：Atheneum, 1978）；勞倫斯‧凡‧德‧普司特（Laurens van der Post）的 *Jung and the Story of Our Time*（New York：Random House, 1975）；以及保羅‧史登（Paul Stern）的 *C. G. Jung-The Haunted Prophet*（New York：Braziller, 1976）。漢娜、班奈特以及凡‧德‧普司特的優勢在於他們都和榮格本人熟識，可以獲得第一手情報；布魯姆是一位專業的傳記寫作能手，而斯多爾則是從精神病學的角度整理出榮格及其作品的濃縮概要；史登的書的內容看來都是得自不具名知情人士的消息，最逼真同時又最具有殺傷力。另外還有兩本內含大量實用資訊，但有些地方已無法取得的書，分別是由賈菲編輯的 *C. G. Jung: Word and Image*（Princeton：Princeton University Press, 1979），以及由麥格瑞和霍爾編輯的 *C. G. Jung Speaking: Interviews and Encounters*（Princeton：Princeton University Press, 1977）。「榮格口述史檔案記錄」內含將近兩百則與榮格有私交者的專訪。這份訪談是由「法蘭西斯‧維克司基金會」（Frances Wickes Foundation）贊助真恩‧納米許（Gene Nameche）製作的。哈佛醫學院的康特威圖書館（Countway Library）珍稀本部門收藏有一整套打字稿集，只有部分不得外借。琳達‧唐恩（Linda Donn）曾在她引發共鳴感的作品 *Freud and Jung: Years of Friendship, Years of Loss*（New York：Scribners, 1988）中善用了這些訪談。除此之外，這些資料還被認定為榮格研究的主要內容。以下幾個訪談特別重要：亨利‧莫芮（一九六八年十一月四日）、卡爾‧梅耶（一九七〇年九月十一日）、露絲‧貝利（Ruth Bailey，一九六九年二月十七日）、羅伯‧哈伯森（Robert Hobson，一九六九年十二月十八日）、沃夫岡‧賓斯旺格（Wolfgang Binswanger，一九七〇年九月十三日）、賀曼‧慕勒（Herman Müller，一九七〇年五月四日）、約蘭德‧雅可比（Jolande Jacobi，一九六九年十二月十三日、一九七〇年一月廿六日）、阿爾馮斯‧梅德爾（一九七〇年一月十一日）、邁可‧佛德翰（Michael Fordham，一九六九年二月十二日）、理查‧伊文斯（Richard Evans，一九七一年十一月廿五日）以及詹姆斯‧西爾曼（James Hillman，一九七〇年一月一日）。

有關佛洛伊德與榮格之間的關係，值得仔細探究的書籍有：喬治‧霍格森（George Hogenson）的 *Jung's Struggle with Freud*（Notre Dame, Ind.：University of Notre Dame Press, 1983）；羅伯‧史提爾（Robert Steele）所著、編輯顧問是蘇珊‧史雲尼（Susan Swinney）的 *Freud and Jung: Conflicts of Interpretation*（London：Routledge & Kegan Paul, 1982）；杜恩‧舒茲（Duane Schultz）的 *Intimate Friends, Dangerous Rivals: The Turbulent Relationship Between Freud and Jung*（Los Angeles：Tarcher, 1990）。舒茲和唐恩一樣，都是在描述這段關係的梗概，而霍格森和史提爾則是對解開理論的困境比較有興趣。比較帶有偏袒立場的是莉莉安‧佛瑞羅姆（Liliane Frey-Rohm）的 *From Freud to Jung: A Comparative Study of the Psychology of the Unconscious*（New York：Putnam, 1974），以及愛德華‧葛洛佛（Edward Glover）的 *Freud or Jung?*（London：Allen & Unwin, 1950），這兩本書是分別以支持榮格和支持佛洛伊德的角度來書寫。納德‧佛達（Nandor Fodor）的 *Freud, Jung, and Occultism*（New York：New York University Press, 1971）雖然跟佛瑞羅姆和葛洛佛一樣有偏袒的立場，且他的研究是在書信出版前就已經問世，還是相當值得參考。有兩篇直接與書信有關的文章寫得相當優秀且精采：刊登於 *Journal of the History of the Behavioral Sciences* 第 12 期（1976）第 216 到 239 頁，史特潘斯基的 "The Empiricist as Rebel: Jung, Freud and the Burden of Discipleship"；刊登於 *Psychoanalysis and Contemporary Thought* 第 2 期（1977）第 551 到 590 頁，派翠克‧馬洪尼（Patrick Mahony）的 "The Budding International Association of Psychoanalysis and Its Discontents"。還有四本特別想捕捉這段關係的心理氛圍的書是：邁可‧波區雅可布森（Mikkel Borch-Jacobsen）的 *The Freudian*

Subject（Standford：Stanford University Press, 1988）；馮索‧胡斯通（François Roustang）的 *Dire Mastery: Discipleship from Freud to Lacan*（Baltimore：Johns Hopkins University Press, 1976）；刊登於 *American Imago* 第 38 期（1974）第 81 到 95 頁，侯孟斯的 "Narcissism in the Jung-Freud Confrontations"；以及刊登於 *The Annual of Psychoanalysis* 第 7 冊（NewYork：International Universities Press, 1979），約翰‧基多（John Gedo）的 "Magna Est Vis Veritas Tuae et Praevalebit"。

　　與佛洛伊德相關的標準參考書籍有：鍾斯的 *Life and Work*（同上）；"Sigmund Freud and Psychoanalysis"，這篇論文像書一樣長，是艾倫伯格在寫作 *Discovery of the Unconscious*（同上）第 7 章第 418 到 570 頁時的主要參考來源；羅納德‧克拉克（Ronald Clark）的 *Freud: The Man and the Cause*（NewYork：Random House, 1980）；以及馬克斯‧舒爾（Max Schur）的 *Freud: Living and Dying*（NewYork：Basic Books, 1972），這本重要的書在問世當時即令人大開眼界。如果想瞭解克拉克那本書的評價，請參閱羅伯‧霍特（Robert Holt）刊登於 *Review of Psychoanalysis Books* 第 1 冊（1982）第 3 到 13 頁的書評。或許，關於佛洛伊德比較有趣的作品，都不是最近這些為了釐清一些混亂問題而大量出現的二級文獻書籍，而是在鍾斯之前問世的那些作品。最重要、可讀性最高的作品就是早期的著作：威托斯的 *Sigmund Freud: His Personality, His Teaching, and His School*（London：Allen & Unwin, 1924）。威托斯的另一本書 *Freud and His Time*（NewYork：Liveright, 1931）也非常值得細細品味（威托斯刊登於 *The Psychoanalysis Review* 第 20 期〔1933〕第 301 到 374 頁的 "Revision of a Biography" 的內容，顯然是在他從歐洲搬到紐約時從他的第一部著作中抽了一些出來重新改寫的，對於這一部分我並不覺得重要）。海倫‧沃克‧普納（Helen Walker Puner）的傳記 *Freud: His Life and His Mind*（NewYork：Howell, Soskin, 1947）很吸引人，曾具有相當重要的意義，而且如蓋伊所言，造成鍾斯在自己寫的傳記中辯駁過她所提出的觀點。薩克斯的 *Freud, Master and Friend*（Cambridge：Harvard University Press, 1944）完全以一位門徒的角度呈現佛洛伊德。芮克的 *From Thirty Years with Freud*（NewYork：International Universities Press, 1940）綜合了各種軼事和命題，寫得相當有趣，也把精神分析對於第二次世界大戰即將爆發的預示描述得非常好。恩立希‧佛羅姆（Erich Fromm）的 *Sigmund Freud's Mission: An Analysis of His Personality and Influence*（NewYork：Grove, 1963）敏銳地捕捉到一些佛洛伊德性格中的重要面向。有趣的是，佛羅姆這種去理想化觀點的主要消息來源是薩克斯。不如前面這些作品精采，但還是很好看的是齊格菲‧伯恩菲德（Siegfried Bernfeld）充滿先見之明的論文：刊登於 *The Psychoanalytic Quarterly* 第 13 期（1944）第 341 到 362 頁的 "Freud's Earliest Theories and the School of Helmholtz"；刊登於 *American Imago* 第 6 期（1949）第 163 到 196 頁的 "Freud's Scientific Beginnings"；刊登於《國際精神分析期刊》第 32 期（1951）第 1204 到 1217 頁的 "Sigmund Freud, M.D., 1882–1885"；刊登於 *Journal of the American Psychoanalysis Associations* 第 1 期（1953）第 581 到 613 頁的 "Freud's Studies on Cocaine, 1884–1887"；以及刊登於 *Bulletin of the Menninger Clinic* 第 16 期（1952）第 37 到 49 頁，與蘇珊娜‧卡西爾‧伯恩菲德（Suzanne Cassirer Bernfeld）共同執筆的 "Freud's First Year in Practice, 1886–1887"。

　　如果想瞭解當時對於精神失常現象和科學認知的一般背景資訊，最好還是參考當時的文獻，特別是賈內和杜伯所寫的作品。杜伯一九〇四年出版的 *Les Psychonévroses et Leur Traitement Morale*，英文版 *The Psychic Treatment of Nervous Disorders* 是由史密斯‧艾利‧賈利菲（Smith Ely Jelliffe）翻譯（NewYork：Funk & Wagnalls, 1909），這本書以相當平均的篇幅分別探討了科學史和不適病灶的治療（透過「勸說」方法）。賈內主要的作品是 *L'Automatisme Psychologique, Essaie de Psychologie Expérimentale sur les Formes Inférieures de l'Activité Humaine*（Paris：Alean, 1889）和 *The Major Symptoms of Hysteria* 第 2 版（NewYork：Macmillan, 1924）。亦請參閱提歐多‧利伯特（Théodule Ribot）的 *The Diseases of Personality*, 1891（Chicago：Open Court Publishing Co.，第四次修

訂版，1910）。還可參考的是卡爾‧穆奇森（Carl Murchison）所編的 History of Psychology in Autobiography 第 1 冊第 123 到 133 頁（Worcester：Clark University Press, 1923），裡頭包含賈內的自傳性陳述；以及艾倫伯格 Discovery of the Unconscious 第 6 章第 341 到 417 頁所根據的資料 "Pierre Janet and Psychological Analysis"。如果想瞭解葛拉塞特和他的「多邊」心理學，請參閱他所寫、後來由艾利‧賈利菲翻譯的 The Semi-Insane and the Semi-Responsible（NewYork：Funk & Wagnalls, 1912）；以及一九○二年他所寫，後來由杜包夫（R. Tubeuf）翻譯的 Marvels Beyond Science（NewYork and London：Rebman, 1910）。同理，如果想瞭解對於催眠術的辯論，可參考西波萊特‧伯恩海姆（Hippolyte Bernheim）的著作，由克里斯汀‧哈特（Christian Herter）根據法文第二次修訂版翻譯的 Suggestive Therapeutics: A Treatise on the Nature and Uses of Hypnotism（NewYork：Putnam, 1889）；以及由理查‧桑多（Richard Sandor）根據一八九一年法文版所翻譯的 New Studies in Hypnotism（NewYork：International Universities Press, 1980）。比亞瑞的 The History and Practice of Psychanalysis（Boston：Richard Badger, 1916）也曾提到某些實施催眠術的詳細資訊。克雷貝林有兩篇很棒的文章，還有他的追隨者施然克諾津的研究論文也都同樣很重要。克雷貝林的書請參閱由加達克（C. Chadock）根據一九○一年德文版翻譯的 Textbook of Insanity Based on Clinical Observations for Practitioners and Students of Medicine（Philadelphia：F. A. Davis Co., 1904）；還有由威戴克（H. Wedeck）根據一九○二年德文版翻譯的 Psychopathia Sexualis: A Medico-Forensic Study（NewYork：G. P. Putnam's Sons, 1965）；以及由加達克根據一八八九年施然克諾津的德文版著作所翻譯的 The Use of Hypnosis in Psychopathia Sexualis（NewYork：Institute for Research in Hypnosis Publication Society and the Julian Press, 1956）。

有關歇斯底里症，請參閱艾爾斯‧維斯（Ilse Veith）的歷史研究 Hysteria: The History of a Disease（Chicago：University of Chicago Press, 1965）。關於神經質全貌的研究調查，值得一讀的是喬治‧德林卡（George Drinka）的 The Birth of Neurosis: Myth, Malady, and the Victorians（NewYork：Simon & Schuster, 1984）。更學術性的論述是刊登於 Journal of the History of the Behavioral Sciences 第 15 期（1979）第 299 到 309 頁，麥爾侃‧麥克米蘭（Malcolm Macmillan）的 "Delboeuf and Janet as Influences in Freud's Treatment of Emmy von N."；亦可參閱麥可米蘭犀利的作品 Freud Evaluated: The Closing Arc 中的第 2 章 "Charcot, Hypnosis, and Determinism"（Amsterdam：North Holl, 1990）。如果想瞭解一般背景資訊，值得參考的有：刊登於 Psychological Medicine 第 1 期（1979）第 221 到 234 頁，傑佛瑞‧波斯（Jeffrey Boss）的 "The Seventeenth-Century Transformation of the Hysteric Affection, and Sydenham's Baconian Medicine"，裡面細膩描繪在歇斯底里症方面，對於子宮所扮演的角色漸漸演變的觀念；刊登於 American Journal of Psychiatry 第 145 期（1988）第 1191 到 1206 頁，納森‧克拉維斯（Nathan Kravis）的 "James Braid's Psychophysiology: A Turning Point in the History of Dynamic Psychiatry"；刊登於 Histoire des Sciences Medicales 第 21 期（1987）第 245 到 250 頁的，托比‧基方德（Toby Gelfand）的 "Réflexions sur Charcot et la famille névropathique"；刊登於 Medical History 第 34 期（1990）第 363 到 344 頁，馬克‧米凱爾（Mark Micale）的 "Charcot and the Idea of Hysteria in the Male: Gender, Mental Science, and Medical Diagnosis in Late-Nineteenth-Century France"。

如果想瞭解近年來對付疾病的臨床方法是如何演變的，以及精神病學與神經病學的概念發展相對上有多麼落後，可以參考十九世紀末至廿世紀初精神疾病和遺傳缺陷論的文獻。不可或缺的基礎參考資源有：厄文‧艾克芮克（Erwin Ackerknecht）的 A Short History of Medicine（NewYork：Ronald Press, 1955）；艾克芮克的《精神醫學史》（A Short History of Psychiatry）（London：Hafner, 1959）；米歇爾‧傅柯（Michel Foucault）的《臨床醫學的誕生》（The Birth of the Clinic）（NewYork：Vintage, 1975）；菲爾汀‧加利森（Fielding Garrison）的 Contributions to the History of Medicine（NewYork：Hafner, 1966）。同樣值得參考的有法蘭茲‧亞歷山大（Franz Alexander）和薛爾

登·賽勒斯尼克（Sheldon Selesnick）的 *The History of Psychiatry*（New York：Harper & Row, 1966）。如果想瞭解詳細的背景資訊，請參閱：刊登於 *Studies in the History of Biology* 第 7 期（1983）第 4792 頁，亞新納（L. S. Jacyna）的 "Principles of General Physiology: The Comparative Dimension to British Neuroscience in the 1830's and 1840's"，以及刊登於哈佛洛克·艾理斯（Havelock Ellis）的 Contemporary Science 系列，查爾斯·麥熙爾（Charles Mercier）發人深省而且相當有現代意義的 *Sanity and Insanity*（New York：Seribners, 1889）。如果想瞭解艾理斯本人的資料，剛好有菲利斯·葛洛斯克斯（Phyllis Grosskurth）所寫的重要著作 *Havelock Ellis: A Biography*（New York：Knopf, 1980）可參考。如果想瞭解遺傳缺陷與種族歧視的關聯，最重要的就是喬治·摩斯（George Mosse）的兩本書 *The Crisis of German Ideology*（New York：Grosset & Dunlap, 1964）和 *Toward the Final Solution: A History of European Racism*（Madison：University of Wisconsin Press, 1985）；以及桑德·基爾曼（Sander Gilman）內容豐富、值得一讀的 *Difference and Pathology: Stereotypes of Sexuality, Race, and Madness*（Ithaca：Cornell University Press, 1983）。同樣重要的還有里昂·波利亞可夫（Leon Poliakov）的 *The Aryan Myth: A History of Racist and Nationalist Ideas in Europe*（New York：Basic Books, 1974）。

有關史碧爾埃的診斷，請特別參閱刊登於 *The New York Times Book Review* 第 16 期（1982 年 5 月）第 1、2、21 頁，安東尼·斯多爾的 "A Second Opinion"；有關「相思病」和阿維森納，我推薦費迪·哈雅爾（Fady Hajal）於一九八七年六月十九日在紐約康乃爾醫學中心「精神病學史部」發表的 "Lovesickness, a Major Health Hazard for Medieval Middle Eastern Youth"。有關羅伯·卡特（Robert Carter），請參閱刊登於 *Bulletin of the New York Academy of Sciences* 第 58 期第 510 到 534 頁，艾利森·坎恩（Alison Kane）和艾力克·卡爾森（Eric Carlson）合著的 "A Different Drummer: Robert B. Carter and Nineteenth-Century Hysteria"。有關文理學校學位的重要性，請參閱「榮格口述史檔案紀錄」第 44 篇，一九七〇年三月十九到廿三日真恩·納米許對梅爾（C. A. Meier）女士所做的專訪。有關俄國人和「俄國心靈」的一般文學觀念，請參閱刊登於 *Journal of the History of Ideas* 第 31 期（1970）第 573 到 588 頁，羅伯·威廉斯（Robert Williams）的 "The Russian Soul: A Study in European Thought and Non-European Nationalism"。有關對於手淫態度的歷史，請參閱刊登於 *Journal of the History of Ideas* 第 28 期（1967）第 423 到 431 頁，羅伯·麥當勞（Robert MacDonald）的 "The Frightful Consequences of Onanism: Notes on the History of a Delusion"。刊登於 *London Times Literary Supplement*（1982 年 12 月 10 日）第 1351 頁，蘿絲瑪莉·迪納吉（Rosemary Dinnage）針對卡羅德努特作品所寫的書評 "Declarations of Dependence" 相當有啟發性。

有關瑞士精神病學傳統的特色，請參閱刊登於 *World History of Psychiatry*，由約翰·G·霍威爾斯（John G. Howells）編輯，奧斯卡·迪特爾姆（Oskar Diethelm）所寫的 "Switzerland" 第 9 章第 238 到 255 頁（New York：Bruner/Mazel, 1975），同一本書的第 10 章第 256 到 290 頁還包含伊斯特·費區洪伯格（Esther Fischer-Homberger）所寫，有關「德國和奧地利」的文章；以及第 12 章第 308 到 333 頁，喬瑟夫·沃提斯（Joseph Wortis）和格拉克揚（A. G. Galach'yan）合撰，有關「蘇維埃社會主義共和國聯邦」的文章。同樣重要的還有艾倫伯格的兩篇文章，一篇是刊登於亨利·大衛（Henry David）和賀穆特·馮·布拉肯（Helmut von Braken）編輯 *Perspectives in Personality Theory*（New York：Basic Books, 1961）的 "The Scope of Swiss Psychology"；另一篇是刊登於由赫沙·利斯（Hertha Riese）編輯 *Historical Explorations in Medicine and Psychiatry*（New York：Springer, 1978）的 "Carl Gustav Jung: His Historical Setting"。前一篇關於瑞士心理學的文章也曾在馬克·米卡爾（Mark Micale）所編輯的 *Beyond the Discovery of the Unconscious: Selected Essays on the History of Psychiatry by Henri Ellenberger* 的第 6 章中再發表過（Princeton：Princeton University Press，即將出版）。

有關佛瑞爾的記載，最容易取得的參考資料是艾倫伯格的 *Discovery of the Unconscious*（同上）。但由刊登

於溫特斯（E. Winters）編輯 Collected Papers of Adolf Meyer 第 1 冊（Baltimore：Johns Hopkins University Press, 1950）梅爾所寫的文章也一樣很有參考價值。佛瑞爾的自傳是 Out of My Life and Work，譯者為麥爾（B. Miall）（London：Allen & Un win, 1950）。佛瑞爾的作品 Psychotherapy and Suggestion or Hypnosis（1889；NewYork：Allied Publishing Co., 1937）最常拿來與亞伯特·摩爾的 The Study of Hypnosis: Historical, Clinical and Experimental Research in the Techniques of Hypnotic Induction（1889；NewYork：Julian Press, 1958）做比較。由艾金斯（H. A. Aikens）翻譯，佛瑞爾的 Hygiene of Nerves and Mind in Health and Disease（NewYork：Putnam, 1907），則是打算介紹神經系統方面的新概念。同樣重要的是佛瑞爾的 The Sexual（Question: A Scientific, Psychological, Hygienic and Sociological Study（1904；NewYork：Physicians & Surgeons Book Co., 1905），也應與亞伯特·摩爾的 The Sexual Life of the Child（1907；NewYork：Macmillan, 1912）一起閱讀。

布魯勒父子在精神病學這個領域上為後繼世代所做的貢獻，堪稱史上前所未見。請參閱曼弗雷德·布魯勒的作品：刊登於 Bulletin of the Isaac Ray Medical Library 第 1 期（1953）第 47 到 60 頁的 "Eugen Bleuler's Conception of Schizophrenia—An Historical Sketch"；刊登於 Bulletin of the New York State Asylums 第 7 期（1931）第 11 到 16 頁的 "My Father's Conception of Schizophrenia"；刊登於 Archives of Neurology and Psychiatry 第 26 期（1934）第 610 到 628 頁的 "Eugen Bleuler"；以及「榮格口述史檔案記錄」中一九六九年十二月八日真恩·納米許對他所做的專訪。布魯勒的兩本鉅作《早發性癡呆或精神分裂症族群》（1911；NewYork：International Universities Press, 1950）和 Textbook of Psychiatry（1916；NewYork：Arno Press, 1976）中的臨床觀察依然值得我們注意；當然，在歷史學家心目中，這兩本書也透露出布魯勒對於三位了不起的同仁：克雷貝林、榮格和佛洛伊德的理論，始終抱持著成熟的態度。同樣值得參考的還有曼弗雷德·布魯勒的重要作品，由齊格菲·克雷門斯（Siegfried Clemens）翻譯的 Long-Term Patient and Family Studies（New Haven：Yale University Press, 1978），書中多次提及榮格和布魯勒兩人對雙方的影響。有關矛盾心理，能參考的英文資料有：刊登 The Psycho-Analytic Review 第 7 期（1920）第 106 到 108 頁 "Bleuler versus Jung on Negativism" 的摘要；刊登於 The Psychoanalysis Review 第 2 期（1915）第 466 到 468 頁，由懷特（W. A. White）翻譯、卡帕斯（M. Karpas）撰寫布魯勒的 The Theory of Schizophrenic Negativism（NewYork：Nervous and Mental Disease Publishing Co., 1912）的摘要。而在 The Psycho-Analytic Review 第 5 期（1918）第 238 到 242 頁，只有布魯勒 "Defense and Critical Remarks of Freud's Psychoanalysis" 的英文摘要。

對於早發性癡呆診斷歷史發展有興趣的讀者，絕對要讀一讀賈克斯·昆恩（Jacques Quen）根據克雷貝林 Psychiatry: Textbook for Students and Physicians 第 1 冊（vii-xxxii）德文第 6 版（1899；Canton, Mass.：Science History Publications, 1990）所寫的導讀文。克雷貝林的其他重要作品有湯馬斯·強斯頓（Thomas Johnstone）翻譯的 Lectures on Clinical Psychiatry（NewYork：William Wood, 1912），這本書曾招來反精神病學支持者激烈的反彈聲浪，但它依然是描述臨床現象的模範。對研究精神病史的人而言，最感興趣的是克雷貝林自己的《回憶錄》（Memoirs, NewYork and Berlin：Springer-Verlag, 1987）。

有關榮格個人和理論上的發展，有許多篇文章值得一讀。最沒有敵意的是奧里的回憶錄，刊登於 Spring（1970）第 182 到 189 頁，並再發表於麥格瑞和霍爾編輯的 C. G. Jung Speaking（同上）第 3 到 10 頁的 "Memories of C. G. Jung's Boyhood"。值得閱讀的作品有：Psyche 第 7 期（1970）第 3 到 15 頁，馬丁·艾本（Martin Ebon）的 "Jung's First Medium"；Spring（1976）第 123 到 136 頁，詹姆斯·西爾曼的 "Some Early Background to Jung's Ideas: Notes on C. G. Jung's Mediumby Stephanie Zumstein-Preiswerk"；Journal of Analytical Psychology 第 29 期（1984）第 1 到 34 頁，威廉·B·古哈德（William B. Goodheart）的 "C. G. Jung's First ‘Patient': On the Seminal Emergence of Jung's Thought"；

Spring（1984） 第 35 到 43 頁，阿妮拉‧賈菲 的 "Details about C. G. Jung's Family"；*Spring*（1976） 第 137 到 147 頁，菲利普‧沃夫溫戴格（Phillip Wolf-Windegg）的 "C. G. Jung-Bachofen, Burckhardt, and Basel"；*Spring*（1976）第 148–154 頁，亞道夫‧波特曼（Adolf Portmann）的 "Jung's Biology Professor: Some Reflections"；*Spring*（1976）第 104 到 122 頁，J. 馬丁‧史碧格曼（J. Marvin Spiegelman）的 "Psychology and the Occult"。刊登於 *Journal of Analytical Psychology* 第 2 期（1957）第 104 到 122 頁，奧伯瑞‧路易斯（Aubrey Lewis）的 "Jung's Early Work"，是結合歷史資訊和評論的學術文章模範。

非常值得參考的文章還有與榮格合作進行字詞聯想實驗者的文獻。英文版由艾德（M. D. Eder）翻譯，可在原版的概要手冊 *Studies in Word Associations: Experiments in the Diagnosis of Psychopathological Conditions Carried Out at the Psychiachy Clinic of the University of Zurich Under the Direction of C. G. Jung*（London：Routledge & Kegan Paul, 1918）中找到。請參閱：布魯勒 "Upon the Significance of Association Experiments" 的 第 1 章 第 1 到 7 頁，和 "Consciousness and Association" 第 6 章 第 266 到 296 頁；李克林 "Cases Illustrating the Phenomenon of Association in Hysteria" 第 8 章 第 322 到 352 頁；愛瑪‧佛斯特（Emma Fürst） 的 "Statistical Investigations in Association and in Familial Agreement" 第 11 章 第 407 到 445 頁；一九〇七年 第一次 出版，賓斯旺格 "Ón the Psychogalvanic Phenomenon in Association Experiments" 的 第 12 章 第 446 到 530 頁。李克林 的 重要 論文 "Analytische Untersuchungen der Symptome und Assoziationen eines Falles von Hysterie（Lina H.）" 只有德文版，刊登於 *Psychiatrisch-neurologische Wochenschrift* 第 6 期（1904 到 1905 年） 第 449 到 452 頁、第 493 到 495 頁、第 505 到 511 頁。至於賓斯旺格的論文，亦請參閱刊登於 *Spring*（1984）第 1 到 34 頁，麥格瑞的 "Jung's Complex Reactions（1907）: Word Association Experiments Performed by Binswanger"。赫伯特‧雷曼（Herbert Lehman）刊登於 *International Review of Psycho-Analysis* 第 13 期（1986）第 201 到 209 頁的 "Jung Contra Freud/Nietzsche Contra Wagner" 中，曾以宛如告密的有趣觀點暗示在榮格早期與佛洛伊德通信時，史碧爾埃在其中扮演了什麼樣的角色。想瞭解布爾霍爾茲利當時的環境，可看兩本布瑞爾的作品：*Lectures on Psychoanalysis Psychiatry*（NewYork：Knopf, 1946） 和 *Freud's Contribution to Psychiatry*（NewYork：Norton, 1944），都非常有參考價值。可從蘇黎世大學借閱一九〇四年針對主管機關所準備的統計報告 *Rechenschaftsbericht über die Zürichische Kantonale Irrenheilanstalt Burghölzli für das Jahr 1904*。布魯勒的 *Affectivity, Suggestibility, and Paranoia* 原先於一九〇六年出版，後由芮克薛爾（C. Ricksher）翻譯（Utica：New York State Hospitals Press, 1912），這本書是蘇黎世學派理論架構的模範。

有關十九世紀最後數十年神祕主義的科學研究，可參考榮格一九〇二年的論文 *Collected Works*（同上）第 1 冊 *On the Psychology and Pathology of So-called Occult Phenomena* 中的詳細評論。有趣的是，榮格就像賈內，自己就是優秀的歷史學家，至少在他職業生涯初期是如此。亦請參閱由麥格瑞編輯、J‧馮‧賀克（J. van Heurck）翻譯，目前也收錄於 *Collected Works*（同上）*Supplementary Volume A*（1983）中榮格的論文 *The Zofingia Lectures*。由維米爾（D. B. Vermilye）翻譯的弗魯諾伊傑作 *From India to Planet Mars*（New Hype Park, N.Y.: University Books, 1963）有時顯得過度天真，但還是很迷人；弗魯諾伊也跟他的朋友威廉‧詹姆士一樣有美好的寫作才華。弗魯諾伊的論文 "L'Automatisme teleologique anti-Suicide" 原先是刊登於一九〇八年的《心理學刊》（*Archive de Psychologie*），已由卡林頓（H. Carrington）翻譯和編輯，改名為 "Anti-suicidal Hallucinations"，並刊登於 *Spiritism and Psychology*（NewYork：Harper & Brothers, 1912）。刊登於 *Le Bloc-Notes de la Psychanalyse* 第 4 期（1984）第 171 到 188 頁，西法利充滿洞見的文章 "Le fameux couteau de Lichtenberg"，以及芮克 *From Thirty Years with Freud*（同上）中的一章 "An Unknown Lecture of Freud's" 第 63 到 93 頁，都證實了佛洛伊德非常留意弗魯諾伊與榮格間的往來關係。

　　艾德恩‧波林（Edwin Boring）的 *A History of Experimental Psychology*（New York：Appleton-Crofts, 1950）是這個領域內的標準著作，波林的論述審慎而透徹，會在結尾時恰到好處地討論自己的研究主題。同樣切題的還有由詹姆斯‧馬克‧鮑德恩（James Mark Baldwin）根據法文第 2 版翻譯，提歐多‧利伯特（Théodule Ribot）的 *German Psychology of To-Day: The Empirical School*（New York：Scribner, 1899）。由 C. 馮‧利烏（C. Van Liew）和拜爾（O. Beyer）翻譯，迪奧多‧齊思（Theodore Ziehen）*Introduction to Physiological Psychology*（New York：Macmillan, 1899）。齊思的自傳性陳述中有一段關於「移位」（transposition）這個概念的說明很特別，這一段出現於卡爾‧穆奇森的 *A History of Psychology in Autobiography*（同上）第 1 冊第 122 到 133 頁；同一本書的第 63 到 97 頁也有克拉帕黑德對於自己貢獻的自謙陳述。亦請參閱雷蒙‧方契（Raymond Fancher）*Pioneers of Psychology*（New York：Norton, 1990）。

　　有關榮格所熟悉的賈內療法，務必參閱賈內的 *Psychological Healing: A Historical and Clinical Study*, 1925（Salem, N.H.：Arno Press, 1976），以及由 H. M. 和 H. R. 古斯立（H. M. and E. R. Guthrie）翻譯的 *Principles of Psychotherapy*（New York：Macmillan, 1924）。第二本特別切題，而且是根據賈內一九〇四年在波士頓羅威爾講座的內容，因此大概與榮格治療史碧爾埃時差不多同時期。但是，很顯然譯本根據的是一九二〇年又增添新資料的法文版；這對研究歷史的人而言不是個好消息。由狄克森（A. Dixon）翻譯，畢昂‧施瓦爾（Björn Sjövall）的 *The Psychology of Tension: An Analysis of Pierre Janet's Concept of Tension Psychologique*（Stockholm：Scand inavian University Books, 1967）精采絕倫，但是很難取得。

　　可以拿來做比較的是刊登於 *Journal of the History of Medicine and Allied Sciences* 第 43 期（1984）第 447 到 471 頁，尤金‧泰勒的 "On the First Use of 'Psychoanalysis' at the Massachusetts General Hospital, 1903–1905"。想瞭解榮格當年與美國相關的面向，應參考下列泰勒的論文：刊登於 *Voices* 第 21 期（1985）第 78 到 89 頁的 "James Jackson Putnam's Fateful Meeting with Freud: The 1909 Clark University Conference"；刊登於 *Studia Swedenborgiana* 第 7 期（1991）第 47 到 69 頁的 "Jung and His Intellectual Context: The Swedenborgian Connection"；刊登於 *Voices* 第 21 期（1985）第 131 到 144 頁 的 "C. G. Jung and the Boston Psychopathologists, 1902–1912"；*Spring*（1980）第 157 到 169 頁 的 "William James and C. G. Jung"；刊登於由拉丁（D. Radin）和韋寧格（N. Weiniger）編輯，刊登於 *Annual Review in Parapsychology*（Secaucus, N. J.：Secaucus Press, 1986）的 "The American Society for Psychical Research, 1884–1889"；收錄於 *Proceedings of the 28th Annual Convention of the Parapsychological Association*（Medford, Mess.：Tufts University Press, 1985）的 "Psychotherapy, Harvard, and the American Society for Psychical Research, 1884–1889"；一九九二年八月十六日在華盛頓「美國心理協會」上發表的 "William James on Consciousness Freud's Reply"；刊登於 *Journal of Abnormal Psychology* 第 1 期（1906）第 26 到 41 頁；普南的原始論文 "Recent Experiences in the Study and Treatment of Hysteria at the Massachusetts General Hospital, with Remarks on Freud's Method of Treatment by 'Psycho-Analysis'" 應與他的其他論文一起做參考。他過世後那些論文都收錄於鍾斯整理的 *Addresses on Psychoanalysis*（New York：International Psycho-Analytic Press, 1921）。普南的作品值得一讀再讀，會有新的發現；鑽研他的學者可從他的黑格爾哲學中萃取出他的臨床觀點。波利斯‧西迪斯（Boris Sidis）的 *Philistine and Genius*（New York：Moffat, Yard & Co., 1911）可當作這段時期非佛洛伊德派，且為典型的美國心理學代表作品。關於比爾德和神經衰弱症，請參閱刊登於 *Journal of the History of the Behavioral Sciences* 第 12 期（1976）第 376 到 390 頁，麥可侃‧麥可米蘭的 "Beard's Concept of Neurasthenia and Freud's Concept of the Actual Neuroses"。一定要閱讀的是史丹利‧霍爾的 *Adolescence: Its Psychology and Its Relations to Physiology, Anthropology, Sociology, Sex, Crime, Religion and Education*，共 2 冊（New York：D. Appleton, 1904）。如果想瞭解霍

爾的時代背景，請參閱拉爾斯（J. J. Lears）的 *No Place of Grace: Antimodernism and the Transformation of American Culture*（NewYork：Pantheon, 1981）。如果想閱讀霍爾學生的同類作品，請參閱錢伯林（A. F Chamberlain）的 *The Child: A Study in the Evolution of Man*（London：Walter Scott, 1906）。如果想要瞭解克拉克大會前、中、後，佛洛伊德在美國被接受的情況，有兩本作品不可或缺：納森‧G‧哈爾 *Freud and the Americans: The Beginnings of Psychoanalysis in the United States*（NewYork：Oxford University Press, 1971）和約翰‧伯翰的 *Psychoanalysis in American Medicine, 18941918: Medicine, Science, and Culture*（NewYork：International Universities Press, 1976）。尤金‧泰勒即將出版的研究論文 *The Development of Scientific Psychotherapy in America*（NewYork：Addison-Wesley）一旦問世，也會跟哈爾和伯翰的作品一樣都是必讀佳作。亦請參閱尤金‧泰勒重建威廉‧詹姆士一八九六年羅威爾講座的 *William James on Exceptional Mental States*（Amherst：University of Massachusetts Press, 1984）；以及由亨利‧詹姆士編輯的 *The Letters of William James*（Boston：Atlantic Monthly Press, 1920）。

最近在「誘姦」理論方面引起的爭議，就是受到傑佛瑞‧馬森（Jeffrey Masson）的 *Assault on Truth:*（NewYork：Farrar, Straus and Giroux, 1984）很大的影響；這本書謬誤很多，但如果想瞭解精神分析在童年性騷擾方面的探討，這本書仍然相當實用。如果想看思路清晰的作品，請參閱一九八四年七月十九日阿諾德‧戴維森（Arnold Davidson）刊登於 *London Review of Books* 第 9 到 11 頁的書評。研究佛洛伊德原始「誘姦」理論的權威是倫敦的安東尼‧史塔登（Anthony Stadien）的作品，他詳細描述了「誘姦」理論的開創與終結。我很感謝史塔登與我分享他尚未出版，關於「誘姦」理論和「有人」事件的研究。

有關佛洛伊德當時環境的文獻多不勝數，以下列出的只是其中幾個例子。感興趣的讀者應該一讀卡爾‧舒爾克（Carl Schorske）寫得極為優美之作 *Fin-de-Siècle Vienna: Politics and Culture*（NewYork：Vintage, 1981），這本書永遠不會褪流行。哈娜‧戴克的研究論文 *Freud, Dora, and Vienna 1900*（NewYork：Free Press, 1991）則從多種角度觀察佛洛伊德和鮑爾所生存的世界。威廉‧麥格瑞（William McGrath）的 *The Politics of Hysteria*（Ithaca：Cornell University Press 1986）是個寶庫，充滿意料之外的驚喜，內容足智多謀、環環相扣。麥格瑞最近也投了一篇重要的評論 "Freud and the Force of History" 到托比‧基方德和約翰‧克爾編輯的 *Freud and the History of Psychoanalysis*（Hillsdale：Analytic Press, 1992），他在文章中分析奧地利政治對於佛洛伊德理論建構的影響。佛雷德力克‧莫頓（Frederick Morton）的熱情心血 *A Nervous Splendor: Vienna 18881889*（London：Weidenfeld & Nicholson, 1979）把佛洛伊德描寫成一個執迷不悟的年輕醫師，老是激昂地在戒指路（Ringstrasse）上踱步，完全無視自己周遭的環境；但這本書實在太充滿娛樂性，有豐富多樣的細節，使人不想去跟作者計較那些過度一廂情願的詮釋。更叫人敬慕的是由威廉斯（L. Williams）和利維（I. S. Levij）翻譯，卓越的醫學史專家艾納‧萊斯基（Erna Lesky）的不朽之作 *The Vienna Medical School of the 19th Century*（Baltimore：Johns Hopkins University Press, 1976）。法蘭西斯‧席勒（Francis Schiller）的 *A Möbius Strip: Fin-de-Siècle Neuropsychiatry and Paul Möbius*（Berkley：University of California Press, 1982）是一本簡潔又好看的書。丹尼斯‧克萊（Dennis Klein）的研究論文 *The Jewish Origins of the Psychoanalysis Movement*（NewYork：Praeger, 1981）一直都有非常重要的地位，瑪莉安‧克魯爾（Marianne Krüll）的 *Freud and His Father*（NewYork：Norton, 1986）也是。亦請參閱刊登於 *Journal of the American Psychoanalysis Associations* 第 27 期（1979）第 447 到 459 頁，雨果‧克諾夫馬契（Hugo Knoepfmacher）的 "Freud and the B'nai B'rith"。約翰‧卡迪希（John Cuddihy）的 *The Ordeal of Civility*（NewYork：Basic Books, 1974）很吸引人。大衛‧巴肯（David Bakan）的 *Sigmund Freud and the Jewish Mystical Tradition*（Princeton：Van Nostrand, 1958）也很吸引人，只是精采的層面不同。保羅‧維茲（Paul Vitz）的 *Sigmund Freud's Christian Unconscious*（NewYork：Guilford Press, 1988）有很多趣味內容。亦請參閱約瑟夫‧約魯沙米（Yosef

Yerushalmi）的重要新作 *Freud's Moses: Judaism Terminable and Interminable*（New Heaven: Yale University Press, 1991），這是一位傑出學者的作品。涵蓋許多與約魯沙米相同見解的是艾曼紐爾·萊斯（Emanuel Rice）的同類之作 *Freud and Moses: The Long Journey Home*（Albany：State University of NewYork Press, 1991）。彼得·蓋伊的 *A Godless Jew: Freud, Atheism, and the Makings of Psychoanalysis*（New Heaven：Yale University Press, 1987）則是提供另一種視野。約翰·艾夫隆（John Efron）了不起的論文 "Defining the Jewish Race: The Self-Perceptions and Response of Jewish Scientists to Scientific Racism in Europe, 18821933（博士論文，Columbia University, 1991；Baltimre：Johns Hopkins University Press，即將出版）則是在背景研究上相當重要的作品。

關於佛洛伊德本人的事情，漢德利克·盧騰畢克（Hendrik Ruitenbeek）的系列作品 *Freud as We Knew Him*（Detroit：Wayne State University Press, 1973）是很實用的參考資料。有兩篇大家常常忽略的文章，一篇是刊登於 *Psychoanalysis* 季刊第 9 期（1940）第 197 到 206 頁，法蘭茲·亞歷山大的 "Recollections of Berggasse 19"，另一篇是刊登於 *International Review of Psycho-Analysis* 第 3 期（1975）第 139 到 143 頁，布魯諾·蓋茲（Bruno Goetz）的 "That's All I Have to Say About Freud"。亦請參閱亞伯拉罕·加帝納（Abram Kardiner）的 *My Analysis with Freud*（NewYork：Norton, 1977），以及刊登於 *Psyche*（1977 年 10 月號）第 909 到 921 頁，高德拉克（H. Gundlach）的 "Freud schreibt an Hellpach: Ein Beitrag zur Rezeptionsgeschichte der Psychoanalyse in Deutschland"。每個新世代的評論者都會重提的主題就是，如何就佛洛伊德作家的身分來看待他，有三本界定出當前討論要素的書籍非常實用：羅伯·霍特（Robert Holt）的 "Freud's Cognitive Style"，連同收錄於 *Freud Reappraised*（同上）的 "On Reading Freud"；派翠克·馬洪尼的 *Freud as a Writer*（NewYork：International Universities Press, 1982）；馮索·胡斯通的 *Psychoanalysis Never Lets Go*（Baltimore：John Hopkins University Press, 1982）。

討論弗洛伊德早期理論建構的第一手情報比比皆是，想要往這個領域探究的讀者必須準備充足才能瞭解全貌。佛洛伊德與弗里斯的書信集不可或缺，不過值得參考的標準作品還有兩本，一本是華特·史都華（Walter Stewart）的 *Psychoanalysis: The First Ten Years, 1888–1898*（London：Allen & Unwin, 1969），另一本是肯尼斯·列文（Kenneth Levin） 的 *Freud's Early Psychology of the Nearoses: A Hisstorical Perspective*（Pittsburgh：University of Pittsburgh Press, 1979）。有關佛洛伊德的神經病學訓練的重要性，請參閱彼得·阿瑪契（Peter Amacher）的 *Freud's Neurological Education and Its Influence on Psychoanalysis Theory*（NewYork：International Universities Press, 1962），以及刊登於 *Gesnerus* 第 23 期（1966）第 35 到 39 頁，保羅·克蘭菲爾德（Paul Cranefeld）的 "Freud and the ʼSchool of Helmholtz' "。刊登於 *Journal of the History of Biology* 第 9 期（1966）第 215 到 228 頁，賴瑞·史都華（Larry Stewart）在 "Freud Before Oedipus: Race and Heredity in the Origins Psychoanalysis" 一文中所做的推測，應與刊登於 *Bulletin of the History of Medicine* 第 62 期（1988）第 563 到 588 頁，托比·基方德的論文 "Mon Cher Doctuer Freud: Charcot's Unpublished Correspondence to Freud" 一起閱讀；以及由托比·基方德和約翰·克爾編輯，刊登於 *Freud and the History of Psychoanalysis*（同上）的 "Sigmund-sur-Seine: Fathers and Brothers in Paris"。還有人持相反意見，強調佛洛伊德的觀點屬於浪漫主義的生物學，例如刊登於 *International Review of Psycho-Analysis* 第 13 期（1986）第 15 到 37 頁，梅德琳和亨利·佛莫瑞（Madeleine and Henri Vermorel）的 "Was Freud a Romantic?"；還有人認為文化影響更重要，例如刊登於《國際精神分析期刊》第 67 期（1986）第 227 到 236 頁，恩斯特·提區（Ernst Ticho）的 "The Influence of the German-Language Culture on Freud's Thought"，以及刊登於《國際精神分析期刊》第 67 期（1986）第 219 到 226 頁，迪迪埃·安齊厄（Didier Anzieu）的 "The Place of Germanic Lauguage and Culture in Freud's Discovery of Psychoanalysis Between 1895–1900"。試圖整合這些不同方向的作品有約翰·基多和喬治·波拉克（George Pollack）編輯的 *Freud: The Fusion of Science and Humanism*（NewYork：

International Universities Press, 1975）。

對佛洛伊德臨床概念有興趣的讀者，最好從麥克米蘭的 *Freud Evaluated* 第一部、史威爾斯的論文，以及歐拉‧安德森（Ola Andersson）的 *Studies in the Prehistory of Psychoanalysis*（Stockholm：Norstedts, 1962）開始入門。非常值得參考的還有羅斯瑪莉‧桑德（Rosemarie Sand）的三篇文章：刊登於 *International Review of Psycho-Analysis* 第 15 期（1988）第 465 到 479 頁的 "Early Nineteenth Century Anticipation of Freudian Theory"；刊登於 *International Review of Psycho-Analysis* 第 10 期（1983）第 333 到 357 頁的 "Confirmation in the Dora Case"；以及收錄於基方德和克爾編輯的 *Freud and the History of Psychoanalysis*（同上）的 "Pre-Freudian Discovery of Dream Meaning: The Achievements of Charcot, Janet and Krafft-Ebbing"。其中最後一篇論文可看到桑德即將出版，有關十九世紀夢的理論的重要著作的部分內容。亦請參閱：刊登於《國際精神分析期刊》第 42 期（1961）第 284 到 287 頁，里昂‧區托克（Léon Chertok）的 "On the Discovery of the Cathartic Method"，以及刊登於《國際精神分析期刊》第 49 期（1968）第 560 到 576 頁，里昂‧區托克的 "The Discovery of the Transference: Toward an Epistemological Interpretation"；刊登於 *Psychoanalysis Quarterly* 第 25 期（1956）第 155 到第 177 頁，蘇珊娜‧雷加德（Suzanne Reichard）的 "A Re-Examination of 'Studies in Hysteria'"；刊登於 *Journal of the Royal Society of Medicine* 第 76 期（1983）第 57 到 61 頁，林賽‧賀斯特（Lindsay Hurst）的 "Freud and the Great Neurosis: Discussion Paper"；刊登於 *American Journal of Psychiatry* 第 108 期（1952）第 829 到 834 頁，查爾斯‧高申（Charles Goshen）的 "The Original Case Material of Psychoanalysis"。還有一篇經常被忽略的絕佳論文，收錄於由克雷區曼（P. Gleichman）、高史布倫（J. Goudsblom）與柯提（H. Korte）編輯 *Human Figurations: Essays for Norbert Elias*（Amsterdams：Amsterdams Sociologisch Tijdschrift, 1977），亞伯拉罕‧德‧史汪（Abram de Swaan）的 "On the Sociogenesis of the Psychoanalytic Setting"。亦請參閱收錄於由馬瑟曼（J. Masserman）編輯，*Science and Psychoanalysis*（NewYork：Gruñe & Stratton, 1962）第 5 冊，布萊（I. Bry）和利夫金（A. Rifkin）合撰的 "Freud and the History of Ideas:Primary Sources"。史蒂芬‧科恩（Stephen Kern）的兩篇論文，一篇是收錄於由德‧莫斯（L. de Mause）編輯，*The New Psycho-History*（NewYork：Psychohistory Press, 1975）的 "Explosive Intimacy: Psychodynamics of the Victorian Family"，另一篇是刊登於 *History of Childhood Quarterly* 第 1 期（1973）第 117 到第 141 頁的 "Freud and the Discovery of Child Sexuality"。馬克‧肯薩（Mark Kanzer）和朱爾斯‧克蘭（Jules Glenn）編輯的 *Freud and His Patients*（NewYork：International Universities Press, 1983）非常值得參考。有關「鼠人」的主題，請參閱派翠克‧馬洪尼的重要研究 *Freud and the Rat Man*（New Heaven：Yale University Press, 1986）。馬洪尼的另一篇相關研究 *Cries of the Wolf Man*（NewYork：International Universities Press, 1984），應與卡林‧歐宏薩（Karin Obholzer）的 *The Wolf-Man Sixty Years Later*（London：Routledge & Kegan Paul, 1982）一起閱讀。有關史瑞伯案例，應參考他本人所寫、由艾達‧馬凱平（Ida Macalpine）和理查‧杭特（Richard Hunter）翻譯與編輯的 *Memoirs of My Nervous Illness*（Cambridge：Harvard University Press, 1988）。基本的二級文獻有：威廉‧尼德蘭（William Niederland）的 *The Schreber Case:Psychoanalysis Profile of a Paranoid Personality*（NewYork：Quadrangle, 1974；再發表，Hillsdale：Analytic Press, 1988）；莫頓‧夏茲曼（Morton Schatzman）的 *Soul Murder: Persecution in the Family*（Middlesex：Penguin Books, 1976）；漢恩‧以色瑞（Han Israels）的 *Schreber: Father and Son*（之前由作者自行出版，1981；後來再發表，Madison：International Universities Press, 1989）；以及利維‧妻森（Zvi Lothane）的 *In Defense of Schreber: Soul Murder and Psychiatry*（Hillsdale：Analytic Press, 1992）。除了大量的歷史資料，妻森也研究了與薛伯瑞相關的大量二級文獻，非常實用。

魏寧格的學術成就實在是博大精深，不過還是鼓勵讀者親自閱讀他的書籍：原先於一九〇三年出版的 *Sex and*

Character（NewYork：Putnam 1907）。有關生物學理論上所探討的陰性特質問題，請參閱 *Journal of the History of Biology* 第 11 期（1978）第 1 到 55 頁，蘇珊‧孟戴（Susan Mondai）的 "Science Corrupted: Victorian Biologists Consider The Woman Question"。有關陰性特質與猶太教之間關係的推論，請參閱收錄於由梅澤（F. Meitzer）編輯的 *The Trials of Psychoanalysis*（Chicago：University of Chicago Press, 1988），桑德‧基爾曼見解獨到的精采論文 "The Struggle of Psychiatry with Psychoanalysis: Who Won?"。同一本書中還有篇非凡的論文，阿諾德‧戴維森的 "How to Do the History of Psychoanalysis: A Reading of *Three Essays on the Theory of Sexuality*"。有三本作品並不好歸類，卻非常值得參考，有助於瞭解一般文化及其對「性」的態度，一本是艾德華‧卡本特的 *Love's Coming of Age*（1905；NewYork：Boni & Liveright, 1911）；另一本是湯馬斯‧薩茲（Thomas Szasz）的 *Karl Kraus and the Soul-Doctors*（London：Routledge & Kegan Paul, 1977）；以及由伊登‧保羅（M. Eden Paul）翻譯，艾文‧布洛赫（Iwan Bloch）的 *The Sexual Life of Our Times in Its Relations to Modern Civilization*（1906；London：Rebman, 1910）。

有關與佛洛伊德合作的人，羅真的 *Freud and His Followers*（同上）是最好的入門書。艾伯特‧賀屈穆勒（Albrecht Hirschmüller）的學術作品 *The Life and Work of Josef Breuer: Physiology and Psychoanalysis*（NewYork：New York University Press, 1989）是討論布魯爾和「安娜‧歐」的關鍵性作品。亦請參閱 *Jahrbuch der Psychoanalyse* 第 10 期（1978）第 136 到 168 頁，賀屈穆勒的 "Eine bisher unbekannte Krankengeschichte Sigmund Freuds and Josef Breuers aus der Entstechungszeit der ｀Studien über Hysterie'"；還有刊登於《國際精神分析期刊》第 39 期（1958）第 317 到 322 頁，保羅‧格蘭菲爾德的 "Josef Breuer's Evaluation of his Contribution to Psycho-Analysis"。有關蘭克早期生涯，基本的資料有克萊的 *The Jewish Origins of Psychoanalysis*（同上）、傑西‧塔夫特（Jessie Taft）的 *Otto Rank: A Biographical Study*（NewYork：Julian Press, 1958），以及伊斯特‧梅納卡（Esther Menaker）的 *Otto Rank: A Rediscovered Legacy*（NewYork：Columbia University Press, 1982）。彼得‧盧迪斯基（Peter Rudnytsky）是一位具有深廣精神分析史背景知識的文學家；為了復興蘭克的貢獻，他和知名精神分析師梅納卡一樣，發表過一篇深入的論文 *The Psychoanalysis Vocation: Rank, Winnicott, and the Legacy of Freud*（New Heaven：Yale University Press, 1991）。費倫奇是名單上下一個值得一讀再讀，並會有新發現的對象：請參閱路易斯‧艾倫（Lewis Aron）和亞德琳‧哈理斯（Adrienne Harris）編輯的 *The Theoretical and Clinical Contributions of Sandor Ferenczi*（Hillsdale：Analytic Press, forthcoming），特別是茱迪斯‧梅薩羅斯（Judith Meszaros）、安德雷‧海納爾（André Haynal）、愛塞爾‧霍法（Axel Hoffer）、阿諾德‧拉區曼（Arnold Rachman）和克里斯多弗‧佛區（Christopher Fortune）提供的歷史資訊。亦請參閱馬丁‧史達頓（Martin Stanton）的 *Sandor Ferenczi: Reconsidering Active Intervention*（NewYork：Aronson, 1991）。費倫奇的論文曾以一套三冊的 *First, Further, and Final Contributions to Psycho-Analysis*（NewYork：Bruner/Mazel, 1980）再發行。至於鍾斯，除了帕考斯卡思所提供的資料之外，請參閱鍾斯自己寫的 *Free Associationss: Memoirs of a Psychoanalyst*（NewYork：Basic Books, 1959）和文森‧布洛梅夫（Vincent Bromev）寫的 *Ernest Jones: Freud's Alter Ego*（NewYork：Norton, 1983）。刊登於 *International Review of Psycho-Analysis* 第 1 期（1974）第 12 到 72 頁，希爾德‧亞伯拉罕為父親寫的 "Karl Abraham: An Unfinished Biography"，其中包含許多與當時布爾霍爾茲利相關的內容，以及亞伯拉罕與這個機構和佛洛伊德的關係。如果想進一步瞭解亞伯拉罕，請參閱：鍾斯自己編輯的 *Selected Papers of Karl Abraham*（London：Hogarth Press, 1927），當中有鍾斯撰寫的 "Introductory Memoir"（第 9 到 41 頁）；葛洛佛導讀，希爾德‧亞伯拉罕編輯的 *Clinical Papers and Essays on Psychoanalysis*（NewYork：Basic Books, 1955）；以及文森‧布洛姆（Vincent Brome）的 *Freud and His Early Circle*（NewYork：Morrow, 1969）。古瑟爾（E. Gutheil）編輯的史德寇回憶錄 *The Autobiography of a Psychoanalyst*（NewYork：Liveright, 1950）也很值得一讀。史德寇的傑作是 *The*

Language of Dreams,部分內容由 J. 馮‧泰斯勒（J. van Teslar）翻譯成英文後,以 *Sex and Dreams: The Language of Dreams*（Boston：Richard Badger, 1911）為題再出版。史德寇針對魏寧格寫的書評發表於一九〇四年的 *Die Wage*（1033）。有關阿德勒,菲利斯‧波特姆（Phyllis Bottome）直接為他辯護而寫的 *Alfred Adler: Apostle of Freedom*（London：Faber & Faber, 1939）,試圖處理對他理論上的「生物學」指責；這本書應該和艾倫伯格的 *Discovery of the Unconscious* 的第八章 "Alfred Adler and Individual Psychology" 第 571 到 656 頁一起閱讀。保羅‧史特潘斯基的 *In Freud's Shadow: Adler in Context*（Hillsdale, N. J.：Analytic Press, 1983）是檢視阿德勒在佛洛伊德圈子內崛起與衰落的關鍵作品。同樣值得參考的還有刊登於 *Journal of the Otto Rank Associations* 第 9 期（1974）第 49 到 64 頁,理奧‧洛伯（Leo Lobl）的 "Otto Rank and Alfred Adler"。有兩本選集收錄阿德勒早晚期的著作,是由漢茲和羅溫娜‧安薩契（Heinz and Rowena Ansbacher）編輯的 *The Individual Psychology of Alfred Adler*（New York：Harper Torchbooks, 1964）和 *Superiority and Social Interest*（New York：Norton Paperbacks, 1979）。有關葛洛斯,最權威的研究者是蘇黎世的艾曼紐‧賀維茲（Emanuel Hurwitz）,寇特‧艾斯勒（Kurt Eisler）曾在他的著作 *Viktor Tausk's Suicide*（New York：International Universities Press, 1983）中摘述賀維茲的研究。另一本非常好看的作品是馬丁‧格林（Martin Green） 的 *The Von Richthofen Sisters: The Triumphant and the Tragic Modes of Love*（New York：Basic Books, 1974）。有關葛洛斯的政治關係,請參閱刊登於 *New German Critique* 第 10 期（1977）第 177 到 204 頁,亞瑟‧敏茲南（Arthur Mitznam）的 "Anarchism, Expressionism, and Psychoanalysis"。有關佛洛伊德與追隨者之間的關係變化,也可參考理查‧伊文斯（Richard Evans）的 *Conversations with Carl Jung and Reactions from Ernest Jones*（Princeton：Van Nostrand, 1964）。菲利斯‧葛洛斯克的 *The Secret Ring: Freud's Inner Circle and the Politics of Psycho-Analysis*（同上）描繪了「委員會」的組成和他們更進一步的行動。有三本書以有趣的觀點綜看精神分析運動的發展：馬丁‧羅伯特（Marthe Robert）的 *Sigmund Freud's Life and Achievement*（New York：Harcourt, Brace & World, 1966）；伊迪斯‧克茲威爾（Edith Kurzweil）的 *The Freudians: A Comparative Perspective*（New Heaven：Yale University Press, 1989）；以及由法蘭茲‧亞歷山大‧山謬爾‧愛因斯坦（Samuel Eisenstein）和馬丁‧葛洛塔（Martin Grotjahn）共同編輯的重要傳記 *Psychoanalysis Pioneers*（New York：Basic Books, 1966）。有關「維也納精神分析學會」的組織,值得參考的三篇文章有：刊登於 *The Psychoanalysis Quarterly* 第 11 期（1942）第 405 到 476 頁,葛拉夫的 "Reminiscences of Professor Sigmund Freud"；收錄於由基方德和克爾編輯的 *Freud and the History of Psychoanalysis*（同上）,艾德華‧修特（Edward Shorter）的 "The Two Medical Worlds of Sigmund Freud"；以及刊登於 *Sigmund Freud House Bulletin* 第 4 期（1980）第 2、3 到 41 頁,哈洛德‧李歐波 - 羅文塔爾（Harald Leopold-Löwenthal）的 "The Minutes of the Vienna Psycho-Analytic Society"。另一本有趣的參考資料是由史丹利‧列維（Stanley Leavy）翻譯的 *The Freud Journal of Lou Andreas-Salomé*（New York：Basic Books, 1964）。魯道夫‧賓尼恩（Rudolph Binion）精采的傳記 *Frau Lou: Wayward Disciple*（Princeton：Princeton University Press, 1968）是一本相當生動的心理傳記。羅素‧雅可比（Russell Jacoby）的 *The Repression of Psychoanalysis: Otto Fenichel and the Political Freudians*（New York：Basic Books, 1983）包含有關當代文學和學生運動的實用資訊。刊登於 *Journal of the History of Ideas* 第 32 期（1971）第 205 到 305 頁,納爾斯‧霍特（Niles Holt）為「海爾克同盟」（Haeckel Bunds）所寫的 "Ernst Haeckel's Monistic Religion",同樣也提供充滿啟發性的見解。

有關沃爾夫小姐早期與榮格的關係,請參閱「榮格口述史檔案記錄」一九七〇年九月廿一日真恩‧納米許對她妹妹蘇珊娜‧特魯伯女士（Frau Susanne Trüb）所做的專訪。有關崔甘特‧布羅與榮格的關係,請參閱收錄於由赫伯特‧瑞德（Herbert Read）爵士編輯的 *A Search for Man's Sanity: The Selected Letters of Trigant Burrow with Biographical Notes* 第 3 章 的 "The Year with Jung"（New York：Oxford University Press, 1958）。漢斯‧瓦瑟

（Hans Walser）曾以富有同情心的筆觸研究過奧內格之死，並發表於 *Spring*（1974）第 243 到 255 頁的 "An Early Psychoanalytic Tragedy: J. J. Honegger and the Beginning of Training Analysis"。

約翰‧畢林斯基的文章 "Jung and Freud" 在一九六九年發表於 *Andover Newton Quarterly* 第 10 期第 3 到 34 頁。我很感謝約翰‧畢林斯基二世，他搜尋了很久終於找到他父親的原稿，這份原稿顯然是一九五七年於蘇黎世寫的。可從「榮格口述史檔案記錄」一九六八年十一月四日真恩‧納米許對亨利‧莫瑞（Henry Murray），以及一九七〇年九月十一日對卡爾‧梅耶（Carl Meier）所做的專訪中證實。彼得‧蓋伊在他的傳記作品 *Freud: A Life for Our Time*（同上），以及另一篇刊登於 *The New York Times Bookreview*（一月廿九日，1989）第 1、43 到 45 頁中的 "Sigmund and Minna? The Biographer as Voyeur" 中，曾以輕視的態度描述兩人可能有婚外情。特別要注意的是，佛洛伊德和敏娜‧貝內斯之間於一八八三年四月十七日到一九一〇年七月廿五日的通信，有大部分還是收藏於「國會圖書館」（Library of Congress）的佛洛伊德檔案室，並且禁止閱覽。在安東尼‧史塔登出版針對「有人」事件充滿啟發性的詳盡分析之前（與佛洛伊德的傳記有關），這方面的討論始終都是個人意見，而非理性的討論。

換個話題，諾拉‧克羅‧賈菲（Nora Crow Jaffé）曾質疑佛洛伊德對於《格拉底瓦》解讀有問題，認為顏森的意思是要把妄想本身當治療看待：請參閱刊登於安‧哈德森（Anne Hudson）編輯的 *Images of Healers*（Albany：State University of New York Press, 1983）的 "A Second Opinion on Delusions and Dreams: A Reading of Interpretation of Jensen"。有三本應用精神分析來解析神話和民間傳說的基本讀物：一九〇八年發表，後來由賈利夫和懷特翻譯與編輯，李克林的 *Wishfulfillment and Symbolism in Fairy-Tales*（New York：Journal of Nervous and Mental Disease Publishing Co., 1915）；一九〇九年發表，後來重新命名為 *Dreams and Myths: A Study in Race Psychology*，由賈利夫和懷特翻譯與編輯，亞伯拉罕的 *Dreams and Myth*（New York：Journal of Nervous Mental Disease Publishing Co., 1913）；一九〇九年發表，後來由佛洛德（P. Freund）改編為 *The Myth of the Birth of the Hero and Other Writings*（New York：Vintage Books, 1969），蘭克的 *The Myth of the Birth of the Hero*。菲斯特針對辛岑朵夫伯爵（Count Zinzendorf）的研究 *Die Frömmigkeit des Grafen Ludwig von Zinzendorf: Ein Psychoanalytischer Beitrag zur Kenntnis der religiösen Sublimierungsprozesse und zur Erklärung des Pietismus* 僅有德文原文版，收錄於佛洛伊德系列 *Schriften zur angewandten Seelenkunde* 第 9 冊（Leipzig & Wien：Franz Deuticke, 1910）。本書透露了許多榮格在《轉化與象徵》中對於基督教的批評。令人雀躍的是，蘭克的綜論作品 *The Incest-Motif in Literature and Legend* 現在終於有英文版，並由彼得‧盧迪斯基做導讀（Baltimore：Johns Hopkins University Press, 1992）。從《圖騰與禁忌》可以看得出來，佛洛伊德的論述依據有許多是仰賴佛雷澤的理論，但現代讀者會覺得佛洛伊德已超越佛雷澤，不過實際上在這位人類學家的文章中其實可找到許多心理學的詮釋。唯一的解決辦法就是去讀原版文章：佛雷澤的 *The Golden Bough*（London：Macmillan, 1922）。佛洛伊德對於種源遺傳原理的闡述並沒有止於《圖騰與禁忌》而已；請參閱艾爾斯‧格魯布利區-西米提斯的 *Sigmund Freud: A Phylogenetic Fantasy*（Cambridge：Harvard University Press, 1987），以及貝瑞‧西維史登（Barry Silverstein）的兩篇論文，刊登於 *Psychoanalysis Review* 第 76 期（1989）第 403 到 424 頁的 "Oedipal Politics and Scientific Creativity: Freud's 1915 Phylogenetic Fantasy"，和收錄於保羅‧史特潘斯基編輯的 *Freud: Appraisals and Reappraisals* 第 1 冊的 "Now Comes a Sad Story: Freud's Lost Metapsychological Papers"（Hillsdale, N. J.：Analytic Press, 1988）。如果想瞭解針對更基本問題的深入論述，請參閱艾德蒙‧華勒斯（Edmund Wallace）的 *Freud and Anthropology: A History and Reappraisal*（New York：International Universities Press, 1983）。與榮格有關的許多著作中，有兩本重要的書有英文版：由麥康麥克（T. J. McCormack）根據法文第 2 版翻譯，法蘭茲‧庫蒙特（Franz Cumont）的 *The Mysteries of Mithra*（Chicago：Open Court Publishing Co., 1910），以及由基恩（A. H. Keane）翻譯，李奧‧佛洛伯尼斯（Leo Frobenius）的 *The Childhood of Man: A Popular Account of the Lives,*

Customs, and Thoughts of the Primitive Races（London：Seeley & Co., 1908）。法蘭克・米勒（Frank Miller）的文章 "Some Instances of Subconscious Creative Imagination" 可在榮格一九五二年的 *Collected Works*（同上）第 5 冊第 447 到 462 頁的 *Symbols of Transformation* 附錄中找到。斯湯達爾對於普羅米修斯的分析，在歌海瑟（I. Goldhizer）的 *Mythology Among the Hebrews and its Historical Development*（1877；New York：Cooper Square Publishers, 1967）中有提到。非常有用的背景資訊是沙哈基恩（L. Sahakian）所著的 *History and Systems of Social Psychology* 第 2 版（New York：Hemisphere Publishing Co., 1982），其中將斯湯達爾、拉薩路斯、馮特（Wundt）與賀巴特（Herbart）都串連起來；而刊登於 *British Journal of Social Psychology* 第 22 期（1983）第 301 到 313 頁，寇特・丹澤格（Kurt Danziger）的重要論文 "Origins and Basic Principles of Wundt's *Völkerpsychologie*"，是針對馮特唯一有英文版的民俗心理學著作 *Elements of Folk Psychology*（London：Allen & Unwin, 1912）一書提出校正。有關「核心情結」的觀念，威廉・麥格瑞在他於 *The Freud/Jung Letters*（同上）的編者按語中表示確實找到兩人使用了「核心情結」這一名詞；麥格瑞可說是在佛洛伊德與榮格的對話中發現「核心情結」一詞的第一人。棄而不捨地去探索錯綜複雜核心情結觀念的作家就只有約翰・佛瑞斯特（John Forrester）。我在處理這個主題時都是仰賴他的 *Language and the Origins of Psychoanalysis*（New York：Columbia University Press, 1980）。馬丁・伯格曼（Martin Bergmann）的 *The Anatomy of Loving: The Story of Man's Quest to Know What Love Is*（New York：New York University Press, 1987）除了包含許多真知灼見之外，對於佛洛伊德的〈論男性選擇對象的特殊類型〉的分析則做得特別有趣。如果想更深入瞭解霍夫曼的《魔鬼的靈藥》與榮格所做的騎士和海關官員的夢，請參閱刊登於 *The Psychoanalysis Review* 第 75 期（1988）第 1 到 34 頁，我自己寫的 "*The Devil's Elixirs*, Jung's 'Theology,' and the Dissolution of Freud's 'Poisoning Complex'"。由谷內（G. Guerney）翻譯，迪米特里・梅瑞考斯基的《達文西傳奇》（Garden City, N.Y.: Garden City Publishing Co., 1928），和由泰勒（R. Taylor）翻譯，霍夫曼的《魔鬼的靈藥》（London：John Calder, 1963）都有英文版。有關當時希臘哲學的間接影響，有兩本書值得參考，一本是巴特勒（E. M. Butler）的 *The Tyranny of Greece over Germany*（Cambridge：Cambridge University Press, 1935），另一本是由歐布萊恩（A. V. O'Brien）翻譯，威廉・海因理希・羅契（William Heinrich Roscher）的 *Ephialtes: A Pathological Mythological Treatise on the Nightmare of Classical Antiquity*（1900；New York：Spring Publications, 1972）。

史碧爾埃對於毀滅、犧牲和轉化的觀點靈感明顯來自尼采；對榮格而言，尼采同樣也是重要的參考來源；不過史碧爾埃這些想法同樣也受自己祖國當代發展的影響。請參閱：尼采的 *The Birth of Tragedy and The Geneaology of Morals*（New York：Anchor Books, 1956）；路易斯・佛爾（Lewis Feuer）的 *The Conflict of Generations: The Character and Significance of Student Movements*（New York：Basic Books, 1969）第 4 章 "The Russian Student Movement: The Heroic Will to Martyrdom"；刊登於 *Slavic Review* 第 41 期（1983）第 19 到 34 頁，詹姆斯・萊斯（James Rice）的 "Russian Stereotypes in the Freud-Jung Correspondence"。與毀滅和轉化相似的觀點也可在由威廉・柯本蘭（William Copeland）翻譯，艾德華・馮・哈特曼（Eduard von Hartmann）的三冊作品集 *Philosophy of the Unconscious: Speculative Results According to the Induction Method of the Physical Sciences*（London：Kegan Paul, Trench, Trubner & Co., 1893）中找到。如果想瞭解「死亡本能」的背景資料，請參閱由米契爾（P. C. Mitchell）翻譯，艾利・梅契尼可夫的 *The Nature of Man*（New York：Putnam, 1908）；以及收錄於保羅・史特潘斯基編輯的 *Freud: Appraisals and Reappraisals* 第 3 冊（同上），我自己寫的 "Beyond the Pleasure Principle and Back Again: Freud, Jung, and Sabina Spielrein"。

如果想瞭解有關夢境功能及其未來運作的詮釋，請參閱梅德爾的三篇論述：刊登於 *Jahrbuch für psychoanalytische und psychopathologische Forschungen* 第 4 期（1912）第 692 到 707 頁的 "Zur Traumfunktion"；刊登於 *Jahrburch für psychoanalytische und psychopathologische Forschungen* 第 5 期（1913）第 453 到 454 頁的

"Zur Frage der Traumfunktion teleologik"；一九一三年撰寫，後來由賈利夫和懷特翻譯與編輯的 *On the Function of Dreams*（NewYork：Journal of Nervous and Mental Disease Publishing Co., 1915）。亦請參閱：西爾巴赫的 *Problems of Mysticism and Its Symbolism*（NewYork：Moffat, Yard & Co., 1917），以及由 E. 保羅和 C. 保羅（E. Paul and C. Paul）翻譯，收錄於《夢的解析》，史德寇的 "Religious Symbolism in Dreams"（NewYork：Liveright, 1947）。梅德爾在一九一二年十月給佛洛伊德的信已由西法利發表於 *Le Bloc-Notes de la Psychanalyse* 第 9 期（1989）第 219 到 226 頁。瑟夫在一九一二年十二月給鍾斯的信讚揚了榮格擴充原慾觀的象徵，那封信尚未出版；我很感謝帕考斯卡思告訴我這封信的內容。菲斯特挑戰佛洛伊德詮釋方法的內容，可在由洛（B. Low）和傑奇溫德（H. Geschwind）翻譯，菲斯特的 *Psycho-Analysis in the Service of Education: Being an Introduction to Psycho-Analysis*（1917；London：Henry Kimpton, 1922）中找到。

有關榮格殺死齊格菲的夢，請參閱艾瑞‧梅登堡（Aryeh Maidenbaum）和史蒂芬‧馬丁（Stephen Martin）所著 *Lingering Shadows: Jungians, Freudians, and Anti-Semitism*（Boston：Shambhala, 1991）所收錄的麥可‧瓦諾伊‧亞當斯（Michael Vannoy Adams）的 "My Siegfried Problem—And Ours: Jungians, Freudians, Anti-Semitism and the Psychology of Knowledge"。這本書中也有從許多觀點來看待榮格後來反猶太主義傾向的珍貴資訊。請特別參閱第 117 到 132 頁傑‧雪瑞（Jay Sherry）的 "The Case of Jung's Alleged Anti-Semitism"。

這段期間「委員會」成員的出版品也值得特別挑出來研讀。鍾斯的 "The God Complex" 發表於 *Essays in Applied Psycho-Analysis* 第 2 冊第 244 到 265 頁，後來重新定名為 *Psycho-Myth, Psycho-History*（NewYork：Stonehill, 1974），這篇文章中鍾斯明確描繪了榮格和他自己的事情。由哈利‧塔克（Harry Tucker）翻譯和編輯，蘭克的重要作品 *The Double: A Psychoanalysis Study*（1913；Chapel Hill：University of North Carolina Press, 1971），隱約透露出遮蔽許多榮格構想的傾向。由查爾斯‧派恩（Charles Payne）翻譯，蘭克和薩克斯的著作 *The Significance of Psychoanalysis for the Mental Sciences*（1913；NewYork：Journal of Nervous and Mental Disease Publishing Co., 1916）則有更明顯的隱蔽傾向，不過還是要謹慎閱讀才能看得出來。即使是非「委員會」成員也加入這個行列。費登除了刊登於 *Internationale Zeitschrift für ärztliche Psychoanalyse* 第 1 期（1913）第 92 到 93 頁的評論 "Sabina Spielrein: Die Destruktion als Ursache des Werden"，也在刊登於 *Psychoanalysis Review* 第 2 期（1914）第 1 到 11 頁的 "Some General Remarks on the Principles of Pain-Pleasure and of Reality" 上下功夫。費倫奇對於「論轉化」一文的評論刊登於 *Internationale Zeitschrift für ärztliche Psychoanalyse* 第 1 期（1913）第 132 到 148 頁，至今尚未有英文版。亞伯拉罕在他的評論中一併分析了福特漢姆講座和「論轉化」，在他著作的英文版 *Clinical Papers and Essays on Psychoanalysis*（NewYork：Basic Books, 1955）中可讀到這篇評論。如果想瞭解葛洛斯針對史碧爾埃的評論，請參閱刊登於 *Zentralblatt fur Psychoanalyse und Psychitherapie* 第 4 期（1914）第 525 到 534 頁的 "Über Destruktionssymbolik"。

對於佛洛伊德學術文獻的當代綜論有興趣的讀者，可參閱保羅‧史特潘斯基的 "Series Introduction" 第 11 到 19 頁；約翰‧基多的 "On the Origins of the Theban Plague: Assessment of Freud's Character" 第 241 到 259 頁，這兩篇文章都收錄於史特潘斯基編輯的 *Freud: Appraisals and Reappraisals* 第 1 冊（同上）；以及我自己寫的 "History and the Clinician"，收錄於由基方德和克爾編輯的 *Freud and the History of Psychoanalysis*（同上）。如果想全面瞭解基本的資料來源，最好的辦法是依照艾倫伯格在 *The Discovery of the Unconscious*（同上）中的注釋來閱讀。同理，如果想瞭解德國的醫學觀點，漢娜‧戴克在 *Freud in Germany: Revolution and Reaction in Science: 1893–1907*（同上）中的延伸讀物也非常重要。至於二級學術文獻，有四本書的延伸讀物做得非常好，且相當實用。馬克‧米凱爾編寫了一本非常周詳又帶有注解的延伸讀物，內含歐洲和美國的資料，並依循艾倫伯格 *Beyond the Discovery of the*

Unconscious: Selected Essays on the History of Psychiatry by Henri Ellenberger（同上）的通用歷史學架構來編撰（米
凱爾為本書而寫的導讀 "Henri F. Ellenberger and the Origins of European Psychiatric Historiography" 本身就是一篇非
常重要的論文）。法蘭克・蘇洛威在 *Freud, Biologist of the Mind: Beyond the Psychoanalysis Legend*（同上）中的延
伸讀物包含珍貴的一級參考資料，以及二級討論研究，其中還有某些從專業精神分析文獻收集而來的資料。不過
最徹底的精神分析文獻就是麥爾坎・麥克米蘭在 *Freud Evaluated: The Closing Arc*（同上）一書中的延伸讀物。另
一套充滿一級和二級學術作品的精采參考論文列表，就在彼得・蓋伊的 *Freud: A Life for Our Time*（同上）中。

國家圖書館出版品預行編目資料

危險療程 / 約翰．克爾 (John Kerr) 著；陳雅馨, 楊晴譯 .-- 初版 .-- 臺北市
：商周出版：家庭傳媒城邦分公司發行, 2013.08
　　面；　公分 .-- (科學新視野)
　　譯自：A most dangerous method : the story of Jung, Freud, and Sabina
　　　　Spielrein
　　ISBN 978-986-272-423-1(平裝)

　　1. 佛洛伊德 (Freud, Sigmund, 1856-1939) 2. 榮格 (Jung, C. G.(Carl
　　Gustav), 1875-1961) 3. 學術思想 4. 精神分析學

175.7　　　　　　　　　　　　　　　　　　102013608

危險療程
A Most Dangerous Method

作　　　者／約翰‧克爾（John Kerr）
譯　　　者／陳雅馨（前言－3-11）、楊晴（3-12－後記、延伸閱讀）
企畫選書人／余筱嵐
編 輯 協 力／顏慧儀
責 任 編 輯／余筱嵐

版　　　權／黃淑敏、林心紅
行 銷 業 務／莊英傑、張娉茜、黃崇華
總 編 輯／黃靖卉
總 經 理／彭之琬
事業群總經理／黃淑貞
發 行 人／何飛鵬
法 律 顧 問／元禾法律事務所 王子文律師
出　　　版／商周出版
　　　　　　台北市104民生東路二段141號9樓
　　　　　　電話：(02) 25007008　傳眞：(02)25007759
　　　　　　E-mail：bwp.service@cite.com.tw
　　　　　　Blog：http://bwp25007008.pixnet.net/blog
發　　　行／英屬蓋曼群島商家庭傳媒股份有限公司 城邦分公司
　　　　　　台北市中山區民生東路二段141號2樓
　　　　　　書蟲客服務專線：02-25007718；25007719
　　　　　　服務時間：週一至週五上午 09:30-12:00；下午 13:30-17:00
　　　　　　24 小時傳眞專線：02-25001990；25001991
　　　　　　劃撥帳號：19863813；戶名：書蟲股份有限公司
　　　　　　讀者服務信箱：service@readingclub.com.tw
　　　　　　城邦讀書花園：www.cite.com.tw
香港發行所／城邦（香港）出版集團有限公司
　　　　　　香港灣仔駱克道193號東超商業中心1樓；E-mail：hkcite@biznetvigator.com
　　　　　　電話：(852) 25086231　傳眞：(852) 25789337
馬新發行所／城邦（馬新）出版集團 Cite (M) Sdn. Bhd.
　　　　　　41, Jalan Radin Anum, Bandar Baru Sri Petaling, 57000 Kuala Lumpur, Malaysia.
　　　　　　Tel: (603) 90578822 Fax: (603) 90576622 Email: cite@cite.com.my

封 面 設 計／楊啓巽
排　　　版／極翔企業有限公司
印　　　刷／韋懋實業有限公司
經　　　銷／聯合發行股份有限公司
　　　　　　電話：(02) 2917-8022　傳眞：(02) 2911-0053
　　　　　　地址：新北市231新店區寶橋路235巷6弄6號2樓

■2019年7月23日二版　　　　　　　　　　　　　　　　　Printed in Taiwan

定價620元

A Most Dangerous Method
by John Kerr
Copyright © 1993 by John Kerr
Complex Chinese translation copyright © 2013 by Business Weekly Publications, a division of Cité Publishing Ltd.
This translation published by arrangement with Alfred A. Knopf, an imprint of The Knopf Doubleday Group, a division of Random House, Inc. through Bardon-Chinese Media Agency

博達著作權代理有限公司
ALL RIGHTS RESERVED

104　台北市民生東路二段141號2樓

英屬蓋曼群島商家庭傳媒股份有限公司城邦分公司　收

- -

請沿虛線對摺，謝謝！

書號：BU0105X　　書名：危險療程　　　　編碼：

讀者回函卡

感謝您購買我們出版的書籍！請費心填寫此回函卡，我們將不定期寄上城邦集團最新的出版訊息。

不定期好禮相贈！
立即加入：商周出版
Facebook 粉絲團

姓名：＿＿＿＿＿＿＿＿＿＿＿＿＿＿＿＿＿＿＿＿ 性別：□男 □女

生日：西元＿＿＿＿＿＿年＿＿＿＿＿月＿＿＿＿＿日

地址：＿＿＿＿＿＿＿＿＿＿＿＿＿＿＿＿＿＿＿＿＿＿＿＿＿

聯絡電話：＿＿＿＿＿＿＿＿＿＿＿ 傳真：＿＿＿＿＿＿＿＿＿＿＿

E-mail：

學歷：□ 1. 小學 □ 2. 國中 □ 3. 高中 □ 4. 大學 □ 5. 研究所以上

職業：□ 1. 學生 □ 2. 軍公教 □ 3. 服務 □ 4. 金融 □ 5. 製造 □ 6. 資訊

□ 7. 傳播 □ 8. 自由業 □ 9. 農漁牧 □ 10. 家管 □ 11. 退休

□ 12. 其他＿＿＿＿＿＿＿＿＿＿＿＿＿＿＿＿＿＿＿＿

您從何種方式得知本書消息？

□ 1. 書店 □ 2. 網路 □ 3. 報紙 □ 4. 雜誌 □ 5. 廣播 □ 6. 電視

□ 7. 親友推薦 □ 8. 其他＿＿＿＿＿＿＿＿＿＿＿＿＿

您通常以何種方式購書？

□ 1. 書店 □ 2. 網路 □ 3. 傳真訂購 □ 4. 郵局劃撥 □ 5. 其他＿＿＿＿

您喜歡閱讀那些類別的書籍？

□ 1. 財經商業 □ 2. 自然科學 □ 3. 歷史 □ 4. 法律 □ 5. 文學

□ 6. 休閒旅遊 □ 7. 小說 □ 8. 人物傳記 □ 9. 生活、勵志 □ 10. 其他

對我們的建議：＿＿＿＿＿＿＿＿＿＿＿＿＿＿＿＿＿＿＿＿＿

＿＿＿＿＿＿＿＿＿＿＿＿＿＿＿＿＿＿＿＿＿＿＿＿＿＿＿＿＿

＿＿＿＿＿＿＿＿＿＿＿＿＿＿＿＿＿＿＿＿＿＿＿＿＿＿＿＿＿